Curso de Derecho Penal

Parte General

EDICIONES UNIVERSIDAD CATÓLICA DE CHILE
Vicerrectoría de Comunicaciones y Extensión Cultural
Av. Libertador Bernardo O'Higgins 390, Santiago, Chile

editorialedicionesuc@uc.cl
www.ediciones.uc.cl

Curso de derecho penal.
Parte general

Alex Van Weezel

Marzo 2023
ISBN N° 978-956-14-3083-9
ISBN digital N° 978-956-14-3084-6

Diseño:
Francisca Galilea R.

Impresor:
Imprenta Salesianos S.A.

CIP-Pontificia Universidad Católica de Chile

Van Weezel de la Cruz, Alex, autor.
Curso de derecho penal: Parte general / Alex van Weezel de la Cruz.
Incluye bibliografía.
Derecho penal - Chile.
Teoría del delito - Chile.
Tít.

2023 345.83 + DDC23 RDA

PEFC PEFC/24-31-5000

FACULTAD DE DERECHO

Curso de Derecho Penal

Parte General

Alex van Weezel

EDICIONES UC

NOTA PRELIMINAR

Estos apuntes del curso dedicado a la parte general del derecho penal, dividido en dos semestres, proceden directamente de las notas tomadas en clases por algunos de mis ayudantes y alumnos. Por eso, el mayor desafío de la edición consistió en «alisar» el texto y «podarlo» de expresiones coloquiales, reiteraciones y licencias pedagógicas.

La exposición de las diversas materias está exenta de toda pretensión de originalidad. En lo que respecta a la teoría de la ley penal y al sistema de penas, los materiales provienen principalmente de los manuales chilenos tradicionales (Cury, Novoa, Garrido, Etcheberry, Labatut, Cousiño, Politoff), de los que han aparecido más recientemente y del primer volumen del *Código Penal Comentado* dirigido por Couso y Hernández. A ello se suman las conclusiones de mis propios estudios acerca del principio de legalidad y sobre diversos aspectos de la parte general.

En cuestiones de fundamentación me remito básicamente a la doctrina Jakobs, aunque tamizada por mis propios puntos de vista. Lo mismo ocurre en la teoría del delito y de la imputación. La base de los capítulos relativos a conceptos fundamentales es el texto de Kindhäuser, *Strafrecht Allgemeiner Teil*, de proverbial claridad y concisión, cuya evolución he seguido de cerca hasta su octava edición. Algunas definiciones y clasificaciones en otros capítulos también están tomadas de este manual y han sido adaptadas al ordenamiento chileno. Las abreviaturas que se utilizan son triviales y la mención de artículos sin otra especificación alude a los del Código Penal chileno. Salvo en contadas excepciones, el estado de la legislación, jurisprudencia y doctrina corresponde al mes de enero de 2023.

Agradezco especialmente el trabajo inicial de edición realizado por Daniela León y los aportes de los ayudantes Rodrigo Romero, Cristián Irarrázaval, José Tomás Humud, Nicolás Bucarey, Raquel Fuenzalida, Sebastián Ortiz, Crescente Molina, Rosario Silva, Santiago Bretón, y Matías Silva, así como de todos los ayudantes y alumnos que han trabajado con estos textos y los han enriquecido. Agradezco, también, a mis exalumnos en la Escuela de Derecho de la Universidad de Chile entre 2008 y 2012, quienes por primera vez tuvieron que enfrentarse a la didáctica y la *ratio* plasmadas en este texto; en especial agradezco a Sergio Valenzuela, Jorge Urrea, Carla Sepúlveda, Ítalo Reyes, Francisco Villarroel, Daniela Olmedo, María Fernanda Díaz, Nicolás Hernández, Elisabeth Matthei y Sebastián Aylwin. Espero que las próximas generaciones de estudiantes sigan contribuyendo a mejorar estos apuntes con sus preguntas, objeciones y sugerencias.

La transformación del manuscrito en el libro que el lector tiene en sus manos estuvo a cargo de Patricia Corona y Rosario Pacheco de Ediciones UC, con el diseño de Francisca Galilea. Su dedicación, profesionalismo y paciencia con el autor permitieron superar todas las dificultades. El libro aparece prácticamente al mismo tiempo en Santiago y en Bogotá, gracias al benevolente interés que despertara su publicación en los colegas de la Universidad Externado de Colombia. Mis agradecimientos a Carmen Eloísa Ruiz, directora del Centro de Investigación en Filosofía y Derecho, y a Juan Sebastián Caicedo, director de Publicaciones del Externado, por ese interés y por sus eficaces gestiones para hacer posible este proyecto.

Asimismo, agradezco de corazón la paciencia y apoyo incondicionales de mi familia, así como la comprensión de mis socios en Claro & Cia., en cuyo trabajo he visto muchas veces hacerse realidad el *dictum* kantiano de que nada hay más útil para la praxis que una buena teoría.

Dos palabras finales con respecto al uso de este *Curso*. La exposición de las materias pretende favorecer su estudio personal por parte de los alumnos, de modo que puedan llegar a la primera clase de cada semana con preguntas y comentarios referidos a determinados pasajes. Este intercambio permitiría al profesor aclarar las dudas y profundizar en ciertos aspectos durante esa misma sesión. La segunda clase de la semana podría concentrarse así en la revisión ampliada de alguna de las materias resumidamente tratadas en el texto, o bien, de una materia complementaria con interés didáctico.

La tercera sesión semanal puede dedicarse al análisis y resolución de un caso en el cual los contenidos ya revisados reciban aplicación, tarea que bien puede repartirse en dos semanas sucesivas, de modo que en la primera semana se presenten los hechos y los posibles enfoques de solución, mientras que, en la segunda, se resuelva conjuntamente el caso. Para esto, el libro ofrece veinte casos distribuidos según el avance de cada semestre, e incluye un anexo con sus respectivas soluciones —ninguna de ellas pretende ser definitiva— o, al menos, con algunas «pistas» para resolverlos. También se brinda un posible esquema para el análisis de casos, cuya disposición es intransablemente provisional.

Por último, al final de cada capítulo se sugieren algunas lecturas para profundizar en las respectivas materias. Salta a la vista que no se trata allí de una discusión bibliográfica ni menos de un catálogo exhaustivo, sino solo de recomendaciones para un estudiante interesado que se asoma por primera vez a nuestra fascinante disciplina.

Alex van Weezel

CONTENIDOS

PARTE I.

CONCEPTOS FUNDAMENTALES Y TEORÍA DE LA LEY PENAL

Capítulo I.

El derecho penal en el contexto del ordenamiento jurídico

I. INTRODUCCIÓN

1. El derecho penal

El derecho penal está constituido, principalmente, por el conjunto de reglas e instituciones que definen los presupuestos para la imposición de una pena. Esta consecuencia, la pena, especifica primariamente lo que entendemos por derecho penal. Por lo tanto, de la concepción que se tenga acerca de la pena, su sentido y finalidad, dependerá la configuración de los presupuestos para su imposición y de las demás instituciones relacionadas con ella, así como la orientación de las ciencias —la dogmática y la teoría de la imputación— que estudian unos y otras. También forman parte del derecho penal las reglas e instituciones relativas al régimen de cumplimiento de las penas hasta la extinción de la responsabilidad y, en un sentido aun más amplio, las reglas e instituciones del proceso penal.

Sin embargo, hay que tener presente que en no pocas situaciones se utiliza el sistema de administración de justicia penal y, en parte, también algunas de las instituciones y conceptos propios de la ciencia penal, para resolver conflictos cuya consecuencia no es la imposición de una pena. Así, por ejemplo, el *Código Procesal Penal* (CPP) regula la aplicación de medidas de seguridad (art. 455 y ss.). Estas son pertinentes cuando una persona que padece una grave discapacidad psicosocial ha realizado, mediante su conducta, los elementos externos de un delito sin hallarse amparada por una causa de justificación (la ley habla de un «hecho típico y antijurídico»). En tales casos no es posible imponer una pena, pues el sistema penal los ha definido como casos de ausencia de responsabilidad penal. Se dice que la persona es «inimputable» por discapacidad mental severa. No obstante, el procesamiento del hecho y sus consecuencias tiene lugar en el proceso penal. Este *uso alternativo* no es, sin embargo, lo propio y específico del derecho penal, y tiene lugar excepcionalmente.

2. La reacción penal

La pena es la reacción del ordenamiento jurídico frente a ciertas clases de injusto culpablemente cometidos. ¿Qué es lo propio de la reacción penal? ¿Qué es lo que la define? ¿Cuál es la diferencia entre una sanción penal y —por ejemplo— una sanción administrativa? Paradigmáticamente: ¿en qué se distinguen una multa penal y una multa administrativa?

Caso 1. A es dueño de un restaurante y lo opera sin cumplir con las medidas de higiene que establece la normativa sanitaria. Como consecuencia de ello, se intoxican varios clientes, algunos de los cuales resultan gravemente lesionados.

Ante un hecho como el del *Caso 1* pueden operar diversos dispositivos del ordenamiento jurídico, y tanto el derecho penal como el derecho administrativo podrían imponer sanciones.

Algunos autores sostienen que lo propio y específico de la reacción penal es la pena privativa de libertad. La multa penal y la administrativa se distinguen precisamente en que solo la primera es «convertible» en privación de libertad (art. 49 sexies inc. 2°). Este punto de vista es, en principio, correcto, pero insuficiente. Mal entendido, podría llevar a una confusión entre la causa y el efecto, y a minimizar indebidamente el carácter aflictivo de las sanciones diversas de la privación de libertad, como las inhabilidades o las multas cuantiosas.

Esta insuficiencia de la privación de libertad como criterio distintivo se expresa particularmente en la evolución del régimen de sustitución de la pena de multa en el Código Penal (art. 49 y ss.) y de las penas alternativas a la privación de libertad (Ley N° 18.216). Paralelamente, y en claro contraste con la evolución en estos dos aspectos, resulta ilustrativa la consideración de los apremios personales dispersos en la legislación, cuya aplicación ha dado lugar a una relativamente nutrida y algo controversial jurisprudencia constitucional.

Lo específico de la sanción penal radica en que ella expresa un reproche ético-social de mayor intensidad que el que está asociado a las sanciones meramente administrativas. A quien es sancionado penalmente se le reprocha en la forma más drástica posible haber fracasado en su rol como ciudadano y no solo en un determinado rol específico. La mayor intensidad del reproche penal se expresa de diversas maneras. Entre las más importantes se encuentran las características del proceso en el cual se impone la sanción y, sobre todo, el hecho de que la sanción penal solamente puede imponerse a una persona natural que ha actuado culpablemente (la así llamada responsabilidad «penal» de las personas jurídicas conforme a la Ley N° 20.393 hace efectiva, en realidad, una forma de responsabilidad de los dueños de su capital).

3. Clasificaciones

a) Clasificaciones usuales del derecho penal

aa) Derecho penal codificado y no codificado

El derecho penal codificado, nuclear o principal está compuesto por el conjunto de reglas jurídicas que determinan los presupuestos generales y específicos necesarios para considerar punible una conducta, así como la clase, medida y ejecución de la sanción. Estas reglas están contenidas en su mayor parte en el Código Penal. Nuestro Código Penal fue promulgado el 12 de noviembre de 1874, y es el código penal vigente más antiguo del mundo en lengua castellana.

El Código Penal contiene las reglas generales y casi todos los principales delitos, pero existe una gran cantidad de figuras delictivas y de excepciones a esas reglas que se encuentran dispersas en la legislación. Esta legislación penal no codificada forma parte, en la mayoría de los casos, de una regulación sectorial. Así, por ejemplo, los delitos contra la propiedad industrial se encuentran contenidos en la Ley N° 19.039 sobre Propiedad Industrial (*v. gr.* el delito de infracción de una patente de invención); los delitos relativos al mercado de valores (*v. gr.* el delito de uso de información privilegiada), en la Ley N° 18.045 sobre Mercado de Valores; los principales delitos tributarios (*v. gr.* el uso de una factura falsa) están regulados en el Código Tributario; etc.

bb) Derecho penal sustantivo y derecho procesal penal

El derecho penal sustantivo o material determina bajo qué presupuestos un hecho cuenta como delito y puede ser castigado, así como las sanciones que el juez penal puede imponer, mientras que el derecho penal adjetivo, formal o procesal regla el procedimiento declarativo para establecer que un cierto hecho constituye delito y le es imputable a una persona determinada.

En principio, el derecho penal sustantivo está contenido en el Código Penal y el derecho penal adjetivo, en el *Código Procesal Penal*. Pero solo en principio. El Código Procesal Penal contiene reglas de índole sustantiva, por ejemplo, en sus arts. 58 inc. 2° (principio de intervención en el hecho) y 351 (reiteración de crímenes o simples delitos de una misma especie). Por otro lado, el Código Penal contiene reglas de índole procesal, como sus arts. 47 (pago de costas), 372 inciso final (obligación del fiscal de recurrir) y 455 (regulación prudencial del valor de la cosa sustraída).

b) Clasificación de los preceptos del Código Penal

Los preceptos del Código Penal se pueden dividir en dos grandes grupos. En primer lugar está la llamada *parte general* —contenida sustancialmente en los arts. 1° a 105— y, en segundo término, lo que se ha denominado *parte especial* —contenida sustancialmente en los arts. 106 a 501.

aa) Parte general. La parte general (PG) es el conjunto de reglas aplicables, en principio, a la totalidad de los tipos penales, tanto codificados (PE) como no codificados (PE_i). Por eso, se suele decir que las reglas de la parte general están «antes del paréntesis», como en una expresión matemática:

$$PG\ (PE + PE_i) = \text{Presupuestos de la punibilidad}$$

Existe amplio acuerdo en que todas las reglas generales se aplican a los tipos del derecho penal no codificado, a no ser que deba primar una regla especial expresa.

La parte general del Código Penal se subdivide, a su vez, en tres grandes bloques de reglas: (i) el conjunto de reglas que tiene que ver principalmente con los presupuestos generales del delito y de la intervención en él (arts. 1° a 20); (ii) el conjunto de reglas que regulan la clase y medida de las sanciones, y su determinación (arts. 21 a 92), y (iii) las reglas sobre extinción de la responsabilidad penal (arts. 93 a 105).

bb) Parte especial. Contiene la definición de los diferentes delitos (es decir, los «tipos penales») y las reglas particulares aplicables a cada uno. En el Código Penal, la expresión «delito» equivale a la de tipo penal, pues cuando el Código se redactó aún no se había elaborado la teoría del tipo.

Los delitos de la parte especial se encuentran agrupados en distintos títulos, que conforman los Libros II y III del Código Penal. El criterio rector para la clasificación de los delitos en títulos es, en general, el bien jurídico afectado por las conductas delictivas descritas en los diferentes tipos penales, según la concepción del legislador de 1874. Así, por ejemplo, el aborto y la violación aparecen bajo el título de los «Delitos contra el orden de las familias» y no bajo el título de los «Delitos contra las personas», en el que sí aparece, por ejemplo, el delito de calumnias.

La PE y la PE_i manifiestan de un modo particularmente intenso las concepciones de la persona, la sociedad y el Estado que predominan al tiempo de su dictación y mientras se mantienen en vigencia. Por eso decía JELLINEK que «si de la historia de un pueblo cualquiera no nos hubiera quedado otra cosa que su derecho penal, se podría averiguar únicamente a través de él su grado de cultura, ético e intelectual, de igual modo que un paleontólogo está en situación de reconstruir la estructura de un animal prehistórico a partir de un solo hueso».

II. LUGAR DEL DERECHO PENAL EN EL ORDENAMIENTO JURÍDICO

El derecho penal está inserto en una sociedad normativamente estructurada, cuya complejidad se refleja, al menos en parte, en la complejidad de su ordenamiento jurídico. Una de las vigas maestras de este ordenamiento es la Constitución y, a través de ella, el derecho internacional de los derechos humanos. Aunque las reglas y principios constitucionales que inciden en forma directa en la configuración del derecho penal sustantivo son relativamente pocos —ya para el derecho procesal penal son bastantes más—, ellos poseen una gran trascendencia: culpabilidad, legalidad de los delitos y las penas en sus diversas concreciones, penas posibles y prohibidas, relaciones entre derecho penal y ciudadanía. Estudiaremos la incidencia de la Constitución en estos aspectos al tratar cada una de estas materias. En este capítulo introductorio examinaremos las relaciones del derecho penal con el derecho civil y el derecho administrativo sancionador. El contraste con estos últimos ayuda a comprender la especificidad del primero y cómo el derecho penal forma parte, en la expresión de BUSTOS/HORMAZÁBAL/FERNÁNDEZ, de un «sistema dinámico de funciones».

1. Relaciones con el derecho civil y el derecho administrativo sancionador

El derecho civil se ocupa, igual que el derecho penal, de los actos dolosos o imprudentes que causan daño: la responsabilidad extracontractual o, en la tradición anglosajona, el «derecho de daños». El derecho civil tiene por objeto principal restablecer el equilibrio individual de intereses y, por lo tanto, confiere a cada uno de los afectados por el hecho dañoso una acción para demandar la indemnización de los perjuicios sufridos. Se busca que el afectado obtenga un resarcimiento, una indemnización por el daño que individualmente ha sufrido.

El derecho administrativo, por su parte, tiene por objeto la protección del ciudadano frente a riesgos actuales y la prevención de riesgos futuros, sobre la base del control o la eliminación preventiva de una fuente de peligros. El *derecho administrativo sancionador* es una de las herramientas para el cumplimiento de estas funciones de protección y prevención. Por ejemplo, en el *Caso 1* el derecho administrativo intentará evitar que futuros clientes resulten intoxicados, por lo que impondrá condiciones al local para que pueda seguir funcionando. Si la infracción es tal que la prevención de riesgos futuros resulta muy difícil o virtualmente imposible, la autoridad dispondrá la clausura del establecimiento.

El derecho penal, en cambio, tiene por objeto resguardar los bienes jurídicos mediante la reafirmación o confirmación de las normas fundamentales de convivencia social ante una expresión de sentido —el delito— que las contradice. El derecho penal tiene que asegurar, en primer término, que la prohibición de dañar a otros siga siendo un parámetro de orientación válido y efectivo en la sociedad. En caso de que se contravenga la prohibición, el derecho penal intervendrá manifestando, mediante la pena, que es erróneo o equivocado infringir las normas básicas de convivencia social. Por eso, el derecho penal es retrospectivo —mira hacia la lesión del derecho para repararla— y se despliega en el plano comunicativo, es decir, en el plano de lo social. El quebrantamiento culpable de la norma (delito) y la pena forman parte de una secuencia comunicativa.

En consecuencia, se puede afirmar que el derecho civil y el derecho penal tienen en común que ambos están orientados retrospectivamente: miran hacia atrás, pues responden a la pregunta de cómo hay que reaccionar frente a lo que ya ocurrió. El derecho penal no tiene como función principal prevenir delitos, sino que persigue los ya cometidos. Sin embargo, derecho penal y derecho civil se distinguen en un aspecto fundamental. Mientras que el derecho penal mira principalmente al interés de la sociedad en su conjunto (y da preferencia a ese interés en las decisiones al interior del sistema), el derecho civil se preocupa fundamentalmente del interés individual del afectado, dándole preferencia.

Por otra parte, tanto el derecho penal como el derecho administrativo son parte del derecho público y, en este sentido, ambos miran al interés general. Sin embargo, se diferencian en que, mientras el derecho penal tiene un enfoque esencialmente retrospectivo, el derecho administrativo tiene un enfoque prospectivo. En concreto, el derecho administrativo sancionador, que impone multas, inhabilidades, clausuras y otras sanciones (no privativas de libertad) no atiende principalmente al ilícito ya cometido —el cual solo sirve de «motivo» proporcionado para la sanción—, sino a lo futuro, al establecimiento de los estándares necesarios para que una determinada regulación sectorial funcione bien, lo cual incluye un adecuado control de los riesgos que emanan de la actividad de que se trata.

2. La sanción penal y la sanción administrativa

Como se ha visto, el derecho administrativo también impone sanciones para cumplir sus fines de protección y prevención (multas, clausuras, cancelaciones de permisos, pérdida de beneficios fiscales, inhabilidades, etc.). Cabe preguntarse entonces cuál es la relación entre la sanción penal y la sanción administrativa. Hay quienes sostienen que ambas sanciones son esencial y cualitativamente diferentes; en cambio, otros afirman que en esencia son lo mismo, distinguiéndose solo cuantitativamente, es decir, la sanción administrativa sería únicamente de menor intensidad que la sanción penal.

Esta discusión ha tenido relevancia en Chile al momento de precisar el régimen de garantías constitucionales aplicable a la imposición de cada clase de sanción. El régimen más exigente es el que regula el art. 19 N° 3 de la Constitución Política. Conforme al tenor literal de este precepto, tal régimen solo se aplica a las sanciones penales, pero resultaría aplicable también a las sanciones administrativas si se considera que estas son esencialmente lo mismo que aquellas.

Se ha argumentado también que si las sanciones penales y las administrativas tienen la misma naturaleza, entonces no sería posible imponer por un mismo hecho tanto una sanción penal como una sanción administrativa, ya que tal superposición de sanciones constituiría una infracción al principio de *non bis in idem*, conforme al cual cada hecho solo puede ser castigado una vez. Sin embargo, una fundamentación teleológica o cualitativa de la distinción entre sanciones penales y las administrativas no prejuzga al respecto. La prohibición de superposición dice relación, por una parte, con la interpretación de las respectivas normas de conducta (para proscribir las superposiciones casuales o arbitrarias, problema que se resuelve dando primacía a alguna de ellas: concurso aparente de normas) y, por otra, con la índole e intensidad de las sanciones y su forma de ejecución (para prohibir el exceso de castigo, problema que se resuelve aplicando el «principio de cuenta» y otros dispositivos similares). En este sentido razonan, por ejemplo, la SCA Santiago 17.IV.2017, Rol N° 1963-2015, que dejó sin efecto una multa administrativa pues ya se había impuesto una sanción penal por los mismos hechos; y la SCS 28.IX.2020, Rol N° 21054-2020, que resolvió todo lo contrario.

Las opiniones de los autores están divididas, puesto que el derecho vigente daría pie para sustentar ambas tesis. Aquella parte de la doctrina que afirma la existencia de una diferencia sustancial entre las sanciones penales y las administrativas argumenta, en primer lugar, en base a los casos en que, de acuerdo con la ley, al parecer es posible imponerlas cumulativamente en virtud de un mismo hecho (*v. gr.* art. 58 inc. 3° de la Ley N° 18.045). Al mismo tiempo, destaca las diferencias que existen en la práctica en cuanto al régimen procesal para su aplicación (*v. gr.* en cuanto a la carga de la prueba), la virtual ausencia de tipicidad de las infracciones administrativas y la manifiesta irrelevancia de la culpabilidad para sancionarlas.

La doctrina contraria, conforme a la cual entre la sanción administrativa y la sanción penal hay una diferencia meramente cuantitativa, se sustenta en diversos preceptos legales. Uno de ellos es el art. 20 CP. Se dice que si el legislador tuvo la necesidad de señalar expresamente que las sanciones allí mencionadas —entre ellas, las administrativas— «no se reputan penas», ello se debe a que «en esencia» sí lo serían. También se invoca el art. 501, que parece establecer una diferencia meramente cuantitativa (sin embargo, su texto es enfáticamente refutado por la realidad de las multas administrativas, cuya cuantía supera con creces el importe de las multas previstas en el Libro Tercero del Código Penal). Por último, y dando vuelta este mismo argumento, se llama la atención sobre el carácter marcadamente aflictivo de algunas sanciones administrativas, en especial cuando se trata de multas muy cuantiosas e inhabilidades. Si las sanciones administrativas son de tal naturaleza y magnitud, se dice, entonces no se distinguen sustancialmente de las sanciones penales y deben quedar sujetas a su mismo régimen de garantías.

Con esta última doctrina coinciden una serie de pronunciamientos del Tribunal Constitucional, cuyo lenguaje proviene del cons. 9° del Rol 244 de 1996: «Que, los principios inspiradores del orden penal contemplados en la Constitución Política de la República han de aplicarse, por regla general, al derecho administrativo sancionador, puesto que ambos son manifestaciones del *ius puniendi* propio del Estado»; y del cons. 8° del Rol 479 de 2006: «Como ha tenido oportunidad de establecer esta Magistratura, aun cuando las sanciones administrativas y las penas difieran en algunos aspectos, ambas forman parte de una misma actividad sancionadora del Estado y han de estar, en consecuencia, *con matices*, sujetas al mismo estatuto constitucional que las limita en defensa de la igual protección de la ley en el ejercicio de los derechos».

La Corte Suprema se ha pronunciado en un sentido similar, pero en diversos fallos ha venido enfatizando particularmente los «matices» o diferencias entre ambos regímenes sancionatorios. Así, por ejemplo, en SCS 30.X.2014, Rol N° 1079-2014, refiriéndose a la exigencia de *determinación* de la conducta prohibida, declaró que «la naturaleza de las contravenciones administrativas (...) hace *imposible* su síntesis descriptiva en un precepto general como lo es una Ley». En la SCS de 28.IX.2020, Rol N° 21054-2020 se afirma también que ambas clases de sanciones tienen finalidades diversas y, por tanto, sería posible su acumulación.

En todo caso, según el Tribunal Constitucional, el carácter de manifestaciones del *ius puniendi* estatal que comparten el derecho penal y el derecho administrativo sancionador no se extiende al derecho disciplinario (de las medidas disciplinarias), al que típicamente pertenecen las sanciones del Estatuto Administrativo o del Código Orgánico de Tribunales. La aplicación de tales medidas —que, conforme al art. 20, tampoco se reputan penas— sería solo una atribución más de los superiores jerárquicos en orden al correcto funcionamiento del servicio. Así, ya en el Rol 747 señala que «la actividad disciplinaria del Poder Judicial (...) no forma parte del *ius puniendi* del Estado, ni tiene por objeto la prevención general de sujetos indeterminados, sino la disciplina de quienes cumplen una determinada función pública y quedan por ello sujetos a especiales obligaciones cuyo cumplimiento resulta necesario para el buen funcionamiento de un órgano del Estado, todo ello en base a sus respectivos estatutos».

Más allá de esta discusión, en el derecho chileno hay algunas diferencias manifiestas entre el régimen sancionatorio a cargo de los órganos de la

Administración del Estado y el régimen sancionatorio a cargo de los jueces penales, entre las cuales destacan las siguientes:

(a) Mientras la sanción penal solamente puede ser impuesta por un tribunal con jurisdicción en lo penal y después de un procedimiento contradictorio complejo, la sanción administrativa es impuesta por un funcionario de la Administración del Estado, usualmente el mismo que antes formuló los cargos, y tras un procedimiento elemental.

(b) En materia penal se aplica el principio de legalidad procesal, según el cual, al tomar conocimiento de la existencia de un hecho que revistiere caracteres de delito, los órganos de persecución penal deben iniciar una investigación y promover la persecución penal, sin que se pueda suspender, interrumpir o hacer cesar su curso, salvo en los casos previstos en la ley (art. 166 CPP). En cambio, en el derecho administrativo sancionador rige el principio de oportunidad en la persecución, es decir, la Administración tiene la facultad discrecional de perseguir el ilícito administrativo o no hacerlo.

(c) El derecho administrativo sancionador trabaja, por lo general, con un concepto «unitario» de autor, conforme al cual cuando varios sujetos han intervenido en un ilícito, cada uno de ellos es responsable de él con independencia de la responsabilidad de los demás. Así, quien persigue un ilícito administrativo debe acreditar que respecto de cada una de las personas involucradas concurren todos y cada uno de los presupuestos de la sanción. En el derecho penal, en cambio, el legislador no opera con un concepto unitario de autor, sino con responsabilidades conjuntas. Es decir, cuando varios sujetos han intervenido en un delito, la ley penal no trata a cada uno de ellos con total independencia de los demás, sino que establece vínculos entre las responsabilidades de unos y otros («accesoriedad» de la intervención delictiva). Ello tiene diversas consecuencias, como la posibilidad de graduar la intervención delictiva; así, por ejemplo, los intervinientes en un ilícito penal pueden ser autores, inductores o cómplices, distinción que no se aplica a los sujetos que cometen un ilícito administrativo.

(d) Los principios estructurales del derecho penal —principio de culpabilidad, principio de tipicidad, etc.— se relajan o incluso desaparecen en el derecho administrativo sancionador. Por ejemplo: el principio de culpabilidad, tratándose de un ilícito penal, postula que una persona solo puede ser castigada con la pena que merece por el delito ya cometido; en cambio, en el derecho sancionatorio administrativo prima el criterio de que la sanción sea «disuasiva» o «ejemplarizadora» hacia el futuro (aunque la jurisprudencia ha venido exigiendo que las sanciones aplicadas a distintos sujetos sean similares cuando se trate de las mismas infracciones). Lo mismo sucede con la potencialidad exculpante del error sobre el alcance o significado de la conducta; en el caso de un ilícito administrativo, dicha potencialidad es prácticamente inexistente, a diferencia de lo que ocurre en el derecho penal, donde el principio de culpabilidad exige tomar en cuenta las características del error y evaluar su evitabilidad, lo cual puede llevar a atenuar la responsabilidad o incluso a suprimirla.

(e) En derecho penal, en principio —y sin perjuicio del régimen de responsabilidad de la persona jurídica establecido en la Ley N° 20.393 para ciertos delitos—, solamente es posible sancionar a las personas naturales (art. 58 inc. 2° CPP); en el derecho administrativo sancionador, en cambio, las personas jurídicas son el sujeto pasivo de sanciones por excelencia.

(f) Únicamente una sanción de carácter penal puede ser privativa de libertad. Por ello, solo el tribunal penal tiene la *facultad* de imponer, por vía de sustitución de la multa, una pena privativa de libertad (reclusión), conforme al art. 49 y ss. del Código Penal.

Sin embargo, diversos preceptos legales autorizan también a otros tribunales para disponer *apremios* personales contra quienes no solventan las multas con las que fueron sancionados en sede no penal (p. ej., el art. 23 de la Ley N° 18.287 faculta al juez de policía local para decretar la reclusión del condenado a una sanción de multa que no haya acreditado su pago).

III. PERSPECTIVAS SOBRE EL CONFLICTO SOCIAL DE CARÁCTER PENAL

En un Estado democrático de derecho corresponde al legislador decidir cuándo un determinado conflicto debe enfrentarse recurriendo al derecho penal. La racionalidad de estas decisiones de criminalización es objeto de la política criminal. La criminología es una ciencia auxiliar de la política criminal y, en forma refleja, de la dogmática jurídico-penal. Una vez que el conflicto está radicado en el ámbito penal, la dogmática se encarga de la interpretación de las leyes penales y, junto a la teoría de la imputación, orienta su aplicación racional.

Objeto directo de estudio en este curso son solo la ciencia o dogmática penal y la teoría de la imputación.

1. La política criminal

En primer lugar, el conflicto penal puede abordarse desde el punto de vista de la *política criminal*, disciplina que se ocupa de la respuesta de la sociedad frente a la delincuencia. La política criminal estudia las decisiones de criminalización, las diversas configuraciones legislativas posibles para definir los presupuestos del delito —en esta dimensión, es una ciencia de la legislación penal— y las diversas consecuencias jurídicas de la actuación delictiva.

Es importante considerar que el legislador tiene una injerencia significativa pero acotada en la configuración del sistema penal. Su acción está limitada, fundamentalmente, a dos ámbitos. *Primero*, el legislador penal debe evaluar si acaso —y en qué medida— la legislación recibida del pasado y que sigue vigente todavía es capaz de resolver adecuadamente los conflictos que se presentan en la sociedad (así, debe examinar críticamente *v. gr.* los arts. 404, 390 y 394). *Segundo*, debe observar cómo ha evolucionado la sociedad y reaccionar frente a los cambios que ha experimentado, creando protección penal allí donde se ha hecho necesaria como producto de tal evolución histórica (*v. gr.* reaccionar penalmente frente a ciertas afectaciones del medioambiente, de la competencia entre los agentes económicos, de la confidencialidad de cierta información, etc.). En el mismo sentido, debe evaluar la legislación penal para depurarla de aquellas reglas y figuras cuya ineficacia o desproporción debilita la función comunicativa del derecho penal.

Sin embargo, estas intervenciones del legislador tienen una importancia relativa, principalmente por dos razones. La criminalización, en primer término, no es solo un asunto de decisiones legislativas (DUFF). Además, está la determinación general del espacio que corresponde a las instancias no legislativas en la definición de lo que se sancionará como delito: el margen de interpretación judicial, las normas infralegales, las instancias internacionales, la aplicación que realizan los encargados de cumplimiento en agencias regulatorias y empresas, y desde luego los operadores —desde el policía y el fiscal hasta el funcionario de Impuestos Internos o de Extranjería—, entre muchos otros. Y luego, debido a que las instituciones tienen su propia dinámica de funcionamiento y desarrollo. Por ejemplo, el art. 456 bis N° 3 carecía en la práctica de toda relevancia debido a que la mayoría de las jueces consideraba que su aplicación conducía a resultados irracionales. Así fue como la Ley N° 20.931 de 2016 lo sustituyó por una regla completamente distinta, el art. 449 bis, cuya aplicación es escasa (aunque no inexistente). El derecho penal es el reflejo de la identidad social, es decir, de la comprensión que una sociedad tiene de sí misma en un determinado momento histórico. Esta comprensión no se modifica mediante actos de voluntarismo legislativo ni se identifica con ellos.

Una política criminal consciente de sus limitaciones puede ser decisiva en el diseño de herramientas y programas estatales adecuados para la prevención del delito y para mejorar los resultados de la respuesta penal. Uno de sus principales desafíos en Chile es el diseño de un sistema de penas, incluyendo una institucionalidad para su ejecución, que fomente la efectiva reinserción social de los condenados.

2. La criminología

El conflicto penal también puede analizarse desde la perspectiva criminológica. La criminología se define como el conjunto más o menos ordenado del saber empírico sobre el delito, el delincuente y el comportamiento socialmente desviado. Estudia las causas de los delitos y los efectos de las penas en el delincuente y en la sociedad. Hay modelos criminológicos de base sociológica, de base psicológica y enfoques mixtos.

Sin suficientes conocimientos de criminología, no es posible diseñar una política criminal adecuada y, al menos en ciertas materias, resulta muy difícil aplicar eficazmente el derecho penal vigente. Por ejemplo, el saber criminológico es clave en la elaboración de pronósticos de peligrosidad que están en la base de las decisiones judiciales sobre imposición de penas alternativas a la privación de libertad. Especialmente en los últimos años, las investigaciones criminológicas han permitido detectar y comenzar a procesar en el sistema penal las particularidades de la delincuencia que afecta especialmente a las mujeres, como la violencia doméstica y de género, así como los efectos particularmente deletéreos que conlleva para ellas y su entorno el uso de las penas privativas de libertad (Reglas de Bangkok).

No se debe confundir la criminología con la *criminalística*. Esta última comprende el saber científico aplicado que es necesario para investigar los hechos que revisten caracteres de delito, desde la recolección y análisis de material biológico hasta la recuperación de datos informáticos o contables.

La criminalística es parte de la formación policial y debería ser parte esencial de la formación profesional de los fiscales.

3. La dogmática jurídico-penal

La dogmática jurídico-penal es la ciencia que se ocupa de la interpretación de las leyes penales. Para esto se sirve de conceptos y categorías provenientes principalmente de la lógica, la historia, la filosofía (*v. gr.* la reflexión ética, la teoría de la acción), la teoría general del derecho, la teoría de las normas y la filología. Su objetivo es desentrañar el sentido de la ley, exponer su racionalidad en un contexto sistemático y garantizar un control racional de la aplicación del derecho penal.

Aunque la dogmática recurra a la filosofía y a la retórica en la caracterización de los presupuestos y límites del sistema, una vez que se han definido estos presupuestos y límites el control racional de la aplicación del derecho se verifica principalmente a través de una exigencia de coherencia lógica e intrasistemática. Esta sistematicidad es consustancial a la dogmática penal, pero también a un ejercicio racional de la jurisdicción penal.

Por eso, en palabras de LUHMANN, el sentido de la dogmática jurídica no está «en la fijación de lo ya de por sí establecido, sino en hacer posible la distancia crítica, en organizar un estrato de reflexiones, de fundamentos, de valoración de relaciones, con el que el material jurídico es controlado y elaborado para la aplicación más allá de su valor como dato no mediado. La dogmática regula la conducta disponedora del jurista».

4. La teoría de la imputación

La determinación de los presupuestos para la imposición de una pena en un caso concreto no se reduce a una *applicatio legis ad factum*. Antes y juntamente con ella tiene lugar la imputación, mediante la cual se establece qué es lo que cuenta como un hecho y en qué condiciones ese hecho puede ser atribuido a una persona bajo razón de reproche o demérito (también bajo razón de mérito, pero esta dimensión no interesa al derecho penal, ni siquiera al momento de otorgar «beneficios», como, por ejemplo, cuando se trata de enjuiciar la voluntariedad del desistimiento de la tentativa). En una formulación clásica: «El que actúa será considerado como autor, mediante su actuación, del efecto, y este junto a la acción misma le pueden ser imputados, si con anterioridad se conoce la ley en virtud de la cual les corresponde un cierto y determinado carácter vinculante. Persona es aquel sujeto cuyas acciones son susceptibles de una imputación» (KANT).

La imputación es un objeto central de la teoría general del delito, que en este punto entronca con una tradición milenaria, desde Sócrates hasta la hermenéutica y las filosofías contemporáneas del lenguaje y de la acción. La teoría del delito comprende *una* teoría de la imputación orientada a la imposición de una pena por parte del Estado.

IV. RESOLUCIÓN DEL CONFLICTO SOCIAL EN EL SISTEMA PENAL

1. El proceso penal

La imposición de una sanción penal, como respuesta a un conflicto social, solamente es posible en el marco de un proceso penal. El proceso penal legitima formalmente la operación del sistema penal (PIÑA) y pertenece de un modo indisoluble al contenido (simbólico) de la pena.

El desarrollo del proceso penal tiene básicamente la siguiente estructura:

(a) El proceso comienza con una investigación dirigida por el Ministerio Público, que ha tomado conocimiento de la existencia de un *hecho que reviste caracteres de delito* (art. 166 inc. 2° CPP).

(b) Durante el proceso, el tribunal puede decretar medidas cautelares personales (prisión preventiva, arresto domiciliario, obligación de presentarse periódicamente ante la autoridad, prohibición de acercase al ofendido por el delito, etc.) cuando estas sean «absolutamente indispensables» para asegurar los fines del procedimiento (art. 122 CPP). Conforme al art. 20 CP, estas medidas cautelares «no se reputan penas»; sin embargo, el art. 348 CPP dispone que «se abonará a la pena [privativa de libertad] impuesta un día por cada día completo, o fracción igual o superior a doce horas, de dichas medidas cautelares que hubiere cumplido el condenado». Además, el tribunal puede decretar como medidas cautelares reales las medidas precautorias que establece el Título V del Libro Segundo del Código de Procedimiento Civil (art. 157 CPP).

(c) Si, producto de la investigación, se confirman los indicios de la existencia de un delito y de la eventual participación del imputado, de manera que existe fundamento serio para su enjuiciamiento, el fiscal a cargo del caso está obligado a formular acusación (art. 248 CPP).

(d) La determinación de si el imputado es realmente responsable del delito o no lo es, corresponde al tribunal de juicio oral en lo penal (procedimiento ordinario) o al juez de garantía (procedimientos abreviado y simplificado). A la sentencia definitiva puede seguir un recurso de nulidad, del que conoce por regla general la Corte de Apelaciones y, excepcionalmente, la Corte Suprema.

(e) Solo una vez que la sentencia condenatoria queda firme y ejecutoriada, se procede a su ejecución (art. 468 CPP), la cual se encuentra a cargo del juez de garantía competente.

La sentencia penal está sujeta a una serie de requisitos de forma y de fondo, contenidos en el art. 342 CPP, entre los cuales se cuentan las razones legales o doctrinales que sirven para calificar jurídicamente cada uno de los hechos y sus circunstancias, y para fundar el fallo (art. 342 letra d] CPP). Esto implica que la sentencia no solo ha de basarse en el texto legal, sino también en las conclusiones del ejercicio de imputación y de la dogmática jurídico-penal, que dan sentido a la ley.

2. Las consecuencias del proceso penal

En muchos países existe un sistema penal «de doble vía», pues se utiliza el derecho penal alternativamente para procesar y resolver conflictos sociales que no conducen a la imposición de una pena.

Característica del proceso penal es, entonces, la *posibilidad* de resolver el conflicto social mediante la imposición de una pena. Esta posibilidad, aunque se actualice pocas veces, es lo que explica el régimen de garantías y las instituciones propias del proceso penal. La imposición de una pena presupone la culpabilidad del condenado, es decir, exige que se le pueda dirigir un reproche personal como consecuencia de haber manifestado en el hecho un déficit de motivación suficiente de respeto al derecho y, con ello, a los demás ciudadanos. El reproche personal puede ser de mayor o menor intensidad. Por eso se suele afirmar que la pena depende de la culpabilidad tanto en su procedencia como en su magnitud.

Excepcionalmente, el sistema penal administra un instrumento propio del derecho administrativo que se denomina «medida de seguridad», resolviendo el conflicto mediante su aplicación. La medida de seguridad no tiene que ver con la culpabilidad, sino con la peligrosidad de un sujeto no culpable: su finalidad es conjurar el peligro que emana de ese sujeto. Presupuesto de su aplicación es, conforme al derecho vigente (art. 455 CPP), que tal persona no culpable haya realizado un hecho que, al menos, pueda considerarse «típico y antijurídico». Esta es una forma de decir que el hecho deber ser de tal naturaleza que, si se hubiese cometido culpablemente, habría sido constitutivo de delito.

Hay países en que se contempla la imposición *conjunta* de una pena y una medida de seguridad. El fundamento de esta regulación está en la posibilidad de que en un caso concreto concurran, por ejemplo, una culpabilidad disminuida con una alta probabilidad de reincidencia. La imposición conjunta de ambas reacciones contribuiría a mantener la determinación de la pena libre de las consideraciones de peligrosidad.

3. Las medidas de seguridad en el sistema chileno

Podría decirse que el sistema chileno «aspira» a ser de doble vía. En el derecho penal de adultos se contempla una sola medida de seguridad, en el art. 457 CPP. Esta regla dispone, en realidad, dos formas de adoptar una misma medida, aplicable a quien padece una grave discapacidad psicosocial: la internación en un establecimiento psiquiátrico, o su custodia y tratamiento, según la gravedad del caso. En sus arts. 481 y 482, el Código Procesal Penal regula la ejecución de esta medida de seguridad y de eventuales medidas de seguridad que pudieran crearse en el futuro.

Sin embargo, el ordenamiento sí conoce numerosas penas accesorias —aquellas que se imponen conjuntamente con una pena principal— que tienen una fisonomía similar a la de las medidas de seguridad establecidas en las legislaciones de otros países. Tal es el caso, por ejemplo, de la pena de sujeción a la vigilancia de la autoridad y de ciertas interdicciones (*v. gr.* arts. 45, 452 y 492 inc. 2°).

V. LAS PENAS EN EL ORDENAMIENTO JURÍDICO CHILENO

El sistema de penas es objeto de estudio en la última parte de este *Curso*. Sin embargo, ya desde un comienzo es importante contar con algunas nociones al respecto.

1. Clases de penas

En atención a la autonomía de su imposición, las penas se dividen en principales y accesorias.

a) Penas principales (art. 21)

Las penas principales son aquellas cuya imposición no depende de la imposición de una pena distinta. Usualmente el legislador las establece junto a la descripción de la conducta típica. Las penas principales se dividen, a su vez, en penas privativas de libertad (como la prisión), penas restrictivas de libertad (las más relevantes se encuentran en la Ley N° 18.216) y penas pecuniarias (como la multa).

La pena principal más comúnmente prevista por las leyes, en el caso de crímenes y simples delitos, es la privación temporal de libertad. En nuestro sistema, la pena privativa de libertad tiene tres nombres diferentes: prisión, reclusión y presidio. La pena de prisión solo puede extenderse hasta por 60 días, mientras que las penas de presidio y reclusión comienzan en los 61 días y pueden llegar hasta los 20 años. Entre el presidio y la reclusión no hay diferencias reales.

Es común en otros países que la eventual adición de penas privativas de libertad en las condenas que comprenden varios delitos tenga un límite legal máximo. En Chile no hay un límite de esta clase. En muchos casos, sin embargo, opera como límite el art. 351 CPP, que se refiere a la determinación de la pena en los casos de reiteración de crímenes o simples delitos de la misma especie, donde se contempla una fórmula de agravación de la pena base según el número de delitos y no una simple suma de las penas que correspondería imponer por cada uno de ellos.

Menos usual es que exista un límite mínimo para la duración de las penas privativas de libertad, aunque es recomendable su introducción. En efecto, la criminología enseña que las penas de encierro de corta duración tienen por lo general un gran efecto desocializador y criminógeno, es decir, favorecen una incorporación prácticamente definitiva de la persona al mundo de la criminalidad. En las últimas décadas, esta crítica se ha extendido e intensificado respecto de todas las penas privativas de libertad, al punto que Ortiz/Arévalo abogan por su total eliminación.

El sistema chileno de penas contempla aún penas privativas de libertad perpetuas. La más severa de ellas es el presidio perpetuo calificado, cuyo régimen de ejecución está regulado en el art. 32 bis.

La pena pecuniaria por excelencia es la multa, aunque existen otras, como el comiso. La multa está regulada principalmente en los arts. 25, 49 y 70. Consiste en obligar al sujeto a enterar una suma de dinero a beneficio fiscal. La multa puede ser pena de crimen, de simple delito o de falta.

La pena de multa no se divide en grados como la pena privativa de libertad. El art. 25 inc. 6° señala límites máximos a la cuantía de las multas para crímenes, simples delitos y faltas, pero la vigencia práctica de esta disposición es nula, puesto que, tal como se prevé en la parte final del mismo artículo, las leyes que establecen penas de multa pueden contemplar magnitudes superiores y de hecho lo hacen.

La pena de multa puede ser sustituida por la pena de reclusión conforme a los arts. 49 y ss.

b) Penas accesorias (arts. 22, 23 y 27 a 31)

Las penas accesorias son aquellas cuya imposición sigue a la de una principal, sea porque la ley así lo ha ordenado en general, sea porque ha dispuesto que ocurra de esa manera en relación con un determinado delito o grupo de delitos. En general (arts. 21-23; arts. 27-31), la ley contempla como penas accesorias:

- la incomunicación con personas extrañas al establecimiento penal, las penas sustitutivas por vía de conversión de la multa y la prestación de servicios en beneficio de la comunidad (art. 21);
- la suspensión e inhabilitación para cargos y oficios públicos, derechos políticos y profesionales titulares (art. 22);
- la caución y la sujeción a la vigilancia de la autoridad (art. 23), y
- el comiso (art. 31).

2. Determinación de la cuantía de la pena

El Código Penal, en sus arts. 50 y siguientes, contempla abundantes reglas sobre la determinación de la cuantía de las penas. Un primer conjunto de reglas constituye la determinación *legal* de la pena y su cuantía; en el segundo nivel, una serie de disposiciones establece un ámbito de discrecionalidad judicial en la determinación (*v. gr.* arts. 66 inciso final y 69).

3. Penas prohibidas

La Constitución Política, en su art. 19, N° 7, prohíbe expresamente dos clases de penas: la confiscación de bienes (salvo respecto de las asociaciones ilícitas) y la pérdida de los derechos previsionales.

La confiscación de bienes consiste en desposeer al condenado de bienes de su propiedad.

4. Penas aflictivas

De la definición contenida en el art. 37 se desprende que son aflictivas las penas privativas o restrictivas de libertad mayores (5 años y un día, o más) y las menores cuya duración excede de 3 años. A la pena aflictiva se asocian efectos constitucionales y procesales.

Las consecuencias constitucionales de la pena aflictiva son muy graves. En primer lugar, una persona condenada a pena aflictiva no puede adquirir la ciudadanía y, si la poseía, la pierde hasta que se haya extinguido su responsabilidad penal (arts. 13 y 17 N° 2 de la Constitución). Adicionalmente, el derecho a sufragio se suspende para el acusado por un delito que merezca pena aflictiva (art. 16 N° 2 de la Constitución).

Estas consecuencias son altamente cuestionables. En primer término, es incongruente que por el solo hecho de estar una persona acusada por delito que merezca pena aflictiva se suspendan sus derechos políticos, ya que mientras no sea condenada le asiste la presunción de inocencia. Por otro lado, la pérdida de los derechos ciudadanos para quien ha sido condenado resulta problemática si se la contrasta con los fundamentos de la culpabilidad penal en un Estado de derecho. Si la sociedad priva a alguien de sus derechos políticos, podría privarse a sí misma de la posibilidad de exigirle el comportamiento propio de un ciudadano. Esto último vale también respecto de las penas que consisten en la suspensión o pérdida de los derechos políticos (art. 42).

El efecto procesal de la pena aflictiva, por otra parte, consiste en que, si el delito merece tal pena, el fiscal debe someter la decisión sobre archivo provisional de la causa a la aprobación del fiscal regional (art. 167 inc. 2° CPP).

Para profundizar...

Fundamental sobre la ciencia del derecho penal y su objeto, Jakobs, *El derecho penal como disciplina científica* (Civitas, Madrid, 2008). Un panorama sobre la ciencia del derecho penal y las demás «ciencias penales», su evolución y desafíos presentes, así como las relaciones entre teoría de las normas y dogmática jurídico-penal puede encontrarse en SILVA SÁNCHEZ, *Aproximación al derecho penal contemporáneo* (2ª ed. 2010, Editorial B de F, Buenos Aires). Sobre las relaciones entre el derecho penal y el derecho administrativo sancionador en el ordenamiento chileno puede verse VAN WEEZEL, «Sobre la necesidad de un cambio de paradigma en el derecho sancionatorio administrativo», en *Política Criminal* Vol. 12, N° 24 (2017), pp. 997-1043. Para quien desee explorar el ámbito de la criminología es muy recomendable la parte primera del *Tratado de Criminología* de GARCÍA-PABLOS DE MOLINA (5ª ed. 2014, Tirant lo Blanch, Valencia) y, a modo de ejemplo, las concreciones que contiene *Criminología Feminista* (coord. por Antony y Villegas, LOM, Santiago, 2021). Un panorama general del sistema de penas en el derecho penal chileno puede encontrarse en NAVAS, Lección § 14.

Capítulo II.

La legitimación del derecho penal

I. INTRODUCCIÓN

La legitimación del derecho penal es objeto de la filosofía del derecho, pues tiene que ver con la fundamentación del poder estatal y de las relaciones entre el Estado y la persona. Sin embargo, la posición que se adopte en torno a ella tiene incidencia directa en la configuración dogmática y en los criterios de imputación del derecho penal, pues las categorías con que este trabaja dependen del sentido y fin que se atribuya a la pena.

La legitimación del derecho penal procede formalmente de un modo diverso dependiendo de cuál sea el punto de vista del análisis. Aquí se analizará el problema, en primer lugar, desde la perspectiva de las normas de conducta, y luego, desde el ángulo de las normas de sanción. Sin embargo, es importante no perder de vista que se trata de puntos de vista distintos, pero no separados o independientes entre sí, ya que la legitimación de la norma de conducta se hace con miras a la imposición de la pena y viceversa. Por eso sería incorrecto y hasta falaz legitimar una norma de conducta en sí misma —*v. gr.* la prohibición de exceder cierta velocidad en el tráfico motorizado— y luego, independientemente, justificar también en sí misma la imposición de una pena sobre la base de las ventajas preventivas o retributivas que se atribuyen a la sanción penal en comparación, por ejemplo, con una sanción administrativa.

II. NORMAS DE CONDUCTA Y NORMAS DE SANCIÓN

En una sociedad ordenada al desarrollo libre de la personalidad, el derecho tiene la tarea básica de proporcionar integración social mediante un entendimiento no violento acerca de cómo se van a compatibilizar los diversos intereses de los ciudadanos. Esta coordinación de intereses ocurre en derecho mediante normas que, para estos efectos, calificaremos como «primarias». Las normas penales son normas «secundarias», en el sentido de que conectan a la infracción de ciertos deberes establecidos en las normas primarias la imposición de una pena.

Las leyes penales se pueden comprender, en cuanto normas, en dos sentidos distintos: como normas de conducta o como normas de sanción.

1. Las leyes penales como normas de conducta

Las normas de conducta o de comportamiento definen una clase de conducta que está prohibida o permitida, según sea el caso. En cuanto normas secundarias, el sentido de las normas de conducta penal depende de las normas primarias extrapenales —esto es lo que se denomina «accesoriedad»—; al mismo tiempo, la norma de conducta penal no es una simple «transcripción» de la norma primaria, sino que modela el mandato o la prohibición conforme a las características y posibilidades del derecho penal.

Por razones de economía terminológica denominaremos aquí a estas definiciones de clases de conductas «tipos penales»; y llamaremos «conductas típicas» a las conductas que se dejan subsumir bajo ellas. Pero hay que tener en cuenta que la norma de comportamiento no se identifica con la definición legal, sino que se deduce de ella. De lo contrario, como decía Binding, quien comete un delito estaría cumpliendo y no vulnerando la ley penal.

Se distingue usualmente entre normas de conducta prohibitivas y normas de conducta imperativas. Por ejemplo, el art. 144 castiga al que entra en morada ajena contra la voluntad de su morador; de ello se desprende que la norma de conducta que subyace al tipo penal de violación de morada consiste en la prohibición de ingresar en una morada ajena contra la voluntad de quien mora en ese lugar (y no, por ejemplo, una prohibición de permanecer en ella una vez que se ha ingresado con el consentimiento del morador).

Por otro lado, existen normas de conducta permisivas, como el art. 145, que exime de responsabilidad criminal al que ingresa en morada ajena contra la voluntad del morador, pero lo hace «para evitar un mal grave a sí mismo, a los moradores o a un tercero», o bien «para prestar algún auxilio a la humanidad o a la justicia». De esta formulación se puede deducir que existe un permiso para realizar las conductas típicas que se ejecutan en tales condiciones.

Estas normas de conducta pueden tener su fuente, en primer lugar, en una institución básica y fundante de la sociedad, que se expresa en la genérica prohibición de dañar a otro (*neminem laedere*). En una formulación más moderna, esta prohibición o deber negativo se recoge en el sinalagma «libertad de comportamiento/responsabilidad por las consecuencias» (esto es, consecuencias lesivas para otros, que se derivan de una organización deficiente o defectuosa). Conforme a este sinalagma, los miembros de la sociedad elevan la pretensión de que les sea respetada una esfera de autoadministración, en la que cada uno tiene libertad para configurar su propio mundo; pero, correlativamente, la sociedad les impone la carga de responder por los efectos que su organización tiene sobre las esferas de autoadministración de los demás. La mayoría de los mandatos y prohibiciones del derecho penal tienen su origen en esta institución.

Sin embargo, existen otras normas jurídico-penales —tanto prohibiciones como permisos— que emanan de instituciones complejas, más específicas que el *neminem laedere*, pero tan importantes como este, tales como la relación paternofilial y la ejecución de las tareas estatales básicas. A veces el legislador, para señalar que la norma de conducta tiene una fuente distinta del genérico deber negativo de no dañar, establece una calificación especial del sujeto activo en la descripción típica (*v. gr.* «el empleado público que...»).

Las contrapartidas de las prohibiciones y las normas permisivas son, respectivamente, los mandatos y las dispensas. Mientras que las normas prohibitivas tienen por objeto prohibir la realización de una clase de conductas, es decir, impedir que se realicen hechos de la clase definida por ellas, las normas imperativas o mandatos jurídico-penales tienen por objeto que un hecho perteneciente a determinada clase sí ocurra, porque solamente la ocurrencia de ese hecho impide la realización del tipo. Un ejemplo de norma imperativa es el ya mencionado art. 175 letra e) CPP en relación con el art. 177 CPP: «Los directores, inspectores y profesores de establecimientos educacionales de todo nivel» deben denunciar, bajo amenaza de pena, «los delitos que afectaren a los alumnos o que hubieren tenido lugar en el establecimiento». Las dispensas, por su parte, liberan al ciudadano de la ejecución de un mandato contenido en una norma imperativa. Así, por ejemplo, el mandato del mismo art. 175 letra e) CPP va acompañado de una norma de dispensa en su inciso segundo («La denuncia realizada por alguno de los obligados en este artículo eximirá al resto»). Se trata de una norma de dispensa correlativa a la norma imperativa, que constituye una causa de exclusión del injusto penal.

Igual que en el caso de las prohibiciones y los permisos, existen mandatos y dispensas que obedecen al sinalagma «libertad de comportamiento/responsabilidad por las consecuencias», y otros que obedecen a instituciones más complejas. Por ejemplo, el art. 355 castiga con presidio menor al que «hallándose encargado de la persona de un menor no lo presentare, reclamándolo sus padres, guardadores o la autoridad (...) ni diere explicaciones satisfactorias acerca de su desaparición». La norma de conducta que subyace al tipo penal es una que ordena *al institucionalmente encargado* de un menor entregarlo en tales circunstancias.

Excepcionalmente, el ordenamiento contempla también normas de conducta fundadas en deberes de *solidaridad*, como el deber de socorro que subyace al art. 494 N° 14: «El que no socorriere o auxiliare a una persona que encontrare en despoblado herida, maltratada o en peligro de perecer». Igual que en el caso de los deberes negativos y positivos o institucionales, estos deberes pueden dar lugar a prohibiciones o permisiones, mandatos y dispensas. Por ejemplo, el mandato del mismo art. 494 N° 14 va acompañado de una norma de dispensa en su parte final («cuando pudiere hacerlo sin detrimento propio»). Se trata de una norma de dispensa correlativa a la norma imperativa, que constituye una causa de exclusión del injusto penal conocida como «estado de necesidad».

Como se verá al estudiar la teoría del delito, lo más relevante para la imputación penal es la clase de institución que sirve de fundamento a una norma de conducta: deber negativo, deber positivo, deber de solidaridad. En cambio, las diferencias en la formulación de los tipos penales —*v. gr.* en clave prohibitiva o permisiva— suelen obedecer a razones contingentes y poseen un interés más bien didáctico y clasificatorio.

Finalmente, no han de confundirse las normas con los preceptos legales que contienen enunciados normativos. La norma resulta recién de la interpretación e integración de todos los preceptos y enunciados pertinentes en un sistema cuyas bases corresponden, a su vez, a una precomprensión acerca del sentido y fin de un determinado ordenamiento. Así, por ejemplo, la norma de conducta que se infiere del art. 391 N° 2 es una que reza: «A quien está en posición de garante respecto de la vida de otra persona le está prohibido condicionar su muerte en tanto dicha posición de garante no resulte desactivada por la actuación dentro del riesgo permitido, la autorresponsabilidad de la víctima o la intervención responsable de terceros, o bien, mientras la prohibición no sea excluida por una norma permisiva, etcétera».

En un curso regular de derecho penal no se discute en detalle la mencionada precomprensión del sentido y fin del ordenamiento. El curso se limita a explicar los aspectos principales del sistema *que resulta* de la precomprensión que se considera subyacente al derecho actualmente en vigor.

2. Las leyes penales como normas de sanción

Las normas de sanción son aquellas que se pueden formular directamente a partir de los enunciados normativos del Código Penal o de las leyes penales especiales. Son las que ordenan perseguir y castigar penalmente a una persona bajo ciertas condiciones y de una determinada manera. Así, por ejemplo, el art. 141 establece que «será castigado con la pena de presidio o reclusión menor en su grado máximo» quien ejecuta «sin derecho» la conducta típica previamente descrita, privando a otra persona de su libertad.

Las normas de sanción pueden entenderse también como normas de conducta dirigidas a los operadores del sistema penal —los jueces y los fiscales— y su cumplimiento puede estar garantizado a través de otras normas de conducta y de sanción (*v. gr.* arts. 224 y 229). Como las definiciones de los delitos, las reglas de punibilidad y el sistema de penas son sistemas normativos altamente complejos (y además hay que considerar la ley, la jurisprudencia y la doctrina, es decir, el sistema dogmático, pues de lo contrario las reglas legales no son inteligibles), las normas de sanción también son estructuras altamente diferenciadas y complejas.

Una parte de las normas de sanción puede caracterizarse más precisamente como «normas de imputación» (Hruschka), ya que se formulan a partir de reglas o, mejor, *criterios* de imputación. Estos criterios —*v. gr.* la estructura de imputación que corresponde a la *actio libera in causa*— dan sentido a las escasas normas de imputación que surgen directamente a partir de los enunciados normativos de las leyes penales, *v. gr.* del art. 10 N° 1, segunda parte.

III. LEGITIMACIÓN DE LAS NORMAS DE CONDUCTA

Se considere o no como afectación *prima facie* de derechos fundamentales, la intervención del derecho penal en la existencia de una persona —que, en caso de condena, podría llevar a privarla de su libertad ambulatoria y sujetarla al régimen de vida carcelario— está sometida a una presión de legitimación particularmente intensa. Esta necesidad de legitimación del derecho penal debe comprender las dos dimensiones revisadas —las normas de conducta y las normas de sanción—, pero sin olvidar que ambas son interdependientes.

1. La protección de bienes jurídicos

Según la opinión de la doctrina mayoritaria, tanto a nivel nacional como comparado, la legitimación de las normas de conducta está orientada por el concepto clave de *bien jurídico*. Conforme a esta opinión, el derecho penal sirve a la protección de bienes jurídicos, con lo que se quiere decir, extremando el planteamiento, que existen bienes previos al derecho penal, y que este debe garantizar la intangibilidad de esos bienes. En consecuencia, la existencia de normas de conducta jurídico-penales solamente se justifica en la medida que estas sirvan efectivamente a la protección de esos bienes jurídicos.

Los bienes jurídicos se definen como atributos de personas, de cosas o de instituciones —como la salud, la vida, la libertad de desplazamiento, la recta administración de justicia, el medioambiente— que sirven al libre desarrollo del individuo en una sociedad organizada como Estado democrático de derecho. Según si el bien jurídico se ordena primordialmente a la protección del individuo o de la colectividad, se habla de bienes jurídicos individuales y de bienes jurídicos colectivos, respectivamente.

Conforme a esta concepción, entonces, el derecho penal protege bienes jurídicos mediante normas, sea prohibiendo formas de conducta que los afectan, sea mandando formas de conducta que los resguardan.

2. El análisis de proporcionalidad

La política criminal se sirve de algunas herramientas para determinar qué conductas pueden ser mandadas o prohibidas bajo amenaza de pena, de modo que las decisiones de criminalización sean compatibles con un Estado que se legitima por su respeto a la libertad personal. Varias de esas herramientas se concentran en el denominado análisis de proporcionalidad.

Según la teoría constitucional (ALEXY, APEL), que ha sido aplicada fructíferamente al derecho penal por FRISCH y otros autores, el análisis de proporcionalidad comprende tres aspectos:

(i) un *análisis de necesidad*, donde se inquiere si la creación de una norma de conducta penal resulta estrictamente necesaria para resguardar el bien jurídico que se pretende proteger, o si, por el contrario, esa protección se puede alcanzar por otros medios;

(ii) un *análisis de idoneidad*, en que se determina si la norma de conducta penal es apta y adecuada para resguardar el bien jurídico, o bien, si se trata de un bien jurídico que el derecho penal no está en condiciones de proteger de un modo razonablemente eficaz, y

(iii) un *análisis de proporcionalidad en sentido estricto*, es decir, una reflexión acerca de si la restricción de libertad que implica la norma de conducta penal se encuentra suficientemente justificada, es decir, si el bien que se logra con la norma penal tiene suficiente entidad como para justificar la restricción de libertad que ella misma impone.

Si, una vez hecho este análisis, la norma examinada resulta necesaria, idónea y proporcional en sentido estricto, entonces lo más probable es que ella sea legítima en orden a la protección del bien jurídico de que se trata.

Por eso, cuando el legislador despenaliza conductas, no lo hace necesariamente porque considere que ellas merecen ahora una valoración positiva. También puede estimar que el derecho penal ha dejado de ser un instrumento idóneo para proteger los bienes jurídicos respectivos. Por ejemplo, con la despenalización del adulterio (1994) el legislador no declaró que la conducta de adulterio pasó a ser positivamente valorada por el ordenamiento, sino solo que el derecho penal no es el instrumento idóneo para hacerse cargo de ella. Las mismas razones pueden y deben llevar al legislador a no criminalizar ciertas conductas abiertamente inmorales y rechazadas por el común de los ciudadanos.

El resultado de todo lo expuesto es que el derecho penal no prohíbe cualquier lesión de cualquier bien jurídico, sino que selecciona ciertas formas de conducta que se consideran especialmente dañinas o peligrosas para los bienes de mayor significación. Es decir, el derecho penal solo sanciona las conductas socialmente más intolerables, tanto por el bien jurídico afectado, como por la forma de afectación. Por ejemplo, el derecho penal no protege al ciudadano de «miradas hirientes» —aunque sí pretende brindar protección contra «palabras hirientes»—; tampoco protege la propiedad frente al incumplimiento contractual ni frente a los daños causados por negligencia.

Puesto que el derecho penal selecciona solo las conductas socialmente más intolerables —tanto por el bien jurídico afectado como por la forma de afectación— necesariamente cuenta desde el principio con que van a existir ilícitos no punibles. Por ello, en la medida en que implica una selección, se dice que el derecho penal tiene un carácter *fragmentario*. La expresión «vacíos o lagunas de punibilidad» no se refiere a estos ámbitos de ausencia del derecho penal, sino a los casos de ausencia de punibilidad que carecen de racionalidad al interior del sistema.

3. Precisiones a la legitimación de las normas de conducta

a) El bien jurídico como atributo valorado positivamente

El bien jurídico es el atributo valorado positivamente por el derecho, por ejemplo, la vida, la salud o la integridad de los ahorros previsionales. Este atributo no ha de confundirse con la persona concreta o el objeto concreto cuyo atributo valorado positivamente resulta afectado por la conducta típica. En derecho penal, esta persona u objeto afectado se denomina *objeto de la conducta* u *objeto de la acción*. Por ejemplo, si Arnoldo dispara sobre Benito y lo mata, el bien jurídico afectado —que protege tipo penal del art. 391 N° 2— es la vida, y no el tiempo de vida que restaba a Benito.

Esto tiene una serie de consecuencias prácticas. Por ejemplo, el art. 1° inc. 3°, primera parte, determina que la discordancia entre lo que el sujeto se proponía hacer y lo que logró es irrelevante cuando tal discordancia solo se refiere al objeto de la acción (*error in persona vel objecto*), puesto que el objeto concreto de la acción no forma parte del tipo penal. Ello no obsta a que el legislador especifique ciertas clases de objeto en los tipos penales; pero estas especificaciones redundan en una modificación del objeto material del delito o incluso del bien jurídico que se trata de proteger (*v. gr.* el bien jurídico protegido por el delito de parricidio no es idéntico al bien protegido por el delito de homicidio).

b) La función del bien jurídico en las decisiones de criminalización

Existe una discusión no concluida sobre la función del bien jurídico en derecho penal. Algunos sostienen que el concepto solo alude a la *ratio legis* de un determinado tipo penal —y, por lo tanto, solo se trata de un concepto auxiliar para interpretar los tipos penales—, mientras otros señalan que cumple una función mucho más trascendente, pues constituye un límite para el legislador, de tal manera que este no puede tipificar como delito conductas que no afecten a un determinado bien jurídico reconocido (constitucionalmente, se suele agregar en el último tiempo) como tal. Conforme a este último planteamiento, entonces, hay realidades que pueden ser valiosas para algunas personas, pero que no cuentan como bien jurídico y, por tanto, sería ilegítimo que el legislador tipifique como delito conductas que las afectan. Esta concepción del bien jurídico como límite al legislador se relaciona con el *principio de lesividad* u ofensividad, conforme al cual no se puede criminalizar una conducta si esta no causa un daño.

c) El bien jurídico como metáfora

En realidad, cuando se habla del bien jurídico como «objeto» de protección penal se está utilizando un lenguaje metafórico. La referencia al bien jurídico como *ratio legis* es de gran ayuda en la interpretación de los tipos penales de la parte especial —concepto auxiliar—, pero el derecho penal no tiene por objeto la protección de bienes jurídicos puesto que, si se propusiera esa tarea, terminaría ahogando la libertad y siempre llegaría tarde.

El derecho penal actúa retrospectivamente, interviene cuando el bien jurídico ya ha sido lesionado, y protege bienes solo por la vía indirecta de reforzar comunicativamente, mediante la imposición de la pena, la vigencia de las normas que los resguardan. Un presupuesto de este cometido es que las normas de conducta operen como «razones externas» para que el ciudadano se forme una motivación acorde con las valoraciones del derecho; pero esta dimensión —normas como razones para la acción— es común a todas las ramas del derecho y no específicamente penal.

En palabras de Jakobs: «La "asociación civil" no puede perseguir simultáneamente la libertad e impedir todo abuso de la libertad, pues esto último presupondría una vigilancia de dimensión totalitaria, es decir, lo opuesto a la libertad. Por ello, aquel Estado que se pretenda Estado de libertades no puede garantizar seguridad absoluta; su estructura, o, hablando en términos modernos, su identidad, es decir, aquello que promete mantener, no es la preocupación por un máximo de seguridad, sino de *juridicidad*, esto es, vigencia del Derecho, y el Derecho está en vigor también si se produce una conducta antijurídica, cuando esta conducta se denomina y trata como delito».

4. ¿Existe algún criterio para determinar cuáles infracciones deberían sancionarse penalmente y cuáles no?

Se trata de una pregunta relevante en un escenario de expansión acelerada del derecho penal. La respuesta es, sin embargo, esencialmente filosófica y política, pues la ciencia del derecho penal y la teoría de la imputación funcionan en un marco definido previamente por la coordinación de intereses ya plasmada en la legislación. Sin embargo, a partir de los principios desarrollados por la ciencia penal y ampliamente reconocidos es posible identificar algunos criterios básicos:

- el derecho penal es secundario y, por lo tanto, no debería crear ilicitud allí donde no la hay para el derecho civil, comercial, administrativo, etc.;
- las leyes penales limitan el poder sancionador del Estado, su arbitrariedad y, por lo tanto, tienen que ser precisas y determinadas; esto excluye también las remisiones abiertas al criterio o a la discrecionalidad del aplicador;
- las sanciones penales tienen que ser merecidas, esto es, solo puede imponerse una pena a quien haya puesto en ejecución una decisión contraria a la vigencia de una norma de conducta penalmente reforzada;
- el sufrimiento que se inflige mediante la pena no es distribuible entre varias personas; pero lo tanto, tampoco pueden serlo los presupuestos para la imposición de la pena;
- el derecho penal es retrospectivo, y por eso la pena debe fundarse suficientemente en lo ya ocurrido —el desvalor de lo pasado debe ser fundamento suficiente— antes de incorporar un *plus* de fundamentación basado en lo futuro, en la prevención;
- cuando el derecho penal asume o se remite a la lógica regulatoria de otras ramas del ordenamiento (libre competencia, derecho sanitario, concursal, tributario, etc.), debe comprender cabalmente esa lógica y adaptarla a las características propias del derecho penal.

Así, son señales de desproporción en el uso del instrumento penal, entre otras, la profusión de remisiones ciegas a normas infralegales y de expresiones vagas o de geometría variable (como «manifiestamente», «ostensiblemente», etc.); la imposición de sanciones penales basadas en la lógica de la acumulación; la licuefacción del bien jurídico; la imposición de consecuencias penales o cuasi penales sin culpabilidad ni condena, y la creación de ilícitos que no existen en el resto del ordenamiento.

IV. LEGITIMACIÓN DE LAS NORMAS DE SANCIÓN

¿Cómo se fundamenta ahora el derecho del Estado a imponer y ejecutar un castigo sobre sus miembros, afectándolos en su misma existencia personal? Esta pregunta ha sido respondida de un modo muy variado y confuso a lo largo de la historia. Con todo, hoy parece existir amplio acuerdo en dos aspectos. Primero, y contra los planteamientos abolicionistas del derecho penal, se reconoce que el Estado debe estar facultado para reprimir con sanciones penales al menos las conductas especialmente dañosas para la coexistencia pacífica de sus miembros, pues solo así puede garantizar dicha coexistencia pacífica de modo efectivo. Segundo, se suele declarar que el uso de las sanciones penales tiene que ser excepcional, es decir, debe restringirse a los casos en que no hay otra alternativa; por eso se dice que el derecho penal es un derecho de *ultima ratio*, que solo se aplica como último recurso.

Aun coincidiendo en lo anterior, existen muchas maneras de aproximarse al problema de la justificación o legitimación de la pena. Una de ellas consiste en preguntarse cómo habría que concebir la pena y su finalidad para equilibrar la relación jurídica entre el Estado como colectividad necesaria y sus miembros como personas libres. Desde esta perspectiva, es posible dividir los múltiples esfuerzos de justificación de la pena a lo largo de la historia, básicamente, en dos grandes grupos: las teorías absolutas y las teorías relativas.

1. Teorías absolutas de la pena

Para las teorías absolutas, la pena se define esencialmente como respuesta a una conducta contraria a derecho, es decir, la pena se impone porque se delinquió y se legitima ya suficientemente como *reacción* ante un delito que se ha cometido.

La más representativa de todas las teorías absolutas de la pena es la «teoría de la retribución», cuya formulación moderna se debe, principalmente, a Kant. El punto de partida está en su *Crítica de la razón pura* (1781), donde Kant sostiene que la imposición de la pena es una forma de hacer justicia, lo cual es una condición básica para pensar al hombre como sujeto moral (un ser que no consiste solamente en un manojo de nervios, huesos y otros tejidos). Es decir, no es posible pensar al hombre como sujeto moral si es que no existe la justicia, entendida esta como un orden donde el mérito tiene su premio y el demérito, su castigo.

A partir de estas consideraciones, KANT desarrolla en la *Metafísica de las costumbres* (1797) su teoría de la pena, afirmando que, si se trata de realizar la justicia, entonces la pena solo se puede imponer a alguien porque la ha merecido. La pena, por tanto, debe ser una reacción frente al delito que se cometió. Si, en cambio, la pena no se impusiera por merecimiento, sino para lograr alguna finalidad ulterior a través del castigo, entonces el hombre dejaría de ser considerado como el fin en sí mismo que es, para ser mezclado entre los objetos del derecho de las cosas. Si la pena verdaderamente se impone por merecimiento, entonces —y solo entonces— pueden tener cabida otras finalidades adicionales.

Debido a que la pena es ejecución de la justicia, KANT sostiene consecuentemente que, una vez constatados los presupuestos necesarios para su imposición, la pena no puede dejar de imponerse, en tanto la justicia es una estructura necesaria para considerar al hombre como ser moral. La imposición de la pena es, en otras palabras, un imperativo categórico.

HEGEL también sustenta una concepción retributiva de la pena, y existen muchos paralelos entre su posición y la de KANT. Las ideas de HEGEL sobre esta materia están desarrolladas principalmente en sus *Lineamientos de Filosofía del Derecho* (1821).

Para HEGEL, la personalidad no es algo estático, sino que se va constituyendo por la relación de un sujeto con los demás, relación que él llama «reconocimiento». Por ello, el primer mandato del derecho, según HEGEL, es: «Sé una persona y reconoce a los demás como personas». Pues bien, igual que la personalidad, la libertad personal realmente existente también se constituye cuando el sujeto es reconocido por los demás como un igual. Así, la libertad personal depende en su existencia real del reconocimiento que de ella hacen las demás personas.

Lo anterior es relevante puesto que, según HEGEL, lo propio del derecho es garantizar un mínimo de reconocimiento personal; el derecho es, precisamente, «el reino de la libertad realizada». Es por ello que el delito no sería, en primer lugar, la lesión de una cosa, sino la lesión del derecho en cuanto orden de convivencia, la lesión del orden social como tal, que solo se manifiesta de una manera accidental en la lesión de un objeto puntual. Para HEGEL, entonces, el delito lesiona el derecho como fundamento de la libertad. Por tanto, el derecho penal no está llamado a proteger los bienes jurídicos y las cosas por sí mismas, sino que está llamado a castigar el delito para garantizar el mínimo reconocimiento que provee el orden social.

Al cometerse un delito se niega al otro reconocimiento como un igual y, al mismo tiempo, el primer mandato del derecho. Y si se niega la vigencia del derecho —del orden social normativamente estructurado—, no es posible la libertad. Hasta que no se restablezca la vigencia del derecho cuestionada, primará la ley del más fuerte. Solo el establecimiento vinculante de un orden deja atrás el imperio del más fuerte, la «guerra de todos contra todos». Contra ese orden o *rule of law* es que atenta el delincuente al desconocer al otro su libertad e igualdad. Por ello, HEGEL afirma que «el delito es la lesión del derecho en cuanto derecho».

Esta negación del derecho en cuanto tal tiene, sin embargo, una existencia contradictoria: quien niega al otro su calidad de persona, niega su propia calidad de persona; quien niega al otro su libertad, niega el fundamento de su propia libertad. Esta existencia contradictoria del delito debe ser puesta en evidencia por la sociedad, y justamente la pena cumple esta función: manifiesta que «el delito no puede ser». Por ello, la pena es la negación de la negación del derecho.

Cuando la pena niega la negación del derecho en que consiste el delito, no solo se restablece la vigencia del derecho, sino que este se «reconstituye» y se establece en un punto más alto de perfección o realidad; el orden social resulta fortalecido y se realiza con mayor plenitud.

El Estado se encuentra obligado a manifestar que la existencia del delito es precaria, holográfica. Esto se debe a que el acto delictivo, aunque contradictorio en sí mismo, debe de tomarse en serio porque es expresión de la voluntad particular de un sujeto racional, de un miembro de la sociedad igual que todos los demás. Por eso, al imponerse la pena «se honra al delincuente como el ser racional que es». Para HEGEL, esta es la única forma de concebir la pena que resulta compatible con la dignidad de la persona.

2. Teorías relativas de la pena

Frente a las concepciones absolutas, las teorías relativas sobre legitimación de la pena consideran que su imposición solo está justificada cuando con ella se avanza en la obtención de un fin determinado y legítimo (*v. gr.* se castiga para que no se delinca en el futuro). Sus formas más conocidas son la teoría de la prevención general y la teoría de la prevención especial.

a) Teoría de la prevención especial

Considera que el principal destinatario de la pena es la persona concreta del delincuente; por tanto, lo que legitima la pena es que, a través de su imposición, se impida o dificulte que esta persona vuelva a cometer delitos. Uno de los principales exponentes de esta teoría es von Liszt, quien formula sus lineamientos en el llamado *Programa de Marburgo* y en *La idea de fin en derecho penal*, ambos de 1882.

Para este autor, el fin preventivo especial se puede obtener de tres maneras distintas. En primer lugar, se logra mediante la corrección o reinserción social del delincuente, siempre que sea susceptible de ser reinsertado socialmente y esté necesitado de esa reinserción. Esto se concreta en medidas educativas, sujeción a tratamientos médicos, rehabilitación contra adicciones, etc. Segundo, se obtiene por la vía de intimidar al sujeto a quien se impone la pena, cuando este no necesita corrección o no es receptivo a medidas de reinserción. Tanto en la corrección como en la intimidación «la pena aparece como *adaptación artificial* del delincuente a la sociedad».

Por último, la prevención especial se alcanza mediante «la separación del delincuente, su inocuización pasajera o permanente, su expulsión de la sociedad o su internación dentro de ella. La pena aparece entonces como *selección artificial* del individuo inepto para la vida en sociedad».

Es indiscutible que el sentido y fin de la pena, que se impone precisamente a la persona singular, no puede ser ajeno a los efectos que produce en ella; esta idea fundamental de la prevención especial debe ser rescatada. Pero, como escribía Carrara, «una cosa es *inducir* a un culpable a no delinquir más, y otra cosa es pretender hacerlo bueno interiormente. Una cosa es recordar a los mal inclinados que la ley cumple sus amenazas, y otra cosa es esparcir el terror en las almas. El temor y la enmienda están implícitos en la acción moral de la pena; pero si se quiere hacer de ellos un *fin especial*, esta se desnaturaliza, y se conduce a aberraciones al magisterio punitivo».

En nuestra legislación, el fin preventivo especial de la pena asoma en la Ley N° 18.216 sobre penas alternativas a las penas privativas de libertad, en la Ley N° 20.084 sobre Responsabilidad Penal de los Adolescentes, y en las penas con fisonomía de medidas de seguridad contenidas en el Código Penal.

b) Teoría de la prevención general

La prevención general adopta dos formas o manifestaciones principales y radicalmente diferentes en la historia del pensamiento penal.

aa) Prevención general negativa

El destinatario de la prevención general negativa es la colectividad; por tanto, la pena se legitima en cuanto impide que otros sujetos, distintos del que va a ser castigado, cometan delitos en el futuro.

En esta línea, decía FEUERBACH que la amenaza de pena debe actuar como una coacción psicológica sobre la sociedad, de tal manera que sus miembros, al ver la ejecución de la pena, se digan a sí mismos: «el crimen no paga; el delito *no vale la pena*».

En nuestra legislación, esta teoría tiene importantes manifestaciones precisamente allí donde el legislador se aparta de lo que el delincuente parece haber merecido como sanción (culpabilidad), para imponer un castigo «ejemplarizador». Un caso discutido, en este sentido, es el del art. 450, que castiga como consumados ciertos delitos que se encuentran en grado de tentativa, haciendo excepción a la punibilidad atenuada de la tentativa, cuya pena es inferior en dos grados a la que señala la ley para el delito consumado (art. 52).

La teoría de la prevención general negativa aplica la misma lógica utilizada por la corriente del *Law & Economics*. Así por ejemplo, BECKER, uno de los fundadores de esta corriente, señala, siguiendo y refinando a BENTHAM, que la magnitud de la pena multiplicada por la probabilidad de ser castigado equivale al rigor de fuerza preventiva de que goza una determinada prescripción penal. Si el potencial causante del daño anticipa una ganancia neta G y la probabilidad de ser castigado es $P < 1$, la sanción debe fijarse en $S = G/P$ para igualar su beneficio esperado por causar el daño y hacer que este ya no tenga valor para él. Esto explica que con frecuencia se establezcan penas altas para delitos cuyo desvalor social es bajo.

Esta forma de razonar y, en general, los planteamientos que operan sobre la lógica del *tit for tat*, presentan dos problemas importantes. Primero, un problema práctico: este sistema de coacción psicológica implica que el delincuente es un sujeto perfectamente racional que calcula los costos y beneficios de su actuar, un teórico *homo œconomicus* que en la realidad no existe —o al menos no en la medida que supone la teoría—, tal como han demostrado las investigaciones más recientes sobre economía del comportamiento. Segundo, un problema de fondo: imponer una pena que excede lo merecido por el sujeto para alcanzar un fin ulterior es usar a la persona como medio, instrumentalizarla, vulnerando el principio de culpabilidad. Estas consideraciones críticas son válidas respecto de cualquier forma de prevención general negativa.

bb) Prevención general positiva

La prevención general positiva también parte de la base de que la pena se dirige a la colectividad; sin embargo, sostiene que el fin de la pena no es intimidar o amenazar, sino reforzar el respeto al derecho y la confianza en el ordenamiento jurídico. Por tanto, lo que legitima la pena es que ella confirma la vigencia de normas elementales para una interacción social en libertad.

A diferencia de lo que sucede en el ámbito del derecho administrativo sancionador, en el derecho penal no se trata de prevenir delitos o daños, sino de garantizar que los ciudadanos se van a orientar real y primordialmente según las normas básicas de convivencia social. Para que exista cohesión social, cada ciudadano debe poder asumir que los demás ajustarán su conducta a las normas fundamentales vigentes en la sociedad, y el derecho penal tiene como misión asegurar que esa confianza esté justificada y sea razonable. Esta misión solo se puede cumplir en la medida en que no se tolere una defraudación duradera de esa confianza.

De esta manera, ante una defraudación puntual, el derecho penal debe afirmar de un modo contundente que no es el ciudadano fiel al derecho quien tiene que aprender nuevamente a vivir en sociedad, adaptándose al proceder delictivo de los demás. Por el contrario, la imposición de la pena muestra que ese ciudadano puede confiar en que la norma quebrantada por el delincuente sigue siendo un parámetro válido de orientación en la sociedad. La pena repara así la defraudación puntual de la expectativa de reconocimiento o respeto al derecho y expresa que el derecho sigue vigente, como derecho realmente existente, y no como un mero programa teórico. Ello supone mostrar, a través de la pena, que el proyecto de sociedad que ha esbozado el delincuente con su conducta no es viable (JAKOBS).

La prevención general positiva considera también un espacio para que la pena cumpla una función respecto del delincuente mismo. Así, conforme a esta concepción, si el delincuente viera su propio delito desde la perspectiva desde la cual lo ven los demás, si fuera capaz de salir de sí mismo mediante la reflexión, entonces estaría decepcionado de su conducta y aceptaría la pena como justa consecuencia. En este sentido, la pena puede verse como un «ofrecer alternativas al sujeto para superar sus conflictos sociales», una invitación a participar de la vida en común (BUSTOS/HORMAZÁBAL/FERNÁNDEZ). La legitimación de la pena no depende de que la persona condenada acepte esta invitación, pero la pena tiene que ser tal, que ese acto de aceptación y toma de conciencia sea posible. En esta versión (VAN WEEZEL), la prevención general positiva excluye la pena de muerte y las penas que un ciudadano fiel al derecho consideraría manifiestamente desproporcionadas.

En el estado actual de la discusión sobre legitimación de la pena se aprecia una vuelta a las teorías absolutas, propiciada precisamente por la teoría de la prevención general positiva desarrollada por JAKOBS. Esta teoría tiene el gran mérito de superar, siguiendo el camino trazado por HEGEL y otros autores, la distinción entre prevención y retribución. El derecho penal retribuye, pero no el daño individual («ojo por ojo»), sino el daño social que produce el delito, justamente la lesión del derecho, del orden jurídico de libertades, en cuanto tal. Esta concepción del sentido y fin de la pena es la que se adopta en este curso.

Para profundizar...

Una explicación clara de las normas de conducta penales puede encontrarse en DE LA FUENTE, *¿Qué prohíben las normas de comportamiento?* (Universidad Externado de Colombia, Bogotá, 2019); muy clarificadora también es la primera parte de *Normentheorie und Strafrechtsdogmatik* de AST (Duncker & Humblot, Berlin, 2010). Sobre la teoría del bien jurídico puede verse «Sobre la evolución del bien jurídico penal: un intento de saltar más allá de la propia sombra» de SZCZARANSKI en *Política Criminal* Vol. 7 N° 14 (2012), pp. 378-453, y desde luego la obra colectiva *La teoría del bien jurídico. ¿Fundamento de legitimación del derecho penal o juego de abalorios dogmático?*, editada por HEFENDEHL, VON HIRSCH y WOHLERS y publicada en español en 2016 por la editorial Marcial Pons. Los principales tópicos en materia de decisiones de criminalización pueden encontrarse en HÖRNLE, «Theories of Criminalization», en *The Oxford Handbook of Criminal Law* (OUP, New York, 2014), pp. 679-701. Y sobre las denominadas «teorías de la pena», en el universo de las publicaciones dedicadas al tema puede ser un buen punto de partida revisar ROXIN, «Sentido y límites de la pena estatal», en *Problemas básicos del derecho penal* (trad. de Luzón Peña, Reus, Madrid, 1976), pp. 11-36; un panorama de la discusión contemporánea sobre la pena puede leerse en PAWLIK, *Das Unrecht des Bürgers* (Mohr Siebeck, Tübingen, 2012) y, desde la perspectiva de los autores anglosajones, en DUFF, *Punishment, Communication and Community* (OUP, New York, 2001).

Capítulo III.

Algunos principios del derecho penal

La impronta de la Modernidad en el derecho penal puede resumirse en lo que cabría denominar como «conciencia ilustrada»: la conciencia viva de que quien ostenta el poder de sancionar puede abusar de él, restringir arbitrariamente las libertades y afectar grave e irreparablemente a personas culpables e inocentes. De esta conciencia fluye una serie de principios como los que se mencionan a continuación. A ellos habría que añadir el principio de legalidad, al que por su gran transcendencia dedicaremos un estudio pormenorizado en el siguiente capítulo. Estos principios se encuentran explícitos en la Constitución o son consistentes con ella.

I. PRINCIPIO DEL HECHO

El denominado «principio del hecho» expresa que los pensamientos no pueden ser castigados: *cogitationis poenam nemo patitur* (D. 48,19,18). Este principio —elemento esencial de la legislación penal moderna— establece, por tanto, el umbral mínimo de exteriorización del comportamiento para que su definición como delito pueda ser legítima. Así, lo que se castiga siempre es la unidad entre lo interno y lo externo. Tal como expresa Hegel en la *Fenomenología del Espíritu* (1807), «la verdad de la intención es el hecho mismo»: existe una unidad indisoluble entre lo interno y lo externo, y solo esa unidad puede constituir delito.

II. PRINCIPIO DE INTERVENCIÓN MÍNIMA, FRAGMENTARIEDAD Y CARÁCTER SECUNDARIO DEL DERECHO PENAL

El derecho penal es de *ultima ratio*, pues funciona como último argumento o recurso. Conforme a este principio, el derecho penal solo debería aplicarse cuando todos los demás medios para garantizar la coexistencia en paz y libertad han fracasado o se muestran ineptos. Este principio está en la base del juicio de proporcionalidad en las decisiones de criminalización. Por otro lado, significa que el derecho penal debe reaccionar solamente frente a las agresiones más graves producidas contra los bienes jurídicos más importantes (carácter fragmentario del derecho penal). En la clásica formulación de Tomás de Aquino, «la ley humana no puede prohibir todo lo que es contrario a la virtud, sino que es suficiente con que prohíba lo que destruye la convivencia social; lo demás es como si fuera lícito, no porque la ley lo apruebe, sino porque no lo castiga» (S. Th. II^{a}-IIae q. 77 a. 1 ad 1).

De los dos criterios anteriores se sigue que el derecho penal es secundario, es decir, que no «crea» autónomamente la antijuridicidad de una conducta, sino que refuerza mandatos y prohibiciones cuya contravención ya es antijurídica conforme al resto del ordenamiento, lo que hemos denominado «normas primarias».

III. PRINCIPIO DE LESIVIDAD U OFENSIVIDAD

Este principio afirma que no cabe criminalizar legítimamente una conducta si esta no produce un daño o no pone en peligro un bien jurídico individual o colectivo. En consecuencia, las infracciones morales que no tienen una víctima jurídicamente reconocible, ni siquiera la colectividad, no podrían constituir delito.

Como es obvio, para tener algún contenido el principio de lesividad debe ir acompañado de una teoría plausible del bien jurídico, capaz de limitar realmente al legislador en la definición de conductas delictivas y de orientar al intérprete en la denominada interpretación «teleológica». Todo indica, sin embargo, que a la fecha no se cuenta con una teoría de consenso, tampoco a partir de las propuestas alternativas basadas en el *harm principle*. Por el contrario, en los mismos autores que han desarrollado o relevado el rol del principio de ofensividad se observa una fuerte tendencia a la «desmaterialización» del bien jurídico, el cual podría consistir también en un orden de prioridades establecido administrativamente (FEINBERG), en las condiciones bajo las cuales las personas pueden gozar de un bien en forma despreocupada (KINDHÄUSER), o incluso en el sentimiento subjetivo de seguridad del ciudadano (GIMBERNAT).

IV. DERECHO PENAL DE ACTOS

El derecho penal moderno es un derecho penal «de actos» y no «de autor». Esto significa que a una persona solo se le puede hacer responsable penalmente por un hecho suyo, es decir, por un acto concreto que se le imputa, de tal manera que las particularidades de su personalidad o la forma como esa persona ha conducido su vida en el pasado no pueden tener incidencia en la afirmación de su responsabilidad penal.

Hay quienes afirman que todas aquellas reglas que exigen una cierta habitualidad para que un hecho constituya delito y, especialmente, las circunstancias agravantes de reincidencia (art. 12, circ. 15ª y 16ª), atentan contra este principio. Hay algo de cierto en estos planteamientos, pero también se debe tener presente que el núcleo del principio apunta al establecimiento de la responsabilidad por un hecho, y no a las características de las sanciones o a las condiciones de su determinación y cumplimiento.

V. DERECHO PENAL PERSONALÍSIMO

Conforme a este principio, la sanción penal solo puede afectar directamente a la persona que cometió el delito y no a terceros. Una de las principales manifestaciones de este principio está en el art. 93 N° 1, que establece la extinción de la responsabilidad penal por la muerte del responsable. El mismo precepto contempla, sin embargo, una excepción respecto de las penas pecuniarias, que CURY calificaba irónicamente como una «manifestación póstuma de la codicia fiscal».

VI. PRINCIPIO DE CULPABILIDAD Y *NON BIS IN IDEM*

Según el principio de culpabilidad, la pena debe ser merecida, lo cual significa que el hecho delictivo debe ser expresión de un déficit de motivación de respeto al derecho y no, por ejemplo, un infortunio imposible de resistir.

Este principio se tratará en detalle más adelante, pero desde ya es importante tener en cuenta que un presupuesto necesario —aunque no suficiente— de la culpabilidad es la posibilidad de afirmar que la persona, al tiempo relevante para el hecho, tuvo la posibilidad de actuar conforme a derecho. Para poder afirmar esto no es necesario asumir la existencia del libre albedrío en un sentido metafísico o antropológico. Este presupuesto elemental del reproche de culpabilidad se fundamenta de modo suficiente ya en la pretensión de autoadministración que eleva cada ciudadano. En la misma medida en que este mantenga la pretensión de administrar autónomamente su propia esfera de organización, sin injerencia ajena, existirá fundamento suficiente para que el Estado pueda hacerle responder por las consecuencias de dicha autoadministración. Esto es parte del contenido del *sinalagma* «libertad de comportamiento/responsabilidad por las consecuencias».

Expresado con una «parábola» propuesta por Jakobs:

> «En unos países limítrofes, los habitantes de las regiones fronterizas suelen organizar de vez en cuando expediciones de pillaje hacia los respectivos países vecinos, siendo el daño generado allí muy superior al beneficio obtenido, lo que resulta indiferente a los saqueadores, ya que el daño es soportado en cada caso por los otros. Los monarcas soberanos de esos países acuerdan en un encuentro atajar estrictamente estos desmanes ya al comienzo del latrocinio, esto es, en sus propios países, prometiéndose en cuanto garantía del acuerdo, para el caso de que a pesar de ello se produzcan casos de pillaje, una multa por el doble del daño producido. La situación mejora súbitamente debido a las medidas inmediatas tomadas por los monarcas; en el próximo encuentro, casi sin excepciones, solo hay pocas multas que pagar. Uno de ellos, sin embargo, que es el único obligado a pagar una multa elevada, no quiere pagar nada; expone que a pesar de haber hecho grandísimos esfuerzos, no disponía de suficientes fondos para poder crear una fuerza de policía efectiva. Los demás le creen, y acuerdan, debido a la incapacidad de su primo —derivada de su debilidad financiera—, dividir su país entre ellos. Confrontado con esa posibilidad, el monarca en cuestión toma prestada la suma necesaria y acaba por pagar. El filósofo titular de su corte opina que es injusto pagar multa por un comportamiento que no es libre, e indigno someterse a tal requerimiento. Pero el monarca contesta que su libertad para administrar su país es más importante que esas reflexiones».

Un corolario importante del principio de culpabilidad es el principio de *non bis in idem*, conforme al cual una misma conducta ilícita no puede ser objeto de dos o más sanciones. La determinación de cuándo se está ante una misma conducta —*v. gr.* ¿qué ocurre cuando una misma conducta constituye dos o más delitos o tiene efectos en más de una jurisdicción nacional?— y de qué se entiende por pluralidad de sanciones —*v. gr.* ¿han de ser todas ellas de índole penal?— es altamente controvertida. El art. 63 es expresión de este principio, en cuanto prohíbe que ciertas propiedades del hecho que forman parte de la definición típica sean nuevamente valoradas para agravarlo, como si se pretendiera aplicar a un delito de estragos la agravante del art. 12 N° 3. Esta «prohibición de doble valoración» tiene por objeto impedir que se imponga una pena mayor que la correspondiente a la medida de la culpabilidad. En un sentido análogo, e incorporando la dimensión procesal del principio de *non bis idem*, el art. 13 CPP reconoce efecto en Chile a las sentencias penales dictadas en el extranjero, disponiendo que «nadie podrá ser juzgado ni sancionado por un delito por el cual hubiere sido ya condenado o absuelto» en otro país. Esta no es una concesión graciosa del legislador procesal, sino un corolario del principio de culpabilidad.

VII. PRINCIPIO DE PROPORCIONALIDAD

El principio de proporcionalidad es una estructura particularmente compleja. En el plano de la legitimación de las normas de conducta (decisiones de criminalización), puede caracterizarse como una forma más precisa de hacer operativas —a través del *test* de proporcionalidad— las ideas de *ultima ratio*, fragmentariedad y carácter secundario del derecho penal.

En el plano de la definición de la clase y magnitud de las penas se habla de una proporcionalidad absoluta o «cardinal» (von Hirsch) y de una proporcionalidad «ordinal». La primera dice relación con lo que Duff ha denominado «pertinencia comunicativa». Una pena no puede aparecer fundadamente ante el delincuente, por su clase y magnitud, como un mero acto de revancha y violencia irracional, como ocurriría *v. gr.* si se sancionara con cárcel un hurto de supermercado. La proporcionalidad «ordinal» o relativa atiende, en cambio, a la comparación entre las sanciones previstas para los distintos ilícitos y supone, en términos generales, que sería posible graduarlos en una escala conforme a su gravedad, de modo que una alteración del orden relativo por parte del legislador podría denunciarse como desproporcionada. Esta pretensión puede ser correcta en las magnitudes más gruesas. Sin embargo, en la mayor parte de los casos será imposible construir la escala sin incurrir en tautologías. Hay que considerar que los factores que inciden en la magnitud de la pena prevista en la ley son abundantes y disímiles, y la importancia relativa del bien jurídico protegido es solo uno de ellos.

En todo caso, como la aplicación del principio de proporcionalidad presupone la identificación y caracterización de los casos para reconocer los que son similares y distinguir los disímiles, una dogmática penal suficientemente refinada es condición *sine qua non* de la proporcionalidad del sistema.

Para profundizar...

Una excelente introducción a los principios del derecho penal puede leerse en Lascuraín (coord.), *Manual de Introducción al Derecho Penal* (BOE, Madrid, 2019), con contribuciones de diversos autores españoles; valiosos desarrollos de los principios de culpabilidad y lesividad que consideran en alguna medida nuestro ordenamiento jurídico se encuentran en Künsemüller, *El derecho penal liberal. Los principios cardinales* (Tirant lo Blanch, Valencia, 2018) y Piña, *Derecho Penal. Fundamentos de la responsabilidad* (Thomson Reuters, Santiago, 2014). Sobre el principio de culpabilidad conviene revisar Jakobs, «El principio de culpabilidad» (en el volumen *Fundamentos del Derecho Penal*, Ad Hoc, Buenos Aires, 1996). Sobre el principio de lesividad es clásica la obra de Feinberg, *Harm to Others. The moral Limits of the Criminal Law* (OUP, New York, 1987).

Capítulo IV.

Legalidad y vigencia del derecho penal

I. EL PRINCIPIO DE LEGALIDAD EN EL DERECHO PENAL

El principio de legalidad en materia penal expresa que una conducta solo puede ser castigada como delito, mediante la imposición de una pena, cuando la punibilidad ya se encontraba establecida legalmente antes de la realización de dicha conducta. Para satisfacer esta exigencia, la ley penal debe definir o delinear los contornos de la clase de conducta prohibida y, al mismo tiempo, debe ordenar la imposición de una determinada pena como consecuencia jurídica de su realización.

La Constitución consagra enfáticamente este principio en los dos incisos finales del art. 19 N° 3. El art. 1° del Código Penal también contiene —al menos indirectamente— el principio de legalidad, al disponer que «es delito toda acción u omisión voluntaria *penada por la ley*».

1. Fundamento del principio de legalidad

En línea con la «conciencia ilustrada», el fundamento del principio de legalidad en materia penal está en la necesidad de equilibrar la relación jurídica entre el Estado y las personas que lo integran, es decir, entre los intereses colectivos y los del individuo. En este sentido, el principio de legalidad cumple una función de garantía del ciudadano frente a la potestad punitiva estatal.

La garantía consiste en que la decisión acerca de qué conflictos sociales serán resueltos por el derecho penal solo puede ser adoptada por el legislador. Esta formulación general debe ser complementada con dos precisiones. Primera, que el legislador es un legislador democrático (es legislador aquel a quien la

Constitución le otorga este carácter); segunda, que la actividad legislativa en materia penal debe estar guiada por una cierta *fairness*, es decir, por una deferencia o consideración frente al ciudadano, lo que se expresa principalmente en una garantía de objetividad en la actuación del Estado en materia penal.

NAUCKE señala gráficamente que hay dos maneras diversas de entender el principio de legalidad en materia penal. Puede entenderse, en primer lugar, como «carta magna» del *delincuente* frente al Estado (así lo entendía, por ejemplo, VON LISZT). Por tanto, este principio protegería al delincuente —que es el «malo»— frente al Estado —que es el «bueno», pues hace imperar la justicia—. Desde esta perspectiva, el principio es un mal necesario, debe interpretarse en términos más bien estrictos y, cuando se infringe, esas infracciones no son tan graves.

Por otro lado, el principio de legalidad penal puede entenderse como «carta magna» del *ciudadano* frente al Estado. En este sentido, el principio protege al ciudadano —que es el «bueno», porque se le presume inocente— frente al Estado —el «malo», porque puede abusar de su poder—. Desde este punto de vista, el principio de legalidad es un bien importante, debe interpretarse en términos amplios y sus infracciones tienen la máxima gravedad.

2. Órganos encargados de resguardar el principio de legalidad

¿Quién es el guardián del principio de legalidad en materia penal? En el derecho chileno, la función de velar por el cumplimiento del principio de legalidad está repartida en tres órganos diferentes:

(a) El legislador, que debe abstenerse de dictar leyes penales contrarias al principio de legalidad consagrado en el art. 19 N° 3 de la Constitución.
(b) *El Tribunal Constitucional*. La Constitución permite someter al Tribunal Constitucional todas las cuestiones que suscite una ley o su aplicación en relación con la vigencia del principio de legalidad en materia penal. Ello puede hacerse por la vía del control preventivo de las leyes o por la vía del control concreto de su aplicación, mediante la acción de inaplicabilidad. La jurisprudencia más relevante sobre el principio de legalidad penal y su correcta comprensión proviene del Tribunal Constitucional.
(c) *El juez penal*, a quien corresponde interpretar las leyes penales de acuerdo con la Constitución y, por tanto, con el principio de legalidad; cuando

esto no es posible, el juez penal puede y debe remitir el asunto al Tribunal Constitucional.

II. CONCRECIONES DEL PRINCIPIO DE LEGALIDAD PENAL

El principio de legalidad es una garantía formal. Sin embargo, las diversas concreciones del principio de legalidad, desarrolladas por la jurisprudencia y la ciencia penal, escapan a lo meramente formal. La formulación más clásica del principio se expresa en el aforismo *nullum crimen, nulla poena sine lege scripta, praevia, stricta et certa.* Este enunciado, que contiene todas las concreciones del principio, se debe probablemente a Feuerbach.

En esta materia, igual que en la legitimación de la pena, también es importante distinguir sin separar. La garantía que constituye el principio de legalidad opera adecuadamente solo gracias a la interrelación de sus diversas concreciones. Así, por ejemplo, de nada serviría observar una legalidad estricta desde el punto de vista de las fuentes del derecho penal (*lex scripta*), si la ley en cuestión pudiera al mismo tiempo ser vaga o genérica; y muy poco quedaría del mandato de determinación (*lex certa*) si la ley se limitara a nombrar una conducta, pero el establecimiento de las condiciones de su prohibición estuviera en manos de instancias no legislativas. El principio de legalidad es uno solo en sus diferentes dimensiones.

1. *Lex scripta* o prohibición del derecho consuetudinario y de las fuentes extralegales

La única fuente directa del derecho penal es la ley formal. Esto, que también se conoce como *garantía de reserva legal*, implica una prohibición absoluta de aplicar el derecho consuetudinario y otras reglas extralegales como fuente directa del derecho penal. Esta prohibición es una manifestación del equilibrio entre el individuo y el Estado, según la cual solo al legislador le corresponde definir en forma vinculante qué conflictos serán resueltos recurriendo al derecho penal.

De acuerdo con el principio democrático, la ley solo puede tener su origen en órganos representativos de quien ostenta la soberanía conforme a la Constitución. Esta idea es uno de los principales elementos del ensayo jurídico redactado por el marqués de BECCARIA, *De los delitos y las penas* (1764). A BECCARIA le interesaba que nadie más que el soberano —el rey, en ese tiempo— definiera el estatus penal de un determinado conflicto.

Pero el hecho de que la costumbre o las reglas extralegales no constituyan fuente directa del derecho penal no significa que no puedan constituir fuente del derecho penal de manera alguna. El derecho penal es accesorio, es decir, se nutre de los conceptos y reglas provenientes del resto del ordenamiento jurídico. Y ocurre con frecuencia que en otros sectores del ordenamiento jurídico las reglas extralegales sí tienen relevancia. Entonces, siempre que el derecho penal se comporta accesoriamente respecto de sectores del derecho que aceptan la costumbre o las reglas extralegales como fuente, estas terminan siendo fuente indirecta del derecho penal. Por ejemplo:

- El art. 463 ter. del Código Penal se refiere al deudor que no hubiese llevado o conservado los libros de contabilidad y sus respaldos exigidos por la ley. Esta conducta delictiva se relaciona con una serie de buenas prácticas y estándares contables que forman parte de la costumbre mercantil o de regulaciones sin injerencia estatal.
- El art. 491 del Código Penal tipifica los cuasidelitos que cometen ciertos profesionales de la salud, exigiendo el tipo penal que estos hayan causado mal a las personas por negligencia culpable en el desempeño de su profesión. La definición de lo que constituye negligencia culpable requiere el contraste de la situación con un conjunto de criterios o principios de actuación que constituyen en parte una forma de derecho consuetudinario denominada *lex artis*.
- El art. 54 de la Ley N° 19.253 sobre Protección, Fomento y Desarrollo de los Indígenas, exige al aplicador del tipo penal tener en cuenta los usos y costumbres de la etnia a la cual pertenece el imputado, al señalar que «la costumbre hecha valer en juicio entre indígenas pertenecientes a una misma etnia, constituirá derecho, siempre que no sea incompatible con la Constitución Política de la República», agregando que «en lo penal se la considerará cuando ello pudiere servir como antecedente para la aplicación de una eximente o atenuante de responsabilidad».

Esta concreción del principio de legalidad ha provocado alguna discusión en torno a dos clases de fuentes que, de acuerdo con la jurisprudencia del Tribunal Constitucional, constituyen preceptos legales, pero no leyes en sentido estricto o formal: los decretos con fuerza de ley y los decretos leyes.

a) Los decretos con fuerza de ley en materia penal

Los decretos con fuerza de ley no son resultado del ejercicio de la potestad legislativa, sino de la potestad reglamentaria del Presidente de la República en ciertas materias que corresponden al dominio legal y que el Congreso Nacional le ha permitido regular (art. 64 inc.1° de la Constitución). En su art. 64 inc. 2°, la Constitución limita el alcance de la autorización que en este sentido puede otorgar el Congreso, prohibiendo que ella se extienda «a materias comprendidas en las garantías constitucionales». Como el principio de legalidad en materia penal, contenido en los dos últimos incisos del art. 19 N° 3, constituye una garantía constitucional, la mayoría de la doctrina rechaza la idoneidad del decreto con fuerza de ley como fuente legítima del derecho penal.

El Rol 1191 de 2009, contiene la posición del TC sobre la compatibilidad entre el decreto con fuerza de ley y el principio penal de *lex scripta*. Esta sentencia resuelve un requerimiento de inaplicabilidad en relación con la aplicación del actual art. 215 del Decreto con Fuerza de Ley N° 4, del año 2006, del Ministerio de Economía, Fomento y Reconstrucción (delito de sustracción de energía eléctrica). En síntesis, el TC sostiene lo siguiente:

> «Este Tribunal, considerando la larga tradición histórica de los decretos con fuerza de ley dictados durante la vigencia de la Constitución de 1925, antes de su constitucionalización en la Ley N° 17.398, de Reforma Constitucional de 9 de enero de 1971, sostiene que las disposiciones contempladas en dichos cuerpos normativos dictados con anterioridad a la Constitución de 1980 no contradicen necesariamente la misma y siguen vigentes, no obstante comprender materias que de acuerdo al nuevo texto fundamental no pueden ser reguladas sino mediante normas legales, mientras no lesionen los derechos y libertades fundamentales que esta reconoce en sus aspectos materiales o concretos. Ello, pues aceptar una tesis contraria conllevaría indudables perjuicios al sistema jurídico y consecuentemente a la paz social, al cuestionarse per se relevantes materias reguladas en el pasado mediante decretos con fuerza de ley, otorgándole en materias formales o sustantivas a la actual Constitución un carácter retroactivo».

De este modo, el TC acepta los decretos con fuerza de ley como fuentes directas del derecho penal, siempre que sean previos a la Constitución de 1980 y no afecten derechos y libertades fundamentales «en sus aspectos materiales o concretos».

Al referirse concretamente a la constitucionalidad del precepto cuestionado —que *no* es anterior a la Constitución— analiza su historia y concluye que no es más que el sucesor de reglas anteriores: «La norma en cuestión (...) *en lo fundamental* tiene su origen en una norma del año 1931, modificada en el año 1959, la cual ha producido innumerables efectos jurídicos, está incorporada en la conciencia jurídica del pueblo como asimismo validada por notables profesores y por la jurisprudencia». Así, puesto que es posible sostener que el art. 215 reprodujo un precepto preconstitucional, que ha estado vigente por largos años, el TC resolvió rechazar su inaplicabilidad por inconstitucionalidad en el caso concreto.

b) Los decretos leyes en materia penal

El decreto ley es la fuente del derecho característica de los regímenes de facto. En Chile, se ha aceptado por prácticamente la totalidad de los actores del sistema penal, así como por la doctrina, que los pocos decretos leyes que quedan vigentes en materia penal deben aceptarse mientras no sean expresamente derogados, pues regulan materias de tal relevancia que no puede prescindirse de ellos (*v. gr.* el Decreto Ley N° 830, que contiene el Código Tributario).

2. *Lex praevia* o prohibición de retroactividad en derecho penal

El principio de *lex praevia* o de irretroactividad de la ley penal es una manifestación del principio de legalidad que se refiere a los efectos de las leyes penales en cuanto el tiempo; en una primera aproximación, el principio exige que la ley penal sea previa al hecho que mediante su aplicación se pretende sancionar.

Esta irretroactividad tiene rango constitucional —a diferencia de la irretroactividad de las demás leyes, que solo tiene base legal: art. 9° del Código Civil—. Conforme al art. 19 N° 3 inc. 8° de la Constitución, «ningún delito se castigará con otra pena que la que señale una ley promulgada con anterioridad a su perpetración, a menos que una nueva ley favorezca al afectado».

Tal como establece la regla constitucional transcrita, la prohibición de retroactividad se complementa con el *principio de favorabilidad*. De acuerdo con este principio, si una ley posterior al hecho es más favorable para el ciudadano, entonces esta ley es la que deberá aplicarse al juzgamiento del delito. El principio de favorabilidad está desarrollado en el art. 18 del Código Penal.

En síntesis, el efecto de la ley penal en el tiempo está gobernado por el principio de *lex praevia*, que comprende dos aspectos fundamentales: la prohibición de retroactividad y el principio de favorabilidad.

a) La prohibición de retroactividad

aa) Fundamentación de la irretroactividad de la ley penal

La pregunta básica sobre los efectos de la ley penal en el tiempo es qué ocurre cuando al tiempo del hecho estaba vigente una determinada ley (LH), pero luego se dicta otra ley, que es la que está vigente al tiempo de la sentencia (LS), existiendo entre ambas leyes una cierta continuidad. Es decir, qué sucede cuando se tiene dos leyes distintas pero relacionadas de tal modo entre sí, que el conflicto regulado por la LH es sustancialmente el mismo que es regulado por la LS. En cualquier otro caso, ni habría «hecho» —pues este se encuentra definido en el tipo y no existe con independencia de él—, ni habría una LH sobre cuya aplicabilidad hubiera que decidir.

Suponiendo tal relación entre la LH y la LS, sería lógico aplicar al hecho la LS, que es aquella que rige en el momento en que el derecho ha de ser restablecido mediante la pena. Es en la LS donde se expresan las necesidades de restablecimiento del derecho relevantes al momento en que se dictará la sentencia. Pero semejante conclusión sería el producto de un análisis demasiado abstracto, por dos razones. En primer lugar, no tendría en cuenta que el sentido del principio de legalidad es el de ser una garantía de cierta objetividad en la actividad sancionatoria del Estado. Si se aplicara en todo caso la LS, es evidente que el ciudadano se vería mucho más expuesto a una falta de objetividad. En segundo lugar, ese razonamiento no consideraría la historicidad, la contingencia de la sociedad y su derecho. El derecho actualmente vigente es expresión de una etapa en la evolución del derecho en la sociedad chilena. Tal evolución avanza o se desarrolla, sin embargo, en forma ciega respecto de los hechos particulares, y por eso se pueden producir graves desfases entre la época de comisión del delito y la época de dictación de la sentencia.

Reconociendo lo anterior, la Constitución y la ley han establecido el principio de *lex praevia*, que no se traduce simplemente en un mandato de aplicar la LH, sino en una obligación que se impone al juez de consultar la LH de tal modo que, si esta resultara más favorable —y solo en este caso—, la aplique con preferencia a la LS. Así queda de manifiesto que «irretroactividad» y «favorabilidad» son las dos caras de una misma moneda: la ley aplicable al hecho es el resultado de poner en relación la LS y la LH desde el punto de vista de la favorabilidad.

bb) Momento de comisión del delito

El primer asunto práctico que ha de resolverse en relación con la prohibición de retroactividad de la ley penal es determinar cuándo se entiende cometido el delito, pues solo así se podrá determinar cuál es la LH. En Chile, la discusión jurídica divide los delitos, para estos efectos, en dos clases: delitos permanentes y delitos instantáneos.

Los delitos permanentes son aquellos cuya perpetración se extiende en el tiempo, lapso durante el cual es necesario que el autor despliegue una conducta para mantener la situación antijurídica, de tal manera que, de no ser por su acción u omisión, el delito dejaría de cometerse (*v. gr.* el secuestro). Estos delitos se entienden cometidos durante todo el tiempo en que el autor despliega la conducta que produce el estado antijurídico.

Respecto de los delitos instantáneos ha habido una mayor discusión. Para analizar este problema es útil tomar como ejemplo la estafa, para cuya consumación deben concurrir sucesiva y copulativamente cuatro elementos, según la doctrina tradicional: la conducta, consistente en un engaño; la producción de un error, como consecuencia del engaño; la realización de una disposición patrimonial, en virtud de ese error, y la producción de un perjuicio patrimonial, como consecuencia de la disposición que se ha realizado.

Los autores que dan primacía al carácter disvalioso de la conducta frente al desvalor del resultado en la constitución del injusto penal, tienden a sostener que la comisión del delito corresponde al momento en que *se inicia* la conducta delictiva, es decir, al primer acto de ejecución; en el ejemplo, la estafa se cometería en el instante en que se empieza a desplegar el engaño. Quienes comparten en lo sustancial la misma concepción del injusto, pero consideran que este criterio anticipa excesivamente la punibilidad, afirman que el momento de realización del delito corresponde al *último acto* de ejecución de la conducta típica por parte del autor; así, en el caso de la estafa, sería el tiempo en el cual el sujeto activo termina de desplegar el engaño.

Una tercera posición, menos centrada en el desvalor de la acción, afirma que el tiempo de comisión del delito es el de la consumación, pues solo entonces concurren todos los elementos del tipo; en el ejemplo, solo se cometería la estafa una vez que se produce el perjuicio.

Por último, están quienes afirman que es preciso distinguir según el delito de que se trate. Así, por ejemplo, Politoff sostiene que no tiene sentido que el delito de estafa se entienda cometido al momento del primer acto de ejecución, porque el perjuicio puede producirse mucho tiempo después, de modo que el «delito» podría incluso prescribir antes de haber producido perjuicio alguno (es decir, antes de que se verifiquen todos los elementos del tipo). Este último argumento es dudoso, pues la discusión sobre la *lex praevia* no tiene que ver con la discusión relativa a la prescripción del delito; se trata de instituciones con fundamentos diferentes (Couso-*Código Penal*).

Lo que parece estar claro es que resulta casi imposible encontrar casos en los que sea razonable y compatible con el fundamento del principio de *lex praevia* aplicar al autor del hecho una ley *más desfavorable* que se haya dictado entre la ejecución de la conducta y la época en que se produce el resultado. Por tanto, lo más plausible es situar la prohibición de retroactividad de la ley penal al inicio de la ejecución del hecho penalmente relevante o, como mucho, en el momento del último acto de ejecución; en cualquier caso, no después de que el autor ha perdido todo control sobre el hecho o sobre los resultados. Siguiendo este criterio, la garantía de objetividad está suficientemente a salvo.

Tratándose de los llamados «delitos habituales», la perpetración del delito comienza recién cuando la repetición de actos ha dado un carácter de habitual a la conducta (*v. gr.* art. 17 N° 4 CP; art. 14 Ley 20.066 sobre Violencia Intrafamiliar), y por lo tanto es en ese momento cuando debe aplicarse el criterio indicado anteriormente.

cc) Ámbito de aplicación de la prohibición de retroactividad

La prohibición de retroactividad se aplica, sin duda, en el ámbito del derecho penal sustantivo; sin embargo, se discute si también ha de aplicarse en materia procesal y penitenciaria, así como cuál es su eficacia cuando lo que cambia es la interpretación jurisprudencial de la ley.

En materia procesal penal, el art. 11 CPP establece que la ley procesal se aplica *in acto*, salvo cuando, a juicio del tribunal, la ley anterior (la ley vigente al momento en que se inició el procedimiento) contenía disposiciones más favorables para el imputado. Por lo tanto, la discusión se centra en cuándo ha de entenderse que una disposición procesal es más favorable que otra y, sobre todo, en cuáles son las leyes que cuentan como procesales para estos efectos.

Respecto de esto último se ha sostenido que, sin perjuicio de lo dispuesto en el art. 11 CPP, la irretroactividad de la ley procesal penal tiene la misma fuente que la irretroactividad de la ley penal sustantiva, especialmente en base a consideraciones preventivo-generales o motivadoras. Este efecto motivador se ve afectado no solo cuando se alteran las normas de conducta o de sanción, sino también cuando se alteran las normas que definen condiciones complementarias o secundarias bajo las cuales el tribunal puede imponer una pena. Estas normas incidirían también en el cumplimiento de la función del derecho penal, y entre ellas se encontrarían las normas procesales y, eventualmente, las reglas sobre prescripción (en tal sentido: SCS 20.VIII.2021, Rol N° 135-2021).

Según Oliver, al argumento anterior se suma la protección de la confianza o de la certeza subjetiva como fundamento de la irretroactividad de la ley procesal penal. Si el principio de legalidad, tal como afirma el Tribunal Constitucional (cfr. Rol 2154, entre otros), está llamado a resguardar la certeza subjetiva, y esta puede verse afectada por la modificación de las reglas adjetivas, entonces no cabría sino concluir que esta garantía de certeza se extiende también a las normas procesales. El mismo razonamiento se aplicaría a las normas penitenciarias, pero la jurisprudencia del Tribunal Constitucional es oscilante al respecto y las opiniones de los jueces están profundamente divididas (véase, p. ej., Rol 9406 de 2021).

También se discute si la prohibición de retroactividad es aplicable a las decisiones jurisprudenciales. Como la jurisprudencia no constituye fuente del derecho penal, el hecho de que anteriormente se haya decidido en un sentido determinado es formalmente indiferente para la resolución de un caso futuro. Pero también cabe sostener que, como en estos casos está igualmente en juego la certeza subjetiva, sería necesario extender la prohibición de retroactividad a las decisiones jurisprudenciales o, al menos, establecer dispositivos —análogos a los del precedente o la confianza legítima— para atenuar los efectos de los cambios de interpretación. Salvo como alegación de imputación subjetiva (error sobre el sentido de la conducta o su valoración), el sistema penal chileno no contempla mecanismos de defensa frente a cambios jurisprudenciales intempestivos.

b) El principio de favorabilidad

aa) Fundamentación del principio de favorabilidad

El principio de favorabilidad o de retroactividad de la ley penal favorable ordena dar efecto retroactivo a una ley penal cuando favorece al justiciable. En el plano de su fundamentación, cabe preguntarse cuál es la relación entre este principio y el principio de *lex praevia*.

Conforme al planteamiento que puede considerarse mayoritario, el principio de favorabilidad emana del principio de proporcionalidad. Según este principio, si para la criminalización de un hecho se requiere que el daño social causado por él exhiba una cierta intensidad en clase (solo bienes jurídicos importantes) y magnitud de afectación (solo afectaciones graves), lo mismo vale para la relación entre ese hecho y la clase y medida de la pena. Luego, si la valoración del hecho entre su comisión y su juzgamiento varía, de tal modo que, al tiempo del juzgamiento, el hecho es considerado menos grave por el ordenamiento jurídico, entonces la imposición de una pena más grave, o bien la imposición misma de una pena cuando el hecho ha dejado de constituir delito, importaría una violación al principio de proporcionalidad. Este argumento presupone que la proporcionalidad debe evaluarse al momento del juzgamiento. Sin embargo: ¿por qué la proporcionalidad ha de ser, precisamente, la proporcionalidad del día de hoy? La respuesta a esta pregunta solo puede obtenerse de otras consideraciones, diferentes y externas al juicio de proporcionalidad.

Una alternativa es situar el fundamento del principio de favorabilidad en el reconocimiento por parte del orden jurídico de su propia historicidad, debilidad y limitación. Este reconocimiento u «homenaje» a la historicidad del derecho, en este ámbito, se puede hacer sin afectar la garantía de objetividad que sustenta el principio de legalidad en su conjunto. La sociedad está consciente de que su propio derecho es contingente y variable. Por tanto, el principio de favorabilidad tiene exactamente el mismo fundamento que la prohibición de retroactividad, ya que el derecho actualmente vigente en Chile expresa solo una etapa en la evolución del derecho en esta sociedad y tal evolución se despliega con independencia de los hechos particulares, las diferencias de valoración que se produzcan entre la época de comisión del delito y la época de dictación de la sentencia pueden incidir en un hecho singular, o no hacerlo, por circunstancias puramente azarosas. Conforme a la Constitución, entonces, esas diferencias no pueden operar en perjuicio del justiciable, quien por eso tiene derecho a que se le aplique la ley más favorable, aunque ello implique dar a esta ley efecto retroactivo. Por lo tanto, el principio de favorabilidad es vinculante también para el legislador.

bb) *Requisitos para la aplicación retroactiva de la ley más favorable*

El principio de favorabilidad obliga a aplicar una ley a hechos cometidos con anterioridad a su entrada en vigencia, cuando esta es más favorable para el delincuente.

Esta concreción del principio de lex praevia está regulada tanto en el art. 19 N° 3 inc. 8° de la Constitución, como en el art. 18 del Código Penal. Conforme a estas disposiciones, para aplicar al delito una ley posterior a su comisión, se requiere que dicha ley haya sido promulgada y que sea más favorable para el sujeto.

En cuanto al requisito de *promulgación* de la ley, y ya que la Constitución no se pronuncia al respecto, la mayor parte de la doctrina y la jurisprudencia unánime han considerado que la nueva «ley» no necesariamente tiene que haber entrado en vigencia para aplicarse, sino que bastaría con que esté «promulgada», conforme al tenor literal del inc. 2° del art. 18. Por lo tanto, la «ley» más favorable se aplicaría incluso sin necesidad de que haya sido publicada en el Diario Oficial. Conforme a esta singular interpretación, entonces, una ley puede producir efectos en materia penal aun antes de existir como tal.

El requisito de *favorabilidad*, por su parte, exige analizar cuándo una ley es más favorable que otra. El art. 18 intenta resolver esto:

- Es más favorable la ley que exime al hecho de toda pena. Ello ocurre, naturalmente, cuando la ley deroga un tipo penal. También sucede cuando el legislador añade elementos a un tipo penal existente, que no existían al momento de realizarse la conducta. Por ejemplo, el antiguo derecho penal concursal sancionaba al síndico que proporcionaba una ventaja indebida a un acreedor o a un tercero, o la procuraba para sí mismo. El régimen introducido en el año 2014 (art. 464), en cambio, ya no consideraba las ventajas que el liquidador se procurara a sí mismo, cuando no consistieran en apropiarse de bienes que pertenezcan o deban pertenecer a la masa. Esta situación se modificó en 2018 mediante la introducción de una figura amplia de negociación incompatible (art. 240 N° 3).

En este aspecto, y siempre dentro de los límites de la continuidad que es requisito básico de todo conflicto temporal de leyes, debe entenderse que las concreciones del principio de *lex praevia* atienden a la caracterización más amplia posible de una cierta clase de hechos y no a las diversas y variables «figuras legales».

Conviene tener presente que la jurisprudencia no siempre ha sido categórica en esta materia, como muestran los fallos tanto del Tribunal Constitucional como de la Corte Suprema respecto del derecho intertemporal tras la entrada en vigor de la Ley N° 20.720 sobre Reorganización y Liquidación de Empresas y Personas en el año 2014 (Roles Nos. 2673, 2957 y 3252) y de la Ley N° 20.084 sobre Responsabilidad Penal de los Adolescentes (SCS 30.I.2014, Rol N° 4608-13).

- Es más favorable la ley que aplica una pena menos rigurosa. Esto puede ocurrir en diversos supuestos, como cuando el legislador rebaja el grado de la pena o cambia su naturaleza (*v. gr.* de presidio a relegación), entendiéndose que las penas privativas de libertad son más graves que las restrictivas de libertad, y todas estas, a su vez, más graves que las simplemente pecuniarias.

El asunto puede complicarse, aun tratándose de penas de la misma naturaleza, cuando en la nueva ley se alteran elementos que inciden en forma indirecta en la gravedad del castigo. Así, por ejemplo, no es fácil determinar qué sucede si la pena es de presidio menor en su grado medio bajo la ley antigua, y de presidio menor en cualquiera de sus grados conforme a la nueva ley. En estos casos, se suele afirmar —aunque hay jurisprudencia en contra (véase p. ej. SCA Santiago 28.XII. 2016, Rol N° 4.026-2016)— que el juez debe redactar dos proyectos de sentencia y determinar *en concreto* la pena que correspondería aplicar al sujeto bajo la vigencia de cada una de las leyes cuya aplicación es posible. Una vez hecho este ejercicio, se aplicará el régimen que resulte más benigno. Otra alternativa es que el juez escuche al justiciable, de modo que este pueda expresar su preferencia. Esta opción es acorde con el principio de favorabilidad, pero en ciertos casos podría ser incompatible con la ley, pues el art. 21 establece un orden vinculante de gravedad de las penas.

Con respecto al momento en que se dicta la ley más favorable, el art. 18 hace una distinción. Si la ley más favorable se promulga antes del pronunciamiento de la sentencia, deberá arreglarse a aquella el juzgamiento del hecho; si la ley más favorable se promulga después de ejecutoriada la sentencia, el juez que dictó la sentencia debe modificarla de oficio o a petición de parte, de acuerdo con la ley más benigna, «sea que se haya cumplido o no la condena impuesta». Curiosamente, la regla no dice hasta cuándo está obligado el juez a reformar la sentencia. Por razones prácticas, se ha entendido que solo debe hacerse la modificación en tanto ella surta algún efecto para el acusado o condenado. Por ejemplo, si una persona fue condenada y cumplió una pena aflictiva, pero posteriormente la pena asignada a ese delito deja de ser aflictiva, puede y debe hacerse la modificación.

El inciso final del art. 18 considera dos excepciones a lo anterior. La primera se refiere a las indemnizaciones civiles, que se rigen por las reglas de la responsabilidad extracontractual del Código Civil y en principio no se ven afectadas por las normas penales, salvo en un caso: que la exención de pena contenida en la nueva ley consista en una causa de justificación que no otorgue al afectado por el hecho un derecho a indemnización (*v. gr.* una ampliación del estado de necesidad defensivo). La segunda es una excepción equívoca, puesto que se refiere sin más a las inhabilidades. Hay sanciones propiamente penales que se denominan *inhabilidades* y que, normalmente, constituyen penas accesorias (ver arts. 25 y 39). Las inhabilidades a que se refiere el art. 18, sin embargo, no son aquellas que constituyen penas, sino las inhabilidades civiles, que afectan a ciertas personas como consecuencia de la comisión de un delito. Estas inhabilidades no resultan modificadas por la dictación de una ley penal más favorable. Por ejemplo, quien ha cometido un delito que merece pena aflictiva está incapacitado para ejercer la guarda de un menor (art. 497 N° 9 del Código Civil); de acuerdo al inciso final del art. 18, si una ley despenalizara el hecho en que se fundó la condena, no por ese solo hecho el condenado bajo la antigua ley —y cuya condena es revisada conforme al art. 18— dejaría de estar inhabilitado civilmente para ejercer la guarda, aunque, por cierto, puede pedir su rehabilitación al juez civil y obtenerla conforme a las reglas generales.

cc) Principales problemas relativos a la retroactividad de la ley más favorable

La retroactividad de la ley más favorable ofrece principalmente tres problemas que deben tratarse por separado:

(1) El problema de las leyes intermedias

Las leyes intermedias son leyes más favorables para el justiciable, dictadas después de la ejecución del hecho, pero cuya vigencia ha cesado antes de que se dicte sentencia de término en la causa; es decir, la ley intermedia se ubica temporalmente entre la LH y la LS, y tiene la particularidad de que es la más favorable de las tres leyes. La pregunta, entonces, es si una ley intermedia más favorable puede aplicarse en la sentencia.

Ejemplo: La LH castiga un delito con una pena de 3 años y un día a 5 años de reclusión. Luego de cometido el delito, una nueva ley (LI) establece la pena de reclusión de 541 días a 3 años (la pena bajó en un grado). Mientras se sigue el proceso, el legislador deroga la nueva ley y de este modo vuelve a regir la LH, que es al mismo tiempo la LS. ¿Puede aplicarse en la sentencia la LI, considerando que no tuvo vigencia ni al momento de cometerse el hecho ni la tiene al de dictarse la sentencia?

Al respecto existen tres posiciones:

- Prevalece ampliamente la opinión según la cual la ley intermedia se puede aplicar sin inconvenientes. El argumento básico es el texto del art. 18 inc. 2°, que ordena aplicar la ley más favorable que haya sido *promulgada*, sin exigir que esa ley esté *vigente* al momento de su aplicación, de modo que su derogación posterior es irrelevante. Adicionalmente, se dice que tal solución se desprende de la misma lógica del principio de favorabilidad, contenido también en el art. 19 N° 3 de la Constitución.
- Por otra parte, ETCHEBERRY y otros autores sostienen que la ley intermedia solo puede aplicarse cuando la LS es más gravosa que la LH, o al menos igualmente gravosa que esta. Se argumenta que si la LS fuese más favorable que la LH, entonces respecto de esta LH habría dos leyes más favorables: la ley intermedia y la LS. Pues bien, entre ambas leyes más favorables habrá de preferirse la que se encuentra vigente, es decir, la LS. Estos autores tratan de armonizar el mandato de favorabilidad con la idea de que no se puede prescindir totalmente de la vigencia de la ley, ni quiera en razón del principio de favorabilidad.
- Una posición minoritaria, sustentada en Chile por OLIVER, sostiene que la ley intermedia es una ley que no existe y que, por tanto, no puede recibir ningún tipo de aplicación. Conforme a la Constitución y al Código Penal, la ley que debe aplicarse es la LH, aunque esté derogada, salvo que la ley vigente al tiempo de la sentencia o después de su dictación sea más favorable; en este ejercicio, la ley intermedia no tiene cabida. Para dar aplicación a la ley intermedia se requeriría de un texto legal expreso que así lo ordenara, en la misma ley derogatoria o en una ley general.

Conforme a la concepción aquí sustentada, la aplicación de la ley intermedia no presenta problemas. Ella es consecuencia del común fundamento de las dos concreciones del principio de *lex praevia* —la irrectroactividad y la favorabilidad—, en cuanto las diferencias de valoración de un hecho que se produzcan entre la época de comisión del delito y la época de dictación de la sentencia no pueden operar en perjuicio del justiciable ya que, a su respecto, tales variaciones son azarosas. La Constitución se hace cargo de esto estableciendo un derecho a la aplicación del régimen más favorable.

En cualquier caso, en el ordenamiento jurídico chileno es claro que no tiene cabida la aplicación de una *lex tertia*, es decir, la combinación por parte del juez de las disposiciones más favorables que contienen cada una de las leyes eventualmente aplicables. Esto se debe a que, al realizar tal operación, el juez estaría creando una nueva ley, función para la cual carece de competencia.

(2) El problema de las leyes temporales

Las leyes temporales son leyes penales dictadas para que rijan durante un cierto período de tiempo, o bien, mientras dure una situación excepcional que la misma ley define. Por ejemplo, una ley que establece una sanción especialmente severa para la sustracción de agua, pero solo mientras dure una determinada crisis hídrica, es una ley penal temporal (véase también p. ej. el art. 5° Ley N° 16.282, para las situaciones de sismo o catástrofe).

La pregunta, entonces, es si opera o no el principio de retroactividad de la ley penal más favorable respecto de hechos ocurridos durante la vigencia de una ley temporal (menos favorable), una vez que ha cesado dicha vigencia.

- La doctrina predominante en Chile sostiene que el mandato de favorabilidad no alcanza a las leyes temporales; ellas deben aplicarse a un hecho ocurrido durante su vigencia, aun cuando al momento del juzgamiento hayan dejado de estar vigentes.

Esta posición es compatible con la idea de que el principio de favorabilidad obedece al carácter contingente e histórico de las valoraciones sociales, lo cual supone que, cuando el legislador dicta una ley más favorable, ello se debe a una cierta evolución en tales valoraciones. En cambio, las leyes temporales no obedecen a una nueva valoración de una determinada *clase* de hechos, sino a una ponderación transitoria de las circunstancias externas en las que un hecho perteneciente a esa clase se cometió. Por eso, cuando cesa la vigencia de la ley temporal, la sociedad sigue considerando que ese hecho es precisamente más reprobable por haberse cometido mientras imperaban las circunstancias que justificaron la dictación de la ley temporal.

Se argumenta asimismo que la aplicación de la ley temporal no entrañaría un riesgo para la garantía de objetividad; al contrario, el legislador considera que *el hecho* es más grave precisamente por haberse ejecutado bajo la vigencia objetiva de la ley temporal.

Por último, el texto del art. 18 inc. 2° ampararía este punto de vista, puesto que ordena aplicar el principio de favorabilidad «si se promulgare otra ley». En el caso de las leyes temporales por lo general no se promulga otra ley, sino que simplemente recupera su vigencia la ley anterior, a la cual se superpuso transitoriamente la ley temporal.

- JIMÉNEZ DE ASÚA sostenía que es preciso distinguir entre leyes «temporales» y leyes «excepcionales». Tratándose de leyes temporales, esto es, de preceptos que establecen un plazo cierto para su vigencia, ellas deben aplicarse a todos los hechos que ocurren dentro del término señalado en la ley. Tratándose en cambio de leyes excepcionales, es decir, destinadas a regir mientras se mantenga una situación excepcional cuya duración se desconoce, debe aplicarse el mandato de favorabilidad. La razón es evidente: la incertidumbre en cuanto al fin de la situación excepcional da lugar a un margen de arbitrariedad que es contrario a la garantía de objetividad.
- Por último, POLITOFF y COUSO-*Código Penal* consideran que la solución al problema de las leyes temporales debe tener en cuenta el análisis de proporcionalidad en materia penal. Según este razonamiento, la aplicación de la ley temporal solo estaría justificada si las causas que dieron lugar a su dictación aún subsisten, pues en cualquier otro caso sería desproporcionado aplicarla. En otras palabras, sería improcedente utilizar al momento del juzgamiento del hecho una racionalidad que se toma prestada de las circunstancias imperantes durante la vigencia de una situación excepcional pretérita. Pero esta argumentación es circular, pues la pregunta es precisamente si el contexto excepcional se incorpora al hecho o a su valoración, aunque esta se realice —como ocurre siempre con el enjuiciamiento penal— en un tiempo posterior, o si en cambio el hecho puede distanciarse de su contexto lo suficiente como para dejar a este de lado al momento de enjuiciar aquel. Solo una vez que se ha respondido esta pregunta se tiene el objeto al cual corresponde aplicar el juicio de proporcionalidad. Por lo mismo, el razonamiento pasa por alto la cuestión previa de si el legislador tiene la facultad para establecer regímenes temporales de punibilidad más severos; esta facultad constitucional es la que se pone en tela de juicio cuando la LH es una ley temporal, pero se juzga el hecho aplicando una ley más favorable posterior.

(3) El problema de las leyes interpretativas

En tercer lugar está el problema que se puede suscitar a partir de la interpretación auténtica de la ley penal, es decir, de la interpretación que realiza el propio legislador a través de una ley, que recibe el nombre de «ley interpretativa».

Conforme al art. 9° inciso 2° del Código Civil, «las leyes que se limiten a declarar el sentido de otras leyes, se entenderán incorporadas en estas; pero no afectarán en manera alguna los efectos de las sentencias judiciales ejecutoriadas en el tiempo intermedio». De esta disposición se desprende que, si bien la ley interpretativa no puede alterar los efectos de las sentencias ejecutoriadas antes de su entrada en vigencia, sí puede afectar, en cambio, los derechos respecto de los cuales no se ha pronunciado todavía una sentencia judicial ejecutoriada.

En materia penal, la conclusión anterior lleva a preguntarse si acaso una ley interpretativa podría afectar los derechos de las personas en desmedro del principio de favorabilidad. Dicho de otro modo, el derecho penal ha de resolver cuál de los dos principios tiene prevalencia: el principio del art. 9° del Código Civil, según el cual la ley interpretativa se entiende incorporada a la ley interpretada, o bien, el principio penal de favorabilidad.

- Cury y otros autores —destacadamente, Novoa y Garrido— señalan que la ley interpretativa, en la medida en que sea tal, debe aplicarse en materia penal, puesto que no produce modificación alguna en la situación del justiciable. Argumentan que, hasta antes de que se dictara la ley interpretativa, los ciudadanos «debían saber» que la norma podía ser interpretada en un sentido u otro. Como el principio de *lex praevia* tendría por objeto, a su juicio, garantizar la certeza subjetiva acerca de lo que está permitido y prohibido penalmente, la aplicación de la ley interpretativa no produce problemas, ya que no se va a «sorprender» al ciudadano con tal interpretación: solo se va a adoptar una posición más o menos definitiva respecto de aquello que ya se sabía que podía ser interpretado de un modo u otro. Así, cuando una ley se limita a declarar el sentido de otra, esto es, a fijar uno de varios sentidos que antes cualquier tribunal podía atribuirle, entonces no cabe hablar de leyes interpretativas favorables o desfavorables, y por lo tanto nada obsta a su aplicación en asuntos penales, «ya que el ciudadano no sería sorprendido por esa declaración».

Este razonamiento es ciertamente plausible, y sería correcto si el principio de favorabilidad se fundara en consideraciones de culpabilidad y evitabilidad individual, próximas a la idea de certeza subjetiva.

- Por el contrario, la tesis de la mayoría de los civilistas, así como de algunos penalistas como Politoff, es que el art. 9° del Código Civil no rige en materia penal ya que su aplicación puede resultar contraria al principio de favorabilidad.

La historia no es simplemente «lo que ya pasó», sino que constituye el presente, de modo que la sociedad no puede manipular las valoraciones que históricamente ha realizado respecto de ciertos acontecimientos y tratarlas como si nunca hubiesen existido. El hecho de que un determinado precepto esté abierto a dos o más interpretaciones no es algo casual, sino que da cuenta, a lo menos, de que resolver esa ambigüedad no era prioritario en el momento en el cual se dictó la ley. Un cambio de prioridades al respecto, ¿puede ser razón suficiente para desestimar el principio de favorabilidad?

En realidad, la ley interpretativa no es una ley que se limita a aclarar el sentido de otra, sino que la modifica, pues cierra un campo de aplicación que antes estaba abierto. Cuando el juez califica una ley como interpretativa de otra, lo que está haciendo es utilizar la facultad que le da el Código Civil para dar efecto retroactivo *ab initio* a algunas leyes que modifican a otras. Tal facultad se fundamenta probablemente en el hecho de que, a los ojos del legislador civil, las leyes que «solo» restringen las posibilidades de interpretación de un precepto, introducen una modificación de menor entidad. Pero este fundamento no parece suficiente para desestimar el principio de favorabilidad en materia penal, sino que, por el contrario, lo confirma: la ley interpretada por el legislador es una ley que este ha modificado y esta modificación perjudica al justiciable cuando suprime la parte más benigna del campo que antes estaba abierto a la interpretación.

Entonces, entre las denominadas «leyes interpretativas» puede haber algunas que sean desfavorables para el condenado y que, por tanto, son inadmisibles en derecho penal. La facultad judicial de actuar como si dicha modificación no fuese tal puede ser una ficción razonable en el ámbito civil (por ejemplo, en materias previsionales), pero en el ámbito penal contraviene el principio de favorabilidad.

En síntesis, la doctrina predominante entiende del siguiente modo el fundamento y las relaciones entre irretroactividad y favorabilidad:

- la *irretroactividad* se funda en consideraciones de culpabilidad individual (previsibilidad de la sanción, saber a qué atenerse, no resultar sorprendido, etc.), por lo que tiene un fundamento fuerte, anclado en la misma Constitución.

– la *favorabilidad*, en cambio, se basa en consideraciones de proporcionalidad (no imponer una sanción excesiva), por lo que tiene un fundamento relativo y, según Bascuñán y otros autores, solo posee rango legal, de modo que el legislador puede prescindir de ella. Se añade al respecto que, según las actas de la Comisión de Estudio, con la frase «a menos que una nueva ley favorezca al afectado» los comisionados solo habrían querido salvar la constitucionalidad del art. 18 inc. 2°.

En cambio, aquí se sostiene que ambas concreciones del principio de *lex praevia* se fundan en la función de la pena y en la contingencia del derecho penal. Como sin mediación del análisis de favorabilidad es imposible determinar si se aplicará la LH o la LS, irretroactividad y favorabilidad son las dos caras de una misma medalla y, por lo tanto, ostentan el mismo rango constitucional. Ninguna de ellas es disponible para el legislador.

3. *Lex certa* y el problema de las leyes penales en blanco

El principio de legalidad en su dimensión de *legis certae* es el principio jurídico según el cual, para que el Estado pueda imponer un castigo a un ciudadano, tiene que existir una ley que defina con cierta precisión la clase de conducta amenazada con tal castigo. En especial cuando se refiere a los tipos penales, este principio se conoce como «principio de tipicidad» o «mandato de determinación».

a) Fundamento del principio de tipicidad

Las explicaciones sobre el fundamento del principio de tipicidad son variadas, pero, dejando a un lado los diversos matices, ellas pueden reconducirse fundamentalmente a dos.

aa) La tesis de la certeza subjetiva

La «tesis de la certeza subjetiva» apunta a la necesidad de proporcionar al ciudadano certezas en cuanto a las consecuencias de sus actos desde el punto de vista penal. Según esta explicación, el sentido de las sanciones asociadas a la infracción de las normas de conducta consiste en modelar el comportamiento de los ciudadanos para que este se ajuste a dichas normas. Por lo tanto, si los preceptos de los cuales se infieren las normas de conducta no son claros para el ciudadano, las sanciones pierden su sentido, tornándose ilegítimas. Cuando la culpabilidad consiste en no comportarse voluntariamente como prescribía la norma, no puede haber culpabilidad si lo que esa norma prescribe no está claro para quien debió ajustarse a ella. Así, pretender castigar a alguien por haber actuado de un modo preciso cuya valoración negativa por parte del derecho no conoció y no pudo realmente conocer, es un acto bárbaro y contrario al principio de culpabilidad, una instrumentalización de la persona.

En esta misma tradición se sitúa en términos generales la doctrina del Tribunal Constitucional, cuando p. ej. en el Rol 1351 (2010) establece que «la función de garantía ciudadana del principio de tipicidad» consiste en «el conocimiento anticipado de las personas del comportamiento que la ley sanciona». Se trata de un criterio antiguo en la jurisprudencia constitucional, pues ya en el Rol 46 (1987) se afirmaba que el principio de tipicidad «asegura al hombre la facultad de actuar en la sociedad con pleno conocimiento de las consecuencias jurídicas de sus actos».

Esta fundamentación del principio está sujeta a diversas críticas. En primer lugar, no parece tomar suficientemente en serio el carácter utópico del conocimiento que se atribuye a los ciudadanos acerca de las conductas prohibidas o mandadas. Los ciudadanos conocen posiblemente un núcleo fundamental de mandatos y prohibiciones amenazadas con sanciones, pero no más. De allí que algunos autores se conformen con una cierta «cognoscibilidad» de la materia de la prohibición, con lo cual se abandona el cauce que proporciona esta explicación del principio basada en la certeza subjetiva. Esta «subjetivización» del principio hace que el análisis de su observancia se termine confundiendo con el análisis, propio de la imputación subjetiva, acerca de si la persona pudo o no haber evitado el desconocimiento del carácter ilícito de la conducta que realizaba.

El principal problema de esta explicación parece ser, sin embargo, que en realidad es muy poco lo que explica:

- De la exigencia que los ciudadanos conozcan la materia de la prohibición o del mandato que está reforzado mediante una amenaza de sanción, no se deduce para nada que dicha materia tenga que estar minuciosamente descrita. Es perfectamente imaginable una regla según la cual se amenace con un determinado castigo a todo el que perjudique a otro en su propiedad, es decir, una regla que incluyera las figuras que hoy conocemos como hurto, daños, robo con fuerza en las cosas, apropiación indebida, estafa y otras semejantes. ¿Podría un ciudadano sostener razonablemente que era consciente de que sustraer el computador portátil del vecino significaba perjudicarlo en su propiedad, pero que «no pudo saber» que matar a su ruidoso perro también lo era? En el lenguaje de la certeza subjetiva, ¿resultará «sorprendido» el ciudadano si se pretende subsumir esta última conducta bajo el tenor de la norma de comportamiento señalada previamente?

- De la exigencia consistente en que los ciudadanos conozcan de antemano la conducta que es objeto de una amenaza de sanción, tampoco se deduce que dicha materia tenga que estar descrita precisamente en una ley. Si el fundamento del principio es la certeza subjetiva, entonces podría bastar una comunicación por correo electrónico, tal vez con confirmación de lectura.

bb) La tesis limitativa o «garantista»

La segunda explicación del principio de tipicidad lo concibe como una elevación del estándar de protección del ciudadano frente al Estado. Desde esta perspectiva, la tipicidad es una garantía constitucional que implica un incremento en la limitación del poder sancionador del Estado, una elevación del estándar exigido para tolerar la intervención de este poder en la vida de las personas. Y si el principio de tipicidad es sobre todo un límite al arbitrio del Estado sancionador, entonces es irrelevante que el ciudadano pudiera conocer perfectamente sus deberes por otra vía. Luego, el principio poco o nada tiene que ver con la certeza subjetiva del individuo acerca de lo que «se puede o no se puede» hacer. Lo que está en juego es algo distinto: el sistema jurídico «se complica la vida» con el principio de tipicidad para «complicársela» al Estado sancionador.

Esta explicación es consistente con la fundamentación general del principio de legalidad, pues se trata de equilibrar las relaciones entre el Estado y la persona por la vía de garantizar una cierta objetividad en el ejercicio del *ius puniendi*. Asimismo, resulta coherente con el tenor del inciso final del art. 19 N° 3 de la Constitución, que formula el principio de un modo enfáticamente garantista.

Esta fundamentación, que precisamente se podría denominar «garantista», también cuenta con algunas manifestaciones en la jurisprudencia constitucional. Un ejemplo de la adopción de esta perspectiva es el Rol 286 (1999), en que se efectúa el control abstracto de constitucionalidad de un proyecto de ley. Aunque se hace una referencia a la «certeza jurídica», el argumento central para estimar inconstitucional el precepto en cuestión radica en que su indeterminación «abre un peligroso espacio al subjetivismo para el intérprete de la norma. La descripción del delito que se hace en ella, sin ninguna otra exigencia o complementación, es extraordinariamente genérica y ello permite que cualquier conducta pueda ser calificada como suficiente para configurar el delito que se propone establecer». En el mismo sentido, el Rol 9373 (2021) sobre impugnación del art. 318 inc. 1° considera que «la conducta incriminada no está descrita en sus aspectos esenciales en el tipo penal» y que la remisión contenida en el tipo a las «reglas higiénicas o de salubridad debidamente publicadas por la autoridad, en tiempo de catástrofe, epidemia o contagio» es tan indeterminada, que se le está «dando carta blanca a los órganos del sistema penal (el Ministerio Público y la judicatura penal) para que definan de manera ad-hoc y sin ningún tipo de limitación, qué comportamientos podrían ser perseguidos y sancionados como delito».

b) Estándar que establece la Constitución

La regla constitucional en materia de *lex certa* está contenida en el art. 19 N° 3 inciso final: «Ninguna ley podrá establecer penas sin que la conducta que se sanciona esté expresamente descrita en ella».

aa) Fórmulas de la jurisprudencia constitucional

Piratería (Rol 549) es una sentencia que abunda en definiciones relevantes para la configuración del principio de tipicidad. Ya al comienzo del fallo se encuentra la definición de *tipo penal* como «descripción abstracta de una conducta humana punible». En su dimensión política, la *tipicidad* significa que «un hecho solo puede ser castigado cuando reviste todas las características contenidas en la descripción del delito». El *principio de tipicidad* aparece a su vez definido en la explicación que realiza el fallo del art. 19 N° 3 inciso final de la Constitución. Este precepto, indica el tribunal, «consagra el principio de legalidad en su manifestación de tipicidad o taxatividad. Su aplicación requiere que el legislador formule las normas penales de manera precisa y determinada, excluyendo la analogía» (la última parte de esta explicación del *nullum crimen* es algo enigmática, pues, como se verá, la exclusión de la analogía no depende del legislador, sino del juez).

A través de su jurisprudencia, especialmente sobre leyes penales en blanco e infracciones administrativas, el TC ha ido acuñando diversas fórmulas para precisar y explicar gráficamente cuándo se entiende que una «descripción típica» cumple con las exigencias del principio constitucional de tipicidad. En el caso *Eléctricas* (Roles 479 y 480), se recogen varias de estas formulaciones: la descripción debe tener «suficiente "densidad normativa"» y contener «de manera suficiente el "núcleo esencial" de la conducta debida». La ley debe describir «las conductas debidas y sancionables con suficiente sustancia».

Asumiendo un elemento que tradicionalmente ha ocupado un lugar central en la técnica legislativa, el Rol 480 formula positivamente el requisito mínimo de toda descripción típica: la existencia de un «verbo rector» (en el caso concreto, unida a una referencia teleológico-funcional). Señala que el tipo sometido a examen satisface las exigencias del principio de tipicidad porque, en una figura omisiva, «ha descrito el deber de conducta para la consecución de un fin lícito, a través de un verbo rector, cuyo significado ha quedado enriquecido al poner la conducta al servicio de finalidades públicas legítimas y lo ha sancionado conforme a sus efectos».

En el Rol 479, el TC añade una fórmula adicional: «El principio de tipicidad exige que la conducta a la que se ha atribuido una sanción se encuentre *sustantivamente descrita* en la norma» (cons. 25°). Tiempo después, en el caso *Aguas Subterráneas* (Rol 1281), se retornará al concepto de «núcleo esencial» de la conducta: el principio de tipicidad «se cumple plenamente, pues la conducta sancionada se encuentra *pormenorizada*; la descripción del *núcleo esencial* de la conducta punible, junto con la sanción prevista, se encuentra establecida» (cons. 10°). En la misma línea, el Rol 9373 exige que la conducta incriminada esté descrita en la ley «en sus aspectos esenciales».

bb) Aspectos esenciales

Hay al menos tres elementos importantes a la hora de determinar si el tipo penal cumple o no con el estándar constitucional:

(1) Descripción

Según Cea, el tipo debe estar «de antemano y claramente *figurado* en la ley, por medio de la explicación que ella misma haga de sus cualidades y circunstancias definitorias. De manera que la Carta es exigente y *no se cumple su prohibición si el legislador entiende que describir la conducta punible es solo nombrarla*, sin precisar las características de ella y los supuestos de hecho que la hacen típica o encuadrable». Describir es, pues, más que nombrar la conducta punible; la ley debe dibujar («figurar») el tipo, caracterizando y no solo nombrando el comportamiento prohibido. Añadiendo lo señalado por SILVA BASCUÑÁN, quien se refiere al complemento de los tipos mediante preceptos *infralegales*, se puede decir que solo características secundarias o no esenciales de la conducta típica pueden quedar definidas fuera del tipo legal.

(2) Descripción de una conducta

El tenor literal del texto constitucional no solo es claro respecto de la necesidad de una descripción legal. También lo es en cuanto a que la descripción debe tener por objeto al menos una conducta: «Ninguna ley podrá establecer penas sin que la *conducta* que se sanciona esté expresamente descrita en ella». El objeto de la descripción que viene exigida por el principio de tipicidad es una conducta personal y, por lo tanto, es en la descripción de tal conducta donde se ha de verificar si el legislador utilizó la precisión descriptiva suficiente para satisfacer el principio.

Lo anterior significa que no bastaría con que el legislador describiera con detalle un determinado resultado, por ejemplo, una herida que tarda más de treinta días en sanar, un perjuicio de índole patrimonial de cierta entidad o un peligro para la salud animal o vegetal.

Por otra parte, esta exigencia implica que si bien un tipo penal puede —y muchas veces, debe— tipificar conductas mediante la alusión al incumplimiento de ciertos y determinados deberes, para que ello se conforme al principio es requisito que el tipo describa además con suficiente detalle la conducta en que consiste el incumplimiento de tal deber. Por eso, no estaría formulado conforme al principio, por ejemplo, un precepto que amenazara con pena la «infracción de los deberes legales» del urbanizador o de las «reglas higiénicas» dictadas por la autoridad sanitaria.

(3) Conducta y sanción descritas en la misma ley

La conducta debe estar descrita en la misma ley que establece las penas. Esta exigencia surge del mismo texto constitucional: «...expresamente descrita *en ella*». Sin embargo, como se verá, la jurisprudencia del TC no reconoce este requisito. Este aspecto remite al problema siguiente, el de los tipos penales en blanco.

c) Los tipos o leyes penales en blanco

aa) La doctrina del Tribunal Constitucional

Las leyes en blanco presentan siempre un problema en relación con el principio de legalidad —en el mejor de los casos, dividen la definición de la conducta entre dos preceptos diversos—, y pueden presentar también un segundo problema, si es que el precepto complementario tiene rango normativo infralegal. El primer problema concierne directamente al principio de tipicidad, y lo somete a prueba. En lo que respecta al segundo, en las sociedades contemporáneas, donde el legislador penal *debe* contar con la colaboración de las instancias infralegislativas, el principio de legalidad en sus dimensiones de *legis scriptae* y *legis certae* hace posible esta colaboración sin pérdida de las garantías asociadas a la conciencia ilustrada, pues impone un estándar al trabajo legislativo cuyo cumplimiento permite afirmar que la decisión de criminalización sigue estando en manos del legislador democrático y no ha sido traspasada a otras instancias carentes de legitimación democrática. Así, el principio de tipicidad sirve de fuente y medida de legitimidad desde el punto de vista de las garantías que protegen al justiciable.

Ambas dimensiones han sido tratadas en la jurisprudencia del TC. De entre las numerosas sentencias que se ocupan de la problemática de las leyes en blanco, el mismo tribunal parece considerar los Roles 468 (*Deberes Militares*) y 559 como origen y esencia de su doctrina al respecto. El Rol 3115 ofrece una visión panorámica de la jurisprudencia del TC al respecto.

Según el cons. 2° del fallo recaído en el Rol 468, el tribunal reconoce tres clases diversas de tipos penales en blanco: (1) las leyes en blanco impropias o «normas de reenvío», que describen claramente la conducta punible, pero remiten para su complemento a otro precepto de rango legal; (2) las leyes en blanco propias, que se caracterizan por que el complemento descriptor de la conducta se encuentra en una regla *infralegal;* o bien por que, aun remitiéndose a una regla legal, la descripción de la conducta resulta genérica, imprecisa o parcial, y (3) las leyes penales en blanco abiertas, donde la definición de la conducta punible queda ampliamente entregada al juez.

Al realizar esta clasificación, el tribunal aún no anticipa su juicio sobre la admisibilidad de las diferentes clases de leyes en blanco desde el punto de vista constitucional. En primer término, se limita a consignar que «una línea doctrinal dominante» rechaza las leyes en blanco propias y las abiertas, y que en el proyecto de la Comisión de Estudio parecía primar esa línea doctrinal.

Mediante una reseña de la historia del texto constitucional definitivo y de las interpretaciones que de él han realizado la Corte Suprema y la doctrina posterior, el tribunal sugiere que la posición que en definitiva se habría adoptado en el texto se aparta levemente de aquella «línea doctrinal dominante».

El análisis abstracto concluye en el cons. 6° del Rol 468, que contiene hasta hoy —aunque con la importante relativización posterior del Rol 1973— la síntesis de la doctrina del TC sobre la materia. Conforme a ella, están permitidas solo dos clases de leyes (tipos) penales en blanco: (1) las leyes en blanco impropias —es decir, las que describen claramente la conducta punible aunque sea mediante la remisión a otra norma de rango legal—, y (2) las leyes en blanco que no se remiten a otra ley, sino a un precepto de jerarquía inferior, pero que reúnen dos requisitos copulativos, a saber, (a) describen el núcleo central de la conducta punible y, además, (b) establecen expresamente el destino de remisión (el Rol 871 precisaría luego que este destino no puede ser un precepto de jerarquía infrarreglamentaria). De este modo, se prohíben todas las demás leyes penales en blanco: las leyes penales en blanco abiertas y toda ley penal en blanco propia que no cumpla con los dos requisitos copulativos señalados.

bb) Aplicación de la doctrina del Tribunal Constitucional

(1) El estándar en materia de leyes en blanco impropias

En este punto, existe un desfase entre la doctrina del TC (coincidente con la posición de Novoa en la doctrina) y el texto constitucional, según el cual la pena y el delito deben estar expresamente descritos en la misma ley («en ella»). Cuando se trata de leyes penales en blanco impropias, el TC es indiferente al hecho de que la ley que establece las penas no defina la conducta típica en su núcleo fundamental: «Están permitidas por nuestro ordenamiento constitucional las llamadas leyes penales en blanco impropias o de reenvío, o sea, aquellas cuya remisión para la descripción de la conducta punible se encuentra en otra ley». Es decir, la conducta punible y no solo los elementos contextuales del tipo penal podrían estar descritos en la norma complementaria, esto es, en una ley diversa de aquella que establece las sanciones.

(2) El estándar en materia de leyes en blanco propias: el Rol 1973

En el Rol 1973, el precepto impugnado correspondía al tipo general de contrabando establecido en el inc. 2° del art. 168 de la Ordenanza de Aduanas, según el cual «incurrirá en el delito de contrabando el que introduzca en el territorio nacional, o extraiga de él, mercancías cuya importación o exportación, respectivamente, se encuentren prohibidas». Este precepto solo adquiere sentido con referencia a aquellas reglas que establecen las prohibiciones específicas de importación y exportación. En el caso concreto, ellas se contendrían en el Reglamento Sanitario de los Alimentos, normativa de rango infralegal.

El TC rechazó el requerimiento, pues entendió que se cumplían las condiciones que su propia jurisprudencia había venido estableciendo sobre la constitucionalidad de esta clase de preceptos. En los pasajes decisivos, la sentencia se remite al Rol 468, que le sirve de paradigma. Se recuerda que el tribunal consideró en su momento que el art. 299 N° 3 del Código de Justicia Militar era aceptable constitucionalmente pues contendría el «núcleo central» de la conducta punible —precedente que sería luego desestimado en el Rol 2773—, y que la norma complementaria infralegal poseía la «aptitud» de precisar la noción general de «deber militar». A partir de ambos elementos, el Rol 1973 establece un estándar de admisibilidad de las leyes penales en blanco propias compuesto de: (i) «la aptitud [de la norma de complemento] para precisar el «núcleo fundamental» contenido en la norma impugnada, y [ii] la posibilidad real de conocer las normas complementarias».

El Rol 1973 realiza entonces dos operaciones:

- prescinde por completo del segundo requisito para aceptar las leyes en blanco propias —es decir, que se establezca en la ley el destino de remisión—; y
- acoge ya casi sin reservas —basta la «posibilidad real de conocer las normas complementarias» por parte de sus destinatarios— un criterio que diluye la garantía de tipicidad en el torrente de los saberes que pueden atribuirse a un hombre medio.

De esta manera, el TC deja de lado las exigencias mucho más restrictivas que el mismo Rol 468 había sintetizado y que la jurisprudencia del TC anterior al Rol 1973 se había esforzado —con mayor o menor rigor— por hacer respetar.

El Rol 2154 profundiza y radicaliza esto último en el voto de mayoría (hay voto disidente): «No resulta relevante el que las normas técnicas invocadas por el Ministerio Público no hayan sido todas ellas publicadas en el Diario Oficial. La parte requirente *debía estar* en conocimiento de las mismas por el hecho de dedicarse a la actividad de construcción». El Tribunal Constitucional no se pregunta ya si el requirente estaba en conocimiento de las normas; le basta con que haya debido estarlo, pues «desde el punto de vista constitucional, no puede cuestionarse que las normas que regulan una cierta actividad, deban ser conocidas por quienes la desarrollan». La razón: el derecho a ejercer actividades económicas tiene como límite el respeto a la regulación. Sin embargo: ¿Qué relación puede tener esto con la garantía de tipicidad?

Pero el TC va incluso más lejos en la misma sentencia y revive una especie de presunción de derecho de conocimiento de las normas técnicas con efecto en materia constitucional: «El conocimiento de los reglamentos o normas que regulan las actividades de la construcción es esperable, dado que la parte requirente desempeña justamente dicha actividad. Ante dicha situación, constituye una objeción constitucionalmente inadmisible aducir que los sujetos no han podido conocer las reglas que rigen los ámbitos específicos de actividad en los que se desempeñan profesionalmente». Con esta reflexión, el TC termina confundiendo el análisis relativo a la restricción del poder punitivo del Estado con un problema de imputación subjetiva, la cuestión de la aceptabilidad de una alegación de desconocimiento de la norma.

(3) Síntesis

En materia de leyes en blanco propias, el régimen constitucional actualmente vigente en Chile es el siguiente:

- La ley en blanco debe definir ella misma la conducta (su núcleo fundamental; como mínimo, se exige el verbo rector), pudiendo entregar la definición de elementos del contexto a una norma infralegal.
- La ley en blanco debe establecer ella misma la sanción o, según el TC, la sanción debe quedar establecida al menos en otra norma de rango legal.
- La norma de complemento debe gozar de publicidad suficiente como para que alcance a sus destinatarios; desde la teoría de la certeza subjetiva, bastaría con que el medio de publicidad sea idóneo para conseguir este fin, sin que se requiera cumplir con exigencias formales.
- En algunas sentencias, el TC ha exigido que la norma de complemento sea expresión de la potestad reglamentaria del Presidente de la República (el destino de remisión no puede ser un precepto de jerarquía infrarreglamentaria); en doctrina, al menos se exige que el órgano del cual emana la norma de complemento tenga competencia en todo el territorio.
- La norma de complemento tiene que ser ella misma acorde con el principio de determinación o de *lex certa*, es decir, debe efectivamente complementar la definición legal.

cc) Ley penal en blanco y principio de favorabilidad

La relevancia creciente del recurso legislativo a tipos penales en blanco ha renovado una discusión que incide al mismo tiempo en los principios de *lex certa* y de *lex praevia*, confirmando que las diversas concreciones del principio de legalidad solo adquieren pleno sentido cuando operan como un todo. En general se considera, con argumentos basados también en la previsibilidad de las sanciones, que la modificación de las reglas infralegales a las cuales se remite una ley penal en blanco no puede operar en perjuicio del justiciable. Las discrepancias surgen cuando esas modificaciones le favorecen (p. ej., de un régimen sanitario más estricto a uno menos estricto en relación con el art. 318), pues entonces las consideraciones de previsibilidad no tienen cabida.

Con respecto a este último problema hay quienes consideran que, desde el punto de vista de la norma de comportamiento, la ley en blanco y la norma de complemento forman una unidad inseparable, de modo que un cambio en esta última determina un cambio en la norma de conducta, por lo que siempre debe operar el principio de favorabilidad. Otros, en cambio, sostienen que si la justificación de la ley en blanco es la variabilidad de las reglas sectoriales, entonces debe operar un criterio similar al que se utiliza respecto de las leyes temporales. Por último, hay quienes proponen distinguir según si la modificación obedece a un cambio en los presupuestos fácticos de la regulación sectorial (no hay retroactividad favorable, como en el caso de las leyes temporales) o a un cambio en las valoraciones sociales (la modificación sí debería operar retroactivamente). Esta última posición parece más acorde con el fundamento del principio de favorabilidad.

4. *Lex stricta*: interpretación de la ley penal

Junto a la garantía de objetividad, el principio de legalidad incluye una prohibición de generalización del alcance de las normas penales. En esta dimensión, el principio de legalidad está dirigido al juez que interpreta y aplica la ley.

a) Legalidad como prohibición de generalización

El art. 76 inc. 2° de la Constitución obliga a los jueces a fallar aun si faltara una ley que resuelva el asunto o contienda. Si existe una ley sobre la materia debatida, el juez debe aplicarla; y si no lo hace, podría cometer un delito de prevaricación (art. 79 de la Constitución).

El problema es que no pocas veces resulta difícil determinar si existe una ley sobre la materia debatida. Por ejemplo: si el art. 7° reconoce el desistimiento; si el art. 64 se aplica a la comunicabilidad de cualificaciones personales; si un determinado «cuento del tío» queda comprendido en el art. 473; si corresponde restringir la remisión del art. 490 solo al homicidio y las lesiones; si los dentistas están comprendidos en el art. 491; etc.

En tales casos, el principio de legalidad en su dimensión de tipicidad obliga al juez a realizar dos operaciones de signo contrario. En primer lugar, debe buscar una ley que resuelva el asunto. Esto puede significar buscar una ley que resuelva una parte del asunto, o bien, una clase similar de asuntos. Por ejemplo, al resolver situaciones de error sobre el objeto del ataque, el tribunal no puede prescindir de la regla contenida en el art. 1° inciso 3°, aunque solo sea para señalar, por ejemplo, que dicha regla no se aplica a los casos en que se pone en peligro dos bienes jurídicos pertenecientes a titulares diversos.

Pero, en segundo lugar, el principio de tipicidad impone al tribunal la obligación de no generalizar el alcance de las normas sancionatorias. Porque puede ocurrir que el intérprete vaya en busca de una ley que resuelva el asunto y no la encuentre, o solo encuentre una solución parcial. En estas situaciones, no está permitido dar a una ley existente un alcance más general que el que reconocidamente tiene, de modo que resuelva también otros casos no comprendidos en su tenor literal.

Las dos operaciones referidas constituyen la denominada *interpretación teleológica* de las leyes penales. Conforme a ella, cuando el sentido literal posible de un precepto da lugar a un cierto rango de interpretaciones, unas más restrictivas que otras, el tribunal es libre de optar razonadamente por una de ellas y, por lo tanto, una interpretación teleológica puede reducir o, en este sentido, ampliar la punibilidad. Así, por ejemplo, la figura de «ocultamiento de bienes» del art. 463 bis N° 1 comprende no solo su ocultamiento físico, sino también el que se realiza por medio de actos jurídicos. El límite infranqueable de este ejercicio es el sentido literal posible del precepto, es decir, el principio de legalidad aplicado a la interpretación, que consiste justamente en una prohibición de generalización.

La interpretación teleológica de las leyes que establecen delitos depende sustancialmente de la clarificación del bien jurídico protegido en cada caso, pues solo entrarán en consideración aquellas posibilidades interpretativas que sean consistentes con esa protección. Expresado con un ejemplo de Politoff:

El art. 382 sanciona al que «contrajere matrimonio estando casado válidamente». Si los cónyuges, mayores de edad, que se habían casado en secreto debido a la oposición de sus familias, contraen nuevamente matrimonio al desvanecerse las objeciones, realizarían formalmente las exigencias del tipo, «pero —a la luz del bien jurídico tutelado—, que es el *matrimonio monogámico* y que no ha sido afectado por el doble matrimonio entre las mismas personas», el intérprete debe reducir teleológicamente el alcance literal del art. 382 y concluir que el hecho no es antijurídico en el sentido de esa descripción legal.

La explicación anterior muestra por qué la prohibición de analogía no es un estándar ya alcanzado, sino un programa en ejecución. Cuanto más enérgicamente se postula la necesidad de realizar una interpretación teleológica de los preceptos penales, mayor es el riesgo de generalización del alcance de las normas sancionatorias.

b) La interpretación teleológica en la jurisprudencia del Tribunal Constitucional

La doctrina del Tribunal Constitucional sobre la materia se encuentra en lo fundamental en el Rol 1281 (*Aguas Subterráneas*) y en el Rol 549 (*Piratería*). En síntesis, esta doctrina es la siguiente:

aa) La interpretación de las leyes penales es teleológica y no «subjetiva»

El intérprete no está llamado a determinar cuál fue la voluntad del legislador histórico, sino cuál es la «voluntad de la ley» al momento de su interpretación, si es del caso incluso contra la voluntad conocida del legislador histórico.

bb) La analogía se encuentra prohibida en derecho penal

Analogía es la generalización de un precepto para darle un alcance que excede el campo delimitado por su sentido literal posible. La analogía responde al aforismo *a pari*: «donde existe la misma razón debe existir la misma disposición». Esta no es una regla de interpretación, pues aquí se acepta que *no hay* disposición, es decir, se acepta que no hay una ley bajo la cual subsumir el caso; pero como se trata de un caso similar al que regula otra ley, entonces se decide aplicar la ley que regula esta situación parecida. Esta es, por tanto, una manera de cerrar «lagunas» y no de interpretar las leyes. Por ejemplo, en el art. 491 se enumera determinadas profesiones médicas cuya punibilidad a título de culpa no requiere —como se exige en general— que la imprudencia sea temeraria o que se haya obrado con infracción de reglamentos. Esta enumeración es taxativa y su ampliación, por razonable que pueda parecer, está prohibida por la interdicción de la analogía en derecho penal.

La garantía de legalidad no reza: «no hay pena sin una buena razón que la justifique», sino: «no hay pena sin ley» (JAKOBS).

El TC es claro al momento de formular esta prohibición de analogía. En el Rol 1351, por ejemplo, señala que «la analogía en materia penal vulnera la reserva legal, pues implica aplicar una ley a un caso no previsto expresamente» en ella.

Existe alguna discusión en cuanto a si es aceptable la analogía *in bonam partem* es decir, en beneficio del justiciable, por ejemplo, para crear una atenuante o una causa de justificación similares a otras que contempla el ordenamiento jurídico expresamente; o si es admisible aplicar la ley analógicamente, de modo que permita un cálculo más favorable en la determinación de la pena.

Algunos autores son contrarios también a esta forma de analogía, como JIMÉNEZ DE ASÚA —para precaver cualquier concesión en esta materia—, o ETCHEBERRY —para quien la analogía *in bonam partem* no viola la Constitución pero sí vulnera la ley—. Sin embargo, la opinión mayoritaria la acepta. La pregunta de fondo es si, aceptándola, se vulnera o no el sentido del principio de legalidad, esto es, equilibrar la relación jurídica entre el Estado y el ciudadano. La respuesta será negativa en la gran mayoría, cuando no en la totalidad de los casos.

cc) No se encuentra prohibida la interpretación analógica en materia penal

La interpretación analógica forma parte del elemento sistemático de interpretación de la ley y consiste en interpretar una ley que existe, ayudándose de otras leyes que emplean el mismo lenguaje o se refieren a materias semejantes. Por ejemplo, es razonable, al interpretar el art. 432, examinar el sentido de la expresión «cosa mueble» en el Código Civil; aquí no se crea una regla nueva, sino que se fija con ayuda otra el sentido de una regla existente.

Como explicaba BINDING, «solo la incriminación por analogía de una acción que no se encuentra expresamente penada en la ley está prohibida. Para todos los demás fines, la analogía (*scil.* la interpretación analógica) en derecho penal es tan indispensable como admisible».

dd) Tampoco se encuentra prohibida la interpretación extensiva

Dentro del sentido literal posible, nada impide dar a un precepto una interpretación que, con respecto a otra también posible, incluya un número mayor de casos bajo los supuestos de la norma penal.

En este sentido, ha sostenido el TC que «la interpretación extensiva de la ley es perfectamente lícita, sin que quepa confundirla con la analogía. En aquella, el caso está comprendido en la ley, pese a las deficiencias de lenguaje. En la analogía, en cambio, se parte de la base que el caso no está contemplado, pero se aplica a la situación porque se asemeja, o el caso es muy similar» (Rol 1351).

Es importante recordar que el principio *in dubio pro reo* es un principio procesal, no de derecho sustantivo o material. Las leyes deben interpretarse adecuadamente y no procede corregir la interpretación según el aforismo *odiosa sunt restringenda*. Se aplica entonces plenamente en materias penales el art. 23 del Código Civil. El principio *in dubio pro reo*, en cambio, incide allí donde la prueba allegada en el proceso no es concluyente respecto de dos alternativas posibles; en tal caso, el principio obliga a preferir la que es más favorable al acusado. Así, el *in dubio pro reo* coincide en lo sustancial con el estándar de convicción condenatoria «más allá de toda duda razonable» y se puede considerar superfluo en nuestro ordenamiento jurídico, desde que el art. 340 CPP exige precisamente dicho estándar de convicción.

ee) Limitaciones del lenguaje

El lenguaje que utiliza el legislador penal tiene limitaciones. Por eso, nunca basta el sentido literal de las palabras —suponiendo que existe un sentido literal único o principal—, sino que además se debe considerar siempre el contexto de uso de las palabras. La fórmula es, entonces:

sentido literal + contexto de uso

En el canon de Savigny —que Bello recogió hasta cierto punto en el Código Civil— el contexto aparece reflejado en los elementos sistemático e histórico.

El contexto de uso relevante para la interpretación jurídica, entonces, no es el del lenguaje coloquial u ordinario, sino el uso propio de los juristas. Al respecto, el TC ha sostenido lo siguiente en relación con el delito de piratería previsto en el art. 434:

«La descripción típica del acto de piratería puede ser aprehendida mediante los métodos de interpretación que corresponde al juez de la causa utilizar, particularmente si la sanción criminal se relaciona con un bien jurídicamente protegido en forma explícita en el Código Penal (Titulo IX. Crímenes y simples delitos contra la propiedad; Párrafo 2. Del robo con violencia e intimidación en las personas). A su vez, el término piratería tiene pleno arraigo en la cultura jurídica universal; en especial, en su acepción básica de "abordaje de barcos en el mar para robar", es de compresión común» (Rol 549).

c) Cuestiones generales sobre interpretación de la ley penal

Veremos tres cuestiones generales sobre interpretación con especial incidencia en lo penal: la interpretación doctrinal (círculo hermenéutico); la interpretación analógica en relación con la accesoriedad del derecho penal (la perspectiva fáctica de análisis); y la interpretación de reglas de conducta y de principios (ponderación).

aa) Interpretación doctrinal de la ley penal

Interpretar una ley es establecer su sentido y alcance. Toda manifestación del espíritu humano es objeto de interpretación, pues todo lo que implica comunicación debe ser interpretado.

Cuando la interpretación forma parte del proceso de *applicatio legis ad factum*, ella implica reconocer en el caso concreto los elementos definidos en forma abstracta en tipo legal, es decir, el intérprete tiene que «especificar» el tipo legal. Esta especificación solo puede funcionar cuando el intérprete ya tiene un prejuicio acerca del sentido y objeto de la regulación legal. Así, por ejemplo, ningún jurista piensa en primer lugar que lo que define a un carabinero es que usa una gorra de cierto color, pero un niño pequeño sí lo piensa. Esto ocurre porque el niño desconoce o tiene una representación equivocada sobre el sentido de la regulación pertinente, y por eso se equivoca al momento de definir las propiedades relevantes de los sujetos sometidos a ella.

Esta inevitable relación de dependencia entre la comprensión de una ley y el prejuicio que se tiene acerca del sentido de la regulación es lo que se suele llamar *círculo hermenéutico*. La inevitabilidad de esta dependencia no implica, sin embargo, que todos los prejuicios que se tengan sean igualmente correctos o válidos, ni tampoco que la interpretación jurídica consista en hacer una lista de las posibles lecturas de una norma, ordenadas según los prejuicios que las originan. Por el contrario, cuando los prejuicios carecen de fundamento, son casuales o irracionales, la interpretación adolecerá de esos mismos defectos.

La única forma de seleccionar prejuicios en forma racional es a través de la elaboración de un sistema, y esta es, precisamente, la función de la dogmática o ciencia del derecho penal. Por ello, la dogmática es imprescindible; no es un «lujo» del cual se pueda prescindir en aras de una mayor eficacia o de otros objetivos. Sin dogmática, no hay interpretación de la ley que sea racional. Esta necesaria perspectiva sistemática implica que en rigor no existe una «justicia del caso concreto», pues lo justo siempre tiene una dimensión particular y, al mismo tiempo, una dimensión universal.

Siguiendo en parte a JAKOBS puede decirse que toda interpretación doctrinal en derecho penal debe tener en cuenta lo siguiente:

- *La capacidad de generalización de la interpretación*. La ley no se compone de expresiones y conceptos aislados y completamente distintos entre sí. Por el contrario, son muchos los conceptos y expresiones de las que el legislador echa mano una y otra vez (*v. gr.* violencia, empleado público, tener a cargo, maliciosamente, etc.). Estos conceptos son como nudos de un tapiz, donde confluyen y se entrelazan distintas hebras de la trama legal. Por lo tanto, no sería adecuado interpretar estos conceptos de cualquier manera, arbitrariamente, sino que debe hacerse de tal modo que la interpretación tenga sentido también si se aplica a los demás casos en que la ley utiliza la misma expresión. Tratándose de problemas análogos de interpretación, no puede en consecuencia el intérprete elegir una vez una alternativa y luego, otra distinta, sin dar cuenta detallada de las razones que explican esa distinción (*v. gr.*, el intérprete no podría optar sin mayor explicación por una noción de «violencia» en el robo simple y por otra distinta en el delito de usurpación).
- *La importancia de la continuidad de la historia*. Cada vez que se propone una interpretación distinta de un enunciado normativo, es preciso fundamentarla con particular cuidado. Por lo tanto, no es buena dogmática la que aparece con interpretaciones inéditas cuando ellas no van precedidas de un diálogo científico con las interpretaciones asentadas. Sin mediación de este diálogo, es metodológicamente erróneo dar a una palabra un sentido inédito o completamente contrario al que tiene usualmente (*v. gr.* interpretar el art. 10 N° 8 solo como una hipótesis de ausencia de imputación subjetiva).

- *La normalidad de los* ámbitos libres *de punibilidad*. Un método de interpretación que partiera de la base de que no existen ámbitos libres de punibilidad sería inconsistente con el principio de legalidad. E incluso para dar a un precepto una interpretación extensiva —por cierto, dentro del su sentido literal posible— es preciso que exista una fuerte necesidad de regulación.
- *La necesidad de resolver el problema*. Por último, la interpretación tiene que resolver el problema y no simplemente desplazarlo a otro lugar. Por ejemplo, de muy poco sirve postular que los delitos «contra las personas» solo son los que aparecen el Título VIII del Libro II del Código Penal.

bb) Accesoriedad del derecho penal e interpretación: la perspectiva fáctica de análisis

Un problema asociado a la interpretación de la ley penal es el de su carácter eminentemente accesorio. Como hemos visto, el derecho penal toma la mayor parte de sus conceptos de otras ramas del derecho: urbanizador, padre o madre, dueño, comerciante, deudor, administrador, matrimonio, resolución de liquidación, factura, etc. La pregunta básica que surge a raíz de esta característica es si acaso son vinculantes para el derecho penal las definiciones que esas ramas del derecho dan de tales conceptos, y si lo son, en qué medida.

Hay un antiguo punto de vista —un verdadero «tópico» de la literatura penal— que responde negativamente a esta pregunta: la así llamada *perspectiva fáctica de análisis*. La intuición fundamental de la perspectiva fáctica de análisis consiste en que es preciso «liberar» al derecho penal del pensamiento civilista (que califica de «pandectismo»), con el fin de que pueda responder en mejor forma a su vocación fáctica. Es decir, no importa cómo el derecho civil, mercantil, administrativo, etc., definen sus conceptos, sino cómo el derecho penal protege los bienes jurídicos que le interesan. Por ejemplo, para la perspectiva fáctica de análisis en el caso del art. 463 bis no interesa que el deudor sea la sociedad de responsabilidad limitada; si los actos de ocultamiento los realiza el socio, eso es lo que interesa al derecho penal y él cuenta como deudor, de modo que el art. 464 ter es superfluo.

El rechazo de la interpretación accesoria de los preceptos penales que acompaña a la perspectiva fáctica no es, sin embargo, compatible con el derecho chileno. El derecho penal es un ordenamiento secundario y construye sus conceptos utilizando como insumo indispensable los conceptos y valoraciones de la regulación extrapenal. Esta dependencia conceptual y normativa del ordenamiento punitivo no impide por completo la formulación de conceptos autónomos cuando ello resulta indispensable, ni mucho menos significa que el derecho penal no pueda delimitar con criterios específicamente penales el ámbito de la protección que brinda (por ejemplo, en derecho civil hay inmuebles por adherencia o por destinación, que para el derecho penal siguen siendo simplemente muebles). No obstante, con todo el margen que es preciso reconocer al juez penal para interpretar los conceptos extrapenales, la legislación chilena es clara en cuanto al carácter vinculante que ellos tienen en general.

Ello se desprende principalmente de las normas sobre competencia de los jueces penales respecto de materias extrapenales, que la ley llama «civiles» (en el sentido de «no penales»). Conforme al art. 173 COT, todos los «hechos de carácter civil» que constituyen «elementos que la ley penal estim[a] para definir el delito que se persigue, o para agravar o disminuir la pena, o para no estimar culpable al autor», son de competencia de los mismos jueces penales. Las excepciones son raras y taxativas, al menos de acuerdo con la opinión ampliamente predominante (arts. 173 y 174 COT; art. 171 CPP). Pues bien, respecto de aquellas cuestiones civiles que es llamado a juzgar el tribunal que conoce de los juicios criminales, la ley señala expresamente que su «prueba y decisión» se sujetará a las disposiciones del derecho civil (art. 173 inciso 4° COT). En el mismo sentido, las reglas sobre cosa juzgada civil en materia penal (arts. 178 y 180 CPC) presuponen que existe unidad o al menos coherencia entre las definiciones extrapenales y las que adopta el sistema penal.

Por lo tanto, una supuesta «liberación» del derecho penal del pensamiento civilista carece en Chile de todo sustento conforme al derecho vigente. Con ello, desaparece la posibilidad de adoptar en forma pura la perspectiva fáctica de análisis.

cc) *Interpretación de reglas de conducta e interpretación de principios*

A diferencia de las normas que consisten en reglas de conducta, los principios tienen la estructura de mandatos de optimización, es decir, no ordenan con mayor o menor precisión lo que debe hacerse o evitarse, sino solo que un cierto objetivo valioso sea alcanzado en la mayor medida posible, material y jurídicamente hablando. La posibilidad «jurídica» de realización depende, precisamente, del contraste de un principio con otros que contienen mandatos de optimización en sentido contrario o diverso (*v. gr.*, cosa juzgada vs. prohibición de la impunidad).

La forma de interpretar el alcance de los principios, es decir, de contrastarlos entre sí, se denomina «ponderación». Un ejemplo de este ejercicio puede verse en SCA Concepción 13.V.2014 en causa de amparo Rol N° 1757-2014, donde se pondera el derecho a defensa del imputado por un delito con el derecho a la protección de las víctimas y testigos mediante la prohibición de revelar su identidad.

La estructura de la ponderación, desarrollada paradigmáticamente por ALEXY, tiene tres elementos:

(1) Ley de la ponderación

La ley de la ponderación señala que «cuanto mayor es el grado de afectación de un principio, tanto mayor debe ser la importancia de la satisfacción del otro» para que pueda satisfacerse a costa del primero.

El análisis para verificar el cumplimiento de esta ley comprende tres pasos:

(a) Examen del grado de afectación del principio en concreto.
(b) Examen del valor abstracto del principio en la sociedad (*v. gr.*, vida más que libertad ambulatoria).
(c) Examen de la seguridad de las apreciaciones empíricas en cuanto a la afectación del bien (variable «S»). Esta variable expresa con qué grado de seguridad emitimos juicios acerca de la afectación o no afectación del bien resguardado por un principio. Este juicio debe tener siempre una base empírica, que es lo que trata de captar la variable «S».

(2) Fórmula del peso

¿Cómo se conjuga lo anterior para saber si la importancia de la satisfacción de un principio justifica la afectación del otro? La manera de hacer efectiva la ley de la ponderación es lo que ALEXY llama «fórmula del peso» (se conserva aquí la notación original):

$$GPi,jC = \frac{(IPiC \times GPiA \times SPiC)}{(WPjC \times GPjA \times SPjC)}$$

El peso del principio Pi en relación con el principio Pj, en el caso concreto, resulta del cociente entre:

- el producto de la afectación del Pi en concreto, su peso abstracto y la variable S; y
- el producto de la satisfacción del Pj en concreto, su peso abstracto y la variable S.

Según ALEXY, a las dos primeras variables se les puede atribuir un valor numérico en una escala triádica (leve = 1, medio = 2, intenso = 4). En la variable «S», los valores siguen la lógica de las probabilidades (seguro = 1, plausible = ½, no evidentemente falso = ¼).

Apliquemos la fórmula del peso a la ponderación de la cosa juzgada o certeza jurídica en relación con la prohibición de impunidad de delitos especialmente graves. La afectación de la primera sería intensa (IPiC = 4), su peso abstracto es menos intenso hoy en día (GPiA= 2) y la certeza de las premisas es plausible (SPiC = ½). Paralelamente, la satisfacción del derecho a la justicia y la prohibición de la impunidad sería intensa (WPjC = 4), su peso abstracto hoy en día es alto (GPjA = 4) y la seguridad de las premisas es similar a la anterior (SPjC = ½). Entonces, si se aplica a la certeza jurídica en relación con la prohibición de la impunidad:

$$GPi,jC = (4 \times 2 \times 0{,}5)/(4 \times 4 \times 0{,}5) = 4/8 = 0{,}5$$

Y la prohibición de la impunidad en relación con la certeza jurídica:

$$GPj,iC = (4 \times 4 \times 0{,}5)/(4 \times 2 \times 0{,}5) = 8/4 = 2$$

Entonces, la fórmula del peso conduce a que la ponderación dé la preferencia a la prohibición de la impunidad, pues la relación entre satisfacción y afectación en el caso de la certeza jurídica es de solo ½, mientras que la relación en el caso de la prohibición de la impunidad es de 2.

(3) Cargas de la argumentación

Las cargas de la argumentación son relevantes cuando la aplicación de la fórmula del peso conduce a un empate. Hay dos aproximaciones alternativas (ambas han sido defendidas por ALEXY en momentos distintos):

- *In dubio pro libertate*: en caso de empate, prima el principio más acorde con la «libertad» o la igualdad jurídicas; una medida que las afecte sería desproporcionada o inconstitucional.

- *In dubio pro legislatore* (más precisamente, *pro* principio democrático): en caso de empate, la medida es considerada constitucional o no desproporcionada.

(4) *Preguntas*

Lo anterior lleva a plantearse varias preguntas de fondo:

(a) ¿Qué significa «libertad»?

Más allá de cuál sea la posición de ALEXY (si el empate se resuelve siempre a favor de la libertad y la igualdad, o solo cuando la libertad y la igualdad se encuentran directamente en conflicto con otro principio), tras este planteamiento hay una determinada concepción de la libertad y la igualdad, que, sin embargo, no se discute en este plano de análisis. Lo propio del liberalismo radical no es estar por la libertad, sino por una cierta clase de libertad, donde las instituciones y los deberes asociados a ellas juegan un rol secundario: la libertad como autonomía (e, incluso, en el estado previo a la elección: «libertad del vacío», diría HEGEL). Esta clase de liberalismo no tiene en cuenta suficientemente la relevancia de las instituciones y los deberes asociados a ellas. Pero sin instituciones —o, lo que es lo mismo, sin los deberes que para cada uno emanan de ellas— no hay libertad real.

(b) Límites de la ponderación

El análisis de la estructura de la ponderación permite identificar los lugares donde se expresan las opciones previas de los intérpretes. Esto ocurre justamente con ocasión de los límites de racionalidad de la ponderación, que se presentan en cada una de sus etapas:

- *Al determinar el grado de afectación de los principios en el caso concreto.* Hay principios en que esto es relativamente sencillo (*v. gr.*, dignidad de la persona y libertad de información), pero hay otros en que resulta más difícil, como cuando están en juego la libertad religiosa y la autonomía de una comunidad (en el primer caso, p. ej., testigos de Jehová y transfusiones de sangre; en el segundo, costumbres ancestrales como el matrimonio con menores de edad). En estos casos, ¿cuál es el punto de vista correcto para ponderar la afectación concreta? ¿El punto de vista interno de cada sujeto o comunidad, o el punto de vista universal de los derechos humanos y de los valores que suscitan adhesión mayoritaria?

En el Rol 8792 (2020), el TC optó por este último punto de vista al declarar inaplicable una parte del art. 13 y del art. 14 de la Ley N° 16.441, denominada Ley Pascua. El primero establecía una rebaja obligatoria, en un grado, de las penas por delitos sexuales cometidos por naturales de Isla de Pascua en su territorio, y el segundo facultaba al juez para disponer que cualquier (excepcionalmente) condenado a una pena de cárcel cumpliera dos tercios de su condena en libertad.

- *Al determinar el peso abstracto de los principios*. Determinar el peso abstracto de un principio exige una toma de posición sobre la sociedad, el Estado, el derecho, etc. Esto es relativamente fácil cuando los pesos abstractos se anulan (*v. gr.*, dos protestas antagónicas el mismo día y en un mismo lugar). Muy en general, se entiende que priman la dignidad del ser humano y el principio democrático (libertad de información, etc.); a veces, la Constitución lo resuelve expresamente (por ejemplo, en la Constitución de Colombia se expresa que «los derechos de los niños prevalecen sobre los derechos de los demás»).

Se trata en todo caso de una decisión muy singular que debe adoptar el intérprete (*v. gr.*, ¿es la vida el valor más importante en nuestra sociedad?). Normalmente, la asignación de valores en las escalas triádicas va a depender del talante más liberal o más comunitarista del intérprete, pues, como advierte Böckenförde, probablemente no es posible elaborar en abstracto una «escala fundamental» de valores y principios constitucionales.

- *Al determinar la variable S*. Desde el punto de vista empírico, la afectación de un principio depende de la mayor o menor eficacia, rapidez, probabilidad, alcance y duración de la intervención que implique la medida en cuestión. El solo hecho de que se pueda asignar valores en la escala a cada una de estas dimensiones muestra la complejidad del problema.
- Al determinar las cargas de la argumentación, por razones evidentes.

(c) Incluso más: ¿es realmente posible distinguir entre reglas de conducta y principios?

La cuestión previa es si procede —incluso si es posible— distinguir entre reglas y principios (*v. gr.* el art. 340 CPP, ¿es un principio o una regla de conducta?). Al menos, es posible cuestionarse si en cada regla no hay algo de principio y viceversa. El mismo Alexy afirma que hay normas que funcionan como regla y como principio a la vez, o al menos comparten ambas dimensiones.

(d) Por último, ¿cuál es la función de los principios en la interpretación de las reglas?

Suponiendo que en el ordenamiento jurídico-penal chileno —que comprende desde las normas constitucionales hasta los reglamentos penitenciarios— existen reglas y principios, ¿qué influencia han de tener estos en la interpretación de aquellas?

En nuestro ordenamiento, los principios pueden estar recogidos en la Constitución o solo formar parte del espíritu general de la legislación y contribuir a hacer operativa la equidad natural:

- Si están consagrados constitucionalmente y además existe certeza sobre su alcance en lo sustancial, como ocurre con el principio de irretroactividad, la ley debe ser interpretada «conforme a la Constitución».
- Si no están consagrados constitucionalmente, como ocurre con el principio de lesividad, se aplica lo señalado en el inciso 1° del art. 19 CC —«cuando el sentido de la ley es claro, no se desatenderá su tenor literal, a pretexto de consultar su espíritu»— en relación con el art. 23 del mismo código: «La extensión que deba darse a toda ley, se determinará por su genuino sentido y según las reglas de interpretación precedentes». Ambos preceptos establecen claramente no solo la prohibición de interpretar conforme al *odia restringi* —principio del *ius commune* muy criticado por su arbitrariedad—, sino también la de tomar en consideración criterios extrínsecos, diferentes del genuino sentido de la ley determinado según las «reglas de interpretación precedentes», es decir, las contenidas en los artículos 19, 20 y 21 CC. Por tanto, cuando el sentido de una regla expresado en su tenor literal es claro, los principios solo pueden cumplir un rol subordinado. Si, en cambio, el sentido de la regla no es claro, «se interpretarán los pasajes obscuros o contradictorios del modo que más conforme parezca al espíritu general de la legislación y a la equidad natural» (art. 24 CC).

5. Otras manifestaciones del principio de legalidad

a) Vigencia territorial de la ley penal

Las leyes tienen una pretensión de vigencia espacial determinada por el vínculo entre el hecho al que se pretenden aplicar y el Estado que las dicta. Estos vínculos se denominan usualmente «factores de conexión». Los factores de conexión justifican la pretensión de vigencia espacial de las leyes y limitan el ámbito de lo que razonablemente puede ser alcanzado por las leyes de un Estado.

Al mismo tiempo, los factores de conexión determinan el foro competente. Esto se debe a que los tribunales penales no están facultados para aplicar leyes penales extranjeras, a menos que el ordenamiento jurídico los autorice expresamente. Un grupo de excepciones es el que resulta de a la aplicación del art. 173 COT, conforme al cual la decisión sobre los «hechos de carácter civil» que constituyen elementos que la ley penal estima para definir el delito que se persigue, o para agravar o disminuir la pena, o para no estimar culpable al autor, todos los cuales son por lo general de competencia de los jueces penales, debe someterse a las reglas extrapenales correspondientes. Estas reglas pueden contener remisiones al derecho privado extranjero.

La regla general de identidad entre *lex fori* (ley del tribunal) y *lex causae* (ley conforme a la cual se debe resolver el caso) se explica por dos razones:

- primero, porque si los tribunales penales pudieran aplicar leyes extranjeras, el principio de reserva quedaría reducido a una mera aspiración, sobre todo en su comprensión como principio limitativo del *ius puniendi*; en este sentido, por ejemplo, puede advertirse claramente la conexión entre la regla general de identidad y la dimensión del principio de legalidad que conocemos como *lex certa*;
- segundo, porque de conformidad al art. 6° inc. 1° de la Constitución, los órganos del Estado solo pueden aplicar la Constitución y las normas dictadas conforme a ella, al menos en cuanto a las normas de derecho público (conexión con la dimensión de *lex scripta* del principio de legalidad).

Expresión de lo anterior fue la necesidad dictar en 2009 la Ley N° 20.357, que tipifica los delitos previstos en el Estatuto de Roma. Todos estos hechos pueden ser conocidos por los tribunales chilenos cuando han sido cometidos en Chile. El Estatuto de Roma, por tanto, no es por sí mismo una excepción al principio de territorialidad: se adapta a las reglas de competencia de cada Estado parte y la jurisdicción internacional solo interviene cuando el Estado no está dispuesto a asumir seriamente su competencia. Esto es lo que se denomina «principio de complementariedad».

aa) Factores de conexión en materia penal

Son tradicionalmente cuatro los factores de conexión en materia penal, más un quinto que tiene particular relevancia en el contexto de procesos de integración vecinal.

(1) Principio de territorialidad

Conforme a este principio, la ley penal de un Estado rige solo para los delitos cometidos dentro de su territorio. Es la regla general, por exigencia del principio de legalidad.

Con independencia de sus fundamentos garantistas, el principio de territorialidad tiene la ventaja de que es en el lugar de comisión del delito donde usualmente se encuentran las pruebas y donde se ha producido la afectación más intensa de la vigencia de la norma. Su desventaja es que desconoce el interés de otros Estados en la persecución y, en ocasiones, puede ser difícil contar con el imputado en el proceso.

Los demás principios tienen por objeto dar vigencia extraterritorial a la ley de un país y constituyen, por tanto, excepciones a la territorialidad. Si se tiene en cuenta que el principio de territorialidad como regla general hunde sus raíces en el principio de legalidad, estas excepciones deben ser legitimadas cuidadosamente, por ejemplo, sobre la base de un vínculo político-ciudadano entre el justiciable y el Estado que pretende juzgarlo. En especial el principio de universalidad ofrece desafíos que no son abordables simplemente desde un enfoque centrado en la protección de bienes jurídicos.

(2) Principio de personalidad o nacionalidad

Según este principio, la ley de un país se aplica a todos los hechos en que esté involucrada una persona que tiene vínculos de nacionalidad con ese país. En su vertiente *activa*, la ley de un país se aplica a hechos en que haya intervenido puniblemente un nacional suyo; en su vertiente *pasiva*, la ley del país pretende aplicarse a hechos cuya víctima sea un nacional.

Cada vez es más frecuente que las legislaciones sometan a la jurisdicción penal del Estado ciertos hechos cuyo autor mantiene con ese Estado un vínculo relevante distinto de la nacionalidad, como la «residencia habitual» o el asiento principal. Esta expansión del principio de personalidad activa debe ser observada con atención a la luz de la función garantista del principio de territorialidad.

(3) Principio real o de defensa

Conforme al principio real, la ley penal de un Estado se aplica cuando el hecho afecta a un bien jurídico colectivo propio de ese Estado: seguridad interior o exterior, salud pública, patrimonio estatal, libre competencia, etc.

(4) Principio de universalidad

Es excepcionalísimo en el orden de los principios —pues ningún Estado tiene la misión de realizar la justicia en el universo—, pero cada vez más frecuente en los ordenamientos penales del siglo XXI. Conforme a él, la ley de un país regirá cualquier hecho, ocurrido en cualquier lugar del mundo, si él captura al delincuente (ley de la captura). Se suele argumentar a su favor que las legislaciones penales de occidente serían similares y, en virtud de esta similitud, sería posible establecer una especie de solidaridad internacional en la captura de delincuentes. Sin embargo, el argumento parece confundir la determinación de la *lex causae* con cuestiones propias de la asistencia internacional en materias penales.

(5) El principio de jurisdicción delegada o subsidiaria

Este principio expresa que la ley de un Estado puede ser aplicada a un hecho ocurrido en el territorio de otro cuando el autor del delito es residente del país cuya ley se aplica —y donde actualmente se encuentra el imputado—, mientras que solo era transeúnte en el país en donde se cometió el hecho. En estos casos puede ocurrir que, por diversas razones, no resulte posible la extradición, y que respecto del primer Estado no exista un factor de conexión alternativo. El principio opera sobre la base de presupuestos de fondo análogos a los de la extradición, como la doble incriminación y el respeto a la jurisdicción de los demás Estados.

El principio de jurisdicción delegada, que fue formulado hace más de medio siglo para la Unión Europea, no tiene aplicación en Chile, pues para implementarlo es indispensable su establecimiento mediante tratados internacionales. Sin embargo, constituye una interesante alternativa a la expansión desmesurada del principio de universalidad.

bb) El principio de territorialidad

El principio fundamental en nuestra legislación es el principio de territorialidad, formulado expresamente en los arts. 5° y 6°. La aplicación del principio ofrece dos problemas principales: cuál es el territorio nacional y dónde debe entenderse cometido el delito.

(1) El territorio

El territorio chileno está compuesto en primer lugar por el casco continental, el territorio insular chileno, el subsuelo continental o insular, el espacio dentro de lo señalado por el Código Aeronáutico y el mar territorial.

El mar territorial es la franja de mar adyacente al territorio, con una extensión de 12 millas náuticas (equivalentes a 22,2 kilómetros) contados desde la línea de base de la costa. En este espacio, que incluye el lecho marino, el subsuelo y el espacio aéreo, el Estado ejerce plena soberanía. El art. 5° no distingue entre el mar territorial y lo que el Código Civil denomina «zona contigua», que se extiende hasta las 24 millas marítimas medidas desde las líneas de base (art. 593 CC). El objeto de la jurisdicción sobre la zona contigua según el Código Civil es «la prevención y sanción de las infracciones de (...) leyes y reglamentos aduaneros, fiscales, de inmigración o sanitarios». Algunos autores extienden la jurisdicción penal a la zona contigua, lo que no es correcto. El reconocimiento de esta zona tiene su origen en la Convención de Naciones Unidas sobre Derecho del Mar (1982), y el art. 593 CC actual está tomado —lo corrobora la historia fidedigna de la ley— del art. 33 de dicha Convención, según la cual el Estado *solo* tiene jurisdicción para «tomar las medidas de fiscalización necesarias para: (a) prevenir las infracciones de sus leyes y reglamentos aduaneros, fiscales, de inmigración o sanitarios que se cometan en su territorio o en su mar territorial, y (b) sancionar las infracciones de esas leyes y reglamentos cometidas en su territorio o en su mar territorial».

Por lo tanto, el art. 593 CC no establece un caso de aplicación extraterritorial de la ley penal chilena, sino que permite al Estado ejercer facultades de fiscalización para prevenir y reprimir a aquellos que han infringido la ley penal chilena *en su territorio o en el mar territorial* chileno. Tampoco se extiende la jurisdicción penal de Chile a la franja de 200 millas de la Zona Económica Exclusiva; allí solo existe soberanía en aspectos económicos, ecológicos, sanitarios, etc.

Al territorio nacional pertenecen, en cambio, las naves de guerra dondequiera que estén (navegando o surtas en puertos de «otra potencia»), incluso en aguas territoriales extranjeras, y las naves mercantes, pero solo si se encuentran en mar territorial o adyacente, o bien, en alta mar. La distinción «naves de guerra-naves mercantes», no es muy afortunada (una nave mercante de la Armada sería una nave de guerra y la nave presidencial francesa sería una nave mercante); tampoco exenta de inconvenientes, aunque algo más útil, sería una distinción entre las naves públicas y las naves privadas.

Tratándose de aeronaves se hace la misma distinción, que está sujeta al mismo reparo. Las aeronaves de guerra son territorio chileno donde estén; las aeronaves mercantes chilenas solo son territorio chileno si sobrevuelan territorio chileno o «tierra de nadie» (alta mar, zonas internacionalizadas, etc.). Esta solución no es satisfactoria, pues si, por ejemplo, en un avión de British Airways se comete un crimen mientras sobrevuela Chile, no es razonable que sea Chile quien conozca el asunto, sino más bien el Estado donde arriba el avión.

(2) Lugar de comisión del delito

Para aplicar correctamente el principio de territorialidad también es indispensable determinar dónde ocurrió el hecho. Este ejercicio, por regla general simple, puede excepcionalmente complicarse:

Caso 1. A dispara desde Chile hacia el otro lado de la frontera chileno-boliviana, y mata a B que está en Bolivia.

Caso 2. A propone fraudulentamente un negocio desde Chile a B, que está en Nueva York. B realiza, según lo acordado, una transferencia desde su cuenta bancaria en esta ciudad hacia una cuenta de los estafadores en Kazajstán.

¿Dónde debe entenderse cometido el delito? Para los casos en que no exista una regla legal especial, se han propuesto los siguientes criterios:

(α) Criterio que atiende al lugar donde se ejecutó la acción o se incurrió en la omisión.

El delito se entiende cometido en el lugar donde se ejecutó la acción o se incurrió en la omisión típica, con independencia del sitio donde se produce el resultado. En el *Caso 1*, si se dispara desde Chile hacia Bolivia, debe aplicarse la ley chilena.

El fundamento de este criterio está en la consideración de que la garantía que supone la aplicación del principio de territorialidad debe hacerse efectiva precisamente respecto de quien realiza la conducta típica (así, p. ej., la dimensión de *lex certa* del principio de legalidad tiene sentido respecto de quien incurre en la acción o en la omisión definida en el tipo penal). Sin embargo, el criterio tiene el inconveniente de que probablemente el país más interesado en conocer del asunto y aplicar su ley será aquel en que se produjeron las consecuencias lesivas.

Etcheberry defiende la primacía de la acción u omisión fundándose en el art. 157 inc. 3° COT, que se refiere a un hecho ocurrido en Chile, pero que se ha desarrollado en varios territorios jurisdiccionales diferentes. Conforme a esta regla, el delito se entenderá cometido allí donde se inició su ejecución. Analógicamente, entonces, podría aplicarse esta regla para las contiendas de leyes y de competencia entre países. Si bien este planteamiento es solitario en la doctrina, al menos tiene asidero en el derecho positivo.

(β) Criterio del resultado

Conforme a este criterio, es aplicable la ley del país donde se produjo el resultado, que es el que experimenta con mayor intensidad los efectos del hecho; es decir, en los *Casos 1 y 2*, respectivamente, Bolivia y Estados Unidos (Nueva York).

Se pregunta entonces qué ocurre si el delito queda en estado de tentativa y, por tanto, el resultado no se produce; en tal situación, señalan los críticos, habría que optar por otra teoría acudiendo a criterios que la teoría del resultado no es capaz de explicar. Sin embargo, conforme a la doctrina predominante la tentativa y el delito frustrado sí producen un resultado: la puesta en peligro del bien jurídico en el objeto concreto de la acción. Algo análogo vale para los delitos de peligro abstracto, en los que también se identifica un resultado intangible de peligro.

(γ) Doctrina de la ubicuidad

El delito se entiende cometido en cualquiera de los territorios donde se realizó alguna parte de la acción delictual, como, asimismo, donde se produjo el resultado. Así, en el *Caso 1*, Chile y Bolivia serían competentes. Luego, el país que captura al delincuente tendría preferencia para juzgarlo, aunque todos sean competentes (si lo captura un tercero, se deberá proceder a la extradición).

Esta teoría puede ser útil desde el punto de vista práctico, pero conduce a una aplicación del principio de universalidad en casos donde tal aplicación carece de fundamento. En esta medida, la teoría de la ubicuidad socava la relación que existe entre el principio de territorialidad y el principio de legalidad, y puede erosionar la soberanía de los Estados menos poderosos. No obstante ello, puede considerarse predominante en la actualidad.

cc) Excepciones al principio de territorialidad

Las excepciones más importantes están en el art. 6° del Código Orgánico de Tribunales, que contempla los casos de aplicación extraterritorial de la ley chilena por la vía de establecer la competencia extraterritorial de los tribunales chilenos, pues, como se ha visto, en materia penal existe identidad entre *lex fori* y *lex causae*.

Conforme a este precepto quedan sometidas a la jurisdicción de los tribunales de la República ciertas clases de hechos que en él se enumeran, a pesar de que los correspondientes delitos hayan sido perpetrados fuera del territorio nacional. El mismo Código resuelve, en su art. 167, que en tales casos son competentes los tribunales penales de la jurisdicción de la Corte de Apelaciones de Santiago.

La mayor parte de las excepciones del art. 6° parecen obedecer al principio real o de defensa, pero al examinarlas en detalle se descubre que, por alguna razón, el Estado de Chile suele añadir una limitación de sus pretensiones jurisdiccionales conforme a los principios de personalidad activa y pasiva:

- N° 1) Los delitos cometidos por un agente diplomático o consular de la República, en el ejercicio de sus funciones. Tratándose de estos delitos, Chile reclama competencia porque el bien jurídico afectado es el buen funcionamiento de su propia administración pública.
- N° 2) Ciertos delitos cometidos por funcionarios públicos chilenos o por extranjeros al servicio de la República. Nuevamente se trata de bienes jurídicos colectivos del Estado chileno.

En 2009 se agregó aquí también el delito de soborno de funcionarios públicos extranjeros, cuando sea cometido por una persona chilena o con residencia habitual en Chile. Esa hipótesis ya no responde al principio real o de defensa, sino a una forma ampliada de personalidad activa.

- N° 3) Delitos contra la soberanía o contra la seguridad exterior del Estado, perpetrados por chilenos «naturales» o «naturalizados» (principio real o de defensa limitado por el principio de nacionalidad) y los contemplados en el párrafo 14 del Título VI del Libro II del Código Penal, cuando pusieren en peligro la salud de habitantes de la República (principio real o de defensa).
- N° 4) Los delitos cometidos por chilenos o extranjeros «a bordo de un buque chileno en alta mar, o a bordo de un buque chileno de guerra surto en aguas de otra potencia». En realidad, no se trata aquí de una excepción al principio de territorialidad, pues la ley se refiere a hechos ejecutados dentro de lo que se entiende por territorio nacional.

- N° 5) La falsificación del sello del Estado, de moneda nacional, de documentos de crédito del Estado, de las Municipalidades o de establecimientos públicos, cometida por chilenos, o por extranjeros que fueren habidos en el territorio de la República.

Se trata de delitos —la mayoría de ellos, obsoletos— que atentan contra la fe pública, bien jurídico de carácter colectivo, de modo que esta excepción a la territorialidad obedece al principio real. La regla contiene la importante e interesante restricción de que el autor debe ser chileno o, si es extranjero, que sea habido en Chile.

- N° 6) Los delitos cometidos por chilenos contra chilenos, si el culpable regresa a Chile sin haber sido juzgado por la autoridad del país en que delinquió.

En este caso, al parecer, actuarían juntos los principios de nacionalidad activa y pasiva. Lo curioso es que Chile hace un reclamo de jurisdicción muy limitado: solo juzgará al autor si este regresa a Chile y, además, sin haber sido juzgado.

La exigencia de que el delito se cometa «contra chilenos» puede ser problemática cuando el delito afecta bienes colectivos con dimensiones individuales, como el incesto, la bigamia y algunos delitos ambientales (tráfico de especies u objetos patrimoniales). Por ejemplo: Un sujeto casado en Chile se casa por segunda vez en Estados Unidos y vuelve a Chile sin haber sido juzgado. La solución pasa por la determinación del bien jurídico de protección. En el caso del ejemplo, como el delito, a pesar de sus efectos individuales, no ha sido cometido «contra chilenos», sino que atenta contra un bien colectivo, no procede aplicar el N° 6 y los tribunales chilenos carecerán de competencia.

- N° 7) La piratería. En el caso de este delito se acepta el principio de universalidad, basado en consideraciones de reciprocidad universal. Si Chile captura al pirata, lo juzgará de acuerdo con su ley, aunque haya delinquido fuera del territorio nacional.
- N° 8) Con la expresión «los comprendidos en los tratados celebrados con otras potencias» se alude a los numerosos delitos contemplados en tratados sobre delincuencia internacional (*v. gr.* el corte de cables submarinos, que usualmente se comete en alta mar y afecta a muchos países simultáneamente). Por lo general, son delitos que se cometen

traspasando las fronteras de varios países, como ocurre con la trata de personas o el tráfico de estupefacientes.

Por lo tanto, la regla consagra una aplicación del principio de universalidad más restringida que la del N° 7, pues se requiere un tratado internacional.

- N° 9) Se refiere a los delitos establecidos en la Ley N° 12.927 de Seguridad del Estado, y responde a una lógica análoga al N° 3 (principio real o de defensa). Mientras el art. 6° N° 8 COT establece la extraterritorialidad jurisdiccional sin distinciones, el art. 27 de la Ley de Seguridad del Estado regula en detalle la competencia de la Fiscalía para investigar los delitos «perpetrados fuera del territorio de la República por chilenos, ya sean naturales o nacionalizados y por extranjeros al servicio de la República». Esta inconsistencia de origen histórico no debería tener, sin embargo, consecuencias prácticas relevantes.
- N° 10) Ciertos delitos sexuales cometidos por un chileno o por una persona que tiene residencia habitual en Chile, y el delito del art. 374 bis inc. 1° (la figura se encuentra hoy en el art. 367 quáter), cuando el material pornográfico objeto de la conducta hubiere sido elaborado utilizando chilenos menores de dieciocho años. Esta regla obedece a una lógica similar a la del N° 6.
- N° 11) Delitos de colusión (art. 62 del Decreto Ley N° 211), cuando afecten los mercados chilenos. La excepción se funda en el principio real o de defensa.
- N° 12) Los delitos cometidos por chilenos que se encuentran comprendidos en los arts. 34 y 35 de la Ley que Implementa la Convención sobre la Prohibición del Desarrollo, la Producción, el Almacenamiento y el Empleo de Armas Químicas y sobre su Destrucción, y en la Convención sobre la Prohibición del Desarrollo, la Producción y el Almacenamiento de Armas Biológicas (Bacteriológicas) y Toxínicas y sobre su Destrucción. La excepción al principio de territorialidad se basa en el principio de personalidad activa.

Un aspecto aún no suficientemente clarificado es el estatus de estas reglas desde el punto de vista nomológico —cuestión análoga al «problema de las calificaciones» en el derecho internacional privado—, lo cual es importante para determinar si el derecho chileno debe tener en cuenta o no el tratamiento que el derecho penal extranjero da a la misma conducta.

Una posibilidad es entender que estas reglas solo precisan el alcance territorial de la soberanía chilena en materias penales (regla de derecho público internacional). Otra alternativa es considerar que ellas simplemente extienden el alcance de las respectivas normas de sanción, obligando a los operadores a imponer las penas previstas, por ejemplo, en el art. 62 del Decreto Ley N° 211, a conductas realizadas en otro país. Esta alternativa asume que en este país y en Chile existe una cierta armonía en cuanto a las normas de conducta (en el ejemplo, que también allí la colusión constituye delito), lo que obliga a interpretar la norma de conducta chilena teniendo en cuenta las reglas homólogas del lugar de comisión.

Finalmente, cabría entender que las reglas del art. 6° COT contribuyen a la definición del injusto penal, de la materia misma de la prohibición. En tal caso, la interpretación del tipo penal no tiene por qué considerar la situación del derecho extranjero. Así, por ejemplo, la cuestión de si el art. 251 bis, antes de su reforma, incluía o no los «pagos de facilitación», debía resolverse mirando únicamente el contexto normativo chileno, modificado en este punto a partir de la entrada en vigencia de la Ley N° 21.121.

dd) Extradición

Para los casos en que la ley penal de un Estado reclama aplicación respecto de un hecho —lo cual puede responder a una excepción al principio de territorialidad—, pero el autor no se encuentra disponible en ese Estado para ser enjuiciado, o bien para cumplir la condena, existe la institución de la *extradición*. La extradición es, ante todo, un procedimiento regulado entre los arts. 431 y 454 CPP y, por lo tanto, es objeto de estudio del derecho procesal penal. Se trata de una institución fundamental en un mundo globalizado, que no solo contribuye a la eficacia del derecho penal, sino que, al otorgar reconocimiento a las sentencias de tribunales extranjeros, resguarda mejor los derechos de los justiciables, evitando los efectos nocivos de una persecución penal y de la ejecución de la pena en un país extranjero.

En cuanto a los requisitos de fondo, la distinción fundamental radica en determinar si existe un tratado de extradición entre el Estado requirente y el Estado requerido (el Código de Derecho Internacional Privado es uno de ellos, pero hay una serie de tratados bilaterales), o si hay que estar solo a la reciprocidad y a los principios generales (doble incriminación, no reciprocidad respecto de delitos políticos, cierta gravedad del hecho, prevención de violaciones del *non bis in idem* procesal, etc.).

La extradición lleva directa o indirectamente a la aplicación de derecho penal extranjero y confiere fuerza a las sentencias dictadas por tribunales de otros países, lo que tensiona la garantía fundamental de legalidad. Por eso, entre los requisitos sustantivos de la extradición se encuentra la *doble incriminación*: el hecho en cuestión debe ser constitutivo de delito en ambos países. Esto permite al Estado requerido controlar la «exportación» de legislación penal desde otros Estados hacia su propio territorio (POLITOFF).

b) Vigencia de la ley penal en cuanto a las personas

La regla fundamental se encuentra en el art. 19 N° 2 de la Constitución, según el cual se asegura a todas las personas la igualdad ante la ley. El N° 3 del mismo precepto desarrolla el contenido de la igual protección que la ley asegura a todos en el ejercicio de sus derechos. El art. 5° del Código Penal confirma lo anterior: «La ley penal chilena es obligatoria *para todos* los habitantes de la República, incluso los extranjeros». No existen excepciones a esta regla por causas personales, sino solo excepciones relativas, basadas en la función que cumplen ciertas personas. Estas excepciones se agrupan tradicionalmente en dos categorías: excepciones de derecho internacional y excepciones de derecho interno.

aa) Excepciones de derecho internacional

Gozan de inmunidad de jurisdicción en materia penal los jefes de Estado extranjeros que se encuentren de visita, sea esta oficial o no oficial, y representantes diplomáticos, personal oficial a su servicio y miembros de su familia que sean extranjeros (Código de Derecho Internacional Privado y Convención de Viena sobre Relaciones Diplomáticas).

En cuanto a los representantes consulares, la Convención de Viena sobre Relaciones Consulares les confiere inmunidad solo por los delitos cometidos «en el ejercicio de sus funciones consulares».

La situación de los funcionarios de organismos internacionales está regulada en los tratados especiales que los constituyen, aunque su estatus por regla general se asimila al de los agentes diplomáticos.

bb) Excepciones de derecho interno

Son dos:

- La inviolabilidad o inmunidad parlamentaria establecida en el art. 61 inciso 1° de la Constitución. El alcance de esta inmunidad es discutible, pero en todo caso se extiende a la responsabilidad penal por la sola manifestación de opiniones, tanto en sala como en sesiones de comisión. En cuanto a la emisión de votos en las mismas instancias, resulta difícil imaginar algún caso en que la sola emisión del voto constituya intervención penalmente relevante en un hecho delictivo, pero, cuando este sea el caso, el sentido de la disposición constitucional es precisamente conferirle al parlamentario inmunidad de jurisdicción. La implementación de lo resuelto en la votación quedará usualmente comprendida en el ámbito de responsabilidad de terceras personas; pero si el parlamentario interviene en esta etapa de implementación y ella tiene carácter delictivo, su conducta no estará amparada por la inmunidad.

- La exención de responsabilidad para los ministros de la Corte Suprema por inobservancia de las leyes que reglan el procedimiento, denegación de justicia y torcida administración de justicia: art. 324 inc. 2° COT, en relación con el art. 79 de la Constitución. Se discute si la remisión a la ley autoriza a eximir de responsabilidad o si solo permite regular la forma de hacerla efectiva.

No son excepciones a la vigencia de la ley penal en cuanto a las personas, en cambio, los fueros o privilegios procesales que exigen trámites previos al enjuiciamiento penal, como el fuero parlamentario (art. 61 inc. 2° de la Constitución) y otros establecidos en las leyes en razón de ciertas funciones. La acusación constitucional contra el Presidente de la República y otras autoridades (arts. 52 N° 2 y 53 N° 1 de la Constitución) no es un procedimiento penal, sino político, aunque quien sea declarado culpable puede sufrir sanciones de inhabilidad equiparables a las penas. Por eso, en el juicio político han de regir análogamente los criterios penales de imputación y las garantías que la Constitución acuerda para la imposición de sanciones penales.

6. El principio de legalidad y los tratados internacionales como fuente del derecho penal

Chile se encuentra vinculado por diversos tratados internacionales que establecen estándares de derechos humanos con incidencia en materias penales (por ejemplo, la Convención Interamericana de Derechos Humanos) o, incluso, que importan el compromiso de sancionar de modo eficaz ciertas conductas conforme al derecho interno (por ejemplo, el tratado de la Organización para la Cooperación y Desarrollo Económicos, OCDE). Por otra parte, el art. 5° inc. 2° de la Constitución dispone que «el ejercicio de la soberanía reconoce como limitación el respeto a los derechos esenciales que emanan de la naturaleza humana. Es deber de los órganos del Estado respetar y promover tales derechos, garantizados por esta Constitución, así como por los tratados internacionales ratificados por Chile y que se encuentren vigentes».

De lo anterior resultan al menos tres órdenes de interacción entre el derecho penal interno y el derecho internacional que podrían tensionar el principio de legalidad penal.

a) La sujeción del Estado de Chile a órganos supranacionales

Se trata de órganos que ejercen jurisdicción complementaria en materia penal o cuyas decisiones tienen efectos en el derecho interno. Tal es el caso, en primer lugar, de la Corte Penal Internacional (CPI). La CPI fue reconocida en 2009 mediante la introducción de la 24ª disposición constitucional transitoria, e implementada a través de la Ley N° 20.357, que tipifica en el derecho interno los delitos previstos en el Estatuto de Roma, el tratado internacional que establece la CPI y determina su competencia.

Como la CPI solo interviene cuando el Estado, cuya jurisdicción se extiende a los crímenes que son competencia de la Corte, no está seriamente dispuesto a juzgarlos —el denominado «principio de complementariedad»—, el espacio para fricciones con el principio de legalidad es más bien menor.

Pero también hay decisiones de tribunales internacionales como la Corte Interamericana de Derechos Humanos (CIDH) que tienen efectos en asuntos penales sujetos al derecho interno. Un ejemplo paradigmático de esto es el caso *Almonacid Arellano y otros vs. Chile* (2006), en el cual se resolvió lo siguiente: «Este Tribunal dispone que el Estado debe dejar sin efecto las citadas resoluciones y sentencias emitidas en el orden interno, y remitir el expediente a la justicia ordinaria, para que dentro de un procedimiento penal se identifique y sancione a todos los responsables de la muerte del señor Almonacid Arellano».

Aparte de los problemas que esto plantea desde el punto de vista de la cosa juzgada, el ordenamiento chileno carece hasta el momento de una regulación para dar cumplimiento a esta clase de resoluciones. Ninguna de estas dificultades es insoluble, pero ambas requerirían atención legislativa.

b) Obligaciones internacionales de criminalizar ciertas conductas en el derecho interno

Algunos tratados internacionales establecen obligaciones para los Estados partes en orden a disponer mecanismos eficaces para sancionar cierta clase de conductas, o incluso disponen que tales sanciones tengan carácter penal. Por regla general esto no es problemático, pues las legislaciones internas ya contienen los correspondientes delitos o están en proceso de establecerlos. Tal es el caso, por ejemplo, de la Convención Interamericana para Prevenir y Sancionar la Tortura; la Convención Internacional para la Protección contra las Desapariciones Forzadas; el Protocolo de la Convención sobre los Derechos del Niño relativo a la venta de niños, la prostitución infantil y la utilización de niños en la pornografía; el Protocolo contra el tráfico ilícito de migrantes por tierra, mar y aire, que complementa la Convención de las Naciones Unidas contra la Delincuencia Organizada Transnacional; etc.

En todos estos casos, además, la criminalización implica que el legislador del Estado implemente por vía legislativa, con pleno respeto al principio de legalidad y a sus instituciones jurídicas propias, el correspondiente compromiso internacional.

c) El denominado «control de convencionalidad» de las normas de derecho interno al momento de su aplicación

Más compleja es la situación que se produce cuando la legislación penal de un Estado que es parte de un tratado internacional puede considerarse, en algún punto, contraria a ese tratado, o al menos deficitaria en relación con el estándar que el tratado busca establecer.

La posición de la CIDH y, con ella, de una parte significativa de la literatura y de una creciente jurisprudencia, es que los tribunales estatales han de realizar un «control de convencionalidad» de las leyes internas al momento de su aplicación. Esta doctrina se remonta también al caso *Almonacid Arellano y otros con Chile* (2006) y otras causas coetáneas, donde se resolvió lo siguiente: «La Corte es consciente de que los jueces y tribunales internos están sujetos al imperio de la ley y, por ello, están obligados a aplicar las disposiciones vigentes en el ordenamiento jurídico. Pero cuando un Estado ha ratificado un tratado internacional como la Convención Americana, sus jueces, como parte del aparato del Estado, también están sometidos a ella, lo que les obliga a velar por que los efectos de las disposiciones de la Convención no se vean mermados por la aplicación de leyes contrarias a su objeto y fin» (par. 124). En este caso, se ordenaba a los tribunales chilenos dejar de aplicar el Decreto Ley N° 2191 de 1978 y revisar las causas ya falladas conforme a él sin esperar a una adecuación del derecho interno.

Algo análogo puede decirse de los demás tratados internacionales sobre la base de la Convención de Viena sobre Derecho de los Tratados, conforme a la cual todo tratado en vigor debe cumplirse de buena fe (art. 26), y por consiguiente no cabe invocar disposiciones del derecho interno para justificar su incumplimiento (art. 27).

La doctrina del control de convencionalidad no se encuentra asentada todavía, (aunque existen importantes avances desde los trabajos pioneros de Mera) y subsisten una serie de interrogantes. En particular, se discute si los tribunales solo están obligados a interpretar el derecho interno a la luz de la convención, si pueden complementarlo *praeter legem* echando mano de disposiciones de los tratados, o si además pueden dejar de aplicar reglas internas «inconvencionales». Por otro lado, y en la medida en que la vía de entrada del control de convencionalidad se encuentra en los arts. 5°, 6° y 7° de la Constitución, de modo que este suele presentarse en el marco de una cuestión de constitucionalidad, se pregunta si resulta aceptable un control difuso de convencionalidad en un sistema que, como el chileno, establece un control concentrado de constitucionalidad.

En cualquier caso, la Corte Suprema ha prescindido del Decreto Ley N° 2.191 de 1978 por ser contrario a los Convenios de Ginebra (Roles N° 5279-2009 y 2576-2009, entre muchos otros); ha desestimado plazos de prescripción que consideró «irrazonables» a la luz de la Convención Americana de Derechos Humanos (Rol N° 15929-2016); ha prescindido de la prescripción de la acción penal en numerosos casos en razón de la misma Convención (p. ej. en el Rol N° 559-2004); y ha declarado improcedente la incorporación de la huella genética de los menores infractores en el Registro de Condenados (p. ej., en el Rol N° 5012-2012), siguiendo en este caso lo dispuesto en el art. 21.2 de las Reglas de Beijing, a las que se remite el preámbulo de la Convención sobre los Derechos del Niño. En el mismo sentido, se ha comenzado a dar aplicación a las disposiciones del Convenio 169 de la OIT que, por ejemplo, ordena tener en cuenta, al momento de imponer penas, las características económicas, sociales y culturales de los miembros de los pueblos originarios, dando preferencia a tipos de sanción distintos del encarcelamiento (arts. 10.1 y 10.2).

Ejercicio. El art. 7.7. de la Convención Americana de Derechos Humanos establece que «nadie será detenido por deudas", mientras el art. 11 del Pacto Internacional de Derechos Civiles y Políticos dispone que «nadie será encarcelado por el solo hecho de no poder cumplir una obligación contractual». *Investigue* qué consecuencias ha tenido esta prohibición de la «prisión por deudas» en la *interpretación* del art. 470 N° 1, que establece el delito de apropiación indebida («Los que en perjuicio de otro se apropiaren o distrajeren dinero [...] o cualquiera otra cosa mueble que hubieren recibido en depósito, comisión o administración, o por otro título que produzca la obligación de entregarla o devolverla»).

7. Legalidad de las penas

Conforme al art. 19 N° 3 inc. 8° de la Constitución, «ningún delito se castigará con otra *pena* que la que señale una ley promulgada con anterioridad a su perpetración». El principio de legalidad y el aforismo que sintetiza sus diversas dimensiones —*nullum crimen, nulla poena sine lege scripta, praevia, stricta et certa*— comprenden no solo la legalidad de los delitos, sino también de las sanciones penales: *nulla poena.*

La legalidad de las penas puede examinarse, entonces, desde estas cuatro perspectivas.

a) *Nulla poena sine lege scripta*

Igual que los delitos, las penas deben encontrarse establecidas en leyes formales.

Sin embargo, a diferencia de lo que ocurre con la definición de la conducta típica, donde se admite, bajo las condiciones y dentro de los límites ya estudiados, la colaboración del legislador y de instancias no legislativas, el art. 19 N° 3 inc. 8° no admite que las penas se establezcan, siquiera parcialmente, en preceptos de jerarquía infralegal. La pena debe encontrarse siempre completamente definida en la ley y, en rigor, en la misma ley que define la conducta sancionable, pues el inc. 9° del art. 19 N° 3 dispone que «ninguna ley podrá establecer penas sin que la conducta que se sanciona esté expresamente descrita *en ella*».

Por tal razón, por ejemplo, el reenvío que realiza el art. 21 al Reglamento de Establecimientos Penitenciarios con respecto a las condiciones y duración de la pena de incomunicación con personas extrañas al establecimiento penal es inconstitucional. Por el momento, sin embargo, ello carece de consecuencias prácticas, pues el actual Reglamento no considera esta sanción.

b) *Nulla poena sine lege praevia*

La ley que establece la pena aplicable debe haber sido «promulgada» (*recte*: debe haber entrado en vigencia) con anterioridad a la perpetración del delito, sin perjuicio de la aplicación —también aquí— del principio de favorabilidad ya estudiado.

Las principales dificultades del *nulla poena* en esta dimensión se refieren a las reglas que establecen beneficios penitenciarios —como el Decreto Ley N° 321 sobre Libertad Condicional— o autorizan la sustitución de ciertas penas por otras más benignas, como ocurre con la Ley N° 18.216. Ambos cuerpos legales han sido modificados sustancialmente en los últimos años; ¿qué ocurre si el nuevo estatuto, que entró en vigencia con posterioridad a la perpetración del delito, dificulta *v. gr.* el acceso del condenado a la libertad condicional o a una pena mixta?

El Tribunal Europeo de Derechos Humanos (TEDH), por ejemplo, considera desde el caso *Del Río Prada c. España* (Demanda N° 42750/09), que el *nulla poena* solo es aplicable a las leyes que establecen las penas mismas y no a las que regulan su forma de ejecución. La jurisprudencia del TC en la materia es oscilante. Sin embargo, al menos actualmente parece haberse impuesto la línea que considera las reglas legales sobre ejecución de las penas —*v. gr.* el Decreto Ley N° 321 sobre Libertad Condicional— como normas meramente «administrativas» y, por tanto, no sujetas a la prohibición de retroactividad de la ley penal (p. ej., STC Rol 7181 de 2020). Esta posición es criticable desde el principio de legalidad —las condiciones de acceso a la libertad condicional son una parte sustancial de la definición de las penas de encierro— y resulta, además, contraria a la igualdad ante la ley. Por otro lado, en sus propios términos no debería ser aplicable a la Ley N° 18.216, que actualmente establece verdaderas «penas» sustitutivas y no únicamente formas alternativas de cumplimiento.

c) *Nulla poena sine lege certa et stricta*

La ley que establece las penas debe ser determinada. Ello impone la necesidad de precisar a nivel legislativo las características de cada pena, su extensión, duración o alcance, y las condiciones fundamentales de su ejecución.

En este sentido, las leyes que establecen marcos penales de extraordinaria amplitud —p. ej., el art. 293 establece para el delito de asociación ilícita las penas de presidio mayor en cualquiera de sus grados (inc. 1°: 5 años y un día a 20 años) y de presidio menor en cualquiera de sus grados (inc. 2°: 61

días a 5 años)— solo podrían considerarse constitucionalmente admisibles en la medida en que ellas se integran con las reglas y parámetros que el Código Penal establece para la determinación de las penas. Esta argumentación, ya bastante discutible, perdería toda fuerza si las reglas de determinación de la pena fueran considerablemente menos precisas de lo que son en la actualidad. Tal es el caso *v. gr.* en la Ley N° 20.393, que deja abierta y en manos del tribunal la imposición de una o más de las penas que ella ley establece (arts. 8° y 15). Si la responsabilidad de las personas jurídicas fuera genuina responsabilidad penal, el sistema de la Ley N° 20.393 adolecería de un déficit severo desde el punto de vista del *nulla poena*.

La prohibición de la analogía como manifestación del principio de *lex stricta* rige igualmente en el ámbito de las penas. No está permitido imponer o crear penas por analogía o «por mayoría de razón». Aunque usualmente se entiende esta dimensión del *nulla poena* como una consecuencia obvia del *nullum crimen*, cabe imaginar hipótesis en las que, encontrándose bien determinada la conducta típica, las normas de sanción no excluyan un ejercicio discrecional que permita extender al caso la aplicación de penas (*v. gr.* penas accesorias) previstas expresamente para otros delitos.

Todo lo que se ha dicho antes respecto de la legalidad de las penas vale también *cum grano salis* respecto de las *medidas de seguridad*. Si bien en este ámbito puede y debe haber espacio para la apreciación de la autoridad encargada de supervisar la ejecución de la medida, hay que considerar siempre que las medidas son una forma de coacción estatal y, por lo tanto, están sometidas a un estándar elevado de legalidad. En la duda, y salvo que ello implique desvirtuar por completo el sentido de la medida de seguridad, debe primar un criterio estricto de legalidad.

Para profundizar…

Una introducción a los fundamentos del principio de legalidad en materia penal puede leerse en el trabajo «Consideraciones sobre el principio de legalidad penal en la jurisprudencia de la Corte Interamericana de Derechos Humanos», de García Ramírez y Morales Sánchez (*Revista Mexicana de Derecho Constitucional* N° 24, enero-junio 2011, pp. 195-246). Muy valiosa también es la exposición general de Naucke en su *Strafrecht. Eine Einführung* (10ª ed. 2002, Luchterhand, Neuwied). Respecto de las leyes penales en blanco puede verse Ortiz, «De la conducta requerida en las leyes penales en blanco» (2013, en van Weezel, *Humanizar y renovar el Derecho Penal. Estudios en memoria de Enrique Cury*, Santiago, Thomson Reuters, pp. 143 y ss.). Sobre el mandato de determinación y sus relaciones con las demás concreciones del principio de legalidad puede ser útil revisar van Weezel, *La garantía de tipicidad en la jurisprudencia del Tribunal Constitucional* (Thomson Reuters, Santiago, 2011). Sobre el alcance del principio de favorabilidad es ilustrativa la controversia entre van Weezel y Bustos/Aldunate sobre las leyes interpretativas, en *Gaceta Jurídica* (N° 323, pp. 14-30 y 326, pp. 7-23, respectivamente, ambos de 2007). Una visión de la *lex previa* y del principio de favorabilidad contraria a la propuesta en el texto puede leerse en Bascuñán, «El principio de lex mitior ante el Tribunal Constitucional», *Revista de Estudios de la Justicia*, N° 23, pp. 11-68. También es interesante y formativa la contribución de Oliver, «¿Irretroactividad de las variaciones jurisprudenciales desfavorables en materia penal?», en Revista de Derecho (PUCV), Vol. XXIV (2003), pp. 355-378. Acerca de la interpretación de las leyes en general, fundamental Guzmán Brito, *Las reglas del* Código Civil *de Chile sobre interpretación de las leyes* (2ª ed. 2011, LegalPublishing, Santiago); y con respecto a la interpretación de las leyes penales, es interesante el trabajo de Silva Sánchez «Sobre la "interpretación" teleológica en derecho penal», publicado bajo la coordinación de Díaz y García Conlledo y García Amado en *Estudios de filosofía del derecho penal* (Universidad Externado de Colombia, Bogotá, 2006), pp. 365-395. Una revisión actualizada y clara de los principios que gobiernan la aplicación extraterritorial de las leyes penales puede verse en Irarrázaval, «El vínculo de ciudadanía como límite a la aplicación extraterritorial del Derecho penal: una revisión crítica», en InDret 1.2021, pp. 231-258.

EJERCICIOS

Caso 1

Un buen día, Arnoldo, quien se encontraba en su oficina ubicada en Santiago de Chile, recibe un correo electrónico con un *link* direccionado a una página falsa del banco estadounidense *Richards*, donde él mantiene una cuenta corriente. En dicha página se le solicitan las claves y números de sus tarjetas, además de otros datos relevantes de comprobación de identidad. Juan cree erradamente que la solicitud procede del sitio oficial del banco, por lo que no duda en acceder a ella. A la semana siguiente, se da cuenta de que durante los días anteriores se han efectuado varias transferencias desde su cuenta corriente a diversas cuentas en bancos situados en Malta, Liechtenstein y Macao.

La investigación posterior revela que la dirección IP de origen del correo recibido por Arnoldo está localizada en Nápoles, mientras que los datos subidos a la página falsa fueron redireccionados a un servidor ubicado en Liverpool (GB), desde donde se hicieron todas las transferencias electrónicas de dinero.

1. *¿Qué problema jurídico-penal plantea el uso de Internet como medio para cometer un delito?*
2. *Posibles lugares de comisión del delito, conforme al principio de territorialidad.*
3. *¿Qué legislación penal es aplicable en este caso, conforme a las teorías de la acción, del resultado y de la ubicuidad? Específicamente, ¿es aplicable la legislación penal chilena según alguna o algunas de estas teorías?*
4. *Señale los efectos que tendría la aplicación en este caso de la teoría de la ubicuidad, en relación con: el principio de tipicidad (lex certa), el principio de lex stricta y el principio de territorialidad.*

Caso 2

Arnoldo es el propietario de un hotel en la comuna de Puerto Varas. Agobiado por la falta de ingresos durante la pandemia de Covid-19, el 29 de abril, decide reabrir el hotel cuando la comuna pasa a Fase 3 en el plan de control de la pandemia. La mayoría de los empleados del hotel habitan en la misma comuna; no obstante, una de las recepcionistas del hotel, Benita, vive en la comuna de Osorno, que en ese momento se encuentra en Fase 1 (cuarentena total). Arnoldo revisa entonces el Instructivo para permisos de desplazamiento del Gobierno, vigente a partir del 27 de abril, y confirma que el instructivo incluye a las "*personas que presten servicios en hoteles con huéspedes*" entre aquellas que prestan servicios de rubro esencial, de modo que Arnoldo obtiene un Permiso Único Colectivo para el desplazamiento de Benita. Benita acude así a trabajar semanalmente, de lunes a sábado con Permiso Único Colectivo, encontrándose Osorno en Fase 1.

El 23 de mayo, manteniéndose aún Osorno en Fase 1 y Puerto Varas en Fase 3, el Instructivo para permisos de desplazamiento del Gobierno es modificado, excluyéndose en la nueva versión a las "*personas que presten servicios en hoteles con huéspedes*". El instructivo es debidamente publicado cuatro días antes de su entrada en vigor en el sitio web del Gobierno de Chile. No obstante, por un error del sistema para obtener permisos de desplazamiento, Arnoldo logra obtener el Permiso Único Colectivo para Benita por una semana más con posterioridad a la modificación. Finalmente, el error en el sistema es corregido, y Arnoldo se da cuenta de que ya no puede obtener permisos para Benita.

El 4 de septiembre, y dada la significativa reducción de los contagios en el país producto de la administración de vacunas, el Instructivo para permisos de desplazamiento del Gobierno es modificado nuevamente, volviendo a incluirse la prestación de servicios en hoteles con huéspedes como rubro esencial que autoriza al desplazamiento de trabajadores que cumplen dichas funciones.

El 28 de septiembre, Arnoldo despide a Benita. Esta, enojada por la decisión, denuncia a Arnoldo en la Inspección del Trabajo, señalando, entre otras cosas, que ella fue obligada a trabajar en el hotel mientras su comuna de residencia se encontraba en cuarentena total. El inspector del trabajo remite estos antecedentes al Ministerio Público, el cual inicia una investigación.

El 30 de octubre, Arnoldo es formalizado por el delito del art. 318 ter, que dispone lo siguiente:

"Art. 318 ter. El que, a sabiendas y teniendo autoridad para disponer el trabajo de un subordinado, le ordene concurrir al lugar de desempeño de sus labores cuando éste sea distinto de su domicilio o residencia, y el trabajador se encuentre en cuarentena o aislamiento sanitario obligatorio decretado por la autoridad sanitaria, será castigado con presidio menor en sus grados mínimo a medio y una multa de diez a doscientas unidades tributarias mensuales por cada trabajador al que se le hubiere ordenado concurrir".

En la audiencia de formalización, el fiscal señala que, entre el 24 y el 29 de mayo, Arnoldo ordenó a la trabajadora, Benita, concurrir al lugar de desempeño de sus labores, siendo este distinto al de su residencia, en circunstancias en que Benita se encontraba en cuarentena obligatoria decretada por la autoridad sanitaria. En efecto, entre el 24 y el 29 de mayo, la comuna de Osorno se encontraba en Fase 1 del plan de control, de conformidad con la Resolución Núm. 23 exenta del Ministerio de Salud, de 11 de enero. Por otra parte, durante el período señalado, Benita no se encontraba desarrollando labores de carácter esencial de conformidad con el Instructivo para permisos de desplazamiento del Gobierno vigente a partir del 23 de mayo que la exceptuaran de la medida de cuarentena total. En efecto, de acuerdo con el número 5 de la Resolución Núm. 23 exenta ya citada, se exceptúa "de la obligación de cumplir el aislamiento o cuarentena establecido en una determinada localidad, a las personas que se encuentren en las circunstancias que se señalan en el Instructivo para permisos de desplazamiento del que trata el oficio ordinario N° 599 del 11 de enero de 2020, del Ministerio del Interior y Seguridad Pública, o aquel que lo reemplace". A esa fecha, el rubro hotelero no se encontraba incluido en el Instructivo de desplazamientos como rubro esencial. Por lo tanto, Arnoldo, al ordenar a Benita acudir a su lugar de trabajo en Puerto Varas, habría infringido lo dispuesto en el art. 318 ter.

1. *El defensor de Arnoldo alega que "la cuarentena o aislamiento sanitario obligatorio" son exigencias normativas que no constan en una ley, sino en una resolución exenta del Ministerio de Salud. En la resolución exenta, además, para completar el significado de "cuarentena o aislamiento sanitario obligatorio", se hace remisión a un Instructivo para permisos de desplazamiento, que se modifica permanentemente, porque allí se indica qué personas se exceptúan de esa medida obligatoria por desarrollar labores esenciales. Debido a lo anterior, el defensor sostiene que la aplicación del art. 318 ter es inconstitucional, que infringe el principio de legalidad penal.*
   Usted es el fiscal a cargo de acusar a Arnoldo. ¿Qué argumentaría en contra de lo sostenido por su defensa respecto de la supuesta inconstitucionalidad del art. 318 ter?
2. *¿Tiene algún efecto la modificación del Instructivo para Permisos de Desplazamiento del Gobierno de 4 de septiembre de 2021 con respecto a la situación de Arnoldo? Fundamente su respuesta.*

PARTE II.
TEORÍA DEL DELITO

Capítulo I.

Introducción a la teoría del delito

I. CONCEPTOS FUNDAMENTALES

1. El injusto penalmente imputable

La teoría del delito es una teoría del injusto penalmente imputable. Sin referencia a la imputación y su finalidad en el sistema penal, no hay injusto penal.

Se puede distinguir el plano de la definición del comportamiento objetivamente prohibido (normas de comportamiento) del plano de la imputación de ese comportamiento a una persona (normas de imputación). Pero un comportamiento no imputable no es un comportamiento prohibido en derecho penal, pues lo único penalmente prohibido es hacerse *culpable* de un quebrantamiento de la norma y la imputación es un presupuesto necesario de la culpabilidad. Por lo mismo, es secundaria la distinción entre «desvalorar» un suceso e «imputar» ese suceso a una persona determinada.

Existe una imputación objetiva —que no ha de confundirse con la «teoría de la imputación objetiva»— y una imputación subjetiva. En este sentido impropio, puede hablarse de un «injusto objetivo» y «un injusto subjetivo». Pero solo la conjunción de ambos da lugar al injusto penal, es decir, a una expresión de sentido que pone seriamente en entredicho la vigencia de las normas fundamentales de convivencia social en libertad. Esto significa, por ejemplo, que no existe un injusto penal meramente objetivo: el injusto objetivo es solo un elemento constitutivo del injusto penal.

La imputación objetiva comprende la determinación de la conducta prohibida (o mandada) y todos los aspectos que, si se verifican, permiten afirmar que una persona es penalmente competente por un suceso que aparece, en el plano objetivo, como contrario a derecho. Por su parte, la imputación subjetiva o culpabilidad comprende los aspectos necesarios para determinar si el suceso que es objetivamente imputado a una persona es, además, expresión de un déficit en su motivación de respeto al derecho, así como las formas concretas de evitabilidad del suceso.

a) La determinación de la conducta prohibida y la imputación objetiva

La imputación objetiva es la afirmación de la competencia de una persona por un suceso que aparece, en el plano objetivo, como contrario a derecho. Comprende la definición del comportamiento penalmente prohibido, que se realiza mediante la interpretación de la ley, la teoría de las posiciones de garante —y su complemento, las causas de justificación—, y las instituciones de la imputación objetiva de conductas y de resultados.

- Para la definición del comportamiento prohibido no es directamente relevante la distinción entre acciones y omisiones, pero sí son relevantes las diferencias entre la actuación en solitario y la actuación conjunta; de estas últimas se ocupa la teoría de la intervención delictiva, que es parte de la imputación objetiva de conductas.
- Asimismo, es preciso definir desde cuándo existe una expresión de sentido penalmente relevante, asunto propio de la teoría de la tentativa.
- En una transposición hacia la estructura tradicional de la teoría del delito, forman parte de la imputación objetiva una parte de la teoría de la tipicidad (con exclusión del denominado «tipo subjetivo»), las teorías del delito omisivo, de la tentativa y de la intervención en el delito, y la teoría de la antijuridicidad. Esta última permite detectar los casos complejos de ausencia de competencia en razón de la autorresponsabilidad del lesionado y de especiales deberes de contribuir al bienestar de los demás o, en casos extremos, a las condiciones mínimas de la existencia en sociedad.

b) La imputación subjetiva o culpabilidad

La imputación subjetiva exige comprobar, en primer lugar, la capacidad de la persona para realizar intenciones de primer orden (capacidad de acción) y, en segundo lugar, los presupuestos de una motivación predominante de respeto al derecho. Por lo tanto, se debe comprobar que, al tiempo del suceso, se verificaban en la persona los presupuestos mínimos de madurez y capacidad, y que la situación era suficientemente normal como para que la conducta cuente como expresión de la motivación de una persona determinada o, más precisamente, como expresión de un *déficit* de motivación. Todo esto es fundamental para que la competencia de la persona por el suceso sea penalmente relevante, es decir, para que el conflicto pueda ser procesado mediante la imposición de una pena.

La imputación subjetiva comprende también el establecimiento de la evitabilidad individual del suceso que, cuando concurre, puede adoptar las formas de dolo o imprudencia. El dolo se afirma cuando es posible atribuir a la persona —retrospectivamente: para el tiempo del hecho— un juicio práctico válido y serio, conforme al cual la conducta singular que ella decide desplegar es apta para originar un suceso que el derecho considera relevante. En los delitos de resultado que no son de peligro abstracto, este juicio práctico incluye un juicio de concreta aptitud lesiva de la conducta. La imprudencia, por su parte, se afirma cuando no es posible atribuir al autor el juicio práctico señalado, pero sí su capacidad individual para haberlo realizado.

Como la imputación subjetiva tiene por objeto establecer si concurren los presupuestos para afirmar que la conducta cuenta como expresión de la motivación de una persona, la responsabilidad de esta misma persona por un defecto de imputación —*v. gr.*, el sujeto no tiene conciencia de lo que hace, pues se encuentra voluntariamente drogado o embriagado— no es más que una de las formas que puede adoptar la imputación subjetiva. La distinción entre una imputación ordinaria y una imputación extraordinaria es un asunto secundario en derecho penal.

Como veremos, en la estructura tradicional de la teoría del delito se antepone a la imputación objetiva el análisis de la capacidad acción de la persona, mientras que el resto de las cuestiones de imputación subjetiva se analiza después de la imputación objetiva, en el ámbito de la *culpabilidad*. La razón por la cual se anticipa el problema de la capacidad de acción, que en realidad corresponde a la imputación subjetiva, es histórica. En la teoría clásica de la imputación, el denominado «control de la acción» pertenecía al dominio de la *imputatio facti*, sin la cual el hecho ni siquiera podía considerarse objetivamente contrario a derecho.

Aunque la noción de imputación subjetiva que aquí se sustenta es más amplia que lo tradicionalmente agrupado bajo el rótulo de *culpabilidad*, por razones didácticas utilizaremos ambas expresiones como sinónimas.

2. La teoría del delito

En términos amplios, la teoría del delito es una teoría científica sobre los presupuestos de la punibilidad de un hecho que, por reunir todos estos presupuestos, cuenta como delito. Conforme a esta teoría, la pregunta acerca de si se ha cometido un delito se responde distinguiendo una serie de planos y categorías que la misma teoría identifica. Es cierto que sería posible analizar los presupuestos de la punibilidad de un hecho en forma desordenada, porque, en definitiva, todos son equivalentes desde el punto de vista lógico: la ausencia de cualquiera de ellos permite descartar una contradicción punible de la norma. No obstante, la ciencia del derecho penal ha sistematizado estos componentes del hecho delictivo, trabajándolos conceptualmente y asignándoles un lugar en un sistema. La teoría del delito es, por tanto y en primer término, una teoría sobre la estructura jurídica del delito.

¿Por qué es necesario, o al menos muy conveniente, contar con una teoría del delito que goce de alta plausibilidad?

- Es necesario contar con una teoría del delito, en primer término, porque cualquiera sea el orden en que se analicen los presupuestos de la punibilidad, los conceptos y categorías que los constituyen guardan entre sí relaciones diversas, tanto en el plano lógico (implicancia, subordinación, etc.) como valorativo. Así, para que se verifiquen ciertos elementos del delito, resulta necesario afirmar previamente la presencia de otros. La teoría define estas relaciones y evita resultados ambiguos, arbitrarios o contradictorios. Por ejemplo, la afirmación de la culpabilidad de una persona tiene como objeto el injusto que esa persona ha cometido; por tanto, es lógico empezar por establecer si realmente existe un injusto objetivamente imputable, antes de examinar el problema del reproche de culpabilidad.
- En segundo lugar, desde el punto de vista analítico y en el plano del razonamiento jurídico, es útil distinguir (sin separar) las preguntas relacionadas con la definición del hecho —qué es lo que el autor hizo desde el punto de vista del ordenamiento jurídico—, de las preguntas relativas a la posibilidad de considerar ese hecho como reprochable.
- Adicionalmente, una estructura o sistema conceptual de las categorías del delito permite y facilita reconocer paralelos, correspondencias, desviaciones, particularidades, etc., en la aplicación de los presupuestos de la punibilidad.
- Por último, el método sistemático facilita el control racional de la aplicación del derecho. Cuando el análisis de los presupuestos de la punibilidad está ordenado en un sistema, es más sencillo determinar si la aplicación del derecho se ha hecho rigurosa y correctamente. En cambio, la falta de un sistema favorece la arbitrariedad.

Por eso, en una genuina dogmática penal no hay espacio para las meras «simetrías conceptuales», de las que tanto (y con razón) desconfiaba POLITOFF, cuya estética en el plano especulativo haya de conservarse «a costa de la justicia en el caso particular». Contra esta caricatura de la ciencia escribía ya KANT en su obra sobre el adagio «esto puede ser correcto en la teoría, pero no sirve para la praxis». Cuando la teoría no calza con la praxis, ello no se debe a un exceso de teoría, sino todo lo contrario, a un defecto. Allí falta teoría, en el sentido de que la que está disponible aún no es capaz de aprehender la complejidad de la realidad.

Sobre la base de lo señalado previamente es posible distinguir también las categorías y discusiones que tienen relevancia sistemática de aquellas que solo tienen relevancia didáctica.

3. La contradicción de la norma

El delito es una contradicción de la norma, es decir, una conducta a través de la cual el delincuente expresa que una determinada norma de conducta no rige, carece de vigencia para él. Por ejemplo, cuando un sujeto sustrae una cosa mueble ajena sin la voluntad de su dueño, declara que para él la norma de conducta según la cual está prohibido afectar de este modo la disponibilidad de las cosas ajenas, no es un parámetro de orientación válido. Pero como al mismo tiempo no quiere que se afecte su propia disponibilidad de las cosas que posee, con la misma fuerza con que asevera que esa norma no tiene vigencia para él, afirma que ella sí tiene vigencia para los demás. Por eso, su acto expresa una contradicción que debe ser superada.

Esta concepción del delito implica que la pena es la respuesta, en forma de reproche, al quebrantamiento de la norma por parte del delincuente. La imposición de la pena deja en claro que la norma quebrantada sigue teniendo vigencia como parámetro general de orientación en la vida social, y que es correcto seguir confiando en su vigencia en el futuro. La pena restablece así la vigencia de las normas de conducta. El mal infligido a través de la pena es un símbolo de que es el delincuente quien tiene que soportar los costos del conflicto y que la contradicción de la norma, en la cual consiste su hecho, no es un parámetro de orientación duradero y confiable en la vida social. La pena simboliza que quien se equivocó fue el delincuente y no quien confió en la vigencia de la norma: «La pena es entonces el derecho que se hace valer en orden al seguimiento de las normas estatales, por medio de la necesaria confirmación de la autoridad de las leyes vulneradas» (BINDING).

En consecuencia, para imponer una pena es preciso demostrar previamente todos y cada uno de los presupuestos bajo los cuales la conducta del delincuente puede ser vista como un quebrantamiento culpable de la norma. Conforme al principio de culpabilidad, la conducta del autor de un delito solo puede ser vista como un quebrantamiento de la norma con relevancia penal cuando a ese autor se le puede reprochar que, si hubiera tenido una motivación suficiente de respeto al derecho, habría estado en condiciones de seguir la norma, es decir, de actuar conforme a ella evitando la realización del tipo.

Por ejemplo, Arnoldo dispara sobre Benito y le da muerte. En este caso, la norma relevante es la prohibición de matar al inocente, que se deduce del art. 391 N° 2 (tipo penal del homicidio). El suceso que condujo a la muerte de Benito será imputable a Arnoldo, como contradicción de la norma, si es que Arnoldo, en orden al seguimiento de la norma, debía y podía evitar ese suceso. En definitiva, se trata de dilucidar: (a) si Arnoldo estaba obligado por el derecho a evitar el proceso que causó la muerte de Benito y, (b) si Arnoldo podía formarse la motivación de evitarlo en orden al seguimiento de la norma.

4. Control de la acción y control de la motivación

Según el finalismo jurídico penal y la doctrina predominante, la responsabilidad penal por una conducta que quebranta una norma penalmente garantizada se fundamenta en dos capacidades diversas. La primera, denominada *control de la acción*, es objeto de un primer nivel de análisis de la conducta, donde se inquiere sobre la capacidad física y mental para evitar la conducta que realiza el tipo (no tiene control de la acción, por ejemplo, el salvavidas que «omite» la acción de rescate porque ha sido amarrado por terceros a un poste y no puede moverse); la segunda, conocida como *control de la motivación*, es objeto de un nivel de análisis posterior, donde se analiza por qué la persona, debiendo y pudiendo haber observado la norma, no lo hizo (no tiene control de la motivación el salvavidas que «omite» la acción de rescate porque le han amenazado con dar muerte a una persona cercana si es que se mueve).

Así, en primer lugar, se le *imputa* al autor la realización del tipo como un hecho antijurídico, porque él se encontraba física e intelectualmente en condiciones de evitar esa realización típica, con solo haberlo querido: este es el control de la acción (capacidad para realizar intenciones de primer orden).

En segundo lugar, al autor se le *reprocha* el injusto cometido, porque él debió y pudo formarse la motivación o la voluntad de evitar esa realización típica, ya que así lo ordenaba el derecho y no existían razones reconocibles que le hubieran impedido hacerlo: este es el control de la motivación (capacidad para realizar intenciones de segundo orden).

Esta última capacidad, el control de la motivación, se encuentra estandarizada en derecho penal. Es decir, el derecho no pregunta por las razones en que se funda la voluntad o motivación de respeto al derecho; le basta con que ese respeto mínimo exista y, cuando la persona era capaz de esta motivación, sanciona su déficit.

De acuerdo con la opinión predominante, el control de la acción está referido al injusto penal, es decir, a la conducta típica y antijurídica; por su parte, la capacidad o control de la motivación se referiría a la culpabilidad. Esta distribución es imprecisa, pues solo la conjunción entre *injusto* y *culpabilidad* permite hablar de *delito* y da lugar a la sanción penal. Y en la medida en que el control de la acción no forma parte de la definición de la conducta prohibida, pertenece al análisis de la imputación subjetiva.

Aunque la distinción entre control de la acción y control de la motivación es un tópico útil en muchos casos, hay también otros en que carece de capacidad explicativa, dividiendo artificialmente lo que debe tratarse en forma unitaria. Como veremos, esto ocurre, por ejemplo, en materia de desconocimiento de las características del hecho y de su valoración. Quien *v. gr.* sabe que la cosa que se propone destruir no le pertenece o que la operación que está realizando —precisamente por su naturaleza— expone intolerablemente el patrimonio ajeno que debe custodiar, posee al mismo tiempo conocimiento del hecho y de su valoración, de modo que el control de la acción y el control de la motivación son inseparables. Otro tanto vale para los presupuestos de las posiciones de garante y de aplicación de las instituciones de imputación, según veremos.

5. El concepto de delito

El art. 1° del Código Penal define el delito en los siguientes términos: «Es delito toda acción u omisión voluntaria penada por la ley». Esta definición tiene incorporado el principio de legalidad en sus diversas manifestaciones. Parece evidente que el legislador de 1874 no considera la legalidad como algo externo al concepto de delito, sino como parte constitutiva de él, rechazando con ello cualquier concepto «natural» de delito. «Delito», en este sentido, siempre es algo definido en la ley.

Frente a esta definición legal, la doctrina penal moderna ha definido el delito como «acción u omisión típica, antijurídica y culpable». Aunque a primera vista parezcan distintos, el concepto legal de delito contiene los mismos elementos que el concepto doctrinal. Solo hay que explicitarlos:

a) «Acción u omisión»

El sustrato del hecho que el ordenamiento jurídico-penal define como delito es una acción u omisión (derecho penal de actos y no de autor). Por lo tanto, constituyen una extensión de lo que el Código Penal considera como delito todos aquellos casos en que el legislador tipifica penalmente la mera posesión de ciertos objetos, como ocurre en ciertas formas del delito de lavado de activos (art. 27 Ley N° 19.913). La legitimidad de tal extensión es discutible, así como la de aquellas figuras delictivas que sancionan un cierto «estado de cosas», como el art. 241 bis: « El empleado público que durante el ejercicio de su cargo obtenga un incremento patrimonial relevante e injustificado…».

El Código Penal considera en general equivalentes las acciones y las omisiones. A diferencia de lo que ocurre en otros ordenamientos, no hay reglas generales que permitan sostener, por ejemplo, que una omisión cuenta menos que una acción, o que solo es equivalente a ella bajo ciertos presupuestos.

b) «Voluntaria»

A través de esta expresión, el art. 1° introduce en el concepto de delito la categoría de la «culpabilidad», que comprende tanto sus presupuestos como las dos formas que puede adoptar la *«evitabilidad individual»*: dolo e imprudencia Como se verá, el Código Penal distingue entre las conductas delictivas dolosas y las imprudentes, y asigna a estas últimas un régimen mucho más benigno.

c) «Penada por la ley»

Esta expresión comprende tanto la tipicidad como la antijuridicidad, remitiendo también a las consecuencias jurídicas propias del derecho penal: lo que define formalmente a un injusto jurídico-penal es que su realización está amenazada con una pena. Se puede decir que, en esta dimensión, el concepto legal de delito supera al concepto doctrinal.

II. CATEGORÍAS DE LA ESTRUCTURA DEL DELITO

A continuación, revisaremos de un modo sinóptico e introductorio las cuatro categorías básicas que integran tradicionalmente el sistema de la teoría del delito: acción, tipicidad, antijuridicidad y culpabilidad. Luego, estudiaremos con algo más de detalle la punibilidad, un conjunto disímil de instituciones que condicionan de diversos modos la posibilidad de sancionar efectivamente un delito.

1. El injusto penal

a) Distinción entre injusto penal y culpabilidad

Se distingue entre el «injusto penal» —formado por las categorías de la tipicidad y la antijuridicidad—, por un lado, y la categoría de la «culpabilidad», por el otro. Injusto penal y culpabilidad son los elementos fundamentales del delito. Aunque algunos autores sugieren que la frontera entre ambos sería más fluida que lo que se suele afirmar (MATUS/RAMÍREZ), su trascendencia aparece a más tardar de manifiesto cuando se reafirma, acertadamente, la prohibición absoluta de la tortura, aun cuando su aplicación permitiera encontrar y desactivar una bomba que puede matar a muchas personas, y otras constelaciones semejantes.

El injusto penal es el conjunto de todos los presupuestos que fundamentan el juicio conforme al cual el autor se ha comportado antijurídicamente desde el punto de vista del derecho penal. La culpabilidad, por su parte, es el conjunto de todos los presupuestos que fundamentan el juicio conforme al cual el autor debe responder penalmente por el injusto que ha cometido, puesto que este le es personalmente reprochable (así lo entiende también la Corte Suprema, que ha definido la culpabilidad como «reprochabilidad personal» por el injusto cometido: SCS 4.VIII.1998, Rol N° 1338-1998). Conforme a este esquema, entonces, el injusto penal *es el objeto* del reproche de culpabilidad. Como consecuencia, existe cierta tendencia a confundir la distinción entre injusto penal y culpabilidad con la atribución al injusto penal de una posición de autonomía frente a la culpabilidad.

Esta atribución de autonomía descansaría sobre consideraciones de «pedagogía social» y, se sugiere, también tendría arraigo en la configuración de las instituciones del derecho positivo:

- Los fundamentos de pedagogía social aluden a que es deseable que los ciudadanos dispongan de una valoración general de determinadas conductas por parte del ordenamiento jurídico (injusto), con independencia de si tal o cual persona singular está o no en condiciones de cumplir con el estándar general (culpabilidad).
- El arraigo de la autonomía conceptual del injusto en la configuración de las instituciones del derecho positivo, en tanto, se manifestaría en los casos en que el derecho penal conecta una consecuencia a la realización del injusto sin preguntarse si ese injusto se ha cometido culpablemente. Según la opinión mayoritaria, un ejemplo de esto último es la imposición de una medida de seguridad, que, conforme al art. 455 CPP, exige que el enajenado mental haya realizado un hecho «típico y antijurídico». Otro ejemplo que suele citarse es el de la participación delictiva. De acuerdo con la doctrina ampliamente predominante, para castigar a una persona como inductor o cómplice basta con

que el hecho principal —el que realiza el autor— sea típico y antijurídico, sin importar si se trata, además, de un hecho culpable.

Sin embargo, cabe preguntarse si la pedagogía social debería sugerir al ciudadano que existen injustos penales meramente objetivos. Por otro lado, la «accesoriedad media» en la participación y los requisitos para la imposición de medidas de seguridad no son buenos ejemplos. La primera no se encuentra prevista en la ley, y los segundos obedecen a una lógica diversa de la penal.

En cualquier caso, la imposición de una pena a una persona siempre requiere que esta haya actuado en forma antijurídica y culpable. Incluso más: todos los elementos del delito que fundamentan tanto el juicio de antijuridicidad como el juicio de culpabilidad, tienen que concurrir simultáneamente —al menos un instante— para que surja la responsabilidad penal. Esta exigencia recibe el nombre de *principio de coincidencia*. Por ejemplo: Arnoldo se encuentra en una crisis de pánico de tal magnitud que anula su culpabilidad y, en ese estado, da muerte a Benito, su peor enemigo. En tal caso, Arnoldo no será penalmente responsable, por mucho que haya producido la muerte de Benito y con posterioridad al hecho la apruebe.

b) Verificación de la concurrencia del injusto penal

La verificación del injusto se realiza en tres momentos estrechamente relacionados entre sí:

- La verificación de la concurrencia de los presupuestos positivos generales de la competencia por el hecho. La imputación objetiva o *determinación del injusto objetivo* comprende todos los aspectos que, si se verifican, permiten afirmar que una persona es penalmente competente por un suceso que, en el plano objetivo, aparece como contrario a derecho. En este nivel comparecen los *criterios de imputación* objetiva que el sistema reconoce.
- El análisis de la tipicidad, es decir, de los presupuestos específicos de la competencia por el hecho. En este nivel se define si el hecho se deja subsumir bajo un determinado tipo delictivo. El tipo penal contiene todos los elementos que fundamentan específica y positivamente la antijuridicidad de una conducta.
- El análisis de la antijuridicidad. La verificación del injusto exige constatar también si, en el caso concreto, están presentes los presupuestos de una causa de justificación (*v. gr.* legítima defensa). Las causas de justificación son normas permisivas o de dispensa que impiden la valoración de un hecho como antijurídico. En consecuencia, un comportamiento típico solo será antijurídico si es que no concurre una o más causas de justificación.

Ejemplo: Si Arnoldo dispara contra su enemigo Benito y le causa la muerte, lo primero es verificar si Arnoldo era competente en general por la evitación de la muerte, si esa competencia se encontraba activa, y si el resultado de muerte es objetivamente imputable a la conducta (en el ejemplo, asumiendo por ahora su abstracción, la respuesta es afirmativa). Al mismo tiempo, hay que verificar si la conducta de Arnoldo realizó los presupuestos específicos de un tipo penal. En el ejemplo, esta conducta calza con la descripción típica del art. 391 N° 2 (tipo penal de homicidio). Y además hay que determinar si concurren o no los presupuestos de una causa de justificación, por ejemplo, la del art. 10 N° 4 (legítima defensa, que en el ejemplo no concurre). Solo después de este examen puede sostenerse que la conducta matadora de Arnoldo constituye un injusto penal.

Según la doctrina predominante, tanto los tipos delictivos como los tipos de las causas de justificación están compuestos de un lado objetivo y de un lado subjetivo, cuya presencia habrá de comprobarse en cada uno de los análisis referidos para poder afirmar o negar la existencia de un injusto penal:

- A la *faz objetiva* pertenecen principalmente las circunstancias externas del hecho que se describen en los tipos delictivos o en los tipos de las causas de justificación. Por ejemplo, el tipo penal del homicidio comprende en su faz objetiva la realización de una conducta que produzca la muerte de otra persona, mientras que el tipo de legítima defensa exige, entre otros elementos, el rechazo de una agresión ilegítima.
- A la *faz subjetiva* pertenecen, siempre según la doctrina predominante, elementos intelectuales y volitivos referidos específicamente al hecho objetivo descrito en el tipo. Así, en los delitos dolosos —que son la regla general— pertenece a la faz subjetiva del tipo la presencia de dolo respecto de la conducta objetiva descrita en el tipo. Excepcionalmente, hay elementos subjetivos que van más allá del dolo. Por ejemplo, el delito de alzamiento a mano armada contra el gobierno (art. 121) exige que se actúe —entre otras razones posibles— para «cambiar la Constitución del Estado», mientras que en el caso de la legítima defensa —según la opinión mayoritaria— la persona debe obrar con conocimiento de la situación que requiere la reacción defensiva.

c) Niveles en la estructura del delito

Uno de los debates más relevantes en la doctrina penal del siglo XX, al menos cuantitativamente hablando, se refiere a la estructura bipartita o tripartita de la teoría jurídica del delito. Aun cuando hoy existe un amplio acuerdo en orden a distinguir el injusto de la culpabilidad, todavía hay discusión en cuanto a si la estructura del delito debe tener básicamente dos niveles —esto es, injusto penal y culpabilidad— o si, por el contrario, debe tener tres niveles, que provienen de la división del injusto penal en las categorías de la tipicidad y la antijuridicidad.

El foco de esta discusión está en la pregunta sobre si es posible concebir separadamente la tipicidad y la antijuridicidad, es decir, versa sobre la índole de las relaciones entre ambas categorías.

- En un extremo están quienes piensan, como sostenía Mezger, que la tipicidad y la antijuridicidad son una cosa y lo mismo, y que cualquier disociación es distorsionadora de la realidad. De acuerdo con esta posición, el tipo penal contiene todos los presupuestos que fundamentan positivamente la antijuridicidad de una conducta. Así, los presupuestos fácticos de las causas de justificación —por ejemplo, la existencia de una agresión y la necesidad de defenderse, en la legítima defensa— forman parte también del tipo penal, pero de una manera negativa; los presupuestos fácticos de las causas de justificación son «elementos negativos del tipo» porque, para que el tipo se realice, es necesario que no concurran tales presupuestos fácticos.

Los tipos penales, por tanto, no son meras descripciones neutrales, sino que son «tipos de injusto». La circunstancia de que luego de constatar la tipicidad haya que preguntarse sobre la presencia de alguna causa de justificación, no cambia en nada lo fundamental, esto es, que el portador de la valoración de antijuridicidad es el tipo. Por tanto, la antijuridicidad carece de autonomía: el tipo es *ratio essendi* de la antijuridicidad.

- En el otro extremo, Beling y la doctrina dominante sostienen que tipicidad y antijuridicidad son elementos que deben mantenerse separados en la estructura del delito, porque ambos tienen una naturaleza distinta. Esta doctrina concibe la diferencia entre ambas categorías como una especie de división del trabajo: la tipicidad describe y la antijuridicidad valora. Señalan que no se puede confundir el objeto valorado —el tipo— con la valoración del objeto, el «juicio» de antijuridicidad. Así, el tipo penal se caracterizaría por su «neutralidad valorativa»: el tipo contendría una descripción neutral de la conducta, exenta de valoraciones.

En consecuencia, el hecho de que una conducta sea típica no prejuzga sobre su antijuridicidad; es decir, de la sola constatación de la tipicidad nunca se deriva automáticamente la presencia de un injusto, pues la valoración negativa solo se efectúa a partir de la constatación de la antijuridicidad, análisis que es posterior a la subsunción del hecho bajo la descripción típica. La mejor prueba de esto sería, precisamente, que una conducta puede ser típica pero no ilegítima porque en el caso concreto concurre una causa de justificación.

- Una variante de esta doctrina afirma que la realización del tipo no es por sí misma antijurídica, pero que la tipicidad de un hecho sería *ratio cognoscendi* de su antijuridicidad (M. E. MAYER). El tipo es a la antijuridicidad «lo que el humo es al fuego» (el humo no es fuego, pero es señal de su posible presencia). Así, *prima facie*, los tipos penales permiten reconocer una conducta antijurídica, pero ello debe ser confirmado a través del análisis propio de la antijuridicidad.

Quienes favorecen la estructura tripartita del delito consideran que es muy importante distinguir entre tipicidad y antijuridicidad, puesto que existen «diferencias valorativas esenciales» entre la conducta atípica y la conducta típica, pero justificada. Para demostrar tales diferencias valorativas, se suele citar el clásico *dictum* de WELZEL: «Para los partidarios de la teoría de los [presupuestos fácticos de las causas de justificación como] elementos negativos del tipo, es lo mismo matar a hombre en legítima defensa que matar a un mosquito». Es decir, quienes están a favor de una teoría bipartita del delito ignorarían las distinciones valorativas más básicas sobre las cuales descansa el ordenamiento penal.

Sin embargo, y más allá de otras críticas que puedan dirigirse al ejemplo de WELZEL, parece un hecho cierto que el derecho penal no conecta con conductas atípicas ni con conductas típicas pero justificadas: ambas clases de conductas son penalmente irrelevantes, aunque las últimas tengan en los hechos relevancia policial o de orden público. Si esto es así, al menos en lo fundamental, la tipicidad y la antijuridicidad son categorías que se encuentran en un mismo plano valorativo en lo que al derecho penal interesa. Esta realidad es un argumento importante a favor de una concepción bipartita de la estructura del delito.

Aparte de sus efectos indirectos en materia procesal, esta discusión despliega sus consecuencias más relevantes en relación con los efectos del desconocimiento en materia penal. De acuerdo con la teoría dominante, el tratamiento de *una clase específica de errores* depende por completo de si se sigue una estructura del delito en dos o en tres niveles. Se trata del error sobre los presupuestos fácticos de una causa de justificación, cuyo régimen será estudiado en el marco de la imputación subjetiva.

2. La culpabilidad

Al verificar los presupuestos de la responsabilidad penal en el caso concreto no es necesario, por regla general, referirse a las categorías de la culpabilidad diversas de la evitabilidad individual y, tratándose de esta última, solo es necesario para precisar en qué forma concurre. Esto se debe a que la ley penal supone que todos los ciudadanos son suficientemente capaces (y tienen el deber) de procurarse a sí mismos una motivación bastante de respeto al derecho. Es decir, para el derecho penal todas las personas son culpables —en el sentido técnico expresado—, a no ser que se demuestre que no lo son.

La culpabilidad, por tanto, se afirma siempre, salvo que se constate (negativamente) que ese presupuesto asumido por el ordenamiento jurídico no es correcto en el caso particular. En el Código Penal se definen todas las clases de situaciones en las cuales dicho presupuesto no puede sustentarse. Estas clases de situaciones se denominan *causas de exclusión de la culpabilidad* en sentido estricto:

- *Discapacidad psicosocial (enfermedad mental) severa* o *privación transitoria pero total de razón*, que conllevan la incapacidad de comprender o reconocer el carácter antijurídico de la conducta, o de autodeterminarse en forma coherente con esa comprensión.
- *Ausencia de una madurez mínima* suficiente para formarse una motivación de respeto al derecho (la ley considera que en tal situación se encuentran los menores de 14 años).

Además de estas *causas de exclusión* de la culpabilidad, el derecho penal reconoce ciertas *excusas* fundadas en un déficit de culpabilidad. Se trata de situaciones en que el derecho no espera de quien ha realizado la conducta antijurídica una motivación de acuerdo con la norma, a causa de las circunstancias extraordinarias en que las que actuó u omitió. Se trata de las situaciones de «inexigibilidad» de una conducta ajustada a derecho, principalmente porque la persona ha obrado violentada por una fuerza irresistible o impulsada por un miedo insuperable, o bien, en términos más amplios, en un estado de necesidad exculpante. Según lo opinión predominante, este también es el caso cuando un militar ha realizado la conducta delictiva en un supuesto de «obediencia debida».

La doctrina mayoritaria también considera como excusa la ausencia de uno de los presupuestos de la evitabilidad individual, cuando el que obra yerra invenciblemente sobre el significado de su conducta para el ordenamiento jurídico.

Una *cultural defense*, es decir, una excusa basada en la obediencia del autor a ciertos patrones culturales minoritarios y no coincidentes con las valoraciones del ordenamiento jurídico (conductas rituales que cuentan como maltrato de animales, lesiones o mutilaciones infligidas a niñas o niños muy pequeños, incapaces de prestar su consentimiento, etc.), tendría que revestir la entidad suficiente para encuadrarse en alguna de las hipótesis anteriores. Como veremos, el ordenamiento jurídico no acepta excusas supralegales, aunque sí reconoce la posibilidad de atenuar la pena en ciertos casos (véanse al respecto SCS 20.I.2016 y el ya mencionado art. 54 de la Ley N° 19.253).

Sin considerar la categoría de la punibilidad, que examinaremos en el apartado siguiente, puede esquematizarse la estructura tradicional (finalista) del delito del siguiente modo:

<table>
<tr><th>Acción</th><th colspan="2">Tipicidad</th><th colspan="2">Antijuridicidad</th><th>Culpabilidad</th></tr>
<tr><td rowspan="3">Casos de ausencia de acción.</td><td>Objetiva</td><td>· Lado externo de la acción
· Causalidad
· Resultado</td><td>Objetiva</td><td>Presupuestos fácticos de las causas de justificación</td><td rowspan="2">· Imputabilidad
· Conciencia de la ilicitud
· Exigibilidad de una conducta conforme a derecho</td></tr>
<tr><td>Subjetiva</td><td>· Dolo/Culpa
· Otros (p. ej.: ánimo de lucro en el delito de hurto)</td><td>Subjetiva</td><td>· Conocimiento de los presupuestos fácticos de las causas de justificación
· Voluntad de obrar en virtud de la justificación
· Otros presupuestos subjetivos</td></tr>
<tr><td colspan="2">Neutralidad valorativa (constituye el objeto de la valoración)</td><td colspan="2">Valoración del hecho</td><td>Juicio de reproche personal</td></tr>
</table>

En cambio, el esquema desarrollado en este *Curso* es el siguiente:

Determinación de la conducta prohibida	**Culpabilidad (Imputación subjetiva)**
· Presupuestos positivos generales de la antijuridicidad (imputación objetiva): - posición de garante, - instituciones de la imputación objetiva de conductas, - relevancia causal + instituciones de la imputación objetiva de resultados · Presupuestos positivos específicos de la antijuridicidad: elementos del tipo penal · Presupuestos negativos: normas permisivas o de dispensa (causas de justificación)	· Capacidad de acción · Capacidad de culpabilidad · Exigibilidad de una motivación conforme a derecho · Formas de evitabilidad individual: - dolo (incluye «conciencia de ilicitud») - culpa o imprudencia

3. La punibilidad

La *punibilidad* no forma parte de la estructura del delito en sentido estricto: el delito está perfecto como realidad jurídica con prescindencia de cualquier consideración de punibilidad. La categoría de la punibilidad es, en realidad, un verdadero «cajón de sastre», que comprende tanto requisitos adicionales a los elementos del delito para la imposición de una sanción penal —las condiciones objetivas de punibilidad—, como situaciones que excluyen la sanción de un hecho que satisface todos los elementos del tipo penal, no se encuentra justificado y respecto de cuyo autor no concurren excusas ni causas de exclusión de la culpabilidad.

a) Condiciones objetivas de punibilidad

aa) Concepto

Se llama condiciones objetivas de punibilidad (*c.o.p.*) a los elementos adicionales al hecho típico, antijurídico y culpable, que la ley requiere para que ese hecho pueda ser sancionado penalmente. La *c.o.p.* es, por definición, un suceso independiente de la conducta antijurídica del sujeto —si existe alguna relación, ella no es relevante jurídicamente—, cuya ocurrencia es necesaria para la imposición de la pena. Se trata de situaciones en que la ley ha supeditado la pena al acaecimiento de un hecho ajeno a la voluntad del autor.

Puesto que no son un elemento del delito, las *c.o.p.* no necesitan ser objeto de la imputación subjetiva, es decir, el dolo y la culpa no necesitan referirse a ellas; tampoco se requiere acreditar una relación de causalidad o de imputación objetiva entre la realización de la conducta y la realización del elemento en que consiste la *c.o.p.*

Por regla general, las *c.o.p.* se introducen por razones puramente político-criminales, no directamente relacionadas con el injusto culpable; por ello se puede decir que dan expresión a los presupuestos de la «necesidad de pena», con total independencia del «merecimiento de pena».

Ejemplos característicos de *c.o.p.* en el Código Penal se encuentran en el art. 393 (castiga el auxilio al suicidio solo «si se efectúa la muerte» para evitar, entre otras cosas, una instrumentalización de la figura para perjudicar al auxiliador, precaución que no tomó el legislador de 2022 al introducir la inducción al suicidio en el art. 393 bis); en el art. 402, referido a las lesiones causadas en riña o pelea (las lesiones son una *c.o.p.* puesto que el legislador no quiere castigar la riña por sí sola, sino solamente si se realiza esta condición, cuyo cumplimiento puede no ser imputable a quien resulta castigado); y en el art. 463 (este y otros delitos concursales exigen que un tribunal civil haya dictado una resolución de liquidación de la empresa deudora).

bb) Condición objetiva de punibilidad versus resultado del delito

Lo contrario de una *c.o.p.* es el *resultado del delito* como elemento del tipo penal: la condición objetiva de punibilidad es, precisamente, un no-resultado. Puesto que no existe un criterio general para identificar la presencia de una *c.o.p.* en una ley penal, la cuestión de si un elemento de la definición del delito cuenta como *c.o.p.* o como resultado del delito es de carácter hermenéutico, es decir, solo se puede adoptar por vía de interpretación de la ley penal. Un buen ejemplo de ello es la discusión acerca del perjuicio en el delito de apropiación indebida (art. 470 N° 1), que Politoff y Soto Piñeiro, contra la doctrina dominante y para restringir la punibilidad de esta figura próxima al hurto, pero, a su juicio, de menor gravedad, consideran como una *c.o.p.*

La consideración de un cierto elemento de la ley penal como una *c.o.p.*, o bien, como el resultado del delito, tiene consecuencias prácticas relevantes, pues el resultado de delito sí es un elemento del tipo penal, de modo que su verificación en el proceso exige la prueba tanto de la relación causal, como de que el dolo o la culpa se extienden a él.

cc) *La condición objetiva de punibilidad y el principio de culpabilidad*

El hecho de que la *c.o.p.* consista en un suceso independiente de la conducta antijurídica plantea una interrogante acerca de la compatibilidad de las *c.o.p.* con el principio de culpabilidad.

La sospecha de una infracción a tal principio surge en la medida en que la *c.o.p.* no actúe limitando la punibilidad, sino que, de una manera subrepticia, termine cofundándola. Esto último sucede cada vez que los elementos que, conforme a la ley, constituyen el delito propiamente tal no bastan para justificar la sanción penal, de manera que esta solo aparece como plausible o proporcionada *porque* existe, además, una *c.o.p.* En tales situaciones, la *c.o.p.* no funciona como una exigencia adicional para la punibilidad de cierta clase de hechos, sino como manipulación del juicio de proporcionalidad para fundar la punibilidad de un hecho cuyo desvalor, por sí solo, no alcanzaría a superar ese umbral.

Esto resulta problemático desde el punto de vista del principio de culpabilidad, porque cuando el legislador convierte en *c.o.p.* un suceso que en realidad debiera ser el resultado del delito, libera al Estado sancionador de la carga de probar a su respecto los presupuestos de la imputación de dolo o culpa, y que además existe una relación de causalidad e imputación entre la conducta y tal suceso.

b) Causas personales de exclusión, terminación y limitación de la punibilidad

Todas ellas tienen carácter personalísimo y producen sus efectos únicamente respecto de las personas en quienes se verifican, es decir, no son comunicables.

aa) *Causas personales de exclusión de la punibilidad*

Cuando se verifica una causa de exclusión de la punibilidad, el hecho típico, antijurídico y culpable no es punible ya desde un inicio. Estas cláusulas de exclusión de la punibilidad se denominan generalmente en nuestro sistema *excusas legales absolutorias*. Ejemplos característicos son la inviolabilidad de los parlamentarios (art. 61 inc. 1° de la Constitución), la excusa legal absolutoria del art. 489, y también, según algunos autores, el encubrimiento de parientes (art. 17 inc. final), el perjurio (art. 206 inc. final) y la obstrucción de la investigación a favor de ellos (art. 269 bis inc. final).

bb) Causas personales de terminación de la punibilidad

Con las causas de terminación de la punibilidad esta decae *ex post*; es decir, el hecho delictivo (típico, antijurídico y culpable) era punible, pero *a posteriori* deja de serlo porque se verifica una determinada circunstancia definida por la ley. Ejemplos clásicos son el desistimiento de la tentativa (véase art. 7° inc. 2°) y el perdón del ofendido, cuando este es procedente (art. 19). Existen también otras causas de terminación específicas de ciertos delitos y que se hallan dispersas en la legislación (*v. gr.* en la asociación ilícita: art. 295; en la sublevación: art. 129; en la falsificación de moneda: art. 192; respecto del delito de colusión, la delación compensada del art. 63 inc. 1° del Decreto Ley N° 211).

cc) Causas personales de limitación de la punibilidad

Se distinguen de las anteriores en que la exclusión de la pena no es obligatoria, sino que queda entregada al arbitrio del tribunal, el cual puede atenuar la sanción o, incluso, prescindir por completo de la pena.

Las causas de limitación de la punibilidad más conocidas corresponden a las reglas de *delación compensada*. Esta consiste en la facultad que la ley confiere al tribunal para imponer una pena atenuada («pequeña» regla de delación), o incluso prescindir de la pena («gran» regla de delación), cuando la persona imputada por un delito revela antecedentes clave para la persecución del hecho. Un ejemplo histórico de esta clase de reglas se encuentra en la Ley N° 19.172 sobre Arrepentimiento Eficaz, una ley temporal (art. 6°) que se refería a ciertos delitos de la Ley Antiterrorista (Ley N° 18.314). Otros preceptos que cumplen con un objetivo similar en el Código Penal, como pequeñas reglas, son la circunstancia atenuante de colaboración sustancial al esclarecimiento de los hechos (art. 11 N° 9) y la de retractación oportuna a que se refiere el art. 269 bis inciso 4°, entre otras.

4. Los presupuestos de procesabilidad

Los presupuestos de procesabilidad son condiciones o requisitos excepcionales que deben verificarse para iniciar un proceso penal en contra de una persona o por un determinado hecho. Ejemplos:

- El inciso 6° del art. 315 exige la previa denuncia o querella del fiscal judicial (antes de la reforma procesal penal de 2000, el conjunto de los fiscales judiciales recibía el nombre de Ministerio Público) o del Director General del Servicio Nacional de Salud (o de su delegado) para la persecución criminal de los delitos previstos en los incisos anteriores del mismo artículo y los correspondientes cuasidelitos a que se refiere el inciso segundo del art. 317.

- Conforme al art. 162 del Código Tributario, las investigaciones de hechos constitutivos de delitos tributarios sancionados con pena privativa de libertad solo pueden ser iniciadas por denuncia o querella del Servicio de Impuestos Internos, o por querella del Consejo de Defensa del Estado, a requerimiento del Director Nacional del Servicio.
- Tratándose de los llamados *delitos de acción privada*, la acción penal no puede ser ejercida por otra persona que la víctima (art. 55 CPP).
- En el caso de los *delitos de acción pública previa instancia particular*, no puede procederse de oficio sin que, a lo menos, el ofendido por el delito haya denunciado el hecho a la justicia, al Ministerio Público o a la policía (art. 54 inc. 1° y final CPP).

Existen, además, condiciones de procesabilidad personales que limitan con las inmunidades de jurisdicción, tales como el desafuero para proceder contra parlamentarios (art. 61 inc. 2° de la Constitución), o la querella de capítulos, regulada en el Código Procesal Penal para perseguir la responsabilidad penal ministerial de jueces, fiscales judiciales y fiscales del Ministerio Público (arts. 424 y ss. CPP).

Para profundizar...

Para la identificación de los principales cometidos de la teoría jurídica del delito y su evolución histórica a grandes rasgos, pueden verse el § 7 del tomo I del tratado de Roxin, *Derecho Penal. Parte General* (traducción castellana de la 2ª ed., en Civitas, Madrid, 1997) y Mir Puig, *Derecho Penal. Parte General* (10ª ed. 2016, Buenos Aires, Editorial B de F), pp. 143-184. También ilustran lo anterior las contribuciones contenidas en Frisch/Freund, *Cuestiones Fundamentales del Derecho Penal* (Lima, 2014, Jurista Editores). Igualmente instructiva y sugerente es la exposición de García Cavero en su *Derecho Penal. Parte General* (3ª ed. 2019, Lima, Ideas Solución Editorial), pp. 311-348. Sobre el trascendental tema de las relaciones entre la teoría del delito y la teoría de la imputación debe verse Sánchez-Ostiz, *Imputación y teoría del delito* (Editorial B de F, Buenos Aires, 2008).

Capítulo II.

La imputación objetiva como determinación de la conducta prohibida

La imputación objetiva o determinación del injusto objetivo comprende todos los aspectos que, si se verifican, permiten afirmar que una persona es penalmente competente por un suceso que, en el plano objetivo, aparece como contrario a derecho.

El comportamiento penalmente prohibido es, al mismo tiempo, un comportamiento imputable, igual que sus consecuencias. Su definición se realiza tanto mediante la subsunción, como a través de los criterios de imputación que subyacen al ordenamiento penal. Estos últimos se pueden sistematizar en la teoría de las posiciones de garante y en las instituciones de la imputación objetiva de conductas y de resultados, que son los pilares de la llamada *teoría de la imputación objetiva* en sentido estricto.

Es decir, la teoría de la imputación objetiva (en sentido estricto) es *una sistematización posible* de las relaciones entre dogmática jurídico-penal y teoría de la imputación. La teoría de la imputación objetiva se diferencia de otras propuestas sistemáticas (*v. gr.* las que buscan recuperar la distinción entre *imputatio facti* e *imputatio iuris*), en que considera *ambos* planos de análisis como dependientes entre sí y de la identidad normativa de la sociedad. Esta orientación se basa en la idea de que las conductas no imputables tampoco son conductas prohibidas en derecho penal, pues lo único penalmente prohibido es *hacerse culpable* de un quebrantamiento de la norma.

Si se realiza una transposición de lo anterior a la estructura tradicional de la teoría del delito, forman parte de la imputación objetiva una parte de la teoría de la tipicidad (con exclusión del llamado «tipo subjetivo»), la teoría de la antijuridicidad, y las teorías de la tentativa y de la intervención delictiva. Además, la teoría tradicional del delito antepone a todo esto el estudio de lo que podría considerarse como un conjunto de presupuestos elementales de toda competencia por un suceso, la denominada «teoría de la acción».

En los apartados y capítulos siguientes se estudiará cada uno de estos componentes de la imputación objetiva.

I. PRESUPUESTOS ELEMENTALES DE LA COMPETENCIA: TEORÍA DE LA ACCIÓN

1. Capacidad de acción

La imputación de un delito exige la capacidad de formarse y realizar intenciones de primer orden, esto es, relativas a la ejecución u omisión de una acción. Esta capacidad se denomina *capacidad de acción* o *control de la acción*, y es la que permite imputar a la persona en cuestión un proceso como ejecución de una acción, o bien, una inactividad como omisión de una acción (en la teoría clásica de la imputación se habla aquí de un primer nivel de imputación o *imputatio facti*).

En palabras de Hruschka, «la imputación de un proceso como hecho comisivo y de una inactividad como hecho omisivo quiere decir que al juzgador imputante no le parece que el proceso sea un simple acontecimiento físico, una simple causa intermedia en el mundo newtoniano, o que la inactividad sea la mera ausencia de una tal causa intermedia, el mero no acaecer un acontecimiento físico, sino que quiere decir que el juzgador toma, bien el proceso, bien la inactividad, como un *hecho* (comisivo u omisivo), como un "*factum*" en el sentido originario de la palabra, esto es, como algo que *ha sido hecho* por un sujeto agente».

Desde que se reconoce ampliamente que el injusto penal tiene un componente subjetivo —y más todavía desde que se considera que no hay propiamente un injusto penal no culpable—, las diversas teorías de la acción han perdido prácticamente toda relevancia. Sin embargo, aún posee cierto interés histórico repasar muy brevemente las principales concepciones.

2. Teorías de la acción

a) Concepto de acción

Entre las numerosas comprensiones históricas de la acción puede decirse que poseen todavía cierta actualidad las siguientes:

aa) Teoría finalista de la acción

Se trata en realidad de una teoría del injusto penal, que los finalistas conciben como un «suceso finalmente evitable». Según esta teoría, la acción es «una conducta dominada o gobernada por una voluntad directiva», es decir, dirigida a la obtención de un fin.

Hans Welzel, el gran exponente del finalismo jurídico-penal, definía la acción como «la sobredeterminación del suceder causal a partir de un fin». En esta concepción es correcto que una conducta solo puede ser entendida como acción si es que se observa desde un determinado modelo de interpretación Como han destacado especialmente Wittgenstein y Anscombe, sin un esquema de interpretación el comportamiento no sería más que una serie de movimientos físicos incomprensibles. Para el finalismo, este esquema de interpretación tiene como núcleo la intención del agente, *entendida esta como proceso o fenómeno psíquico, como hecho de la conciencia.*

Con la expresión *intención* se designa la razón que explica determinados movimientos o ausencias de movimientos. La intención responde, así, a la expresión «porque quiere»; por ejemplo, Arnoldo se agacha porque quiere recoger un billete, o Benito va a la cocina porque quiere un vaso de agua. Sin embargo, el énfasis de la teoría final de la acción estaba puesto en el control del suceso por parte del agente hacia la realización del fin que este se había propuesto. Por eso Welzel sustituyó al poco andar el concepto de intención por el concepto «más manejable» y psicológicamente cargado de finalidad.

El problema es que el finalismo jurídico-penal quiso explicar *también la realización del tipo penal* como una conducta, en este sentido, final. Este intento estaba condenado al fracaso porque existe un gran número de hechos delictivos en que no existe la intención de realizar el tipo penal, como en el caso de los delitos imprudentes o culposos. Por eso, el finalismo siempre tuvo dificultades para explicar el injusto del delito imprudente, e incluso el de hechos que en la praxis jurídica se consideran dolosos pero que no son intencionales en un sentido psicológico. Esto último llevó a algunos autores finalistas a concebir de un modo poco convincente el *dolo eventual* en términos emocionales, como una cierta disposición del ánimo individual ante los posibles resultados de la conducta.

Este modelo de interpretación fracasa también en los casos en que la intención, a pesar de ser penalmente reprobada en su objetivo final, no es penalmente relevante en su forma de realización. En un ejemplo clásico: Un joven quiere obtener una herencia multimillonaria, para lo cual es necesario que su tío —que le precede en el orden de sucesión— muera. Entonces, en una noche de tormenta convence al tío de que salga a dar un paseo por el bosque, con la esperanza de que le caiga un rayo. Debido a la insistencia de su sobrino, el tío sale a pasear y, efectivamente, muere alcanzado por un rayo. Esta acción del sobrino, ¿es una acción matadora? Para el derecho penal, ciertamente no lo es.

Por tanto, el modelo de la acción final resulta al menos insuficiente para caracterizar una buena parte de las acciones que al derecho penal le interesan.

bb) Teoría social y teoría personal de la acción

Ambos modelos de interpretación permiten considerar como acciones conductas no intencionales e imputar a la acción consecuencias provocadas de un modo no intencional.

La *teoría social de la acción*, uno de cuyos principales exponentes es Maurach, define la acción como «una conducta socialmente relevante dominada, o al menos "dominable" por la voluntad». En un sentido próximo, la *teoría personal de la acción*, formulada por Roxin, sostiene que la acción es «una expresión de la personalidad» de quien actúa.

Como observa Kindhäuser, estas teorías destacan ciertos aspectos sin duda importantes, pero no consideran lo único realmente decisivo: que el concepto jurídico-penal de acción se refiere al seguimiento de normas de conducta penales. Por lo tanto, para el derecho penal solo puede tener relevancia un hecho que sea socialmente significativo o que sea expresión de la personalidad del autor, en cuanto ese hecho pueda interpretarse como contradicción de una determinada norma de conducta jurídico-penal. El hecho de que una conducta sea socialmente relevante no la hace automáticamente relevante desde el punto de vista penal; por su parte, no toda expresión de la personalidad tiene relevancia para el derecho penal.

Esto pone de relieve que el concepto de acción que al derecho penal interesa como categoría de imputación es un concepto relativo, pues depende de la norma de conducta a partir del cual se formula. Los límites sustantivos para la formulación de normas de conducta penales no proceden de la teoría de la acción, sino del principio de culpabilidad.

cc) Acción como expresión de la capacidad de seguimiento intencional de normas

La noción de acción como expresión de la capacidad de seguimiento intencional de normas (Kindhäuser) se ha desarrollado, sobre todo, como respuesta a aquellos planteamientos según los cuales el concepto de acción comprende la totalidad de los elementos del concepto de delito o, al menos, la totalidad de los elementos de la imputación subjetiva.

Como las normas penales exigen la evitación de la realización de los tipos delictivos que están definidos en la ley, resulta que el único comportamiento jurídico-penalmente relevante es aquel que el autor debía realizar u omitir para evitar la realización del tipo penal. Esa conducta, a su vez, debe ser evitable, lo que significa que quien actúa ha de estar en condiciones físicas y mentales de evitar intencionalmente la realización del tipo —donde la voz «intencionalmente» no alude al hecho de la conciencia que el finalismo define como la intención, sino a la capacidad de formular programas de conducta de primer orden—; en otras palabras, se debe tener el control de la acción. *Nota bene*: Esta capacidad de acción también se atribuye a una persona psicosocialmente discapacitada, siempre que conserve el «juicio de realidad».

En consecuencia, *acción* en sentido penal es «la conducta evitable en relación con la realización típica». Este concepto comprende, al mismo tiempo, acciones y omisiones.

En esta concepción —a diferencia de lo que ocurre en la doctrina final de la acción—, el objetivo que el autor se propone alcanzar con su conducta es, por lo general, irrelevante para el derecho penal, puesto que ese objetivo, sea cual sea, no es la evitación de la realización del tipo. Desde el punto de vista penal, lo decisivo es que la conducta, por medio de la cual el autor persigue su objetivo, es una conducta que él podía y debía evitar. Por ejemplo: Arnoldo quiere cobrar un seguro contra incendios y para eso prende fuego a la propiedad donde duerme Benito, quien muere a causa del siniestro. En este caso, es indiferente para el derecho penal que Arnoldo no haya tenido el propósito de matar a Benito; solo interesa su capacidad para evitar la conducta, esto es, su capacidad para formar programas de conducta de primer orden.

dd) Teoría causal de la acción

Por superada puede darse en el ámbito penal la teoría causal de la acción, que se remonta a STÜBEL (s. XIX) y cuyo principal exponente es VON LISZT. Conforme a esta teoría, la acción jurídico-penalmente relevante se define como un movimiento corporal «arbitrario» o «no forzado» que causa una modificación del mundo exterior.

Este modo de describir la acción se debe a que el «causalismo» jurídico-penal no quiere incluir en el concepto de acción la voluntariedad, pero tampoco puede ignorar que los movimientos corporales relevantes para el derecho penal son «portados» por la voluntad, aunque sea de un modo muy elemental.

A esta noción de acción se añade, en este planteamiento, que el injusto consiste en cualquier conducta «portada por la voluntad» que causalmente surte efectos en el mundo. Todo lo demás —todas las capacidades directivas del suceso, intelectuales o motivacionales— es, por el contrario, objeto o materia de la culpabilidad. La capacidad del autor para dirigir los sucesos queda, por tanto, fuera de la noción de injusto, el cual queda reducido al despliegue de energía que causa un determinado resultado. La consideración de todos los elementos de la imputación subjetiva se realiza con posterioridad a la constatación de un injusto jurídico-penal que ya está completo sin considerar la controlabilidad del suceso.

b) La acción en la estructura del delito

Hoy es predominante la idea de que es preciso abandonar un concepto de acción autónomo y con validez general. La acción no constituye un nivel independiente en la estructura del delito, sino que es parte integrante del análisis del hecho típico o bien, según la teoría del delito que se favorezca, de la culpabilidad. Un análisis previo de la categoría de la acción es superfluo, pues en el marco del tipo o de la culpabilidad también se puede satisfacer la necesidad de excluir de antemano ciertos fenómenos como objeto de valoración jurídico-penal.

En la concepción más extendida del delito, la concurrencia de los elementos de la acción debe verificarse en el marco de la constatación de la «tipicidad objetiva y subjetiva» del hecho:

- La concurrencia de la dimensión intelectual del control de la acción se verifica al analizar el elemento del dolo que pertenece, según la didáctica que se siga, bien a la «tipicidad subjetiva» (en el caso de los delitos dolosos), bien a la culpabilidad;

- La evitabilidad física o dimensión física del control de la acción, por su parte, es un elemento de la faz objetiva del tipo.

En cualquier caso, de toda la discusión tradicional acerca del concepto de acción, para efectos prácticos —esto es, para la imputación que se realiza en la operación del sistema penal— es muy poco lo que resta. Este «precipitado» está constituido por los casos de ausencia de acción.

c) Casos de ausencia de acción

La dimensión física de la capacidad de acción es, según la doctrina predominante, un elemento de la faz objetiva del tipo. Su concurrencia, sin embargo, no se ha de verificar siempre, sino solo cuando existen indicios de que puede faltar, lo cual es excepcional. Por regla general, cuando alguien realiza un movimiento con su cuerpo, entendemos que también podría haberlo evitado. Aquellos casos en que falta la evitabilidad física de la acción se denominan *casos de ausencia de acción*.

Para abordar esta materia, conviene distinguir, como hace KINDHÄUSER, entre las acciones que *todavía* son tales, según la doctrina dominante, y aquellas que *ya no* lo son, pues a su respecto existe un amplio consenso:

aa) Acciones que todavía son tales

(1) Reacciones espontáneas y de pánico

En la doctrina alemana se las llama *acciones de cortocircuito* o *movimientos instintivos*. Hay que distinguir estas acciones reactivas de los genuinos casos de ausencia de acción, que reciben el nombre de *movimientos reflejos*. La frontera es difusa y, en el extremo, difícil.

Ejemplo: En el momento en que un automovilista tomaba una curva, entra por la ventanilla un insecto que comienza a revolotear en torno a su rostro; el conductor hace un movimiento defensivo brusco con la mano, pierde por ello el control del vehículo y provoca un choque.

(2) Movimientos automatizados

Son acciones que la persona tiene de tal modo internalizadas o incorporadas, que las puede ejecutar sin pensar, de modo irreflexivo (*v. gr.* caminar, conducir un vehículo). Algunos sostienen que estas acciones ocurren de un modo inconsciente, pero esta opinión obedece a una concepción muy restringida de conciencia.

(3) Acciones que se realizan en estado pasional

Se trata de reacciones pasionales impulsivas como, por ejemplo, las conductas violentas que despliega una persona dominada por la ira. Respecto de estos hechos pasionales o afectivos, la doctrina y la praxis entienden que el problema se encuentra exclusivamente en el campo de la culpabilidad; por tanto, incluso aunque se trate de pasiones de gran intensidad, no hay ausencia de acción.

(4) Acciones que se realizan en estado de ebriedad

Por lo general, la embriaguez deja subsistente la acción, salvo en los casos de embriaguez con pérdida total de sentido, en que la intoxicación ya no permite al sujeto articular una relación con el medio circundante.

bb) Casos donde ya no hay una acción

(1) Procesos fisiológicos provenientes del ámbito sensitivo-somático

Son movimientos que implican una contracción intensa e involuntaria de los músculos del cuerpo (*v. gr.* vomitar o sufrir convulsiones).

(2) Movimientos reflejos en sentido estricto

Son reacciones fisiológicas ante sucesos sin posibilidad de control; el estímulo externo produce una respuesta involuntaria, que va ligada a las estructuras neurológicas, como cerrar los ojos cuando se percibe un objeto muy cercano o ante un encandilamiento.

(3) Movimientos que se realizan en estado de inconsciencia

En especial, en estado de sueño o cuando se ha perdido el conocimiento (discutido es el caso de la conducta posthipnótica).

(4) Movimientos realizados bajo vis absoluta *(fuerza física irresistible)*

Por ejemplo, si alguien que es empujado por otro rompe un vidrio con la caída, no ha realizado acción alguna. Lo mismo vale para las omisiones:

si una persona está maniatada y no puede actuar, hay una ausencia de omisión.

II. DETERMINACIÓN DE LA CONDUCTA PROHIBIDA CONFORME A LA TEORÍA DE LA IMPUTACIÓN OBJETIVA

1. Introducción

Las conductas de las personas son tales e interesan al derecho en general, y al derecho penal en particular, en cuanto expresan un sentido o un significado. La conducta, por tanto, es un suceso cuya principal característica es significar algo; es un acontecimiento en la sociedad, es decir, en cualquier sistema constituido por la comunicación. Y como ninguna persona que actúa es la primera que se expresa a través de su actuación, el sentido de una conducta no depende exclusivamente del significado que quiera darle quien la ejecuta, sino que solo alcanza su real significado inserta en un determinado contexto social. El contexto social no disponible para el individuo —al menos, en forma inmediata— completa el sentido y lo hace vinculante para la sociedad.

Lo anterior resulta evidente si se observa el funcionamiento del lenguaje. Las palabras que decimos tienen un significado que no depende del individuo, sino que viene dado por su uso social. Parafraseando a Wittgenstein, puede decirse que la coincidencia en el lenguaje no es una coincidencia de opiniones, sino en la «forma de vida». Esto mismo es lo que sucede con el significado de las conductas. Además, en la sociedad actual el contexto en que actuamos se encuentra jurídicamente estructurado, hasta el punto de que, en una sociedad como la nuestra, las conductas suelen significar también en la vida cotidiana lo que el derecho dice que significan.

El conjunto de proposiciones que sirve para caracterizar o explicar el contexto social y, por tanto, para asignar sentido a una conducta, podría considerarse desde el punto de vista de la imputación jurídico-penal como un conjunto de «prejuicios». Ellos prefiguran nuestra interpretación o definición de un hecho.

Por otra parte, las normas jurídicas y, concretamente, los tipos penales, son también expresiones de sentido. La norma de conducta penal dice o expresa que una determinada realidad debe ser o no ser, y conecta una sanción a la conducta infractora para el caso de quebrantamiento de esa norma. Estas normas de conducta penales también pueden ser comprendidas y adquieren un significado socialmente vinculante aplicando a su inteligencia o comprensión un conjunto de prejuicios acerca de la materia objeto de la regulación y de las posibles formas alternativas y aceptables de regularla.

La identificación de los prejuicios que utilizamos al interpretar las normas de conducta penal y al atribuir un sentido a la conducta de las personas, es el objeto de la así llamada teoría de la imputación objetiva.

Esta teoría no tiene que ver con la manera como habría que interpretar las normas y las conductas en un sistema penal, sino con la forma en que efectivamente *son* interpretadas. La pretensión de esta teoría no es prescriptiva —lo cual no significa que su lenguaje no sea también performativo—, sino descriptiva o, en el mejor de los casos, explicativa: lo que trata de hacer es, simplemente, descubrir los prejuicios con los que trabajamos, ponerlos de manifiesto.

La teoría de la imputación objetiva está construida sobre dos pilares:

- la teoría de las posiciones de garante, y
- las instituciones de la imputación objetiva.

La primera estudia las diversas posiciones de garante, basadas en deberes negativos y en deberes positivos. Por su parte, las instituciones de la imputación objetiva se dividen en dos grandes grupos. En primer lugar, está la *imputación objetiva de conductas*, que, según la sistematización de JAKOBS, incluye el riesgo permitido, el principio de confianza, la prohibición de regreso y la imputación a la víctima; en segundo lugar está la *imputación objetiva de resultados*, que con fines didácticos dividiremos entre las hipótesis de concurrencia de riesgos y las de confluencia de riesgos.

2. Teoría de las posiciones de garante

El principio liberal básico, según el cual «no todos somos responsables de todo», hace necesaria la teoría de las posiciones de garante o de las causas jurídicas de la incumbencia, porque para poder imputarle a alguien un hecho que realiza los elementos definidos en el tipo penal, lo primero que hay que preguntarse es si la evitación de tal suceso le concernía a ese sujeto, es decir, si era competente por tal evitación. *Nota bene*: El hecho de que alguien sea competente en razón, por ejemplo, de un deber negativo, no significa que sea típicamente autor del hecho delictivo. La afirmación de su competencia es solo el primer paso en el proceso de imputación, al que deben añadirse otros presupuestos.

Caso N° 1. Luego de naufragar el barco en que viajaba, Arnoldo ocupa el último puesto en un bote salvavidas y, como consecuencia, Benito, quien también iba en el barco, muere ahogado en el mar.

Caso N° 2. Una persona debe dinero a otra y le paga cuando la deuda se hace exigible, sabiendo que ese dinero se utilizará para el comercio ilícito de sustancias estupefacientes.

En el *Caso N° 1*, aunque Arnoldo seguramente pudo prever que si él ocupaba el último puesto, Benito moriría, esa muerte no le concierne desde el punto de vista del derecho penal. En el *Caso N° 2*, el deudor no se convierte en cómplice de un delito de tráfico de drogas al pagar el dinero debido, puesto que lo que el acreedor haga posteriormente con ese dinero no es de su incumbencia. El significado social de la conducta del deudor es «pago de una deuda exigible» y no «cooperación en un delito de tráfico de drogas». Lo que el derecho afirma en los dos casos propuestos es que la persona no es competente: a él no le compete o concierne evitar el suceso dañoso o prohibido.

Las causas jurídicas de incumbencia o posiciones de garante se reconducen principalmente a dos fuentes. Por un lado, el *sinalagma* —palabra de origen griego, relativa al intercambio de monedas, que podría traducirse como «pasando y pasando»— «libertad de comportamiento/ responsabilidad por las consecuencias» y, por el otro, ciertas *instituciones específicas*, ligadas a la posición que una persona ocupa en la sociedad y que la obliga a asumir una particular función en la construcción de ciertas instituciones que son necesarias para la conservación de la identidad social. En otras palabras, las posiciones de garante pueden tener su fuente en *deberes negativos*, que consisten en no dañar a otro ni expandir a costa de otro el propio ámbito de organización (*neminem laedere*; «dejar al otro ser», decía HEGEL); o bien, en *deberes positivos*, que dicen relación con la obligación de dar vida o mantener en funcionamiento una institución específica e indispensable para la conservación de la identidad social; estos deberes exceden el simple deber negativo de no dañar. Por ejemplo: la madre y el padre tienen deberes positivos respecto de sus hijos menores; si el padre o la madre golpea a su hijo menor y lo lesiona, no infringe el *neminem laedere*, sino el deber positivo que emana de la institución paternofilial. Y si uno de ellos golpea al hijo y el otro nada hace para evitarlo, también infringe su deber positivo.

El ejemplo pone de manifiesto que la distinción entre deberes positivos y negativos nada tiene que ver con que tales deberes impongan obligaciones de actuar o de omitir. Así, un deber negativo perfectamente puede cumplirse mediante una conducta que implica un despliegue de energía física, mientras que un deber positivo también se puede cumplir absteniéndose de realizar ciertas acciones. Por otra parte, es importante evitar confundir las posiciones de garante con los deberes legales de conducta. La ley contribuye a clarificar el alcance y los límites de una posición de garante —y lo hace normalmente a través de la conjunción de las definiciones típicas y los deberes de conducta establecidos en normas extrapenales: accesoriedad del derecho penal—, pero el deber de conducta con relevancia penal emana de la institución y no de tal o cual precepto legal aisladamente considerado.

Muy excepcionalmente, el ordenamiento jurídico también constituye a una persona en garante en virtud de un deber de solidaridad. Esto ocurre, por ejemplo, en el caso del art. 494 N° 14; en el art. 102 de la Ley de Navegación; o en el art. 195 inc. 2° en relación con el art. 176 de la Ley de Tránsito, pero solo cuando el accidente tuvo su origen en un riesgo diverso del que emana de la conducción del vehículo.

a) Posiciones de garante que se fundan en deberes negativos

aa) Deberes de aseguramiento y de salvamento como deberes del tráfico. Injerencia

Esta es la posición de garantía más elemental, expresión básica del *sinalagma* «libertad de comportamiento/responsabilidad por las consecuencias». El concepto tiene su origen en el derecho penal, pero luego pasó al derecho civil, donde se desarrolló especialmente en el ámbito de la responsabilidad extracontractual.

El fundamento de esta causa o fundamento de incumbencia puede sintetizarse en el siguiente razonamiento: La contrapartida de la libertad que el derecho reconoce y garantiza a cada ciudadano para organizar su propia esfera con exclusión de otros es la expectativa de que este se organice de tal manera que no produzca *outputs* negativos para otras personas. Luego, toda persona que eleva una pretensión de autoadministración debe —y, por tanto, se hace competente de— impedir que en su propio ámbito de organización tengan origen situaciones que empeoren el ámbito de organización de otro o que menoscaben ciertas instituciones o bienes colectivos.

De esto se deduce, obviamente, la competencia respecto de las propias actuaciones que implican un despliegue de energía física: nadie debe disponer activamente su ámbito de organización en perjuicio de los demás (*v. gr.* quien posee un arma debe evitar atacar a otros con ella). Pero el mismo fundamento opera en hipótesis de omisión. Por ejemplo, el propietario debe velar porque de su propiedad no emanen riesgos para otras personas (*v. gr.* quien tiene un perro como mascota, debe detenerlo si este se dispone a morder a un vecino). Estos son los supuestos de competencia por *deberes de aseguramiento*.

(1) Deberes de aseguramiento y salvamento

Quien crea o genera un tráfico que el derecho le permite administrar con exclusión de los demás, debe velar porque ese tráfico no afecte a terceros. Por ejemplo, quien es propietario de una casa debe velar porque el techo del inmueble no se deteriore al punto de aflojarse el material y lesionar a un transeúnte; quien quiere tener su auto estacionado en una pendiente, debe tomar las medidas de seguridad para que el auto no ruede y cause daños o lesione a terceros. Lo mismo vale para quienes fabrican y comercializan productos en principio no peligrosos, para quienes ponen a disposición del público las instalaciones de un gimnasio, para quienes operan un parque de diversiones, etc.

La posición de garante en virtud de un deber de aseguramiento puede activarse en el caso concreto por acción o por omisión. La SCA Punta Arenas 21.X.2008, Rol N° 77-2008, incide en el caso en que el propietario y el administrador de un hostal introdujeron modificaciones a las instalaciones eléctricas sin adoptar las medidas de seguridad correspondientes, lo que un tiempo después provocó un incendio donde fallecieron diez huéspedes.

Los *deberes de aseguramiento* implican, por tanto, configurar la propia esfera de organización de tal modo que no se produzca un curso lesivo, un *output* dañino para terceros. Pero también implican el deber de revocar cursos lesivos que ya han ingresado en la esfera de organización ajena. En esta modalidad, los deberes de aseguramiento reciben comúnmente el nombre de *deberes de salvamento*. Ejemplo: El propietario de un arbusto venenoso no asegura de modo suficiente ese peligro frente a un niño (garante por deber de aseguramiento); cuando el veneno ya ha entrado en el sistema circulatorio del niño, el propietario, que tiene el antídoto, tiene el deber de salvamento consistente en administrárselo. Este «deber de salvamento» no es más que el deber de aseguramiento frente a daños ulteriores derivados.

La posición de garante derivada de los deberes de aseguramiento no solo funda el deber de impedir *outputs* dañinos que son conocidos o absolutamente previsibles, sino también el deber de impedir *outputs* dañinos cuando estos son inusuales. Por ejemplo, si un perro se contagia de una enfermedad peligrosa, su dueño debe ponerlo en cuarentena, pues si el perro contagia a otro, el dueño resultará responsable de los daños. Y si no lo hace, los demás tienen el derecho de administrar por su cuenta el peligro; así, si toman al perro y lo encierran en cuarentena contra la voluntad del dueño, obrarán justificados por un estado de necesidad.

(2) La injerencia

Injerencia es la posición de garante que resulta de una determinada conducta previa, en virtud de la cual una persona ha expandido su esfera de organización a costa de la esfera de organización de otras.

- Aunque, en principio, pareciera ser fundamento evidente de competencia por un suceso dañoso, la injerencia plantea una serie de problemas. Por ejemplo, en algunos casos resulta difícil determinar si la competencia corresponde al sujeto porque ha organizado su propia esfera expandiéndola en perjuicio de otro, o si, por el contrario, en realidad es la esfera de la víctima la que no está suficientemente configurada para impedir o evitar afectaciones que forman parte de las relaciones normales en la vida social. Por ejemplo, Arnoldo suelta un pesada puerta batiente tras pasar por ella sin considerar que Benito, quien camina revisando su teléfono, resultará golpeado en la cabeza por ella.
- En general, no hay duda en cuanto a que si la conducta del primer sujeto es antijurídica, se configura o queda fundada la competencia por injerencia: su ámbito de organización se expande de una manera no tolerada por el derecho, por lo que debe responder de las consecuencias dañosas; en principio, nadie tiene el deber de soportar tales intromisiones. Por ejemplo, si alguien conduce su bicicleta en estado de ebriedad y pasa a llevar a un peatón, es competente por las lesiones que sean atribuibles a la colisión.
- Mucho más discutidos, en cambio, son los casos en que la conducta del sujeto no es antijurídica, sino ajustada al ordenamiento. En estos casos también hay injerencia cuando esa conducta constituye un riesgo permitido pero especial. Quien crea con su conducta un *riesgo especial*, es decir, un riesgo que excede el nivel de riesgos mínimo que es indispensable asumir para hacer posible la convivencia social, se hace competente de las consecuencias negativas que se produzcan, aunque se mantenga dentro del riesgo permitido, cuando esas consecuencias son la realización del riesgo residual inherente a la realización de la conducta. Son riesgos especiales,

por ejemplo, la conducción de vehículos motorizados y la fabricación y distribución de productos que también mediante su uso adecuado pueden ser peligrosos, como la mayor parte de los medicamentos.

Los riesgos especiales suelen reconocerse en que el derecho establece la obligación de contratar seguros para cubrir los riesgos que entraña el desarrollo de la actividad, o en que la regulación del límite hasta el cual el riesgo está permitido es particularmente densa o meticulosa (*v. gr.* la manipulación de sustancias peligrosas o la responsabilidad en el tráfico aéreo).

En los casos de creación de un riesgo especial se aprecia muy bien el juego entre la posición de garante y las instituciones de la imputación objetiva de conductas que veremos luego, en este caso, el riesgo permitido. La permisión del riesgo especial produce una «modulación» de la posición de garante basada en el sinalagma libertad de comportamiento/responsabilidad por las consecuencias. En principio, para quien crea en forma permitida un riesgo especial no se activa la posición de garante «injerencia» respecto de las consecuencias lesivas de dicha creación. Pero esto no significa que la persona pueda desentenderse por completo de estas consecuencias. En la medida en que en estos casos no es posible organizar la propia esfera de modo que se excluya todo riesgo para los demás, al permitir la creación de ese riesgo especial el derecho compensa este diferencial dejando subsistente, hasta cierto punto, la posición de garante en relación con los riesgos residuales y los correspondientes daños consecuenciales. La posición de garante sigue siendo la injerencia, pero su efecto es más débil ya que se encuentra moderada por el riesgo permitido, excluyendo la competencia por el daño inmediatamente imputable a la conducta permitida.

Así, por ejemplo, quien atropella a un peatón pese a que ha conducido correctamente su auto debe auxiliar al peatón, aunque el accidente no haya sido culpa suya y no deba responder por las lesiones causadas directamente con el impacto. Si no lo hace y el peatón lesionado muere por falta de ayuda oportuna, no se le imputará el homicidio por haberlo atropellado, sino por no haberlo auxiliado. Es decir:

injerencia	*	riesgo [permitido] especial	=	responsabilidad por las consecuencias derivadas de la infracción del deber de auxilio

Como la creación de un riesgo especial solo mantiene subsistente la injerencia respecto de los riesgos residuales o colaterales de ese mismo riesgo especial, no quedan cubiertos los casos en que ni siquiera se realiza un riesgo residual, por ejemplo, de la conducción de vehículos motorizados, sino que el daño se debe *v. gr.* a la caída sorpresiva de un objeto contundente sobre la vía.

Una parte importante de los problemas relativos a la «prohibición de regreso» —que ya estudiaremos y es pertinente cuando interactúan varios sujetos en un hecho delictivo— tiene que ver con los casos en que la creación del riesgo especial que da lugar al deber de la persona competente, consiste en una prestación que otros utilizan para cometer un delito. Por ejemplo, si una persona entrega a otra un arma o un producto químico que le permite a esta última cometer un robo, ¿es garante por injerencia respecto de la comisión de este delito?

- Lo señalado respecto de la creación de un riesgo especial vale también para los casos en que una persona ha intervenido en un ámbito de organización ajeno amparado por una causa de justificación. Por ejemplo, quien se vio forzado a repeler a un animal perteneciente al vecino para evitar ser lesionado por él, debe adoptar, una vez que ha pasado el peligro, las medidas necesarias para impedir que el animal perezca o sufra daños mayores. Esta competencia del que actuó justificado por las consecuencias ulteriores de la acción de salvaguarda solo cede en los casos de legítima defensa. Análogamente, quien dio lugar a una acción de salvamento arriesgada, pero dentro de lo razonable, es competente de auxiliar al rescatista si este se ve amenazado como consecuencia de esa acción.

Entre nosotros, Navas rechaza la injerencia como fuente de una posición de garante en los casos de creación de un riesgo mediante una actuación precedente, incluso contraria a derecho, argumentando que las constelaciones pertinentes deben descomponerse en dos hechos: la actuación precedente (usualmente imprudente) y la omisión dolosa de socorro posterior. De otro modo, se correría el riesgo de ampliar desmesuradamente la responsabilidad penal, convirtiendo en dolosa la conducta inicial por el solo hecho de que la omisión subsecuente lo fue. Sin embargo, la pregunta es si quien creó el riesgo —para usar el mismo ejemplo de Navas: disparando sobre otro sin dolo homicida y una zona no letal— ha de evitar solo en razón de un deber de solidaridad mínima que la víctima sufra daños consecuenciales, *v. gr.* que sea atropellada mortalmente por un automóvil ya que como consecuencia de la herida de bala no puede moverse para salir de la calle. El problema concursal (¿hay un solo delito consumado de homicidio o un delito de lesiones en concurso con una omisión de socorro o con un homicidio por omisión?) y el del título de la imputación subjetiva parecen depender de esta definición previa y no al revés. Por otra parte, Navas quiere reconocer una posición de garante con responsabilidad por el resultado del fabricante de un producto defectuoso, pero en su concepción ella solo obligaría a quien ya al tiempo de la distribución «conoció de la existencia de un riesgo para la salud o la vida de las personas». Mas si el riesgo era desconocido pero cognoscible al tiempo de la distribución, ¿cuál sería el fundamento jurídico de su responsabilidad por las lesiones atribuibles al producto defectuoso?

bb) Asunción de deberes y tareas

Una tercera posición de garante basada en deberes negativos es la *asunción*. Hay asunción cuando la persona manifiesta en forma directa o concluyente su disposición en orden a asegurar o salvar bienes ajenos, de tal manera que, precisamente en virtud de esa manifestación, se produce la eliminación de otras formas de protección o aseguramiento.

Puede decirse, entonces, que la competencia por asunción es la «compensación de un empeoramiento de las condiciones de aseguramiento de un bien», empeoramiento que se explica *porque* la persona ha manifestado esa disposición de asegurar o salvar bienes ajenos. Así, por ejemplo, nadie está obligado a ofrecer ayuda para cruzar la calle en una esquina peligrosa a una persona con discapacidad visual; sin embargo, una vez que alguien ha manifestado su voluntad de hacerlo, de manera que la persona auxiliada ha abandonado otras medidas o formas de protección (por ejemplo, decide no cruzar a través de una estación del metro) y en estas condiciones ha iniciado el trayecto, nace como compensación la competencia por asunción. También asume el resguardo de la cosa el tomador de un seguro en caso de destrucción, *v. gr.* un seguro de incendio (si el asegurador tuviera que adoptar por sí mismo todas las medidas de resguardo, la prima sería mucho mayor).

- Para que surja la posición de garante por asunción, no basta con que el posible garante se comprometa a realizar una prestación o un conjunto de prestaciones. Un contrato no es por sí mismo fuente de posiciones de garante —por eso, la asunción también puede iniciarse a partir de un contrato civilmente nulo—, sino que es necesario que se cumplan dos condiciones sustantivas. En primer término, la persona debe dar a entender que espera que, cuando él entre en acción, se abandonen las otras medidas de aseguramiento; por ejemplo, el médico que se adelanta a socorrer a una persona que ha caído inconsciente en la calle declara concluyentemente que él se hará cargo de la situación. Y luego, debe producirse *de hecho* el abandono de otras medidas de aseguramiento. Con otras palabras, la tarea asumida por el garante debe ser *necesaria* desde una perspectiva ex ante. Siempre hay en la asunción un momento en donde el bien jurídico —conceptualmente hablando— es «arrojado por el precipicio», mientras la competencia por asunción lo «recoge» o «sostiene». Sin este momento de empeoramiento de la situación del bien jurídico, no hay asunción. Por la misma razón, solo surge la competencia por asunción si se desactivan medidas que de otra forma se habrían adoptado.

Con un ejemplo de PIÑA: El médico transeúnte que comenzó a atender a quien está sufriendo un colapso cardíaco debe concluir el tratamiento que puede brindar *in situ* conforme a la *lex artis* médica, si debido a su intervención se ha dejado de llamar a otro médico. Pero si encuentra al enfermo casualmente «en el bosque donde visiblemente no se postergará ninguna asistencia por su intervención», puede limitarse a realizar lo que cualquier otro transeúnte haría para no incurrir en la falta de omisión de socorro.

- El abandono de las otras medidas de aseguramiento debe tener su razón de ser en la disposición de custodia manifestada por el garante. Por lo tanto, si el beneficiario de esta disposición la obtiene mediante coacción o engaño, la posición de garante no llega a constituirse: el abandono de otras medidas de aseguramiento ha sido responsabilidad del manipulador y no del potencial garante. Ejemplo: Los encargados de conducir el proceso de fusión de una compañía con otra advierten, con las negociaciones ya en marcha, que a causa de una deuda no revelada por la administración de la empresa, esta carecía de fondos para pagar sus honorarios profesionales, a no ser que el proceso resultara exitoso; los profesionales no son garantes si abandonan en ese momento las negociaciones.
- La necesaria correlación, característica de la asunción, entre las medidas de resguardo del bien que han sido abandonadas u omitidas y las que compromete el garante, tiene como consecuencia que un empeoramiento de la situación del bien jurídico no asumida ex ante, al tiempo de la asunción, no perjudica la posición del garante, quien no está obligado a emplear más medios que los acordados. Así como el titular del bien estaba expuesto a que las medidas de resguardo ya abandonadas fueran eficaces o fracasaran, también lo está al éxito o fracaso de las medidas adoptadas por el garante en el marco del acuerdo ex ante.
- No da origen a una posición de garante la asunción de tareas contrarias a derecho, pues su realización no se encuentra jurídicamente garantizada. Análogamente, cuando las situaciones de necesidad en las que se ha comprometido intervenir derivan de la comisión de ilícitos, la promesa de asistencia decae. Nadie puede ser obligado a vincularse, o a mantenerse vinculado, a una actividad ilícita.

- La posición de garante cesa una vez que se ha realizado la prestación asumida y no mientras se mantenga la situación de riesgo para el bien jurídico. Otra cosa es que la prestación asumida consista precisamente en hacerse cargo de un riesgo hasta que esté totalmente controlado o incluya la provisión de un reemplazante. En este último caso, cuando otro garante asume el cuidado del bien, el garante anterior queda liberado en la medida en que no sea parte de sus obligaciones velar por la idoneidad del reemplazante. Por ejemplo, luego del cambio de turno de enfermeras en una determinada unidad, las que son efectivamente reemplazadas dejan de ser garantes de lo que ocurra en lo sucesivo; el médico que asistió a la persona desmayada en el metro deja de ser garante cuando el paciente es recibido por el servicio de urgencia.

cc) Deberes negativos de impedir autolesiones

Un deber negativo de impedir autolesiones puede existir en tres situaciones:

- Casos en que el autor tiene que cumplir deberes de aseguramiento en relación con la víctima *concreta*. Por ejemplo, el ordenamiento jurídico atribuye ciertas funciones de tutela al empleador respecto de sus trabajadores, tales como cerciorarse de la observancia de las normas de seguridad de la empresa, puesto que la actividad generadora de riesgo está dirigida por el empleador en interés suyo. Él está obligado a preocuparse de que su ámbito de organización no produzca efectos dañinos sobre terceros. Por ello, si uno de los trabajadores se autolesiona por no observar las medidas de seguridad, aun obrando imprudentemente bajo su propio riesgo (por ejemplo, el trabajador se niega a usar el casco protector), no se puede excluir sin más la imputación al empleador, pues este tiene el deber de evitar ese tipo de conductas en el contexto de la actividad de la empresa (por ejemplo, impidiendo que ingresen a la faena trabajadores sin casco).

Considere el siguiente caso. Una persona conducía una camioneta que llevaba un ataúd sobre el *pick up*. Por el camino iba un hombre al que el conductor conocía, de modo que paró la camioneta y le ofreció llevarle. Por desgracia, el pasajero solo pudo acomodarse en el *pick up*, donde estaba el ataúd, ya que la cabina del conductor estaba llena de objetos. En todo caso, el pasajero estaba muy contento porque su casa estaba a varios kilómetros de distancia y se habían acumulado nubes oscuras en el cielo. Poco después empezó a llover torrencialmente. Como el *pick up* no tenía cubierta, el hombre empezó a mojarse, ante lo cual pidió permiso para meterse dentro del féretro. A los pocos minutos, debido al calor que hacía adentro, cayó en una pequeña siesta. Tras recorrer algunos kilómetros más, el conductor se detuvo al ver a un hombre y una mujer que procedían del mismo pueblo que él. Ambos se sentaron junto al ataúd, sin saber que había alguien adentro. Después de haber dormido durante un buen rato, el hombre que iba dentro del féretro se despertó de repente, levantó la cabeza abriendo la tapa del cajón y vio a dos personas. Entonces gritó: «¿Ha dejado de llover? ¿O debo seguir aquí adentro?». Las dos personas no daban crédito a sus sentidos e imaginaron que un muerto había resucitado. Aterrorizados, ambos saltaron de la camioneta en marcha y resultaron gravemente heridos. ¿Quién tiene la culpa de las lesiones? ¿El conductor, el hombre que estaba dentro del ataúd o las dos personas que saltaron del vehículo en marcha sin hacerse antes algunas preguntas? (Voice of Kisima Vol. 8 Nº 1).

- Casos en que la víctima no está en condiciones de conducirse de un modo plenamente responsable. Por ejemplo, A amenaza al político B con revelar un grave escándalo de corrupción, lo que causa en B un grave estado de pánico que le lleva a organizar su propia muerte. Si A se encuentra en condiciones de evitar que esta se produzca, estaría obligado a hacerlo, debido a que él ha contribuido a provocar el déficit de responsabilidad en B.

La SCS 19.I.2011 en causa Rol Nº 1131-2009 desestima una posición de garante en relación con un cuasidelito de homicidio en un caso de consumo voluntario de diversas drogas por parte de la víctima, aunque algunas de estas hayan sido provistas por el acusado: «La sanción [que el fallo revoca] se sostiene en la atribución de una posición de garante del imputado, que no proviene de ninguna fuente generalmente aceptada, y una acción de suministro de drogas y omisión de socorro respecto de una víctima que consumía voluntaria e indiscriminadamente psicotrópicos y sustancias nocivas de distinto origen que originaron un edema pulmonar que la condujo a la muerte, lo que constata el acusado».

- Casos en que la víctima (sin llegar a ser un mero instrumento) no ha podido prestar un consentimiento eficaz para excluir la antijuridicidad de la conducta del autor. Por ejemplo, Benito, cansado de su vida y sumido en una profunda depresión, pide a Arnoldo que le alcance un arma de fuego para dispararse; si Arnoldo lo hace, es garante y puede ser responsable en virtud del art. 393.

b) Posiciones de garante institucionales o basadas en deberes positivos

Los delitos en que la posición de garante se reconduce a un deber negativo protegen una institución fundamental: la institución de la libertad o autonomía individual. Se trata de una institución tan fundamental como poco específica. En cambio, las posiciones de garante asociadas a deberes positivos se caracterizan por que las instituciones que protegen son, al mismo tiempo, específicas e igualmente fundamentales para la conservación de la identidad social que el sinalagma «libertad de comportamiento/responsabilidad por las consecuencias». Una institución en el sentido aquí relevante es una forma de relación duradera y jurídicamente reconocida que no es disponible para las personas singulares, sino que, por el contrario, contribuye a constituirlas.

La competencia institucional surge cuando la sociedad encomienda a ciertas personas, que a su vez aceptan este «encargo», el cuidado de una parte del mundo en común que constituye lo social, caracterizado por la intersección de diversas esferas de organización. Los segmentos de la sociedad de que aquí se trata, sin embargo, han de ser al menos tan importantes e irrenunciables como el sinalagma «libertad de comportamiento/responsabilidad por las consecuencias». Por ello, las posiciones de garante institucionales son limitadas y solo entran en consideración como tales (i) los deberes de los padres respecto de sus hijos menores; (ii) para algunos, también el matrimonio; (iii) la confianza especial, y finalmente (iv) las funciones mínimas, propias y específicas del Estado (que admiten un grado de variabilidad según el rol que tenga el Estado en cada sociedad, aunque nunca más allá de lo mínimo esencial). Lo que caracteriza a estas instituciones es que en todas ellas se trata de formas de relación respecto de las cuales —en términos generales— *no existe alternativa*, pues su sustitución o alteración implicaría una modificación sustancial de la identidad social.

aa) La relación paternofilial

El deber positivo o institucional de los padres —o de quienes ocupan su lugar en virtud de relaciones sustitutas— de preocuparse del cuidado de sus hijos menores da origen a una posición de garante respecto de los bienes personales e instrumentales que el derecho atribuye y garantiza a esos hijos menores.

Esta posición de garante se fundamenta en una institución compleja, con bases biológicas, afectivas, espirituales, legales, etc. Los lazos que unen a los padres con sus hijos son de la más variada índole, y todos ellos son en cierta medida aspectos de la institución. Por eso, el segmento de la vida en sociedad que los padres y sus hijos tienen en común se compone de múltiples dimensiones y llega a comprender, en el caso de los hijos pequeños, casi todos los aspectos de su vida (alimentación, educación, atención médica, protección frente a peligros que provienen de sí mismos, de terceros o incluso del otro progenitor, etc.). Consiguientemente, el ámbito de la posición de garante que emana de la relación paternofilial es amplio, no se limita al «cuidado personal» del derecho civil y se extiende tanto a bienes jurídicos personales (*v. gr.* vida, integridad corporal, indemnidad sexual) como a bienes jurídicos instrumentales (*v. gr.* la propiedad).

Sin embargo, el derecho penal solo está en condiciones de garantizar un estándar mínimo y no un óptimo, de modo que como objeto de la posición de garante quedan comprendidas únicamente aquellas prestaciones cuya ausencia sería evidentemente contraria a los deberes paternos y maternos más esenciales. Así, por ejemplo, ni siquiera los padres que gozan de cierta fortuna están obligados a llevar a su hijo a un especialista que está en otro continente para tratar una enfermedad. Asimismo, es muy discutible que los controles periódicos de un lactante pertenezcan al mínimo que el derecho penal garantiza; sí forma parte de él, en cambio, el control de recién nacido.

La relación paternofilial da origen a deberes institucionales que tienen un estatus distinto del deber de no dañar a otro. Por eso, aquel que ayuda a la madre o al padre a matar a su hijo realiza un injusto diferente del que realiza ese padre o esa madre. Así lo reconoce el art. 390 en relación con el art. 391 N° 2 (con la advertencia de que el art. 390 no solo se refiere a padres y madres, sino también a otras personas que el legislador incluye en una misma categoría a pesar de que no ostentan la misma posición de garante).

Algunos elementos que conviene tener en cuenta:

- No es necesario que los padres cuiden a los hijos personalmente, pero la delegación del cuidado en terceros solo liberará a los padres de responsabilidad si se cumplen las condiciones que impone el «principio de confianza».
- El deber de garante fundado en la relación paternofilial comprende también el deber de impedir conductas lesivas del otro cónyuge y de adoptar las medidas para que las heridas no se agraven; el incumplimiento de estos deberes de conducta no queda amparado por el art. 17: SCA San Miguel 25.VI.1996, Rol N° 2643-1995.
- Es discutible si la posición de garante del padre se activa desde el momento de la concepción o desde el momento del nacimiento, según las reglas que para efectos civiles y patrimoniales establece respectivamente el Código Civil. La asignación de una posición de garante al padre desde el momento de la concepción resulta acorde con las necesidades de protección del que está por nacer, pero es preciso tener en cuenta que, mientras no haya nacido, la satisfacción de esas necesidades siempre estará

mediada por la persona de la madre. Esta distinción es relevante en lo que respecta a la protección de la criatura frente a acciones abortivas.

- El deber del garante concluye cuando los hijos se independizan de sus padres o, a más tardar, cuanto los hijos alcanzan la mayoría de edad. Ello no obsta a que subsistan para los padres posiciones de garante con un fundamento distinto. Así, por ejemplo, cuando los hijos mayores de edad viven con sus padres, normalmente subsistirá una posición de garante por confianza especial (que, por lo demás, usualmente será recíproca).
- Como la posición de garante basada en la relación paternofilial no se identifica sin más con la atribución del cuidado personal según las reglas del derecho civil, los correspondientes deberes de conducta alcanzan también al padre o la madre que no ejerce el cuidado personal. Y en el caso de los hijos nacidos fuera del matrimonio, la posición de garante podría extenderse al progenitor que no los haya reconocido, siempre que se haya establecido en forma vinculante la filiación.
- No existe una posición de garante de los hijos respecto de los padres que se base únicamente en la relación paternofilial. En la relación entre hijos y padres existe solamente un deber de socorro propio del derecho de familia (art. 223 CC). Es muy discutible si, en situaciones extremas, este deber de socorro podría asimilarse al deber de cuidado personal de los hijos.
- Todo lo anterior se aplica, *mutatis mutandis*, a las relaciones sustitutivas de la relación paternofilial, como la adopción o la tuición (cuando esta recae en personas distintas de los padres). En todo caso, debe tratarse de relaciones formales; en el ámbito de lo informal puede haber espacio para la confianza especial.

bb) El matrimonio

Para algunos autores, el matrimonio da lugar a una posición de garante institucional. Los cónyuges constituyen ante la sociedad un mundo en común y la configuración legal de la institución matrimonial define los límites de ese mundo. Dentro de estos límites, el derecho penal garantiza un estándar mínimo.

La existencia de esta posición de garante es discutida. Al menos en Chile, cabe preguntarse si el matrimonio es una institución indispensable para la identidad social desde la entrada en vigencia de la Ley N° 19.947, que introdujo el divorcio por cese de la convivencia como causa de terminación de la relación matrimonial.

Lo relevante para el surgimiento de una posición de garante institucional no radica en la existencia de obligaciones legales, ni en la percepción subjetiva del valor de la institución o de su existencia en concreto, sino en la pertenencia de la institución a la identidad de la sociedad normativamente estructurada. Así, la posición de garante basada en la relación paternofilial surge de la institución en virtud de la cual son los padres quienes se hacen cargo de los hijos, y no los demás ciudadanos o el Estado. En el caso del matrimonio, la posición de garante podría basarse en el compromiso solemne de «hacerse cargo» de la otra persona en toda circunstancia de la vida, especialmente en momentos de necesidad. Sin embargo, no solo la regulación legal es contradictoria con esta idea, pues permite y valida el distanciamiento unilateral, sino que la sociedad parece estructurarse cada vez menos sobre la base del vínculo matrimonial y sus relaciones sustitutas. Como ejemplo extremo de una evolución semejante puede citarse el caso alemán, donde la jurisprudencia ha resuelto que «la posición de garante de los cónyuges termina cuando uno de ellos se separa del otro con la intención seria de no volver a reunirse» (BGHSt 48, 301). Esta subjetividad e informalidad del criterio, que ha encontrado acogida en la doctrina, refleja que la institución prácticamente ya no existe. Pareciera que en este ámbito, al menos en algunos ordenamientos, solo la *confianza especial* sigue perteneciendo a la identidad de la sociedad.

La institución del matrimonio presenta diferencias relevantes respecto de la relación paternofilial:

- No existe un deber recíproco de custodiar el patrimonio del otro cónyuge, sino solamente el patrimonio común.
- Como ambos cónyuges se encuentran en un plano de igualdad, la posición de garante nunca puede extenderse a la realización de conductas que impliquen contrariar la voluntad del otro cónyuge. Así, por ejemplo, no existe un deber de impedir que el otro cónyuge se autolesione de un modo autónomo, ni tampoco el de impedir que cometa delitos. Por lo tanto, el único objeto relevante de esta posición de garante es un deber de evitar lesiones de bienes jurídicos personalísimos del otro cónyuge que no son aceptadas por este o, al menos, que no lo son de una manera autorresponsable.

En la jurisprudencia y literatura alemanas se ha discutido si el cónyuge es garante de evitar la muerte del otro cuando este ha realizado una conducta suicida como consecuencia de la cual, aunque se mantiene con vida, ha perdido la conciencia y, con ello, la posibilidad de revocar su decisión. En general se ha entendido que no existe un deber de intervenir, salvo que existan razones para presumir que el suicida ha cambiado en el último momento de opinión. Tampoco cabría pensar en una posición de garante basada en un deber de solidaridad en el sentido del art. 494 N° 14, pues la autorresponsabilidad prima sobre la solidaridad. La situación es distinta, sin embargo, cuando la decisión de quitarse la vida no supera un estándar mínimo de autorresponsabilidad, por ejemplo, porque se basa en un sustancial error de hecho que es advertido por el otro cónyuge. En tales casos no existiría solo un deber de solidaridad en orden a procurar impedir la conducta suicida o su consumación —por cierto: sin coaccionar ni condicionar la voluntad del cónyuge—, sino un deber institucional de hacerlo.

- Los deberes que emanan de esta posición de garante subsisten aunque los cónyuges no se lleven bien o no se entiendan entre sí; es decir, la existencia de los deberes inherentes a la posición de garante matrimonial no depende de que los cónyuges «vivan» subjetivamente su matrimonio, ya que el matrimonio no es solo una relación entre dos personas, sino una institución en la sociedad. Por la misma razón, la sola ausencia de afecto o inclinación subjetiva tampoco puede operar como atenuante.
- El acuerdo de unión civil establecido en la Ley N° 20.830 puede considerarse como relación sustitutiva del matrimonio.

cc) La confianza especial

Confianza especial es una fuente de posición de garante basada en la institución jurídica general conocida como doctrina de los actos propios, que se resume en la fórmula *venire contra factum proprium non valet*. En lo que aquí interesa, la doctrina de los actos propios tiene dos concreciones. Primero, que la conducta previa de una persona, en cuanto produce en otra la confianza de que aquella se va a encargar de resguardar sus bienes e intereses, funda una posición de garante respecto de esos bienes e intereses. Segundo, que el derecho no considera aceptable que una persona solo pretenda obtener los beneficios o ventajas asociados a sus actos previos, desentendiéndose de las desventajas.

- La confianza especial se diferencia de la asunción en que aquí no se trata de compensar una pérdida de protección del bien jurídico, sino de la confianza en que las personas no se van a comportar en forma contradictoria sin una razón aceptable. Por tanto, no es necesaria la desactivación de otras medidas de seguridad para que exista una posición de garante por confianza especial. Por otra parte, la confianza especial procede de los actos de organización que se realizan con miras a una situación de necesidad futura y no de la ayuda que una persona brinda a otra en una situación de emergencia.

El garante por confianza especial no es, en consecuencia, quien ofrece ayuda *en* la situación de necesidad, sino que ya *antes* de que se produzca la situación de peligro o necesidad ha atraído hacia su propio ámbito de organización el bien jurídico de que se trata, o bien, ha asumido el control de un ámbito de organización en el cual está radicado el peligro en cuestión. Por ejemplo, un médico que abre una consulta es garante por confianza especial en lo que respecta a la atención de los pacientes que lleguen a ella, pues la consulta es una organización para la atención de pacientes futuros; en cambio, cuando un vecino transporta en su auto al hospital a otro que se ha accidentado, es garante por asunción en la medida en que su oferta de transporte haya desactivado otras posibilidades existentes de traslado o atención.

En este sentido, puede decirse que la confianza especial es «competencia practicada»: la persona se vuelve competente porque previamente actúa como quien es competente del resguardo del bien. Esta misma competencia practicada es la que determina los límites del deber del garante por confianza especial.

La posición de garante por confianza especial no se funda, entonces, en una especial relación de confianza subjetiva entre dos o más personas, ni en el empeoramiento previo de la situación del bien jurídico por parte del garante. Su carácter es institucional, próximo a las tareas genuinamente estatales y a la relación paternofilial. En este sentido, también se halla próxima a la institución de derecho público conocida como «confianza legítima», en cuanto confianza jurídicamente protegida y anclada en el carácter vinculante de los actos propios de la autoridad.

- El espectro de situaciones que cubre la confianza especial es amplio, y va desde la recepción de personas enfermas o ancianas para cuidarlas en la propia casa o en un lugar adecuado, hasta ciertas formas de administración de patrimonios ajenos o de gestión de los negocios de otros. En cambio, no da origen a una posición de garante por confianza especial la simple comunidad de techo entre dos personas. Para que surja la posición de garante entre personas que comparten una misma casa es necesario que: (i) haya una oferta consistente de ayuda para el caso de necesidades futuras, y que *además* (ii) se adopten efectivamente y con anticipación los medios o resguardos para otorgar esa ayuda si es que llega a ser necesaria.

Un ejemplo característico de personas que se vuelven recíprocamente garantes por confianza especial está constituido por las llamadas *comunidades de peligro*. Se trata de ámbitos de organización que se unen antes de enfrentar una situación (lícita) de peligro con vistas a ayudarse mutuamente, y que adoptan ex ante medidas para prestar esa ayuda cuando llegue el momento (*v. gr.* un grupo de andinistas que emprende una expedición peligrosa).

Otra situación en que característicamente se da origen a relaciones de confianza especial es la acción de quienes suplen al Estado en labores *básicas y elementales* de protección, en la medida en que exista una praxis establecida al respecto, como en el caso de los bomberos o de ciertas organizaciones de beneficencia como el Hogar de Cristo. Un hogar de ancianos en situación de calle puede negarse a recibir nuevos huéspedes por falta de capacidad, pero no puede dejar en la calle, de la noche a la mañana, a aquellos que ya ha aceptado.

- El contenido de los deberes que surgen de la confianza especial es, siempre dentro de los límites de la «competencia practicada» y no más allá, únicamente aquella ayuda que previsiblemente es capaz de producir un efecto adecuado y no cualquier actividad que fácticamente sea posible realizar. Esto es así incluso si el obligado y el beneficiario se hallan vinculados por un contrato que contempla la realización de prestaciones que, en el caso concreto, no eran idóneas para producir efectos relevantes; en tal caso es posible que se haya violado la ley del contrato, pero la existencia de una posición de garante en el ámbito penal se determina considerando valoraciones jurídicas y sociales que trascienden la autonomía de las partes en una relación contractual. Por ejemplo, un médico intensivista no está obligado a realizar cualquier procedimiento que prolongue unas horas la vida de un paciente, salvo que esa prolongación tenga sentido desde el punto de vista de sus posibilidades de recuperación ulterior.

dd) Los deberes y tareas estatales en sentido estricto

Se trata de deberes vinculados a tareas irrenunciables del Estado, es decir, a aquellas prestaciones que el Estado debe realizar con independencia de su capacidad económica. Esta es ciertamente una definición algo vaga, pero la dificultad para precisar la posición de garante debería llevar a restringir la interpretación de lo irrenunciable y no a prescindir por completo de una garantía penal de las tareas estatales básicas. Lo que es susceptible de discusión no es si es que el Estado tiene una configuración, sino qué configuración precisa tiene en casos extremos. Por ejemplo, probablemente no pertenece a la identidad del Estado garantizar que los presos puedan trabajar; pero sí pertenece a ella garantizar que, si se enferman, se les atienda en forma suficiente, por lo que si un interno no es atendido y, como consecuencia de ello, fallece, las personas que se desempeñan en los órganos estatales correspondientes serán competentes respecto de esa muerte.

¿Cuáles son estas tareas estatales en sentido estricto?

- La *labor asistencial elemental* del Estado, es decir, la protección frente a peligros graves, que no es posible enfrentar en forma individual. Así ocurre con la asistencia en caso de catástrofes naturales, de puestas en peligro o lesiones graves del medioambiente, de erupciones volcánicas, de epidemias, etc. Los peligros de otra índole —enfermedades comunes, emergencias de todo tipo, etc.— no están comprendidos en esta labor asistencial elemental, aunque respecto de ellos puede existir, incluso respecto de peligros de menor entidad, un ente estatal que ostente una posición de garante por confianza especial.

El 27 de febrero de 2010 afectó al país un terremoto de magnitud 8,8 en la escala de Richter, con epicentro en la región del Biobío. El sismo fue seguido de un tsunami que provocó la muerte de 156 de las 526 víctimas del cataclismo, y que arrasó con viviendas e infraestructura en seis regiones del sur y centro de Chile. Tras el terremoto, siete funcionarios públicos fueron imputados por cuasidelitos de homicidio debido a una serie de errores en las alertas de tsunami que, según la Fiscalía, redundaron en la muerte de 74 personas. Uno de ellos fue condenado en juicio abreviado y los otros seis obtuvieron una suspensión condicional del procedimiento. La posición de garante en todos estos casos es la labor de asistencia elemental del Estado.

- La administración de *ciertas formas amplias de sujeción de una persona* al poder estatal en razón de ciertos fines y respecto de las que no existen alternativas, como el servicio militar, los centros residenciales de protección de niñas, niños y adolescentes, y las cárceles. En estos casos la extensión de la posición de garante varía según la clase de sujeción y del tipo de situación que reclama la intervención estatal. Por ejemplo, cuando se trata de situaciones que pueden afectar a cualquier persona, como accidentes o enfermedades, de la relación de sujeción surge una posición de garante en orden a auxiliar al afectado. En el caso de relaciones de sujeción que comprenden gran parte de la vida de la persona, la posición de garante puede comprender también la provisión de alimento y vestuario. Tratándose de esta clase de relaciones, el deber no se satisface con el mínimo de la labor asistencial ni con lo que la persona sujeta a ellas sería capaz de proveer por sí misma, sino con el cumplimiento de un estándar definido por el ordenamiento jurídico.

Se ha planteado si la posición de garante del Estado comprende el deber de impedir autolesiones dolosas de las personas sometidas a la especial relación de sujeción; por ejemplo, si la autoridad está obligada a impedir la muerte o lesiones graves que puede provocarse un interno que realiza una huelga de hambre. La respuesta es análoga a la que corresponde en los casos de autolesión de uno de los cónyuges: en principio, prima la autonomía de quien se autolesiona, salvo que pueda presumirse un cambio de último momento en su voluntad o que la decisión de autolesionarse no sea suficientemente autónoma por causa de error o coacción; pero aun en estos casos queda excluido el ejercicio de coacción estatal con el objeto de impedir la autolesión.

- La *seguridad interior y exterior* del Estado. Se trata de las principales funciones del Estado según la visión que dio origen a esta forma de organización política. Es esta posición de garante la que obliga, entre otros, a la policía a resguardar el orden público y proteger a los ciudadanos, y a los militares a resguardar la seguridad exterior conforme a la Constitución y las leyes. Estas funciones forman parte de las tareas esenciales de la institución estatal y —al igual que las indicadas en el apartado anterior— no pueden confundirse con las prestaciones basadas en lo que podría denominarse «solidaridad mínima» (p. ej. en el art. 494 N° 14).
- La conservación y funcionamiento de las *instituciones elementales del Estado de derecho*. Esta tarea comprende solo lo esencial, es decir, lo que se refiere a la mantención del régimen republicano, la soberanía nacional, el funcionamiento de la administración de justicia y el respeto al principio de juridicidad. En Chile se incluye aquí de un modo particularmente intenso, por el momento, el resguardo de la legalidad del gasto público (cfr. art. 32 N° 20 de la Constitución).

Una cuestión central es determinar quiénes son las personas naturales vinculadas por la posición de garante, problema que suele presentarse también a propósito de la confianza especial en contextos organizados y con división del trabajo. Tratándose de esta última, la posición de garante corresponde a quien se ha incardinado en la organización asumiendo el puesto al cual, conforme al plan de atención de esa misma organización, le corresponde realizar la prestación de auxilio. Análogamente, la determinación de las personas —que pueden ser empleados públicos o particulares en quienes se ha delegado la función— a quienes compete cumplir los deberes estatales mínimos depende de la estructura jurídica y del funcionamiento *real* del servicio o repartición pública de que se trate, pero siempre que la norma jurídica que se consulta regule directa y específicamente *la ejecución de la tarea* estatal en cuestión. Esta determinación sobre la base de la regulación legal y administrativa debe complementarse con la aplicación de las instituciones de imputación objetiva de conductas.

En este ejercicio de concreción es fundamental considerar que no es lo mismo tener un deber funcionario cualquiera, que tener el deber funcionario de ejecutar una tarea estatal irrenunciable. Ya se ha visto, por ejemplo, que los funcionarios públicos tienen obligación de denunciar los hechos irregulares de que tomen conocimiento en el ejercicio de sus funciones (como la realización de actos evidentemente preparatorios para la comisión de un delito), pero tal deber no forma parte de una tarea estatal irrenunciable ni de la regulación legal de su ejecución (si así fuera, daría lugar a una posición de garante del funcionario respecto del delito cuya preparación no denunció). Por lo tanto, lo que individualiza la posición de garante es el conjunto de las normas que regulan la ejecución de una tarea determinada e irrenunciable del Estado. Hay muchas otras funciones del Estado y muchos deberes funcionarios que no tienen que ver con esta clase de tareas o con su ejecución.

Lo anterior no implica que los funcionarios públicos no puedan ser garantes en otras situaciones y en razón de otros fundamentos. Por ejemplo, el enfermero de un hospital público, cuando se dispone a curar la herida de un niño, no es garante en virtud de la ejecución de un deber estatal irrenunciable, sino que lo es por confianza especial. En principio, todos los funcionarios públicos pueden ser competentes en virtud de otras posiciones de garante, que no se fundan en la ejecución de tareas irrenunciables del Estado. Por lo mismo, ocurre con cierta frecuencia que, en el ámbito de las tareas estatales elementales, los funcionarios u órganos competentes en un cierto ámbito llegan a ser garantes en términos más amplios que si solo se considera la regulación de la tarea estatal. No es infrecuente que se produzca una superposición de los deberes de garante asociados a tareas estatales mínimas y a confianza especial.

En la madrugada del 8 de diciembre de 2010, una disputa entre dos bandas rivales dentro del cuarto piso de la torre 5 de la cárcel de San Miguel dio origen a un incendio que consumió parte de las instalaciones provocando la muerte de 81 internos. Una serie de falencias del establecimiento como la escasez de guardias en ese horario, la tardanza en dar la alerta a bomberos, las dificultades para controlar el fuego debido a la ausencia de un sistema adecuado de redes húmedas, el hacinamiento de los presos, entre otras, contribuyeron al desenlace fatal. Todo el apartado de la extensísima sentencia dedicado a las «consideraciones finales» es un ejercicio de determinación de las personas en quienes recaía la competencia en virtud de la posición de garante que estudiamos, fundada en la especial relación de sujeción a que están sometidos los internos en una cárcel. El fallo concluye que la investigación y la acusación no se dirigieron contra las personas competentes, por lo que absolvió a todos los acusados (S. del 6° TOP de Santiago 13.VI.2014, Rol N° 258-2013).

En ocasiones, el análisis de la posición de garante se realiza en forma simultánea con el de las instituciones pertinentes de la imputación objetiva. Esto no es problemático en los casos más simples. Sin embargo, suele ser conveniente «analizar» este examen para comprobar su corrección; en todos los casos de cierta complejidad, en cambio, es preferible omitir de entrada la síntesis.

c) Posiciones de garante fundadas en deberes de solidaridad

Los arts. 494 N° 14, 10 N° 7 y 10 N° 11 —que estudiaremos en su momento— dan cuenta de que el ordenamiento jurídico chileno considera también, excepcionalmente, posiciones de garante basadas en deberes de solidaridad, es decir, en el derecho de las personas a ser reconocidas no solo en su personalidad abstracta o en su rol institucional, sino, en la expresión de Hegel, como sujetos individuales con «derecho al bienestar».

Conforme a esos preceptos y a la tradición jurídica de la cual proceden, la posición de garante fundada en deberes de solidaridad solo puede surgir para el resguardo inmediato de la vida o ante amenazas muy graves e irrevocables de la autonomía del actualmente necesitado. Por otro lado, el cumplimiento del deber solo puede requerir el sacrificio de bienes instrumentales cuya pérdida no implique un sacrificio grave o irreparable de la autonomía del obligado.

Asimismo, la heteronomía, que por definición caracteriza a los deberes de solidaridad, determina que su estatus sea inferior al de los deberes negativos y positivos. Tal estatus subordinado debería excluir el establecimiento de una responsabilidad por el resultado y obliga a asignar penas considerablemente inferiores en caso de infracción. En el ordenamiento chileno, la gravedad relativa de las infracciones al deber de solidaridad se encuentra definida en la falta de omisión de socorro del art. 494 N° 14. En la medida en que el deber de solidaridad que fundamenta el deber de tolerancia en el estado de necesidad agresivo del art. 10 N° 7 (y, en su caso, del art. 10 N° 11) ostenta el mismo fundamento que el deber de socorro, la infracción al deber de tolerancia solo puede ser sancionada en los mismos términos que la omisión de socorro, que constituye la *lex specialis* en la infracción de deberes de solidaridad.

d) El problema de los «conocimientos especiales»

Un problema que ha producido algunas dificultades, sobre todo en ámbitos técnicos o densamente regulados, es el de los así llamados *conocimientos especiales*. Pese a su denominación, se trata de una cuestión de imputación objetiva y no subjetiva, a saber, si los conocimientos particulares que posee una persona sobre la situación amplían su ámbito de competencia, haciendo surgir un deber negativo o positivo donde no lo había.

Un ejemplo clásico (Jakobs): Un estudiante de botánica trabaja como ayudante de mozo en un restaurante para financiar sus estudios. Un buen día está en el restaurante y un cliente pide una ensalada con champiñones. El estudiante toma el pedido y, luego, cuando el plato está listo, lo va a buscar a la cocina. Entonces se da cuenta de que los champiñones que tiene la ensalada destinada al cliente son muy similares a los comestibles, pero en realidad pertenecen a una variedad altamente venenosa. Sin embargo, como él solo es ayudante de mozo, concluye que este asunto no le compete y lleva la ensalada de todas formas al cliente, quien la consume y se lesiona de gravedad. La pregunta es entonces qué ocurre cuando una persona cuenta con conocimientos cuya adquisición se debe a una especial capacidad (formación, experiencia, etc.) y que le permiten reconocer riesgos que otro, en su lugar, no reconocería. ¿Debería responder el estudiante y ayudante de mozo por las lesiones (y no solo por la infracción de un deber de solidaridad bajo la forma de omisión de socorro)?

Los conocimientos especiales *no* son un simple «conocimiento situacional ampliado», algo que por causalidad llama la atención de alguien y no de los demás, pero que es relevante en el marco de una posición de garante en la que la persona *ya se encuentra*. Por ejemplo, quien casualmente sabe que el hijo pequeño del vecino es fuertemente alérgico a las nueces, no debe servirle un postre con nueces. Este conocimiento situacional ampliado solo comprende, en todo caso, conocimientos que cualquier ciudadano en la situación del autor también habría podido adquirir.

El problema de los conocimientos especiales tiene relación con lo que el derecho espera del autor en una situación determinada. Este «haz de expectativas» del ordenamiento en relación con una persona se denomina *rol social*. Este rol social puede estar configurado en términos más amplios o restringidos, según cuál sea la definición de aquello por lo que la persona es competente o garante en virtud de un deber negativo o positivo, de modo que determinados conocimientos serán especiales o, en cambio, ordinarios, dependiendo del fundamento de la posición de garante en que se encuentra la persona.

En un derecho penal de impronta liberal, el rol es en principio muy estrecho: uno no es garante de nada, salvo de aquello que organiza directamente. Este rol acotado incluye solo los conocimientos medios, aquello que cualquier persona podía advertir. Cuanto exceda de esto, corresponde a conocimientos que el derecho no espera —y, en este sentido, casuales—, de modo que si la persona no los tiene, no está jurídicamente obligada a adquirirlos. Distinto es el caso cuando la persona crea un riesgo que —aun siendo un riesgo permitido— constituye un riesgo especial, como cuando se lanza al mercado una nueva vacuna. En estos casos, el rol se amplía a la competencia por lo que emana de esa creación de riesgos especiales y lo mismo ocurre con los conocimientos esperados. Finalmente, hay casos en que el rol se expande por razones institucionales.

Por lo tanto, en materia de conocimientos especiales es preciso distinguir al menos cuatro situaciones distintas:

- Cuando la persona es garante únicamente en virtud del sinalagma «libertad de comportamiento/responsabilidad por las consecuencias», es decir, el único deber que está en juego es el deber negativo de no dañar a otros (*neminem laedere*), entonces la víctima no puede esperar que el autor active ninguna capacidad especial: el ayudante de mozo, el ingeniero mecánico que al probar el auto que piensa comprar advierte un defecto, el «bombero» de la estación de servicio que casualmente observa un problema en los frenos, el estudiante de ingeniería que hace su práctica de obrero y detecta una falla de cálculo, etc. Los conocimientos especiales que tiene una persona en este rol no lo convierten en garante.
- El rol se amplía cuando la persona es garante de que un riesgo especial que él mismo ha creado se mantenga inocuo. Se trata de casos en los cuales, si el que crea el riesgo no toma las medidas, las potenciales víctimas podrían tomarlas a su costa según las reglas del estado de necesidad o de la legítima defensa (*v. gr.* el sujeto instala en el patio de su casa un sistema de bombas de agua para riego que comienza a funcionar mal y amenaza con inundar los terrenos vecinos).

Así como uno puede crear riesgos especiales tomándose las libertades necesarias, también está obligado a realizar todo lo necesario para controlar esos riesgos. Por ejemplo, quien va a recoger una pelota que rodó debajo de su auto y ve por casualidad que los frenos están trabados, está obligado a usar ese conocimiento especial para evitar cualquier daño a terceros y, por ejemplo, debe llamar a un mecánico antes de conducir nuevamente el auto.

- En los casos de responsabilidad institucional, en cambio, el rol no se define negativamente por el deber de evitar una lesión (*neminem laedere*), sino positivamente, en razón de un espectro de interacciones, normalmente de la persona con la sociedad a través de otras personas en orden a la construcción de un «mundo en común».

En estos casos, el espectro de interacciones relevantes *puede* incluir el deber de activar saberes o capacidades especiales. Esto ocurre, por ejemplo, en la relación paternofilial, de modo que si la madre posee *v. gr.* conocimientos de enfermería, está obligada a utilizarlos para ayudar a su hijo menor en caso de urgencia; algo análogo vale para el superior respecto de la protección y cuidado de sus subordinados en el ámbito militar.

- La última situación es aquella en que el autor incorpora o introduce *motu proprio* el conocimiento especial en su relación con la víctima. En tales situaciones, ese conocimiento pasa a pertenecer al rol que marca la relación. En el caso del ayudante de garzón, este no está obligado a usar su conocimiento especial en beneficio de la víctima, pero él mismo incorpora el conocimiento a su rol si, en vez de llevarle la ensalada a ese cliente, se la lleva a su peor enemigo que está sentado en la mesa vecina y ha ordenado lo mismo. En esta situación, el estudiante ha expandido su rol en virtud de su propia autonomía, modificando el contexto, y el derecho le hace responsable de esa modificación.

3. Instituciones de la imputación objetiva

Las denominadas *instituciones de la imputación objetiva* son el segundo pilar de la teoría de la imputación objetiva. En realidad, según se anticipó, constituyen un estadio de la definición del comportamiento prohibido y de la atribución de este hecho a una o más personas determinadas (los cuales, junto con la subsunción del hecho bajo la norma penal y la imputación subjetiva, son los elementos que permiten afirmar la responsabilidad de una persona por un determinado hecho con relevancia penal). Para el estudio y aplicación de estos institutos es conveniente distinguir entre aquellos grupos de casos donde el núcleo del problema es la imputación de una conducta a una o más personas, y aquellas constelaciones en que la dificultad se encuentra en la imputación del resultado a una conducta, que a su vez ya ha sido imputada a uno o más sujetos.

a) Imputación objetiva de conductas

Según la sistematización que aquí se adopta, las instituciones de imputación objetiva de conductas son el *riesgo permitido*, el *principio de confianza*, la *prohibición de regreso* y la *imputación al ámbito de responsabilidad de la víctima*. Estas instituciones corresponden a una sistematización de la forma como la sociedad y, luego, los tribunales, atribuyen responsabilidad en la realidad. No se trata de problemas nuevos ni exclusivos del derecho penal, sino de cuestiones universales y permanentes.

aa) El riesgo permitido

(1) Fundamentación

La regulación no puede ahogar la libertad, pues existe para la libertad; está en función de ella. Una protección de expectativas a toda costa, que excluyese cualquier riesgo o peligro para los bienes jurídicos, ahogaría la libertad y convertiría a los bienes jurídicos en intangibles pero, al mismo tiempo, los haría completamente inútiles; por eso se toleran riesgos e incluso lesiones, cuando ellas son consecuencia de riesgos permitidos.

Lo anterior conecta con el criterio de la «adecuación social» de WELZEL. Según este autor, es imposible que se desarrolle la vida en sociedad sin que los bienes jurídicos se expongan a riesgos. En la vida social habitual, todos los bienes jurídicos están expuestos permanentemente a peligros y daños que no tienen relevancia jurídico-penal alguna, entre ellos, las afectaciones que proceden de conductas socialmente adecuadas. Estas son acciones u omisiones que, desde un punto de vista material, no pueden subsumirse bajo un tipo penal porque, en virtud del contexto social en que se insertan, no tienen el significado de un injusto merecedor de pena. Así, es socialmente adecuada la privación de libertad que sufren los pasajeros de un bus interurbano, que no pueden abandonarlo —aunque quieran— antes de llegar a la siguiente parada; la lesión que consiste en el contagio de un resfrío como producto de la realización de actividades presenciales; los daños que perpetra el jardinero durante la época de poda; las pérdidas de valor que producen ciertas inversiones en tiempos de volatilidad; etc.

En este sentido, en la sociedad se opera sobre la base de una ponderación similar a la del estado de necesidad: cuanto más valiosa es una actividad, mayores riesgos está permitido crear para realizarla. Así, por ejemplo, la actividad médico-quirúrgica, que permite salvar la vida de las personas, autoriza a crear riesgos significativos para la vida de los pacientes, mientras que otras actividades —en cierto sentido, superfluas— están sometidas a un estándar muy alto en cuanto a la permisión de riesgos, como puede ser el caso de ciertos juegos en un parque de diversiones o la práctica de ciertos deportes. Un veterinario puede infligir sufrimiento a un animal para salvar su vida, pero un empresario de *bungee jumping* no puede dejar nada a la improvisación.

Sin embargo, a diferencia de lo que ocurre en el estado de necesidad, los riesgos se encuentran permitidos en una sociedad por legitimación histórica, lo que impide identificar el riesgo permitido con una comparación empírica de probabilidades de lesión, y sustrae su determinación de una ponderación caso a caso. Esto obedece a dos razones: primero, porque, por lo general, no es posible imaginar un escenario que sirva en la práctica como punto de comparación (por ejemplo, no es posible imaginar un mundo sin transporte motorizado privado); segundo, porque, salvo en el algunos aspectos puntuales (¡instituciones que fundan deberes positivos!), no existe un modelo concreto de sociedad que sea vinculante, de modo que las «desviaciones» deban ser corregidas.

Se ha dicho que un riesgo *solo puede estar permitido cuando las víctimas de su realización no son determinables* a priori; si existe la posibilidad de determinarlas (ciertos consumidores, ciertos pacientes, ciertos trabajadores, etc.), entonces ese riesgo no correspondería a la institución en estudio. Esto no es correcto. Ejemplo: A y B se encuentran con frecuencia en el ascensor del edificio junto a sus respectivos perros, ambos con correa y cumpliendo todas las prescripciones; A prevé que existe una alta probabilidad de que algún día su perro muerda en el cuello al de B y que nadie pueda hacer nada a causa de lo reducido del espacio. Si esto efectivamente llega a ocurrir, el hecho también estará cubierto por el riesgo permitido. Salvo en el caso de los conocimientos especiales que la posición de garante obliga a activar, por lo general ni siquiera la instrumentalización de un riesgo permitido para dañar a otro hace que la creación de este riesgo deje de estar permitida.

(2) Posición del riesgo permitido en la estructura del delito

La transgresión del riesgo permitido es un criterio de imputación objetiva de la conducta, es decir, constituye uno de los presupuestos positivos de su antijuridicidad. Por lo tanto, no es que quien obra dentro del riesgo permitido realice una conducta en principio contraria a derecho, pero que luego resulta legitimada por la permisión del riesgo, sino que realiza una conducta en principio irrelevante desde la perspectiva de las normas de conducta penales. Lo anterior implica, al menos, dos cosas:

- Por un lado, el problema del riesgo permitido nada tiene que ver con el dolo o la culpa. Un riesgo permitido no pasa a ser prohibido porque el autor asuma la producción de un resultado lesivo, y un riesgo no permitido no deja de serlo cuando el autor descarta o no considera la producción de tal resultado. Por ejemplo, si un boxeador, peleando de acuerdo con las reglas que rigen esa actividad deportiva, provoca lesiones graves a su contendor, no excede el riesgo permitido; por tanto, no realiza una conducta típicamente relevante, aun cuando se haya representado la posibilidad de causar a su contendor esa clase de lesiones y haya continuado golpeándolo, siempre conforme a las reglas.
- Por otro lado, mientras que en la justificación por estado de necesidad todo depende del contexto en el que se sitúa la acción —es el contexto el que justifica—, para realizar una conducta en riesgo permitido no se necesita que el contexto lo autorice: no se necesita una buena razón para generar un riesgo cuya creación el ordenamiento permite. Por ejemplo, se puede salir a dar vueltas en auto o en moto sin razón alguna, y también se puede salir a dar vueltas en un camión con acoplado.

(3) Máximas de valoración

¿Cómo se determina y dónde está definido qué riesgos están permitidos y cuáles no lo están? Una respuesta detallada a esta pregunta depende de valoraciones sociales, técnicas y jurídicas propias de cada ámbito específico de relación, es decir, es materia de la parte especial del derecho penal. Sin embargo, es posible realizar algunas afirmaciones generales al respecto:

- Están permitidos los riesgos que el contacto social trae consigo inevitablemente. Por ejemplo, quien concurre a una reunión de trabajo a pesar de que ese día se siente resfriado crea un riesgo permitido, aunque contagie a otras personas.
- En general, es correcto afirmar que los riesgos que crea en condiciones normales una actividad peligrosa pero autorizada son riesgos permitidos y, por tanto, las respectivas conductas no son penalmente imputables. Incluso se permiten riesgos puntuales que salen de lo normal, cuando prohibirlos traería menos beneficios que permitirlos. Por ejemplo, las estadísticas demuestran que el tráfico que sale y entra de Santiago en

fines de semana largos provoca más accidentes que en fines de semana normales; sin embargo, de todas maneras se permite utilizar el transporte privado.

- Sin embargo, hay que evitar confundir el criterio de imputación que estamos estudiando con la definición del estándar de cuidado que el legislador establece como elemento de la tipicidad de un hecho. En efecto, hay conductas que están prohibidas por el ordenamiento en razón de las lesiones o incluso de las puestas en peligro que podrían acarrear, aunque se trate de conductas que posiblemente serían toleradas socialmente. Por ejemplo, conducir un vehículo después de haber consumido un poco de alcohol. Estas conductas son penalmente relevantes y la transgresión del estándar normativo permite su subsunción bajo el tipo penal correspondiente. Pero *además* es necesario clarificar la imputación de la conducta desde el punto de vista del riesgo permitido. La violación de un estándar normativo de cuidado puede ser un indicio fuerte de la transgresión del riesgo permitido —la imputación tiene lugar en un sociedad que está normativamente estructurada—, pero no se identifica con ella. Por ejemplo, aunque vulnera la norma de cuidado, no transgrede el riesgo permitido el conductor que espera detenido ante la luz roja, pero, al ver que se aproxima por detrás un camión aparentemente sin frenos, avanza para ponerse fuera de su alcance.

Lo anterior se aprecia especialmente en aquellos casos en que el riesgo es pequeño, pero ha sido considerado en forma expresa por el legislador, lo que incide en la tipicidad de la conducta (*v. gr.* arts. 288 bis y 318 bis), y en general en los ámbitos considerados especialmente peligrosos, que por lo mismo suelen contar con una regulación bastante completa: tráfico motorizado, tráfico aéreo, manipulación de sustancias peligrosas, medidas sanitarias en tiempos de pandemia, etc. En estos ámbitos, aparte de las normas jurídicas pertinentes suelen existir sistemas normativos no oficiales o no estatales: normas técnicas (NCh), manuales del fabricante, reglamentos de empresas, reglamentos para el uso de ciertas instalaciones, etc. Todas estas reglas contienen una verdadera «experiencia cristalizada» (Stratenwerth), y por eso el legislador define cada vez con más frecuencia el *deber de cuidado* mediante remisiones expresas a normas técnicas; en tales casos —y sin perjuicio de eventuales problemas desde el punto de vista de la garantía de determinación del tipo— se ha entendido que el estándar tiene rango legal.

Pero las reglas legales e infralegales y los sistemas normativos no estatales que precisan el *estándar de cuidado o diligencia* en la administración de ciertos riesgos no se identifican con el *criterio de imputación* que denominamos «riesgo permitido». Se trata de dos planos diferentes: por un lado están los requisitos del tipo necesarios para la subsunción (como la infracción del deber de cuidado en los delitos imprudentes o la actuación contraria a deber en los delitos dolosos), y por otro lado están los criterios de imputación, que son más diferenciados y menos formales, incluso en los ámbitos regulados, pues se orientan según la praxis de imputación (cotidiana o experta, según la materia) en una determinada sociedad, su tolerancia o aversión respecto de ciertos riesgos, el estado de la ciencia, etc., entre los que se encuentra la transgresión del riesgo permitido.

- Consecuencia de lo anterior —los estándares normativos de cuidado y la institución del riesgo permitido pertenecen a planos diversos (subsunción e imputación, respectivamente)— es que, así como el riesgo permitido no queda automáticamente definido al descontar del universo de conductas posibles todo lo que la regulación prohíbe, el hecho de que ciertas conductas estén prohibidas por el ordenamiento en razón de las lesiones o puestas en peligro que podrían acarrear no significa que todas las demás conductas se encuentren dentro del riesgo permitido.

En los últimos años, la doctrina chilena ha incorporado el riesgo permitido como un aspecto relevante no solo para la imputación de resultados, sino también de conductas. Esta evolución es muy positiva y expande significativamente la capacidad del sistema para procesar constelaciones de casos complejas. Para que este potencial se desarrolle en plenitud es importante evitar reducir el riesgo permitido a un «tópico» o a una ponderación *ad casum* de los costos y beneficios de una conducta. Este parece ser el caso del planteamiento de Rettig, quien realiza un tratamiento detallado de diversas instituciones de imputación objetiva de conductas, pero las concibe como simples «criterios de interpretación» de un «presupuesto de imputación» que consistiría en que la conducta realizada tenga ex ante «la aptitud para lesionar o poner en peligro un bien penalmente tutelado». Un concepto normativo de «peligro» para estos efectos, añade, «dice relación con la probabilidad de lesión de un bien jurídico». De esta forma, sin embargo, se pierde lo esencial de la institución del riesgo permitido, que es su carácter estrictamente normativo («legitimación histórica») y no empírico, el cual permite introducir las valoraciones sociales en el proceso de imputación con independencia de la previsibilidad de una lesión en el caso particular. A este carácter normativo se debe que la efectiva causación dolosa (previsible) de un perjuicio patrimonial no sea objetivamente imputable si es que la conducta causal se encontraba dentro del riesgo permitido; y por eso alguien puede ampararse en el principio de confianza aunque él mismo obre contra derecho o cuente con un «conocimiento especial» que empíricamente podría haberle hecho desconfiar. Si se tratara de una ponderación de probabilidades de menoscabo, junto a la previsibilidad de lo que pueda surgir de las circunstancias particulares del caso, el riesgo permitido sería superfluo o solo tendría, como el «riesgo moderado» de BINDING, el valor de un simple tópico en el ámbito de la imprudencia.

(4) Quién determina si concurre un riesgo no permitido y cuán elevado es

(a) No es el autor de la conducta quien determina si concurre o no un riesgo permitido, pues el carácter permitido del riesgo no depende de lo que subjetivamente se quiere, sino de la configuración externa de la conducta, que se determina intersubjetivamente.

(b) En segundo lugar, la determinación se hace ex ante, pues se trata justamente de la configuración de la conducta y no de sus efectos, como la eventual producción de un resultado dañoso.

(c) Qué características ha de tener el observador conforme al cual se determina si se ha transgredido o no el riesgo permitido, es algo que depende completamente del ámbito de actividad de que se trate: si se trata de decisiones prudenciales de la vida diaria (por ejemplo, el permiso que los padres dan a una hija o hijo de 12 años para realizar cierta actividad riesgosa), resultará pertinente un observador familiarizado con la praxis aceptada en la materia; si el asunto dice relación con alimentos defectuosos, un químico de alimentos; si se trata de una maniobra de adelantamiento, un conductor que respeta las normas; etc.

bb) El principio de confianza

Antes de examinar el principio de confianza y las demás instituciones de la imputación objetiva de conductas conviene tener presente lo siguiente. Así como en materia de posiciones de garante identificamos dos grandes grupos de deberes, pero además resulta conveniente desglosar esas fuentes para hacer visibles la mayor cantidad de concreciones posible (y así aparecen la injerencia, la asunción, etc.), aquí también, aunque se podría hablar simplemente de «riesgo permitido», conviene desglosar esta institución en subinstitutos más específicos que nos permiten desplegar su potencial explicativo. Se trata de grupos de casos en donde la competencia por el proceso lesivo se desplaza entre varias personas: una primera persona, la víctima y eventualmente un tercero. Como en un derecho penal de impronta medianamente liberal no todos somos garantes de los bienes de los demás o de la colectividad, es necesario distribuir esas competencias. Esto da lugar a los subinstitutos de actuación a riesgo propio, principio de confianza y prohibición de regreso, que veremos a continuación. Respecto de estos subinstitutos, el riesgo permitido a secas o en sentido estricto se concentra en los casos de conductas socialmente adecuadas por legitimación histórica.

(1) Concepto

El principio de confianza es el principio jurídico según el cual, a pesar de la experiencia de que las personas con las que interactuamos cometen errores e incluso delitos, el agente no está obligado a incluir en su planificación errores o faltas *graves* de quienes interactúan con él.

Este principio no sirve para fundamentar una competencia (la competencia debe estar fundada previamente en virtud de un deber negativo o positivo), sino solo para *delimitar* responsabilidades entre personas que *ya son garantes* de que la situación de riesgo termine bien. Por lo tanto, el principio permite explicar un conflicto como competencia o asunto de terceros garantes.

El principio de confianza surge probablemente en el ámbito del tráfico motorizado, donde, por ejemplo, todos los automovilistas que ingresan a una rotonda son garantes de que el riesgo se mantenga dentro de ciertos límites. Pero sobre todo tiene importancia en el *trabajo en equipo*, especialmente en el ámbito de las actividades riesgosas: equipos médicos, de rescate, jurídicos, etc.; y, en general, en las situaciones donde es imprescindible delegar responsabilidades (el principio gobierna en qué medida la delegación descarga de responsabilidad al delegante).

Según STRATENWERTH, hay dos maneras de optimizar la protección de bienes jurídicos en el trabajo en equipo, especialmente cuando este tiene por objeto hacer frente a situaciones riesgosas. Una primera alternativa consiste en advertir a todos los miembros del equipo que cada uno de ellos también es responsable de la adecuación de las prestaciones de los demás, lo que implica que todos han de verificar constantemente que los demás estén actuando en forma correcta. La segunda opción es indicarle a cada miembro del equipo que debe concentrarse en «su parte» del trabajo, la que mejor sabe hacer, sin preocuparse de lo que hagan los demás, ya que el derecho le autoriza a confiar en que los demás están haciendo correctamente su trabajo. STRATENWERTH argumenta que resultaría imposible la división del trabajo, y en especial la realización de proyectos complejos, si cada uno tuviera que verificar en cada momento la conducta de los demás, de modo que opta por la segunda alternativa.

Actualmente se podría llegar incluso más lejos y afirmar que las actividades propias de la vida moderna serían impensables (la organización de cualquier actividad) sin un esquema de interpretación de la división del trabajo como el que se expresa en el principio de confianza.

Por tanto, el reconocimiento del principio se fundamenta en primera línea en que, sin él, no sería posible el desarrollo de proyectos o empresas de mediana complejidad, lo que resulta incompatible con la vida moderna. El principio de confianza hace posible una distribución racional de responsabilidades entre los garantes.

(2) Límites del principio de confianza

- El principio presupone competencia de todos los interactuantes, de modo que no puede aplicarse allí donde quienes interactúan con el sujeto no son competentes o no pueden serlo (personas sin capacidad de culpabilidad, personas completamente ajenas al riesgo de que se trata, etc.). Como en estos casos el conflicto no podría ser procesado como asunto del otro, el principio de confianza simplemente no es pertinente. Ejemplo: Quien conduce su automóvil, aunque lo haga dentro del riesgo permitido, no puede confiar en que los niños pequeños que juegan fútbol en la calle van a apartarse oportunamente cuando él se acerque.
- Decae también el efecto liberador del principio en la medida en que es competencia del sujeto compensar un comportamiento defectuoso de otros garantes, es decir, allí donde su posición de garante se refiere (también) a la conducta errónea del tercero. En realidad, se trata de casos en que la posición de garante de uno o más de las personas interactuantes está configurada de un modo refractario a la división del trabajo, de modo que cada persona se relaciona «negativamente» con el riesgo y, en consecuencia, no solo tiene el deber de gestionar un aspecto de ese riesgo, sino de impedir por completo y bajo cualquier circunstancia su realización. Ejemplo: Si los padres contratan a un *babysitter* para que cuide a sus niños mientras ellos están ausentes, pero este se presenta borracho, su posición de garante les impide ampararse en el principio de confianza para salir de la casa. Otro tanto ocurre en las hipótesis de «doble aseguramiento»: la persona cuya función es controlar la calidad del trabajo de otro no puede liberarse de responsabilidad invocando el principio de confianza.

- No existe —salvo que se introduzca especialmente, sacrificando las ventajas de la delegación— un deber de evitar o compensar conductas defectuosas de otros en el *trabajo jerárquicamente organizado*. En estas constelaciones, el principio de confianza es plenamente pertinente y su efecto propio es que la posición de garante de quien hace cabeza se refiere al control de los riesgos propios de la división del trabajo y la delegación. Quien conduce el equipo debe cuidar la selección de sus integrantes, debe velar por que se suministren a los delegados y subordinados los medios que requieren para cumplir adecuadamente sus funciones, y también debe disponer y mantener un sistema de razonable supervisión y control periódico. Si se cumplen estas condiciones, quien conduce el equipo queda liberado de responsabilidad y esta se radica por completo en el delegado.
- El «reverso» del principio de confianza es el deber de calcular o considerar *pequeños defectos* habituales de los otros en la propia planificación. Un ejemplo característico de esto es el tráfico motorizado, donde rige en general el principio de confianza, pero este no comprende la comisión de pequeñas y más o menos usuales infracciones en que pueden incurrir otros conductores. Esta es la lógica de la obligación de los conductores de mantenerse atentos a las condiciones del tránsito (art. 108 inc. 2° Ley de Tránsito).

Esto tiene importancia también respecto de la imputación de conductas que, *mediadas por otras*, conducen a daños consecuenciales: un automovilista atropella a la víctima de un accidente previo porque va distraído; luego, un médico hace un mal diagnóstico, lo cual, junto a las demás circunstancias, hace que las lesiones de la víctima del accidente se vuelvan irreparables. En estos casos, el criterio para atribuir los daños consecuenciales al primer conductor —el que produjo el accidente original— pasa por determinar si se trata, en el caso de las conductas posteriores, de comportamientos que salen por completo del rol (que no es obligación planificar) o de conductas que representan un error o transgresión menor. La razón está en que, en el primer grupo de casos, la conexión entre el riesgo original y el desenlace es meramente casual, pues, por ejemplo, errores gruesos de diagnóstico pueden afectar a cualquiera y no solo a quienes son víctimas de un accidente.

La determinación de cuándo un error o defecto es craso o, por el contrario, menor, depende del ámbito de regulación y exige una interpretación de la semántica del contacto social.

- Es usual excluir también la aplicación del principio de confianza cuando la conducta gravemente contraria al rol del otro garante ya ha comenzado a ejecutarse, lo cual es advertido por el autor. No basta que la conducta inapropiada sea previsible, —*v. gr.* se sabe que, en tal esquina, los conductores suelen hacer caso omiso del disco «Pare»—, sino que ya tiene que haberse iniciado. Ejemplo: Al aproximarse a la esquina, el conductor A advierte que el conductor B avanza a una velocidad incompatible con una detención ante el disco «Pare».

En tales situaciones, y en la medida en que la posibilidad de evitar con certeza un resultado esté todavía tanto del lado del que puede confiar —en el ejemplo, además, el que se comporta correctamente— como del otro lado, no existe razón alguna para obligar al primero a modificar o ajustar su conducta. Sin embargo, se sostiene que quien puede confiar *debe* asumir la solución de emergencia del problema una vez que las cosas se le han escapado al otro de las manos. En el ejemplo, si B se aproxima muy rápido al cruce regulado, A todavía puede confiar en que frenará; pero en cambio debe actuar si es que B, en el mejor de los casos, solo podría evitar la colisión con una frenada de emergencia; lo mismo valdría en el caso de un adelantamiento que para uno de los dos conductores está prohibido.

- En cambio, no es una exigencia del principio de confianza que quien está autorizado para confiar se comporte él mismo conforme a derecho. También quien obra antijurídicamente puede confiar en que los otros no abandonarán groseramente los deberes de su rol. Esto es así porque depende justamente de estos otros garantes organizar su actividad de modo que no se produzcan los resultados lesivos y es una mera casualidad que esa actividad se encuentre causalmente vinculada a conductas antijurídicas o conformes a derecho de terceros. Así, por ejemplo, también el que hiere a otro en un brazo con un cuchillo puede confiar en que la víctima no morirá a causa de una grave negligencia médica.

(3) Casos en que no opera principio de confianza

¿Qué ocurre cuando no opera el principio de confianza? En las situaciones en que este principio no tiene aplicación, puede haber responsabilidad paralela e independiente de cada uno de los garantes, o bien, una responsabilidad mancomunada o conjunta de todos o algunos de ellos. Este asunto es materia de la teoría de la intervención delictiva.

cc) *La prohibición de regreso*

(1) Concepto

La prohibición de regreso es una manifestación de la idea de *autorresponsabilidad*, según la cual, en principio, las personas solo responden de lo que ellas organizan por sí mismas. La capacidad que el derecho atribuye a las personas de autoadministrarse con exclusión de las demás tiene el efecto de construir al mismo tiempo una especie de «muro», que aísla a cada uno en su responsabilidad por los *outputs* dañinos que emanan de su ámbito de organización.

Nuestro sistema penal, tal como es hoy, está construido sobre esta base: para poder atribuirle a una persona autorresponsable lo que otra persona autorresponsable ha organizado, se requieren razones de mucho peso, pues en principio cada uno responde por su propio ámbito de organización. El descubrimiento y la sistematización de estas razones de peso corresponde a la teoría de la intervención delictiva, que es la teoría de la imputación de un hecho a varias personas en forma mancomunada (lo que suele denominarse como «concurso de personas» en el delito, o bien, como «autoría y participación»). Mientras no se acrediten los presupuestos que dan consistencia a esas razones, nadie responde penalmente por hechos ajenos. Desde este punto de vista, la prohibición de regreso es el *reverso* de la intervención delictiva, y su consecuencia más elemental es que nadie es responsable por un delito —sea este de resultado o de mera actividad—, cuando su conducta llega a tener incidencia en la realización del tipo solo porque un tercero desvía los efectos de esa conducta hacia un acontecimiento delictivo.

La prohibición de regreso no tiene por objeto una distribución de responsabilidades entre garantes —como cuando es pertinente el principio de confianza—, sino la afirmación o negación de la competencia de alguien por un suceso con el cual esta persona, igual que otra u otras, aparece *prima facie* (sobre todo, causalmente) vinculada. Se trata de casos donde no es claro si la competencia por tal suceso ha de radicarse en ella o, en cambio, en otros posibles candidatos.

(2) Origen de la prohibición de regreso y reformulación

La expresión *prohibición de regreso* tiene su origen histórico en el comentario de Frank al Código Penal imperial alemán, donde se analiza el siguiente caso tomado de la jurisprudencia del *Reichsgericht*:

Un sujeto concurrió a la ópera y dejó su abrigo en la custodia, dejando en uno de los bolsillos de la prenda un arma de fuego. Posteriormente, el encargado de la custodia encontró el arma y la disparó contra un acomodador, causándole la muerte.

Expresado en términos modernos, el tribunal resolvió que quien portaba el arma en su abrigo era autor de un cuasidelito de homicidio, ya que con su conducta negligente había creado un riesgo para la vida de otra persona, riesgo que efectivamente se realizó en el caso concreto. FRANK, sin embargo, señalaba que esta conclusión era un error, pues la cadena de imputación —él dice: «de causalidad»— se interrumpe precisamente en aquel eslabón donde se encuentra el último comportamiento doloso; de ahí hacia atrás, no es posible regresar —volver atrás en la cadena de conductas riesgosas que posibilitaron el resultado—, al menos para imputar responsabilidad a título de autoría (otra cosa puede valer para los cómplices, pero, según la doctrina predominante, estos no son punibles en caso de imprudencia).

Años después, JAKOBS reformularía la prohibición de regreso en términos diferentes, señalando que efectivamente existe una prohibición de regreso, esto es, un momento a partir del cual ya no es posible retroceder en la imputación, pero que ese momento no estaría definido por la distinción entre actuar doloso y actuar meramente imprudente —como sostenía FRANK—, sino por una realidad objetiva: el sentido o el significado delictivo, en relación con el hecho típico, de la conducta del primero que actúa.

Conforme a esta concepción —que aquí se suscribe—, en la sociedad en la que vivimos, caracterizada por la anonimidad de los contactos sociales y por la división de ámbitos de responsabilidad entre las personas, es necesario reconocer una prohibición de regreso según la cual el sentido social de una conducta no puede ser unilateralmente definido por quien se aprovecha de ella.

La prohibición de regreso, en este sentido, parte de la base de que cuando las personas interactúan en la sociedad, lo hacen de dos maneras radicalmente distintas: para unir o fundir sus ámbitos de responsabilidad, o bien, para separar o dividir ámbitos de responsabilidad. Los casos en que la división de trabajo funde ámbitos de responsabilidad son propios del *principio de confianza*, mientras que los de separación de ámbitos de responsabilidad son materia de la *prohibición de regreso*.

(3) El problema de las conductas neutrales

Una aproximación resumida a la prohibición de regreso puede obtenerse a través del problema de las denominadas «conductas neutrales». Se refiere a aquellos casos en que una persona, en el contexto del desempeño de su trabajo profesional u oficio, realiza prestaciones que, consideradas en sí mismas, constituyen riesgos permitidos, pero que son utilizadas luego por otro sujeto —típicamente, por su cliente— como herramienta o insumo para la comisión de un delito. La pregunta es si acaso —y, de ser afirmativa la respuesta, en qué condiciones— la conducta delictiva de la segunda persona se puede imputar también a la primera, que pasaría por regla general a ser cómplice.

«Un taxista fue requerido en sus servicios por un individuo que lo condujo hasta un inmueble donde supuestamente iba a recoger sus pertenencias. Al llegar a aquel lugar, el desconocido le pidió que ingresara el vehículo en la cochera para recoger sus cosas. Estando ya en el interior de la cochera salieron otros sujetos, en número de cinco aproximadamente, quienes metieron rápida y sospechosamente diversas especies en el vehículo, indicándole al taxista que iniciara la marcha. Ni bien habían abandonado el lugar, fueron intervenidos por la autoridad policial, logrando escapar todos los sujetos, menos el taxista».

La Sala Penal Suprema del Perú confirmó en este caso la absolución del taxista de los cargos de coautor del delito de robo agravado con el argumento de que «el procesado se limitó a desempeñar su rol de taxista, el cual, podríamos calificar de inocuo»; asimismo «que aun cuando el comportamiento de los demás sujetos fue quebrantador de la norma, el resultado lesivo no le es imputable (...), situándonos, en consecuencia, ante un supuesto de atipicidad» (Corte Suprema del Perú [N° 4166-99-Lima, de 7.III.2001]).

Para tratar este tipo de casos se han propuesto, en esencia, dos aproximaciones. Una primera alternativa es intentar resolver el problema principalmente en sede de imputación subjetiva, como lo hace, por ejemplo, Roxin. Sostiene este autor que si el que actúa primero, realizando una prestación propia de su oficio, sabe a ciencia cierta que el otro va a utilizar esa prestación para cometer un delito, entonces es cómplice. Si, en cambio, no lo sabe con certeza, en principio no será cómplice, salvo que la prestación beneficie a un sujeto «notoriamente inclinado a la comisión de un delito». Esta es la doctrina mayoritaria (en esta línea se ubican, por ejemplo, diversos fallos del Tribunal Supremo español y del Tribunal Federal alemán).

Posiciones como la de Roxin, que atienden al juicio del sujeto en cuanto a si otra persona está o no dispuesta a cometer un delito en el futuro —juicio ya en sí mismo complejo—, introducen en la sociedad un principio de sospecha o desconfianza incompatible con el carácter anónimo de gran parte de los contactos sociales. Además, Roxin asume que todos los ciudadanos tienen un deber fundamental de evitar que otros cometan delitos, presupuesto que resulta contradictorio con el principio de autorresponsabilidad y con el limitado rol de la solidaridad en el ordenamiento jurídico. ¿Es imaginable una sociedad en la cual todos los ciudadanos tengan el deber de evitar que los demás cometan delitos? Posiblemente sí, pero habría que preguntarse si el derecho chileno responde a ese modelo. La respuesta a esta interrogante es negativa. El ordenamiento jurídico-penal chileno descansa, en cambio, sobre la idea autorresponsabilidad. Si los ciudadanos comunes no tienen siquiera un deber de denunciar los delitos que otros han cometido, menos pueden tener el deber de abstenerse de realizar ciertas conductas porque existe algún riesgo, apreciado en términos subjetivos, de que autorresponsablemente los cometan en el futuro.

La segunda posibilidad es abordar el problema desde la imputación objetiva, es decir, tratarlo como una cuestión de prohibición de regreso. Según este punto de vista (Frisch, Jakobs), hay que preguntarse si la conducta del primero que actúa —el que realiza la prestación profesional— tiene el significado social de vincularlo con el hecho punible posterior o, dicho de otra forma, si la primera conducta tiene con la segunda (la conducta delictiva), una «relación de sentido delictivo». La respuesta a la pregunta de si hay complicidad depende entonces de la presencia de esta relación, apreciada intersubjetivamente, y no de una apreciación subjetiva.

¿Cuándo existe esa relación de sentido delictivo? Aunque se trata de un asunto discutido, hay acuerdo en que ella existe al menos en los siguientes grupos de casos:

› Cuando quien presta el servicio o realiza la prestación profesional la adapta o adecúa según los planes delictivos del que la adquiere o recibe. Por ejemplo, si en el caso del taxista, este hubiese tomado un recorrido inusual para evitar controles policiales.
› Cuando el primero que actúa proporciona al segundo sujeto elementos cuyo tráfico o transferencia están sometidos a restricciones legales (y con frecuencia, también infralegales) especiales, debido a que estos elementos son particularmente aptos para ser utilizados como insumos en la comisión de delitos. Tal es el caso de las armas, de sustancias químicas o medicamentos que pueden servir para producir ciertas drogas ilícitas, de algunos venenos, etc. Cuando alguien proporciona uno de estos elementos a otro sin observar la regulación pertinente, no solo vulnera la ley sectorial, sino que —en la medida en que se verifiquen los demás presupuestos de la imputación— se convierte adi-

cionalmente en cómplice del delito que el otro comete sirviéndose de ese elemento.

El ámbito de lo neutral no es algo que se pueda definir en abstracto, sino que debe determinarse *en función de cada ámbito específico de regulación*. Así, por ejemplo, el espacio de neutralidad tiene una extensión diversa en el tráfico de drogas (donde prácticamente no existe), en el comercio de los productos de suyo no peligrosos (donde es mucho más amplio) y en el lavado de activos (que cuenta con una regulación diferenciada).

Los autores que sustentan la tesis objetiva están divididos respecto de la solución en situaciones que pueden calificarse como «contextos de alta densidad delictiva». Un ejemplo de estas situaciones es el clásico caso del «vendedor de cuchillos»: Un sujeto tiene un almacén donde vende productos de ferretería y, entre otros, machetes. Un día tiene lugar una riña a pocos metros del negocio, en el transcurso de la cual uno de los participantes requiere al almacenero la venta de un machete. Si este le entrega el machete a cambio del precio, ¿se convierte en cómplice de las lesiones o el homicidio que el comprador cometa luego con él? Si la densidad delictiva del contexto es tan alta, ¿puede el almacenero excusarse diciendo que el solo ha cumplido con su rol de tal, igual como lo hubiera hecho su competidor instalado unos metros más allá? Hay quienes piensan que en esas situaciones pasa a un primer plano el rol general de ciudadano y por lo tanto habría complicidad; para otros, en cambio, el rol específico se mantiene pues el contexto, al menos por sí solo, no lo puede modificar.

dd) La imputación a la víctima

(1) Concepto

La imputación a la víctima o *actuación a riesgo propio* es una categoría dogmática que surge de la autorresponsabilidad en su dimensión más pura de autonomía. Cuando la víctima se pone a sí misma en peligro o se lesiona de una manera por la que ella es competente, estamos ante una actuación a riesgo propio que surte el efecto de excluir la responsabilidad de quien interactúa con ella en su autolesión o autopuesta en peligro. En estos casos, dicho con otras palabras, quienes interactúan con la víctima no interfieren o afectan de un modo prohibido su esfera de derechos u organización.

Esta institución no ha de confundirse con las hipótesis en que la víctima *consiente* en la afectación de aquellos bienes de los cuales ella puede disponer. Tradicionalmente, estas hipótesis reciben un tratamiento separado en sede de justificación —existe una causa de justificación cuya aplicación legitima la lesión del bien jurídico— o de tipicidad (como en el hurto o la violación de morada: arts. 432 y 144), donde el acuerdo del titular del bien impide ya la subsunción. En el caso de la institución que ahora estudiamos se trata en cambio de un problema de imputación, referido específicamente a los casos en que el «autor» y la «víctima» colaboran y *organizan conjuntamente* la «lesión» de los bienes jurídicos de esta última. La pregunta fundamental es si esta organización conjunta hace desaparecer la calidad de víctima del titular de los bienes jurídicos protegidos por el tipo penal y, consiguientemente, también la calidad de autor del otro interviniente. Por tanto, se trata de una categoría que depende de la cuestión general acerca de qué valor normativo se debe atribuir a la conducta de la víctima al momento de atribuir la responsabilidad por un hecho.

El requisito básico para que se pueda pensar en una imputación al ámbito de responsabilidad de la «víctima», es que exista una organización común con el «autor». Este requisito pone a esta institución en relación con la prohibición de regreso y con el principio de confianza, pues también aquí se trata de la unión o la separación de ámbitos de responsabilidad respecto de un hecho; su particularidad radica en que uno de esos ámbitos de responsabilidad pertenece, precisamente, al titular de los bienes jurídicos protegidos.

Puesto que la autorresponsabilidad de la víctima excluye ya la imputación objetiva, es irrelevante si el tercero actúa dolosa o imprudentemente.

(2) Constelaciones de casos pertinentes

Los casos que se discuten a propósito de esta institución pueden dividirse en dos grupos:

- Casos en que la génesis del riesgo es compartida por el autor y la víctima. Por ejemplo, si A le entrega a B una sustancia venenosa y B se lesiona ingiriéndola, cabe preguntarse hasta qué punto la persona que suministra el veneno es responsable de esas lesiones. Relevantes para la praxis han sido los casos de contagio del VIH por mantener relaciones sexuales con un portador y las lesiones causadas en un accidente de tránsito en que imprudentemente interviene la persona lesionada, como en las carreras clandestinas. La pregunta es, en todos estos casos, qué responsabilidad le cabe al sujeto que no es el titular de los bienes jurídicos protegidos.

- Situaciones en que, con posterioridad a la lesión o a la puesta en peligro por parte del autor, la víctima adopta una conducta descuidada que agrava la lesión. Este grupo de casos se suele estudiar al tratar la imputación de resultados. Por ejemplo, el autor provoca una herida a la víctima y esta se rehúsa a ir al hospital, por lo cual su herida se infecta y agrava. La pregunta en estos casos es si competen al autor también los resultados más graves producidos a raíz de la conducta autorresponsable de la víctima.

(3) *Requisitos para que opere la imputación a la víctima*

En todas las hipótesis anteriores, la imputación al ámbito de la responsabilidad de la víctima solo puede operar si se dan tres grupos de requisitos:

(a) *Que la conducta típica y sus resultados se mantengan en el ámbito de lo que el autor y la víctima han organizado en conjunto.*

Por ejemplo, si dos sujetos están de acuerdo en someterse a una competencia de box clandestina, ambos crean conjuntamente el riesgo de sufrir las lesiones típicas de esta actividad; sin embargo, si en la mitad de la pelea uno de ellos golpea al otro con la rodilla o con el pie provocándole severas lesiones, su conducta excede el ámbito que han organizado conjuntamente, de modo que los resultados no pueden imputarse a la víctima.

Con respecto a este requisito es crucial tener en cuenta que no es necesario que el autor y la víctima desplieguen lo que en la teoría de la acción se conoce como «actuación colaborativa» (*v. gr.* bailar un tango o cantar un dueto). La organización conjunta puede establecerse también desde un punto de vista objetivo, como ocurre característicamente cuando el autor y la víctima son garantes de que una determinada situación de riesgo «termine bien» (*v. gr.* quienes interactúan en el tráfico vial). La organización conjunta tampoco exige que se actúe al mismo tiempo o en un mismo contexto espacial, pues la relación de sentido entre las conductas puede mantenerse a pesar de que se realicen en tiempos y lugares diversos.

(b) *Que la víctima no haya sido instrumentalizada por el autor.*

Es decir, se excluyen los casos en que la víctima no ha tomado la decisión de organizar juntamente con el autor la lesión de sus bienes jurídicos de una manera autorresponsable, sea porque está de algún modo coaccionada, sea porque ha incurrido en un error. Por ejemplo, si el portador de VIH no comunica al otro su enfermedad antes de mantener relaciones sexuales, entonces el que acaba contagiado actúa con un déficit de autorresponsabilidad que impide la imputación del resultado a su conducta.

La definición del estándar de voluntariedad aplicable a la conducta de la víctima para que sea posible imputarle a ella misma el daño es un problema mayor. Si estamos en el ámbito de la imputación objetiva, debería atenderse al criterio de una persona estándar. Este problema se entrecruza con otros dos: (i) el asunto de si ha de aplicarse la misma medida para la voluntariedad de la autolesión (consentimiento) que para la de la heterolesión; esto es relevante, pues el estándar para excluir la responsabilidad en la heterolesión es mucho más exigente (coacción, fuerza irresistible); (ii) el asunto de si puede existir responsabilidad mancomunada entre la víctima y el tercero: cuanto menos exigente sea el estándar para imputar a la víctima —es decir, cuanto más lejos está su conducta de la del «instrumento» en la autoría mediata y más cerca de la del «agresor» en la legítima defensa—, más sentido tiene que pueda haber imputación conjunta; y viceversa.

En cualquier caso, si lo relevante es el *assessment* del riesgo para una persona estándar, entonces:

- personas bajo el estándar producen un espacio mayor de ausencia de imputación al tercero; así, en el conocido «Caso Sirio» (BGHSt 32, 38), el «hombre de Sirio» solo será inductor a una autolesión autorresponsable;
- personas sobre el estándar (pero que serán medidas con el estándar) gozan de una protección adicional: aunque no hayan aplicado sus habilidades, el derecho las protegerá hasta el estándar medio, rechazando desde ese punto «hacia arriba» cualquier imputación a ellos mismos.

Esto significa que a las personas más débiles se las protege menos: esta es la contrapartida del igual reconocimiento de la autorresponsabilidad.

Considere el siguiente caso. Benito y Arnoldo, amigos de toda la vida, van juntos a una fiesta de fin de año en la camioneta de Arnoldo. Al finalizar la fiesta, Arnoldo, bajo la influencia del alcohol, decide irse manejando a su hogar, pues no quiere dejar abandonada su camioneta. Benito, quien no había bebido, le pide a Arnoldo que, por favor, lo lleve a su casa, pues, como Arnoldo bien sabe, él no sabe manejar. Arnoldo le advierte que probablemente manejará el vehículo con dificultad debido a su estado, pero Benito insiste, porque no tiene dinero para pagar un taxi. Luego de un par de kilómetros de trayecto, y sin incurrir en un infracción distinta de la conducción bajo influencia, Arnoldo pierde el control del vehículo provocando un accidente de tránsito y lesiones graves en Benito, quien iba sentado en el asiento del copiloto.

Variante 1: Igual que el caso original, pero considerando que Benito se encontraba en severo estado de ebriedad. *Variante 2*: Igual que el caso original, pero considerando que un tercero, Óscar, le da la idea e incita a Benito a pedirle a Arnoldo que lo lleve.

(c) *Que el autor no tenga un deber de protección específico respecto de la víctima y sus bienes*.

El autor no debe ser destinatario de particulares deberes de protección en relación con los bienes jurídicos lesionados. Se trata de deberes que exceden la competencia del garante por injerencia —y lo mismo vale para los demás deberes del tráfico— o que acompañan solo a determinadas posiciones de garante, como la relación paternofilial y, muy especialmente, los deberes negativos de impedir autolesiones.

La configuración de este requisito también es compleja. Por ejemplo, se ha sostenido que quien le entrega a otro una dosis de estupefacientes para su consumo, tiene la obligación de prestarle ayuda (deberes de salvamento) *cuando el que se droga entra en estado de inconciencia*. En casos como este, el ordenamiento jurídico limitaría la autorresponsabilidad, disponiendo que se ayude a la víctima que ha perdido la capacidad de controlar el riesgo al que se ha sometido. Sin embargo, otro sector de la doctrina afirma que cuando la persona que acepta la droga ha actuado consciente del riesgo, ello es suficiente para desactivar, en virtud de la actuación a riesgo propio, una eventual posición de garante por injerencia.

Problemas análogos —cuán «resistente» en el plano normativo debe ser la autonomía de la víctima frente a deberes especiales de protección de terceros para que opere este instituto— se presentan también respecto de un hijo menor adulto, del compañero o compañera en una «comunidad de peligro» e incluso de un trabajador en relación con el empleador.

(4) *Otros problemas que plantea la institución de la imputación a la víctima*

(a) *Imputación a la víctima y «coautoría»*.

Es discutido si la realización típica se puede imputar al mismo tiempo a la víctima y al autor, es decir, si el autor y la víctima pueden ser *coautores* (en un sentido impropio); o si, por el contrario, la imputación a la víctima excluye la posibilidad de imputar el hecho al autor. Probablemente sea mayoritario el planteamiento que se inclina por la primera alternativa.

Un caso de la jurisprudencia alemana (BGHSt 11, 268) sirve para ilustrar este problema (y además demuestra que en la aplicación de esta institución no tiene importancia la imputación subjetiva: no importa si el hecho es imputable a título de dolo o de culpa, con tal de que autor y víctima obren de un modo evitable). Presentados de un modo estilizado, los hechos son los siguientes:

> Hugo, Paco y Luis se ponen de acuerdo para entrar a robar una fábrica. Acuerdan que van a llevar armas consigo y que las utilizarán solo en caso de que uno de ellos esté a punto de ser aprehendido. A la hora señalada, acuden a la fábrica con la intención de robar, pero apenas entran suenan las alarmas, salen los guardias y los tres comienzan a escapar a toda carrera de sus perseguidores. Durante la huida, Paco siente pasos muy cerca suyo y, pensando que eran los guardias quienes le pisaban los talones, se da vuelta y dispara, pero en realidad era Luis quien corría tras él y resultó lesionado por el disparo.

En este caso, el BGH estimó que concurría un robo tentado en concurso con un delito consumado de lesiones en la persona de Luis, resolviendo que los tres delincuentes eran coautores de ambos delitos; es decir, Luis era coautor de sus propias lesiones, porque el plan era compartido por todos. Esta extraña solución muestra por contraste que, en principio, la imputación a la víctima y la coautoría no son compatibles. Por otro lado, la institución de la actuación a riesgo propio solo es útil en la medida en que se toma realmente en serio la autonomía de la víctima, lo cual no ocurre cuando se degrada la institución a una especie de «exposición imprudente al daño» (art. 2330 CC).

En relación con esta misma discusión es importante tener en cuenta los arts. 393 y 393 bis, que tipifican, respectivamente, los delitos de auxilio e inducción al suicidio. Estas reglas son indispensables si se quiere castigar al auxiliador y al inductor, pues si no existieran tipos penales especiales en tal sentido, la institución de la actuación a riesgo propio excluiría la imputación a cualquier persona distinta del suicida. Esto lo sabe el legislador, y por ello tipifica de un modo especial las conductas de auxilio e inducción al suicidio, imputando al auxiliador y al inductor ya no la muerte del suicida, sino el hecho de haber puesto en peligro su vida (la agravación prevista en el art. 393 bis para el caso en que se produzca la muerte es, por lo mismo, una calificación por el resultado). El auxilio y la inducción al suicidio son delitos de peligro contra la vida, y no de lesión, precisamente porque la autorresponsabilidad bloquea la imputación del resultado al tercero auxiliador o inductor.

(b) Participación en una «autopuesta en peligro» versus «heteropuesta en peligro» consentida.

El caso del auxilio e inducción al suicidio pone de manifiesto otro problema asociado a esta institución, que radica en la relevancia de distinguir —como hace ROXIN— entre una participación en una «autopuesta en peligro», que sería impune, y una «heteropuesta en peligro» consentida. ¿Hay alguna diferencia entre la situación de quien presta ayuda a otro para que él mismo se ponga en peligro y la de quien pone en peligro a otro con el consentimiento de este? ¿Es necesario hacer la distinción desde el punto de vista de la imputación penal, o bien, ambas situaciones son iguales para efectos jurídico-penales? Dicho con un ejemplo: ¿Hace alguna diferencia el que sea la propia víctima quien injiere el veneno o que el veneno sea administrado por mano de un tercero con consentimiento de la víctima?

La doctrina mayoritaria señala que sí es relevante la distinción; en Chile, hay razones de texto expreso por las cuales esta parece ser la opción correcta: los ya mencionados arts. 393 y 393 bis. Sin embargo, CANCIO MELIÁ y otros autores sostienen que lo fundamental es quién es *competente* por el proceso lesivo y no quién *ejecuta* materialmente la conducta lesiva. Esta posición es convincente en principio, pero hay buenas razones para pensar que en ciertos ámbitos, como la disposición de la propia vida, la pura autonomía debe ser complementada al menos con un paternalismo atenuado que establezca requisitos más exigentes para excluir la imputación a terceros.

***

Igual que en el caso de las posiciones de garante, las instituciones de la imputación objetiva de conductas no se encuentran en un mundo etéreo y ajeno al que habitamos, sino que hacen visibles los fundamentos reales de las decisiones de imputación, lo que permite verificar su consistencia. Así se ha practicado siempre. Tomemos un ejemplo del *Digesto* (D. 9,2,11):

> Un barbero instaló su silla de afeitar sobre la vereda porque el día estaba muy agradable y soleado. La gente paseaba, los comerciantes ofrecían a gritos sus mercancías, unos niños jugaban a la pelota un poco más allá. Mientras el barbero afeita el cuello de un cliente, uno de los niños patea la pelota con tanta energía y mala fortuna que quien debía contenerla solo consigue desviarla, de modo que viene a golpear con tal fuerza la mano en que el barbero tiene la navaja, que esta acaba degollando al cliente. Ulpiano se pregunta quién es el responsable de la muerte.

Cabría sostener que la muerte es asunto del barbero, que él crea un riesgo fuera de lo normal, que condujo al fatal desenlace. Pero también se podría pensar que los verdaderos responsables son los niños, o quienes deban responder por ellos: quien lanza proyectiles en la vía pública —y, en este contexto, la pelota es un proyectil— debe hacerse cargo de las consecuencias. Alternativamente:

solo responde el niño que pateó la pelota o solo el «arquero», que para eso estaba ahí. También cabría pensar que es el mismo cliente el responsable de su desgracia, pues él acepta ser afeitado en la vía pública, donde casi todo puede ocurrir. Por último, puede que se trate de un infortunio y que ninguno de los anteriores deba responder. Así quedan esbozadas todas las alternativas que dan origen a los criterios básicos de la imputación objetiva de conductas: riesgo permitido/transgresión del riesgo permitido (responde el barbero); a su respecto, prohibición de regreso (responden todos los niños); entre estos últimos, el principio de confianza (responde solo el que pateó la pelota, o el arquero); imputación a la propia víctima (el cliente organiza su propia lesión) y ausencia de imputación en caso de que se llegue a la conclusión de que se trata solo de una desgracia (*casum sentit dominus*).

Estos criterios son los que permiten desentrañar el sentido que tienen para el derecho las conductas del barbero, de los niños, del cliente, de los transeúntes, incluso con total independencia del sentido que ellos subjetivamente le asignan. Este podría ser relevante en la medida en que el derecho conecte con él, pero hay que ver primero si lo hace y en qué medida.

b) Imputación de resultados

aa) Concepto de causalidad

Parte importante de las figuras contempladas en la ley exigen, como elemento del tipo, la producción de un determinado resultado, es decir, de un cierto acontecimiento en el mundo exterior que es espaciotemporalmente separable de la conducta personal. Cuando esto es así, se requiere además que ese acontecimiento sea empíricamente reconducible a la conducta que el mismo tipo define y que previamente se le ha imputado al autor. Este vínculo entre conducta y resultado es lo que en derecho penal se suele denominar *causalidad* o *relación causal*. En los «delitos de resultado», la «causalidad» es un requisito para subsumir el hecho bajo el correspondiente tipo penal.

Una cuestión distinta es determinar si el resultado típico es, además, imputable al quebrantamiento de la norma expresado en la conducta típica. La imputación de resultados procede así en dos pasos o etapas. En primer lugar, en el plano de la subsunción, se requiere que la acción u omisión del autor tenga *relevancia causal* en relación con el resultado. El segundo paso es establecer, ahora en el plano de la imputación, si el quebrantamiento de la norma que se expresa en la conducta es o no la *explicación prevalente* o jurídicamente relevante del resultado típico. Por lo tanto, lo que tradicionalmente se denomina «causalidad» tiene dos dimensiones en derecho penal: como presupuesto de la subsunción y como explicación prevalente o jurídicamente relevante del resultado.

bb) La causalidad como presupuesto de la subsunción

(1) ¿Perspectiva ex ante o ex post?

En esta dimensión se pregunta por la relevancia causal de la conducta respecto del resultado típico, es decir, si una determinada conducta «produjo» o no ese resultado.

El concepto penal de causalidad es, incluso en esta dimensión, un concepto funcional y no se identifica con la causalidad que estudian la filosofía o las ciencias de la naturaleza. Parafraseando a BOCKELMANN, que hablaba de la psicología y la moral «esotéricas» del derecho penal, puede decirse que este trabaja también con una «causalidad esotérica», que puede relevar algunos aspectos y prescindir de otros, aunque sin contradecir los conocimientos afianzados de la ciencia o la filosofía de la naturaleza. Así, por ejemplo, invocando un concepto penal de causalidad no se puede afirmar que la ingesta de un fármaco tiene relevancia causal en la muerte de la víctima, si la ciencia médica afirma que no existe relación conocida entre ambos extremos.

Las exigencias asociadas al requisito de causalidad como presupuesto para la subsunción son distintas según si se atiende al momento en que se ejecuta la conducta típica (perspectiva *ex ante*) o si, por el contrario, se atiende objetivamente al momento en el cual se produce el resultado típico (perspectiva *ex post*).

(a) Perspectiva ex ante

Conforme a la perspectiva *ex ante*, una conducta solo tiene relevancia causal respecto de un resultado si al momento de la realización de la conducta era posible pronosticar la producción del resultado como efecto de ella.

La perspectiva *ex ante* es muy sensible a la incertidumbre, porque puede haber circunstancias relevantes que no son cognoscibles desde la perspectiva del autor o, incluso, desde la perspectiva de un observador experto. Por ejemplo, si a un servicio de urgencia llega un accidentado que no puede expresarse y el médico le inyecta una sustancia analgésica de uso habitual conforme a la *lex artis*, sin saber que esa persona tiene una alergia muy poco común a ese fármaco, lo que termina provocándole la muerte, desde la perspectiva *ex ante* habría que negar la causalidad porque la situación riesgosa no era reconocible para el médico. A la inversa, si el accidentado fallece porque el médico de turno lo atiende un modo gravemente contrario a la *lex artis*, habría que conectar causalmente la muerte del accidentado con la atención inadecuada del médico, porque, desde una perspectiva *ex ante*, una adecuada intervención médica hubiera salvado la vida del paciente. Si luego, en la autopsia, se descubre que incluso aunque el médico hubiera atendido al accidentado conforme a la *lex artis*, este hubiera muerto como consecuencia de su alergia, ello carecería de relevancia desde la perspectiva *ex ante*.

En derecho penal ha habido muchos intentos en orden a vincular la prueba de la causalidad con una perspectiva *ex ante*, entre los cuales destaca la llamada *teoría de la adecuación* o *de la causa adecuada*. Esta teoría solo considera aquellos cursos causales que, conforme a un conocimiento empírico (que uno podría calificar de óptimo), eran esperables desde una perspectiva *ex ante*. El objetivo que persigue la teoría de la adecuación es muy comprensible: se busca limitar la responsabilidad a los cursos causales previsibles. Esa limitación es razonable, pero en el ámbito penal —a diferencia de lo que puede ocurrir en derecho civil— ella no se alcanza en el plano de la subsunción, sino en el de la imputación objetiva (de conductas o de resultados) o en el de la imputación subjetiva (respecto de lo imprevisible no hay siquiera imprudencia).

(b) Perspectiva ex post

Esta perspectiva considera todas las circunstancias con relevancia causal para el curso de los acontecimientos, incluyendo aquellas que se conocen después del hecho (*v. gr.*, en el caso del accidentado alérgico, después de la autopsia). Tras esta visión se encuentra la idea de que no tiene sentido hacer responsable al autor por no haber evitado un cierto suceso mientras no exista la certeza de que, en caso de haber actuado conforme a la norma, el resultado se habría evitado. A la inversa, a nadie se le puede reprochar un determinado resultado porque no lo ha evitado a través de la realización de una cierta conducta, si *ex post* se sabe que, incluso en caso de haber realizado esa conducta, el resultado se habría producido igualmente.

Nota bene: No hay que confundir este razonamiento sobre relevancia causal con el criterio de *imputación* de resultados conocido como «comportamiento alternativo ajustado a derecho», al que nos referiremos más adelante; en este último, la relación se establece entre la infracción del deber y la producción del resultado —un «contexto de antijuridicidad»— y no simplemente entre la conducta y la producción del resultado.

(2) *La prueba de la causalidad*

Ahora bien, ¿cómo se prueba la causalidad desde la perspectiva *ex post*? Consideremos el siguiente ejemplo:

> Arnoldo vierte un polvo blanco en el café de Benito. Benito se toma el café y muere a los pocos minutos.

(a) *Teoría de la equivalencia o de la* conditio sine qua non

Es la teoría más tradicional sobre la prueba de la causalidad desde una perspectiva *ex post*. Esta fórmula, que en Chile se suele denominar «teoría de la equivalencia de las condiciones», es la que suele utilizar la jurisprudencia como base para la resolución de problemas de causalidad.

Conforme a ella, una conducta es causa de un resultado cuando tal conducta no puede ser suprimida mental e hipotéticamente sin que desaparezca el resultado en su concreta configuración. En el ejemplo, si la conducta de verter la sustancia en la taza, por parte de Arnoldo, no puede ser suprimida mentalmente sin que desaparezca la muerte, entonces ella es causa del resultado.

A esta teoría se le han hecho múltiples y demoledoras críticas. Desde el punto de vista metodológico, se objeta que con esta fórmula solo es posible «establecer» un vínculo causal ya conocido, porque constituye un razonamiento circular donde la conclusión ya está contenida en las premisas: uno solo puede responder a la pregunta de si, suprimida la conducta, se produciría o no el resultado, cuando ya sabe que entre esa conducta y el resultado existe —o no— una relación causal. Por lo tanto, esta fórmula no es más que una gran petición de principio.

Lo que sucede es que la prueba de la causalidad solo se produce cuando podemos sustituir la frase condicional «si se suprimiera la conducta de A, se suprimiría también la muerte de B», por la frase real, en modo indicativo, «suprimida la introducción del líquido en la taza, entonces se suprime la muerte de B». Sin embargo, ello requiere una comprobación objetiva, lo que supone la introducción de otros conocimientos, que no se obtienen de la supresión mental.

Por esta y otras razones, la fórmula de la *conditio sine qua non* solo sirve como punto de partida para otros planteamientos sobre prueba de la causalidad.

(b) Teoría de la condición ajustada a las leyes de la naturaleza

Predominante en la literatura, esta doctrina propone un refinamiento de la *conditio sine qua non* a través del recurso a las leyes naturales: Una conducta está causalmente conectada con un resultado cuando entre aquella y este existe un vínculo necesario de acuerdo con las leyes naturales conocidas. Por tanto, en el ejemplo, la conducta de Arnoldo estará conectada causalmente con la muerte de Benito si, bajo las condiciones dadas (esto es, en un determinado «campo causal»), aquella pertenece al conjunto de circunstancias que explican suficientemente el resultado de muerte conforme a las leyes de la naturaleza pertinentes. Tal sería el caso si la muerte de Benito es médicamente inexplicable sin considerar la ingesta de la sustancia vertida por Arnoldo.

Esta fórmula es difícilmente objetable en la medida en que, por lo general, logra hacer explícita la confirmación empírica que requiere la fórmula de la *conditio*. El problema es que hay casos en que, precisamente, los hechos que se analizan son el motivo para preguntarse si acaso existe una ley natural o causal comprometida en el suceso, como en el siguiente ejemplo:

> La empresa farmacéutica alemana Grünenthal comercializaba un medicamento tranquilizante denominado *Contergan*, cuyo componente activo fundamental era la talidomida y que fue recetado entre 1957 y 1961 a mujeres gestantes. Tras su ingesta, varias de estas mujeres perdieron sus bebés o dieron a luz niños con graves malformaciones. Sin embargo, otras mujeres que consumieron el medicamento no sufrieron estas consecuencias. En este caso, el saber empírico sobre las leyes de la naturaleza no fue capaz de determinar con certeza —al menos durante el proceso penal— si existió o no una conexión causal entre la ingesta del medicamento y los efectos en la gestación.

En el derecho comparado, a veces la jurisprudencia «resuelve» estas situaciones apelando al procedimiento de la *causalidad general*, que tiene dos etapas. Primero hay que determinar si, en general, una cierta sustancia o proceso —que luego puede asociarse a la conducta típica— produce o no *una cierta clase* de efectos, a la cual pertenece el efecto investigado; luego, hay que comprobar si en el caso concreto es posible descartar explicaciones alternativas para la producción de ese efecto. Si en ambas etapas la respuesta es afirmativa, esa jurisprudencia tiende a afirmar la causalidad.

Conforme a la doctrina dominante, la teoría de la condición ajustada a las leyes de la naturaleza también sería aplicable en el ámbito social y psicológico, donde no existen leyes deterministas. Tal sería el caso, por ejemplo, de la inducción. Cuando la conducta de un sujeto consiste en persuadir a otro de cometer un delito, no se puede decir que la persuasión sea causa del delito conforme a leyes deterministas. Sin embargo, la doctrina dominante aplica a estas situaciones la teoría de la condición ajustada a las leyes de la naturaleza mediante una remisión al conocimiento vulgar adquirido por la generalidad de las personas en la vida cotidiana: las *máximas de la experiencia*. De este modo se abandona el plano de la mera relevancia causal para introducir criterios de explicación prevalente o de «causalidad jurídicamente relevante».

Ahora, y siguiendo en lo fundamental a KINDHÄUSER, podemos centrar la atención en una serie de problemas puntuales sobre la prueba de la causalidad.

(3) *Problemas frecuentes de prueba de la causalidad*

(a) *Los cursos causales hipotéticos, el problema del «comportamiento alternativo ajustado a derecho» y su criterio complementario de «incremento del riesgo»*

Arnoldo vierte cianuro en el café de Benito y este muere envenenado. Luego se sabe que Benito hubiese muerto de todas formas quince minutos más tarde, porque venía Óscar a matarlo con un arma de fuego.

Según la teoría de la condición, la causalidad siempre está referida al resultado en su configuración concreta y, por tanto, solo cabe preguntarse por las circunstancias que condicionaron esa concreta configuración. En cambio, la pregunta acerca de qué hubiera ocurrido si las cosas hubieran evolucionado de otra manera carece de relevancia. Por tal razón, carecen también de relevancia los llamados *cursos causales hipotéticos*, en virtud de los cuales el mismo resultado también se hubiera producido de otro modo, o más tarde. Solo han de tenerse en cuenta aquellas circunstancias realmente dadas, presentes, que son necesarias para la explicación causal del resultado.

Así, se afirma de modo prácticamente unánime la irrelevancia de que haya existido también una «causa de reserva» o «de reemplazo» que habría sido capaz de producir el resultado concreto incluso al mismo tiempo (o «casi» al mismo tiempo) y de la misma forma (o «casi» de la misma forma) que la causa que efectivamente actuó. En otras palabras, la posibilidad de argumentar que el curso hipotético hubiera causado igualmente el resultado no altera el juicio de causalidad respecto de la causa que efectivamente lo produjo, aunque esta causa haya actuado primero solo por azar. Así, en el ejemplo no se puede decir que el veneno no es causa de la muerte porque Benito hubiera muerto de todas maneras como consecuencia de la acción de Óscar.

No obstante, en el ámbito de la prueba de la causalidad se encuentra muy extendido el uso de una fórmula hipotética conocida como criterio del *comportamiento alternativo ajustado a derecho*. Según este criterio, no es posible comprobar la causalidad cuando el resultado se hubiera producido de todas maneras, con probabilidad rayana en la certeza, aunque la persona se hubiera comportado correctamente, es decir, en concordancia con el estándar de conducta exigido por el ordenamiento jurídico.

Una empresa fabricaba textiles con pelos de cabra traídos de un país lejano y que solían estar contaminados con una bacteria que producía una severa infección. Para que quienes manipularan los pelos no contrajesen la enfermedad provocada por la bacteria, la autoridad sanitaria ordenó someter el material a un determinado proceso de desinfección. El administrador de la empresa decidió sustituir tal proceso, de alto costo, por una limpieza manual mucho más barata. Poco después, algunas trabajadoras contrajeron la enfermedad infecciosa. La defensa del administrador logró acreditar, sin embargo, que el contagio de las trabajadoras igualmente se hubiera producido de haberse realizado el proceso de desinfección establecido por la autoridad, pues este era tan deficitario que no lograba eliminar las bacterias contenidas en los pelos de cabra (RGSt 63, 211).

El criterio del comportamiento alternativo ajustado a derecho se basa en la correcta idea de que no basta con que la conducta sea, en sí misma, causa del resultado en el sentido de las leyes de la naturaleza, sino que, además, es necesario que la contravención de la norma —la infracción del deber— sea la explicación del resultado. Pero esto, como hemos visto, no es un problema de relevancia causal, sino de relevancia jurídica de la causalidad, es decir, se encuentra en el segundo nivel de análisis, que examina si la conducta en cuestión es la explicación prevalente del resultado.

El adelantamiento de esta cuestión y su tratamiento como un problema de prueba de la relevancia causal plantea especiales dificultades cuando, precisamente, no es seguro lo que hubiera sucedido si la persona hubiese actuado conforme a derecho. Por ejemplo, un médico prescribe equivocadamente un determinado medicamento aún no autorizado, el paciente muere, y un posterior dictamen pericial indica que la muerte probablemente también se hubiera producido de haberse recetado el medicamento indicado por la *lex artis*, pues el paciente presentaba una patente sensibilidad hacia todos los medicamentos idóneos para tratar la enfermedad. ¿Qué ocurre, entonces, cuando se formula la hipótesis pero no es claro si el resultado se hubiera evitado con una probabilidad rayana en la certeza?

Para resolver estos supuestos, frente a la doctrina tradicional, un grupo de autores propone tener por acreditada la causalidad aunque no sea seguro que la conducta ajustada a derecho lo hubiera evitado. ROXIN, entre ellos, sostiene que en estos casos no es necesario exigir seguridad, sino que para afirmar la causalidad basta con que la persona haya creado un riesgo que aumentó en forma significativa las probabilidades de ocurrencia de ese resultado. Conforme a esta *teoría del incremento del riesgo*, una vez que se ha comprobado que el autor creó un riesgo desaprobado —y aun cuando no sea seguro que su ausencia hubiera evitado el resultado— debe imputarse el resultado como realización del riesgo típico, ya que no sería lícito descomponer arbitrariamente el riesgo en una parte permitida y otra no permitida.

El problema de esta posición es que pugna con el estándar procesal de convicción en materia penal. Pues lo que sucede en un caso como el descrito es que no se sabe si el riesgo que se realizó fue aquel creado por el sujeto —el riesgo a que se refiere el tipo penal—, o si, en cambio, el que se realizó fue un riesgo distinto, que no era imputable a la conducta típica; por tanto, se trata de un problema de prueba. Ante esta situación, lo que hace la doctrina del incremento del riesgo es afirmar la relevancia causal, infringiendo así el principio *in dubio pro reo* y, de paso, convirtiendo un delito de resultado en uno de peligro.

La doctrina del incremento del riesgo es, pues, una solución insatisfactoria para un problema —el del comportamiento alternativo ajustado a derecho ante casos en que se desconoce la relevancia causal de la conducta— erróneamente planteado. Cuando no es posible afirmar la relevancia causal de una conducta respecto del resultado típico, entonces no es posible sindicar esa conducta como su explicación prevalente.

(b) Los cursos causales atípicos (anormales)

Arnoldo es médico e inyecta a Benito un medicamento de uso habitual conforme a la *lex artis*, el que, de un modo absolutamente inesperado, desencadena una reacción alérgica en Benito que le provoca la muerte.

Para la teoría de la *conditio* —y también para la de la *conditio* modificada: condición ajustada a las leyes de la naturaleza—, todas las condiciones de un resultado son igualmente relevantes. Por eso, una circunstancia tiene relevancia causal si el resultado es materialmente favorecido por ella, aunque sea del todo anómala desde el punto de vista de la experiencia común. La constatación de la causalidad no se ve afectada por la anormalidad del curso causal. Lo que habrá que analizar, entonces, es la segunda dimensión de la causalidad: la causalidad como imputación del resultado, es decir, la cuestión de si la conducta causalmente relevante es, además, explicación prevalente de la producción del resultado desde el punto de vista jurídico.

(c) *Los cursos causales interrumpidos y el problema de la «causalidad por alcance»*

Caso 1. Arnoldo le suministra a Benito una dosis mortal de veneno, pero antes de que este surta efecto, viene Óscar y mata a Benito de un disparo.

Caso 2. Arnoldo le suministra a Benito una dosis mortal de veneno. Cuando el veneno surte sus primeros efectos, viene Óscar y dispara sobre Benito, causándole la muerte. Sin embargo, Óscar solo logra matar a Benito porque este se encontraba debilitado a causa de la ingesta de veneno, lo que le impidió defenderse o escapar.

La *causalidad por alcance* tiene lugar cuando un sujeto pone una causa para la producción del resultado, pero en el transcurso de los acontecimientos sobreviene otra causa que sustituye a la inicial. En estos casos, existe una conducta que tiene la potencialidad de producir el resultado, pero que finalmente no puede considerarse causa de él porque resulta «alcanzada» por otro curso causal, de tal manera que aquella pierde todo significado para la producción del resultado en su concreta configuración. Tal es la situación en el *Caso 1*, pues el segundo curso causal (disparo) ha interrumpido al primero (suministro de veneno mortal), de modo que este deja de ser causa de la muerte: el suministro de veneno no se puede considerar como causa de la muerte para efectos de la subsunción.

Sin embargo, un curso causal no se considera interrumpido si es que el riesgo o la condición inicial todavía pueden utilizarse en la explicación causal del resultado concreto. Esto ocurre en el *Caso 2*, donde Óscar solo logra dar muerte a Benito porque este se encontraba debilitado como consecuencia de la ingesta del veneno. Aquí, el primer curso causal no resulta interrumpido, sino que sigue actuando porque, bajo las circunstancias dadas, la muerte de Benito no puede explicarse, tal como ocurrió, sin incluir en esa explicación el efecto del veneno suministrado por Arnoldo.

Las formas de procesar la eventual responsabilidad penal de Arnoldo en el *Caso 1* y en el *Caso 2* gozan de muy distintos grados de consenso en la doctrina. En el *Caso 1*, A será considerado en forma prácticamente unánime como autor de un homicidio frustrado; en el *Caso 2*, en cambio, la responsabilidad de A es objeto de viva discusión.

En materia de interrupción de cursos causales, también cabe analizar el problema de la *prohibición de regreso causal*, que se refiere a casos como el siguiente:

Caso 3. Arnoldo le suministra a Benito una dosis de somnífero. Cuando Benito se queda dormido, viene Óscar y dispara sobre Benito, causándole la muerte. Óscar solo logra dar muerte a Benito porque este estaba dormido, lo que le impidió defenderse o escapar.

Según Frank, en un caso como este se interrumpe la causalidad desde que interviene la conducta dolosa de un tercero: La explicación causal no puede remontarse más atrás que esa última acción dolosa porque la voluntad es originaria y da lugar a un nuevo suceso cuando interviene. Esta argumentación, basada en la idea kantiana de «causalidad a partir de la libertad», es demasiado abstracta, pues prescinde del hecho de que la voluntad se da en realidad en el mundo de lo contingente, de lo causal. Toda conducta voluntaria descansa sobre presupuestos dados en la realidad. Lo que hacemos al obrar es intervenir en el torrente de las condiciones naturales preexistentes. La existencia real del acto voluntario no es sino aquella que tiene en ese mundo exterior. Por lo tanto, no hay razón alguna para no incluir en la explicación causal del suceso las condiciones preexistentes de las que se sirve la voluntad para darse realidad en el mundo exterior.

(d) La interrupción de cursos causales de salvamento

Benito está en una piscina ahogándose porque no sabe nadar. De pronto, flota hacia él un salvavidas inflable al que se podría aferrar, pero antes de que lo alcance, Arnoldo empuja el salvavidas con un pie cambiando su curso y Benito se ahoga.

El mismo razonamiento vale para la interrupción de un curso causal de salvamento. En términos abstractos, podría sostenerse que en el caso del ejemplo la conducta interruptora de A no es causa del resultado conforme a las leyes de la naturaleza, sino que solo impide el desarrollo de un proceso causal que podría haber terminado en su evitación, de manera que para establecer una conexión causal entre la acción de interrupción y el resultado habría que recurrir a un razonamiento hipotético.

Sin embargo, igual que en la prohibición de regreso causal, se trataría de un análisis demasiado abstracto. Si el salvavidas ya flota hacia B, de modo que representa una alta posibilidad de salvamento, la supresión de esta posibilidad es causalmente relevante respecto de la muerte. Lo mismo ocurriría si Benito estuviera gravemente enfermo y Arnoldo destruyera la última dosis del único remedio que puede salvar su vida. Un razonamiento basado en un curso causal hipotético solo se presentaría si se trajera a colación un curso causal alternativo (un envenenamiento de Benito con el agua contaminada de la piscina o una infección intrahospitalaria mortal) que nunca llega a operar.

(e) Los casos de causalidad acumulativa o el problema de las condiciones necesarias, pero no suficientes

Arnoldo y Óscar, cada uno con independencia del otro, vierten en la sopa de Benito una dosis de veneno tal que cada una por sí sola es incapaz de producir la muerte, pero que, en conjunto, son mortales.

En este caso, si se aplica la fórmula de la *conditio*, suprimiendo mentalmente una de las dosis de veneno, el resultado no se produce; luego, cada conducta por separado es causa de la muerte. Desde el punto de la vista de la fórmula de la *conditio sine qua non*, por tanto, se ha de afirmar la causalidad respecto de ambas conductas, lo cual en el ejemplo implicaría condenar a Arnoldo y a Óscar por el homicidio consumado, a pesar de que ninguno de ellos puso en la sopa una dosis de veneno mortal.

Si se aceptara esta solución, la afirmación de la causalidad de una conducta respecto de un resultado exigiría solamente que la causa examinada fuera *necesaria*, sin requerir que sea también *suficiente*. En otras palabras, para imputar el resultado en su totalidad bastaría que la conducta en cuestión haya sido una *concausa* entre otras.

(f) Los casos de causalidad múltiple o resultados «sobrecondicionados»

Arnoldo y Óscar vierten, cada uno por su cuenta, una dosis mortal de veneno en la sopa de Benito.

Los casos de *causalidad múltiple* o de *resultados «sobrecondicionados»* son aquellos en los cuales dos o más sujetos ponen, independientemente, más de una condición capaz de explicar por sí sola la producción del resultado. Aquí cada condición es suficiente pero no necesaria para la producción del resultado, debido a que hay una o más concurrentes que igualmente lo habrían producido.

En estos casos, la fórmula de la *conditio* fracasa, porque si se suprime mentalmente alguna de las conductas, el resultado se produce de todas formas; luego, habría que concluir que ninguna de las conductas es causa del resultado. Por ejemplo, si en el caso propuesto se suprime mentalmente la dosis de Arnoldo, el resultado se produce de todas formas, de modo que habría que concluir que su conducta no tiene relevancia causal, y lo mismo habría que concluir respecto de la dosis de Óscar; todo ello, a pesar de que cada dosis era idónea para producir la muerte de Benito y esta, además, efectivamente se produjo.

Resulta así patente que estos dos últimos y otros problemas solo pueden resolverse dejando atrás el plano de la relevancia causal para examinar la conducta típica como explicación prevalente del resultado.

cc) La conducta típica como explicación prevalente del resultado

(1) Relevancia

La segunda dimensión de la causalidad responde a la pregunta acerca de si el riesgo antijurídicamente creado por un sujeto es o no el que se ha realizado en el resultado, es decir, si la conducta típica es la explicación prevalente del resultado desde el punto de vista jurídico. Esta dimensión tiene que ver ya no con un enunciado descriptivo, como es la relevancia causal de la conducta, sino que se refiere a un problema de imputación, y por lo mismo se plasma en un enunciado de carácter adscriptivo.

La literatura hace referencia a esta segunda dimensión de la causalidad cuando se pregunta si existe, entre la conducta típica y el resultado, un «contexto de antijuridicidad» o contrariedad al deber (PUPPE). La jurisprudencia de los tribunales se refiere a ella, especialmente en materia de accidentes de tránsito, con la denominación de «causa basal», que se distingue de la causa sin más:

> «La relación causal entre la acción u omisión infractora del deber de cuidado y el resultado lesivo no es el mero vínculo físico o natural sino una relación específica con la lesión del cuidado. Debe establecerse con una probabilidad lindante con la certeza que el resultado ha sido producido por la violación del cuidado exigido, en caso contrario, debe absolverse (...) La relación de causalidad debe ser típicamente relevante, en cuanto a que el tipo penal exige que por imprudencia o negligencia se ocasione la lesión del respectivo bien jurídico, en otras palabras, que la violación del deber de diligencia sea la causa inequívocamente determinante de esa lesión» (SCS 5.VI.2017, Rol N° 47875-2016).

Algunos años antes, la Corte Suprema también había resuelto:

> «Ocurre, sin embargo, que la finalidad de protección de la norma del art. 154, inciso 1° de la Ley N° 18.290, que la sentencia entiende infringida por el reo, no tiene por objeto impedir que otros vehículos que se desplacen a velocidad inmoderada, como es el caso, se estrellen contra aquel estacionado antirreglamentariamente, de modo que el resultado producido no es imputable a la infracción cometida por el procesado. Al ser una condición del accidente, puede ser estimada como una causal concurrente, pero no basal del mismo, porque *jurídicamente* no tiene virtud causal con las consecuencias lesivas (SCS 25.IV.2000, Rol N° 751-2000).

Un primer aspecto importante es que en derecho penal no siempre se exige, para la imputación de un resultado, que exista causalidad en el sentido de la relevancia causal estudiada en el apartado anterior. Hay veces en que basta con la imputación del resultado en el sentido de esta segunda dimensión de la causalidad, es decir, con que la conducta del autor sea la explicación prevalente del resultado:

- En los casos de inducción. Al inductor de un homicidio se le atribuye la muerte de la víctima, aun cuando no se puede afirmar que su conducta sea causalmente relevante respecto de esa muerte, pues entre la conducta del inductor y la muerte de la víctima hay una solución de continuidad que procede de la autorresponsabilidad del homicida.
- Tampoco se exige relevancia causal en los casos de autoría mediata, en que el autor material es instrumento de otro que lo coacciona o engaña.
- Lo mismo vale para los delitos de omisión, donde la conducta del autor no tiene relevancia causal respecto de la producción del resultado. El médico de urgencia que no atiende a quien llega gravemente lesionado es responsable de su muerte si es que existen buenas razones para pensar que esa atención le habría salvado la vida, pero su conducta no es causa de ella en el sentido de la relevancia causal.

Estos ejemplos manifiestan cuál es el estatuto de la causalidad en derecho penal: mientras la consumación de un delito de resultado exige por definición que este sea imputable a la conducta, la causalidad en cuanto relevancia causal solo es necesaria cuando el ordenamiento jurídico la exige, y en la medida en que lo hace.

En consecuencia, la dimensión de la causalidad que ahora pasamos a estudiar es de particular interés en las siguientes hipótesis:

- Casos en que la ley no exige que la conducta tenga relevancia causal en relación con el resultado.
- Casos en que la conducta causalmente relevante no es, sin embargo, explicación prevalente del resultado.
- Casos en que varias conductas causalmente relevantes se disputan la calidad de explicación prevalente del resultado. Un grupo particularmente complejo de esta clase, donde las causas terminan anulándose entre sí desde la perspectiva de la teoría de la condición, es el de las hipótesis que hemos denominado como «resultados sobrecondicionados».

Las principales constelaciones de casos donde se discute el carácter de la conducta como explicación prevalente del resultado pueden agruparse fenomenológicamente, siguiendo a Cancio Meliá, en casos de concurrencia de riesgos y casos de confluencia de riesgos.

(2) Concurrencia de riesgos

(a) El problema y las constelaciones donde este no se presenta

La expresión «concurrencia de riesgos» alude a aquellos casos en que existen explicaciones alternativas del resultado que compiten entre sí. Cuando se constata la existencia de riesgos concurrentes con el generado por la conducta típica es necesario determinar si tales riesgos interrumpen el nexo de imputación.

Antes de realizar este ejercicio es importante descartar de entrada los supuestos en los que ya desde un principio es claro que cierto riesgo no tiene relación con el resultado producido, pues, incluso aunque a su creación haya concurrido una conducta típica, el riesgo que se realiza en el resultado es a todas luces uno distinto y penalmente irrelevante. La conducta típica no es explicación prevalente del resultado, en este sentido, al menos en dos constelaciones:

(i) Casos en que el riesgo creado por la conducta típica solo contribuye a que se realice un «riesgo general de la vida».

Puede suceder que el riesgo creado por el agente contribuya causalmente a la producción del resultado, pero que este sea en realidad la consecuencia de un riesgo general de la vida. Son casos en que solo *con ocasión* de la comisión de un delito se produce el resultado, pero donde este claramente es realización de un riesgo que forma parte de la vida ordinaria.

Caso 1. El autor aprehende a la víctima, la golpea y amordaza, y la sube a un automóvil para llevarla a su escondite. Aunque conduce atento y respetando las reglas del tránsito, al tomar una curva pronunciada y resbaladiza el secuestrador pierde el control del vehículo y choca contra un árbol, muriendo el secuestrado al instante a causa del impacto.

En este caso, el riesgo que emana de la privación de libertad (conducta típica) no puede considerarse explicación prevalente del resultado de muerte.

Caso 2. Al enterarse el padre del asesinato de su hijo, fallece como consecuencia de un paro cardíaco.

En este caso no es que la muerte del padre de la víctima a causa de la mala noticia sea necesariamente imprevisible para el asesino —en el extremo y desde una perspectiva naturalista, prácticamente todo es previsible e incluso evitable—; pero, en este nivel de análisis, la cuestión es puramente objetiva. El riesgo creado por el asesino no es la explicación prevalente del resultado, aunque posea relevancia causal.

(ii) Casos en que el riesgo creado por la conducta típica es jurídicamente relevante, pero es alcanzado por un riesgo general de la vida, que es el que en definitiva se realiza.

Una persona riñe con otra y la apuñala en el abdomen, dejándola en grave estado; camino al hospital, un camión cuyos frenos han fallado de improviso choca con la ambulancia y la víctima muere a causa del accidente de tránsito.

Aun en los casos en que el agente ha creado un riesgo inicial típicamente relevante respecto de la producción del resultado (en el ejemplo, el apuñalamiento puede causar la muerte), este no resulta imputable a la conducta cuando ese riesgo inicial resulta sustituido por otro riesgo concurrente que forma parte de los riesgos generales de la vida.

De los dos grupos de casos anteriores es preciso distinguir aquellos en que se produce una *verdadera concurrencia de riesgos* penalmente relevantes. En ellos existe un riesgo creado por la conducta típica y *relacionado* con el ámbito en el que se produce el resultado, pero al cual se superpone un riesgo nuevo que se vincula o «anuda» con el riesgo inicialmente creado y que es el que termina realizándose; todo ello, con la particularidad de que este riesgo nuevo no es un riesgo general de la vida, sino que ha sido introducido por la conducta de otro sujeto distinto, que puede ser la propia víctima o un tercero.

La pregunta fundamental es la siguiente: ¿Qué ocurre cuando en la producción del resultado está *de alguna forma* presente el riesgo creado por un primer sujeto mediante la conducta típica, pero entre esta y el resultado se interpone la conducta inadecuada de la víctima o de un tercero? La respuesta no es sencilla cuando no puede determinarse claramente si el riesgo inicial es típicamente relevante respecto del resultado producido en su concreta configuración, o si la conducta de quien actúa posteriormente ha introducido un riesgo nuevo que explica en forma prevalente la producción del resultado.

Este problema de la identificación o «aislamiento» de los riesgos es uno de los más difíciles en derecho penal. Aquí es aconsejable distinguir aquellos casos en los que existe identidad entre el objeto del riesgo inicial —riesgo en el cual incidirá luego la conducta del tercero o de la víctima— y el objeto que resulta lesionado, de aquellos supuestos en los que hay diversidad de objetos. En lo que sigue, se abordarán ambas constelaciones separadamente.

(b) Casos de identidad de objeto

La conducta posterior de un tercero o de la víctima incide de algún modo sobre un riesgo creado por el autor, riesgo que ya era apto por sí solo para provocar la lesión. Esto ocurre típicamente en los supuestos en que a una lesión inicial se suma un tratamiento médico inadecuado o la omisión de tal tratamiento médico; también se incluyen aquí las hipótesis en que la conducta de la víctima posterior a la lesión inicial impide neutralizar los riesgos para la salud que derivan de aquella lesión inicial.

La pregunta en estos casos es si se puede todavía imputar a la conducta inicial el resultado final:

- Un sector de la doctrina ha propuesto atender a las características de la conducta de la víctima o del tercero. En este sentido, ROXIN sostiene que hay que excluir la imputación al autor del riesgo inicial cuando la conducta posterior de la víctima o del segundo sujeto actuante sea (al menos) «gravemente imprudente».
- Otros autores rechazan este criterio y atienden solo a las características del riesgo inicial. Según esta posición, lo único que hay que preguntarse es si ese riesgo inicial todavía explica el resultado, es decir, si el riesgo que se realizó estaba «ínsito» —incluido, incorporado— en la primera conducta, lo cual debe determinarse conforme a criterios objetivos. Conforme a este punto de vista, las propiedades de la conducta del tercero o de la víctima, en tanto se mantenga cierta vinculación con el riesgo inicial, son irrelevantes.

Que ambos puntos de vista se encuentran en realidad bastante próximos entre sí, se aprecia al observar que también para la segunda aproximación poseen gran relevancia las posibilidades objetivas de neutralización del riesgo. Esto no puede ser de otro modo, pues a la definición de lo que está o no ínsito en el riesgo inicial pertenecen también la existencia y características de aquellas medidas de neutralización o control del riesgo que están disponibles en un determinado momento. Por ello, cuando la víctima despliega una conducta que implica el abandono de medidas esenciales y elementales de neutralización del riesgo inicial, no puede imputarse el resultado final más grave a la conducta del autor.

Así, por ejemplo, si la víctima que ha sido lesionada en la pierna con un arma cortopunzante empeora el estado de la herida a través una conducta gravemente descuidada (*v. gr.* dando lugar a una infección que era perfectamente evitable con un mínimo de higiene, o negándose de plano a ser atendida). Lo mismo vale para aquellos casos en que la conducta del tercero que actúa con posterioridad presenta estas mismas características. Si el médico que trata la lesión, por ejemplo, se aparta en forma relevante del estándar de tratamiento lo que produce una agravación que era evitable empleando el estándar, la lesión inicial provocada por el autor ya no aparece como explicación prevalente de este último resultado.

¿Qué medidas de neutralización del riesgo se consideran esenciales y elementales? Respecto de la víctima, debe tratarse de medidas de neutralización que sean de manejo habitual o común en la población; respecto de los terceros que deban implementar una medida de neutralización, deben formar parte de los recursos estándar del oficio o profesión (*lex artis*) respectivo. En este sentido, no se trata solo de una mayor o menor facilidad de hecho para obtener la mitigación del riesgo, sino también de su disponibilidad para la persona que debe hacerlo. Así, si el veneno de una serpiente puede contrarrestarse tomando una aspirina, pero esto aún no ha sido descubierto, el uso de este medicamento no es una medida normal de mitigación, aunque de hecho sea muy fácil obtener una aspirina.

Caso del líquido cáustico (STS 17.9.1993 [RA 6697]). Dos vecinas (A y B) de un suburbio madrileño discutían agriamente en la calle. Después de media hora, A entró a su casa y comenzó a trabajar en la cocina. Como la cocina tenía una ventana que daba a la calle, B continuó increpándola desde el espacio público. A respondía e increpaba a su vez a B. En un determinado momento, A abrió la ventana y arrojó a B el contenido líquido de una jarra, lo cual encendió aún más la ira de esta última. Aunque B notó que el líquido tenía un olor extraño y producía una cierta picazón, no se apartó de la ventana de A —a la que ahora insultaba con mayor intensidad— hasta unos tres cuartos de hora después. Cuando llegó a su casa notó que la piel de su cara y cuello estaba enrojecida y concurrió al hospital. El líquido era una solución de cloro y había provocado quemaduras importantes en B, pero estas quemaduras se habrían evitado sin ningún problema si B simplemente se hubiera lavado con agua en forma oportuna.

(c) *Casos de diversidad de objeto*

En estos supuestos, el autor crea un riesgo jurídicamente desaprobado que *conduce* a un comportamiento posterior de un tercero o de la víctima, el cual a su vez incide en la lesión final de un objeto o bien jurídico distinto del inicialmente puesto en peligro. Aquí es posible distinguir entre dos constelaciones:

(i) Casos en que a una primera conducta, que crea un riesgo, se «anuda» otra conducta de otro sujeto, la que acaba dirigiendo el riesgo inicial hacia la lesión de sus propios bienes o intereses.

En este grupo de supuestos, la segunda conducta (de un tercero o de la víctima) es una especie de continuación de la primera, pero cambia la dirección del riesgo, afectando un objeto o bien jurídico distinto del que estaba amenazado (o, incluso, fue lesionado) por la conducta inicial.

Caso de la reacción de pánico (STS 27.1.1984 [RA 421]). El acusado había invadido la vereda por una conducción imprudente de su vehículo, dirigiéndose este hacia tres peatones. Dos de ellos lograron eludir la colisión, pero el tercero fue alcanzado y murió de modo inmediato por el impacto. Una de las personas que había logrado eludir el choque salió corriendo hacia la calle —presa de una reacción de pánico al ver el cuerpo del peatón arrollado en el suelo— en la que fue atropellada por otro vehículo cuyo conductor no pudo evitar la colisión.

Caso del salto del camión (STS 8.11.1991 [RA 8298]). El acusado, que conducía un camión, había permitido subir a la cabina a una joven que «hacía dedo» para comenzar poco después a hacerle explícitas proposiciones de índole sexual. La víctima se negó rotundamente a ellas, pero el conductor siguió planteándolas de modo insistente; la joven le pidió entonces que detuviera el vehículo, anunciándole que de lo contrario se lanzaría del camión en marcha. Como el acusado no hacía caso, hizo realidad su anuncio, resultando con lesiones graves al ser arrollada por las ruedas traseras del vehículo.

Este grupo de casos ha sido objeto de una atención especial cuando la conducta inicial adopta la forma de *provocación de una acción de salvamento arriesgada*.

Caso del incendio (BGHSt 39, 322). El acusado había participado junto con otras personas —entre ellas, la posterior víctima— en una fiesta celebrada en una casa en la cual algunos invitados se quedaron además a dormir. Durante la noche, el acusado prendió fuego en el piso superior del inmueble, en el que se encontraban también otras dos personas: el hijo del matrimonio anfitrión, de doce años de edad, y uno de los invitados, que estaba dormido. Al progresar el incendio, el invitado sufrió una intoxicación por humo que condujo poco después a su muerte. Otro hijo del matrimonio anfitrión, que en el momento de desencadenarse el incendio se encontraba en el exterior —y que había ingerido una considerable cantidad de alcohol—, intentó subir a la planta superior de la casa para rescatar a su hermano menor. Alcanzó a llegar al pasillo del piso superior, donde cayó al suelo y murió intoxicado con monóxido de carbono.

En este caso, el autor crea un riesgo inicial susceptible de causar la muerte de quienes se encontraban dentro el inmueble; sin embargo, también fallece el hermano mayor de una manera que no era esperable o «normal» porque ya se encontraba en el exterior.

Roxin y otros autores sostienen que en estos casos no debe imputarse al creador del riesgo inicial el daño sufrido por quien intenta el salvamento. Argumentan, en primer lugar, que como el salvamento no es jurídicamente obligatorio, ha de primar el criterio de la «autopuesta en peligro», es decir, la autorresponsabilidad de quien decide ponerse a sí mismo en peligro al asumir la acción de salvamento. En el ejemplo, el hermano mayor no tenía la obligación de salvar al menor, pese a lo cual decide ponerse a sí mismo en peligro. Esta decisión autorresponsable no se puede cargar en la cuenta del que creó el riesgo inicial. Agregan que, si se siguiera la tesis contraria, también habría que imputarle a quien se ha puesto a sí mismo en riesgo y ha provocado así una acción de salvamento, todos los daños que pueda sufrir la persona que intente salvarlo, lo cual sería absurdo, pues la autopuesta en peligro no es una conducta penalmente ilícita. En todos estos casos, se dice, la conducta inicial es la mera causación de una autopuesta en peligro voluntaria.

Algunos autores van incluso más allá y extienden esta argumentación a las situaciones en que el salvamento sí es jurídicamente obligatorio, como lo sería tratándose de un bombero o rescatista, en una variación hipotética del caso del incendio. Sostienen que también en estas hipótesis quienes tienen la obligación de intervenir se ponen libremente a sí mismos en la situación riesgosa, pues han elegido ese oficio o actividad asumiendo los riesgos que conlleva. Además, argumentan que la responsabilidad de la colectividad al establecer las normas que regulan estos oficios, no debe ser trasladada al autor de la creación del riesgo inicial. Otros agregan que la persona que creó el riesgo inicial no está autorizada a impedir la acción de salvamento, por lo que sería absurdo que se le hiciera responsable de las consecuencias de una conducta a la que el derecho no le permite siquiera oponerse.

Frente a esta posición, la doctrina mayoritaria sostiene que en estos casos debe imputarse el resultado a la creación inicial del riesgo por parte del autor, en la medida en que se cumplan dos requisitos: (a) que el intento de salvamento tenga alguna racionalidad (alguna posibilidad de éxito); y (b) que el intento de salvamento no implique la asunción de riesgos desproporcionados. Los requisitos anteriores se justifican porque el riesgo que se realiza en el resultado debe estar *ínsito* en la conducta del primer sujeto, de modo que la acción de salvamento no ha de crear un riesgo relevante nuevo.

Según esta doctrina, la imputación se explicaría porque incluso aunque no exista una obligación legal de salvamento, la necesidad de realizarlo, esto es, la emergencia o la situación de peligro que hace necesaria la conducta salvadora, le ha sido «impuesta» a los demás por la persona que crea el riesgo inicial.

Al argumento según el cual la persona que creó el riesgo no está autorizada a impedir la acción de salvamento, se puede responder explicando que hay otros casos en que se acepta pacíficamente una estructura similar, como por ejemplo en las hipótesis de autoría mediata, donde una persona se aprovecha de la ignorancia o del déficit de imputación de otra, para que esta, como instrumento suyo, cometa un delito. En estos casos, la víctima puede defenderse legítimamente del instrumento y el autor mediato no está facultado para impedir que la víctima se defienda; pero si el que se defiende lesiona al instrumento, dicha lesión será imputable únicamente al autor mediato (RUDOLPHI).

(ii) Casos en que el riesgo cuya creación es imputable al autor inicial es «transformado» por un segundo sujeto, de modo que es este riesgo modificado el que termina afectando a un tercero o a la víctima inicial.

Caso 1. Un sujeto da instrucciones incorrectas al conductor de un camión en retroceso, el que por esta razón atropella a un tercero que resulta lesionado.

Caso 2. A un calculista se le encarga un estudio de suelo para la construcción de un edificio en un terreno determinado. Este realiza un trabajo muy deficiente y sus cálculos son errados. El constructor utiliza luego esos planos para construir en un lugar distinto del originalmente pensado por el calculista. Tiempo después, con ocasión de un sismo, el edificio se viene abajo produciendo la muerte de sus ocupantes.

Esta segunda constelación llama la atención sobre la necesidad de determinar antes que nada si entre los diversos sujetos que actúan existe o no una relación de intervención delictiva, es decir, si todos ellos son o no *conjuntamente* garantes de la evitación del resultado. Esto es importante, pues si existe una responsabilidad mancomunada o conjunta de todos los garantes desaparece la necesidad de aislar los riesgos que cada uno crea. En tales casos se considera que se trata de un solo riesgo. Responsabilidad mancomunada significa, precisamente, que las contribuciones parciales de cada uno de los sujetos intervinientes se funden o suman para dar lugar a un solo hecho, en el que se realiza un mismo riesgo creado por todos. No hay, pues, en estos casos un problema específico de imputación de resultados, y esto vale tanto para las constelaciones de transformación del riesgo inicial, que ahora estudiamos, como para aquellas que estudiamos en al apartado anterior, donde una primera conducta creadora de un riesgo provoca una acción de salvamento arriesgada.

La pregunta sobre una responsabilidad mancomunada es compleja de resolver particularmente en el ámbito de los hechos imprudentes, donde la doctrina tradicional ha rechazado la posibilidad de una intervención delictiva;

se dice, simplemente, que cada uno de los sujetos que actúa en forma imprudente es responsable del resultado con independencia de los demás («autorías paralelas»). Durante los últimos años, sin embargo, cada vez más autores se han abierto a reconocer una responsabilidad mancomunada, al menos, entre los coautores imprudentes.

Teniendo esto en mente, se puede decir que en hipótesis como el *Caso del incendio*, donde no existe organización común alguna entre quien crea el riesgo inicial y quien interviene después, la única pregunta relevante es si el riesgo inicial ya incluye o no el que se realizó en definitiva. En este análisis, un criterio relevante consiste en examinar si la primera conducta de algún modo «forzó» la realización de la segunda, porque en tales casos la relación entre ambos sujetos se aproxima a la relación que hay entre el autor mediato y su instrumento, donde no hay organización común. Solo si puede afirmarse que el comportamiento del autor genera una situación en la que el posterior comportamiento de la víctima o del tercero aparece explicado por esa conducta inicial, como parte de una misma «unidad de sentido» impuesta por el autor, podrá considerarse que es objetivamente imputable a esa conducta el resultado final.

Por el contrario, en los casos de transformación del riesgo por un tercero lo más probable es que todos quienes realizan acciones riesgosas sean también garantes de un buen desenlace final, de modo que sus relaciones se gobiernen según el principio de confianza. Así, en los casos en que el principio de confianza no permite excluir la responsabilidad, surgirá una responsabilidad mancomunada o conjunta entre esos garantes. Solo cuando este no sea el caso, es decir, cuando la división de trabajo realmente separe ámbitos de responsabilidad, se presentará el verdadero problema de imputación de resultados. La pregunta será, entonces, si al riesgo primitivo se le puede imputar también la transformación de ese riesgo.

En el *Caso 1*, tanto el conductor como el estacionador son garantes de que la maniobra no lesione a un peatón, pero el conductor puede confiar en las indicaciones del estacionador si no hay razones para dudar de su idoneidad; por lo tanto, no existe una responsabilidad mancomunada y la transformación del riesgo que se realizó en el resultado solo es asunto del estacionador. En el *Caso 2*, tanto el calculista como el constructor son garantes de la seguridad del edificio para sus ocupantes. Sin embargo, el riesgo de construcción de un edificio deficientemente calculado para un cierto terreno no es el que se realiza cuando el edificio se construye en un terreno diferente. En este caso hay en principio una responsabilidad mancomunada, pero no será posible imputar el resultado al calculista, sino solo al constructor que transformó ese riesgo al levantar el edificio en un suelo diverso.

Los casos de transformación de riesgo por la propia víctima deben analizarse, por su parte, en el marco de los límites de la imputación al ámbito de responsabilidad de la víctima —es decir: como un problema de imputación de conductas y no de resultados—, determinando si su conducta posterior se ve o no condicionada por el riesgo primitivo en términos que excluyen su autorresponsabilidad. Aquí también, por tanto, hay que preguntarse si al riesgo inicialmente creado por el autor se le puede imputar además su transformación. Con este criterio debería resolverse también, en el apartado anterior, el *Caso del salto del camión* y en general los casos en que la conducta de la víctima cambia la dirección del riesgo hacia la afectación de sus propios bienes o intereses.

(3) *Confluencia de riesgos*

Se habla de confluencia de riesgos cuando las conductas riesgosas del autor y de la víctima o un tercero se encuentran en la producción del resultado. En este contexto analizaremos las constelaciones conocidas como causalidad acumulativa, causalidad múltiple (o resultados «sobrecondicionados») y disminución del riesgo.

(a) *Casos de causalidad acumulativa*

Arnoldo y Óscar, cada uno con independencia del otro, vierten en la sopa de Benito una dosis de veneno tal que cada una por sí sola es incapaz de producir la muerte, pero en conjunto son mortales.

Hay básicamente tres propuestas encaminadas a resolver los casos de causalidad acumulativa:

- Criterio del *incremento del riesgo*, que puede considerarse predominante. Conforme a este criterio se realiza la imputación cuando la conducta ha incrementado en forma relevante las posibilidades de producción del resultado, análisis que debe realizarse siempre desde una perspectiva ex post. Así, en un caso como el del ejemplo, esta doctrina no tendría mayores problemas en afirmar que tanto Arnoldo como Óscar son autores, cada uno con independencia del otro, de un homicidio consumado. Esta solución es extraña, porque el riesgo que crea cada uno de ellos por separado no es el que se realiza en el resultado.

Se critica también a esta posición que pareciera exigir muy poco para imputar el resultado a una conducta, porque completa el aporte individual con los demás factores de la cadena causal, imputándoselos en definitiva a todos los agentes, en una especie de imputación recíproca. Si estuviésemos frente a casos de intervención delictiva, no habría problema en efectuar esta imputación recíproca, porque en definitiva hay un solo riesgo que se realiza y que es creado por todos los agentes en conjunto. Pero si, en cambio, no se cumplen los requisitos de la intervención delictiva, de modo que no hay un solo riesgo, sino varios riesgos que confluyen, ¿qué es lo que permite al sujeto imputante sumarlos?

- *Conducta típica como explicación prevalente del resultado.* Una segunda posibilidad es aceptar la imputación del resultado solo cuando se puede afirmar que la conducta típica es su explicación prevalente. Este juicio (también ex post) resulta de (i) comparar los factores que poseen relevancia causal, es decir, que concurren a explicar el resultado en el plano estrictamente causal conforme a la teoría de la condición modificada; (ii) ponderar su importancia relativa, y (iii) verificar si cada uno de ellos o, en cambio, cuál o cuáles de esos factores, está(n) en condiciones de explicar en forma prevalente el resultado.

En este planteamiento, por lo tanto, no es aceptable una imputación recíproca. A menos que sea posible considerar conjuntamente varias causas puestas por personas diferentes —lo cual es el caso solo en las hipótesis de responsabilidad mancomunada o intervención delictiva—, será imposible considerar en la imputación del resultado a una persona las causas que han sido puestas por otras. En el ejemplo, Arnoldo y Óscar solo podría ser sancionados por un delito de homicidio frustrado, pues, aunque la muerte de Benito efectivamente se produjo, esta no puede imputarse a la conducta de ninguno de ellos por separado.

El problema de esta segunda tesis es que puede resultar demasiado restrictiva. Especialmente en el ámbito de la imprudencia, donde la doctrina predominante rechaza la responsabilidad mancomunada o conjunta (intervención delictiva), terminará por impedir la imputación del resultado —y, con ello, la afirmación de la responsabilidad penal— en una parte significativa de los casos.

- *Retorno al examen de la relevancia causal, pero invirtiendo la fórmula de la condición.* KINDHÄUSER ha propuesto resolver estas constelaciones en sede de relevancia causal, invirtiendo la fórmula de la condición. Se trata de considerar al suceso tal como se muestra en su concreta configuración y preguntarse qué condiciones deben estar presentes para que haya llegado a ser como es. Desde esta perspectiva, para la muerte de Benito es tan relevante la dosis de veneno de Óscar como la de Arnoldo: las conductas de uno y otro explican suficientemente el resultado, y por lo tanto a ambas conductas es imputable el homicidio de Benito.

Sin embargo, de esta manera solo se sustituye la exigencia de una causa necesaria y suficiente por la de una causa necesaria pero no suficiente (Puppe). Es decir, de este modo no se resuelve, sino que se define como irrelevante el problema que plantea la causalidad acumulativa. Esta es una decisión normativa que puede tener cierta plausibilidad, pero en todo caso: (i) no pertenece al plano de la relevancia causal, sino al de la imputación, *scil.* a la búsqueda de la explicación prevalente del resultado y, por lo mismo, (ii) no requiere invertir la fórmula de la condición.

(b) Casos de causalidad múltiple

Caso 1. Arnoldo vierte por su cuenta una dosis mortal de veneno en la taza de café de Benito, y luego Óscar hace lo mismo. Benito se toma la taza de café y muere por envenenamiento.

Caso 2. Arnoldo y Óscar disparan los dos al mismo tiempo al corazón de Benito y lo alcanzan simultáneamente. Cada disparo es por sí solo mortal.

Variante del Caso 2. Arnoldo y Óscar disparan cada uno con independencia del otro un tiro al corazón de Benito, pero uno de ellos dispara primero, sin que se logre establecer quién fue. Cada disparo era mortal por sí solo.

Como hemos visto, el problema en los *Casos 1 y 2* es que tanto Arnoldo como Óscar podrían sostener que, si se suprime mentalmente la dosis suministrada por él mismo, el resultado de todas formas se habría producido, por lo que habría que concluir que su conducta no es causa del resultado.

Para evitar esta conclusión absurda, la doctrina predominante sustituye la fórmula de la *conditio sine qua non* por una fórmula *ad hoc*, según la cual cada una de varias acciones es causa del resultado cuando ellas pueden ser suprimidas alternativamente, pero no cumulativamente, sin que el resultado en su concreta configuración desaparezca. Con otras palabras, en los casos de causalidad múltiple habría que tomar todas las causas como si fueran una sola. Sin embargo, sabemos que esto solo es posible en los casos de intervención delictiva. La «suma de causas» que propone la fórmula *ad hoc* carece de toda justificación.

Ante ello, Puppe y otros autores han planteado aprovechar para la imputación de resultados una forma de causalidad normativizada desarrollada por el filósofo John Mackie (1988) y conocida como *inus condition* por su sigla en inglés (*insufficient, but non-redundant part of an unnecessary but sufficient condition*). Según este autor, cuando hablamos de causas en el lenguaje común nos referimos generalmente a este tipo de condiciones. Decimos, por ejemplo, que un cortocircuito es la causa de que la casa se haya incendiado por completo. Si se considera el conjunto de elementos relevantes —cortocircuito, proximidad de material inflamable, ausencia de bomberos—, se advierte sin embargo que todos ellos, y precisamente en su conjunto, no son más que la condición suficiente pero no necesaria del incendio, pues obviamente muchos otros conjuntos de elementos también son aptos para provocar que una casa se incendie por completo. Ahora bien, en el conjunto de elementos identificado como condición suficiente del incendio en el caso concreto, el cortocircuito no es más que una parte insuficiente —aunque *ceteris paribus* el fuego no pudo surgir sin el cortocircuito, este por sí solo no pudo causar el fuego— y no redundante de una condición no necesaria pero sí suficiente para la producción del efecto. Por lo tanto, el cortocircuito es una *inus condition* de la ocurrencia del incendio completo de la casa y, en este sentido, es causa según el uso del lenguaje ordinario.

Se trata entonces de combinar cada conducta en particular con tantas otras cuantas sean necesarias para explicar el resultado, pero sin que cada una de ellas aparezca más de una vez en la selección. La aplicación de esta fórmula al ámbito penal surge a propósito de las decisiones de órganos colegiados que requieren simple mayoría, para aquellos casos en que los votos a favor de la conducta delictiva exceden la mayoría. Por ejemplo, si el directorio adopta por unanimidad una decisión con relevancia penal, la fórmula permite tomar el voto de cada director y combinarlo con cuantos sean necesarios para formar mayoría; así, el voto favorable de cada uno es *inus condition*, y por tanto causa, de la decisión. Esta forma de proceder está justificada ya que solo así se puede explicar causalmente el resultado. Con otras palabras, según Puppe, la conducta no ha de ser condición necesaria del resultado, sino que debe ser parte necesaria de una condición suficiente, condición suficiente que puede estar compuesta —y normalmente lo estará— también por otros factores.

Sin embargo, el valor fundante de esta noción es relativamente modesto, como muestra el mismo ejemplo del cortocircuito. El ejemplo revela que el presupuesto del modelo siempre es el conocimiento de una cierta regularidad basada en la experiencia. ¿Qué ocurre, entonces, si se desconoce la regularidad?

Pero sobre todo, ¿qué ocurre si las partes múltiples e insuficientes de una condición no necesaria pero suficiente provienen, todas ellas, de personas autorresponsables diversas? ¿Qué podría justificar que se sume estos fragmentos para imputarlos todos, como un «hecho total», a todas estas personas?

Así como KINDHÄUSER proponía para los casos de causalidad acumulativa un retorno al análisis de la relevancia causal, afirmando la causalidad de una condición necesaria, pero no suficiente, PUPPE propone algo semejante para los casos de causalidad múltiple, aunque afirmando la relevancia de una causa suficiente pero no necesaria. También podría ser que esta sea una decisión normativamente apropiada, pero ella pertenece al ámbito de la relevancia jurídica de la condición y no al de su relevancia causal.

De cualquier manera, *no* hay causalidad múltiple cuando, entre dos potenciales candidatos a constituir la explicación causal, no se logra determinar cuál fue el curso causal que realmente operó. En el *Caso 2* hay causalidad múltiple, pero no en su variante, puesto que uno de los dos sujetos actúa primero. En casos como el de la variante, lo que hay es un problema de prueba de la causalidad. La imposibilidad de establecer en el juicio cuál de los dos sujetos ha actuado primero implica, por aplicación del principio *in dubio pro reo*, la imposibilidad de imputar el resultado a cualquiera de ellos. En consecuencia, ambos solo podrán ser castigados solo a título de homicidio frustrado.

(c) Disminución del riesgo

Caso 1. Arnoldo empuja a Benito con fuerza hacia un costado, de tal modo que la pesada teja que venía cayendo no le da en la cabeza —como habría ocurrido si no lo hubiese empujado— sino que solo lo alcanza en un hombro, lesionándolo levemente.

Caso 2. A falta de otra posibilidad para salvar su vida, el bombero B arroja desde el segundo piso de la casa en llamas al adolescente A que corre el riesgo de morir asfixiado, pero la caída le provoca lesiones de gravedad.

El criterio denominado *disminución del riesgo* es una excepción a la irrelevancia de los cursos causales hipotéticos. Se entiende que la conducta que se limita a disminuir un riesgo ya existente, no constituye un incremento de probabilidad de producción del resultado lesivo. Estamos frente a una disminución del riesgo en este sentido cuando la persona influye en el curso causal de una de las siguientes tres maneras:

- La conducta disminuye la probabilidad de ocurrencia del resultado.
- La conducta reduce cuantitativamente el daño que se hubiese producido sin su intervención.

- La conducta consigue que se produzca un resultado cualitativamente menos grave que el que se hubiese producido sin su intervención.

En el *Caso 1*, la conducta de Arnoldo es causa de la lesión que termina sufriendo Benito, pues posee relevancia causal en el sentido de la fórmula de la condición modificada. Sin embargo, la imputación de este resultado debe descartarse ya que la conducta influyó en el suceso de tal manera que Benito, en lugar de sufrir la muerte o unas lesiones graves, solo padece una lesión de menor entidad.

El *Caso 2* no es, en cambio, una hipótesis de disminución del riesgo (de asfixia), puesto que B no se limita a disminuir un riesgo ya existente, sino que crea un nuevo riesgo (de producción de lesiones) que sustituye al primero. Por lo tanto, las lesiones que A sufre son imputables objetivamente a la conducta de B. Otra cosa es que la conducta de B no sea punible si está justificada en virtud del art. 10 N° 10 (ejercicio legítimo de un oficio) o por consentimiento presunto.

Además de la disminución del riesgo, en derecho penal se menciona otra excepción a la irrelevancia de los cursos causales hipotéticos, pero que es mucho más discutida. Ella tendría lugar en los casos en que el autor modifica un riesgo ya existente, pero sin que ello influya negativamente en la probabilidad de que el resultado se produzca o en la magnitud del daño:

> Antes de un cruce ferroviario hay un guardavía que tiene la posibilidad de cambiar la dirección del tren, desviándolo hacia una segunda vía. Como consecuencia de dos derrumbes, sin embargo, las dos vías disponibles están bloqueadas por pesadas rocas. El tren iba a tomar la dirección A, pero el guardavía lo desvía hacia la dirección B. El tren choca con las rocas y varios pasajeros resultan lesionados.

En un caso así, ¿se ha introducido una modificación tan relevante al curso de los acontecimientos como para imputarle al guardavía las lesiones? La respuesta más común es que no se puede imputar el resultado al guardavía, ya que su conducta no ha modificado la probabilidad ni la magnitud del daño. Esto es discutible, pues casi toda conducta lesiva constituye, en cierto modo, una sustitución de riesgos.

Para profundizar...

Para una introducción a la teoría de la imputación objetiva, especialmente Jakobs, *System der strafrechtlichen Zurechnung* (Vittorio Klostermann, Frankfurt

a. M., 2012); ÉL MISMO, Dogmática del derecho penal y la configuración normativa de la sociedad (Civitas, Madrid, 2004); el segundo capítulo de PAWLIK, *Ciudadanía y derecho penal* (Atelier, Barcelona, 2016); el capítulo primero de FRISCH, Tatbestandsmäßiges Verhalten und Zurechnung des Erfolgs (C. F. Müller, Heidelberg, 1988); REYES ALVARADO, *Imputación objetiva* (3ª ed. 2005, Bogotá, Temis) y GARCÍA CAVERO, *Derecho Penal. Parte General* (3ª ed. 2019, Lima, Ideas Solución Editorial), pp. 409-493. Las monografías que tratan aspectos parciales de la teoría son innumerables. Entre ellas, respecto de la teoría de las posiciones de garante puede consultarse SÁNCHEZ-VERA, *Delito de infracción de deber y participación delictiva* (Marcial Pons, Madrid, 2002); sobre el principio de confianza, MARAVER, *El principio de confianza en derecho penal* (Civitas, Madrid, 2009); sobre la prohibición de regreso, CARO JOHN, Normativismo e imputación jurídico-penal (Olejnik, Santiago, 2017); sobre la imputación a la víctima, CANCIO MELIÁ, *Conducta de la víctima e imputación objetiva en derecho penal* (3ª ed. 2022, B de F, Buenos Aires). Sobre causalidad e imputación de resultados, fundamental CERLETTI, «Juicios de imputación y juicios causales», en E. Montealegre (editor), *El funcionalismo en derecho penal: Libro homenaje al profesor Günther Jakobs* (Universidad Externado de Colombia, Bogotá, 2003), pp. 237-277; un panorama de los problemas y propuestas de solución se encuentra en CANCIO MELIÁ, *Líneas básicas de la imputación objetiva* (Ediciones Jurídicas Cuyo, Mendoza, 2001). Muy valioso e ilustrativo resulta también el panorama jurisprudencial chileno y latinoamericano que presenta REYES VÉLIZ en *La imputación objetiva en la jurisprudencia* (Ed. Metropolitana, Santiago, 2014) y el análisis del principio de confianza en los casos de responsabilidad por el producto en CONTRERAS, *Productos defectuosos y derecho penal* (RIL Editores, Santiago, 2018).

III. PRESUPUESTOS ESPECÍFICOS DE LA COMPETENCIA POR UN SUCESO: TEORÍA DE LA TIPICIDAD

1. Concepto de tipo penal

El tipo delictivo —o simplemente, el *tipo*— es la síntesis de los elementos que definen el hecho punible y que son indispensables para fundar positivamente su antijuridicidad.

Esta definición corresponde al sentido primario del tipo en derecho penal. Pero el término «tipo» también se utiliza para designar las condiciones que la ley requiere para que un hecho esté justificado o exculpado. Se habla así de un «tipo de justificación» (*v. gr.* art. 10 N° 4) y de un «tipo de exculpación» (*v. gr.* art. 10 N° 9). En un sentido aún más amplio, se habla también de un «tipo de agravante» y de un «tipo de atenuante» de la responsabilidad penal.

El nivel de análisis correspondiente al tipo penal es el más bajo o fundamental en la estructura del delito. Ante la pregunta de si un determinado hecho es típico, hay que verificar si ese hecho reúne todas las características positivas con que la ley define una cierta clase de hechos punibles. El procedimiento por el cual se llega a la conclusión de que un hecho reúne dichas características se denomina *subsunción*. Si un hecho no es subsumible bajo la definición del tipo penal, entonces ese hecho no es relevante para el derecho penal: es atípico.

La teoría del tipo es hasta cierto punto una continuación de la *teoría del corpus delictii* desarrollada por los procesalistas en la Edad Media, un concepto que designa la totalidad de los signos externos que son suficientes para iniciar la persecución penal de un hecho por parte de la autoridad, en término análogos a lo que hoy, de acuerdo a la ley procesal, es necesario para considerar que un hecho reviste caracteres de delito (art. 166 inc. 2° CPP) y, luego, si existe fundamento serio para solicitar el enjuiciamiento del imputado (art. 248 letra b] CPP). Se trataba, por tanto, de un concepto más procesal que sustantivo.

En sus bases, la concepción moderna del tipo como parte de la estructura del delito se debe a BELING, quien, sin embargo, consideraba el tipo como una categoría valorativamente neutra. La valoración del hecho típico debía hacerse en otros estadios de la estructura del delito. Hoy, en cambio, se tiende a ver en el tipo la «materia de la prohibición» (la expresión fue popularizada por WELZEL, aunque también refleja el pensamiento de MEZGER y otros autores de raigambre hermenéutica), es decir, se considera que en el tipo están contenidas todas las características de un suceso que cuenta, aunque solo sea en general y *prima facie*, como antijurídico.

2. Figuras calificadas y privilegiadas

Es frecuente que el legislador estructure los tipos penales escalonadamente, distinguiendo entre el tipo básico, un tipo calificado y un tipo privilegiado.

La parte especial del Código Penal contiene, en primer lugar, tipos en los cuales se define la forma básica de un delito. Este así llamado *tipo básico* contiene todas las características que hacen que ciertos hechos de una misma clase sean típicos. Por ejemplo, el tipo básico del homicidio está contemplado en el art. 391 N° 2, y es conocido comúnmente como *homicidio simple*.

Junto al tipo básico, la ley puede contemplar una *figura calificada*, esto es, otro tipo penal que establece una pena *obligatoria* y sustancialmente más alta para los casos en que, junto a los elementos del tipo básico, concurren otros elementos que hacen más grave el injusto. Por ejemplo, el art. 391 N° 1 tipifica las formas de *homicidio calificado*.

Además, hay casos en que la ley establece una *figura privilegiada*, consistente en un tipo penal que, aparte de contener todos los elementos del tipo básico, incluye otros elementos que disminuyen la gravedad del injusto, lo cual determina una rebaja *obligatoria* de la pena. Así, respecto del homicidio simple, es figura privilegiada el *aborto*, definido en el art. 342 y ss., y el soborno consentido es una figura privilegiada respecto del soborno ofrecido (art. 250).

Las figuras calificadas y privilegiadas son formas de aparición del delito básico. Por lo tanto, la interpretación de los elementos del tipo debe ser armónica y consistente para todas las figuras. En esto radica la diferencia entre las figuras calificadas y privilegiadas, por una parte, y lo que se denomina *delictum sui generis*, que es un tipo penal semejante a otro, con el que puede tener varios elementos en común, pero sin constituir una de sus formas de aparición, por la otra. Por eso, la hermenéutica de un *delictum sui generis* puede independizarse del aparato interpretativo asociado al tipo penal al cual se asemeja.

Se discute, por ejemplo, si el robo es un *delictum sui generis* o una forma calificada del hurto. Si el robo no es simplemente un hurto calificado, sino un delito distinto caracterizado por la coacción con miras a la apropiación, entonces *v. gr.* cuando la violencia se ha ejercido con un fin distinto de la apropiación y solo en un momento posterior el sujeto decide apropiarse de una cosa que lleva consigo la víctima, no podría haber robo sino solo hurto.

3. Principales variantes de los tipos delictivos

a) Delitos de comisión activa y delitos de comisión omisiva

La mayor parte de las veces el tipo define una conducta cuya realización exige un despliegue de energía física, pero esto no significa que el delito solo pueda cometerse a través de ese despliegue de energía. Por otro lado, en algunas ocasiones el tipo define precisamente una conducta cuya realización no importa un despliegue de energía física.

Los delitos de comisión omisiva se clasifican así en:

aa) Delitos de omisión propia

El tipo legal describe o define, específicamente, una conducta omisiva (*v. gr.* art. 494 N° 14 CP, art. 195 Ley de Tránsito).

bb) Delitos de omisión impropia

El tipo legal describe o define una conducta activa, pero la norma de conducta comprende también las hipótesis omisivas. Reciben también la denominación de delitos de *comisión por omisión*. Como el tipo a cuya realización se refieren define literalmente una conducta que consiste en desplegar energía física, el tipo del delito omisivo resulta de una lectura del tipo penal activo en clave omisiva, es decir, donde la ley dice: «El que mate a otro...», se lee también: «El que deja morir a otro...».

Conceptualmente, cualquier tipo penal de comisión activa se puede leer en clave omisiva. Sin embargo, la opinión predominante en la doctrina comparada señala que, para poder hacer esta lectura, la ley penal debe permitirlo expresamente, como lo hacen los códigos penales de muchos países. Esta exigencia provendría del principio de tipicidad. Además, se dice, la lectura en clave omisiva solo sería posible o aceptable tratándose de delitos de resultado de lesión y cuando la omisión sea «valorativamente» equiparable a la acción.

b) Delitos comunes y delitos especiales

aa) Delitos comunes

Son aquellos que cualquier persona puede cometer. En estos casos, el sujeto activo normalmente se designa en el tipo con la expresión «el que», como por ejemplo en los arts. 432 y 391. La mayor parte de los delitos contemplados en el Código Penal son delitos comunes.

bb) Delitos especiales

Son delitos en que el tipo penal asigna alguna relevancia a una cierta posición jurídica, más o menos densamente regulada en el ordenamiento jurídico, que ostenta el autor. Un ejemplo característico de delito especial es el delito funcionario, que solo comete quien cuenta como «empleado público» conforme al art. 260 (*v. gr.* arts. 233, 234 y 239). En los delitos especiales, la calidad personal expresada en el tipo alude (en rigor, innecesariamente) a la posición jurídica que funda la competencia del sujeto en orden a la evitación de la realización típica.

Cuál es precisamente la relevancia que la ley asigna en cada delito especial a la posición jurídica del sujeto activo, es un asunto vivamente controvertido. Utilizando un criterio más bien superficial, la doctrina ha dividido tradicionalmente los delitos especiales en dos grupos:

(1) Delitos especiales propios

Se dice que en ellos la cualificación personal es «fundante» de la punibilidad, pues el delito especial solo puede aplicarse al sujeto cualificado y no existe un delito común que capte la conducta del interviniente no cualificado. Por ejemplo, si un particular redacta la sentencia prevaricadora y el juez solo la firma (art. 223), en principio solo este último será penalmente responsable.

Los delitos especiales propios pueden ser caracterizados también como o «delitos de infracción de un deber», en la medida en que la antijuridicidad del hecho dependa de la vulneración de un deber positivo o institucional.

(2) Delitos especiales impropios

Son delitos respecto de los cuales la ley prevé una consecuencia jurídica especial en razón de que son cometidos por un sujeto cualificado o con intervención de este, pero donde también es posible sancionar la conducta del interviniente no cualificado aplicando una rebaja o aumento de pena, o recurriendo a una figura distinta que capta la misma conducta externa, pero sin exigir la cualificación personal. Ejemplo del primer caso es el delito de incremento fraudulento del crédito fiscal (art. 97 N° 4 inc. 2° del Código Tributario), y del segundo, los delitos de parricidio (art. 390) e infanticidio (art. 394). En estos casos, la cualificación personal no sería «fundante» de la punibilidad, sino solo agravante o mitigante del injusto.

En todo caso, para que se trate de un delito especial, también en un sentido impropio, es indispensable que la cualificación sea la expresión de un estatuto específico de derechos y deberes del sujeto activo, que el legislador ha configurado y regulado con cierta densidad. Por eso, en realidad no son delitos especiales: (i) aquellos en que la aparente cualificación del sujeto solo se debe a que la ley «substantiviza» un verbo, «hipostatiza» una propiedad o alude simplemente a quien en un determinado momento está realizando cierta actividad («el peatón», «el dueño de un local», etc.); (ii) los delitos «de posición» (Robles Planas), en que la aparente cualificación solo designa una posición jurídica carente de mayor densidad regulatoria, pero que permite al sujeto realizar la conducta típica, como la calidad de administrador o mandatario en el delito de apropiación indebida (art. 470 N° 1) y en muchas hipótesis de administración desleal (art. 470 N° 11).

Los delitos especiales presentan principalmente dos problemas. El primero se plantea cuando existe intervención delictiva entre el sujeto cualificado y uno o varios sujetos no cualificados: ¿Han de ser castigados estos últimos por el delito especial? Y en su caso, ¿han de ser castigados con la misma pena que el sujeto cualificado? Este problema, conocido tradicionalmente como problema de la comunicabilidad, se estudiará con ocasión de la teoría de la intervención delictiva.

El segundo problema tiene lugar en los casos en que *no* hay intervención delictiva entre el sujeto cualificado y el no cualificado, especialmente cuando aquel es una persona jurídica y este, su representante. Si no fuera por los arts. 99 del Código Tributario y 463 quáter del Código Penal, podría ser discutible si el gerente de la sociedad contribuyente o de la empresa deudora comete, por ejemplo, los delitos previstos en el art. 97 N° 4 inciso 2° del Código Tributario o en el art. 463 CP al realizar las conductas que allí se definen. Pues, en efecto, la primera figura exige que el autor sea «contribuyente» del impuesto de retención y el segundo, que sea una «empresa deudora»; pero el gerente no es el contribuyente del impuesto de retención ni el deudor insolvente. Esto plantea un problema de tipicidad conocido como el problema del actuar en lugar de otro, allí donde la ley, a diferencia de lo que ocurre en los delitos tributarios y concursales, no ha resuelto expresamente el punto. Por eso, muchos ordenamientos jurídicos contemporáneos cuentan con reglas en la parte general del Código Penal que buscan hacerse cargo de esta cuestión (*v. gr.* art. 31 CP español; art. 27 CP peruano; § 14 StGB).

c) Delitos de resultado y delitos de mera actividad

aa) Delitos de resultado

Un delito es de resultado cuando el tipo penal exige la producción de un determinado suceso en el mundo exterior, suceso que es distinguible —por lo general, espaciotemporalmente— de la conducta. El delito de resultado no es un delito que *produce un resultado*, sino un delito en que *el tipo penal exige un resultado* para su completa realización. Así, por ejemplo, el delito de violación no es un delito de resultado, sino de mera actividad, porque, aunque tiene efectos distinguibles de la conducta, esos efectos no son exigidos por el tipo. Sí son delitos de resultado, por ejemplo, el homicidio y las lesiones.

En algunos casos puede ser discutible si un determinado delito es de resultado (art. 62 Decreto Ley N° 211) o debería ser configurado como tal por el legislador (delitos ambientales).

bb) Delitos de mera actividad o de pura omisión

Son aquellos en que el tipo define o describe solo la realización de una acción o un suceso cuyo centro es una omisión, sin referencia a un resultado (*v. gr.* delito de calumnias, art. 412, por contraste con la injuria difamatoria del art. 416; la omisión de socorro del art. 494 N° 14).

d) Delitos de lesión y delitos de peligro

aa) Delitos de lesión

Son delitos de resultado que se caracterizan por que el resultado típico consiste en un daño o menoscabo del bien jurídico protegido por el tipo penal. Por ejemplo, en el tipo penal de la estafa (art. 468), que protege el patrimonio, el resultado requerido es el perjuicio patrimonial (lesión del bien jurídico «patrimonio»).

Recordemos que el bien jurídico es el atributo valorado positivamente por el derecho, que no ha de confundirse con la persona u objeto concretos cuyo atributo valorado positivamente resulta afectado por la conducta típica. Por eso, en rigor todo delito es un delito de lesión. La distinción entre delitos de lesión y de peligro tiene sentido como asunto de técnica legislativa y de hermenéutica del tipo penal —cuál es la forma de afectación necesaria para la subsunción—, y como criterio de política criminal: cuán abstracto, *i.e.* distante del concreto objeto afectado, puede ser el fundamento de las restricciones a la autonomía que imponen las normas de conducta penal. La necesidad de mantener la visibilidad de esta cuestión explica por qué sería un retroceso tratar de proporcionar a los delitos de peligro un fundamento independiente y desconectado de la lesión. Además, resulta conceptualmente imposible definir el peligro sin incorporar la idea de lesión.

bb) Delitos de peligro

Son delitos de resultado en que, para la realización del tipo, basta con que se menoscabe la seguridad del bien jurídico protegido. Es decir, la realización del tipo no presupone un menoscabo sustancial del bien jurídico mismo, sino solo de su seguridad. Como acertadamente apunta Vargas, no han de confundirse los delitos de peligro con los delitos de mera actividad, pues se trata de clasificaciones que atienden a puntos de vista diversos. La distinción entre delitos de resultado y de mera actividad mira a si la descripción típica comprende un efecto material sobre el objeto de la conducta; la distinción entre delitos de resultado de peligro y de lesión, en cambio, atiende a la forma de afectación del bien jurídico protegido (o incluso, según algunos, a la índole del bien protegido).

Los delitos de peligro se clasifican en:

(1) Delitos de peligro concreto

Los delitos de peligro concreto son hechos delictivos cuyo resultado consiste en la puesta en peligro concreta de aquel objeto que presenta las características del bien jurídico protegido. Se entiende que tal objeto se encuentra concretamente en peligro cuando, desde la perspectiva de un observador familiarizado con las circunstancias, la no producción de la lesión depende solo del azar (*v. gr.*, arts. 332, 411 bis inc. 3°). Se reconocen usualmente en que el tipo menciona de modo expreso la puesta en peligro.

(2) Delitos de peligro abstracto

Son delitos cuyo resultado no consiste ni en la lesión del bien jurídico a que hace referencia el tipo, ni en su puesta en peligro (*v. gr.*, art. 476, art. 288 bis). El clásico ejemplo de delito de peligro abstracto es el delito de conducción en estado de ebriedad (art. 196 Ley de Tránsito).

En los delitos de peligro abstracto, basta con subsumir la conducta y demás circunstancias relevantes bajo el tipo penal, sin que sea necesario acreditar que el bien jurídico ha sido puesto en peligro; basta con la realización de la conducta en un cierto contexto definido por la ley.

En un esfuerzo por explicar esta forma de tipificación, Kindhäuser ha sostenido que la puesta en peligro abstracta es la afectación de las condiciones mínimas de seguridad que son indispensables para disponer en forma despreocupada de los bienes jurídicos. La tipificación de esta clase de delitos sería, por tanto, un mecanismo del Estado para garantizar tales condiciones, cuya proporcionalidad habría que revisar caso a caso.

En el Rol 739 de 2007, el Tribunal Constitucional —a propósito del delito de asociación ilícita— declaró que en Chile, en virtud del principio de lesividad, no serían constitucionalmente aceptables los delitos de peligro abstracto y que, por lo tanto, todos los delitos de peligro abstracto deben ser reinterpretados como delitos de peligro concreto. Sin embargo, los argumentos plasmados en la sentencia son tan deficientes y confusos, que es dudoso si este criterio se mantendrá en el futuro.

Hay casos en que es difícil distinguir si un delito está configurado por el legislador como figura de peligro abstracto o concreto, como ocurre con el delito de asociación ilícita y se ha planteado respecto del art. 318 en el contexto de la pandemia de Covid-19 («El que pusiere en peligro la salud pública por infracción de las reglas higiénicas o de salubridad, debidamente publicadas por la autoridad, en tiempo de catástrofe, epidemia o contagio...»). Atendido que el delito de peligro abstracto importa una restricción más intensa de la libertad que el delito de lesión —pues obedece a una administración centralizada de los riesgos por parte del Estado—, todo indica que en la duda es preferible interpretar el precepto como un delito de peligro concreto.

Últimamente ha ganado terreno la idea de entender los delitos de peligro abstracto como *delitos de idoneidad*, una categoría que ha sido reconocida incluso por la Corte Suprema (SCS 25.III.2021, Rol N° 25.436-2020). Conforme a ella, el tipo penal exige que la conducta, en las circunstancias dadas, sea apta o idónea para producir cierto tipo de resultados, aunque no es necesario acreditar que haya puesto en peligro concreto a un bien determinado. La categoría de los delitos de aptitud o idoneidad se ha aplicado al delito previsto en el art. 291 y a los contemplados en los arts. 314 y 318, pero la nómina puede extenderse significativamente a costa de figuras que hasta ahora han sido consideradas como de «puro» peligro abstracto.

(3) *Delitos de daño acumulativo*

Los delitos de daño acumulativo —como un delito ambiental que consistiera solo en verter algún contaminante por sobre el límite permitido en la norma de emisión— se distinguen de los delitos de peligro abstracto en que, en los primeros, la conducta por definición no es idónea para lesionar ni para poner en peligro concreto el bien jurídico, pero se castiga para evitar los efectos que se seguirían en la hipótesis de que «todos hicieran lo mismo».

Estos delitos son problemáticos desde el punto de vista del principio de culpabilidad, pues resulta difícil considerar como merecida la pena por un hecho cuyo fundamento de injusto se encuentra tan alejado de la lesión del bien jurídico y, además, está mediado por un hipotético injusto de terceros ajenos y autorresponsables.

e) Delitos de propia mano

Se llaman *delitos de propia mano* aquellos que una persona solo puede cometer realizando ella misma la conducta típica, como sería el caso, según opinión muy extendida, del delito de conducción en estado de ebriedad (art-196 Ley de Tránsito), la violación (art. 361) y el perjurio (art. 206).

Los terceros que no realizan la conducta típica pueden ser cómplices o incluso inductores al delito de propia mano, pero nunca autores mediatos o coautores —y según algunos, esta clase de delitos tampoco podría cometerse por omisión. Por eso, por ejemplo, si alguien coacciona a otro para que declare falsamente en juicio, solo podría ser castigado como inductor a un delito de perjurio o falso testimonio, a no ser que la ley contemple un tipo especial que sea capaz de captar esta conducta, como podría ser el art. 207.

La categoría de los delitos de propia mano es discutida y discutible. Si se examinan en detalle las figuras correspondientes, se encuentra que algunas no son más que delitos de infracción de un deber (como el perjurio, por lo cual la punibilidad del interviniente no cualificado puede quedar limitada al art. 207); en otras, las dificultades de subsunción que derivan de las características de la conducta típica son resueltas por la ley (como ocurre en el art. 15 N° 1, segunda parte, para el delito de violación); o, en fin, se trata de figuras donde los impedimentos para apreciar una autoría mediata o una coautoría del que no ejecuta de propia mano solo derivan de planteamientos unilateralmente naturalistas, como en la conducción en estado de ebriedad.

f) Delitos permanentes

Son aquellos en los cuales el autor produce una estado de cosas antijurídico, definido en el tipo penal, y luego lo mantiene *con su conducta* durante un tiempo más o menos largo. Según la opinión más generalizada, estos delitos se consuman ya con la producción de tal estado de cosas —que puede o no corresponder a un «resultado» en sentido estricto—, pero el plazo de prescripción de la acción penal solo empieza a correr desde la «terminación» del delito, es decir, desde el momento en que cesa la conducta del sujeto que tiene por objeto mantener la situación antijurídica. Ejemplo clásico de delito permanente es el secuestro (art. 141).

No hay que confundir los *delitos permanentes* con los *delitos de efectos permanentes*, esto es, con delitos en que el resultado típico consiste en una afectación duradera en el tiempo del bien jurídico (*v. gr.* lesiones, daños a la propiedad). Estos delitos se consuman con la producción del resultado y no presentan problemas especiales en este sentido (sí plantean problemas, en cambio, para la imputación de los llamados *daños consecuenciales*).

g) Delitos dolosos y delitos culposos o cuasidelitos

Las reglas básicas sobre esta clasificación están en el art. 2°, que hace la distinción, y en el art. 10 N° 13, donde está regulada su principal consecuencia. El dolo y la imprudencia son diversas formas de evitabilidad individual que estudiaremos a propósito de la imputación subjetiva; en lo demás, el delito imprudente no se distingue en nada del delito doloso.

En nuestro ordenamiento jurídico existe un sistema de *numerus clausus* en materia de imprudencia, lo que significa que, en principio, solo los hechos dolosos dan lugar a responsabilidad penal.

4. Clases de delitos en atención a su gravedad: crímenes, simples delitos y faltas

a) Clasificación en la ley

Conforme al art. 3°, «los delitos, atendida su gravedad, se dividen en crímenes, simples delitos y faltas y se califican de tales según la pena que les está asignada en la escala general del art. 21». Así, la clasificación de un hecho como crimen, simple delito o falta depende de la pena abstracta, es decir, de la pena asignada por la ley a ese hecho incluso antes de cualquier especificación (como el grado de desarrollo del delito o la forma de intervención en él), y no de la pena que se imponga en concreto al sujeto, después de considerar todos los elementos que hacen variar la intensidad de las sanciones en el caso particular.

Esta clasificación responde a las valoraciones de la época en que el Código se dictó. Por ejemplo, ciertas formas de lesiones y de coacción constituyen solo una falta, mientras que la provocación a duelo es un simple delito.

El art. 4° aplica esta distinción también a los cuasidelitos, lo que permite hablar de cuasi crímenes (*v. gr.* art. 224 N° 1); cuasi simples delitos (*v. gr.* arts. 490 y ss., 234, 302 y 329) y cuasi faltas (*v. gr.* arts. 494 N° 10; 495 N° 21).

La diferencia entre crimen, simple delito y falta es importante para los plazos de prescripción, regulados en los arts. 94 y 97, y en los demás aspectos que son propios de las infracciones constitutivas de falta. Además, la imputación de crímenes está asociada a consecuencias procesales muy relevantes, como un riesgo sustancialmente mayor de prisión preventiva (art. 140 CPP) o la posibilidad de practicar diligencias de investigación intrusivas (art. 222 CPP). Por último, el rango de penas propio de los crímenes, que comienza en los cinco años y un día de privación de libertad, tiene importantes consecuencias cuando se aplica *en concreto*, pues excluye la imposición de las penas sustitutivas de la privación de libertad que contempla la Ley N° 18.216.

b) Régimen de las faltas

El régimen punitivo de las faltas se puede sintetizar en los siguientes aspectos:

- Solo se castigan las faltas cuando están consumadas; por tanto no son punibles la tentativa de falta ni, cuando se trata de una falta de resultado, la falta frustrada (art. 7°).
- No es punible el encubrimiento de una falta (art. 17).
- Al cómplice de una falta no se le determina la pena conforme al art. 51, sino conforme a la regla del art. 498.
- La ley penal chilena no se aplica extraterritorialmente respecto de faltas (art. 6° COT).
- Conforme al art. 500, el comiso —pérdida de los efectos e instrumentos del delito— no es la regla general, como sí lo es respecto de los crímenes y simples delitos (art. 31), sino que lo decreta el tribunal a su prudente arbitrio, según los casos y circunstancias.
- La comisión de una falta no interrumpe la prescripción respecto de otros delitos que la persona haya cometido (art. 96).
- La comisión de una falta no es relevante para efectos de reincidencia (art. 12 Nos. 15 y 16).
- Si, como ocurre en la inmensa mayoría de los casos, respecto de una falta el fiscal solamente solicita una pena de multa, se aplica el *procedimiento monitorio* (art. 392 CPP).

5. Formas imperfectas de ejecución del delito

Para castigar también las formas imperfectas de ejecución del delito, el legislador ha establecido determinadas reglas en la parte general del Código Penal. De lo contrario, conforme al principio de legalidad, solo podrían sancionarse penalmente los delitos consumados, tal y como se encuentran definidos en la parte especial.

Las reglas pertinentes están en el art. 7°, que sanciona la *tentativa* y el *delito frustrado*, y en el art. 8°, que define la *proposición* y la *conspiración*.

La tentativa es siempre punible respecto de crímenes y simples delitos, igual que el delito frustrado cuando se trata de delitos de resultado. En cambio, por regla general no son punibles la proposición y la conspiración; estas solo adquieren relevancia penal en aquellos casos en que la ley lo señala expresamente al establecer la figura principal, como ocurre *v. gr.* respecto de delitos terroristas y otros delitos contra la seguridad del Estado.

Todos estos tipos penales —tentativa, frustración, conspiración y proposición— son tipos lógica y jurídicamente subordinados al tipo penal que establece la correspondiente figura de consumación.

6. El contenido del tipo delictivo

a) «Faz objetiva» y «faz subjetiva» del tipo

El tipo penal contiene todos los elementos que fundan positivamente la antijuridicidad de una conducta. En la medida en que el tipo delictivo procura describir de una manera precisa las características de la conducta punible, cumple necesariamente la función de valorar el hecho según el ordenamiento jurídico. El tipo delictivo define, de este modo, que una determinada clase de hechos es relevante para el ordenamiento jurídico y que esa relevancia tiene un signo negativo; es lo que se suele denominar *función apelativa* del tipo penal. Eventualmente, el tipo también puede cumplir la función de mostrar plásticamente al ciudadano qué clase de conductas tienen como consecuencia una sanción penal.

Según la didáctica más extendida, el tipo penal está compuesto por elementos objetivos y por elementos subjetivos, clasificación que da lugar a un «tipo objetivo» o «faz objetiva» del tipo, por contraposición a «faz subjetiva» o «tipo subjetivo»:

aa) Los elementos del «tipo objetivo»

Los elementos del «tipo objetivo» circunscriben la imagen exterior de la clase de hechos definida en él. Según el delito de que se trate, contienen más o menos propiedades, cuya concurrencia en el caso concreto hay que verificar una por una. Los tipos penales contienen, por lo general, los siguientes elementos objetivos:

(1) *Sujeto activo*. Puede ser genérico (*v. gr.* «el que...») o puede presentar características especiales (*v. gr.* «el empleado público que...»).

(2) *Caracterización del objeto* (*v. gr.* «cosa mueble»; «menor de catorce años»).

(3) *Descripción de la conducta típica*. Este elemento debe estar necesariamente presente conforme al principio de tipicidad. La conducta se describe a través de una forma verbal (y, cuando es necesario, también mediante un complemento), que en el lenguaje del derecho penal se denomina *verbo rector*: apropiarse, matar, herir, maltratar de obra, etc.

(4) *Descripción de la situación en la cual se realiza la conducta* (*v. gr.* con motivo u ocasión de la comisión de otro delito, como en el art. 290; en caso de calamidad pública: *v. gr.* art. 335).

(5) *Modalidades del hecho* (*v. gr.* art. 418: «por escrito y con publicidad»).

(6) *Resultado típico*. En los tipos que establecen delitos de resultado se contiene la definición del resultado típico y, de un modo generalmente implícito, la relación de causalidad entre ese resultado y la conducta típica.

(7) *Valoraciones de la conducta*. Hay tipos penales que en su lado objetivo incluyen también valoraciones de la conducta, por ejemplo, cuando se castiga al que «indebidamente», «sin derecho», «en forma contraria a derecho», etc., ejecuta una determinada acción o incurre en una determinada omisión. En algunos tipos penales, esas expresiones cumplen una función pedagógica; en otros, son absolutamente superfluas. Así, alguna función cumplen cuando la conducta, sin esa valoración, sería en principio lícita (*v. gr.*, art. 291); en cambio, la valoración es superflua allí donde la conducta es a todas luces antijurídica, sin necesidad de agregar expresiones valorativas (*v. gr.* art. 141).

bb) Elementos del tipo subjetivo y «elementos subjetivos del tipo»

El lado subjetivo del hecho está compuesto por un conjunto de presupuestos e indicadores de su evitabilidad individual, la cual puede adoptar la forma de dolo o de culpa. Para las teorías del delito que dependen de la distinción entre *imputatio facti* e *imputatio iuris* puede ser relevante establecer si las formas de evitabilidad individual se encuentran en el plano de la tipicidad o de la culpabilidad. En la teoría del delito que aquí se adopta, ello no tiene mayor interés. Por razones principalmente didácticas, estudiaremos todo esto en el ámbito de la imputación subjetiva o culpabilidad.

También es importante considerar que unos pocos tipos penales introducen propiedades definitorias de la conducta típica mediante expresiones que aluden a lo subjetivo, como la exigencia de un «ánimo de lucro» en el hurto (art. 432). Estas propiedades, llamadas «(otros) elementos subjetivos del tipo», operan de diversas maneras. En algunos casos, como en el delito de hurto, significan el adelantamiento de la punibilidad al momento en que se funda una nueva custodia sobre la cosa sustraída, sin que sea necesario esperar a que esta sea consumida o enajenada; el elemento subjetivo, se dice, consiste aquí en una «tendencia interna trascendente». En otros casos, la propiedad de la conducta subjetivamente expresada permite distinguir un hecho punible de un hecho lícito o de otro hecho ilícito menos grave, como en el art. 126 (alzamiento) o en los delitos terroristas (cometer el delito «con la finalidad de producir en la población o en una parte de ella el temor justificado de ser víctima de delitos de la misma especie»: art. 1° de la Ley N° 18.314). En fin, en otros casos el requisito especial permite restringir el alcance de un tipo penal concebido en términos excesivamente amplios, como en el art. 251 bis (soborno de funcionarios públicos extranjeros). En estos dos últimos grupos de casos se habla de una «tendencia interna intensificada» (Mir Puig).

Las razones por las cuales el legislador ha optado en estos casos por un lenguaje que alude a lo subjetivo son variadas. Sin embargo, no ha de perderse de vista que siempre se trata de propiedades de la conducta, es decir, aquello que se designa en clave subjetiva debe ser reconocible en la fisonomía objetiva del hecho. En los ejemplos: la forma en que se produce el apoderamiento de la cosa excluye su destinación altruista o su uso transitorio; el alzamiento aparece como una forma de coacción de la autoridad; el soborno obedece a la obtención o mantención de un negocio o una ventaja. Desde este punto de vista, la formulación de la exigencia típica en términos subjetivos es contingente y secundaria (y en no pocos casos, contraproducente: *v. gr.* art. 322 ter), de modo que no cabe extraer consecuencias sistemáticas de ella (por ejemplo, la exigencia de un determinado «propósito» no implica *por sí misma* una exigencia de dolo directo). Por eso, en lo sucesivo no se dará un tratamiento especial o separado a los así llamados «elementos subjetivos del tipo».

b) Clases de elementos que contienen los tipos penales

Dos clasificaciones tienen relevancia hermenéutica conforme a la interpretación generalizada del derecho vigente:

aa) Elementos descriptivos y elementos normativos

Elementos descriptivos de los tipos penales son aquellos que se refieren a propiedades naturales de las personas y los objetos, cuya presencia o ausencia se constata empíricamente o mediante un cálculo numérico. Los *elementos normativos*, en cambio, se refieren a propiedades que toman su consistencia o realidad de una norma jurídica o social.

Si es que existe una diferencia entre ambas clases de elementos, ella es muy sutil (POLITOFF). No por casualidad para WELZEL todos los elementos de los tipos penales eran descriptivos —en cuanto reflejan aspectos de un mundo pleno de sentido—, mientras que para E. WOLF, todos eran normativos, pues se hallan insertos en la teleología de la definición típica. No obstante, la distinción ha sido muy relevante para el Tribunal Constitucional, que la relaciona con la delimitación del campo interpretativo del tribunal. A juicio del TC, la introducción de elementos normativos en los tipos penales no solo no es constitucionalmente objetable —a diferencia de lo que ocurre con las leyes penales en blanco, que deben examinarse con cuidado—, sino que permite incorporar al tipo el dinamismo de la evolución histórico-jurídica del concepto, siempre dentro del ámbito delimitado por el sentido literal posible.

En realidad, desde el punto de vista del principio de tipicidad lo relevante no es si el juez debe interpretar elementos de índole normativa o valorativa, sino en qué medida la valoración subyacente viene realizada o preformada por el legislador o, por el contrario, queda entregada por completo a la apreciación «subjetiva» del tribunal. En este sentido es posible distinguir entre elementos normativos *completos* y elementos normativos *incompletos* (E. WOLF). Solo los tipos penales que contienen esta última clase de referencias normativas presentan auténticos problemas desde el punto de vista de la garantía de tipicidad. Naturalmente, se trata de una cuestión de grados: mientras «cónyuge» (art.

390) es un elemento normativo muy completo, «conviviente» (art. 390) lo es menos, y menos aún lo son los «estándares aceptados en la prestación de servicios mortuorios» (art. 322 bis) o los actos «manifiestamente contrarios» al interés del titular de un patrimonio (art. 470 N° 11).

Desde el punto de vista de la exhaustividad y precisión de las descripciones típicas, el uso de elementos normativos *completos* es valorado en forma positiva, pues en algunas materias permiten definir con mayor exactitud el ámbito de lo prohibido y, en otras, constituyen la única forma de hacerlo. Así por ejemplo MEZGER, luego de destacar la conveniencia del uso de elementos descriptivos con el fin de «hacer retroceder los juicios de valor con su indeterminación», recomendaba al legislador que tuviera también la «valentía de introducir valoraciones allí donde es imprescindible, sin refugiarse en falsas descripciones que esconden realidades normativas».

bb) Elementos en blanco

Algunos tipos penales contienen *elementos en blanco*, cuyo contenido depende por completo de lo establecido en otra regla jurídica, que puede ser una ley, un reglamento o incluso un acto administrativo, de tal modo que el elemento en blanco se remite a esa otra regla.

Cuando esto ocurre, los elementos de la regla de remisión se entienden que forman parte del tipo delictivo, al punto que el tipo y la regla deben «leerse conjuntamente». Las condiciones bajo las cuales esto es aceptable conforme al principio de legalidad ya fueron estudiadas a propósito de las leyes penales en blanco.

IV. LA EXCLUSIÓN DE LA COMPETENCIA POR CAUSAS GENERALES: TEORÍA DE LA ANTIJURIDICIDAD

1. Fundamentos de la antijuridicidad

a) Conceptos básicos

Antijuridicidad formal es la relación de contraste entre una determinada conducta y el ordenamiento jurídico en su conjunto. La así llamada *antijuridicidad material* tiene que ver, en cambio, con la afectación del bien jurídico o de los bienes jurídicos cuya protección constituye la *ratio legis* de un precepto determinado. La antijuridicidad material cumple una función clave en la interpretación de los tipos penales, pues descubre la teleología del tipo en el marco de su sentido literal posible. La teoría de la antijuridicidad como categoría de la estructura del delito trabaja, por el contrario, con un concepto formal de antijuridicidad, y por eso se puede decir, según veremos, que las causas de justificación son «buenas razones» para realizar una conducta típica.

Los fundamentos positivos de la antijuridicidad de un hecho se encuentran definidos en el tipo penal, tanto en sus elementos explícitos como en sus elementos implícitos. Por su parte, las causas de justificación —objeto principal de la teoría de la antijuridicidad— son normas que indican en qué casos, no obstante concurrir todos los fundamentos positivos de la antijuridicidad, la realización de ese hecho está excepcionalmente permitida.

Es útil recordar aquí las diferencias entre el comportamiento típico, pero justificado, el comportamiento atípico y el comportamiento antijurídico, pero no culpable:

- Los hechos típicos, pero justificados se distinguen de los hechos atípicos en que estos últimos son absolutamente irrelevantes desde el punto de vista penal y, al menos en este sentido, se trata de conductas no llamativas socialmente. En cambio, el hecho típico, pero justificado solo es compatible con el ordenamiento jurídico en consideración al contexto en que se realiza, la situación de justificación.
- Por otro lado, la conducta típica, pero justificada se distingue de la conducta antijurídica, pero no culpable en que quien realiza una conducta típica pero justificada no quebranta el derecho y, por tanto, su conducta no puede expresar o significar un déficit de motivación de respeto al ordenamiento jurídico. En cambio, a quien actúa antijurídica, pero no culpablemente no se le reconoce la capacidad de exhibir tal déficit, o bien, en el caso de las excusas, exhibe un déficit que no se le puede reprochar. En el plano del injusto se establece la competencia por un hecho; en el plano de la culpabilidad se establece la competencia por el déficit de motivación que ese hecho expresa.

b) Tipicidad y antijuridicidad

Los presupuestos de las causas de justificación son coetáneos con la realización de la conducta típica. Esta simultaneidad es expresión de una unidad de sentido, pues no existen los «hechos aislados». Parafraseando a ORTEGA, puede decirse que el hecho es siempre «el hecho y su contexto». Por eso sería incorrecto afirmar que *primero* existe una conducta típica y antijurídica —gráficamente: una muralla pintada de negro—, la que *después* viene a ser «blanqueada» por los efectos de una causa de justificación.

Como quedará de manifiesto al estudiar las causas de justificación en particular, la afirmación de la tipicidad no se da en un plano diverso de la constatación de la ausencia de causas de justificación, de manera que los *elementos* de la justificación están en el mismo nivel que los *elementos* del tipo: se trata, respectivamente, de presupuestos negativos y positivos de la antijuridicidad. Por lo tanto, más allá de las consideraciones didácticas que puedan aconsejar una disposición diversa de la materia, la estructura del delito tiene solo dos niveles: injusto (tipicidad + antijuridicidad) y culpabilidad.

La doctrina mayoritaria, sin embargo, considera más apropiado trabajar con una estructura del delito en tres niveles, es decir, tipicidad, antijuridicidad y culpabilidad. Como se ha advertido antes, las consecuencias prácticas de esta discusión parecen radicarse principalmente en los efectos del error sobre la concurrencia de los presupuestos fácticos de una causa de justificación, cuando se sigue la denominada «teoría de la culpabilidad». No obstante, ni tales consecuencias dependen por completo de una estructura tripartita, ni es tan claro que la opción entre bipartición y tripartición esté exenta de todo otro efecto sistemático.

c) El «deber de tolerancia»

En forma consistente con la causa de justificación opera un *deber de tolerancia*, que recae sobre quien sufre los efectos de la actuación justificada. Por ejemplo, quien en caso de necesidad soportará en sus bienes las consecuencias de la acción defensiva (art. 10 N° 7), no está facultado para frustrarla. Este deber de tolerancia *no* emana de la causa de justificación en cuanto tal, sino de la posición de garante que quien sufre los efectos de la conducta justificada ostenta frente al bien jurídico a favor del cual se está sacrificando su interés.

Es decir, por una parte la conducta justificada es permitida por el ordenamiento jurídico, pero, en la medida en que se subsume bajo el tipo penal, afecta en forma relevante los intereses de una persona o de la colectividad. Por la otra, quien es víctima de la «intervención» o acción de salvaguarda —así llamaremos en lo sucesivo a la conducta justificada en casos de defensa o necesidad— debe tolerarla, en la medida en que su deber negativo o positivo *respecto del bien resguardado* mediante la intervención se encuentra plenamente activo.

¿Y en qué situación queda la persona que asiste a quien obra para salvar sus intereses de un peligro? ¿Se extiende también a ella el «deber de tolerancia» del afectado? Cuando un hecho está justificado por el ordenamiento, tal justificación se extiende *ceteris paribus* a todos los que intervienen en ese hecho. Esto se debe a que tanto las causas de justificación como el deber de tolerancia inciden, por regla general, en la valoración del hecho en su totalidad, de modo que sus efectos se extienden a todos los intervinientes en ese hecho, lo cual tiene importantes consecuencias en la intervención delictiva y en materia de error.

Lo anterior es válido, sin embargo, solo en la medida en que se mantengan las demás condiciones, *ceteris paribus*. Pues puede ocurrir, por ejemplo, que el afectado por la intervención y el que le ayuda a repelerla ostenten posiciones de garante diversas respecto del bien jurídico en interés del cual se realiza la intervención. Esto podría modificar la forma en que la causa de justificación afecta la antijuridicidad de sus respectivas conductas. De la misma manera, si la causa de justificación atiende específicamente a la posición de deber en que se encuentra un sujeto cualificado, esto podría alterar su alcance y modificar el correspondiente deber de tolerancia.

d) Antijuridicidad y justificación meramente procedimental

La desaparición de un serie de consensos sociales básicos y una concepción del derecho penal como «brazo armado» de regulaciones sectoriales cada vez más complejas, han hecho surgir una antijuridicidad y una justificación ajenas a consideraciones materiales y consistentes, respectivamente, en la inobservancia o en la observancia de ciertos procedimientos definidos por el legislador.

En el derecho comparado, esta tendencia a la procedimentalización del derecho sancionatorio venía observándose en el ámbito del derecho médico, del aborto y la eutanasia, especialmente en el plano de la justificación. Pero rápidamente se ha extendido también al derecho penal económico —un ejemplo destacado es el delito de administración desleal del art. 470 N° 11—, a los delitos de corrupción, y en general a figuras caracterizadas por una situación de conflicto de interés, donde la doble posición del agente «deja de ser problemática» solo si se somete en su actuar a ciertas reglas de procedimiento (art. 240 N° 7). Por otro lado, puede decirse que todas las figuras en donde el «injusto» se deja reconducir a un defecto de organización o de *compliance* transitan en la misma dirección.

En estos casos, el hecho es antijurídico con independencia de que la inobservancia del procedimiento haya sido siquiera idónea para afectar sustancialmente un bien jurídico (distinto de la «potestad pública» para exigir dicha observancia). En el caso de las causas de justificación procedimentales, como el régimen de indicaciones del aborto, ocurre justamente lo contrario. La conducta queda justificada por la observancia de un determinado procedimiento, a pesar de que constituye un acto de disposición sobre la vida de un ser humano inocente y que, por lo tanto, no puede ser «justificada» de otro modo.

2. Fundamento de las causas de justificación

Durante muchos años, la doctrina buscó un fundamento único para todas las causas de justificación. Desde el punto de vista de la filosofía moral y jurídica, podría resultar en efecto posible —y hasta deseable— encontrar un solo fundamento para todas las causas de justificación:

- Algunos autores sugieren que existiría un «mejor derecho» por parte de quien hace uso de la causa de justificación. En esta línea están, por ejemplo, los planteamientos que conectan con la filosofía moral kantiana —«el medio correcto para un fin correcto»—, desde la cual también sería consistente afirmar que quien está justificado tiene asimismo el deber moral de realizar la acción amparada por el ordenamiento.
- Para otros autores, la justificación no se fundaría en un mejor derecho sino en la existencia, en ciertas situaciones, de un «interés preponderante». Quien hace uso de una causa de justificación puede realizar la conducta típica porque el interés del ordenamiento en la protección de sus derechos prevalece sobre el interés en la protección de los derechos del afectado. Esta preferencia se basa en decisiones contingentes y cambiantes, dependientes tanto del contexto como de la posibilidad de jerarquizar los bienes en abstracto.
- Otros, por último, señalan que la fundamentación no puede ser sino de carácter utilitarista y que, por lo tanto, la justificación no se basa en un mejor derecho o en un interés preponderante, sino que en la «mayor utilidad» agregada que se asocia a la conducta justificada en relación con el menoscabo que esta produce.

Tal como se anticipó, ciertas aproximaciones a la justificación transmiten la impresión errónea de que el injusto sería como una muralla pintada de negro, y que, cuando interviene una causa de justificación, la muralla se pinta de blanco. Por lo tanto, todo aquello que era injusto queda blanqueado o justificado. En realidad, no es así. Del efecto que la justificación produce en el injusto surge una realidad distinta, y no una alternativa entre blanco y negro. Las características de esta realidad nueva dependen de diversos factores: el fundamento de la posición de garante del que realiza la conducta típica respecto del bien sacrificado, el fundamento de la posición de garante del que debe tolerar la intervención respecto del bien que se salvaguarda, el contexto, la intensidad con que concurren los presupuestos fácticos de la antijuridicidad y de la justificación, la clase de justificación que se puede obtener, etc.

Consideremos el siguiente caso, propuesto en otro contexto por Kindhäuser:

> La mujer S, que sufre de una enfermedad mortal y muy dolorosa, toma una sobredosis de tabletas para dormir con el objeto de poner fin a su vida y le deja a su médico de cabecera, M, una nota sobre el velador informándole de ello. Cuando M llega al departamento de la enferma, del cual tiene llave, la encuentra inconsciente pero aún viva. M no hace nada para salvarla porque, en primer lugar, quiere respetar la voluntad de la enferma y, en segundo lugar, asume que ya se ha producido en ella un daño cerebral importante e irreparable.

Si S ha actuado de tal forma que el derecho (penal) no puede poner en duda su autonomía, como aparentemente ocurre en el ejemplo, cabe preguntarse si el médico, que es garante por asunción (deber negativo), es responsable de un homicidio en comisión por omisión. Aunque se trata de una materia donde ha sido especialmente variable, la jurisprudencia superior alemana ha afirmado la punibilidad a título de comisión por omisión cuando el que desea morir *ha quedado incapacitado para actuar* (*scil.* inconsciente) como consecuencia del intento de suicidio. En estos casos, y en la medida en que la muerte sea aún evitable, su producción quedaría «en las manos» del garante y, en esa medida, dependería de su voluntad. Este traspaso del dominio fáctico sobre el suceso lo convierte en autor, si es que no interviene realizando una maniobra salvadora.

Pero la solución es muy distinta si el que encuentra inconsciente a S y no la asiste *no es un garante*, sino *v. gr.* la persona que viene cada cierto tiempo a hacer la limpieza. Desde luego que en este caso no tiene lugar un homicidio en comisión por omisión. Pero ni siquiera podría aplicarse la figura de omisión de socorro del art. 494 N° 14 (suponiendo que se cumplen todos sus presupuestos específicos), pues solo una concepción muy poco liberal del derecho podría llevar a exigir penalmente conductas solidarias a pesar de que el beneficiario ha manifestado inequívocamente su renuncia a ellas. La diferencia respecto del médico tratante está en que su posición de garante se basa en un deber negativo. En cambio, la solidaridad como fuente de una posición de garante tiene sentido solo en los casos que la persona necesitada está dispuesta a recibir ayuda.

El ejemplo muestra cómo una misma causa de justificación, el consentimiento, puede producir efectos diversos dependiendo de cuál es el fundamento de la competencia del que actúa bajo su amparo. Es decir, las causas de justificación *provocan una reacción* distinta del ordenamiento según sean, entre otros factores, los fundamentos positivos de la competencia del sujeto por el suceso.

Conviene advertir de paso que, tratándose del *consentimiento* como causa de justificación, el alcance de la permisión resulta ser completamente independiente de la voluntad del que consiente. En efecto, cuál sea la causa o fundamento de la competencia del que encontrará a la enferma, es algo que no depende en absoluto de su voluntad. Esto demuestra que en derecho penal no es el consentimiento lo que justifica, sino la razonabilidad de lo consentido según los parámetros del ordenamiento jurídico.

De modo que la relación entre tipicidad y antijuridicidad no queda bien reflejada en la metáfora de la muralla, sino que se parece mucho más a una reacción química en la que el resultado no es ni el compuesto original ni el reactivo, sino algo distinto, con propiedades nuevas y específicas. La teoría de la antijuridicidad tiene por objeto anticipar del mejor modo posible los efectos de esa «reacción química». Por eso, el estudio de las causas de justificación *exige* diferenciar entre sus fundamentos y agruparlas según la regulación que el derecho positivo hace de ellas. Solo superando la abstracción de las fundamentaciones monistas es posible resolver los problemas hermenéuticos de la praxis.

Con todo esto en mente, y recogiendo un consenso más o menos explícito en buena parte de la doctrina, vamos a dividir las causas de justificación en tres grupos:

a) Causas de justificación que se basan en el principio de responsabilidad (o competencia) por el riesgo que dio origen a la intervención justificada

Una conducta estará justificada cuando es la consecuencia de un riesgo por el cual es responsable el que resulta afectado por esa conducta. Aquí se encuentran:

- La legítima defensa, donde la situación de riesgo es creada por quien luego es «víctima» de la reacción defensiva.
- La detención ciudadana por flagrancia (art. 129 CPP).

- El estado de necesidad defensivo, donde el peligro que amenaza al bien jurídico emana de quien sufre las consecuencias de la intervención. Por ejemplo: Un agricultor instala un sistema de regadío que bombea 10.000 litros de agua por hora. Si la instalación sufre una falla mientras el agricultor está ausente, de modo que amenaza inundar los cultivos de su vecino, este se encuentra facultado para ingresar a la propiedad ajena y cortar el agua con el fin de evitar la inundación.
- Algunos autores incluyen aquí las potestades que tienen ciertos funcionarios públicos con respecto a los infractores de las normas que tales funcionarios están llamados a fiscalizar. Por ejemplo, un Seremi de Salud con potestad de evacuar un edificio por no cumplir las reglas de sanidad e higiene. Esta sistemática es, sin embargo, discutible, porque la actuación *pro magistratu* no obedece a la misma lógica aplicable a las causas de justificación entre particulares.

b) Causas de justificación que se basan en el principio de la salvaguarda o protección de los intereses del propio destinatario de la intervención

Una conducta está justificada cuando la intervención se realiza para proteger intereses del afectado que claramente prevalecen sobre los intereses sacrificados. En este grupo se encuentran:

- El consentimiento del propio afectado.
- El consentimiento presunto.
- Más discutible es el caso del denominado *consentimiento hipotético*, que algunos aceptan para los hipótesis en que el titular del interés no fue adecuadamente informado sobre la intervención para la que prestó su consentimiento, pero es posible asumir que, si lo hubiera sido, habría prestado su consentimiento.

Hay que tener en cuenta que siempre estamos hablando de conductas típicas pero justificadas, y no de conductas donde el *acuerdo* de la potencial víctima hace desaparecer la tipicidad (por ejemplo, no hay hurto si una persona se apropia de una cosa mueble ajena con el consentimiento del dueño).

El caso más relevante de eficacia justificante del consentimiento dice relación con las lesiones menos graves. Por eso, el estudio de estas causas de justificación encuentra su lugar natural en el contexto de los delitos de lesiones en la parte especial. Sin embargo, desde ya conviene tener en cuenta que es principalmente a propósito de esta materia que se discute acerca del carácter más o menos «paternalista» de un ordenamiento penal. En este contexto, la poco favorable expresión «paternalismo» alude a la exclusión de ciertos bienes, como la vida, del ámbito de eficacia del consentimiento como causa de justificación (paternalismo fuerte), o bien, al establecimiento de condiciones estrictas para que el consentimiento en ciertas materias sea eficaz (paternalismo débil).

En esta problemática se intersecan diversas cuestiones y planos de argumentación, desde la definición del bien jurídico protegido por cada delito (el homicidio, *v. gr.*, ¿protege la vida como bien con dimensiones sociales e individuales, o solo el interés de una persona en seguir viviendo?), hasta consideraciones antropológicas sobre los límites de la autonomía concreta (autorizar el homicidio a petición o la eutanasia, *v. gr.*, ¿no equivale a dejar al enfermo o anciano solo, responsable de cualquier sacrificio que los demás hagan por él, ya que estaba en su mano evitar a sus parientes y a la sociedad innumerables esfuerzos mediante el simple gesto de consentir en un «homicidio piadoso»?).

c) Causas de justificación que se basan en la consideración del interés de los demás o de la sociedad

Una conducta está justificada cuando se afectan los bienes de una persona para proteger bienes de otras personas o de la sociedad (p. ej., la salud pública) que prevalecen sobre los bienes sacrificados. Si en los dos grupos anteriores la justificación opera aunque pueda existir alguna duda sobre la preponderancia de los bienes que se salvan por sobre los sacrificados, para que opere este grupo de justificantes, en cambio, la ponderación debe favorecer amplia y claramente al bien salvaguardado.

A este grupo pertenece, en primer lugar, el estado de necesidad agresivo, donde el mal que se trata de conjurar no es competencia de aquel que resulta afectado por la intervención salvadora o de rescate. En el ejemplo de la instalación de riego defectuosa, si para cortar el agua se debe traspasar la propiedad de un tercero destruyendo los cierros que este ha construido, se actúa en estado de necesidad agresivo; en cambio, la afectación de los bienes y otros intereses del vecino que es dueño de la instalación de riego queda justificada por estado de necesidad defensivo.

Quienes incluyen en este lugar sistemático las actuaciones de los empleados públicos en ejercicio de sus funciones mencionan también:

- Las normas que autorizan la prisión preventiva.

- Ciertas facultades de algunos funcionarios públicos, como la potestad que tienen los funcionarios destacados en un aeropuerto internacional para restringir la libertad ambulatoria de las personas, en orden a controlar los requisitos de ingreso al país.
- El uso de la fuerza en la actuación *pro magistratu*, por ejemplo, conforme a los arts. 410 y ss. del Código de Justicia Militar.

Estas causas de justificación que amparan a los funcionarios que actúan a favor del interés general se distinguen radicalmente de las causas de justificación entre particulares basadas en la consideración del interés ajeno o de la sociedad. Sobre todo, estas últimas autorizan únicamente la afectación de intereses instrumentales y en una medida mucho menor que lo que se encuentra permitido a quien actúa *pro magistratu*. Por eso, aunque la consideración del interés ajeno es una de las formas que adopta el interés general, parece sistemáticamente incorrecto agrupar bajo una sola categoría ambas clases de justificación.

3. Espectro justificatorio de cada grupo de causas de justificación

a) La competencia o responsabilidad por el riesgo recae en el afectado por la conducta justificada

Dentro de este primer conjunto es preciso distinguir dos subgrupos:

- Casos en que el curso dañoso ha sido desencadenado *culpablemente* por el que sufre las consecuencias de la intervención (p. ej., el agresor en un caso de la legítima defensa). En estas situaciones, la persona debe soportar todos los costos de la intervención, con el límite de la «solidaridad mínima», que en este contexto alude a la carga de quien se defiende en orden a tolerar afectaciones muy pequeñas de sus intereses, cuando ello es indispensable para preservar la vida u otro interés personalísimo muy relevante de la persona competente por el riesgo.

Por ejemplo, la SCS 4.VIII.1998, Rol N° 1338-1998, resolvió el caso en que A disparó sobre B pues supuso (error invencible) que este estaba agrediendo a su hijo con un arma de fuego; B quedó mal herido y se desangró en el lugar, aunque A habría podido ayudarlo llamando a la autoridad o a una ambulancia. La Corte Suprema condenó a A como autor de un homicidio por omisión (el disparo previo habría fundado su posición de garante por injerencia), precisamente porque se estimó que en la especie no había agresión ilegítima. Si hubiera concurrido esta causa de justificación, en principio solo habría venido a cuento una falta de omisión de socorro, ya que para la Corte el hacer precedente solo da lugar a una posición de garante por injerencia cuando es antijurídico. Sin embargo, y tal como se estudió en su momento, también la actuación conforme a derecho deja subsistente una posición de garante por injerencia en el caso de otras causas de justificación que proporcionan autorizaciones mucho más limitadas que la legítima defensa. Quien ya ha conjurado el mal amenazante debe impedir, en la medida en que le resulte posible, que la acción de salvaguarda siga produciendo efectos de un modo inútil —y, por tanto, desproporcionado— hasta llegar, por ejemplo, al aniquilamiento de la fuente de peligro.

- Casos en que el curso dañoso es de competencia del afectado —*v. gr.* porque procede de su ámbito de organización—, pero no ha sido culpablemente desencadenado por él (en el ejemplo de la instalación de riego, si esta falló por causas no imputables al dueño). El titular del bien afectado por la intervención debe soportar las medidas que los demás necesariamente deban adoptar para resguardar sus propios bienes de los cursos dañosos que emanan del ámbito de organización del titular de ese bien (la instalación de riego, pero también un perro, una planta o el propio cuerpo). En estas constelaciones, la conducta defensiva estará justificada siempre que el interés afectado por la reacción sea menos valioso que el interés defendido. Si el resultado del balance de intereses va en perjuicio de quien ha obrado defensivamente, entonces la conducta no estará justificada. Por ejemplo, si para salvar un objeto de cerámica de poco valor, Arnoldo da muerte al valioso perro de raza de Benito.

b) Salvaguarda de los intereses del destinatario de la intervención

Como el destinatario de la intervención y sus intereses son lo que fundamenta la justificación de la conducta, es importante determinar si la intervención se realizó con o sin su participación:

- Con participación de la víctima. Si la acción de intervención se realiza con alguna participación de la víctima, entonces es posible exigir menos para que la conducta esté justificada; por ello, bastaría con que la gestión de los asuntos de la víctima se haya hecho de un modo razonable, es decir, bastaría con una actuación diligente con independencia de sus resultados.
- Sin participación de la víctima. Los requisitos para justificar la conducta son más exigentes, en el sentido de que el saldo final de la intervención

tiene que ser positivo para los intereses de la víctima. Por ejemplo, si una persona se está ahogando y en su desesperación impide que el salvavidas pueda rescatarla, por lo que este la golpea dejándola inconsciente, el saldo final consistente en haber salvado la vida de la persona justificará las lesiones provocadas por el salvavidas. A este grupo de casos corresponde el consentimiento presunto.

c) Consideración del interés de los demás o de la sociedad

Para que una intervención que causa daño a quien no es competente por la situación se encuentre justificada en razón de un interés particular o colectivo, no basta con que el saldo final sea positivo, sino que se requiere que lo positivo sea muy preponderante respecto de lo negativo. Concretamente, quedan justificadas solo aquellas acciones de salvamento que se realizan en situaciones extremas o de catástrofe, donde el sacrificio de un bien muy menor permite salvar un bien de gran envergadura. Esto es consistente con el contenido del art. 494 N° 14, basado en la idea de solidaridad, que establece la falta de omisión de socorro, y con ello el deber de intervenir bajo amenaza de pena, solo en casos de verdadera catástrofe: la persona ha de encontrarse herida, en despoblado, en peligro de perecer, etc.

Como se verá, el estado de necesidad contemplado en el art. 10 N° 11 oscila entre el primero y el tercero de los grupos anteriores.

Lo anterior permite advertir claramente por qué el aborto terapéutico no puede justificarse sobre la base de los principios anteriores, sino solo en los límites estrictos de la colisión de deberes. Pues no resulta posible considerar al *nasciturus* cuyas características o disposición constituyen un peligro para la madre como un «injusto agresor» en el sentido de la legítima defensa, ni como culpablemente competente por la situación de riesgo en el sentido del estado de necesidad defensivo. Ello tampoco sería posible con el argumento de que si la opinión predominante considera como agresiones ilegítimas los ataques de inimputables y, al hacerlo, «construye» una agresión para los efectos de la justificación, también podría hacerlo en este tipo de casos. En realidad, no se trata de un asunto de etiquetas, sino de un acuerdo sobre la amplitud del ámbito de las autorizaciones que otorga el derecho para afectar a otros. Hoy existe acuerdo en que la autorización para afectar la persona o los bienes de otro para evitar un peligro depende en primer término de la medida de su responsabilidad por ese peligro. Mientras este entendimiento se mantenga —y hay buenas razones para que así sea—, definir como agresión ilegítima la situación del *nasciturus* no haría más que provocar un desplazamiento de la distribución general del espectro justificatorio entre las diversas causas de justificación. Este desplazamiento llevaría a justificar la irrogación al inocente de graves males para salvaguardar bienes o intereses de terceros.

4. Efectos civiles de la justificación

Cuando la conducta justificada ha causado un daño, ¿procede indemnizar este daño a quien lo sufrió? En el ejemplo de la instalación de riego: Si para salvar el cultivo del vecino se destruyó el cierro del dueño o el de un tercero, ¿debe el beneficiario de la intervención indemnizar los perjuicios?

Se trata de un asunto muy discutido en la doctrina chilena. Novoa y Politoff responden afirmativamente, señalando que una cosa es que la conducta esté penalmente justificada y otra cosa muy distinta es quién debe correr con los gastos que se han provocado. Cury, en cambio, sustenta la tesis contraria, pues a su juicio si la conducta está penalmente justificada, también lo están sus consecuencias; algo distinto valdría solo respecto del estado de necesidad del art. 10 N° 11, en la medida en que permite afectar bienes distintos de la propiedad, pero en tales casos sería necesaria una reforma legal que estableciera la obligación de indemnizar.

En la doctrina civilista se tiende a considerar que quien actúa amparado por una causa de justificación obra «sin culpa» (Barros Bourie), por lo que no existe en su contra una acción propiamente indemnizatoria, sino solo una acción restitutoria (enriquecimiento injusto) contra el beneficiario de la intervención.

La justificación penal no produce por sí sola una exención de responsabilidad civil, pues posee fundamentos, características y contornos distintos de la responsabilidad por daños y perjuicios. La cuestión depende, igual que el espectro justificatorio, del fundamento de la causa de justificación de que se trate. Así, en las causas de justificación cuyo espectro justificatorio obedece a distribuciones de competencia por el riesgo, habrá que ponderar dicha competencia con los bienes sacrificados y los bienes que han sido rescatados. En el ejemplo de la instalación de riego: Los daños causados en la propiedad del dueño de la instalación de riesgo están cubiertos por un estado de necesidad defensivo y, en principio, no darán lugar a indemnización alguna, mientras que en principio sí tendrá derecho a ella —o, más precisamente, a la restitución por parte del beneficiario— el tercero cuyo cierro hubo que destruir para desconectar la instalación, pues en este caso se trata del afectado por la acción de salvaguarda en estado de necesidad agresivo. La ausencia de desarrollo doctrinal y legislativo en materia civil puede hacer, sin embargo, extraordinariamente complejo obtener esta compensación.

Un antecedente relevante en esta materia es que el art. 67 CPP dispone que la circunstancia de dictarse en materia penal una sentencia absolutoria no impide que se pueda deducir una acción civil si correspondiere, pudiendo interponerse la demanda contra quien realizó la intervención y contra terceros.

5. Ámbito de aplicación de las causas de justificación

Ya se hizo referencia a la pregunta sobre si las causas de justificación reguladas en el Código Penal se aplican solo a las relaciones entre particulares o también respecto a quienes actúan haciendo uso de potestades públicas. La discusión ha tenido importancia cuando se trata del combate policial de organizaciones terroristas, de la actuación de agentes encubiertos y, probablemente la hipótesis más relevante, en el caso en que un funcionario policial *hace uso de su arma de servicio* para defenderse o defender un tercero. En este último caso, ¿se aplicarían las reglas de la legítima defensa del Código Penal?

El punto de partida es la regulación positiva de la intervención defensiva de funcionarios policiales, materia contenida en el Código de Justicia Militar (art. 410 y ss. CJM, en relación con su art. 208). Hay reglas similares en el Decreto Ley N° 2.460, Ley Orgánica de la Policía de Investigaciones.

Si se comparan estas disposiciones con las normas del Código Penal, se aprecia que los arts. 410 y siguientes del Código Justicia Militar, aplicables a Carabineros de Chile, formulan las condiciones de la justificación de un modo bastante más general. Por ejemplo, está justificado el uso de armas en «defensa propia o en la defensa inmediata de un extraño al que, debido a su cargo, deba prestar auxilio»; o bien: «hacer uso de sus armas en contra del preso o detenido que huya y no obedezca a las intimaciones de detenerse». Asimismo, está justificado el carabinero que hace uso de su arma en contra de quien desobedezca una orden judicial que el carabinero debe velar, luego de haberse intimado la orden. Sin embargo, en todas estas reglas ha de entenderse implícita una remisión a los protocolos institucionales para el uso de la fuerza —como la Circular N° 1.832 de 2019—, que regulan con mayor precisión lo que ha de entenderse por «hacer uso de sus armas» en el marco del ordenamiento jurídico. Esto tiene como consecuencia que los requisitos de la justificación puedan ser más o menos exigentes, según el caso, que los de la legítima defensa para los particulares.

De manera que en Chile no se aplican las normas del Código Penal a Carabineros, Policía de Investigaciones ni a las Fuerzas Armadas, al menos en materia de defensa propia, auxilio necesario y actuaciones *pro magistratu* en sentido estricto, cuando esos funcionarios han hecho uso de sus armas de servicio. Para esto existe una regulación especial en el Código Justicia Militar y en el Decreto Ley N° 2.460, y esta regulación —a diferencia de lo que ocurre en otros países— es más comprehensiva que la prevista para la legítima defensa, abarcando incluso el uso de fuerza letal preventiva. Además, y atendida la índole propia de la actuación *pro magistratu* como ejercicio de una función pública, de aplicarse alguna regla del Código Penal a hipótesis de auxilio necesario por parte de funcionarios que no queden comprendidas en las reglas especiales, ella sería el art. 10, N° 10, referida al ejercicio legítimo de un cargo u oficio y al cumplimiento de un deber. Las condiciones de dicho ejercicio legítimo están reguladas en los preceptos legales citados y en la normativa infralegal sobre uso de la fuerza. Quienes, por el contrario, pretenden aplicar a los funcionarios policiales el régimen general de la legítima defensa, terminan por desfigurar sus requisitos al punto de producir, por esta vía, un régimen especial no contemplado en la ley.

6. Presupuestos específicos de la justificación

Al resolver un caso no es necesario referirse expresamente a la ausencia de los presupuestos de una causa de justificación. Como los presupuestos positivos de la antijuridicidad de la conducta se analizan a nivel de tipicidad, basta con que concurran los elementos del tipo para tener la conducta por antijurídica. Esto solo cambia cuando hay indicios de que en el caso concreto podría resultar aplicable una norma permisiva o de dispensa.

a) Presupuestos objetivos de la justificación

La concurrencia de los presupuestos de aplicación de una causa de justificación se establece a partir de un juicio *ex post*. La única excepción a esta regla son los elementos que involucran un pronóstico, como los juicios de peligro, como el que ordena realizar el art. 10 N° 7, que exige la presencia de un «peligro inminente». En este caso, el juicio se realiza también objetivamente, pero el juez se sitúa en una perspectiva *ex ante* para formularlo.

Hay una posición minoritaria, pero con significativos seguidores como Frisch, Freund y Kaufmann, conforme a la cual también la concurrencia del resto de los elementos de la justificación debiera enjuiciarse *ex ante*. Este cambio de la perspectiva de análisis implica un giro hacia lo subjetivo y, en la mayoría de las veces, un beneficio para el justiciable.

Una discusión paralela se verifica, según vimos, en materia de causalidad, donde la *teoría de la causa adecuada* busca determinar, desde una perspectiva *ex ante*, si una conducta puede considerarse causal respecto de cierta clase de resultados. El problema es que de este modo se confunde el lado objetivo del injusto con el plano de la imputación subjetiva, que es donde tiene lugar la especial personalización de la imputación. Se trata del clásico dilema del finalismo y de las teorías del delito que fundan el injusto en términos principalmente subjetivos, pero al mismo tiempo perciben que no puede entregar su determinación a la subjetividad de Pedro, Juan o Diego. La respuesta suele ser la creación de figuras como el observador razonable, el hombre medio, el hombre cuidadoso y consciente, etc., que terminan por objetivar o estandarizar incluso las categorías de la imputación subjetiva.

La crítica al juicio *ex ante* en materia de presupuestos objetivos de la justificación es similar a la que se dirige contra la teoría de la causa adecuada, pues así como para que una conducta sea antijurídica su realización debe ser contraria a derecho, así también para que esté justificada, ella debe satisfacer realmente todos los presupuestos de la justificación. La perspectiva *ex ante* prescinde de —o falsea— este lado del injusto y de la justificación. No basta con que el agente crea que está justificado, sino que debe estarlo en la realidad. Por estas razones, la adopción de una posición subjetiva o *ex ante* es minoritaria en la literatura, y en Chile los tribunales consideran una perspectiva *ex post*.

b) Presupuestos subjetivos de la justificación

Hay también quienes, extremando la analogía entre el tipo penal y el «tipo» de justificación o de permisión, señalan que así como para imputar al autor el hecho delictivo a título de dolo es necesario atribuirle al menos el conocimiento de las circunstancias cuyo acaecimiento redundará en la realización del tipo delictivo, en el caso de las causas de justificación también sería necesario poder imputar al autor el conocimiento de la situación de justificación.

La doctrina finalista, solía exigir, además de este conocimiento, una «voluntad de actuar en virtud de la justificación», es decir, un elemento volitivo de justificación, exigencia que tendría fundamento en la ley. Por ejemplo, la legítima defensa se concede al «que obra *en* defensa (...)» (art. 10 N° 4; así también el art. 10 Nos. 5 y 6). Del mismo modo, el estado de necesidad se reconoce al «que *para* evitar un mal (...)» (art. 10 N° 7). Cury y otros autores veían en estas palabras («en» y «para») la exigencia de una voluntad defensiva o salvadora. Últimamente, sin embargo, casi todos ellos coinciden en que esas expresiones solo establecen la exigencia de un elemento subjetivo en la justificación, sin mayores concreciones.

Más complejo aún resulta el análisis del art. 10 N° 6, puesto que la ley exige que el auxilio necesario de extraños no se realice «por venganza, resentimiento [contra el agresor] u otro motivo ilegítimo», con lo cual parece suponer la necesidad de una voluntad defensiva en el más psicológico de los sentidos posibles. Tal vez por eso mismo la jurisprudencia ha desestimado en los hechos esta exigencia, mirándola como no escrita: SCS 27.VII.2004, Rol N° 3898-2002.

c) Divergencias entre el lado objetivo y el lado subjetivo de la justificación

aa) Si concurre el lado subjetivo y no el lado objetivo de la justificación

Es la situación de quien realiza la intervención asumiendo que su conducta tiene lugar en determinadas circunstancias que autorizarían su realización, pero tales circunstancias no se verifican en la realidad. Por ejemplo, el agente está convencido de que se encuentra ante un peligro grave para su vida y para «salvarse» destruye una cosa ajena, pero en realidad tal peligro es meramente imaginario. Este es un problema de imputación subjetiva y lo veremos en ese contexto. Es decir, las justificaciones meramente putativas no excluyen el injusto, sino que inciden en el juicio de culpabilidad.

bb) Si concurre el lado objetivo y no el lado subjetivo de la justificación

En estas constelaciones se verifican los presupuestos objetivos de una causa de justificación, pero el agente lo desconoce. El ejemplo clásico es aquel donde A ve acercarse a su enemigo B y se ubica detrás de la puerta de su casa para disparar a través de esta con el fin de darle muerte. Así lo hace, pero luego se demuestra que A venía con un arma cargada y dispuesto a matar a B apenas este le abriera la puerta. Otros ejemplos:

- el sujeto asume que una medida cautelar le impide participar en una junta de accionistas, y a pesar de ello vota: desacato; sin embargo, en virtud de una resolución judicial que él no conocía se le permitía hacerlo por una vez debido al interés social;

- cediendo a la presión de un conocido, un policía encierra a una persona en el calabozo por una noche, pero después se verifica que la víctima tenía una orden de detención pendiente cuyo cumplimiento se había encomendado precisamente a ese policía.

Conforme a una posición minoritaria, el «tipo de justificación» consideraría, igual que los tipos penales, una «faz subjetiva». Por lo tanto, su ausencia determina que el hecho no quede justificado y deba castigarse, según algunos, a título de tentativa o delito frustrado, y según otros, por un delito consumado con la atenuación del art. 11 N° 1 o sin ella.

La opinión predominante razona, en cambio, desde el otro extremo. Desde el momento en que concurre el lado objetivo de la justificación, se torna imposible llegar más lejos que a una tentativa absolutamente inidónea, la cual, según la opinión ampliamente mayoritaria, no es punible. Por lo tanto, el problema se resuelve con independencia de si la ley exige o no un elemento subjetivo de justificación. Desde este punto de vista, y salvo que se considere la posibilidad de sancionar al menos alguna clase de tentativas absolutamente inidóneas, la discusión sobre el elemento subjetivo de justificación posee escaso interés.

7. Las causas de justificación en particular

a) Conceptos básicos

Antes de pasar a estudiar las causas de justificación en particular, conviene tener presentes las siguientes consideraciones:

- El ordenamiento jurídico funciona sobre la base de una cierta pretensión de unidad o al menos de «no contradictoriedad», que se manifiesta, por ejemplo, en las normas que regulan la cosa juzgada y en las disposiciones del Código Orgánico de Tribunales que reglan la competencia del juez penal en relación con las llamadas «cuestiones prejudiciales civiles» (en especial, el inciso final del art. 173 COT). Esta pretensión de unidad del ordenamiento hace que reciban aplicación en materia penal algunas *causas de justificación contenidas en otras ramas del ordenamiento* jurídico. Tal es el caso, por ejemplo, de las autorizaciones administrativas para realizar conductas en principio ilícitas (art. 277), o de los procedimientos previstos en los arts. 119 y ss. del Código Sanitario en el caso del aborto. Especialmente complejo es el caso de una pretendida causa de justificación en virtud de la *facultad de corrección* que reconoce el art. 234 CC a los padres respecto de sus hijos menores. En realidad, el ejercicio de esta facultad excluye, por definición, conductas que puedan constituir delitos de lesiones, secuestros, etc. Únicamente la gran amplitud del tipo penal de maltrato relevante de menores de dieciocho años, introducido en 2017 a través del art. 403 bis, vino a dar cierta plausibilidad a la facultad de corrección como posible causa de justificación.

La unidad del ordenamiento jurídico parece quedar en entredicho cuando las valoraciones que realiza el derecho penal sobre la exclusión del injusto no coinciden con las que realiza el resto del ordenamiento jurídico. Así, hay conductas que el derecho penal justifica —p. ej., debido a un estado de necesidad—, pero que siguen siendo antinormativas para el derecho administrativo o para el derecho civil. El estudio de este complejo problema ha llevado a algunos autores como H. L. GÜNTHER a plantear la existencia de un injusto específicamente penal y un conjunto de causas que determinan su exclusión, dejando subsistente el injusto para el resto del ordenamiento.

- Las principales causas de justificación son las que regula expresamente el Código Penal en su art. 10°: la legítima defensa (art. 10 Nos. 4, 5 y 6); el estado de necesidad justificante (art. 10 Nos. 7 y 11); el ejercicio legítimo de un derecho, autoridad, oficio o cargo y el cumplimiento de un deber (art. 10 N° 10); y la justificación de quien incurre en alguna omisión amparado por una causa legítima (art. 10 N° 12). La otra causa de justificación contemplada expresamente en el Código Penal se encuentra en su art. 145, y consiste en un estado de necesidad especialmente regulado para el delito de violación de morada.

Sin embargo, como las causas de justificación son reglas que —en principio— benefician al justiciable, no están sujetas al principio de legalidad de un modo estricto, sino atenuado. Esto ha llevado a la aceptación de *causas de justificación no escritas* o «supralegales», es decir, que no se encuentran tipificadas. El ejemplo más relevante es el consentimiento del titular (o de quien puede prestarlo por él) respecto de bienes jurídicos disponibles, aunque tras la dictación de la Ley N° 20.584 sobre Derechos y Deberes de los Pacientes fue positivizada, para este ámbito, una parte importante de su contenido. En este grupo habría que incluir también el consentimiento presunto y la colisión de deberes (que, según algunos autores, puede entenderse comprendida en el art. 10 N° 10).

La *colisión de deberes* como causa de justificación se suele estudiar en el contexto de los delitos de omisión: está justificado quien realiza el tipo de un delito omisivo debido a que opta por cumplir otro deber legal. Sin embargo, las estructuras de fundamentación de la colisión de deberes son bastante más complejas, pues ya resulta dudoso si existe realmente un deber legal de realizar conductas incompatibles entre sí (*ad impossibilia nemo tenetur*), si en todos los casos es posible o necesario jerarquizar deberes y, desde luego, si siempre ha tratarse de hipótesis omisivas. Entre las constelaciones relevantes se encuentran el «dilema de la última cama» en crisis como la de la pandemia de Covid-19, el denominado aborto terapéutico y los casos que suelen agruparse bajo el rótulo de «estado de necesidad vital cuantitativo» (producir la muerte de pocos para salvar a muchos, como en el caso en que se derriba el avión «secuestrado» en que viajan pasajeros inocentes para salvar a quienes están en el edificio contra el cual se estrellará el avión). La colisión de deberes se encuentra reconocida pero no «regulada» en el art. 10 N° 10, pues la regulación propiamente tal proviene del conjunto del ordenamiento jurídico. Por ejemplo, solo a partir de la Ley N° 20.584, del régimen de los cuidados paliativos, etc. es posible determinar cuáles son los deberes del médico tratante ante un paciente que manifiesta su voluntad de morir.

- En aquellos casos en que *concurre más de una causa de justificación*, se produce formalmente un *concurso*. Como tratándose de las causas de justificación no se presenta el problema del *bis in idem*, se suele decir que no interesa resolver ese eventual concurso y que cada causa de justificación puede operar juntamente con las demás. Sin embargo, esto cambia cuando una causa de justificación se encuentra respecto de otra en una relación de especialidad, como la que existe, por ejemplo, entre el art. 410 y ss. CJM y el art. 10 N° 10 CP. En estas hipótesis sí es necesario resolver el concurso de justificantes, debido a que —según se vio— cuando se aplica una causa de justificación a un hecho *prima facie* antijurídico, el resultado puede ser muy variado dependiendo de una serie de factores, entre ellos, el fundamento de la causa de justificación que resulta aplicable.

Es importante distinguir estos casos de concurso de aquellos en los que solo hay que determinar con precisión cuál es la causa de justificación que realmente concurre en la especie, cuando hay más de una que, a primera vista, podría resultar pertinente. Así, por ejemplo, si se determina que el mal amenazante constituye una agresión ilegítima, solo será pertinente la aplicación del art. 10 Nos. 4, 5 o 6, según el caso, o bien, la atenuante del art. 11 N° 1, pero no alguna de las reglas sobre estado de necesidad justificante.

A continuación, estudiaremos con algún detalle solo las causas de justificación más importantes desde el punto de vista sistemático o práctico. Fuera de este análisis quedarán especialmente el consentimiento, cuyos aspectos más relevantes se estudian junto a la antijuridicidad del homicidio y las lesiones en la parte especial, y la actuación *pro magistratu*, muy escasamente regulada en nuestro ordenamiento. Algunos aspectos de esta última serán abordados a propósito de la justificación en virtud de obediencia jerárquica, cuyo análisis se reserva para más adelante, pues permite observar claramente las diferencias entre la justificación y la exculpación.

b) Legítima defensa

La justificación se fundamenta en que el afectado por la intervención —la conducta típica— es personalmente competente por la situación que da lugar a la reacción defensiva. Además, se trata de un caso en que esta situación ha sido provocada culpablemente por el sujeto, a quien, por eso, se denomina *injusto agresor*; por lo tanto, en principio son de su cargo todos los costos que implique la reacción defensiva, con el límite difuso de la solidaridad mínima. Desde el punto de vista jurídico, es el injusto agresor quien se lesiona a sí mismo, porque es plenamente competente por la intervención. Esto tiene consecuencias en la configuración de la causa de justificación, su alcance y sus límites.

aa) Bienes defendibles

Debido a que la ley no pone restricciones, se sostiene, en general, que todos los bienes jurídicos son defendibles. Sin embargo, algunos autores introducen ciertas restricciones:

- debe tratarse de verdaderas agresiones y no de meros «actos impertinentes» o incivilidades (ETCHEBERRY);
- debe tratarse de bienes de cierto valor, pues los bienes insignificantes no serían susceptibles de defensa legítima (COUSIÑO).

Ambas restricciones son comprensibles, pero parecen estar fuera de lugar. La primera tiene que ver con las características de la agresión ilegítima y no con el bien susceptible de defensa. La segunda, alude a un requisito que no se refiere al bien jurídico en sí mismo, sino a una especie de proporcionalidad entre el bien defendido y la reacción defensiva. Por lo tanto, al parecer los bienes de valor insignificante también se podrían defender legítimamente (en la medida en que su menoscabo sea penalmente relevante, según se verá), siempre que para ello solo se afecten bienes de muy escaso valor.

Más significativa es la discusión acerca de si cabe o no una defensa legítima de *bienes colectivos o supraindividuales*. El ejemplo que suele darse es la defensa ante actos flagrantes de grave contaminación ambiental. La doctrina predominante acepta la justificación en estos casos, pero siempre que el bien jurídico colectivo tenga también una clara dimensión individual. Por lo tanto, en el caso del medioambiente, normalmente será posible la defensa legítima, mientras que generalmente no lo será en el caso de la entrega de información falsa al mercado por parte de un emisor de valores de oferta pública, o en el de la protección del orden público. Sin embargo, nótese que el art. 494 N° 16 asume que se puede ejercer cierta violencia sobre otro para impedirle hacer lo que la ley prohíbe. Esta discusión es paralela a la discusión procesal acerca de cuándo una persona es *ofendida* por un delito y está legitimada para querellarse. *Nota bene*: Es una discusión «paralela» y no la misma discusión, pues, como veremos, para la doctrina ampliamente predominante no es necesario que la agresión ilegítima a que se refiere el art. 10 N° 4 sea constitutiva de delito.

En todo caso, debe tenerse en cuenta que, para que exista legítima defensa, el bien en cuestión no debe estar garantizado exclusivamente a través de un procedimiento especial y legalmente determinado; si lo está, entonces solo estará permitido resguardar el bien de ese modo. Por ejemplo, el arrendador no está facultado para expulsar por la fuerza al arrendatario que no paga la renta invocando la legítima defensa, sino que debe demandarlo en juicio de arrendamiento. Este criterio es válido en general para los injustos que consisten en incumplimientos contractuales. Incluso cuando el deudor está a punto de realizar un acto que impedirá definitivamente el cumplimiento o la indemnización en naturaleza —por ejemplo, se apresta a destruir o consumir el cuerpo cierto que debe entregar al acreedor—, solo cabría recurrir a las medidas precautorias o reparatorias jurisdiccional o institucionalmente mediadas. Esto guarda directa relación con lo que se trata en el apartado siguiente.

bb) Restricciones no escritas a la autorización que provee la legítima defensa

Tradicionalmente se las conoce como «limitaciones ético-sociales» del derecho a defensa. Para fundarlas se recurre crecientemente a los así llamados deberes de «solidaridad mínima», que subsisten incluso en el caso de esta causa de justificación basada en la plena competencia culpable por la situación que da lugar a la intervención. Estas restricciones son dos: la proporcionalidad y, en un grupo muy acotado de situaciones, la subsidiariedad. El efecto de estas restricciones consiste en que ellas obligan a renunciar por completo a la defensa o, cuando menos, al empleo de medios que sean inocuos para el agresor, aunque ello implique para el agredido el sacrificio de ciertos bienes.

(1) Proporcionalidad

Proporcionalidad significa que, incluso existiendo una agresión ilegítima, no hay derecho a defensa si la intervención implica un sacrificio desproporcionado (o «completamente» desproporcionado) en relación con el bien que se trata de salvar. Por ejemplo, si la única forma de detener al muchacho que salió corriendo con una manzana sustraída desde el puesto de frutas es dispararle, la conducta del que se defiende de esa manera no estará justificada por la desproporción existente entre el bien que se trata de salvar y la reacción defensiva. Tampoco será proporcional golpear con la parte delantera del auto, para desplazarlo, al sujeto que «reserva» un estacionamiento en beneficio de un tercero; ni causar lesiones al que se limita a atravesar un terreno ajeno.

El punto no es pacífico en la doctrina. Cousiño rechazaba la posibilidad de someter el derecho a defensa a una ponderación de los bienes en juego, pues «el derecho jamás debe ceder ante lo injusto», si bien aceptaba que se limitaran los medios de defensa a los menos drásticos y, sobre todo —como vimos—, consideraba que los bienes insignificantes no eran defendibles legítimamente. También Cury se mantuvo contrario a esta restricción durante algún tiempo, señalando que la ley no exige una agresión grave —a diferencia de lo que ocurre en el estado de necesidad— y que, por lo tanto, tampoco lo puede hacer el intérprete.

En otra posición, Novoa sostenía que en los casos en que la intervención afecta bienes muy relevantes, como la vida, solo procede la justificación cuando se trata de defender bienes de similar relevancia. Novoa reconocía que la ley no establece esta limitación expresamente, pero señalaba que ella se deriva del conjunto del ordenamiento jurídico, cuya estructura es consistente con una escala de valores, también de índole moral y religiosa, incluyendo la caridad.

En los planteamientos más recientes de Cury y Guzmán Dalbora se funda la restricción echando mano, respectivamente, de la necesidad de una solidaridad mínima para la vida social y del principio constitucional de dignidad humana.

En consecuencia, la entidad del daño o menoscabo provocado por la acción defensiva no es relevante —como se verá, la ley solo atiende a la necesidad racional del medio de defensa—, salvo que se vulnere la proporcionalidad bajo parámetros de solidaridad mínima o dignidad humana. Por otro lado, cuanto más discutible es la posibilidad de recurrir a la legítima defensa en razón del bien afectado, más se suele recurrir a la proporcionalidad como criterio para limitarla. Así ocurre, por ejemplo, con la legítima defensa ante el que amenaza con revelar hechos verdaderos pero perjudiciales para la víctima si es que no se le paga una suma de dinero.

(2) Subsidiariedad

Subsidiariedad significa que, en ciertas situaciones, quien es víctima de una agresión ilegítima debe eludirla o escapar de ella en lugar de impedirla o repelerla. Baldó incluye aquí los «casos excepcionales de agresiones puntuales, sin pronóstico de reiteración, frente a las cuales la elusión se presenta como una salida airosa», siempre que no se comprometa seriamente la libertad organizativa del necesitado.

¿Cuáles son las situaciones excepcionales en que se aplicaría la subsidiariedad? Para quienes la aceptan, esta restricción tendría lugar en los siguientes casos, todos discutibles: agresiones de inimputables (niños, personas con grave discapacidad psicosocial); agresiones de un ebrio (Cury); agresiones imprudentes; agresiones de ciertos parientes (Novoa); otros casos comprendidos en la fórmula restrictiva de Baldó (y que Politoff introduce en Chile), donde «resulte fácil eludir agresiones practicadas por sujetos imputables o no (...) que no manifiesten pronósticos de reiterarse».

Sin embargo, a diferencia del estado de necesidad, la legítima defensa no es subsidiaria. Nadie tiene la obligación de eludir una agresión ilegítima o escapar de ella. Desde el punto de vista dogmático, el art. 10 N° 4 se refiere a la «necesidad racional del medio empleado», de modo que la ley solo exige que el medio de defensa sea racionalmente necesario, y *no que la defensa misma sea necesaria* o indispensable para resguardar el bien. Esto se explica nuevamente por el fundamento de la justificación: la competencia personal del que sufre la intervención le obliga a soportar sus costos.

En todo caso, de aceptarse, la limitación de subsidiariedad no tendría que ver con que sea posible una «digna retirada» (Mezger) o una «salida airosa» (Baldó), sino que se fundamentaría en consideraciones de solidaridad mínima —con lo cual se confundiría con la limitación de proporcionalidad—, o bien, en el carácter excepcionalísimo de la legítima defensa en un Estado donde el monopolio de la fuerza está entregado a la autoridad legítima.

cc) Requisitos legales de la legítima defensa

(1) Agresión ilegítima

Una agresión no es solo el acometimiento físico, sino cualquier *conducta* que lesiona o pone en peligro un bien jurídico. Los ataques de animales no son agresiones ilegítimas, salvo en cuanto sean el mero instrumento de la agresión proveniente de una persona.

Confirmando la irrelevancia jurídico-penal de la distinción entre acciones y omisiones, la doctrina tradicional chilena considera como *agresiones* también las conductas omisivas. Por ejemplo, si el padre o la madre no quiere llevar a la clínica a su hijo grave, se le puede obligar a hacerlo aplicando las reglas sobre auxilio necesario de terceros. NOVOA, citando un fallo de la Corte de Concepción, da como ejemplo de agresión omisiva la del carcelero que omite poner en libertad al preso cuando ha concluido el tiempo de su condena. Aunque el ejemplo es discutible como caso de omisión, pues el carcelero es precisamente quien «mantiene» privado de libertad al preso, es claro el sentido en que apuntan las consideraciones de este autor.

Existe acuerdo también en que la agresión debe reunir tres requisitos: deber ser real, ilegítima y actual.

(a) Realidad de la agresión

Es real la agresión que objetivamente existe conforme a un juicio *ex post*. Por tanto, no cumplen con este requisito las agresiones meramente aparentes, ni tampoco, de acuerdo con la opinión dominante, las agresiones que constituyen tentativas absolutamente inidóneas.

Lo anterior implica que la *legítima defensa putativa* no es una causa de justificación, sino que incide en el juicio de culpabilidad. Si el desconocimiento de la situación real puede considerarse invencible, tal desconocimiento determinará la ausencia de culpabilidad.

Es muy importante tener en cuenta, además, que, sin una agresión real, tampoco opera la atenuante del art. 11 N° 1, pues ella supone que al menos concurre el requisito básico o elemental de la respectiva eximente de responsabilidad.

(b) Ilegitimidad de la agresión

Para la doctrina dominante, la agresión es ilegítima cuando es en general contraria a derecho, sin necesidad de que sea penalmente típica, ni dolosa o imprudente, y ni siquiera culpable (*v. gr.* porque la persona de quien procede la amenaza padece un error invencible). En un ejemplo de Novoa, si un enfermero le quiere inyectar una sustancia al enfermo equivocado, este se puede defender legítimamente; en esta situación, como se aprecia, ni siquiera existe una voluntad de atacar, sino todo lo contrario, una de curar.

Este punto de vista no es satisfactorio. Una agresión actual solo es ilegítima penalmente y para efectos de la legítima defensa cuando es típica, antijurídica y, según veremos, también culpable. Cuando la agresión no es actual, sino solo inminente, debe constituir la preparación inmediata de un hecho típico, antijurídico y culpable. Esto se debe a que:

- La antijuridicidad penal representa un *aliud* o cuando menos un *plus* respecto de la antijuridicidad en general y, por lo tanto, sitúa la relación jurídica en un plano distinto de los conflictos meramente civiles o no penales. La justificación penal y los ilícitos no penales son realidades heterogéneas, que no se relacionan sin previa mediación.
- El alcance de las autorizaciones que concede la legítima defensa es de tal amplitud, que requiere una antijuridicidad de rango penal del lado de la agresión, la cual supone a su vez plena competencia personal del agresor respecto de la situación de conflicto.

Para las agresiones que no son penalmente típicas y antijurídicas existe el estado de necesidad defensivo, que es subsidiario y requiere siempre una consideración de los intereses del afectado por la intervención.

También es muy discutido el problema de si cabe defenderse legítimamente frente a actos de la autoridad que son antijurídicos debido a que esta ha excedido la esfera de sus atribuciones. En Chile, la opinión predominante sostiene que sí es posible la legítima defensa en estos casos. En este sentido se expresaban ya Labatut y Novoa, a quienes siguen Cury (aceptando la justificación solo si el acto injusto de la autoridad no cumple siquiera con los requisitos formales) y Garrido. La Corte Suprema —aunque en jurisprudencia antigua (SCS 29.V.1941, en GT 1941, Primer Semestre, pp. 191 y ss.)— acepta la justificación en un caso de resistencia a un allanamiento y detención policial en un domicilio distinto del señalado por la orden competente. Sin embargo, el fallo no se refiere a la justificante de legítima defensa, sino solo al ejercicio de un «legítimo derecho» de resistencia. Esta solución es acertada. Si bien es apropiado conceder un derecho de defensa a quien es agredido ilegítimamente por un funcionario, los actos de la autoridad gozan de una cierta presunción de legitimidad. Esta presunción es sin duda derrotable, pero surte el efecto *prima facie* de excluir la ilegitimidad de la agresión. Por eso, en principio la defensa solo puede ejercerse dentro de los límites más estrictos del estado de necesidad.

(c) *Actualidad o inminencia de la agresión*

Este requisito emana tanto del fundamento de la legítima defensa como del tenor literal del art. 10 N° 4, circunstancia segunda: «impedirla» o «repelerla». La agresión *se repele* cuando es actual y *se impide* cuando es inminente. Esto no puede ser de otro modo, pues la legítima defensa es una excepción cualificada al monopolio de la fuerza que ostenta el Estado, una forma de autotutela en principio incompatible con la razón de ser la institución estatal, admitida solo para aquellos casos urgentes en los que resulta materialmente imposible recurrir a la protección de la autoridad.

La caracterización de la agresión como actual o inminente opera por regla general respecto de conductas típicas al menos a título de tentativa. Sin embargo, la expresa aceptación de la legítima defensa también para los casos de «inminencia» de la agresión introduce una lógica distinta de la subsunción del hecho bajo el tipo penal de tentativa o consumación. Al mismo tiempo, el carácter excepcionalísimo de la defensa privada torna poco plausible que la ley desacople por completo la existencia de una agresión del comienzo de la tentativa. Un compromiso entre ambos extremos lleva a considerar que también cuenta como agresión inminente la realización de aquellos actos preparatorios que se sitúan inmediatamente antes del comienzo de una tentativa punible. Más allá de esto, no existe una legítima defensa preventiva.

No es actual ni inminente la agresión que se espera en un futuro próximo pero no inmediato, ni la que ya se agotó. Por eso, y contra lo resuelto en SCS 12.X.2004, Rol N° 199-2003, en el delito de robo la agresión sigue siendo actual y puede haber legítima defensa mientras la víctima persigue a los autores que huyen por la calle con las especies robadas.

Una constelación problemática en relación con este requisito es la del así llamado «tirano doméstico», el sujeto que, cada vez que se emborracha o está de mal humor, agrede a su familia. Se pregunta en primer lugar qué sucede si un día, cuando el sujeto está comenzando a beber, su pareja le da un golpe por la espalda y lo deja inconsciente: ¿hay legítima defensa? La respuesta de la doctrina mayoritaria es negativa, pues, como se ha visto, no existe una legítima defensa preventiva, ni siquiera cuando la agresión próxima se espera con certeza y solo puede prevenirse mediante la anticipación de la defensa.

Más complejos son los casos en donde la mujer habitualmente golpeada y maltratada mata a su pareja en el momento que le resulta más propicio, *v. gr.* mientras esta duerme. El tratamiento de la mujer en estas hipótesis era uno de los problemas que se buscaba resolver mediante la primera ley sobre femicidio en 2010. Sin embargo, la ley terminó introduciendo en el Código Penal una nueva versión del art. 10 N° 11, que replica el requisito de actualidad o inminencia de la legítima defensa. El problema es complejo, pues con frecuencia se trata de casos en que la víctima de la violencia doméstica se encuentra en gran indefensión (por ejemplo, si la mujer denunciara tendría que afrontar luego las represalias del denunciado), lo que impulsa a prescindir de la exigencia legal de actualidad o inminencia de la agresión o del mal amenazante, o al menos a interpretarla en términos que exceden su sentido literal posible. Estos últimos esfuerzos, como la afirmación de un «estado de agresión» más o menos permanente, son difícilmente compatibles con la lógica de la legítima defensa; así por ejemplo, si ya no se trata de una agresión, sino de un estado de agresión, resulta prácticamente imposible ponderar la necesidad racional del medio empleado y todo conflicto se transforma en una situación de vida o muerte. Además, en estas situaciones lo que está en juego son los límites de la autotutela en un estado democrático de derecho. Por eso, una decisión al respecto debe ser adoptada explícitamente por el legislador y no puede anticiparse o implementarse judicialmente mediante una remisión más o menos amplia a tratados o estándares internacionales.

La ductilidad del estado de necesidad defensivo podría ofrecer aquí distintas alternativas *de lege ferenda* que permitan suspender para los casos más extremos las exigencias de actualidad o inminencia del mal, considerando que la imposibilidad de recurrir a otros medios de defensa está condicionada por la conducta del propio afectado por la acción de salvaguarda. En todo caso, ya *de lege lata* resulta perfectamente posible resolver en sede de legítima defensa muchos casos en que la situación es tal, que la agresión puede considerarse actual o inminente sin necesidad de forzar en lo más mínimo el sentido del art. 10 N° 4. Hay que recordar que la agresión ilegítima se mantiene hasta que ella no es desactivada en forma definitiva. Por otra parte, no se requiere de una especial «perspectiva de género» para comprender que ni a la mujer, ni a ninguna otra persona, se le exige que huya en lugar de defenderse de una agresión, ni menos la utilización de un medio de defensa que implique un riesgo de fracaso de la reacción defensiva y constituya, por lo tanto, la exposición a un peligro aún mayor. Conforme a estos criterios pudo resolverse sin mayores dificultades el caso decidido en SCA Antofagasta 24.VII.2021, Rol N° 648-2021, sentencia en la que se opta, sin embargo, por afirmar la justificante en base a una remisión general a instrumentos internacionales que no se refieren a la legítima defensa.

En relación con el requisito de actualidad o inminencia se suele presentar también el problema de las llamadas *ofendículas*, que consisten en dispositivos automáticos o en obstáculos físicos que se instalan permanentemente para impedir o repeler el escalamiento o ingreso a una propiedad (cercos eléctricos, trozos de vidrio incrustados en la parte superior del cierre perimetral, etc.). Las opiniones en la doctrina son muy variadas y usualmente no demasiado fundadas; en general, se niega que las lesiones causadas por las ofendículas se justifiquen por legítima defensa, ya que faltaría la inminencia de la agresión en la medida en que la defensa se prepara mucho antes de que esta se produzca. Este argumento no es convincente, pues lo relevante es el momento en el cual el dispositivo actúa y no el tiempo en el cual se instala. Tampoco son convincentes el recurso al art. 10 N° 10 (ejercicio legítimo de un derecho) o a un estado de necesidad defensivo.

Para decidir sobre la justificación en estos casos hay que tener en cuenta al menos que: (i) en principio, la disposición de elementos peligrosos en el propio ámbito de organización, sin generación de un tráfico abierto a terceros, no es capaz de fundar posición de garante alguna respecto de tales terceros; (ii) el principal problema de las ofendículas no dice relación con la actualidad o inminencia de la agresión —aunque en ciertos casos pueda presentarse, como cuando el dispositivo actúa antes de tiempo—, sino con la necesidad racional del medio de defensa, pues el dispositivo predispuesto difícilmente será ajustable a la intensidad del ataque.

(2) Necesidad racional del medio empleado para impedirla o repelerla

No se debe confundir la necesidad racional del *medio* con la necesidad racional de la *defensa*. Esta última no es un requisito de la justificación. Lo que ocurre es que, si se aceptan las limitaciones de proporcionalidad y subsidiariedad derivadas de la solidaridad mínima, ello puede redundar en que el único medio practicable de defensa, en el caso concreto, no pueda ser utilizado. En esta situación, al agredido solo le resta la huida o la elusión, es decir, la renuncia al derecho a defenderse.

No es completamente claro lo que significa el requisito de necesidad racional del medio. Para algunos, implica que el medio debe ser «necesario» y, por lo tanto, no queda cubierto por la justificante todo lo que sea objetivamente superfluo para una defensa exitosa (Novoa). Para otros, se refiere a la obligación del agredido de escoger, entre todos los medios disponibles, el menos lesivo. Ambos criterios parecen demasiado restrictivos.

En cuanto al segundo y mayoritario criterio habría que decir, por una parte, que la exigencia de utilizar el medio menos lesivo no tiene fundamento en la ley; por otra, que las exigencias de solidaridad mínima y las consecuencias del carácter excepcionalísimo de la defensa legítima se agotan en las limitaciones de proporcionalidad y subsidiariedad, ya revisadas. Una vez satisfechas estas restricciones, si el sujeto, para defenderse de una agresión mortal, usa una pistola pudiendo *ceteris paribus* haber utilizado un cuchillo o un objeto contundente, de todas formas se cumple la necesidad racional del medio (SCA Valdivia, 24.I.2022, Rol N° 848-2021, aunque en este caso se aplicó la legítima defensa a un funcionario policial que hizo uso de su arma de servicio). A un resultado muy similar llegan quienes exigen el uso del medio menos lesivo, pero a la vez —como es opinión común en la doctrina alemana— destacan que debe escogerse entre los medios *efectivamente* disponibles, que permitan detener en forma *definitiva* la agresión y *sin exponerse al riesgo* de que la reacción defensiva resulte insuficiente.

La jurisprudencia ha resuelto en ocasiones —confundiendo aún más las cosas— que el medio empleado ha de ser (i) *necesario*, exigencia que se cumpliría cuando el agredido no dispone de otra forma menos enérgica para defenderse con éxito (obligación de utilizar el medio menos lesivo), y (ii) *razonable*, un requisito de contenido enigmático, no precisado ni desarrollado mayormente.

De cualquier forma, es claro que la necesidad racional del medio:

- *debe apreciarse en concreto*, teniendo en cuenta todas las circunstancias del caso: «lo imprevisto del ataque, la superioridad física marcada del agresor, la inamovilidad del agredido, la rapidez con que este deba reaccionar, la dificultad de poner en uso inmediato otros medios de defensa, la presencia de personas que puedan auxiliar, la hora y el lugar, etc.» (Novoa). Esto significa que en ningún caso se trata de una equivalencia matemática entre medio de ataque y medio de defensa;
- *debe apreciarse objetivamente* y no según el criterio o las representaciones del autor, bien sea *ex ante* (lo que una persona razonable hubiera considerado *ex ante* como necesario) o *ex post* (con el conocimiento que se tiene después de los hechos). Como se trata aquí del enjuiciamiento de la *conducta* defensiva, lo más consistente parece ser la utilización de un punto de vista *ex ante*.

Cuando no concurre el requisito de necesidad racional del medio empleado, se está ante un exceso intensivo en la legítima defensa, situación que da lugar a una circunstancia atenuante de la responsabilidad penal, prevista en el art. 11 N° 1. Esta atenuante puede tener, además, los efectos extraordinarios contemplados en el art. 73.

(3) Falta de provocación suficiente por parte del que se defiende

La *provocación suficiente* es una que hace explicable la reacción del otro, pero no una que la justifique, es decir, que llegue a ser ella misma una agresión ilegítima. En tal caso se invertirían los roles, lo cual es perfectamente posible y ocurre con cierta frecuencia en el caso de agresiones recíprocas.

La «suficiencia» de la provocación es, en todo caso, un concepto relativo: debe medirse en función de las circunstancias del hecho y, sobre todo, de la entidad de la reacción del provocado. En todo caso, esta reacción debe ser al menos previsible para el que provoca; una reacción que sale por completo de lo común y esperable no ha de entenderse como «provocada» en el sentido de la ley.

En el caso del que provoca *intencionalmente* a otro para que este reaccione y poder así, por ejemplo, darle muerte bajo el amparo de una supuesta legítima defensa, normalmente no solo faltará el requisito de ausencia de provocación, sino que posiblemente ni siquiera la reacción del provocado podría considerarse una agresión ilegítima (Cousiño).

La provocación no excluye toda posibilidad de defensa, sino solo aquella que se ejerce contra la agresión que todavía guarda relación con la provocación misma. En lo que exceda de este marco, el provocador todavía puede defenderse legítimamente.

Si falta este requisito de la legítima defensa, al igual que en el caso del requisito anterior, subsiste la atenuante del art. 11 N° 1. Esta atenuante puede tener, también, los efectos extraordinarios previstos en el art. 73.

dd) Legítima defensa de terceros (parientes o extraños) y legítima defensa privilegiada

A estas hipótesis se refiere el art. 10 Nos. 5 y 6. Se les aplica *mutatis mutandis* todo lo que ya se ha dicho respecto de la defensa propia. Solo destacaremos algunos aspectos adicionales relevantes para la comprensión de estas reglas legales.

(1) Legítima defensa de terceros o auxilio necesario

- ¿Cabría defender a un tercero en contra de un ataque proveniente de sí mismo? ETCHEBERRY responde afirmativamente cuando se trata de bienes o intereses no disponibles, de modo que sería lícito encerrar o herir al suicida para evitar que consume su propósito. Aunque el problema es en apariencia simple de resolver —quien atenta contra sí mismo no incurre en una «agresión ilegítima», de modo que falta el requisito básico de la legítima defensa—, en definitiva es un asunto estrechamente relacionado con la «disponibilidad» de los bienes en cuestión. En un derecho penal individualista orientado a proteger la autonomía formal, la idea de un auxilio necesario en contra de la voluntad del beneficiario es «extravagante» (WILENMANN).

Lo anterior es, sin duda, correcto cuando la defensa impuesta constituye un atentado contra la libertad de conciencia del tercero, como en el caso de las transfusiones de sangre a los testigos de Jehová. Pero es más discutible cuando se trata de bienes individuales de gran relevancia social, o cuando es dudosa la competencia del beneficiario para rechazar el auxilio. Algo análogo vale para el auxilio necesario cuando la intromisión proviene de un tercero y el beneficiario ha consentido en ella.

- Respecto del N° 6, hay acuerdo en la doctrina en cuanto a que la presencia de un «motivo ilegítimo» (venganza, resentimiento u otro) excluye la justificación solamente cuando tal motivo es único o exclusivo, de modo que en la práctica basta con el conocimiento de la agresión ilegítima por parte del auxiliador. Bajo este entendido, la regla tendría el sentido de excluir toda justificación respecto de quien desconoce la existencia de la agresión (que sí existe) y solo obra contra el agresor impulsado por un motivo ilegítimo. Es decir, el efecto de la regla sería el de establecer para este caso la punibilidad de una tentativa absolutamente inidónea.
- El tercero extraño no podría ser difuso (intereses colectivos), pero sí podría ser una persona jurídica.

(2) Legítima defensa privilegiada

- Se discute si la restricción formulada mediante la frase «si es de noche» se aplica a todos los casos indicados por la regla en que se rechaza el escalamiento, o solamente a la hipótesis relativa al local comercial o industrial. Conforme al tenor literal y a la racionalidad de la disposición, parece apropiado concluir que ella es aplicable solo a esta última hipótesis.

- Lo que se presume es la concurrencia de todos los requisitos de la legítima defensa, pero no de los presupuestos para que opere el privilegio (el escalamiento, el hecho de estarse cometiendo algunos de los delitos que allí se señalan); la concurrencia de estos últimos debe acreditarse en el juicio.
- La presunción es simplemente legal, pero se ha sostenido que en el caso de la «necesidad racional del medio» la regla operaría como presunción de derecho debido a su tenor literal: «cualquiera sea el daño que se ocasione al agresor». Sin embargo, hay que recordar que en la legítima defensa, en general, la entidad del daño o menoscabo provocado directamente por la acción defensiva no es relevante más allá del límite de proporcionalidad impuesto por solidaridad mínima (o por el principio de dignidad humana), ya que la ley solo atiende a la necesidad racional del *medio* de defensa (así, en el resultado, SCA Santiago 23.VII.2021, Rol N° 2618-2021).

c) Estado de necesidad

La expresión *estado de necesidad* es equívoca en derecho penal porque designa tres realidades completamente heterogéneas:

- estado de necesidad defensivo (justificante análoga a la legítima defensa),
- estado de necesidad agresivo (justificante basada en deberes de solidaridad mínima), y
- estado de necesidad exculpante (causa personal de exculpación y no de justificación del hecho).

aa) Estado de necesidad defensivo

El estado de necesidad defensivo es una de las causas de justificación que se basan en el principio de responsabilidad o competencia por el riesgo que dio origen a la intervención. Una conducta estará justificada cuando es la reacción a un riesgo por el cual es responsable quien resulta afectado por esa conducta.

En cuanto al espectro justificatorio, debe hacerse una distinción:

- Si el que sufre las consecuencias de la intervención es *personalmente competente y además culpable* por el curso dañoso (pero sin que su conducta pueda considerarse una agresión ilegítima), entonces deberá soportar todos los costos de la intervención —en este sentido se dice que el estado de necesidad defensivo es una «pequeña legítima defensa»—, pero siempre que: (a) no haya desproporción considerable entre el menoscabo producido por la reacción defensiva y el evitado (el mal causado podría llegar a ser superior al evitado, pero no *considerablemente* superior), y (b) la intervención sea estrictamente subsidiaria (al contrario de lo que ocurre en la legítima defensa).

- Si el que sufre las consecuencias de la intervención es *personalmente competente pero no culpable* por el curso dañoso, entonces la conducta de salvaguarda no está justificada, a menos que el menoscabo evitado por la reacción defensiva sea superior (aun mínimamente) al menoscabo producido. Es decir, el balance debe ser positivo, aunque sea por poco. En estos casos también se exige, y con mayor razón aun, la exigencia de que la intervención sea subsidiaria.

Es preciso tener en cuenta que la competencia personal y la culpabilidad por el curso dañoso son magnitudes graduables. Así, esta última admite la distinción entre los casos de evitabilidad dolosa e imprudente, mientras la primera queda sujeta a factores como la intensidad con que concurren los presupuestos de las respectivas posiciones de garante y de la justificación, la clase de justificación de que se trata, etc. Esta variabilidad puede incidir en la extensión precisa del efecto justificante.

bb) Estado de necesidad agresivo

El estado de necesidad agresivo se basa en el reconocimiento de ciertos deberes de *solidaridad mínima*. Estos deberes, que tienen su origen en el reconocimiento del otro como individuo con necesidades y un «derecho al bienestar», conllevan la autorización para menoscabar bienes instrumentales de menor entidad de una persona que *no es competente* por la situación de riesgo, en cuanto sea indispensable para salvaguardar bienes de gran trascendencia de otras personas o de la sociedad que, en este sentido, prevalecen sobre los bienes sacrificados.

Para que la intervención que causa daño se encuentre justificada en virtud del estado de necesidad agresivo se requiere, entonces, que lo positivo sea a todas luces preponderante respecto de lo negativo y, además, que tal intervención sea exitosa.

cc) Reglas sobre estado de necesidad en el Código Penal

El Código Penal contiene dos reglas relacionadas con el estado de necesidad, el N° 7 y el N° 11 del art. 10. Pero ocurre que este último —que data de 2010— absorbe o incluye completamente al primero: el art. 10 N° 11 se refiere a todos los bienes jurídicos, y no establece la restricción del mal menor. Y aunque cabría considerar algún espacio propio para el art. 10 N° 7 en la medida en que este, a diferencia del art. 10 N° 11, no exige que el mal que se trata de precaver sea «grave», tratándose de la afectación de los intereses de un tercero inocente tal exigencia se deriva de los principios mismos de la justificación, que en el caso del estado de necesidad agresivo son particularmente restrictivos en cuanto a la subsidiariedad y a la ponderación de los respectivos menoscabos.

Por lo tanto, en lugar de estudiar por separado el art. 10 N° 7, solo se le tendrá en cuenta al desentrañar las distintas posibilidades contenidas en el art. 10 N° 11. Como se verá, el contenido propio de sus circunstancias 3ª y 4ª, y el carácter graduable de las valoraciones que subyacen a ellas, hacen posible que en el mismo precepto se regule tanto el estado de necesidad defensivo como el estado de necesidad agresivo.

Antes de examinar los requisitos generales del art. 10 N° 11, revisaremos las principales razones para entender por qué este precepto *no regula la causa de exculpación* conocida como estado de necesidad.

(1) El art. 10 N° 11 no regula el estado de necesidad exculpante

- Como veremos en su momento, la exculpación por inexigibilidad es una eximente basada en un «conflicto existencial» o de motivos de carácter personalísimo. No es necesario que el mal amenace directamente al que realiza la intervención, pero el conflicto siempre debe concurrir en él. El art. 10 N° 11 es absolutamente ajeno a este fundamento, ya que exime de responsabilidad también cuando la conducta consiste en salvar intereses meramente instrumentales de un tercero con el cual el sujeto no tiene relación. Con ello, la referencia a un conflicto existencial en el sentido de la inexigibilidad de otra conducta se pierde completamente.
- La circunstancia 4ª del art. 10 N° 11 carecería de significado en la lógica de la inexigibilidad, pues se limitaría a señalar que «la conducta conforme a derecho es exigible cuando es exigible»; o bien: «no se reconoce inexigibilidad cuando al sujeto se le pudo exigir otra conducta».

A diferencia del derecho alemán, que sí regula específicamente un estado de necesidad exculpante, la ley no establece referencia alguna a los criterios de «exigibilidad» del sacrificio. En el derecho alemán se prevé, además, un sistema de ejemplos-regla, ausente en Chile, donde estas excepciones a la inexigibilidad pueden ser derrotadas, precisamente por consideraciones sustantivas de inexigibilidad.

- En tercer lugar, ni la obligación de escoger el medio menos perjudicial, ni la estricta ponderación de «males» son propias de una situación de inexigibilidad, que precisamente: (i) está asociada con frecuencia a contextos en los cuales quien realiza la intervención se pone a sí mismo severamente en peligro mediante ella; (ii) se valora retrospectivamente por parte del juez, y no prospectivamente (la ponderación de bienes o males, en cambio, pertenece a una valoración prospectiva, propia del destinatario de una norma de conducta). La obligación de escoger el medio menos perjudicial y la ponderación de bienes o males son características del ámbito de la justificación, y no de la exculpación.
- Si fuera una causa de exculpación, la regla sería una consagración del maquiavelismo o una patente de corso para la afectación de terceros inocentes. Contra el principio fundamental expresado en la fórmula *casum sentit dominus*, cualquier persona podría desviar hacia otros los peligros que la afectan, como el médico que altera fichas clínicas para adelantar el trasplante de sus pacientes en el sistema estatal de prioridades, o el administrador de fondos que altera las cuentas o dispone de activos en custodia para evitar la debacle de su negocio.
- En el estado de necesidad exculpante, igual que en las demás causas de exculpación por inexigibilidad de otra conducta, el derecho se vuelve exclusivamente hacia la persona que ha realizado la conducta formalmente antijurídica. Se hace cargo de su particularidad y le concede una excusa extraordinaria aun a riesgo de poner en tela de juicio el tratamiento que se confiere a cada persona en cuanto ser racional e igual a los demás. Al proceder de este modo, sin embargo, el derecho deja intactas las posiciones jurídicas de las demás personas. Por eso, y aunque nada impide que funcione como criterio general de orientación, la estricta ponderación de males (art. 10 N° 11, circ. 3ª: el mal causado no ha de ser sustancialmente superior al que se evita) no encuentra un lugar cómodo como requisito típico de una excusa por razón de inexigibilidad.

(2) Requisitos generales del art. 10 N° 11

(a) Mal grave para la persona o derechos del que interviene o de un tercero cualquiera.

La «gravedad» del mal es relativa y la mención de los «derechos» abre un amplio campo, pues en la contraposición con la voz «persona» parece remitir explícitamente a los intereses instrumentales.

Bajo este concepto caben todas las «agresiones» e intromisiones que no califican como «agresiones ilegítimas» —típicas, antijurídicas y culpables— en un sentido propiamente penal. Así se explica, entre otras razones, la estricta subsidiariedad del estado de necesidad.

(b) Actualidad o inminencia de ese mal.

El requisito está tomado de la regulación del art. 10 N° 7. *Actual* significa presente; *inminente*, muy próximo en el tiempo.

Este requisito excluye del art. 10 N° 11 la intervención preventiva, problema que se presenta, entre otras, en las constelaciones agrupadas bajo el rótulo de «homicidio del tirano doméstico». Para incluirlas sería necesaria una modificación legal que dé cuenta de su estructura. Por ejemplo, en el Anteproyecto de Código Penal de 2013 se introducía en la regulación del estado de necesidad defensivo una cláusula conforme a la cual «esta justificación es excepcionalmente aplicable también en caso de un peligro futuro, siempre que la necesidad de la defensa anticipada se deba al comportamiento del afectado».

(c) Que no exista otro medio practicable y menos perjudicial para «evitar» el mal.

Se trata de un requisito muy exigente de subsidiariedad. En el caso de la legítima defensa, según se vio, la obligación de escoger el medio menos lesivo solo tiene cabida en los límites de la solidaridad mínima; es decir, tal obligación no emana del requisito legal de necesidad racional del medio, sino de la limitación no escrita de proporcionalidad de la defensa.

En el caso del estado de necesidad, en cambio, la exigencia de subsidiariedad es mucho más estricta y excede los límites de la solidaridad mínima: no hay justificación si se usa un medio practicable, pero un poco más lesivo que otro también disponible. Esto obedece al fundamento de la justificación y a que las situaciones de necesidad difieren en un punto esencial de las situaciones de defensa. Mientras que la defensa es reacción frente a una agresión ilegítima, en la necesidad se trata —como expresa la ley— de «evitar un mal». Esto hace que la acción de salvaguarda propia de las situaciones de necesidad incluya por definición maniobras de mera elusión o evitación que, en cambio, en el caso de la legítima defensa solo pueden añadirse «desde afuera» de la lógica defensiva.

(d) Que el sacrificio del bien no pueda ser razonablemente exigido.

Este requisito constituye, en primer término, una referencia a los límites basados en solidaridad mínima o en la excepcionalidad de la autorización que el derecho concede, como ocurre con las restricciones no escritas de proporcionalidad y subsidiariedad en la legítima defensa. Pero sobre todo se refiere a: (i) la situación de personas que ostentan ciertas posiciones de garante —bomberos, policías, rescatistas—, quienes deben tolerar una mayor exposición al peligro; y (ii) muy especialmente, proporciona una base legal a la exigencia de verificar en primer término la competencia de los diversos sujetos involucrados por la situación de necesidad.

Este último aspecto es clave y se relaciona directamente con la circunstancia 3ª. Mientras esta última hace operativas las diferencias de competencia asociando a ellas parámetros distintos para la ponderación de los menoscabos, la circunstancia 4ª dispone que no hay estado de necesidad en ninguna forma a favor de quien es plenamente competente por la situación que requiere la intervención.

(3) Requisito distintivo: que el mal causado no sea sustancialmente superior al que se evita

El requisito clave de la eximente es la circunstancia 3ª, pues ella es la que permite distinguir las dos clases de estado de necesidad que comprende el precepto. En efecto:

- Cuando se está ante un estado de necesidad defensivo el precepto se aplica en su límite: siempre que el afectado por la intervención sea personalmente competente y culpable por la situación de riesgo (pero sin ser agresor ilegítimo), el hecho estará justificado, incluso si el mal causado es superior al que se evita, salvo que sea sustancialmente superior a él. Si el afectado, en cambio, es competente, pero no culpable por la situación de peligro, entonces el hecho estará justificado solo si el balance final es, al menos, mínimamente positivo.
- Cuando se está ante un estado de necesidad agresivo, en cambio, solo habrá justificación en la medida en que lo positivo sea muy preponderante respecto de lo negativo, porque el principio de solidaridad mínima

justifica solo aquellas acciones de salvaguarda que lesionan bienes instrumentales de menor entidad para salvaguardar bienes personalísimos de gran entidad.

Con otras palabras, la norma tiene un «techo», pero el «piso» es variable dependiendo del fundamento de la justificación. El art. 10 N° 11 no puede tener el sentido de equiparar el estado de necesidad defensivo —que es una pequeña legítima defensa— con el estado de necesidad agresivo, que solo se explica por consideraciones de mínima solidaridad. Por lo tanto, hay que entender que la circunstancia 3ª funciona como reguladora. En su límite, que autoriza a provocar un menoscabo incluso mayor que el que se evita, opera solo en caso de estado de necesidad defensivo; para que justifique en los casos de estado de necesidad agresivo, en cambio, se requiere que el balance final sea mucho mejor. Es cierto que todo esto no lo dice expresamente la ley, pero ella tampoco habla de la proporcionalidad en la legítima defensa. Sobre todo, esta interpretación es plenamente respetuosa del art. 19 N° 2 de la Constitución.

En términos generales, quedan entonces cubiertas por el estado de necesidad defensivo justificante (si se cumplen los demás requisitos) las intervenciones:

- contra la persona que actúa u omite dentro del riesgo permitido, atípica o incluso justificadamente (en este último caso, por lo general no respecto del daño específico que está autorizado a producir), pero creando *con su conducta* un peligro actual para los intereses de un tercero;
- contra la persona que actúa creando un riesgo especial, como la conducción de un vehículo motorizado (p. ej., en el caso del que a causa del hielo pierde el control del auto y amenaza atropellar a un peatón, el cual solo se salva porque el chofer de un camión se atraviesa, provocando la muerte del conductor del automóvil);
- contra la persona que actúa u omite en error —cuando menos en un error invencible—, como el enfermero que por instrucciones del médico va a inyectar al paciente incorrecto;
- en los casos en que el peligro proviene de la conducta de un inimputable o de un menor de edad;
- cuando la persona de quien emana el peligro actúa coaccionada o bajo circunstancias que le hacen inexigible otra conducta (siempre que no haya agresión ilegítima de su parte).

Una mirada de conjunto sobre la legítima defensa y el estado de necesidad refleja que estas causas de justificación se encuentran gobernadas por tres variables: la autorresponsabilidad, la consideración de intereses de terceros o de la generalidad (a veces muy imprecisamente identificada como «solidaridad»), y una ponderación de intereses como criterio auxiliar. La combinación de estas tres variables da lugar a un modelo de las causas de justificación basadas en derechos de defensa y necesidad que se aparta de la tripartición tradicional (legítima defensa, estado de necesidad defensivo y estado de necesidad agresivo) —y desde luego, de la bipartición usual entre nosotros (legítima defensa y estado de necesidad)—, principalmente porque requiere identificar dos estados de necesidad defensivos en lugar de uno solo. Aunque sería deseable que el legislador contemplara expresamente esta distinción, el art. 10 N° 11 la admite sin mayores inconvenientes.

La siguiente tabla permite apreciar el juego que admiten las causas de justificación basadas en derechos de defensa y necesidad en lo que respecta a la ponderación de bienes o males. En la fila superior se sitúan en forma estilizada las posibles variantes, donde A es igual a «autorresponsabilidad» (o competencia por la situación de peligro) y S es igual a «solidaridad» (o consideración de los intereses de terceros o de la generalidad). A cada una se asigna un valor numérico de 0 a 3 en la respectiva combinación. En la fila intermedia se grafica la ponderación de bienes o males, donde para la legítima defensa (LG) se exige que no exista *total* desproporción, en el estado de necesidad defensivo con mayor autorresponsabilidad (END 1) se exige que no exista (grave) desproporción, en el estado de necesidad defensivo con menor autorresponsabilidad (END 2) se exige un balance final (sustancialmente) positivo, y finalmente en el estado de necesidad agresivo (ENA) solo se justifica la evitación de catástrofes:

A 3 - S 0	A 2 - S 1	A 1 - S 2	A 0 - S 3
No total desproporción	No (grave) desproporción	Balance (sustancialmente) positivo	Balance absolutamente positivo
LG	END 1	END 2	ENA

Al observar con atención las variables que gobiernan la justificación basada en derechos de defensa y necesidad —la autorresponsabilidad, la consideración de intereses de terceros o de la generalidad y la ponderación de intereses como criterio auxiliar—, se aprecia que las dos primeras responden cabalmente a los fundamentos de la competencia por un suceso, es decir, coinciden con los presupuestos positivos de la antijuridicidad en general. La autorresponsabilidad funda los deberes negativos, característicos de las formas más básicas de interacción entre personas, mientras que la consideración de la generalidad se refiere a las instituciones indispensables para la convivencia en libertad y da lugar a los deberes positivos. Por último, la consideración del bienestar del otro está en el origen de los deberes de solidaridad.

Esta reaparición de los fundamentos de toda ilicitud con relevancia penal —deberes negativos, deberes positivos y deberes de solidaridad— en el plano de la justificación es significativa. Los mismos elementos o categorías que constituyen presupuestos positivos del injusto, adquieren un signo negativo en el examen de las causas de justificación. Esto se debe a que tanto en el plano de los presupuestos positivos de la antijuridicidad como en el plano de la justificación se trata de un asunto de distribución de ámbitos de autonomía y, por lo tanto, de responsabilidad. Tipicidad y antijuridicidad pertenecen a un mismo nivel sistemático.

Para profundizar...

Una exposición completa, clara y sistemática de las causas de justificación en el derecho chileno se encuentra en Wilenmann, *La justificación de un delito en situaciones de necesidad* (Marcial Pons, Madrid, 2017). Imprescindibles también Baldó Lavilla, *Estado de necesidad y legítima defensa* (J.M. Bosch Editor, Barcelona, 1994) y Coca Vila, *La colisión de deberes en derecho penal* (Atelier, Barcelona, 2016). Para una visión histórico-dogmática de la antijuridicidad en la estructura del delito debe verse la Sección Segunda de la obra de Molina Fernández, *Antijuridicidad penal y sistema del delito* (J. M. Bosch Editor, Barcelona, 2001). Los fundamentos de la orientación favorecida en el curso pueden leerse en van Weezel, «Optimización de la autonomía y deberes penales de solidaridad», *en Política Criminal* Vol. 13, N° 26 (2018), pp. 1074-1139.

EJERCICIOS

Caso 3

El laboratorio Psicofarma produce y comercializa en Chile el medicamento Psico-up. A partir de marzo, comienzan a llegar reclamos de consumidores, quienes se quejan de problemas respiratorios presumiblemente asociados a la ingesta del medicamento.

A, B y C toman las decisiones colegiadamente, por simple mayoría, en el consejo de administración de la empresa. Además A es el gerente general, B el jefe de laboratorio y C el encargado de la distribución y comercialización de los productos. Ante los reclamos, deciden encargar a un laboratorio externo la revisión de la fórmula y el proceso de producción del Psico-up, lo que no arroja resultado alguno, por lo que el producto se sigue distribuyendo y vendiendo como antes.

A continuación, ocurre lo siguiente: (i) en junio se dicta la Ley Dracón, que duplica las penas para las lesiones y homicidios que se cometan durante el presente año mediante productos farmacéuticos defectuosos; (ii) en julio algunos de los consumidores del producto tuvieron que ser internados en hospitales e incluso dos de ellos fallecieron por fallas respiratorias; (iii) en enero del año siguiente, un nuevo análisis encargado por el consejo de administración de Psicofarma muestra que el producto contiene una combinación de elementos que, mezclados a su vez con ciertos alimentos de consumo común, afecta severamente las vías respiratorias.

A la vista de este nuevo análisis, el consejo de administración decide por unanimidad intentar corregir la composición química de las nuevas partidas, sin disponer además el retiro inmediato de las antiguas. Están en eso cuando el Servicio de Salud ordena el retiro de los productos y la paralización de la distribución. Cuando A, B y C son formalizados por lesiones y homicidio se deroga la Ley Dracón.

1. *¿Se encuentran A, B y/o C en posición de garante respecto de la vida e integridad corporal de los consumidores de Psico-up? ¿Por qué?*
2. *Si se analiza la causalidad de la fabricación y distribución del producto respecto de las lesiones y muertes de acuerdo con la teoría de la causa adecuada (es decir, ex ante), ¿existe o no causalidad?*
3. *El hecho de que aparentemente el producto fuera dañino solo en combinación con ciertos alimentos, ¿afecta la imputación de las lesiones y la muerte de los consumidores a la fabricación y distribución del producto? ¿Por qué?*
4. *Ya que eran los mismos consumidores quienes compraban y tomaban el medicamento, ¿sería correcto afirmar que ellos actúan a riesgo propio y que por lo*

tanto corresponde imputar la muerte y las lesiones al ámbito de competencia de las víctimas? ¿Por qué?

5. *Si existe alguna, ¿cuál sería la conducta de A, B y/o C que transgrede el riesgo permitido? ¿Por qué?*
6. *¿Se aplicará al caso la Ley Dracón?*

Caso 4

Arnoldo va conduciendo su vehículo a la velocidad permitida, en el sentido correcto y cumpliendo todas las normas del tránsito. De pronto, dobla por una calle y ve que un par de cuadras más allá viene caminando una mujer, en la dirección contraria, por la mitad de la calzada. Arnoldo continúa su trayectoria, aunque disminuye un poco la velocidad y le hace cambio de luces a la mujer para que se aparte. Más adelante se da cuenta que la mujer no ha reaccionado, así que le toca la bocina. La mujer no hace caso del bocinazo y sigue su rumbo, mientras que Arnoldo está cada vez más cerca. Él le vuelve a tocar la bocina. Finalmente, Arnoldo frena, pero es demasiado tarde pues el vehículo alcanza a golpear a la mujer, quien cae de espaldas, lesionándose. En el hospital, ella confiesa que oyó los bocinazos, pero no se apartó porque tenía la intención de que alguien la atropellara y la lesionara con el fin de obtener una licencia médica laboral.

A Arnoldo se le imputa el delito de lesiones graves, y su defensa alega: (a) que Arnoldo no puede ser garante ya que se ha comportado en todo momento conforme a derecho; (b) que Arnoldo podía confiar en que la mujer se apartaría de la calzada, como se puede esperar de cualquier persona adulta; (c) que quien se comportó de manera antijurídica fue la mujer, al transitar por un lugar prohibido; (d) que la mujer "lo instrumentalizó" para lograr sus propósitos, aprovechándose ilegítimamente de su conducta.

¿Está usted de acuerdo con estas defensas? Justifique.

Caso 5

«*Quinto*: Que al desestimarse los vicios en el establecimiento de los hechos, quedan definitivamente asentados los siguientes:

a) PVS cumplía condena en el Centro Penitenciario de El Manzano al momento de su fallecimiento, el 24 de febrero de 2005, producto de un shock séptico y bronconeumonía por haber adquirido el virus hanta dentro del recinto carcelario.

b) PVS residía dentro del recinto penal en un dormitorio del módulo 6, en el segundo piso, donde pasaba la mayor parte del día junto a cuarenta y ocho reos. Su rutina diaria fuera del dormitorio se extendía entre las 10:00 y 17:00 horas con salida al patio y recorrido en otros módulos realizando labores de evangelización.
c) En el perímetro externo se constató restos de basura, escasa maleza y excretas presumiblemente de roedores pequeños en antiguas cajas distribuidoras de corriente insertadas en el muro más externo. En esta área existió vegetación que, por razones de seguridad, fue desmalezada y quemada en trabajos que se iniciaron en diciembre de 2004 y terminaron el 31 de enero de 2005. En uno de los ángulos de la línea de fuego se encontró un acceso de diez pulgadas que conduce a través de un tubo al exterior del penal y desemboca en un canal que circunda el recinto.
d) La línea de fuego constituyó un hábitat hasta el período en que se inician los trabajos de limpieza de ese sector, la que fue causante de la fuga masiva y explosiva de roedores a partir de diciembre y en esta fuga algunos roedores pudieron haberse desplazado por los ductos de agua lluvia hasta los patios.
e) El desmalezamiento del perímetro del recinto se realizó sin cumplir los parámetros mínimos recomendados por la autoridad sanitaria para el control de roedores con hanta, sin una desratización del perímetro en los siete días antes de desmalezar y limpiar alrededores y sin sellar previamente las posibles entradas a la edificación carcelaria.
f) La ubicación del lugar en que ocurrieron los hechos es una zona hábitat de la especie denominada "ratón colilargo" » (Corte Suprema, sentencia de 13 de mayo de 2013).

1. *Suponga que Arnoldo es el alcaide de El Manzano y que cumple sus funciones básicamente solo, con la ayuda de un par de colaboradores menos calificados ¿Es Arnoldo garante en relación con la muerte de PVS? ¿Por qué?*
2. *Arnoldo es imputado por la Fiscalía como autor del cuasidelito de homicidio de PVS. Él considera que eso es injusto, pues: a) los trabajos de limpieza del perímetro eran necesarios por razones de seguridad y por lo tanto no existía la alternativa de no realizarlos; b) el riesgo que pudo haberse realizado en PVS amenazaba por igual a todos los que habitan y trabajan en el penal: fue el propio PVS quien incrementó su exposición al riesgo al recorrer diariamente diversos módulos. ¿Qué respondería usted a cada una de estas defensas?*
3. *Arnoldo alega también que a comienzos de 2005 no se sabía que la zona del penal es "una zona hábitat de la especie denominada ratón colilargo" y que por*

lo tanto él nunca excedió el riesgo permitido ¿Le parece apropiada esta defensa? ¿Por qué?

4. *Finalmente, Arnoldo alega que todo lo relativo a los trabajos de limpieza se encontraba a cargo del contratista Benito, quien tiene experiencia de trabajos similares en la zona. Él, como alcaide, no puede verificar en cada momento que todos los contratistas trabajen en forma segura y por lo tanto no tiene responsabilidad en la muerte. ¿Es plausible esta alegación desde el punto de vista de la imputación objetiva de conductas?*
5. *Benito no discute su calidad de contratista, pero alega en su defensa que la muerte de PVS no es asunto suyo, pues incluso si él se hubiera preocupado de sellar todas las posibles entradas de roedores al penal, éstos podrían haber trepado por las paredes (y lo demuestra a través de un experimento en la sala, lo cual provoca reacciones de asco en los presentes). En consecuencia, dice, sus labores de limpieza no tuvieron relevancia causal respecto de la muerte. ¿Es plausible esta alegación?*
6. *Además, dice Benito, según los hechos probados "algunos roedores pudieron haberse desplazado por los ductos de agua lluvia hasta los patios", es decir, sostiene, también "pudieron no haberse desplazado". ¿Basta acaso con la mera posibilidad de desplazamiento para imputarle el resultado?*

Caso 6

En la cárcel concesionada de El Retiro hay un pasillo que termina con un espacio común de 8 literas donde estaban encerrados 18 presos. Este espacio común está cerrado mediante una reja. Una noche, los presos A y B inician una riña en la que se involucran 16 de los 18 presos en dos bandos. A las 2:00 am uno de los presos prende fuego a unas sábanas, los otros encienden antorchas improvisadas como armas para atacar al bando contrario. Aproximadamente media hora después comienza a incendiarse el cielo raso de madera y una hora después, a las 3:30 am han fallecido todos los presos del espacio común por asfixia. La fiscalía imputa a tres personas: el vigilante (funcionario de Gendarmería) encargado del pasillo y el espacio común; el alcaide (funcionario de Gendarmería); el jefe de mantenimiento y seguridad de la empresa concesionaria (no es funcionario). Durante el juicio oral se acredita lo siguiente:

- el vigilante no abrió la reja que cerraba el espacio común.
- el alcaide, quien fue informado del incendio por el vigilante a las 2:45 am, demoró quince minutos más en llamar a los bomberos, quienes aparecieron a las 3:25 en la cárcel.

- el jefe de mantenimiento no había verificado que la cárcel dispusiera de una red húmeda y de salidas de emergencia para hacer posible el trabajo de bomberos, de modo que si estos hubieran llegado a tiempo, solo habrían podido rociar desde el carro el lugar con el agua almacenada en aquel.

También se demostró que desde el espacio común se podía acceder a un túnel excavado por presos que ya no estaban en el penal y que llevaba al exterior de la cárcel. Se estableció que el alcaide conocía la existencia del túnel, pero nada dijo porque temía que se le reprochara la negligencia de no haberlo hecho bloquear oportunamente.

1. *¿Se encuentra alguno de sobrevivientes de la historia en posición de garante respecto de las muertes? ¿Por qué?*
2. *¿Tiene alguna importancia que el alcaide haya conocido la existencia del túnel? Si la tiene, ¿cuál? Tanto si la tiene como si no la tiene, ¿por qué?*
3. *Considerando que los internos provocaron el fuego en el contexto de una riña, ¿es posible imputarles las muertes como actuación a propio riesgo? ¿Por qué?*
4. *Los funcionarios de Gendarmería, quienes fueron formalizados, señalaron que no dependía de ellos que la cárcel dispusiera de todos los elementos técnicos para una actuación rápida de Bomberos. Por lo tanto, alegaron que su conducta quedaba amparada por el principio de confianza, en perjuicio del jefe de mantenimiento. ¿Considera plausibles estas alegaciones? ¿Por qué? (no se refiera de momento a cuestiones de imputación de resultados).*
5. *Analice la causalidad (en sentido estricto) de la conducta del vigilante, del alcaide y del jefe de mantenimiento respecto de las muertes.*
6. *Variante: Uno de los internos que participó en la riña, Óscar, logró sobrevivir al incendio. Él fue quien prendió fuego a las sábanas, pero alegó que lo había hecho para defenderse; sin embargo, en el juicio solo se concluyó que era imposible determinar quién habría agredido a quién. Analice la punibilidad de Óscar respecto de las muertes en las siguientes etapas: posición de garante pertinente; instituciones de la imputación objetiva que resulten pertinentes según los hechos; imputación de los resultados (asertivamente, con brevísima justificación); justificación de la conducta (solo en los términos generales estudiados: clase de causa de justificación, si concurre; espectro justificatorio). Los demás hechos del caso permanecen inalterados.*

Caso 7

La empresa BBM producía y comercializaba un alimento llamado NUTRICOMP ADN, que estaba destinado al consumo de personas con necesidades nutricionales especiales.

El alimento se producía a partir de un «premix» de minerales, cuya elaboración era externalizada. Cuando se cambió el proveedor del premix a FTECH, a causa de un error de transcripción del Jefe de Control de Calidad de BBM, el premix empezó a producirse con graves déficits de potasio (cloruro de potasio al 1% en lugar de al 100%).

Nadie se dio cuenta del error. En los días sucesivos, FTECH envió a BBM una muestra del producto, compuesta según las instrucciones erróneamente indicadas, y luego BBM aprobó la muestra, evidentemente sin efectuar sobre ella los análisis que hubieran podido revelar el grave déficit de potasio. FTECH comenzó así a suministrar a BBM la mezcla que fue utilizada en la producción de las partidas de leche comercializadas a partir, al menos, desde junio de 2007.

Como la leche ADN era largamente utilizada en la práctica clínica, incluso como alimento exclusivo para determinadas categorías de pacientes, la ausencia de potasio en las leches elaboradas a partir de esta fecha implicó que, en particular, esos pacientes recibieran una cantidad de este mineral muy inferior respecto de sus necesidades. La carencia de potasio en el organismo (hipokalemia) puede determinar, entre otras cosas, alteraciones gastrointestinales, musculares, cardiacas y respiratorias, con riesgo para la vida en los casos extremos.

Antes de que fuese advertida la posible relación entre el consumo de leche ADN y los eventos patológicos consecuentes a la hipokalemia, el 15 de noviembre de 2007, el Jefe de Control de Calidad y el Jefe de Producción, inquietos por los resultados de una inspección de la autoridad administrativa, realizada en la fábrica el día precedente, en la cual se habían evidenciado algunas disconformidades entre el porcentaje de minerales efectivamente presentes en el producto y aquellos declarados en el folleto ilustrativo, manifestaron al Gerente General y el Gerente de Exportaciones sus «sospechas e inquietudes» sobre la posible presencia de un error bastante más grave que aquellos descubiertos por la autoridad administrativa y precisamente en relación con la cantidad de potasio presente en la leche. Los superiores les consultaron respecto de la presencia de «reclamos del mercado» y obtuvieron respuestas, en este aspecto, tranquilizadoras. Esto les confirmaba que habían hecho bien en constituir algunos meses antes un «Comité de Materias Primas», encargado de verificar la idoneidad de los insumos de procedencia externa, a raíz de un problema que se había suscitado con una sustancia llamada «citrato de colina».

Entretanto, el Jefe de Control de Calidad solicitó a un laboratorio externo la ejecución de diversos análisis químicos a una serie de muestras de leche producidas y, antes de conocerse los resultados de tales análisis, decidió —de acuerdo con el Gerente General y el Gerente de Exportaciones— adicionar cloruro de potasio a la leche que aún se estaba produciendo en la empresa. El 3 de diciembre del mismo año, los análisis confirmaron una relevante carencia de potasio en el producto respecto de los valores declarados, pero BBM no adoptó medida alguna, continuando la distribución al comercio de las partidas defectuosas ya producidas.

Sin embargo, durante el mes de enero del año siguiente la autoridad sanitaria regional ordenó a BBM suspender la producción y ejecutar de inmediato el retiro del producto de todos los lugares de suministro y, en particular, de las farmacias, hospitales y clínicas públicas o privadas, con la finalidad de evitar el consumo humano.

Varios pacientes que presentaron cuadros graves o incluso mortales en conexión con el consumo de la leche ADN, presentaron también fenómenos de vómito y diarrea que provocan una dispersión de líquido y pueden explicar los bajos valores de potasio en estos pacientes. En la mayoría de los pacientes se observaban valores inferiores a los estándares también de *otros* minerales (*v. gr.* sodio, cloro y magnesio), los que estaban presentes en cantidades normales en la leche consumida. Algunos pacientes padecían hipokalemia incluso en épocas *anteriores* al consumo de la leche defectuosa, o bien después de que el paciente terminó de alimentarse con la leche ADN. En un grupo más reducido de pacientes, se observaban anomalías en el intestino (naturales o provocadas por intervenciones quirúrgicas) capaces de explicar la falta de absorción de minerales, entre ellos el potasio (según S. del TOP San Bernardo 24.VIII.2012, RIT N° 38-2011; versión sustancialmente simplificada de los hechos).

Analice el caso desde el punto de vista de la imputación objetiva de conductas y de resultados en relación con posibles delitos de homicidio y lesiones.

Caso 8

El 11 de noviembre, aproximadamente a las 11:00 horas, se encontraba Arnoldo dentro de su camioneta estacionada en un camino público, frente a la escuela del fundo Santa Ana. En el asiento del copiloto estaba sentado Isidoro y desde la camioneta, equipada con un tocadiscos y un altoparlante, emanaba el sonido de la canción "Banderita chilena". La presencia de Arnoldo en el lugar obedecía a la realización de actividades sociales y políticas debidamente autorizadas, y en las cercanías del vehículo circulaban o se detenían diversas personas.

Arnoldo era conocido gracias a sus actividades políticas con los trabajadores agrícolas de fundos colindantes y a las públicas disputas que presentaba con su familia, los arrendatarios del fundo Santa Ana. Especialmente reñido estaba con su padre, al cual le arrendó el fundo y una vez vencido el plazo no lo entregó.

Ese día 11 de noviembre, Arnoldo contaba con la pertinente autorización municipal para hacer propaganda política. Con Isidoro habían programado una ruta por la zona de Sagrada Familia para la inscripción de personas que solicitaban a una comisión en Santiago que extendiera el plazo de vencimiento de sus cédulas. Una de sus paradas fue la Escuela N° 19, en la cual, mientras los estudiantes estaban formados frente a ella para irse a sus casas, más de treinta apoderados se inscribieron mientras sonaba "Banderita chilena" desde el altoparlante de la camioneta. Arnoldo aprovechó de ir a hablar con la profesora de enseñanza media, Eleonora, para informarle de sus actividades referidas a la Junta de Auxilio Escolar.

Cuando volvió a sentarse en el asiento del piloto en su camioneta, su sobrino Casimiro se estacionó detrás de él y chocó levemente su vehículo. Ambos conductores se bajaron de sus respectivos automóviles. El sobrino increpó a Arnoldo para que se retirara del lugar y apagara la música, y acto seguido comenzó a darle bofetadas. Arnoldo, quien solo se defendía, cayó al suelo en diversas oportunidades. La golpiza fue de envergadura debido a la superioridad de Casimiro, bastante más joven y fornido que Arnoldo.

Cuando ya había comenzado el incidente, llegó al lugar Benito montado en un caballo. Benito, padre de Casimiro y cuñado de Arnoldo, comenzó a alentar a su hijo, a insultar a Arnoldo, y a repeler con la huasca a quienes, como Isidoro, intentaron separar a los combatientes. En eso, Arnoldo logró sacar un revólver que portaba, lo que contuvo a Casimiro y le permitió subirse a la camioneta y bajar el seguro de la puerta, manteniendo sin embargo abierta la ventanilla. Entonces Arnoldo instruyó a Isidoro para que volviera a tocar el disco. Cuando comenzó a sonar nuevamente "Banderita chilena", Casimiro se abalanzó sobre Arnoldo tomándolo por el brazo y el pescuezo, con la intención de sacarlo de la camioneta por la ventanilla. Arnoldo, quien mantenía el revolver en su mano derecha, disparó sobre su hombro a quemarropa, pero sin alcanzar a Casimiro.

Producido el disparo, Benito bajó de su caballo, se fue encima de Arnoldo, expresándole "mátame ahora a mí, perro" y lo tomó de un brazo, además de gritarle frente a la multitud "ladrón", "sinvergüenza", "cabrón" y otros improperios referidos a Delia, la cónyuge de Arnoldo. Ante ello, Arnoldo disparó por segunda vez y alcanzó a Benito hiriéndolo de muerte.

Luego de los anteriores acontecimientos, Arnoldo se dirigió al retén más cercano para entregar el revolver y denunciar los hechos a Carabineros (basado en SCA Talca de 21.XII.1956 y SCS de 13.VI.1957, en Revista de Derecho y Jurisprudencia, Tomo LIV, Segunda Parte, Sección Cuarta, pp. 95 y ss.).

¿Se encuentra justificada la conducta de Arnoldo por legítima defensa?

Caso 9

El 17 de octubre, Karina dio muerte a su conviviente mientras este dormía. El día anterior, el conviviente había atacado al hijo menor de la pareja, en un episodio más de violencia intrafamiliar de entre los muchos que se sucedían en la familia desde hacía años. Respecto de la motivación de su acto, los antecedentes permiten concluir que el propósito de Karina fue prevenir futuros hechos de violencia de su conviviente (según SCA San Miguel 27.III.2012, Rol N° 133-2013).

¿Se encuentra amparada la conducta de Karina por alguna causa de justificación?

V. LA TENTATIVA

1. Introducción

En la tentativa, el autor ha expresado en términos relevantes para el derecho penal su déficit de motivación de respeto al derecho, pero sin que se haya completado la acción típica o se haya producido el resultado que el tipo penal exige para la consumación.

¿Qué relevancia tiene para el injusto penal la producción efectiva del resultado típico o su ausencia?

La didáctica de la teoría del delito nos familiariza con un estereotipo que constituye el punto de referencia de la mayoría las reflexiones. Se trata del hecho:

doloso	consumado	de comisión

Lo opuesto a este prototipo sería el hecho:

imprudente	tentado	de omisión

¿Existe una relación de más a menos en cada una de estas categorías?

Hemos visto que en la primera columna sí debe reconocerse un *minus* desde el punto de vista legal; en cambio en la tercera columna, a diferencia de lo que ocurre en otros ordenamientos, la ley no considera que la conducta omisiva sea menos grave que la conducta activa. Y el delito tentado, ¿es «menos» que el delito consumado? La respuesta está contenida en los arts. 51 y 52. Dispone el art. 51 que «a los autores de crimen o simple delito frustrado (...) se impondrá la pena inmediatamente inferior en grado a la señalada por la ley para el crimen o simple delito [consumado]...». Por su parte, el art. 52 establece que «a los autores de tentativa de crimen o simple delito (...) se impondrá la pena inferior en dos grados a la que señala la ley para el crimen o simple delito [consumado]...».

Por lo tanto, de acuerdo con la ley chilena existe efectivamente una relación de más a menos, en relación con su gravedad, entre el delito consumado y el delito tentado.

Lo anterior ha sido objeto de crítica por parte de los autores finalistas más radicales. SANCINETTI, por ejemplo, reprocha la «condescendencia» asociada al mero acaso de que no se produzca el resultado, a pesar de que ya se ha manifestado completamente el desvalor de la conducta, que es lo único que depende por completo del autor.

Estos planteamientos tienden a subestimar la diferencia que existe entre la voluntad de realizar algo y su ejecución o concreción. Aunque no se puede desconocer el componente azaroso que acompaña siempre a la producción de un resultado, la consideración exclusiva del desvalor de la acción resulta en un análisis demasiado abstracto. El injusto es susceptible de graduación dependiendo de la intensidad con que *se expresa* el sentido delictivo y esta intensidad se cuantifica según la medida de su realización o concreción en el mundo (HEGEL). Por lo tanto, el grado de afectación del «bien jurídico» forma parte de la intensidad del cuestionamiento de la vigencia de la norma que representa el hecho. Esto explica la relación de más a menos que existe entre el delito consumado y la tentativa.

2. Formas de realización incompleta del delito

La ley distingue dos clases de realización incompleta del delito, que se traducen en dos tipos penales distintos de tentativa:

- La *tentativa* propiamente tal existe cuando la persona da principio a la ejecución del crimen o simple delito por hechos directos, pero falta una parte —en especial, de la conducta— para que dicha ejecución esté completa y, por lo tanto, para que el delito pueda llegar a consumarse.

En la formulación legal del art. 7 inc. 3°: «Hay tentativa cuando el culpable da principio a la ejecución del crimen o simple delito por hechos directos, pero faltan uno o más para su complemento».

- El *delito frustrado* se verifica, en cambio, cuando se han realizado todos los elementos del delito que dependen de la conducta del autor, pero el delito no se consuma por factores ajenos a esa conducta. Por ejemplo, tratándose de un delito de resultado, este no se produce por circunstancias azarosas o, si se ha producido, no es objetivamente imputable a la conducta típica.

En la formulación legal del art. 7 inc. 2°: «Hay crimen o simple delito frustrado cuando el delincuente pone de su parte todo lo necesario para que el crimen o simple delito se consume y esto no se verifica por causas independientes de su voluntad».

3. Fundamento de la punibilidad de la tentativa

Cabe preguntarse, sin embargo, qué relevancia puede tener para el derecho penal una conducta que no ha lesionado el bien jurídico, sea porque no ha llegado a completarse, sea porque no ha producido el resultado exigido por el tipo penal. ¿Por qué al derecho penal le habría de interesar una conducta como esta?

Esta pregunta sobre el fundamento de la punibilidad de la tentativa —expresión que aquí utilizaremos en sentido amplio, es decir, comprendiendo también la frustración— tiene relevancia teórica y práctica. En primer lugar, porque hay una serie de cuestiones sobre la aplicación del art. 7° que dependen de cuál sea ese fundamento; y, en segundo término, porque los operadores del sistema penal son reacios a perseguir y sancionar las formas incompletas de ejecución de la mayoría de los delitos, lo que ha llevado a su despenalización fáctica. Esta situación obliga a realizar una nueva reflexión sobre los fundamentos de la punibilidad de la tentativa.

Las principales posiciones al respecto son las siguientes:

a) La puesta en peligro de un bien jurídico

Una primera posibilidad consiste en afirmar que el derecho castiga el delito tentado porque este hecho ya representa un *peligro* para el bien jurídico. Esta es la idea que está detrás de todas las teorías «objetivas» sobre el fundamento de punibilidad de la tentativa.

Según las teorías objetivas, por lo tanto, solo serán punibles como tentativa aquellas conductas que objetivamente —y, en consecuencia, de acuerdo con un juicio *ex post*— hayan puesto en peligro el bien jurídico. Aunque también hay teorías de la peligrosidad que atienden al resultado de un juicio *ex ante*, ellas no son coherentes con un punto de vista objetivo.

Como se verá, esta posición es ampliamente dominante en la doctrina chilena.

b) Peligrosidad de la voluntad hostil al derecho

Otra perspectiva sobre el fundamento de punibilidad de la tentativa tiene como punto de partida la peligrosidad ínsita en la expresión de una «voluntad hostil» al derecho. Se trata de reconocer *en el suceso* la exteriorización de una voluntad hostil al ordenamiento jurídico. La concreción de esta peligrosidad en una puesta en peligro efectiva de un objeto determinado, en cambio, no formaría parte del injusto de la tentativa. Con otras palabras, hay tentativa desde que la persona pone en marcha un proceso que, a su juicio, es apto para realizar los presupuestos que permitirían la subsunción del hecho bajo un tipo penal. Esta exteriorización de una voluntad hostil al derecho es en sí misma peligrosa, y en este peligro se encontraría el fundamento de la punibilidad de la tentativa.

La consecuencia de un planteamiento de esta clase es una anticipación importante de la punibilidad. Mientras en las teorías objetivas la punibilidad de la tentativa se tiende a retrasar hasta que se produzca una efectiva puesta en peligro del objeto —hay tentativa solo cuando el hecho ya está avanzado en su ejecución—, este segundo tipo de planteamientos sanciona un espectro más amplio de conductas.

c) ¿Posiciones eclécticas?

Según los planteamientos eclécticos, en algunos casos lo que se castiga es la puesta en ejecución de una voluntad hostil al derecho y, en otros, la puesta en peligro del bien jurídico. Se sostiene que «la ley admite diversas lecturas» y que, por lo tanto, «hay casos y casos».

Las posiciones eclécticas —que existen en todas las disciplinas y, en derecho penal, respecto de muchas materias— tienen el inconveniente de que explican demasiado y, por lo tanto, terminan por no explicar nada. Ante la duda sobre si aplicar el criterio objetivo o el subjetivo al caso que se presenta, no están en condiciones de proporcionar una respuesta fundada, lo que abre la puerta a toda clase de consideraciones ajenas a la teoría y, en este sentido, arbitrarias.

d) Teorías mixtas. La teoría de la impresión

No hay que confundir los planteamientos eclécticos con las teorías mixtas, que procuran combinar distintos puntos de vista, pero de tal modo que algunos elementos cumplen un rol fundante y otros, un rol meramente limitativo. En las teorías mixtas existe una toma de posición fundamental, pero se introduce —de modo más o menos coherente— otro criterio como elemento limitador.

La tesis mixta sobre el fundamento de la punibilidad de la tentativa que probablemente cuenta con más adherentes —salvo en Chile— es la *teoría de la impresión*, divulgada hace más de un siglo por VON LISZT. Según ella, la exteriorización de voluntad por parte del autor es suficiente para fundar la punibilidad a título de tentativa cuando resulta objetivamente apta para conmover o remover el sentimiento de seguridad de los miembros de una sociedad.

El foco está puesto, entonces, en la aptitud de la conducta para producir una «impresión» en un «hombre medio». En los términos de una fórmula clásica (FRANK/VON HIPPEL): Si un observador externo, al contemplar la conducta en cuestión con conocimiento de las circunstancias, exclamara «¡cuidado!», estaríamos en presencia de una tentativa punible. En cambio, si el mismo observador, al contemplar la conducta del autor con conocimiento de las circunstancias, exclamara «¡estúpido!», entonces no estaríamos en presencia de una tentativa digna de sanción.

Esta versión de la teoría de la impresión, sin embargo, no acaba de convencer, pues el criterio de la afectación de un «sentimiento de seguridad» entendido como categoría psicológica —así lo entendía VON LISZT— parece demasiado maleable y, por lo mismo, deja un amplio campo a la arbitrariedad. De ahí que quienes sustentan la teoría de la impresión en la actualidad lo hagan desde la doctrina del fin *preventivo general* de la sanción penal.

En efecto, la prevención general positiva ha venido a dotar a la teoría de la impresión de una base normativa más firme que la afectación de un sentimiento de seguridad. Conforme a esta teoría, la imposición de la pena tiene como objetivo restablecer la vigencia de la norma y, con ella, la confianza de los ciudadanos en que el parámetro orientador de las personas en su convivencia con los demás, a pesar de una defraudación puntual, sigue siendo el derecho.

De acuerdo con la teoría de la impresión, entendida ahora desde la prevención general positiva, la tentativa sería digna de sanción cuando la conducta del sujeto es objetivamente apta para poner en tela de juicio la vigencia de la norma. Esto se produce *cuando la persona, con su conducta, manifiesta en forma inequívoca que ya no va a respetar la norma.*

Por ejemplo, un sujeto apunta hacia otro con un arma y aprieta el gatillo, pero la bala no sale, pues la pistola que utilizó tenía un defecto desconocido para él. En este caso, aunque el observador sepa que la pistola tiene un defecto, se entenderá que hay tentativa, pues resulta patente que la persona, con su conducta, está declarando inequívocamente que no reconoce la vigencia de la norma. *Nota bene:* El observador externo de las teorías de la puesta en peligro tendría que decir coherentemente, en cambio, que esa conducta no constituye tentativa, pues conforme a un juicio *ex post* no se ha puesto en peligro la vida de otro al intentar dispararle con una pistola defectuosa.

¿Cuál es la diferencia entre la teoría de la impresión modificada y una concepción meramente subjetiva, ya abandonada, del injusto de la tentativa? En una concepción subjetivista de la tentativa, la perspectiva para evaluar o enjuiciar la situación asume como dato fundamental las representaciones del sujeto, es decir, del sentido que él mismo atribuye a su conducta. En la teoría de la impresión modificada por la prevención general positiva, en cambio, la perspectiva relevante es la valoración de un observador familiarizado con las circunstancias.

4. Tentativas idóneas e inidóneas (e irreales)

a) Tentativa inidónea

El régimen de la así llamada «tentativa inidónea» ha sido objeto de amplia controversia en la doctrina chilena. Concretamente, la polémica se refiere a la posibilidad de distinguir entre una tentativa idónea y una tentativa inepta o «inidónea», y a los efectos prácticos que tendría esta distinción, en caso de que se pueda hacer.

Consideremos los siguientes supuestos:

Caso 1. A dispara sobre B con una pistola cargada y por un defecto de puntería no acierta.

Caso 2. A dispara sobre B con una pistola descargada, aunque A asume que está cargada.

Caso 3. A trata de matar a B suministrándole cantidades considerables de agua con azúcar.

En todas las tentativas ocurre, por definición, que el hecho queda trunco, o que la conducta resulta no ser apta para realizar el tipo penal Esto es particularmente visible en los delitos de resultado, pero tiene lugar en toda clase de delitos. En este sentido, toda tentativa es inidónea. De lo que se trata, por tanto, es de distinguir grados de inidoneidad para aislar las conductas «menos idóneas» de aquellas en que el sujeto estuvo más cerca de lograr su objetivo. Desde esta perspectiva, se distinguen —con algo de buena voluntad— las tentativas idóneas de las inidóneas.

Así, se habla de una *tentativa idónea* cuando la conducta del autor, desde la perspectiva de un observador externo familiarizado con las circunstancias del caso, aparece como apta para obtener la realización del tipo —si es un delito de resultado: para la producción del resultado. Es la situación del *Caso 1*.

Por el contrario, una tentativa es *inidónea* cuando, desde la perspectiva de un observador externo familiarizado con las circunstancias, la conducta que despliega el agente aparece como inepta para obtener la realización del tipo. Esta ineptitud puede deberse a que el objeto de la conducta es inepto (por ejemplo, si el sujeto trata de hurtar una cosa que es propia, pues solo se puede hurtar algo que es ajeno); o bien, a que los medios no son idóneos (por ejemplo, si la persona intenta disparar un arma de fuego que está descargada, como en el *Caso 2*).

Algunos autores agregan como causa de ineptitud de la tentativa que el *sujeto* no sea idóneo, como cuando quien no es funcionario público intenta cometer un delito funcionario. Este problema no será tratado en este lugar, pues la solución sistemática se encuentra en el ámbito de la intervención delictiva.

En algunos ordenamientos, esta distinción entre tentativas idóneas e inidóneas tiene menos importancia, pues la ley declara punibles ambas hipótesis. Pero en Chile la ley nada dice y la doctrina —que respecto de este punto se encuentra en sorprendente unanimidad—, considera que un grupo importante de tentativas inidóneas no es punible.

Se sostiene así que hay que distinguir entre las tentativas *absolutamente* inidóneas y las tentativas *relativamente* inidóneas. Las primeras se verifican cuando no existe el objeto que se trata de lesionar, o bien, cuando los medios que se utilizan en ninguna circunstancia habrían sido aptos para lesionar el objeto. Las tentativas relativamente inidóneas, en cambio, son aquellas que «con leves variaciones en las circunstancias del hecho, podrían haber conseguido su objetivo» (Politoff).

Ejemplos canónicos de tentativas relativamente inidóneas: (i) El agente quiere matar a otro que está acostado en su cama y dispara sobre el lecho, pero la víctima justo se había levantado al baño. La tentativa sería relativamente inidónea, pues si el sujeto hubiera disparado diez segundos antes habría matado a la víctima. (ii) El autor intenta sustraer una billetera del bolsillo derecho de la chaqueta de la víctima, pero la billetera se encontraba en el bolsillo izquierdo. (iii) La dosis de veneno que se vierte a la bebida que ingirió la víctima es incapaz de provocar la muerte, pero solo faltaron un par de gotas para que la dosis fuera mortal.

Entonces, conforme a la doctrina tradicional chilena, las tentativas relativamente inidóneas serían punibles, pues supondrían una puesta en peligro del bien jurídico —el planteamiento es coherente con las teoría objetivas sobre fundamentación de la punibilidad de la tentativa—; mientras que las tentativas absolutamente inidóneas, también llamadas «delitos imposibles», no lo serían, pues no habría una puesta en peligro efectiva del bien jurídico en cuestión y, por tanto, faltaría el fundamento para castigar.

El principal argumento que se esgrime a favor de las teorías objetivas sobre la punibilidad de la tentativa consiste en la afirmación de que el Código Penal tiene una inspiración liberal —lo cual es efectivo— y, por lo tanto, sería respetuoso del *principio de ofensividad*. Pues bien, en los casos de delito imposible nada se lesiona y nada se pone en peligro, de manera que el mencionado principio excluye su punibilidad. El problema es que, como se ha visto, sin una teoría del bien jurídico el principio de lesividad carece de un contenido aprovechable. Primero hay que determinar si son aceptables, y en qué medida, bienes exclusivamente colectivos, ideales, primordialmente subjetivos, etc., ya que solo después de esta definición sería posible conocer el alcance del principio de lesividad.

Una posición minoritaria en la doctrina chilena representa el planteamiento de Cury, quien, en síntesis, se manifiesta a favor de la teoría de la impresión. Recordemos que, conforme a ella, hay tentativa punible si el hecho produce una conmoción del sentimiento de seguridad o es objetivamente apta para poner en tela de juicio la vigencia de la norma. Sin embargo, Cury no fundamenta la teoría de la impresión ni en el sentimiento de seguridad, ni en la teoría de prevención general positiva, sino que utiliza un argumento tomado de Welzel: El ordenamiento jurídico-penal es parte de un orden ético-social más amplio, de manera que no protege cosas u objetos, sino un orden de convivencia basado en ciertos principios. Este orden ético-social es el que se ve afectado o conmovido cuando un sujeto manifiesta abiertamente que no está dispuesto a respetar las normas básicas. A pesar de ello, el mismo Cury quiere dar a su planteamiento un sentido similar al de las teorías subjetivas, haciendo depender el injusto de las representaciones del sujeto individual.

A la luz de lo anterior, ¿cuál es la solución adecuada para el *Caso 2*? Las doctrinas objetivas podrían llegar a considerarlo un delito imposible y, por tanto, no punible; según la posición de CURY, en cambio, se trataría sin dudas de una tentativa inidónea punible. En la línea de una teoría de la impresión modificada, pero sin un sesgo individual sino conforme a parámetros intersubjetivos, podrían distinguirse (SILVA SÁNCHEZ) cuatro clases de tentativa desde el punto de vista de su capacidad para conmover o poner en tela de juicio la vigencia de la norma:

- tentativa cuya peligrosidad *ex ante* sería afirmada por cualquier persona;
- tentativa *ex ante* peligrosa solo para un hombre medio familiarizado con las circunstancias;
- tentativa *ex ante* no peligrosa para un hombre medio, pero sí para cierto grupo de personas que disponen de conocimientos o capacidades especiales, y
- tentativa claramente irreal o aberrante.

Las tentativas de la última clase son consideradas no punibles, según se verá en el apartado siguiente. La punibilidad de las tentativas del tercer grupo es, en cambio, muy discutible. Sobre la punibilidad de los dos primeros grupos —el *Caso 2* pertenece al primero de ellos— no hay mayor controversia entre quienes suscriben la teoría de la impresión.

Considere el siguiente caso (tomado de El Mercurio, 19.VII.2008), y piense si puede resolverse satisfactoriamente desde la teoría predominante: «"¡Felicitaciones, concursarás por el premio del matinal!", le gritó ayer por teléfono un falso productor de televisión a un detective de la Brigada Investigadora de Robos Metropolitana (Birom), a quien escogió para contarle "el cuento del tío". Minutos después del mediodía, el policía recibió el "llamado millonario" de un hombre que le aseguraba que, tras cumplir sencillos pasos, obtendría una exclusiva camioneta del año. Sin revelar que sospechaba que era un fraude, el detective siguió las instrucciones a fin de llegar a los autores del ilícito. Avisó a otros policías sobre el concurso ficticio y a las 13:00 horas llegó al mall Plaza Vespucio de La Florida. Vía telefónica, el estafador le solicitó que retirara una gran cantidad de dinero desde unos cajeros automáticos. Luego, el hombre le preguntó al concursante si mantenía tarjetas en tiendas comerciales para conseguir avances de dinero en efectivo. Debía conseguir más de $ 2 millones para ganar. El detective simuló las transacciones y le señaló que había reunido $ 6 millones. Al escuchar esto, el estafador comenzó a gritar y a aplaudir: "¡Ganaste, ganaste!", le dijo entusiasmado. Supuestamente, con esa cifra el detective había derrotado al otro competidor, un comerciante de Valparaíso. Ahora, el ganador debía dirigirse a un móvil en las cercanías de la rotonda Grecia, en Macul, donde lo esperarían los conductores del programa de televisión para concretar la entrega de la camioneta. El jefe de la Birom explicó que "al encuentro, el policía fue apoyado por un equipo de detectives. Cuando caminaba por la rotonda Grecia, fue intimidado por tres individuos, los que fueron rápidamente aprehendidos. Se vieron sorprendidos". Se trataba de los colaboradores del falso productor de televisión, quien los habría dirigido desde uno de los módulos de la cárcel Colina I».

b) Tentativa irreal

Son *tentativas irreales* o *supersticiosas* aquellas en que se procura la realización del tipo penal con medios que repugnan a las máximas de experiencia y las leyes naturales que el ordenamiento jurídico da por supuestas. Las hipótesis son muy variadas. En el *Caso 3*, por ejemplo, A intenta matar a B dándole agua con azúcar; el clásico ejemplo es el de quien intenta matar a otro mediante actos de brujería.

A este tipo de actos no se aplican los planteamientos que hemos venido revisando. Se trata de hechos completamente irrelevantes para el derecho penal, pues no constituyen una expresión de sentido mínimamente significativa desde el punto de vista jurídico. Se trata de conductas que no exceden el riesgo permitido.

Variante del Caso 3. B está gravemente enfermo de diabetes y muere como consecuencia de la ingesta.

Ante la variante se abren básicamente dos posibilidades: (i) A utiliza agua con azúcar precisamente porque conoce su idoneidad para matar a B. En este caso, es irrelevante que B disponga de un «conocimiento especial» al respecto, pues él mismo lo incorpora al contexto del hecho, poniéndolo al servicio de su plan; hay homicidio doloso consumado. (ii) La enfermedad de B es un hecho fortuito y, por tanto, no forma parte del contexto. En este caso, A no ha excedido el riesgo permitido y el hecho de que B efectivamente sea diabético no hace que la tentativa deje de ser irreal.

c) Tentativa inidónea y delito putativo

Si se acepta que la tentativa (relativamente) inidónea es punible, entonces pasa a ser relevante la distinción entre tentativa inidónea y delito putativo.

Esta distinción es paralela a la que suele hacer la doctrina entre error de tipo (el autor desconoce la concurrencia de algún elemento del tipo) y error directo de prohibición (el autor asume que está en general permitido lo que en realidad está en general prohibido). Son las dos caras de una misma medalla.

Hay *tentativa inidónea* —en el marco necesario para realizar esta distinción— cuando el autor asume la concurrencia de determinadas circunstancias que, de ser efectivas, implicarían la realización del tipo penal.

En el *delito putativo*, en cambio, la persona reconoce las circunstancias reales del hecho, se da cuenta de lo que realmente está ocurriendo, pero asume que ese hecho o esas circunstancias realizan un tipo penal que en realidad no existe, o bien, un tipo penal cuyo alcance el agente erróneamente extiende o interpreta como más amplio, en su propio perjuicio. Por ejemplo, hay delito putativo cuando el sujeto comete adulterio asumiendo que esa conducta está sancionada penalmente, cuando en realidad no lo está. Algunos autores consideran también aquí los casos en que el autor yerra sobre la existencia o alcance de una causa de justificación (error de prohibición indirecto), o bien no cuenta con elementos excluyentes de la punibilidad que sí concurren en la especie; por ejemplo, cuando la madre o el padre de quien acaba de cometer un delito lo ocultan pensando que, al hacerlo, están incurriendo ellos mismos en una conducta delictiva (que no es el caso del: art. 17 inciso final).

A diferencia de la tentativa inidónea, el delito putativo es impune. En la tentativa inidónea, la persona al menos pone en tela de juicio y, con ello afecta, la vigencia de la norma. En cambio, en el caso del delito putativo ni siquiera ocurre esto, pues una norma de conducta que no existe, no puede ser lesionada; una prohibición que el ordenamiento jurídico no contiene, no puede ser vulnerada. De allí que solamente en los casos de error directo de prohibición (la persona asume que su conducta está en general permitida, en circunstancias que no lo está) concurra sin lugar a duda un delito putativo. En el caso de conductas típicas, pero donde se yerra sobre la justificación (asumiendo que no existe, aunque en realidad sí concurre), aún cabría evaluar la concurrencia de un desvalor de acción que podría justificar la punibilidad a título de tentativa o de delito frustrado.

Una de las principales discusiones en torno a la distinción entre tentativa inidónea y delito putativo se produce cuando el error o desconocimiento del sujeto que actúa se refiere a *elementos normativos del tipo*. Así, se pregunta si es equivalente que la persona se equivoque respecto del alcance de la norma o las normas que definen el contenido de un elemento normativo del tipo (p. ej., las reglas que definen qué bienes deben ser objeto de un procedimiento de liquidación concursal en el art. 463 bis), o que lo haga respecto de la concurrencia de los presupuestos fácticos de la subsunción, es decir, de los presupuestos de hecho que habilitan al juez para la aplicación de esas normas (p. ej., si tal o cual bien está comprendido entre aquellos que deben ser objeto del concurso).

Existen dos aproximaciones fundamentales para resolver este problema:

aa) La tesis restrictiva

Conforme a ella, siempre que la persona se equivoca sobre las normas que dan contenido a un elemento normativo del tipo, teniéndolo por concurrente sin que ello sea efectivo —p. ej., el sujeto asume que los bienes personales de los socios ingresan a la masa del concurso de la sociedad de responsabilidad limitada—, estamos frente a un delito putativo. El efecto de esta posición es muy relevante porque, a diferencia de la tentativa inidónea, el delito putativo no existe: es una conducta que carece de toda relevancia para el derecho penal.

El argumento de quienes sustentan esta tesis restrictiva, como POLITOFF, consiste en que un error respecto del alcance de estas normas —en el sentido de incrementar las restricciones a su libertad (otra cosa vale en el caso inverso)— no puede surtir efectos en contra del mismo sujeto.

Sin embargo, cabría replicar, resulta que en todos los casos de tentativa estamos frente a lo que se denomina un *error al revés en perjuicio del agente*: el agente ni logra su objetivo, ni se beneficia de un déficit de imputación subjetiva («exclusión del dolo», en el lenguaje finalista), por lo que resulta castigado. Es decir, en la tentativa *siempre* ocurre que el error en que la persona se encuentra es uno que termina perjudicándola.

En realidad, el problema que plantea el delito putativo es anterior y más amplio que el de la imputación subjetiva, pues tiene que ver con la definición previa acerca de los segmentos de realidad que el derecho penal considera relevantes; por lo tanto, es un problema de imputación *objetiva*. El problema de la tesis restrictiva no es la conclusión a la que llega, sino la fundamentación que sus partidarios pretenden darle en el marco de la imputación subjetiva.

bb) La tesis de la inversión

La posición predominante sobre la distinción entre el delito putativo y la tentativa inidónea es conocida como *tesis de la inversión*. Conforme a ella, siempre que el desconocimiento sobre un elemento del tipo provocaría la «exclusión del dolo» en el sentido de la dogmática tradicional, la suposición de que este elemento concurre —lo cual no acontece—, da origen a una tentativa inidónea, que podría considerarse *punible*. Es decir, todos aquellos elementos del tipo cuyo desconocimiento «excluye el dolo» producen, cuando se supone erróneamente su concurrencia, una tentativa inidónea.

En rigor, conforme a esta tesis todos los casos de error sobre elementos normativos del tipo serían tentativas inidóneas eventualmente punibles, pues existe acuerdo en que el desconocimiento de esta clase de elementos excluye el dolo; para quienes suscriben la teoría limitada de la culpabilidad sobre los efectos del error, aquí se encontrarían por extensión, además, todos los casos de error evitable sobre presupuestos fáticos de las causas de justificación.

Con esta teoría, por tanto, el ámbito de la tentativa inidónea se agranda por sobre el del delito putativo, el cual queda prácticamente reducido al *error de subsunción*, que tiene lugar cuando un sujeto asume que su conducta está tipificada y no es así, o bien —de un modo «indirecto»— cuando se estima que un tipo penal es una ley penal en blanco y el sujeto yerra sobre el alcance de la norma de complemento.

5. Definición de la conducta prohibida en la tentativa

La definición de la conducta prohibida a título de tentativa requiere de dos normas: la que surge del art. 7° y la que surge del tipo penal pertinente de la parte especial. Este carácter compuesto provoca la mayoría de los problemas en relación con la definición de la conducta de tentativa.

Haciendo un paralelo con la didáctica tradicional de la teoría del delito se puede decir que la tentativa tiene un lado subjetivo y uno objetivo:

a) Lado subjetivo de la tentativa

El lado subjetivo de la tentativa no se distingue del lado subjetivo del delito consumado. Por eso, y salvo en los casos muy excepcionales en que la ley condiciona la punibilidad del delito consumado a la concurrencia de dolo directo (categoría que incluye el denominado «dolo de las consecuencias seguras»), la tentativa admite cualquier forma de evitabilidad individual, incluyendo, al menos en teoría, la imprudencia (los delitos de peligro abstracto, *v. gr.* el delito de conducción en estado de ebriedad, equivalen *en cierto modo* a la criminalización de una tentativa imprudente). Ocurre, sin embargo, que el *tipo* de tentativa del art. 7° inc. 3° parece ser incompatible con la imprudencia, desde el momento en que exige que el culpable «dé principio a la ejecución del crimen o simple delito», enunciado que, desde la perspectiva del agente, solo tiene sentido cuando este asume que la conducta que está desplegando probablemente realizará los presupuestos objetivos del tipo penal de referencia. Este no es el caso de quien obra imprudentemente.

La jurisprudencia mayoritaria y parte de la doctrina chilena se inclinan por exigir «dolo directo» para dar por concurrente el lado subjetivo de la tentativa. Esto solo puede explicarse desde una perspectiva finalista extrema, conforme a la cual el dolo en su forma básica consiste en la actitud de «perseguir» la realización del tipo, ya que solo de quien persigue la realización del tipo puede decirse que ha *intentado* consumar el delito, sin lograrlo. En realidad, tanto en la tentativa como en cualquier hecho delictivo, la conducta imputable que realiza los presupuestos de la definición típica será dolosa en cuanto pueda atribuirse al agente la decisión seria de realizar tal conducta aunque cuenta con un riesgo significativo de realización del tipo penal. Por eso se dice también, como veremos en su momento, que actúa con dolo quien conoce la realización del tipo como consecuencia evitable de su propia conducta. Este mismo dolo es el que se requiere para castigar cualquier forma de aparición del delito. No existe un dolo de consumación y un dolo de tentativa. Un asunto diverso es la legítima preocupación *político-criminal* respecto de la punibilidad de la tentativa con dolo eventual, considerando especialmente que en nuestro sistema toda tentativa es punible, no solo la de los delitos más graves. Por ejemplo, el vendedor de un dispositivo tecnológico considera seriamente la posibilidad de que el costoso aparato no le sirva al cliente debido a sus características físicas, pero sigue «asesorándolo» respecto de los beneficios que le traería, proceso que solo se interrumpe debido a la intromisión de un tercero conocedor del tema: ¿tentativa punible de fraude (art. 473)?

El isomorfismo del dolo de consumación y el dolo de tentativa es la razón por la cual es impune el llamado *agente provocador o encubierto*: su conducta solo está encaminada a producir una tentativa absolutamente inidónea, que según la doctrina prácticamente unánime (y la jurisprudencia uniforme) no es típica.

b) Lado objetivo de la tentativa

Desde el punto de vista antropológico y sociológico, el delito recorre una serie de etapas:

1°) Primero surge la idea de su comisión, hecho que no tiene relevancia alguna desde el punto de vista jurídico.
2°) Luego, la persona toma medidas para la preparación de la comisión del delito. Esta fase, en principio, tampoco tiene relevancia jurídica, salvo algunas excepciones:

- El art. 8° sanciona penalmente dos formas de preparar un delito: la *proposición* y la *conspiración*. El precepto define ambas clases de hechos, para luego disponer que en principio no son punibles, a menos que la ley expresamente los castigue en relación con determinadas figuras de la parte especial. Tal es el caso para la proposición, por ejemplo, en el art. 122, que sanciona la promoción de una sublevación.

- Además, existen otros *actos preparatorios especialmente penados*, es decir, reglas legales que sancionan como delito autónomo conductas que tienen lugar en forma previa al comienzo de la tentativa de otro delito y se ordenan a él (por ejemplo, el art. 445).

3°) La punibilidad comienza, en general, a partir de lo que la ley en el art. 7°, inc. 3° caracteriza como «principio de ejecución por hechos directos». A partir de este momento, estamos en presencia de una *tentativa*.

Pero puede ocurrir además que el agente realice todo lo que está de su parte para que el delito se consume y que, no obstante, ello no ocurra por circunstancias ajenas a su voluntad. En nuestro ordenamiento jurídico, que en esto siguió al modelo español de 1870 (y este a su vez, probablemente, al Código Penal napolitano de 1819), esta situación está definida en un tipo especial de tentativa que recibe el nombre de *delito frustrado*.

4°) Cuando concurren todos los elementos del tipo penal, y lo hacen de tal manera que es posible su imputación objetiva al autor, se dice que el hecho está *consumado*.

En algunas figuras delictivas puede ser además relevante —con diversas consecuencias: para efectos de prescripción, del tiempo en que puede considerarse actual la agresión, la vigencia temporal de la ley, etc.—, una etapa ulterior de *terminación o agotamiento del delito*, que es posterior a la consumación. Se trata de delitos en que la consumación no coincide exactamente con la lesión definitiva del bien o de los bienes protegidos. Por ejemplo, el secuestro para obtener un rescate (art. 141 inc. 3°) se consuma una vez que se ha producido el encierro o detención del secuestrado y se ha formulado la exigencia de rescate; pero el delito se agota o termina cuando los captores le devuelven la libertad después de haber cobrado el rescate exigido.

El gran problema que presenta el lado objetivo de la tentativa es su aislamiento. La tentativa se encuentra *entre* los actos preparatorios —que por regla general son impunes— y la consumación —que lleva asignada la pena completa—, y por lo tanto resulta imprescindible aislarla de estos dos momentos.

Por cierto que cuando ya se sabe que el delito está consumado, la determinación del término de la fase de tentativa carece de importancia. Pero cuando no hay consumación, es esencial separar la tentativa de la preparación para establecer la punibilidad del hecho y la intervención delictiva. Por otro lado, es relevante distinguir la tentativa del delito frustrado ya que la pena es diferente en uno y otro caso. En relación con el desistimiento será importante, además, distinguir entre las tentativas completas e incompletas, por un lado, y la tentativa fallida, por el otro.

aa) Actos preparatorios y comienzo de la tentativa

Si el agente ya comenzó a desplegar su engaño frente a la víctima, o a sustraer la billetera desde su bolsillo, por lo general no hay dudas en cuanto a que ya se ha iniciado la tentativa. El problema de la distinción respecto de los actos preparatorios se presenta cuando el agente aún no ha comenzado a realizar la acción descrita en el tipo.

Según las definiciones del inciso 3° del art. 7°, la delimitación tiene que hacerse mediante una combinación de elementos objetivos y subjetivos:

- *Primero* hay que elaborar una imagen del hecho en la forma como el autor ha previsto la sucesión de acontecimientos. Esta representación no implica todavía una valoración, solo se trata de establecer una secuencia. El establecimiento de esta secuencia a partir de los hechos conocidos es fundamental, pues la ley habla de «dar principio a la ejecución del crimen o simple delito». Esto significa, por un lado, que no se trata de una constatación meramente causal; por otro, que la ley se sitúa en una perspectiva *ex ante*, de modo que es relevante el horizonte de conocimientos del autor.
- *A continuación*, hay que determinar, sobre la imagen del hecho construida conforme al punto anterior, desde cuándo se puede decir que concurren objetivamente hechos directos de ejecución en relación con el tipo penal respecto del cual se está realizando el análisis. Es un juicio de subsunción, que se realiza objetivamente.

Un criterio de delimitación puramente subjetivo no sería compatible con la ley, pues ella se refiere a una conducta que consiste en dar principio a la ejecución por hechos directos. Este concepto —principio de ejecución por hechos directos— tiene un lado objetivo del que no se puede prescindir. Por el contrario, una visión puramente objetiva tampoco sería compatible con la ley, pues ella se refiere al culpable que da principio a la ejecución del crimen o simple delito, y no a un proceso causal. Esto es relevante a la hora de establecer el horizonte de conocimientos del autor.

Si Arnoldo consigue un arma de fuego, averigua la rutina de Benito y se pone en camino para darle muerte, se está en la etapa de preparación de un homicidio. Pero ya hay una tentativa de homicidio cuando Arnoldo toma un arma de fuego, apunta a la cabeza de Benito y remueve el seguro.

Respecto de un robo con intimidación en un departamento ubicado en el 7° piso, hay actos preparatorios cuando el sujeto está en la puerta del edificio y toca el timbre, pero todavía tiene que subir al departamento donde pretende robar; en cambio, si el sujeto ya está en la puerta del departamento y llama para amenazar a la persona que salga a abrirle, puede afirmarse que ya hay una tentativa de robo.

Estos ejemplos son relativamente claros, pero hay una amplia zona gris de casos de difícil resolución. Para esta zona se han propuesto distintos criterios:

(1) Teoría de las esferas

El autor deja atrás los actos preparatorios cuando ha ingresado a la «esfera de protección de la víctima», y entre su acción y el resultado que se propone existe inmediatez temporal.

Este criterio tiene el defecto de que no parece aplicable cuando el hecho ocurre en lugares neutrales, como la calle o un parque, en donde se dificulta el reconocimiento de una «esfera de protección de la víctima». Además, si bien puede ser útil cuando se trata de bienes personalísimos como la vida, o de bienes instrumentales de una persona determinada (como la propiedad de una cosa mueble), no lo es cuando se trata de bienes jurídicos colectivos o supraindividuales, como la legalidad del gasto público o la fiabilidad de la información en el mercado bursátil.

(2) Teoría de la prueba de fuego

Según esta aproximación, hay tentativa cuando el agente ha traspasado el umbral a partir del cual asume que ya no hay vuelta atrás.

El problema de esta posición, que podría considerarse dominante en algunos países, es su excesiva subjetividad, pues para cada persona el umbral podría ser diferente. Por la misma razón, con la teoría de la prueba de fuego se puede adelantar considerablemente el comienzo de la tentativa, extendiendo la punibilidad a actos completamente equívocos desde un punto de vista intersubjetivo.

(3) Doctrina de la puesta en peligro

La tentativa comenzaría cuando se pone en peligro concreto el bien jurídico. Esto se verifica cuando la persona realiza una conducta a través de la cual se pone en marcha un proceso que, de seguir o continuar sin perturbaciones, desembocaría inmediatamente en la realización del tipo. Por lo mismo, en la representación del autor el bien jurídico ya ha sido concretamente puesto en peligro con la realización de aquella conducta. Algunos autores añaden que entre la conducta del sujeto y el resultado debe existir una relación temporal y espacial de proximidad.

Esta teoría tiene el «defecto» de que es muy poco lo que agrega al lenguaje del art. 7° inc. final; además, no sirve para los delitos de mera actividad o de peligro abstracto.

(4) Teoría de los actos intermedios

Conforme a ella, se ha dado comienzo a la tentativa cuando, según la imagen del hecho que tiene el autor, entre la realización del tipo de tentativa y la conducta existe continuidad, debido a que no se necesita interponer ningún otro acto de cierta relevancia para que el tipo se realice. De acuerdo con la imagen del hecho, la conducta del sujeto aparece inmediatamente antes de la realización del tipo, desemboca en él.

Por ejemplo, si una persona pretende robar en una casa y dispara para matar al perro guardián, se entiende que ya comenzó la tentativa; pero si en vez de eso le da un trozo de carne envenenada para volver una hora más tarde y robar sin ser molestado, mediante este acto aún no ha dado comienzo la tentativa.

Entre nosotros, Mañalich ha contribuido a precisar este criterio mediante la fórmula según la cual habrá principio de ejecución por hechos directos cuando «el agente, representándose como existentes circunstancias que proveerían la oportunidad para ejecutar una acción que él tendría que omitir para así dar seguimiento a la norma, ponga en marcha la realización de una intención referida a la ejecución de esa acción».

La teoría de los actos intermedios tiene, entre otras, la ventaja de que funciona también respecto de los delitos de mera actividad y de peligro abstracto.

(5) ¿Alternativas?

La mayor parte de los criterios anteriores es consistente con el fundamento de punibilidad de la tentativa que se basa en la puesta en peligro del bien jurídico, que, como se ha visto, está sujeto a objeciones importantes. En este sentido, resultan promisorios los trabajos encaminados a desarrollar una versión de la teoría de los actos intermedios que la aleje de su origen peligrosista y, en cambio, se oriente según en el sentido social de la conducta. Tal teoría tendría que atender al significado del hecho como contradicción de la norma y tener al mismo tiempo en cuenta que la delimitación respecto de los actos preparatorios, si ha de ser compatible con la ley, no puede configurarse en términos puramente objetivos.

bb) Tentativa y delito frustrado

La mayoría de los ordenamientos jurídicos no contempla la categoría del delito frustrado, que se considera solo una forma de aparición de la tentativa. Pero en Chile esta categoría tiene gran importancia, pues el delito frustrado se sanciona con un grado más de penalidad que la tentativa. El fundamento de este tratamiento más severo radica en que el autor ha realizado todo lo que de él dependía para que el delito se consumara, y por lo tanto ha comunicado de un modo más intenso su toma de posición contraria a la vigencia de la norma. Desde el punto de vista objetivo puede decirse también que el delito frustrado está «más cerca» de la lesión del bien jurídico que la tentativa.

La línea divisoria entre tentativa y delito frustrado puede ser difícil de trazar en ciertos casos (*v. gr.* en la tentativa del autor mediato, pero también en todos los casos en que el autor «hace las cosas mal » o deja aspectos sin suficiente planificación). En último término, ella depende de la interpretación de las palabras de la ley: «pone de su parte todo lo necesario». Evidentemente, el acento de esta expresión no se halla en expresión «todo lo necesario», pues, si se hubiera puesto todo lo necesario, el delito estaría consumado. La cuestión es, por tanto, esclarecer qué significa «poner todo *de su parte*», esto es, si objetivamente hablando el autor ha concluido lo que de él depende (MERA-Código Penal) o si esto ha ocurrido según las representaciones del autor (CURY).

Por otro lado, la categoría del delito frustrado solo tiene sentido, como indica la misma definición del art. 7° inc. 2°, cuando la consumación no se produce debido a circunstancias que escapan al control del autor. Si, por el contrario, es el mismo autor quien impide que el delito se consume, estaremos ante una hipótesis en que se ha dado «principio a la ejecución del crimen o simple delito por hechos directos, pero faltan uno o más para su complemento», es decir, ante una tentativa más o menos completa.

Aunque, como veremos, la ley no limita la frustración a los delitos de resultado, es útil recordar que en ellos la consumación se frustra principalmente cuando este no se produce, lo que puede acontecer:

- fácticamente, cuando no se llega a realizar el resultado en la realidad, por causas independientes de la voluntad del sujeto; o bien
- solo jurídicamente, cuando el fenómeno en que había de consistir el resultado se realiza en los hechos, pero no es imputable a la conducta del sujeto, sea porque esta conducta carece de relevancia causal respecto del resultado, sea porque concurre o confluye con otras causas, de tal modo que no constituye la explicación prevalente del resultado.

6. Reglas legales sobre la tentativa

Las principales reglas legales sobre la tentativa, aparte de su definición, dan lugar a una serie de discusiones y consideraciones que conviene tener en cuenta:

a) Delitos de mera actividad y frustración

La ley no establece que la figura del delito frustrado solo ha de recibir aplicación en el ámbito de los delitos de resultado. Por el contrario, el lenguaje legal se cuida de identificar la frustración con la ausencia de producción de un resultado y se refiere simplemente a las hipótesis en que no se verifica la consumación. Por eso, aunque es natural entender que los delitos de resultado ofrecen un campo especialmente amplio para la frustración, esta también podría distinguirse de la tentativa en los delitos de mera actividad.

Una supuesta incompatibilidad entre los delitos de mera actividad y las hipótesis de frustración, que a veces la doctrina da por supuesta, conduce a distorsiones inexplicables y difícilmente compatibles con la sistemática y las valoraciones del Código Penal. Si los delitos de mera actividad —como el delito de violación— no pudieran encontrarse frustrados, cuando el autor *v. gr.* coacciona a la víctima para acceder carnalmente a ella y realiza todos los actos encaminados a la penetración, pero esta no se produce solo debido a que condicionantes fisiológicos la impiden, según la regla del art. 52 debería imponerse una pena *inferior en dos grados* a la del delito consumado. Como esto es muy poco satisfactorio, alguna jurisprudencia ha entendido que la violación puede considerarse frustrada cuando el autor se ve impedido en el último momento de materializar la penetración. Esta solución no es contraria al art. 7° y, en cambio, es consistente con la regulación legal de ciertas especies de hurto en el art. 494 bis.

b) Punibilidad de la tentativa y del delito frustrado

En virtud del art. 7°, y a diferencia de lo que ocurre en otros países, toda tentativa y todo delito frustrado es punible, salvo en el caso de las faltas, que solo se castigan cuando han sido consumadas (art. 9°).

En el derecho comparado, en cambio, no es infrecuente que solo se considere punible la tentativa de crimen, mientras que la tentativa de simple delito solo se castiga excepcionalmente, en los casos expresamente señalados por la ley. Esta solución es preferible, pues hay muchos delitos —como las injurias, ciertas falsedades, la anticipación de funciones, etc.— respecto de los cuales tiene muy poco sentido sancionar la tentativa.

c) Diferencia entre resultado del delito y condición objetiva de punibilidad (*c.o.p.*)

Si la *c.o.p.* no se cumple, el hecho no es punible. Sin embargo, la *c.o.p.* no forma parte del tipo penal. Es un elemento adicional al hecho típico, antijurídico y culpable, independiente de la conducta del sujeto, y que la ley requiere para que ese hecho pueda ser sancionado penalmente. Puesto que no son un elemento del delito, las *c.o.p.* no son objeto de la imputación subjetiva, es decir, el dolo y la culpa no necesitan referirse a ellas; tampoco es necesario que su verificación sea objetivamente imputable a la conducta típica.

El resultado, en cambio, es un elemento del tipo penal, y por lo tanto a su respecto deben concurrir los presupuestos de imputación objetiva y subjetiva. Si falta el resultado del delito, pero concurren los demás elementos del tipo, entonces la conducta *es punible* como delito frustrado.

Por lo tanto, la diferencia entre la ausencia del resultado del delito y la ausencia de una *c.o.p.* es la diferencia entre la punibilidad de un hecho como delito frustrado y la ausencia de punibilidad.

d) La discusión en torno al hurto-falta frustrado del art. 494 bis

Los delitos de resultado son aquellos en que el tipo penal define el hecho incluyendo una consecuencia de la acción, por lo general espaciotemporalmente separable de ella. Si el tipo no incluye una consecuencia como esta, estamos frente a un delito de mera actividad.

Por mucho tiempo se discutió si el delito de hurto era de resultado o de mera actividad. Actualmente, y en consonancia con las opiniones predominantes en el derecho comparado, se sostiene en forma ampliamente mayoritaria que se trata de un delito de mera actividad. Se argumenta que el agente, desde el comienzo de la tentativa hasta la consumación, está realizando la conducta descrita en el tipo, de tal manera que no es posible constatar un efecto separado de la conducta.

Para quienes suponen la incompatibilidad de los delitos de mera actividad con la categoría de la frustración, entonces, el delito de hurto podría encontrarse en grado de tentativa, pero nunca podría estar frustrado. Sin embargo, esta conclusión es contradictoria con el art. 494 bis, que tipifica el llamado *hurto-falta*:

> Artículo 494 bis.- Los autores de hurto serán castigados con prisión en su grado mínimo a medio y multa de una a cuatro unidades tributarias mensuales, si el valor de la cosa hurtada no pasa de media unidad tributaria mensual.
>
> La falta de que trata este artículo se castigará con multa de una a cuatro unidades tributarias mensuales, si se encuentra en grado de frustrada.

¿Cómo se supera o, al menos, se explica esta aparente contradicción? Una primera posibilidad —bien poco elegante— sería revisar la opinión mayoritaria y sostener que el hurto es, por mandato legal, un delito de resultado. Otra posibilidad es hacer como si esta regla no existiera, pues obedecería a un error del legislador; pero esta opción es contraria a los principios elementales de interpretación de la ley. También cabría pensar que el legislador, al hablar de hurto frustrado, en realidad se quiso referir a lo que en el ámbito de los crímenes y simples delitos conocemos como tentativa de hurto. Esta solución, aunque algo rebuscada, podría admitirse, ya que el art. 7° se aplica solo a los crímenes y simples delitos, mas no a las faltas, mientras que el hurto del art. 494 bis —que, según esta regla, puede estar frustrado— es una falta.

Una alternativa adicional, y probablemente más convincente, es reconocer que en ciertos casos el hurto admite frustración. Esto ocurre, concretamente, cuando el objeto material del delito consiste en cosas pequeñas y fáciles de trasladar que se encuentran exhibidas en una tienda. En estos casos cabría hablar de frustración si el autor esconde los objetos entre medio de sus ropas o en un bolso que le pertenece, pero es descubierto cuando, al abandonar el lugar, atraviesa un portal que detecta etiquetas electromagnéticas. Estas hipótesis son, además, especialmente pertinentes tratándose de hurtos cometidos en tiendas de autoservicio que, como se sabe, estuvieron en primer plano al discutirse y aprobarse el art. 494 bis.

7. El desistimiento

El desistimiento se produce cuando quien ha iniciado la tentativa, abandona la ejecución del delito (tentativa incompleta); o si es que, habiendo ya realizado todo lo que de ella depende para que el delito se consume, impide que esto ocurra (tentativa completa). Quien se desiste de un delito es beneficiado con la impunidad si se cumplen ciertas condiciones, es decir, el desistimiento tiene el carácter de una causa eximente de responsabilidad penal. Esta eximente no está, sin embargo, expresamente contemplada en la ley.

a) Fundamentos

Habitualmente se considera que el fundamento positivo de la eximente de desistimiento está en el art. 7°, inc. 2°, del cual se desprende *contrario sensu* que si el delito no se llega a consumar por causas «dependientes» de la voluntad del sujeto, no habría conducta típica, pues no se realizaría el tipo de consumación, ni el del delito frustrado, ni el de la tentativa. Tal conclusión sería irrebatible a la luz del principio de legalidad. Y si esto es así respecto del delito frustrado, entonces —se dice— con mayor razón (argumento *a fortiori*) debe eximirse de responsabilidad penal en el caso del desistimiento de la tentativa.

Pero incluso quien sea escéptico respecto de la fuerza argumentativa de los aforismos *a contrario sensu* y *a fortiori* —sobre todo cuando se emplean juntos—, podría afirmar con certeza que la ley chilena *no se opone* al desistimiento como institución liberadora de responsabilidad. Esto es saludable, pues el fundamento de la institución no radica tanto en una ausencia de tipicidad como en consideraciones sustantivas, que se resumen principalmente en cuatro argumentos:

- Un argumento utilitarista, conocido como *teoría del puente de oro*, en la expresión de von Liszt. Si el derecho penal tiene por objeto la protección de bienes jurídicos, entonces debe tenderle un «puente de oro» a quien quiera dar marcha atrás y desistirse de afectar esos bienes jurídicos. Dicho de otra manera (algo barroca, pero gráfica): Si el sujeto ya pasó la «prueba de fuego» y dio comienzo a la tentativa, cuando viene de vuelta hay que evitarle pasar de nuevo por ella y, en cambio, tenderle un puente. Este «puente de oro» es la exención de toda responsabilidad penal.
- Un argumento moralista. El que se desiste ya ha vuelto al «redil» de los valores sociales, y por lo tanto puede prescindirse del castigo. El problema de esta idea es que su aplicación llevaría a exigir que el agente tuviera

móviles «valiosos» para desistirse. Así, por ejemplo, si desistió solo porque en el último momento consideró inconveniente la consumación, no estaría justificada la eximente. ¿Puede el derecho considerar esta clase de valoraciones? No, pues las razones últimas por las que se exhibe una motivación de respeto al derecho están más allá del derecho mismo.

- Un argumento funcionalista, relacionado con el fin de la imposición de la sanción penal. Cuando el sujeto da comienzo a la tentativa, desconoce la vigencia de la norma como parámetro de conducta; sin embargo, si después revoca la expresión de sentido inicial, modificando el hecho en los términos propios del desistimiento, demuestra una motivación de respetar en definitiva la vigencia del ordenamiento, de tal manera que se hace innecesaria la imposición de la pena para restablecer esa vigencia.
- Un argumento «culpabilista», característico del finalismo. El hecho de que la persona haya desistido manifiesta que su culpabilidad —psicológicamente entendida, como disposición a delinquir— era muy baja ya desde un comienzo. Sin embargo, aquí no se trata solo de fundamentar una rebaja en la pena que se ha de imponer, ni siquiera una muy sustancial, sino de eximir a la persona de toda pena. La explicación culpabilista tendría entonces que ser complementada con otras para fundar la eximente.

En realidad, el desistimiento es una toma de posición frente a la norma que se funde con la expresión de sentido contraria al derecho expresada al dar comienzo a la tentativa. El desistimiento es un hecho posterior a un hecho punible ya existente, la tentativa, pero que forma con él una unidad de sentido. Por lo mismo —el sentido penalmente relevante está delimitado por el tipo penal y su evitabilidad—, el desistimiento nada tiene que ver con las razones o con la calidad moral de la motivación para desistirse, ni con lo que se ajusta (o no) a la racionalidad del delincuente, ni con una evaluación o reevaluación de los riesgos o del costo de oportunidad que tendría continuar con la ejecución. Pero tampoco es solo un asunto de protección de bienes jurídicos; si lo fuera, cada vez que el autor se abstiene de causar un daño mayor antes de abandonar la ejecución habría que eximirlo de pena por lo ya ejecutado, una consecuencia que el derecho vigente no considera.

b) Requisitos o presupuestos

Hay algunas diferencias según si se trata de casos de actuación en solitario o de intervención delictiva. Estas diferencias se expresan a su vez en requisitos diversos, dependiendo de si el desistimiento se refiere a una tentativa incompleta (el autor o los intervinientes abandonan la ejecución del delito) o a una tentativa completa (el autor o los intervinientes, habiendo ya realizado todo lo que de ellos depende para que el delito se consume, impiden que esto ocurra). Esta distinción es aplicable tanto a los delitos de resultado como a los de mera actividad, en los que desde luego también procede el desistimiento: «No es responsable criminalmente el que da principio al delito de incendio; pero después se desiste y lo apaga por su propia voluntad» (SCS en GT 1936-1, Primer Semestre, p. 273).

A continuación, solo nos detendremos en algunos aspectos especialmente controvertidos.

aa) Requisitos del desistimiento en los casos de actuación en solitario

(1) Abandono de la ejecución

El autor debe abandonar la ejecución del hecho y de todos los actos que, respecto de una determinada realización típica, podrían constituir un supuesto de unidad de acción (Politoff). Sin embargo, tanto Novoa como Garrido exigen más: No basta con que el agente deje de actuar, sino que dicha abstención debe tener un carácter *definitivo*, en el sentido de que debe referirse a todo ataque equivalente contra el mismo bien jurídico.

A rompe la ventana para entrar a robar en la casa de B, pero luego se da cuenta de que existe otra puerta trasera que sirve mejor a su propósito, por lo que en lugar de entrar por la ventana decide volver más tarde y hacer uso de la puerta.

Según el criterio de Politoff, al que adhiere Cury, en este caso ya hay un desistimiento eximente de pena, pues cualquier conducta posterior al abandono del lugar ya no se encontrará en unidad de acción con la primera; en cambio, para la segunda posición en este caso no habría desistimiento.

Lo que se entiende por «abandono» de la ejecución depende de si el autor ya ha completado la realización de todos los elementos del delito que dependen de su conducta —tentativa completa—, o si no lo ha hecho —tentativa incompleta—. En el primer caso, por regla general hay abandono cuando el autor no sigue adelante y todavía faltan hechos directos para completar la conducta, teniendo como parámetro la representación del autor sobre la sucesión de acontecimientos. En el segundo caso, en cambio, hay abandono de la ejecución cuando se puede imputar al autor haber impedido la consumación del delito —*v. gr.* el autor toma contacto con el medio de comunicación para impedir la publicación del artículo calumnioso que antes había escrito y enviado—, atribución que se realiza de modo análogo y con similares criterios que los utilizados para imputar la realización del tipo penal en calidad de autor, coautor, autor mediato o inductor. En el caso del desistimiento de la tentativa completa no basta con que el agente «intente seriamente» impedir la consumación, sino que debe efectivamente impedirla, pues así se desprende del inc. 2° del art. 7°.

(2) Voluntariedad del abandono de la ejecución

El abandono debe ser voluntario, tomando como punto de referencia lo ya realizado y las circunstancias presentes, no lo que podría ocurrir en el futuro. La voluntariedad que la ley exige para el desistimiento es la contrapartida de la culpabilidad de la tentativa, y por lo tanto solo puede estar relacionada con el crimen o simple delito intentado y con la posibilidad de consumarlo. El desistimiento *solo será involuntario*, entonces, cuando el autor abandona la ejecución pues considera que ya no puede consumar el delito intentado, o cuando está sujeto a alguna forma de vis absoluta o de vis compulsiva (esto es, a circunstancias que impiden al sujeto desplegar una conducta que le sea imputable).

Así, la voluntariedad del desistimiento desaparece recién cuando la renuncia al hecho le viene impuesta al sujeto por circunstancias externas que a su juicio impiden la consumación. En la clásica fórmula de Frank: El desistimiento es voluntario si el autor se dice «no *quiero* alcanzar el fin, aunque pudiera», mientras que no es voluntario si se dice «no *puedo* alcanzar el fin, aunque quisiera». Aplicada al difícil caso del autor que es descubierto mientras está ejecutando el hecho, implica que hay que distinguir si el autor anticipa o prevé que debido al descubrimiento le será imposible consumar el delito (si abandona debido a ello, no hay voluntariedad), o si el autor solamente abandona porque le teme a la denuncia y al castigo, pero considera que de todos modos puede consumar el delito (en este caso sí hay voluntariedad en el desistimiento).

Por lo tanto, incluso cuando para la racionalidad del autor el hecho se torne inconveniente, o considere que existe un alto riesgo de ser posteriormente identificado o perseguido, es suficiente para la voluntariedad del desistimiento que el autor tuviera la posibilidad continuar hasta la consumación y, no obstante ello, se abstenga de hacerlo.

Además, como recuerda Novoa, también quien es persuadido por otro se desiste voluntariamente, aunque tal desistimiento no sea espontáneo: *voluntario* no es sinónimo de *espontáneo*.

(3) La tentativa no debe encontrarse fallida

Es decir, no debe tratarse de un caso en que la consumación (ya) no es posible en el mismo contexto de hecho. Este presupuesto emana del mismo fundamento legal de la institución, el art. 7° inciso 2°, conforme al cual ha de exigirse que la ausencia de consumación se deba a causas dependientes de la voluntad del sujeto.

La tentativa está fallida cuando ya no es posible consumar el delito, pero también cuando el objeto sobre el cual recae el hecho, aunque idóneo, no es el que estaba previsto, o está muy por debajo de lo que se tuvo en vista al iniciar la tentativa. Si, por ejemplo, Andrea abre una caja fuerte esperando encontrar mucho dinero y encuentra solo unas pocas monedas, lo que la lleva a no hurtarlas, no hay desistimiento, sino que la tentativa se encuentra fallida.

Como salta a la vista, se puede presentar el problema de distinguir entre la tentativa fallida y una tentativa inidónea. Según la posición ampliamente predominante, la definición de si una tentativa es inidónea debe realizarse desde un punto de vista objetivo *ex ante*, mientras que el juicio acerca de si es todavía posible consumar el hecho se adopta desde la perspectiva del autor, es decir, se asume una perspectiva más o menos individual (más individual, si se atiende al individuo en concreto; menos, si se le sustituye por un «hombre medio» o por un «hombre medio situado») y desde allí se enjuicia si el hecho todavía podía consumarse. Esto conduce a la posibilidad de un desfase entre la visión del observador *ex ante* y el juicio del autor individual. Por lo tanto, puede haber tentativas que sean idóneas y, sin embargo, se encuentren fallidas, así como puede haber tentativas que no se consideren fallidas y que, no obstante, sean inidóneas.

Conforme a la misma doctrina mayoritaria, si existe un desfase entre las dos perspectivas, para efectos del desistimiento lo relevante sería el juicio individual. Sin embargo, cabe preguntarse si esta opción sistemática es coherente con el fundamento de la institución. ¿Qué razón hay para elegir la perspectiva del autor? Desde el punto de vista del fin de la sanción penal, puede pensarse que cuando un sujeto asume que ya no puede consumar, al abandonar la ejecución no está revocando su expresión de sentido contraria a la norma. Sin embargo, de esta manera también se confunde el requisito de voluntariedad del desistimiento con la exigencia de que no se esté ante una tentativa fallida. Hay algo extraño en la afirmación de que el sujeto se desistió en forma voluntaria de consumar un hecho que objetivamente ya no podía consumarse. Por eso, desde una perspectiva metodológica es más limpio trabajar respecto de esto último con una concepción *ex post* que tenga en cuenta la secuencia de acontecimientos definida en el plan del autor, y reservar el punto de vista del autor para el examen del requisito de voluntariedad.

Una cuestión *adicional* es la determinación del momento en relación con el cual hay que determinar si la tentativa se encontraba fallida: ¿Debe atenderse al momento en que el autor da comienzo a la ejecución del hecho (teoría de los actos individuales) o, en cambio, hay que atender a todo el tiempo en que se desarrollan actos de ejecución que puedan considerarse como parte de un solo hecho (teoría de la valoración global)? Para la doctrina mayoritaria en Alemania y para todos quienes adhieren a un fundamento utilitarista del desistimiento, la posición correcta es esta última. La tentativa no está fallida y es posible el desistimiento aunque el autor haya fracasado en sus primeros intentos, en la medida en que todavía hubiera podido consumar el delito antes de abandonar la ejecución. *Nota bene*: Aquí la noción de «unidad de hecho» dice relación con la posibilidad de consumar el delito en el mismo contexto de actuación, y no con la imputación de uno o varios delitos, ni con la sujeción del caso a un determinado régimen penológico.

Así, si el autor dispara a muerte, pero no acierta, habrá desistimiento —cumpliéndose los demás requisitos— en la medida en que aún haya estado en condiciones de matar a la víctima, por ejemplo, disparando de nuevo o recurriendo a otros medios. En este sentido se ha pronunciado *v. gr.* la jurisprudencia en un caso en que el autor empapó con parafina las ropas que la víctima tenía puestas, pero abandonó la ejecución después de que fallara el encendedor con que iba a prenderles fuego; la Corte tuvo por desistido al sujeto ya que «renunció a encender una llama por medio de otro encendedor o de un fósforo» (SCA Rancagua 3.VII.2008, Rol N° 332-2008). La teoría de los actos individuales habría apreciado en este caso una tentativa fallida, y por tanto punible, de homicidio.

Uno de los problemas que presenta la teoría de la valoración global es su apertura casi ilimitada a lo meramente casual: medios alternativos disponibles, medios disponibles que el autor advierte, grado de retardo en la ejecución, importancia que el autor atribuye al retardo en la ejecución, etc. Además, su adopción coherente llevaría a eximir de toda pena, también por eventuales delitos ya frustrados, siempre que el autor todavía hubiera podido causar algún mal antes de abandonar la ejecución, algo que el derecho vigente no acepta: El sujeto —reza el art. 7° inciso 2°— ha puesto «de su parte todo lo necesario para que el crimen o simple delito se consume y *esto* no se verifica por causas» dependientes de su voluntad. En tal sentido *v. gr.* la S. del 2° TOP de Santiago de 12.III.2013, RIT N° 36-2013, que tuvo al autor por desistido del delito de robo con intimidación —pues se limitó a aceptar sin más la afirmación de la víctima, amenazada con un arma que parecía de fuego, en cuanto a que no portaba objetos de valor—, pero le condenó por las amenazas consumadas del art. 296 N° 2.

En síntesis: la idoneidad de la tentativa se juzga desde una perspectiva objetiva *ex ante* y su carácter de fallida, desde una perspectiva objetiva *ex post*; al realizar este último juicio, conforme a la doctrina mayoritaria, debe atenderse al conjunto de los actos de ejecución que puedan considerarse todavía como un solo hecho y no a cada acto o intento singular.

bb) Requisitos del desistimiento en los casos de intervención delictiva

Muy discutidos son los requisitos del desistimiento en los casos de intervención delictiva, porque con el actuar conjunto se pone en marcha una dinámica que el agente ya no controla por sí solo. En general, se exige que el autor despliegue una cierta actividad destinada a impedir la continuación del hecho —sin que sea indispensable que tenga éxito—, o bien, que se abstenga de realizar un aporte necesario para que el hecho se consume.

c) El arrepentimiento eficaz

El llamado *arrepentimiento eficaz*, que suele adoptar la forma de una «delación compensada» o de un beneficio sustancial para el imputado que testifica, debe distinguirse claramente del desistimiento. El arrepentimiento eficaz, en cualquiera de sus modalidades, no es una forma de desistimiento, sino que tiene lugar en un momento posterior a la consumación del delito y, por tanto, una vez que el desistimiento ya no es posible.

Una regla de arrepentimiento eficaz es una autorización que la ley confiere al juez para reducir la pena prevista para un delito, imponer una sanción distinta o incluso prescindir de toda sanción, cuando el justiciable colabora en forma muy intensa —siempre a juicio del tribunal— con el esclarecimiento de un hecho delictivo pasado o con la prevención de hechos delictivos futuros. El derecho sancionatorio no penal también conoce esta clase de reglas, como la que establece el Decreto Ley N° 211 para los ilícitos de colusión o la Ley N° 21.000 para las infracciones que sanciona la Comisión para el Mercado Financiero.

Es posible distinguir entre reglas «eximentes» y «atenuantes» de arrepentimiento eficaz:

aa) Atenuantes

Reglas atenuantes de arrepentimiento eficaz son aquellas que permiten u ordenan al juez atenuar la pena o sustituirla por otra menos gravosa. En nuestro ordenamiento existen algunas reglas de este tipo, como el art. 208 inciso 2° (perjurio) y el art. 260 quáter (delitos funcionarios), o también, con un ámbito general de aplicación, el art. 11 N° 9, que establece como circunstancia atenuante la colaboración sustancial con el esclarecimiento de los hechos. Esta última es una de las circunstancias modificatorias de la responsabilidad penal más importantes que conoce el sistema, junto a la de irreprochable conducta anterior, establecida en el art. 11 N° 6.

bb) Eximentes

Las reglas eximentes de arrepentimiento eficaz permiten u ordenan al tribunal prescindir de toda pena. Se encuentran establecidas en leyes especiales (*v. gr.* art. 63 del Decreto Ley N° 211, aplicable solo al delito de colusión, que beneficia al primero que aporta antecedentes a la Fiscalía Nacional Económica de conformidad al art. 39 bis del Decreto Ley N° 211), aunque también hay algunas en el mismo Código Penal, como la referida al delito de falso testimonio en el art. 208 inciso 3°, y en el art. 295 con respecto al delito de asociación ilícita, que dispone: «Quedarán exentos de las penas señaladas en los artículos anteriores aquellos de los culpables que, antes de ejecutarse alguno de los crímenes o simples delitos que constituyen el objeto de la asociación y antes de ser perseguidos, hubieren revelado a la autoridad la existencia de dichas asociaciones, sus planes y propósitos».

La fundamentación de estas disposiciones es más bien difícil. A primera vista, ellas socavan en forma importante, al menos, dos instituciones claves del sistema penal, el *principio de legalidad procesal* y la *prohibición de autoincriminación*.

En cuanto al primero, las reglas de arrepentimiento eficaz constituirían una excepción al art. 166 CPP, pues se parte de la base de que quien negocia con el Ministerio Público es considerado culpable de un delito grave; en consecuencia, la institución no es asimilable a la suspensión condicional del procedimiento o al acuerdo reparatorio (que son manifestaciones de la *oportunidad procesal*), donde se mantiene vigente la presunción de inocencia. En segundo lugar, esta negociación —que es inherente a instituciones como la delación compensada— pone en tela juicio la prohibición de autoincriminación: el que negocia reconoce su responsabilidad, y lo hace en un escenario negativo para él.

Una primera posibilidad de legitimación es de índole consecuencialista. Si el Estado no contara con estas reglas, le sería imposible combatir ciertos tipos de criminalidad como el terrorismo y el crimen organizado. Una especie de «estado de necesidad permanente» legitimaría la afectación de los principios mencionados.

Otra alternativa es recurrir a la racionalidad propia de la prevención general positiva y usar un razonamiento análogo al del desistimiento. El que hace uso de la regla de arrepentimiento eficaz también revoca su expresión de sentido inicial contraria a la vigencia de la norma. Por tanto, la sociedad —representada por el juez y solo por él— puede decidir en el caso concreto que no es necesaria la imposición de la pena para restablecer esa vigencia. Esta fundamentación tiene consecuencias precisas respecto de la configuración de las reglas de arrepentimiento eficaz; por ejemplo, resulta incompatible con que la decisión última sobre la exención de pena quede en manos de autoridades administrativas y no del juez.

Para profundizar...

Un buen punto de partida son las tres obras clásicas de la dogmática chilena: Cury, *Tentativa y delito frustrado* (Editorial Jurídica de Chile, Santiago, 1977), Politoff, *Los actos preparatorios del delito. Tentativa y frustración* (Editorial Jurídica de Chile, Santiago, 1999), y Garrido, *Etapas de ejecución del delito. Autoría y participación* (Editorial Jurídica de Chile, Santiago, 1984). Un enfoque diferente puede leerse en Mañalich, «La tentativa de delito como hecho punible. Una aproximación analítica», en *Revista Chilena de Derecho* Vol. 44 N° 2 (2017), pp. 461-493.

VI. LOS DELITOS DE OMISIÓN

1. Distinción entre delitos de acción y delitos de omisión

Para la definición del comportamiento prohibido no es relevante la distinción entre acciones y omisiones. No es que la distinción no pueda hacerse desde el punto de vista físico, antropológico o jurídico, pero hay buenas razones para pensar que ella no es relevante, en general, para la imputación penal conforme al derecho vigente en Chile:

- El art. 1° dispone que es delito «toda *acción u omisión* voluntaria penada por la ley». La ley no extrae consecuencia alguna de esta disyuntiva entre acciones y omisiones, a diferencia de lo que ocurre, por ejemplo, en el art. 2° en relación con el art. 10 N° 13 respecto de la distinción entre delitos dolosos y cuasidelitos.
- El Código Penal, al regular los delitos imprudentes, se refiere en su art. 490 al que «ejecutare un hecho», mientras que en el tipo penal del art. 492 alude al que «ejecutare un hecho o incurriere en una omisión». Si el ordenamiento penal atribuyera consecuencias relevantes a la distinción entre acciones y omisiones, la diferencia en la redacción de ambas disposiciones implicaría que la omisión imprudente solo sería punible en el caso del art. 492 (mera imprudencia o negligencia, con infracción de reglamentos), mientras que no lo sería en el caso del art. 490 (imprudencia temeraria), lo cual parece muy poco plausible (en tal sentido, no obstante, NAVAS).
- En Chile no existe algo similar al § 13 de Código Penal alemán (StGB) o el art. 14 del Código Penal español. Estas reglas establecen expresamente la punibilidad de las omisiones, pero solo bajo ciertas circunstancias, con lo cual declaran *sensu contrario* que si no se dan tales condiciones, la conducta omisiva no es punible. En Chile, ante la ausencia de reglas semejantes, nos enfrentamos a la disyuntiva entre sancionar las acciones y las omisiones sin mayor distinción o, por el contrario, no castigar en absoluto las omisiones, incluyendo el homicidio por omisión. Pues bien, ya que la parte general del Código Penal no hace distinciones, la jurisprudencia siempre ha considerado punibles las omisiones, dando una lectura en clave omisiva a los tipos penales redactados en términos activos. Por lo demás, en Chile no existe razón dogmática alguna para distinguir la acción de la omisión, a diferencia de lo que ocurre *v. gr.*

en Alemania, donde el § 13 StGB contempla una rebaja obligatoria de pena en los casos de omisión, de modo que el intérprete está obligado a hacer la distinción para determinar la pena aplicable.

En realidad, la distinción entre acciones y omisiones a nivel de imputación es tributaria de una teoría causal-naturalista del delito, que obliga a realizar una diferencia cualitativa entre las conductas que implican desplegar energía física y las que no implican tal despliegue. Según esta teoría, el primer paso de cualquier imputación es la causalidad entendida en el sentido de las leyes de la física o de la biología (causalidad determinista), de modo que la imputación de resultados cuya explicación prevalente es una conducta omisiva es muy problemática: «la nada —la omisión—, nada puede causar». Que este modelo está lejos, cada vez más lejos, de explicar la realidad de la imputación, salta a la vista. Las consecuencias que con razón atribuimos a la «simple omisión» de medidas de seguridad en procesos automatizados peligrosos pero permitidos contradice esta perspectiva.

No obstante, algunos aspectos relativos a la determinación de la conducta prohibida en el caso de las omisiones han sido históricamente objeto de estudio y discusión. A continuación, se hará referencia a algunos de ellos.

2. Delitos de omisión de resultado y delitos de mera o pura omisión

La ley conoce en primer lugar delitos de omisión de resultado, cuyo tipo penal se obtiene de la lectura en clave omisiva de un tipo penal que describe literalmente una conducta activa. Se denominan *delitos de omisión impropia* o de *comisión por omisión* y el ejemplo clásico es el homicidio por omisión, a partir del art. 391 N° 2.

También se encuentran en la legislación penal tipos de delitos omisivos en donde la definición típica es la de una conducta omisiva. Se llaman *delitos de omisión propia*, de *simple omisión* o de *omisión pura* y el ejemplo por excelencia es el del art. 494 N° 14, que establece la falta de omisión de socorro. También son delitos de omisión propia los que tipifican el art. 177 CPP (omisión de denuncia), el art. 355 CP y el art. 35 de la Ley N° 20.357.

La diferencia entre una y otra forma de descripción típica tiene poca importancia sistemática, pero en la subsunción es preciso tener en cuenta al menos dos aspectos. *Primero*, para que se consume un delito de comisión por omisión es necesario imputar a la conducta el resultado típico, lo que no es necesario en los delitos de omisión simple, pues son de mera conducta.

Segundo, los delitos de omisión pura, que no son de resultado, por lo general no son punibles si solo hay culpa o imprudencia. Con frecuencia los delitos de omisión pura corresponden a la infracción de deberes de solidaridad o de deberes institucionales de rango menor, por lo que además suelen tener una pena notoriamente más baja.

3. La posición de garante y la imputación del resultado a la omisión

Los elementos del delito omisivo son los mismos que los del delito comisivo, es decir, consisten en una conducta voluntaria penada por la ley (conducta típica, antijurídica y culpable). Por cierto, igual que en los delitos de acción, la persona debe hallarse en una situación tal que respecto de ella tenga sentido el mandato que subyace al tipo penal, es decir, debe estar en condiciones de evitar mediante su conducta la realización del tipo. Así cabría decir —parafraseando a WELZEL— que quien está en Santiago no puede omitir rescatar a alguien que se está ahogando en el río Calle-Calle.

Con todo, por razones históricas hay dos aspectos que han sido y son objeto de especial interés en el análisis del delito omisivo: el fundamento de una posición de garante y la imputación del resultado en los delitos de comisión por omisión.

a) El fundamento de la posición de garante

Aun para quienes no advierten que la imputación de todo delito requiere la constatación de una posición de garante, su necesidad aparece como evidente a más tardar cuando se analizan los delitos omisivos. Por ejemplo, ¿comete homicidio quien ve a otra persona cualquiera ahogándose en un lago y no la rescata, pudiendo hacerlo? La respuesta es claramente negativa, aunque el que está en la orilla anticipe la muerte y omita el rescate precisamente para que esta se produzca. Esto se debe a que solo se puede imputar un suceso a una persona cuando existe una causa jurídica en virtud de la cual la evitación de ese suceso le concierne precisamente a esa persona.

Las fuentes de posición de garante que operan respecto de los delitos activos y omisivos son las mismas. Es importante tener en cuenta, sin embargo, que probablemente con el fin de suplir la falta de desarrollo dogmático sobre el contenido y alcance de las posiciones de garante, algunos autores funden la distinción entre posiciones de garante basadas en deberes de organización o en deberes institucionales, con una clasificación que proviene de Armin KAUFMANN, y que distingue entre *garantes de vigilancia* y *garantes de protección*. Así, el garante por organización (en virtud del «dominio del riesgo», se dice también) sería un garante de vigilancia, responsable de que una determinada fuente de peligro no cause daños; el garante institucional, por su parte, sería un garante de protección, encargado de proteger un bien jurídico con independencia del origen de los ataques o amenazas que puedan afectarle.

La distinción de KAUFMANN, sin embargo, tiene un fin exclusivamente clasificatorio y no pretende fundamentar los respectivos deberes. Por lo mismo, no coincide con la distinción entre posiciones de garante de índole organizacional y de índole institucional. Sobre todo, la misma tarea puede formularse usualmente tanto en términos de vigilancia como de protección, pues la protección de una persona es vigilancia de los peligros que la amenazan y la vigilancia de una fuente de peligro es protección de las personas amenazadas por ella. En palabras de JAKOBS, «¿el salvavidas de una playa es garante de protección de los bañistas frente a los peligros del agua o de vigilancia de esta fuente de peligro?» Lo verdaderamente relevante es la determinación precisa del alcance del deber tanto en cuanto a su objeto como a sus beneficiarios, lo cual solo puede hacerse desde una teoría de las posiciones de garante que se haga cargo de sus fundamentos.

Los efectos de la (desafortunada) fusión se encuentran diseminados en la teoría del delito. Por ejemplo, se dice que si el delito es cometido por un tercero y el garante no lo impide, este será cómplice si es garante de vigilancia, pero será autor si es garante de protección respecto del bien jurídico afectado por el tercero; de allí surge, entre otras, la discusión acerca de si el *compliance officer* de una persona jurídica es garante respecto de los delitos que los ejecutivos cometan, y si lo es, qué clase de garante. En realidad, la distinción entre autor y cómplice no tiene que ver con la clase de posición de garante que se ostente, sino que depende del grado de configuración relativa del hecho por parte de cada actor —o de quién ostente el «dominio del hecho», según la teoría dominante—, de modo que la fusión de las distinciones señaladas hace que la discusión se concentre en aspectos secundarios.

b) La imputación de resultados en los delitos de comisión por omisión

La doctrina hoy ampliamente predominante considera que, para imputar resultados, el primer paso es constatar una relación causal entre esos resultados y las conductas típicas, para luego corregir si es necesario este juicio causal mediante filtros o criterios normativos (ámbito de protección de la norma, imputación a la víctima, etc.).

Pues bien, ocurre que cuando se trata de conductas omisivas ya el primer paso parece imposible de dar, a no ser que se entienda la causalidad en términos que se apartan del concepto tradicional de *causa eficiente*. De allí que tanto la imputación de resultados como la teoría de la tentativa en el delito omisivo se hayan concentrado precisamente en este problema.

Las estrategias más aceptadas de imputación del resultado en el ámbito de las omisiones son:

- La *teoría de la condición negativa* (PUPPE), según la cual las causas de un acontecimiento no solo son las que positivamente lo producen, sino también el conjunto de condiciones indispensable para que ese acontecimiento no se evite. Todo ello, por cierto, dentro de un determinado «campo causal». Así, para que el bañista haya muerto ahogado resultó indispensable *v. gr.* que el salvavidas no lo impidiera.
- La *teoría de la causalidad hipotética*, conforme a la cual se reconoce que en la omisión no hay causalidad en sentido propio, pero sí una «cuasicausalidad» o «causalidad hipotética». Según esta posición, no hay que preguntarse si la omisión fue causa del resultado, sino si la conducta mandada habría sido causa de otro acontecimiento que hubiera evitado el resultado producido con una probabilidad rayana en la certeza. Es un juicio contrafáctico y, por lo tanto, hipotético (*v. gr.* si el salvavidas hubiera actuado, habría producido un acontecimiento en que el bañista no muere).

Ambos intentos son susceptibles de la misma crítica. El juicio supuestamente causal deja de ser tal y se convierte en un juicio velado de imputación, donde el problema no está en que sea un juicio de imputación, sino en que sea velado. Si no se tratase de un juicio de imputación, con un poco de imaginación todo el universo podría considerarse en cierto modo causal respecto del resultado. En el último ejemplo: los otros bañistas, los que están en la playa, los que iban pasando en un bote, la persona que mantenía distraído al salvavidas, el nadador experto que estaba nadando mar adentro y que, si hubiera estado más cerca, habría salvado al que se ahogaba, etc. En definitiva, «todo tuvo que haberse dado como se dio para que hoy todo sea como es». Sin embargo, nadie pretende imputar resultados a la omisión de todo el universo, ni siquiera en una primera etapa. Si el primer filtro, el de la causalidad, no filtra nada, puede eliminarse sin pérdida de ninguna especie.

De lo que se trata, por tanto, es de establecer si la conducta típica ya imputada al autor es la explicación prevalente o jurídicamente relevante del resultado, o no lo es. Las consideraciones de causalidad natural son meramente indiciarias en los delitos de omisión, y su valor indiciario suele ser mayor cuanto más sencillo es el caso.

4. El problema de la tentativa en los delitos de omisión

Caso 1. La madre M decide dejar que su hijo de dos meses se muera de hambre.

El delito de omisión frustrado no presenta mayores problemas, pues puede aplicarse sin más el art. 7 inc. 2°: Si el resultado del delito no se produce, pero por causas independientes de la voluntad del omitente —como, por ejemplo, debido al azar—, el delito de omisión se encuentra frustrado (podría haber dudas cuando la circunstancia salvadora es objetiva, pero no subjetivamente imputable al sujeto). Así, en el *Caso 1*, si el resultado de muerte no se produce porque un vecino oye llorar a la criatura y acude en su rescate, hay delito frustrado, ya que el resultado del delito no se produjo por causas independientes de la voluntad de la madre.

Pero, ¿desde cuándo hay tentativa en el delito omisivo? A falta de otra regla debe concluirse que el concepto de «dar principio a la ejecución por hechos directos», contenido en el art. 7°, tiene alcance sistemático general en relación con los crímenes y simples delitos. Por lo tanto, es preciso interpretarlo de modo que pueda ofrecer orientación respecto de las omisiones. Aunque los tres planteamientos más extendidos han sido elaborados pensando en los delitos de comisión por omisión, resulta posible aplicarlos *cum grano salis* a los delitos de omisión propia, en la medida en que se considere razonable castigar la tentativa de esta clase de delitos:

(a) *Hay tentativa ya cuando el sujeto deja pasar la que, a su juicio, es la primera oportunidad de intervenir para la evitación del resultado.*

Así, en el *Caso 1*, habría tentativa desde el momento en que la madre omite darle la primera comida a su hijo. Esta doctrina, sustentada entre otros por Herzberg, parece ser la más ajustada al sentido del art. 7° inc. 2°, pero se le critica que anticipa excesivamente la punibilidad. A estas alturas, se dice, es muy posible que el autor no haya tomado todavía la decisión típicamente relevante de permanecer inactivo, sobre todo si las posibilidades de rescate se mantienen incólumes y, por lo tanto, no se ha puesto realmente en peligro el bien jurídico.

(b) *Hay tentativa cuando el sujeto deja pasar la que, a su juicio, es la última oportunidad de intervenir para la evitación del resultado.*

Solo cuando el sujeto deja pasar la que a su juicio es la última oportunidad de intervenir, manifiesta definitiva e inequívocamente una voluntad hostil al derecho. En el *Caso 1*, por lo tanto, aún no existiría tentativa de homicidio si la madre asume que, antes de que la criatura muera, todavía puede ser salvada mediante cuidados médicos intensivos. A esta doctrina, defendida por los finalistas Kaufmann y Welzel, entre otros, se le critica su exacerbado subjetivismo.

(c) *Hay que distinguir según el grado de peligro presente, desde la perspectiva del autor.*

Es la doctrina hoy ampliamente dominante en la praxis alemana, situación que está condicionada en cierta medida por la regulación legal de la tentativa en ese país. Conforme a ella:

- Si existe ya un peligro inminente de realización del resultado, entonces habrá tentativa en cuanto el garante —de acuerdo con su resolución delictiva (como se suele denominar al «dolo» en el ámbito del delito omisivo)— deja pasar la primera oportunidad de intervenir para la evitación de ese resultado.
- Si, en cambio, el peligro aún es relativamente lejano, la tentativa comienza en el momento en que el garante permanece inactivo pese a que el peligro se convierte en actual, o bien, en el momento en que abandona por completo la posibilidad de intervenir para evitar el resultado y deja que los acontecimientos sigan su curso.

¿Desde cuándo habría tentativa en el *Caso 1*, según este planteamiento? Desde que, según la estimación de la mujer, aparecen los primeros síntomas serios de inanición. Esta solución descansa en parte sobre la idea —correcta en principio— de que el garante no solo está obligado a impedir el resultado, sino también a disminuir el riesgo que pesa sobre el bien jurídico. Decimos que esta idea es correcta «en principio», pues claramente lo es en el caso de la posición de garante *Caso 1*, la relación paternofilial. Sin embargo, hay otras posiciones de garante que son menos exigentes, como las que se basan en deberes negativos y no se refieren a la creación de un riesgo especial.

5. La imputación subjetiva en los delitos de omisión

La imputación subjetiva no presenta mayores problemas en los delitos omisivos. El art. 492, incluso, parece reconocer que en buena parte de los delitos imprudentes la conducta típica consiste en una omisión. Tampoco se discute mayormente, como ocurre en el ámbito de la acción, la imputación vía *omissio libera in causa*. Sin embargo, de todos modos conviene tener en cuenta los siguientes aspectos:

a) La «resolución delictiva»

Como para el finalismo el dolo es «voluntad de realización», a los autores finalistas no les acomoda usar la misma palabra para el dolo de la omisión y hablan de una «resolución delictiva», que —según algunos— se distinguiría del dolo en que no requeriría de un elemento volitivo, sino que se configuraría con el solo elemento intelectual.

b) El dolo y la culpa en los delitos de omisión

Puede ocurrir que no sea posible atribuir a la persona el conocimiento del alcance y relevancia de su omisión —por ejemplo, la persona desconoce su propia capacidad para intervenir en la situación típica—, pero que, al mismo tiempo, resulte perfectamente posible asumir que habría conocido su capacidad de evitación de la realización típica si se hubiera esforzado solo un poco más. Supuesta la concurrencia de los elementos del tipo y de la imputación objetiva, cabría afirmar que en tal caso la persona se ha comportado en forma negligente.

Ejemplo: P observa a su hijo H ahogándose en el río, pero como P no sabe nadar, considera que carece de la capacidad para rescatar a H. No obstante, si se hubiera esforzado solo un poco más habría advertido que a muy poca distancia de donde se encontraba había un anillo salvavidas que fácilmente pudo arrojar a H para salvarle la vida. P ha cometido un homicidio (*recte*: parricidio, pues la relación paternofilial es precisamente la posición de garante que determina el mayor injusto de la conducta que capta el art. 390) imprudente por omisión.

c) Error sobre la posición de garante

En la práctica de los tribunales, la posición de garante y sus presupuestos fácticos ocupan un lugar más relevante en el delito de omisión que en el delito de comisión. Por eso, tanto acusadores como defensores deben estar particularmente atentos a eventuales problemas de error que pueden significar la exclusión de la imputación subjetiva o, a la inversa, dar lugar a un delito putativo.

d) Exigibilidad de una motivación conforme a derecho. La exención de responsabilidad del art. 10 N° 12

La exigibilidad de una conducta o motivación conforme a derecho es un elemento de la culpabilidad que estudiaremos más adelante. La exigibilidad descansa en la idea de que el reproche de culpabilidad es posible en la medida en que la persona no haya actuado en un contexto extremadamente anormal. Según parte de la doctrina, sin embargo, en el caso de la omisión la exigibilidad no sería un elemento de la culpabilidad, sino un «regulativo» (Henkel) limitador del tipo penal ya en su faz objetiva. En todo tipo penal omisivo habría que leer esta cláusula implícita, según la cual solamente se cumple el tipo objetivo si es que la realización de la conducta no afecta los intereses del sujeto en forma severa y desproporcionada, en relación con el resultado que se trata de evitar. Tan clara sería esta exigencia del tipo omisivo, que el art. 494 N° 14 la menciona expresamente.

La explicación anterior parece atractiva, pero no justifica la enorme diferencia que da por supuesta entre la imputación de las acciones y de las omisiones, o bien, en la estructura de los respectivos tipos penales. Además, en el ordenamiento chileno tal explicación resulta superflua. Pues aunque la ley efectivamente no parece hacer diferencias a nivel de los presupuestos positivos de la antijuridicidad y de la culpabilidad, sí ha estimado necesario incorporar una cláusula especial relativa a los presupuestos generales de su exclusión en el art. 10 N° 12, conforme al cual está exento de responsabilidad penal «el que incurre en alguna omisión, hallándose impedido por causa legítima o insuperable».

Las causas «legítimas» son las causas de justificación, que se aplican por igual a los delitos de acción y de omisión, entre otras razones, pues las normas de permisión con eficacia penal pueden provenir de cualquier sector del ordenamiento, y hallarse explícitas o implícitas en la ley. Las causas de exculpación, en cambio, son establecidas taxativamente por el legislador penal, pues se requiere una decisión suya expresa y determinada para prescindir de la pena ante un hecho típico y antijurídico. Pues bien, cuando el art. 10 N° 12 contempla la exención de pena por causa «insuperable», sin mayor especificación, establece en términos generales una exculpación por inexigibilidad de una motivación conforme a derecho que resulta aplicable solo en el ámbito de las omisiones.

Por ejemplo, si los padres testigos de Jehová de un niño de 10 años que está gravemente enfermo no otorgan su consentimiento oportuno para que se le practique una transfusión de sangre en el hospital, como consecuencia de lo cual el niño muere, podrían ser exculpados por inexigibilidad de otra conducta de conformidad con el art. 10 N° 12; pero si, mientras pende la decisión de la justicia al respecto, sustraen al niño de la custodia médica en forma violenta o clandestina, serían responsables de un parricidio o de un homicidio por omisión (con una pena atenuada), si es que el niño fallece a consecuencia de la falta de tratamiento médico.

6. Figuras especiales de omisión pura

En nuestro ordenamiento jurídico hay dos figuras de omisión pura o propia que conviene examinar brevemente debido a su importancia sistemática:

a) La omisión de socorro del art. 494 N° 14

Conforme al art. 494 N° 14, «sufrirá la pena de multa de una a cuatro unidades tributarias mensuales (...) el que no socorriere o auxiliare a una persona que encontrare en despoblado herida, maltratada o en peligro de perecer, cuando pudiere hacerlo sin detrimento propio».

La situación definida en el tipo es particularmente restringida: encontrar en despoblado a una persona herida, maltratada o en peligro de perecer.

- «Despoblado» no es necesariamente un lugar desértico, sino un lugar donde no se puede contar con la presencia de transeúntes o, en general, de otras personas que puedan prestar ayuda al necesitado.
- «Herida, maltratada o en peligro de perecer»: el herido o maltratado no es necesario que esté en peligro de perecer; pero alguien podría estar en peligro de perecer sin estar herido ni maltratado.
- La regla contiene una cláusula de inexigibilidad: «sin detrimento propio», esto es, sin correr un riesgo de cierta consideración para bienes o intereses relevantes (porque, en rigor, cualquier intervención podría implicar un mínimo detrimento).

¿Cuál es la posición de garante que vincula al sujeto activo con el suceso en el caso de esta figura? La regla establece una falta cuyo fundamento es la pura infracción de un deber de solidaridad. Si el necesitado es un niño y quien lo encuentra es su madre, no tiene aplicación la figura; si el que encuentra al necesitado es un funcionario policial de servicio, tampoco, pues en uno y otro caso, la responsabilidad por una eventual omisión emanaría de la infracción de un deber institucional. El fundamento solidario de la falta se reconoce además en que la sanción es idéntica cualquiera sea el desenlace de la situación; la falta se comete igualmente y tiene la misma pena tanto si el que estaba en peligro de perecer, pereció, como si fue rescatado más tarde por un tercero. No es que, al cometer este delito, el autor no atente contra la vida o la salud del necesitado, sino que su competencia por el resguardo de esos bienes procede solo de un deber heterónomo de solidaridad.

b) La omisión de auxilio a los lesionados en un accidente de tránsito

Artículo 176 Ley de Tránsito.- En todo accidente de tránsito en que se produzcan lesiones o muerte, el conductor que participe en los hechos estará obligado a detener su marcha, prestar la ayuda que fuese posible y dar cuenta a la autoridad policial más inmediata, entendiéndose por tal cualquier funcionario de Carabineros que estuviere próximo al lugar del hecho, para los efectos de la denuncia ante el Tribunal correspondiente.

Artículo 195 inc. 2° a 5° Ley de Tránsito.- El incumplimiento de la obligación de detener la marcha, prestar la ayuda posible y dar cuenta a la autoridad de todo accidente en que se produzcan lesiones, señalada en el artículo 176, se sancionará con la pena de presidio menor en su grado medio, inhabilidad perpetua para conducir vehículos de tracción mecánica y multa (...).

Si en el caso previsto en el inciso anterior las lesiones producidas fuesen de las señaladas en el número 1° del artículo 397 del Código Penal o se produjese la muerte de alguna persona, el responsable será castigado con la pena de presidio menor en su grado máximo, inhabilidad perpetua para conducir vehículos de tracción mecánica, multa de once a veinte unidades tributarias mensuales y con el comiso del vehículo (...).

Las penas previstas en este artículo se impondrán al conductor conjuntamente con las que le correspondan por la responsabilidad que le pueda caber en el respectivo delito o cuasidelito, de conformidad con lo dispuesto en el artículo 74 del Código Penal.

- Todo conductor que se ha visto involucrado en un accidente de tránsito debe acudir en auxilio de quienes han sufrido lesiones. Sin embargo, el delito previsto en el art. 195 de la Ley de Tránsito (LT) exige que exista una cierta relación entre la conducción —el accidente previo— y los resultados de muerte o lesiones que hacen surgir el deber *penal* de auxilio. Esta relación es una de imputación objetiva, por lo que es preciso convocar la teoría de las posiciones de garante y las instituciones dogmáticas de la imputación objetiva de conductas y de resultados.

- Lo interesante es que la relación de imputación objetiva existe también cuando el conductor se mantiene dentro del riesgo permitido, pues la conducción de vehículos motorizados constituye un riesgo especial. Según estudiamos en su momento, la injerencia basada en la creación de un riesgo especial permitido no da lugar a responsabilidad por las lesiones o la muerte que resulten inmediatamente de la conducción conforme a derecho, pero determina una competencia preferente del conductor por la neutralización de las consecuencias ulteriores y autónomamente evitables de la conducta permitida. La responsabilidad que surge de la infracción de este deber de neutralización adquiere la forma, en el art. 195 Ley de Tránsito (LT), de un deber de auxiliar a quienes resulten lesionados, cuya infracción dolosa anticipa la punibilidad —al modo de una figura de peligro— en relación con la efectiva concreción de un riesgo consecuencial de la conducción.
- Lo anterior significa, entre otras cosas, que el delito previsto en el art. 195 LT es un delito de omisión pura, pero que no obedece a la infracción de un deber de solidaridad. Si se dan los presupuestos para su atribución, la figura desplaza tanto a la omisión de socorro del art. 494 N° 14, aplicable solo a quienes no son el «conductor», como a la contravención del art. 201 N° 15 LT, aplicable al conductor cuando las lesiones no son imputables a la conducción ni atribuibles siquiera a la realización del riesgo residual inherente a ella.
- El juego de los tres últimos incisos del art. 195 LT da lugar entonces a diversas hipótesis, cuya aplicación depende de si se configura un delito o cuasidelito de homicidio y del efecto que tenga en el caso concreto el principio de *non bis in idem*. Cuando se configura un delito o cuasidelito de homicidio o de lesiones, y para la imputación de este y del delito de omisión de auxilio no es necesario desvalorar dos veces un mismo hecho o segmento del hecho, el conductor puede ser responsable de ambos delitos. En los demás casos se dará preferencia a una de las figuras según los principios del concurso de leyes penales que estudiaremos más adelante.

VII. INTERVENCIÓN DELICTIVA

1. Modelos unitarios y modelos accesorios de intervención delictiva

a) Intervención delictiva y autorresponsabilidad

El sistema penal chileno está construido sobre la base del *principio de autorresponsabilidad*, según el cual una persona solo puede ser considerada responsable de lo que ella organiza por sí misma; como contrapartida, en principio no puede ser hecha responsable de aquello que otra persona igualmente autorresponsable organiza. La *prohibición de regreso*, el *principio de confianza* y la *imputación a la víctima* —instituciones de la imputación objetiva de conductas— son manifestaciones del principio de autorresponsabilidad. El derecho atribuye a cada persona la capacidad de autoadministrarse con exclusión de los demás, lo que produce, entre otros, el efecto de «aislar» a cada uno en su responsabilidad por los *outputs* dañinos que emanan de su propia organización. Como lo expresa el art. 58 CPP, cuando el delito es cometido en el contexto de una organización con personalidad jurídica solo «responden los que hubieren *intervenido* en el acto punible». Corresponde a la *teoría de la intervención delictiva* elaborar las razones que suspenden o eliminan ese «aislamiento», en concordancia con la estructura de cada sociedad. Esta parte de la teoría de la imputación penal se ocupa, entonces, de la imputación conjunta o mancomunada de un hecho a varias personas que han obrado autorresponsablemente.

La intervención delictiva se relaciona especialmente con la prohibición de regreso. Como estudiamos en su momento, esta consiste en que nadie es responsable por un delito cuando su conducta se convierte en causal respecto de la realización del tipo solo porque un tercero desvía arbitrariamente —sin ninguna mancomunidad con el primer actuante— los efectos de esa conducta hacia un suceso delictivo. Por ello, puede decirse que la prohibición de regreso constituye el reverso de la intervención delictiva. La prohibición de regreso tiene al menos dos consecuencias que aquí interesan:

- Nadie puede ser obligado por otro a formar con él una mancomunidad, una empresa en común, y, por lo mismo, la intervención en un hecho delictivo no se puede imponer arbitrariamente mediante una actuación unilateral. Ejemplo: Si un fiscal que investiga a una organización terrorista recibe la amenaza de que, si sigue adelante con las pesquisas, la organización dará muerte a un conocido «rostro» televisivo, ese fiscal no es responsable del atentado que se realice como consecuencia de la prosecución de la investigación; y no lo es aunque haya obrado con la certeza de que los terroristas iban a cumplir su amenaza.

- Incluso en los casos en que existe una mancomunidad entre dos o más sujetos, esta empresa en común es limitada, se restringe a un ámbito específico. Por ejemplo, el librero que vende un libro injurioso forma una mancomunidad con el escritor y el editor, pero esa mancomunidad está limitada a la venta del libro y nada tiene que ver con sus contenidos. Entre el editor del libro y el escritor existe, en cambio, una mancomunidad que se extiende también al contenido. Asimismo, cuando un sujeto paga a otro la deuda exigible en el plazo previsto en el contrato, a sabiendas de que el acreedor requiere el dinero como insumo necesario para cometer un delito, el cumplimiento de la obligación no convierte al deudor en garante de lo que el acreedor haga con el dinero. La transferencia de dinero significa para el ordenamiento jurídico únicamente el pago de una deuda exigible, y no una cooperación con los planes delictivos del acreedor. Por cierto, esto no implica que la persona no pueda ser garante en virtud de algún otro fundamento (*v. gr.* en virtud de deberes institucionales), pero lo será con independencia de haber pagado la deuda.

b) «El que...»

Caso 1. A influye sobre B y C para que estos cometan un robo que, de no mediar dicha influencia, no cometerían. Con este fin, D facilita un arma de su propiedad, de la que B se sirve para apuntar a la víctima, mientras C le arrebata la billetera.

Cuando los tipos penales de la parte especial se refieren a «el que...» realiza determinada conducta, y luego establecen una determinada sanción, ¿a quién se refieren? De entre todos los que podrían ser competentes, ¿quién es el aludido? La duda es más urgente en los casos en que aparece más de una persona vinculada de algún modo (normalmente: causal) al hecho delictivo. Esta es la primera pregunta que intenta responder la teoría de la intervención delictiva.

Antiguamente, se entendía que la expresión «el que» designaba a todos los que tuvieron algo que ver con el origen y ejecución del delito, y todos eran considerados igualmente como autores. Esta es, en términos generales, la solución del derecho romano, tanto en el período clásico como en la época de los glosadores. Pero ocurre que en los hechos delictivos intervienen con frecuencia sujetos que realizan un aporte mucho menor, y por lo mismo resulta inadecuado darles el mismo tratamiento que a los demás. Así surge en la Edad Media la figura del «cómplice menos importante». Desde la época de los posglosadores y de los comentaristas de la *Constitutio Criminalis Carolina* (la fijación del derecho penal impulsada por Carlos V) se emprenden esfuerzos sucesivos para aislar a esta figura del cómplice menos importante de los demás, considerados como los «verdaderos» autores. Tales esfuerzos dan lugar a la historia remota de la teoría de la intervención delictiva.

aa) Conceptos unitarios de autor

Antes de profundizar en la distinción entre autores y cómplices hay que referirse brevemente a los esfuerzos para superar el «obstáculo» de la autorresponsabilidad por la vía de rechazar cualquier imputación recíproca de los aportes de los intervinientes. Se trata de los conceptos unitarios de autor, cuya esencia consiste precisamente en que la imputación del hecho a cada agente se realiza con total prescindencia de la responsabilidad de cualquier otro. Las contribuciones de los demás se consideran como simples factores causales.

Hay básicamente dos clases de conceptos unitarios de autor: el *concepto unitario de base causal*, y el *concepto unitario de base normativa*. Según el primero, como la imputación es, fundamentalmente, una constatación de la causalidad (una causalidad típicamente relevante, objetivamente imputable, etc.), la relación causal entre la contribución y la producción del resultado típico (o la realización del tipo) fundamenta la imputación. Y como todas las causas son necesariamente equivalentes, pues la causalidad es binaria, responden como autores todos los que contribuyeron. Este esquema puede considerarse ampliamente dominante hasta hoy en el ámbito de los delitos imprudentes.

El concepto unitario de base normativa, en cambio, sortea el problema de la autorresponsabilidad señalando que cada sujeto ha vulnerado una norma de conducta dirigida personalmente a él: en el *Caso 1*, B y C vulneran la que surge del art. 436 en relación con el art. 432; A, la del art. 15 N° 2, y D, la que resulta del art. 16. Como estos últimos preceptos hacen implícitamente referencia en el caso concreto al art. 436, se explica que la norma de sanción correspondiente a este artículo se utilice como referencia también para A y D. Pero A y D no realizan otro injusto que el de inducir a un delito o colaborar en él, y por eso cometen un «delito de participación».

El principal problema del concepto unitario de base causal es que no parece compatible con la ley, que quiere distinguir entre las penas que se imponen a los autores y a los que se consideran cómplices (A, B y C, por un lado, y D por otro). Todos los esfuerzos encaminados a salvar esta dificultad (sobre todo, el denominado «concepto extensivo» de autor) han incurrido en contradicciones, porque implican traicionar la única idea correcta de los conceptos unitarios: que a nivel de imputación no hay diferencias de grado, es decir, el hecho se imputa o no se imputa.

El problema de las teorías unitarias normativas, por su parte, es que postulan una especie de «delito de participación» al menos respecto de quienes no realizan la conducta típica de propia mano, y esto significa que ya no pueden explicar por qué razón de fondo la responsabilidad de los partícipes tendría que estar ligada a la suerte que corra el «hecho principal». Por ejemplo, no se podría explicar por qué, salvo como condición objetiva de punibilidad, para sancionar a A y a D por inducción y complicidad en un robo, habría que esperar a que B y C inicien la tentativa del robo. Pues ellos ya hicieron todo lo que tenían que hacer y, a su respecto, el quebrantamiento de la norma ya está perfecto. Desde luego que siempre se puede argumentar razones de conveniencia para retrasar la punibilidad, pero ellas nada tienen que ver con la teoría subyacente, es decir, esta teoría no explica una de las principales cosas que debería explicar.

bb) *Intentos de realizar una distinción cualitativa: la accesoriedad*

Por las razones expuestas, los conceptos unitarios de autor no llegan a convencer. Mientras parte de la doctrina siguió buscando una diferencia causal entre los diversos intervinientes y sus aportes, se desarrolló en paralelo la idea de que entre los autores —incluidos los inductores, que no se distinguieron de los autores mediatos hasta fines del siglo XIX— y el cómplice menos importante no solo hay una diferencia de cantidades o participaciones causales, sino una diferencia de índole cualitativa: mientras el autor comete su propio delito, el partícipe presta una contribución al delito ajeno.

Lo que permitiría imputar al partícipe el «hecho principal» es el *principio de accesoriedad*. Las formas que adopta este principio dependen de la teoría de la autoría que se sustente. Así, por ejemplo, para la *teoría del dominio del hecho* tradicional (Roxin), el autor es el dueño del hecho porque lo domina fácticamente, mientras que el partícipe se caracteriza por contribuir al hecho sin dominarlo o dejando el dominio en manos de otros. Según otras versiones, mientras el autor tiene un contacto personal directo con el hecho, lo que fundamenta su imputación, el partícipe tiene un contacto directo con el autor, lo que fundamenta la imputación del mismo hecho, pero como ajeno (Bloy).

En todo caso, el «hecho principal» es el hecho del autor, y hay que buscar razones de peso para imputárselo a quien no es autor. Dicho de otro modo: el efecto de la autorresponsabilidad es la necesidad de distinguir cualitativamente entre autores y partícipes. Los primeros responden por el hecho propio; los segundos, por el hecho ajeno. Esto conduce a un *concepto restrictivo* de autor.

2. La autoría

Las diversas formas de hacer esta distinción cualitativa entre autores y partícipes se van sucediendo en el tiempo, aunque reaparecen y se combinan una y otra vez.

a) Distinción en términos de causalidad

Los primeros intentos de distinción cualitativa estuvieron basados, paradójicamente, en criterios de causalidad. Así, por ejemplo, Feuerbach, a comienzos del siglo XIX, trataba de aislar al cómplice atribuyéndole una participación causal de menor entidad. Tales intentos estaban destinados al fracaso porque la causalidad responde a un código binario, es decir, se afirma o se niega, de modo que es incompatible con graduaciones dotadas de un mínimo de plausibilidad. La diferencia no puede estar en la causalidad; por el contrario, la causalidad respecto de la realización típica es algo que todos o la mayoría de los intervinientes tienen en común.

b) Teoría formal-objetiva

El surgimiento de la tipicidad como categoría de la imputación penal a fines del siglo XIX permitió formular un concepto de autor ajustado a ella, conforme al cual solo puede ser autor quien haya realizado de propia mano la conducta que el tipo penal describe (Beling).

Esta teoría se denomina *formal-objetiva*, porque atiende a la formalidad de la descripción típica. Tiene el mérito de que se ajusta muy bien a la idea de un concepto restrictivo de autor y, en esta medida, puede considerarse como un ideal desde el punto de vista de la garantía de legalidad. Su problema es que resulta, precisamente, demasiado restrictiva y por lo mismo fracasa en el tratamiento del *autor mediato*, es decir, de quien no realiza él mismo la conducta descrita en el tipo porque se sirve de otro para hacerlo, usándolo como instrumento, sea porque lo engaña, sea porque lo coacciona. Además, en muchos casos ni siquiera los coautores realizan la conducta formalmente descrita en el tipo, de modo que la teoría debe ajustarse en forma contraria a su programa para hacerse cargo de estas constelaciones.

La capacidad de rendimiento de la teoría formal-objetiva mejora si se la enriquece con la distinción analítica entre «acciones principales» y «acciones auxiliares», que depende de la descripción típica de la conducta. En el caso del homicidio, por ejemplo, esta descripción exige que el autor se encuentre en situación de omitir o ejecutar una acción capaz de producir la muerte de otra persona, o de no hacerlo. Quien facilita el arma (A) con la que otro (B) mata a la víctima no realiza una conducta que satisfaga esa condición de aplicación de la norma. Por eso, sería falso decir que la conducta de A «resulta alcanzada» por la prohibición de matar. La acción de A es meramente «auxiliar», miradas las cosas desde la prohibición de matar. La acción de B, en cambio, es «principal» desde el mismo punto de vista, pues B sería el único que estaría en condiciones de omitir o ejecutar una acción que se deja describir como producir la muerte de otro (Kindhäuser, Mañalich). Sin embargo, y dejando a un lado la cuestión de cuál es el contenido de la norma de conducta en el homicidio, resulta que es perfectamente posible ser coautor por la vía de facilitar los medios para ejecutar el hecho, pero sin tomar parte directa en él (art. 15 N° 3), siempre que esta contribución responda a una división del trabajo y haya sido determinante para la configuración concreta de la realización típica. Es decir, la distinción entre «acciones principales» y «acciones auxiliares» no lo logra superar los principales defectos de la teoría formal-objetiva, que confunde el objeto de la imputación (la realización del tipo) con su fundamento (la realización de una cierta clase de contribución al hecho).

c) Teoría subjetiva

En paralelo a la teoría formal-objetiva —y sobreviviéndola— se desarrolló la *teoría subjetiva* de la autoría, según la cual es autor aquel que ve y considera el hecho como propio; es decir, es autor —como explicaba von Buri— quien ostenta el *animus auctoris*. En cambio, es partícipe quien ve o contempla el hecho como ajeno.

La debilidad de este planteamiento radica en la dificultad para establecer quién ostenta el *animus auctoris* y, sobre todo, para resolver si quien realiza de propia mano la conducta descrita en el tipo podría sostener plausiblemente que careció de la voluntad de autor.

d) Teoría del interés

Precisamente para resolver las situaciones en que se presenta una eventual discrepancia entre el *animus auctoris* y la actuación de propia mano surgió la denominada *teoría del interés*, según la cual ostenta el *animus auctoris* quien tiene interés en la realización del hecho delictivo; quien carece de interés, en cambio, aunque realice con sus propias manos el hecho, no posee voluntad de autor. Esta teoría tuvo que hacer frente a duras críticas de parte de la doctrina en el «Caso de la tina de baño» (RGSt 74, 84):

> Una mujer que había dado a luz pidió a su hermana, que había venido a cuidarla, que ahogase al bebé nacido fuera del matrimonio en la tina de baño. Ante la insistencia de la madre, la tía dio muerte a la criatura.

En este caso, el Tribunal Imperial alemán siguió la teoría del interés y condenó a la madre como autora, y a la tía, como cómplice.

Pese a su aceptación en Alemania —donde el BGH la ha utilizado para resolver casos de alta complejidad como el caso Staschynskij (BGH, NJW 1954, 1374)—, en Chile la teoría subjetiva nunca ha tenido acogida.

e) Teorías objetivo-materiales: el dominio del hecho

Las teorías objetivo-materiales también hacen crecer el ámbito de la autoría en relación con la teoría objetivo-formal, pero ello ocurre en virtud de consideraciones objetivas. La más conocida de las teorías objetivo-materiales es la *teoría del dominio del hecho*, de aceptación ampliamente mayoritaria en la doctrina. Al menos desde la década de los '90 del siglo pasado, también los tribunales de justicia utilizan la nomenclatura de esta teoría y se ajustan con mayor o menor rigor a su contenido.

La teoría del dominio del hecho se debe a WELZEL en su formulación original, pero su desarrollo más conocido y detallado proviene de ROXIN en su ya clásica obra *Autoría y dominio del hecho*, publicada en numerosas ediciones a partir de 1963.

La teoría parte de una intuición fundamental, que es común a todas sus variantes: El centro del suceso —cuyo núcleo es una acción— es el autor, quien es, por lo mismo, la «figura central» del delito. A su alrededor giran los partícipes. Esta figura central es quien domina *fácticamente* el hecho, quien tiene en sus manos las riendas del suceso, quien puede decidir sobre la consumación del delito.

Esta intuición fundamental se aplica solo al *delito doloso de comisión*, y siempre que sea un delito «de dominio». Por tanto, la teoría del dominio del hecho, al menos en su versión clásica —*nota bene*: existen múltiples versiones de la teoría—, *no se aplica*:

- a los delitos imprudentes,
- a los delitos especiales de infracción de un deber (delitos «de autor»), ni
- a los delitos de omisión.

Conforme a la teoría del dominio del hecho, existen cuatro grandes constelaciones de autoría. En cada una de ellas, el carácter de «figura central» del delito se adquiere de un modo diferente: dominio de la acción, dominio de la voluntad, dominio funcional y dominio de la organización.

aa) Dominio de la acción

Es el que posee quien realiza de propia mano la totalidad del hecho. El agente domina fácticamente el hecho en cada instante y, por lo tanto, —salvo lo que se dirá en el apartado siguiente— él mismo es el autor. En una visión panorámica de la materia, esta forma de autoría no presenta dificultades mayores, pues responde al concepto clásico de la teoría formal-objetiva, enriquecida con la idea de dominio.

bb) Dominio de la voluntad

El dominio de la voluntad es el que caracteriza al *autor mediato*: quien se sirve de otro para cometer un delito, utilizándolo como instrumento. El autor mediato («hombre de atrás») no convence o persuade al ejecutor («hombre de adelante»), sino que lo instrumentaliza, y por eso el hecho se imputa al autor mediato y no al ejecutor. Por tanto, la autoría mediata no es una forma plural de intervención delictiva, sino de autoría en solitario.

La instrumentalización puede producirse de dos modos, en virtud de *coacción* o en virtud de *error*. En ambos casos, el actuar del ejecutor es deficitario desde el punto de vista de la imputación. El instrumento es tal porque está coaccionado, o bien, porque no conoce (o, según ROXIN, no conoce «plenamente») el alcance de lo que está haciendo. Para que haya autoría mediata se requiere, además de este actuar deficitario del instrumento, que el autor mediato sea competente por tal déficit o se sirva de él, es decir, que sea competente por su compensación.

La estructura de la autoría mediata es particularmente idónea para observar cómo funciona la imputación penal. Lo que externamente, en el plano natural, aparece como la obra de un sujeto, normativamente hablando es la obra de una persona diferente. Esta estructura de imputación alterna o diferida da lugar a una serie de particularidades —por ejemplo, la tentativa comienza para el autor mediato antes de que el instrumento dé inicio a la ejecución del delito por hechos directos— y representa un paradigma que se repite en la parte general (por ejemplo, en la estructura —no en la fenomenología— de la *actio libera in causa*) y en la parte especial (por ejemplo, la víctima de la estafa es instrumento del estafador, quien es el verdadero responsable del acto perjudicial que aquella materialmente ejecuta en su propio perjuicio).

El modo habitual de tratar los casos más relevantes de autoría mediata atiende a la categoría del delito en la cual se presenta el «déficit» del instrumento:

(1) Déficit a nivel de tipicidad

(a) Error de tipo (instrumento no doloso)

Caso 2. A entrega a B una pistola asegurándole que está cargada con balas de fogueo, y le pide que dé a C un susto con ella; en realidad, A sabe que el arma está cargada con balas de verdad. B dispara sobre C y lo mata.

Es el caso más típico de autoría mediata: el ejecutor desconoce que su conducta puede realizar los presupuestos de un hecho típico. Se encuentra, como veremos en su momento, en lo que la doctrina denomina como «error de tipo».

En esta constelación, son discutibles los casos en que el instrumento no conocía el potencial lesivo de su conducta, pero con algo de diligencia pudo haberlo conocido, es decir, aquellos casos en que el error de tipo era perfectamente vencible; el *Caso 2* ejemplifica esta situación.

(b) Error sobre la motivación

Caso 3 (según Roxin). La amante A, celosa de la esposa B, convence a esta de que elimine una «horrible» pintura de Kandinsky perteneciente a su marido C, y la sustituya por una pintura comprada en la feria libre (un «ciervo al amanecer»), con el argumento de que esto complacerá a C.

La mayoría de los autores sostiene que un error de esta clase es irrelevante; solo faltará el dolo respecto del perjuicio mayor, pero el hombre de adelante —en este caso, la «mujer» de adelante— responderá igualmente por delito de daños. Roxin afirma en cambio que en este caso hay un «error sobre el sentido de la acción», que permitiría castigar a A por la destrucción dolosa del Kandinsky.

Un problema análogo se presenta cuando el ejecutor yerra sobre la realización de un tipo cualificado y asume que solo se realiza la figura simple.

(c) El instrumento doloso, pero no cualificado

Caso 4. Un sujeto obligado a reportar una operación sospechosa a la Unidad de Análisis Financiero instiga a un no obligado para que destruya los documentos donde consta dicha operación.

El que tiene el deber especial —en el *Caso 4*, el sujeto obligado del art. 3° de la Ley N° 19.913— no ejecuta la conducta ilícita materialmente, sino que la ejecuta otra persona que no es sujeto no obligado, inducido por el primero: es un instrumento doloso, pero no cualificado. Se trata de una constelación muy discutida:

- Una opinión sostiene que la circunstancia de que el obligado esté vinculado por un deber especial no le confiere dominio sobre el hecho de otro que actúa en forma plenamente responsable. Existiría, así, un sujeto obligado que no puede ser autor porque no domina el hecho, y un dominador o dueño del hecho, pero que no es el sujeto obligado; en consecuencia, nadie sería punible.
- Otra opinión afirma que, en caso de no impedir el hecho, el obligado respondería por un delito de omisión impropia; luego, con mayor razón debe responder en calidad de autor si es que promueve el hecho o, más aún, ve la forma de que otro lo realice por él. En consecuencia, el hombre de atrás sería punible. El problema es que, en este caso, el dominio fáctico del hecho sería reemplazado por un «dominio social» o normativo, alejado de los postulados de la teoría.

(d) El instrumento doloso, pero sin el ánimo especial requerido por el tipo

Caso 5. Impulsado por B, quien además le proporciona un juego de llaves falsas y las indicaciones precisas para ejecutar el hecho, el joven A sustrae dolosamente una valiosa joya; lo hace sin ánimo de lucro, solo para complacer a B, quien sí tiene ánimo de lucro.

Hay unos pocos tipos penales que establecen exigencias especiales bajo la denominación de «ánimos» o «propósitos» del autor, como el «ánimo de lucro» en los delitos de hurto y robo. La pregunta es qué ocurre con el instrumento doloso respecto del cual no se puede afirmar que concurre el ánimo o tendencia especial requerida por el tipo. También se discute la solución:

- Una opinión sostiene que el dominio del hecho debe entenderse «normativamente» y que, por lo tanto, basta con que lo «aporte» la persona de atrás, que además es quien dirige decisivamente el suceso.
- La opinión contraria señala que el puro ánimo no puede conferir dominio del hecho, y que en estas constelaciones ni siquiera se da la situación de los deberes jurídicos especiales —responsabilidad en caso de omisión—, por lo que la persona de atrás, como mucho, puede ser inductora.

(2) Déficit a nivel de antijuridicidad

Puede haber autoría mediata cuando la persona de atrás es responsable de una situación en la que el ejecutor actúa justificado por el ordenamiento jurídico.

Caso 6. A hace una denuncia falsa de flagrancia que lleva a la detención de B por parte del policía C.

En el *Caso* 6, C actúa justificado, porque a él le basta en principio con el testimonio verosímil de la víctima para que su conducta se ajuste a derecho. Por lo tanto, A es autor mediato de la privación de libertad.

Caso 7. A genera para B un estado de necesidad que lo obliga a afectar los bienes de C.

En el *Caso* 7, B quedará justificado en la medida en que la situación de necesidad sea real y se cumplan los demás requisitos legales. A será, sin embargo, autor mediato del hecho típico en el cual consiste la intervención.

(3) Déficit en el plano de la culpabilidad

La apreciación de una autoría mediata en los casos en que el ejecutor actúa de un modo inculpable no tiene nada de trivial, porque según la doctrina de la «accesoriedad limitada» o media (es la posición mayoritaria: para que haya inducción o complicidad no se requiere que el hecho principal sea culpable), cuando el ejecutor actúa en forma típica y antijurídica, pero no culpable, la persona de atrás perfectamente podría ser castigada como inductora, con la misma pena del autor. Es decir, la construcción de una autoría mediata en estos casos no tiene por objeto asegurar la punibilidad o un cierto rango de penas, sino que parece responder únicamente a la «necesidad» de distinguir cualitativamente entre autor y partícipes. El inductor es, debe ser, «menos» que el autor.

Constelaciones posibles:

(a) El autor mediato se sirve de un niño o de alguien que padece una grave discapacidad psicosocial.
(b) El autor mediato se sirve de alguien privado totalmente de razón en forma transitoria: le da una droga, lo hipnotiza, etc.
(c) El autor mediato se sirve de quien se encuentra en un error invencible sobre la ilicitud del hecho, considerando permitido lo que en realidad está prohibido por el ordenamiento (el denominado «error de prohibición»).

Igual que en las hipótesis de error de tipo evitable, se discute qué ocurre cuando el hombre de atrás se sirve de quien se encuentra en un error evitable de prohibición; es decir, es efectivo que el ejecutor está en un error, y que el hombre de atrás se aprovecha de él, pero ese error era evitable:

- Una opinión minoritaria sostiene que, en estos casos, el ejecutor es responsable por su hecho, de modo que no procede apreciar una autoría mediata, sino solo una inducción de la persona de atrás.
- La opinión predominante sostiene, en cambio, que nada obsta a la autoría mediata, pues sigue siendo efectivo que, al momento de actuar, el ejecutor lo hizo sin conciencia actual de la ilicitud, conciencia que sí tenía la persona de atrás.

Posiblemente lo más adecuado es dividir el hecho en dos segmentos cuando ello sea posible, es decir, adoptar una solución análoga a la que también sería pertinente en los casos del ejecutor que sufre un error evitable de tipo, pero debe responder por la imprudencia. En consecuencia, habría responsabilidad propia del ejecutor por la imprudencia (con inducción de la persona de atrás al respecto) y, además, autoría mediata respecto del segmento del hecho afectado por un error invencible.

(d) El autor mediato se sirve de quien actúa en una situación de inexigibilidad como las que regula el art. 10 N° 9.

Esta hipótesis se encuentra expresamente regulada en el art. 15 N° 2, primer supuesto: «Los que fuerzan directamente a otro a ejecutarlo».

(e) Competencia por el error sobre los presupuestos fácticos de la justificación.

La persona de atrás es responsable de que el ejecutor se encuentre en error sobre la concurrencia de los presupuestos fácticos de una causa de justificación.

Caso 8. A le hace creer a B que C lo está atacando, en circunstancias que no es así. B repele a C y lo lesiona.

En las constelaciones que ejemplifica el *Caso 8* se discute si B sufre un error que excluye el dolo o uno que solo excluye la conciencia de la ilicitud. En la mayoría de los planteamientos, sin embargo, los efectos son idénticos en lo que respecta a la autoría mediata: A es autor mediato de las lesiones en C.

Como se puede advertir en esta breve revisión de las principales constelaciones de dominio de la voluntad, en los casos más discutidos las dificultades giran siempre en torno a la aplicación de lo que JAKOBS —siguiendo en esto a WELZEL— ha llamado *principio de responsabilidad*:

- Por un lado, se discute si basta con que la persona de atrás «sepa más» o esté «más tranquila» que el ejecutor, o si, por el contrario, la situación tiene que suprimir la «responsabilidad» del ejecutor. La posición de WELZEL consistía en distinguir entre el déficit de imputación debido a coacción y el déficit debido a error. Así, cuando la instrumentalización se debe a coacción, el criterio es muy claro: para que haya autoría mediata el instrumento debe estar exento de responsabilidad (por ejemplo, en virtud el art. 10 N° 9). En cambio, si el déficit del instrumento se debe a un error, podría bastar, para que haya autoría mediata, con que la persona de atrás «sepa más» que él (lo que ROXIN llama «error sobre el sentido de la acción»). Los fundamentos de este trato diferenciado no son claros.
- Por otra parte, no basta con que concurra un déficit de imputación en el ejecutor. Además, el hombre de atrás debe ser competente por la actuación deficitaria (sea porque ha provocado el déficit, sea porque lo aprovecha teniendo el deber de compensarlo).

Considere por último el siguiente caso, propuesto por NOWAKOWSKI. El arrendador se encuentra un día en la sala de estar junto con su arrendataria y el bebé de esta, que está enfermo y llora sin parar. La arrendataria es extremadamente corta de vista y le pide al arrendador que le alcance «aquella botella», asumiendo para sí que contiene el remedio que pretende mezclar con la leche para el bebé. El arrendador advierte, sin embargo, que la botella señalada contiene un potente veneno. No obstante ello, se la alcanza a la mujer, quien vierte el contenido en la leche y se la suministra al niño.

cc) *Dominio funcional*

Volvamos ahora al *Caso 1*, en que:

A influye sobre B y C para que estos cometan un robo que, de no mediar dicha influencia, no cometerían. Con este fin, D facilita un arma de su propiedad, de la que B se sirve para apuntar a la víctima, mientras C le arrebata la billetera.

El tipo del robo con intimidación define una conducta consistente en intimidar a una persona para apropiarse de algo que ella tiene en su esfera de custodia. La diferencia con el hurto radica en que en este no existe violencia o intimidación en las personas, ni fuerza en las cosas. En nuestro caso, B apunta a la víctima con el arma, mientras C le arrebata la billetera: ¿Por qué no decimos entonces que B es responsable de unas amenazas y C, de un hurto? ¿Qué nos autoriza a hacerlos a ambos responsables de un robo, que es además un delito mucho más grave que los dos anteriores? En definitiva: ¿Qué nos permite atribuir a B lo que hace C, y a C, lo que hace B?

La respuesta que la teoría del dominio del hecho da a esta pregunta es que ambos dominan ese hecho «funcionalmente». Esto significa que, a pesar de que el coautor no realiza (o al menos, no realiza por completo) la acción típica según prescribe el texto de la ley, adquiere el dominio sobre el hecho —y de esta forma se convierte en figura central del delito— en razón de que su aporte, durante la etapa de ejecución, puede ser considerado como «indispensable» para la realización del tipo, según una ponderación judicial de las circunstancias.

En palabras de Roxin, «el dominio del hecho del coautor descansa (...) en que él, a través del dominio de su parte, domina al mismo tiempo el hecho total». Así, debido a la dependencia recíproca de los aportes al hecho, se le imputa a B el despojo y a C, la amenaza.

(1) Requisitos de la coautoría

La Corte Suprema y algunos autores han caracterizado el dominio del coautor afirmando que dispone de un «poder de evitación», de modo que, si retira su aporte, el hecho ya no se puede realizar o pasa a ser otro hecho distinto; en otras palabras, el coautor tiene un «dominio negativo» del hecho:

> «El aporte del coautor es imprescindible o, a lo menos, difícilmente reemplazable, circunstancia que le otorga capacidad de decisión acerca de la no consumación del ilícito. Su aporte no puede ser eficientemente reemplazado y, al menos, importará una necesaria y quizá irrevocable postergación del hecho planeado. Es por ello por lo que este último tiene, en conjunto con el resto de los autores, un dominio funcional del hecho» (SCS 14.IX.1999, Rol N° 2607-1999).

Sin embargo, es evidente que un dominio así también podría tenerlo el inductor e incluso el cómplice, sin que por ello pasen a ser coautores: aunque el arma sea indispensable para el robo, no por eso el que se limita a conseguirla pasa a dominar la ejecución del hecho mismo. Por lo tanto, una teoría coherente del dominio del hecho debe insistir siempre en que los aportes tienen que ser prestados *en la fase de ejecución* del delito para que puedan llegar a fundamentar coautoría. Así surge el primer requisito de la coautoría según la teoría del dominio del hecho, la ejecución conjunta.

(a) La ejecución conjunta del hecho típico

- En principio, es indispensable que el coautor se halle presente en el lugar del hecho. Solo excepcionalmente podría bastar con una función como «central de comandos», en la medida en que desde allí se dirija paso a paso, y en tiempo real, la ejecución.
- Por otro lado, no todo aquel que está presente en el lugar del hecho es, por esa sola circunstancia, coautor: A su aporte debe corresponder de tal manera una función autónoma en el marco del plan, que el interviniente, mediante la sola abstención de realizar su aporte, sea capaz impedir el hecho (Rudolphi).

El carácter «indispensable» de los aportes (según una ponderación judicial, no en sentido causal) y el hecho de que deban prestarse en la etapa de ejecución del delito constituyen el salto cualitativo que, según esta doctrina, distingue la autoría de la participación.

Pero también, y en segundo lugar, se requiere que exista una *resolución común orientada a la ejecución*, y que sea adoptada por todos los coautores. En palabras de Roxin: «Ya que los coautores dependen recíprocamente los unos de los otros, deben estar necesariamente de acuerdo para poder actuar en conjunto». Así surge el segundo requisito de la coautoría, la decisión común.

(b) La decisión común de ejecutar el hecho típico

La coautoría exige el acuerdo recíproco, basado en un querer común, de ejecutar un determinado hecho, actuando en conjunto y mediando división del trabajo. La división de trabajo es, precisamente, la clave de la coautoría. De hecho, el dominio funcional (el poder decidir sobre la no consumación) existe *porque* hay división del trabajo, de modo que unos dependen de lo que hagan los otros. El «plan delictivo» es el reflejo, la expresión más gráfica, de esta decisión común de ejecutarlo. No basta pues, según esta teoría, con actuar de consuno: debe haber al menos una especie de plan, y siempre, división del trabajo.

La exigencia de una decisión común de ejecutar el hecho tiene las siguientes consecuencias:

- Primero, que el desconocimiento unilateral del carácter conjunto de la actuación excluye la coautoría respecto de quien lo padece: no puede ser coautor quien no sabe que forma parte de un proceso ejecutado con división del trabajo. Si un interviniente desconoce que está actuando con otros, que su aporte se inserta en un conjunto del cual también forman parte otros aportes, ese desconocimiento impide que haya coautoría a su respecto.
- Segundo, que puede existir un «exceso» por parte de uno o más de los agentes respecto del acuerdo común. Si uno o más de los intervinientes va más allá del contenido del plan, excediendo el marco de la decisión común, no se imputará a los demás lo que forme parte de este exceso. Por ejemplo, si el acuerdo solo se extendía al hecho de portar armas para defenderse en caso necesario, pero sin atacar a nadie con ellas, el interviniente que hace un uso ofensivo del arma incurre en un exceso no imputable a los demás.
- Por último, que se excluye también la así llamada *coautoría sucesiva*. En el *Caso 1*, los actos son más o menos simultáneos; pero, ¿qué ocurre si O golpea a la víctima V y solo luego aparece P, quien propone quitarle el dinero y los otros objetos de valor que V lleva consigo? ¿Comete P un robo (y no un hurto)? Según la jurisprudencia prácticamente unánime, P asumiría «en su voluntad» lo ya realizado y cometería un robo, aunque no haya participado de la violencia previa; es decir, para la jurisprudencia sí sería posible la coautoría sucesiva. Esta solución resulta, sin embargo, incoherente con la teoría del dominio del hecho (se diferencia de lo que ocurre en el caso de la complicidad sucesiva que, como se verá, sí es posible).

(2) Problemas relativos a la coautoría

Algunos problemas que plantea la coautoría son los siguientes:

(a) Comienzo de la tentativa

Existen básicamente dos posiciones al respecto. Conforme a la *solución generalizadora* (doctrina mayoritaria), la tentativa comienza para todos los coautores al mismo tiempo, esto es, en el momento en que uno de ellos inicia la ejecución del delito por hechos directos. Roxin, en cambio, plantea una *solución individualizadora*, según la cual la tentativa comienza para cada coautor en un momento distinto, concretamente, cuando él mismo, con su conducta, realiza una acción u omisión que puede considerarse como principio de ejecución. Esta última solución parece más coherente con el dominio del hecho, pues si el autor es el que ostenta el dominio fáctico del hecho, ¿en qué sentido puede tener el dominio fáctico alguien que, por ejemplo, ni siquiera ha arribado al lugar en que el hecho ha empezado a cometerse?

(b) El caso del «loro»

El «loro» es quien cumple la tarea de vigilar para avisar oportunamente a los demás si viene la policía o alguien que pudiera obstaculizar la consumación. Generalmente se queda afuera del lugar en que se va a cometer el delito y su aviso o señal tiene por objeto hacer posible la huida oportuna. ¿Tiene también el loro el dominio del hecho? ¿Lo tiene solo si es que le toca intervenir? Para Roxin, el loro siempre —o casi siempre— será coautor, porque cumple una función autónoma e indispensable durante la fase de ejecución. Para otros autores —también partidarios de la teoría del dominio del hecho, como Bloy—, el loro nunca será coautor, pues al quedarse afuera del lugar en que se ejecuta la conducta típica entrega a los otros las riendas del hecho mismo; como mucho, podría ser cómplice.

(c) El caso del jefe de la banda

El problema del jefe de la banda dice relación con quien organiza la comisión del delito hasta sus más mínimos detalles (recluta al personal, planifica en detalle el hecho, consigue el financiamiento, determina la víctima, el día, lugar y hora de comisión, etc.), pero que el día señalado despacha a los ejecutores y espera en su escondite a que le traigan el botín. Para Roxin, esta figura nunca puede ser coautor, porque le falta el requisito de la ejecución conjunta. En cambio para Welzel, así como para la jurisprudencia en general, el jefe de la banda puede ser coautor, pues la falta de intervención directa en la ejecución resultaría compensada por una intervención muy intensa en la etapa de los actos preparatorios.

(d) El caso de aquel cuya presencia es subjetivamente necesaria

Hay casos en que quien ha de ejecutar considera como condición *sine qua non* de la ejecución la presencia de una tercera persona en el lugar del hecho. Aunque la presencia de esta persona no es objetivamente necesaria para la ejecución, sí lo es desde el punto de vista subjetivo del ejecutor: ¿Basta esta «necesidad subjetiva» para fundar dominio del hecho en quien ha de estar presente?

dd) Dominio de la organización

Las anteriores formas de aparición del dominio del hecho no están en condiciones de ofrecer una solución aceptable para un caso como el de Eichmann, criminal de guerra que fue juzgado en 1961 en Jerusalén. Eichmann nunca estuvo en un campo de concentración nazi y, sin embargo, desde la distancia ordenaba las ejecuciones masivas de prisioneros judíos.

Según la teoría del dominio del hecho, en un caso así no podría haber coautoría, pues falta la ejecución conjunta. Por otra parte, la inducción queda descartada, pues la teoría del dominio del hecho se basa en la existencia de una diferencia cualitativa entre el autor y los partícipes, donde los partícipes son figuras esencialmente secundarias. Finalmente, tampoco puede considerarse que el sujeto sea autor mediato, puesto que aquellos que reciben las órdenes no son meros instrumentos, sino que actúan autorresponsablemente.

La única solución posible para un caso como este pasaba entonces por encontrar una figura que es, en realidad, una especie de contradicción en los términos: un «autor detrás del autor». A pesar —o, si se quiere, en contra— de la idea de autorresponsabilidad y de la prohibición de regreso, Roxin y F.-C. Schroeder creen poder hablar de un «autor detrás del autor» cuando se dan básicamente dos requisitos:

- un poder de mando efectivo en una organización jerárquica, sin importar la existencia de una cadena de mando, y
- fungibilidad o «sustituibilidad» indefinida de los ejecutores materiales, de modo que si uno de ellos no está dispuesto a ejecutar el hecho, de inmediato puede ser reemplazado por otro.

Si se dan ambos requisitos, se produce una situación en la que quien está al frente de la organización puede confiar en que este «aparato organizado de poder», esta organización que funciona en forma casi automática, va a encargarse de la realización del hecho si él da la orden. Con otras palabras, el jefe del aparato puede estar seguro de la obtención del resultado sin necesidad de «mancharse las manos», lo cual sería característico de la autoría mediata.

Además de los dos requisitos anteriores, la teoría agrega dos elementos «limitativos»:

- La organización criminal tiene que encontrarse, como un todo, separada o disociada de la legalidad. No basta que realice algunas actividades ilegales, sino que debe tratarse de «un todo ilegal», de una especie de «Estado dentro del Estado». Por eso, ROXIN siempre ha rechazado la aplicación de esta forma de autoría a las organizaciones empresariales desde las cuales se realizan actividades lícitas y se cometen también delitos.
- Consecuencia de todo lo anterior es una especial disposición psicológica de los ejecutores a delinquir, que se encontraría presente en un grado muy superior a lo que sería posible observar en otras organizaciones. Este último es un elemento que ROXIN ha agregado y eliminado alternativamente.

A la figura del dominio de la organización se pueden dirigir abundantes críticas. Como su nombre lo indica, el dominio de la organización ya no es un dominio del hecho, ni siquiera a través de un instrumento irresponsable, sino el *dominio de una parte del contexto* en el cual el hecho es realizado en forma completa por otro sujeto autorresponsable. Con esta figura, se echa por la borda el principal mérito de la teoría del dominio del hecho, que consiste precisamente en distinguir los casos en que alguien tiene las riendas del hecho de aquellos en que debe abandonar esas riendas en manos de un tercero. Es muy extraño, por ejemplo, que se exija la presencia en el lugar de la ejecución para aceptar la coautoría, pero que luego se acepte una forma simbólicamente más intensa de autoría —el señor del aparato organizado es a fin de cuentas «el» señor del hecho— renunciando no solo a esa presencia, sino a cualquier clase de intervención en la fase ejecutiva.

La Corte Suprema chilena utilizó esta figura en alguno de los capítulos de la extradición del expresidente peruano Alberto Fujimori, y la ha utilizado con frecuencia respecto de hechos delictivos cometidos durante el régimen militar por efectivos de organismos de inteligencia y unidades especiales integradas por miembros de las fuerzas armadas y de orden.

ee) Casos en que no se aplica la teoría del dominio del hecho

Las cuatro modalidades de autoría que hemos revisado someramente son las que, según la teoría del dominio del hecho, llenan de contenido el «concepto restrictivo de autor» en los delitos dolosos de comisión que no son de infracción de un deber.

¿Qué ocurre en los demás casos?

(1) Delitos culposos o imprudentes

En los delitos culposos, la doctrina ampliamente dominante aplica un concepto unitario de autor de base causal. Todos los que causan imprudentemente el resultado son autores, y lo son uno junto al otro: se habla de una «autoría accesoria» (término desafortunado, porque el concepto unitario *de autor* es por definición incompatible con la accesoriedad en la intervención delictiva) o «autoría paralela». Por lo tanto, todos los causantes son igualmente autores y no existe la coautoría ni otras formas de intervención delictiva.

Uno de los grandes problemas de esta concepción unitaria de autor de base causal es que exige fundamentar, respecto de cada uno de los agentes, la concurrencia de todos los presupuestos de la punibilidad. Esto es particularmente complejo, por ejemplo, en los accidentes donde concurre la negligencia de muchas personas, donde es prácticamente imposible sostener que la conducta contraria a deber de cada persona explica suficientemente el resultado causal. Si se rechaza la intervención delictiva en estas constelaciones, se torna imposible considerar todas las conductas e infracciones como partes de un «hecho total» imputable a un conjunto de personas. La única forma de hacer esto pasa por la construcción de una relación de intervención delictiva, justamente aquello que —según la doctrina mayoritaria— no sería posible en los delitos imprudentes.

(2) Delitos especiales de infracción de deber

En los delitos especiales «de autor» o «delitos de infracción de un deber», la autoría viene definida por la infracción de un deber especial, de modo que todos quienes no son destinatarios de las normas que establecen este deber y, sin embargo, intervienen en el hecho, solo pueden ser partícipes.

En Chile, tanto la doctrina como la jurisprudencia mayoritarias son más bien reticentes respecto de la categoría de los «delitos de infracción de un deber». Pero como el problema subsiste e incluso resulta agravado por la creación de «delitos especiales» sin que el legislador provea al mismo tiempo una solución para el tratamiento de los intervinientes no cualificados, se plantea en su lugar un modelo de consecuencias azarosas, que veremos a propósito del problema de la «comunicabilidad» al estudiar la participación.

(3) Delitos omisivos

Los delitos de omisión, al menos en la versión tradicional de la teoría del dominio del hecho, reciben el mismo tratamiento que los delitos especiales de infracción de un deber: solo es autor quien tiene el deber especial («extrapenal», dice ROXIN) de actuar.

Otras versiones de la teoría sostienen, sin embargo, que también puede haber dominio del hecho en los delitos de omisión, concretamente, cuando la persona tiene el «dominio sobre la causa del resultado típico»: domina el hecho aquel que puede evitar o eliminar la causa que del resultado (SCHÜNEMANN).

3. La participación

Aparte de los autores, el ordenamiento jurídico conoce a los *partícipes*, que en las categorías de la teoría del dominio son todos quienes intervienen en el hecho sin dominarlo. Son partícipes los *inductores* y los *cómplices* (en el *Caso 1*: A y D). Ellos son responsables por el hecho ajeno —el «hecho principal», dominado por el autor—, cuando realizan conductas que la ley define como inducción o complicidad. El fundamento de esta participación sería el *principio de accesoriedad*, que la doctrina mayoritaria suele concebir en términos fundamentalmente subjetivos, como exteriorización de una «solidaridad» con el autor, incluyendo en esta idea el incremento en la probabilidad de lesión del bien jurídico que provocaría esa manifestación de solidaridad (SCHUMANN).

a) Cuestiones previas

Antes de considerar con algo más de detalle cada una de estas figuras, es preciso detenerse en un par de aspectos comunes a todos los partícipes:

aa) Accesoriedad cuantitativa

Se refiere a las características que debe revestir el «hecho principal» para que pueda existir intervención delictiva. Al respecto, hay amplio acuerdo en el sentido de que ha de regir la denominada *accesoriedad media*. Esto significa:

- Que no es necesario que el hecho principal sea culpable, sino que basta con que ese hecho sea típico y antijurídico. Por ejemplo, si una persona que la ley considera «loco o demente» da muerte a un tercero con la ayuda de una persona imputable, el que lo ayuda será cómplice del delito de

homicidio, aunque el inimputable no vaya a ser sancionado como autor de ese delito porque no ha actuado culpablemente. Las alternativas a esta concepción mayoritaria son: (i) la *accesoriedad mínima*, donde basta la existencia de un hecho típico para que pueda haber inducción y complicidad, y (ii) la *accesoriedad máxima*: para que pueda haber intervención delictiva, el hecho principal debe ser típico, antijurídico y culpable.
- Que es perfectamente posible ser partícipe en un delito que no se ha consumado, sino que solo ha alcanzado el estadio de tentativa.

En el ordenamiento jurídico chileno hay dos delitos de peligro contra la vida donde las respectivas definiciones de las conductas típicas coinciden al menos semánticamente con las de la complicidad y la inducción —el auxilio al suicidio (art. 393) y la inducción al suicidio (art. 393 bis)—, pero donde el «hecho principal», la causación de su propia muerte por parte del suicida, es atípica. Por eso, en ambos casos se trata en realidad de *delicta sui generis* y no de formas de participación en el suicidio de otro, sin perjuicio de que para su interpretación pueda echarse mano de argumentos y desarrollos dogmáticos elaborados a propósito de las formas de participación. Ambas figuras, inexistentes en el derecho comparado, dan cuenta no solo de la importancia que la ley confiere a la vida humana, sino de la relevancia social y no solo individual que le atribuye a su preservación.

bb) Accesoriedad cualitativa

La expresión «accesoriedad cualitativa» alude a un problema específico de los delitos especiales, de sujeto activo cualificado. La pregunta es si tal cualificación se extiende o no a todos los intervinientes por el hecho de serlo, de modo que todos han de ser castigados por el mismo delito o debido al mismo «título de imputación». Las consecuencias de la decisión son importantes y por ello es llamativo que ni la ley, ni la doctrina ni la jurisprudencia proporcionen una solución unitaria respecto del tratamiento de esta cuestión. La discusión puede resumirse de la siguiente manera.

La única regla del Código Penal que aparentemente guarda alguna relación con la problemática es el art. 64 inc. 1°, que establece un sistema de incomunicabilidad extrema de aquellas circunstancias *modificatorias* de la responsabilidad penal que la doctrina llama «personales» y que consisten, por ejemplo, en las relaciones particulares del delincuente con el ofendido (como una vinculación jurídica especial de parentesco, subordinación, etc.). Entonces:

- Grisolía y otros autores (Bunster, Ossandón, Cury) se inclinan, al menos respecto de ciertos delitos, por aplicar analógicamente el precepto a las cualificaciones personales que constituyen elementos integrantes del tipo penal. Luego, no hay comunicabilidad.
- En el otro extremo, Novoa y Garrido afirman una comunicabilidad plena de las cualificaciones personales al estilo del art. 64 inc. 2°, es decir, siempre que tales cualificaciones hayan sido conocidas por los intervinientes antes o en el momento de la acción o de su cooperación para el delito.
- Etcheberry —y, con él, buena parte de la jurisprudencia y una doctrina que podría calificarse de dominante (Hernández-Código Penal)—, se inclina por una solución mixta en los siguientes términos: Cuando se trata de circunstancias propiamente tales, es decir, de elementos accidentales al hecho que califican o privilegian una figura que existe con independencia de su concurrencia (delitos especiales impropios), se aplica por analogía la norma del art. 64 inc. 1° (incomunicabilidad) y se castiga a cada interviniente según el título de imputación que le corresponde. Si, en cambio, la calidad personal es un elemento constitutivo del delito, forma parte de su «substancia» en el sentido de que sin ella el hecho no constituye delito alguno (delitos especiales propios), entonces dicha cualidad personal se comunica a los intervinientes, precisamente para evitar una posible «laguna de punibilidad», ya que de otro modo la conducta del sujeto no cualificado resultaría impune.

El planteamiento mayoritario conduce, entonces, en los delitos especiales impropios, a que los intervinientes en quienes no concurre la cualificación sean sancionados conforme al tipo penal «base» o delito común, tal como se verificaría con independencia de la concurrencia de cualquier cualificación personal en uno de los intervinientes. Tratándose de delitos especiales propios, en cambio, se aplica a todos los partícipes la única figura que entraría en consideración, el delito especial (Matus/Ramírez).

Aunque presenta dos ventajas innegables —preserva una aparente armonía con las reglas del art. 64 y previene «lagunas de punibilidad»—, esta solución es valorativamente insatisfactoria, pues justo en los casos en que la ley atiende en forma absoluta al estatus del sujeto activo especial o *intraneus*, de modo que, en ausencia de tal estatus, el hecho ni siquiera es punible, se termina castigando al *extraneus* siempre y en forma más intensa que en los casos en los que la cualificación personal constituye solamente una circunstancia agravante. La solución arroja de un golpe al ciudadano corriente a una situación cualificada de deber y lo nivela con el *intraneus* (*v. gr.* con el juez que prevarica o con funcionario público que malversa fondos a su cargo).

Por contraste, quienes han desarrollado la teoría de los delitos de infracción de un deber (ROXIN, SÁNCHEZ-VERA, JAKOBS) conciben una parte de los delitos especiales —un subconjunto que coincide ampliamente con el de los delitos especiales propios— como infracciones de un deber personalísimo de carácter positivo o institucional, es decir, de un deber que va más allá de las exigencias mínimas del *neminem laedere*. La consecuencia inmediata de ello es que, en estos delitos, la accesoriedad no cumple función alguna, pues cada obligado se enfrenta solo con su propio deber. Los delitos especiales propios conocerían, por ello, únicamente el actuar en solitario y no el actuar conjunto o intervención delictiva, como modelo de imputación, en los casos de concurrencia de varias personas en el hecho.

En cualquier caso, la falta de una norma expresa sobre estas situaciones en el Código Penal conduce a que, conforme a la doctrina dominante, el *extraneus*:

- sea tratado en forma demasiado severa en el delito especial propio (se le aplica el marco penal del delito especial) y, por el contrario,
- sea tratado en forma demasiado benigna en el delito especial impropio (se le aplica simplemente la pena del delito común, sin considerar el desvalor adicional que implica contribuir a la violación del deber especial).

cc) ¿Convergencia?

La jurisprudencia mayoritaria y algunos autores —especialmente, los finalistas— insisten en que, para que exista intervención delictiva, debe existir una convergencia subjetiva entre los intervinientes, incluidos los partícipes: una especie de «dolo» de colaborar a la causa común. Esto lleva a exigir una especie de «doble dolo» en el inductor y en el cómplice.

En términos prácticos, lo anterior significa negar la posibilidad de una participación culposa, lo cual coincide con la opinión dominante en cuanto a que, en materia de imprudencia, no hay intervención delictiva sino solo autorías paralelas (concepto unitario de autor). Sin embargo, como acertadamente observan MATUS/RAMÍREZ y NAVAS, a diferencia de lo que ocurre en otros países la legislación chilena no exige que el «hecho principal» sea doloso, mientras que, por otro lado, es perfectamente posible que alguien colabore dolosa o imprudentemente con el hecho imprudente de un tercero.

Así, por ejemplo, cuando el dueño D de un arma la deja cargada y al alcance de otra persona P, quien —como era previsible— la utiliza en forma inadecuada y produce la muerte de otro (O). En estos casos, la responsabilidad se extenderá solo a lo que los intervinientes han organizado conjuntamente; el fundamento y límites de esa organización conjunta es, en primer lugar, un asunto de la imputación objetiva de conductas. Una vez que se ha delimitado el hecho por el que se responde conjuntamente, este se atribuirá subjetivamente a cada uno conforme a su propia forma de evitabilidad individual. En el caso del ejemplo, D responde como autor del homicidio imprudente y P, como cómplice.

b) El inductor

El derecho positivo de casi todos los países es muy escueto al momento de caracterizar la inducción —por lo general, solo se habla de «inducir» a otro a cometer un delito (así también el art. 15 N° 2)—, de modo que las definiciones principales han sido elaboradas por la doctrina.

aa) Requisitos

Los requisitos de la inducción, según la doctrina común, son dos:

(1) Un hecho principal

Este hecho debe haber alcanzado al menos el estadio de la tentativa. Para la opinión ampliamente predominante, el hecho principal también debe ser doloso.

(2) Una conducta inductiva

En segundo lugar, tiene que haber una conducta inductiva, que se define generalmente como la que consiste en «crear en el inducido el propósito de cometer un hecho típico y antijurídico concreto y determinado». La mayor parte de la discusión se centra en este elemento.

bb) Algunos problemas relativos a la inducción

(1) Inducción indirecta

¿Cabe la inducción indirecta? Por ejemplo, ¿se puede inducir a otro a través de un tercero que actúa de buena fe? ¿Es posible una inducción en cadena?

En Chile hay que considerar al menos una restricción de derecho positivo en el art. 15 N° 2, que se refiere a los que «inducen *directamente* a otro» a cometer el delito. Sin embargo esta regla, que también sirve para sostener que la inducción deber ser hecha a persona determinada, no puede tener como efecto la exclusión de la inducción cuando esta se realiza a través de intermediarios. Si el sujeto, en lugar de acudir a un sicario determinado, acude a una «agencia» de asesinos a sueldo, no por eso deja de ser inductor del homicidio que cometa alguno de los pistoleros de turno. El carácter directo que, de acuerdo con la ley, ha de tener la inducción, corresponde más bien a la exigencia de que el encargo del inductor sea suficientemente explícito en cuanto a que la comisión del delito es el objetivo de tal encargo o el medio necesario para alcanzarlo.

(2) Grado de influencia necesario

¿Qué nivel o grado de influencia debe ejercer el inductor sobre el inducido para que se pueda hablar de una inducción punible? ¿Basta con que el inductor dé al inducido la idea de cometer el delito, o se requiere más que eso?

- Según la opinión mayoritaria en Chile y en el derecho comparado, basta cualquier tipo de influjo sobre el inducido; ni siquiera es necesario que el inducido se percate de la influencia. La inducción podría realizarse incluso generando condiciones objetivas que provoquen a la realización del hecho como, por ejemplo, cuando se deja preparado un instrumento particularmente idóneo para cometer el delito a una persona que se supone podría estar inclinada a utilizarlo.
- Las opiniones más restrictivas exigen, en cambio, el dominio del hecho del inductor en la etapa de su planificación (Schulz); un «pacto de injusto» (Puppe), o una formación de la voluntad del inducido en dependencia de la voluntad del inductor (Jakobs).

Considerando, por un lado, la magnitud de la pena asignada en la ley para el inductor y, por otro, el hecho de que la comisión del delito está mediada por la autorresponsabilidad del inducido, solo parece razonable exigir un alto nivel de dependencia de la voluntad del inducido respecto de la voluntad del inductor, al borde de la autoría mediata; en los demás casos, solo habrá complicidad intelectual.

(3) *¿Inducción al* omnimodo facturus?

Hay acuerdo en que no se puede inducir a quien que ya tiene el propósito de cometer el delito, el *omnimodo facturus*. Pero la situación es más discutible si:

- el sujeto se encuentra solamente «inclinado», pero no resuelto a cometer el hecho; en general, se acepta inducción en este caso;
- el inductor cambia el propósito ya decidido (por ejemplo, A quiere golpear a B, y C lo incita a que, una vez que lo haya golpeado, le arrebate la billetera). También se suele aceptar la inducción, pero ¿qué ocurre si el cambio de resolución beneficia a la víctima?; y
- en los tipos penales que admiten graduaciones, cuando el inductor mueve al que ya se ha decidido por una forma más leve a que realice una más grave. En general, también se acepta en estos casos la inducción, pero con muchas discrepancias a favor de una simple complicidad.

(4) *El dolo del inductor*

El inductor debe obrar con dolo de consumación del hecho; por eso, no es punible el llamado *agent provocateur*, un agente encubierto que solo condiciona la realización de una tentativa inidónea destinada a aprehender *in fraganti* a los inducidos. Según una opinión minoritaria sostenida por Politoff, sin embargo, el provocador únicamente sería impune cuando el provocado en realidad era un *omnimodo facturus*; en los demás casos, habría inducción (a la tentativa) y, por lo tanto, solo una disposición legal expresa en contrario permitiría excluir la tipicidad. Una disposición como esta existe *v. gr.* en el inciso final del art. 23 de la Ley N° 20.000.

Por otro lado, el dolo del inductor marcaría el límite del hecho que le sería imputable ante posibles excesos del inducido. Un problema más complejo y discutido es si pueden imputarse al inductor —y en su caso, hasta qué punto— las consecuencias de los errores que cometa el inducido en la ejecución del hecho. Probablemente la respuesta es diferenciada y debe encontrarse caso a caso según el grado de detalle con el cual el inductor ha determinado la ejecución. Esto puede valer también para los casos en que el error del inducido es típicamente irrelevante, como el error *in persona vel obiecto*. Con el argumento del «baño de sangre», Roxin ha mostrado que el inductor no puede ser responsable en todo caso de los errores del inducido, pues sería absurdo que, si este se equivoca una y otra vez respecto de la víctima, el inductor de un homicidio tenga que responder junto con él por la masacre consiguiente.

(5) Inducción por omisión

Es perfectamente posible la inducción por omisión y se trata conforme a las reglas generales (creación de un riesgo, obligación de sacar de un error, etc.).

cc) Punibilidad de la inducción

La pena del inductor es la misma que corresponde al autor (art. 15 N° 2). En Chile solo es punible la inducción cuando resulta, es decir, cuando el inducido llega a realizar al menos una tentativa: no existe la tentativa de inducción. La *proposición para delinquir* del art. 8° se sanciona solo en casos muy excepcionales (*v. gr.* terrorismo, tráfico de drogas).

c) El cómplice

Cómplice es el que coopera a la realización del hecho. El art. 16 define a los cómplices como «los que, no hallándose comprendidos en el artículo anterior [que señala quiénes se consideran autores], cooperan a la ejecución del hecho por actos anteriores o simultáneos». La referencia a los actos anteriores o simultáneos es conveniente para la praxis, pero teóricamente superflua: una vez que el hecho está consumado, ya no se puede intervenir en él. Por eso, los encubridores (que ayudan, por ejemplo, a aprovecharse del botín), no son intervinientes en el hecho; ellos cometen un delito distinto, contra la administración de justicia —además, en su caso faltaría la accesoriedad cuantitativa media, porque no existe el «autoencubrimiento».

aa) Requisitos de la complicidad

(1) Un hecho principal

Tal como en el caso de la inducción, el hecho principal debe haber alcanzado al menos el estadio de la tentativa. Para la doctrina mayoritaria, el hecho principal también debe ser doloso.

(2) Una conducta de complicidad

La definición de la conducta es muy problemática, entre otras razones, pues enfrenta el desafío de distinguirla de aquella que realiza un coautor. Hay que recordar que, conforme a la doctrina dominante, además, entre cómplices y coautores existiría una diferencia cualitativa y no simplemente de grados.

La ayuda que presta el cómplice puede ser de índole material o intelectual; según esto, se distingue:

- una complicidad material, consistente en la aportación de medios materiales para la ejecución del delito. A diferencia de la coautoría, en la complicidad no es necesario que el autor sepa siquiera de la ayuda que le está prestando el cómplice material;
- una complicidad intelectual, consistente en informaciones, consejos, asistencia —por ejemplo, de carácter técnico— sobre la manera de abrir un sistema, de ocultar una operación contable, etc.

Se discute si la complicidad intelectual podría consistir únicamente en reforzar y apoyar la decisión delictiva del autor. En general, se acepta la imputación de complicidad, pero siempre que esta contribución inmaterial sea de entidad considerable, es decir, debe estar más cerca de «remover barreras mentales» que de simplemente aprobar el hecho. ¿Qué ocurre, más específicamente, cuando el concurso del «cómplice» consiste en su mera presencia, pero ella es determinante para que el autor se decida a actuar? Históricamente se ha respondido en forma muy variada esta pregunta, desde quienes consideran a duras penas una mera complicidad hasta quienes afirman una coautoría.

bb) Algunos problemas relativos a la complicidad

(1) «Causalidad» de la complicidad

Variante del Caso 1. D entrega a B el arma para el robo, pero este finalmente usa otra arma de su propiedad.

Se discute si el aporte del cómplice deber ser causal respecto de la producción del resultado (en la Variante, D no sería cómplice material) o si, en cambio, basta que el cómplice fomente el hecho de cualquier manera (en la Variante, D sería cómplice material):

- la jurisprudencia alemana sigue la tesis del «favorecimiento del hecho» en cualquier etapa de su desarrollo, incluida la planificación;
- la doctrina predominante, en cambio, señala que el aporte debe haber posibilitado, facilitado, intensificado, o bien, asegurado la realización típica de un modo efectivo. No se exige que se acredite la «causalidad» del aporte respecto del resultado en el sentido de la teoría de la *equivalencia de las condiciones*, pero sí un aumento del riesgo de realización del

tipo. A causa de esta última afirmación, en definitiva, esta posición y la anterior no se encuentran tan distantes entre sí.

- En Chile, las Actas de la Comisión Redactora del Código Penal son muy claras en orden a exigir «causalidad» del aporte respecto de la realización típica —específicamente, respecto de la producción del resultado—, lo que permitiría abogar por un criterio más restrictivo. Pero debe tenerse en cuenta que, si no hubiera complicidad material, podría haber complicidad intelectual, modalidad que la Actas también aceptan de un modo explícito.

(2) *El momento en el cual se realiza el aporte*

En esta materia, la complicidad presenta una diferencia y una semejanza con la coautoría:

- La diferencia está en que, en la complicidad, el aporte puede ser anterior al comienzo de la tentativa —dentro de ciertos límites—; en cambio, conforme a la versión *roxiniana* de la teoría del dominio del hecho, en la coautoría se exige una actuación mancomunada durante la etapa de ejecución;
- La semejanza está en que tampoco aquí procede una intervención con posterioridad a la consumación del delito (salvo en el caso de los delitos permanentes). Sin embargo, antes de la consumación se considera posible una *complicidad sucesiva*. Así, quien colabora en la apropiación, pero llega recién cuando el otro ya ha ejercido la violencia, sería cómplice de un robo en la medida en que actúe con conocimiento de que antes se ha ejercido violencia sobre la víctima en orden a la apropiación.

(3) *Dolo del cómplice*

Según la opinión dominante, el cómplice debe obrar con dolo, y con dolo de consumación del hecho principal (muy categóricamente en tal sentido: SCS 20.VIII.2018, Rol N° 34.185-2018).

(4) *¿Complicidad mediante conductas propias del ejercicio de un oficio o profesión?*

Las soluciones al problema de la complicidad por medio de las denominadas «conductas neutrales» fueron esbozadas al tratar de la prohibición de regreso como institución de la imputación objetiva de conductas.

cc) Punibilidad del cómplice

La pena del cómplice es inferior en un grado a la que corresponde al autor (arts. 51 a 53). Al igual que en el caso de la inducción, no es punible la tentativa de complicidad, que puede darse si el aporte que realiza el cómplice no es utilizado por el autor, o bien, si el hecho principal no se llega a intentar siquiera. En estos casos podría discutirse la aplicación de la regla sobre la *conspiración* contenida en el art. 8°, respecto de los delitos donde se castiga la conspiración, aunque ella apunta más bien a la coautoría tentada.

¿Qué sucede cuando una persona primero induce y luego presta ayuda para la ejecución del hecho? Como se verá en su momento, la inducción desplaza a la complicidad.

d) Los artículos 14, 15 y 16

Sobre la base de lo anterior —y siguiendo en esta materia a YÁÑEZ y a SOTO PIÑEIRO—, es posible interpretar en clave de dominio del hecho las reglas del Código Penal que se refieren directamente a la intervención delictiva (dejando de lado el art. 17, que, como se ha señalado, sanciona en conjunto con el art. 52 un delito independiente de encubrimiento).

Hemos visto que el eje de la teoría de la intervención delictiva al uso es una distinción cualitativa entre los autores y los demás intervinientes. Conforme al sistema del Código Penal, la conducta del autor está definida, en primer lugar, en cada una de las figuras de la parte especial: es autor quien domina la acción que constituye el núcleo del hecho definido en el tipo. Esta persona está designada en cada tipo penal como «el que…». Así, cuando el art. 14 menciona a los autores, alude en primer lugar a los que aparecen así referidos en la parte especial.

El art. 15, en cambio, tiene por objeto resolver situaciones que pueden presentar dudas. En aquellos casos donde la doctrina vacila o discute, el legislador toma una opción y señala bajo qué circunstancias va a considerar que determinados intervinientes en el hecho merecen la pena prevista para el autor. Por eso, el encabezado del art. 15 no reza «son autores» —como si fuera algo indiscutible en el plano ontológico—, sino simplemente «se consideran autores».

aa) Artículo 15 N° 1

En el art. 15 N° 1 quedan comprendidos aquellos que toman parte en la ejecución del hecho. Esta regla no se refiere al autor ya referido en la parte especial que ostenta el dominio de la acción («el que...»), sino a dos formas de intervención distintas y cuyo tratamiento es discutible:

(1) *Al que toma parte en la ejecución de una manera inmediata y directa, pero no realiza de propia mano todas las conductas descritas en el tipo penal.*

Es el caso de los coautores, exactamente como en el *Caso 1*: B y C realizan cada uno solo una parte de la conducta típica del robo, pero eso no obsta a que se les considere autores conforme al art. 15 N° 1, primera parte. En esto, la ley calza perfectamente con la versión ortodoxa de la teoría del dominio del hecho.

(2) *Al que toma parte en la ejecución del hecho, impidiendo o procurando impedir que se evite.*

Esta regla tiene aplicación respecto de aquellos tipos penales donde la conducta descrita en el tipo consta de dos o más actos distintos pero, a diferencia de lo que ocurre en tipos como el del robo, la importancia relativa de los diferentes actos también es diversa. Existe un acto nuclear y otro que es descrito como una conducta consistente en impedir que el acto nuclear se evite. Es el caso, por ejemplo, de la violación propia usando de la fuerza (art. 361 N° 1); la regla del art. 15 N° 1 segunda parte establece que quien ejerce la fuerza sobre la víctima es tan autor como el que accede carnalmente a ella, pues «toma parte en la ejecución del hecho, impidiendo o procurando impedir que se evite». Así ocurre también en otras figuras como, por ejemplo, la usurpación violenta, respecto de los que custodian el predio usurpado sin entrar en él, *i. e.*, sin «ocuparlo» como exige el art. 457.

¿Qué ocurre entonces con el «loro»? ¿Debe ser considerado autor? Por lo general, la conducta del loro no queda regulada en este precepto, pues aunque procura impedir que el hecho se evite, no toma parte en la ejecución de la conducta típica y su conducta no aparece descrita en el tipo penal. En esta materia, el Código Penal es más restrictivo que la teoría del dominio del hecho, al menos en su versión clásica. Igualmente, una conducta de cooperación (sujetar la escalera para que otro ingrese a robar a la casa por la ventana del segundo piso), como no tiene el sentido de impedir o procurar impedir que el hecho se evite, no daría lugar a autoría sino a complicidad, aunque se realice en la fase ejecutiva.

bb) Artículo 15 N° 2

El art. 15 N° 2 regula dos situaciones muy distintas entre sí:

(1) El que fuerza a otro a ejecutar el hecho.

Ya se ha visto que estos son casos de autoría mediata por déficit del instrumento a nivel de culpabilidad, cuando la *fuerza* anula la culpabilidad del ejecutor material en los términos del art. 10 N° 9. Al respecto se aplica lo ya estudiado a propósito de la autoría mediata.

¿Qué ocurre, en cambio, con los casos de instrumentalización en virtud de un engaño o error? No aparecen mencionados expresamente en el precepto. Sin embargo, la lectura de las Actas de la Comisión Redactora deja en claro que para los comisionados el error provocado por una maquinación puede considerarse una especie de coacción. Así, entre quienes han de quedar comprendidos en el precepto se cuentan «los que por dones, promesas, maquinaciones o artificios culpables, hubieren provocado o inducido directamente a la perpetración del delito», y «los que por dádiva, promesa, violencia u otro modo semejante obtienen la perpetración del delito por manos ajenas, aun cuando se hallen distantes del lugar».

En todo caso, es evidente que para los comisionados no es relevante separar la autoría mediata de la inducción, una distinción que la ciencia del derecho penal introduciría más tarde.

(2) El que induce directamente a otro a ejecutar el hecho.

Se trata del inductor, al cual la ley —igual que en muchos otros ordenamientos— quiere castigar con las mismas penas que corresponden al autor. Ya se han visto las consecuencias de la palabra «directamente»: cuando exista duda acerca de si puede apreciarse inducción (p. ej., mediante la producción de condiciones fácticas propicias para el hecho), la opción legislativa por esta palabra ha de servir como referencia hermenéutica.

cc) Artículo 15 N° 3

El art. 15 N° 3 comprende dos grupos de intervinientes que, en el sistema del Código Penal, son autores. La diferencia entre ellos es que unos facilitan los medios con que se lleva (realmente) a efecto el hecho, mientras que los otros presencian el hecho sin tomar parte inmediata en él.

Si se comparara esta descripción con el resto de los preceptos que hemos visto, podría arribarse a una conclusión absurda: resulta que alguien sería autor simplemente por estar en el lugar del hecho y presenciarlo. Entonces, ¿para qué sirven todas las otras distinciones, tan laboriosamente construidas?

Ocurre que lo importante en este número N° 3 del art. 15 no son las diferencias entre los dos grupos tratados en él, sino lo que ambos tienen en común: el *concierto previo*. Este concierto previo no es otra cosa que el «plan del hecho», la división funcional del trabajo, que convierte a cada uno de los coautores en dependiente de lo que hagan o dejen de hacer los demás. El concierto previo implica división funcional de tareas, dominio funcional en cada coautor. Esta es la razón por la cual la ley trata a estos intervinientes como coautores.

(1) Concierto previo más facilitación de medios

Se requiere, por una parte, que la facilitación de medios en el contexto del plan sea tal, que se origine efectivamente un dominio funcional. Esto significa que los medios han de ser «necesarios», al menos, en una ponderación *ex ante* realizada por el juez. Por eso D, en el *Caso 1*, no está comprendido en este grupo: su aporte no le confiere el dominio del hecho, aunque está concertado y facilite uno de los medios de comisión. En esto, la regla legal coincide con la teoría del dominio del hecho.

Pero, por otro lado, no es necesario que los medios se presten durante la etapa de ejecución. Anacrónicamente puede decirse que en este punto la ley «se aparta» de la teoría del dominio del hecho en su versión *roxiniana* para seguir la versión sustentada originalmente por WELZEL. El ejemplo paradigmático de autor que no interviene en la fase ejecutiva es el del denominado «jefe de la banda».

(2) Concierto previo más presenciar el hecho

Se refiere al interviniente cuya función en el plan del hecho consiste en estar presente y en realizar cualquier tipo de aporte no comprendido en las hipótesis ya revisadas, es decir, su función debe ser distinta de la ejecución total o parcial de alguna de las conductas *descritas* en el tipo, principal o secundaria. Dentro de estos límites, la conducta que despliegue es irrelevante, pero siempre que: (i) presencie la ejecución del hecho y (ii) esa presencia sea necesaria conforme al plan.

Esta regla soluciona un caso complejo y discutido, que se presenta cuando un sujeto solo está dispuesto a cometer el delito si es que otra persona lo acompaña, de modo que su sola presencia —no su aliento o consejos— es condición *sine qua non* para que el primero se decida a actuar. La regla permitiría también resolver a favor de una coautoría la situación —compleja en el marco de la teoría del dominio del hecho— de aquel a quien, conforme a la distribución de tareas del plan delictivo, le corresponde un rol crucial en la ejecución del delito, pero que aún no ha entrado en acción cuando el hecho es descubierto. Más en general, podrían quedar comprendidos los intervinientes cuya tarea dentro de la división funcional del trabajo exige presencia física en el lugar de los hechos, pero no queda captada por ninguna otra regla, como en el caso de quienes actúan «por presencia», desactivando de este modo el potencial defensivo de la víctima, siempre que este cometido sea «indispensable» en el sentido ya señalado.

En el art. 15 N° 3, por lo tanto, se sigue en lo fundamental la teoría del dominio del hecho, pero se resuelven a favor de la autoría los casos discutibles de: (i) intervención muy intensa en la etapa previa a la ejecución (jefe de la banda), y (ii) aportes relevantes conforme al plan, durante la ejecución, pero cuyo estatus es dudoso desde el punto de vista del dominio del hecho. Por lo tanto, no es correcto sostener que el art. 15 N° 3 extiende la autoría en perjuicio de la complicidad. Esta regla hay que interpretarla conforme a un *concepto restrictivo de autor* —o, mejor, de realización del tipo penal—, y para eso sirve la teoría del dominio del hecho, con las opciones concretas que, en los puntos discutidos, adoptó el legislador (en este sentido SCS 14.IX.1999, Rol N° 2607-1999).

En este contexto, el art. 16 contiene la complicidad definida positivamente, según ya vimos, y negativamente, como disposición residual.

4. Valoración crítica de la teoría del dominio del hecho

La teoría del dominio del hecho representó una ganancia importante de racionalidad en la teoría de la intervención delictiva, en especial frente a las teorías subjetivas y a la insuficiencia de las teorías formales. Sus resultados ofrecen por lo general un alto grado de plausibilidad y usualmente protegen al intérprete de soluciones extremas y respuestas *ad hoc*.

Sin embargo, la teoría del dominio del hecho no funciona en los casos, cada vez más frecuentes en contextos organizados, en que no concurre ninguna de las formas de dominio fáctico capaces de convertir a alguien distinto del ejecutor material en figura central del hecho: no hay dominio de la voluntad, no existe dominio funcional del hecho en sentido *roxiniano*, ni puede hablarse, en el mismo sentido, de un dominio de la organización. Junto a otras consideraciones teóricas, esta demanda insatisfecha de la praxis ha llevado al desarrollo de modelos alternativos para la interpretación de las reglas sobre intervención delictiva.

Preferible es un modelo conforme al cual la teoría de la intervención delictiva es la aplicación de la imputación objetiva de conductas al ámbito del actuar conjunto. Los intervinientes son conjuntamente competentes o responsables de la evitación de la realización típica. Y quienes sean competentes en conjunto con otros serán, todos por igual, intervinientes en el hecho. Esta competencia conjunta, que aparece como el genuino contenido de la accesoriedad —la conducta de cada interviniente «significa» preparación o continuación de la conducta del otro o de los otros—, se determina recurriendo a la teoría de las posiciones de garante y a las instituciones de la imputación objetiva de conductas, en particular, el principio de confianza y la prohibición de regreso, cuyo reverso es justamente la intervención delictiva. En este plano, la respuesta es binaria: la persona es interviniente en el delito o no lo es.

Luego habrá que ponderar el peso relativo de los aportes para definir a quiénes de entre los competentes corresponde la pena de autor y a quiénes, la del cómplice. Este último es un ejercicio comparativo y hasta cierto punto cuantitativo, que incide más o menos directamente en la determinación de la pena según la regulación legal en cada ordenamiento. En este ejercicio son útiles los criterios latamente desarrollados por la teoría del dominio del hecho para distinguir objetivamente entre coautoría y complicidad, así como aquellos que se han elaborado para precisar el influjo del inductor sobre el inducido y los límites entre la inducción y la autoría mediata. Con la formulación de estos criterios, la teoría de las posiciones de garante y las instituciones de imputación objetiva de conductas, *se agota el aporte de la parte general a la teoría de la intervención delictiva*, pues todo lo demás depende de los presupuestos específicos de la competencia establecidos en los tipos penales que se trata de aplicar.

Este modelo plantea, entonces, una noción unitaria de interviniente en el hecho, pero basada en una accesoriedad normativamente entendida como co-pertenencia de las conductas de los intervinientes en el plano del sentido delictivo. El objeto de imputación es uno solo e igual para todos, la realización típica, mientras que la contribución de cada interviniente es el fundamento en virtud del cual se le atribuye ese objeto. En lugar de trabajar con un concepto restrictivo de autor, se trabaja con un concepto restrictivo de realización del tipo penal, donde el delito es una *expresión mancomunada de sentido* de todos los intervinientes, cuya conducta ha de ser por tanto no solo antijurídica, sino también culpable (accesoriedad máxima). De acuerdo con este punto de vista, existen en realidad dos modelos de imputación, el modelo aplicable al autor en solitario y el modelo de la actuación mancomunada. Determinar cuál se aplica al caso es la primera pregunta que hay que resolver, y sin ella no hay ninguna otra que se pueda contestar en forma apropiada. En particular, no se puede contestar a la pregunta de la evitabilidad individual, pues ¿cómo se puede saber si un interviniente actuó o no con dolo si previamente no se sabe qué es lo que ese interviniente tuvo que conocer para formular un juicio serio sobre la evitación del hecho?

Para que el autor solitario obre con dolo, debe formular un juicio práctico serio y válido sobre el alcance de su propia conducta y sus circunstancias. En cambio, para que el interviniente obre con dolo ese juicio debe abarcar, además, la envergadura de la conducta de los demás y sus circunstancias. Pero antes de establecer si existe o no intervención delictiva, es decir, cuando aún no se determina si el agente tiene que preocuparse también de lo que hacen otras personas, entonces no se puede responder la pregunta acerca del dolo por falta de objeto. Más aún: hasta no determinar el segmento relevante de los hechos (si este incluye la conducta de otros o no), la pregunta del dolo ni siquiera se puede plantear.

Para profundizar...

Sobre la recepción de la teoría del hecho en Chile y sus alcances: Yáñez, «Problemas básicos de la autoría y de la participación en el Código Penal chileno», *Revista de Ciencias Penales*, Tomo XXXIV, N° 1, pp. 49-64.; Soto Piñeiro, «La noción de autor en el Código Penal chileno», *Gaceta Jurídica* N° 68 (1986), pp. 13-54, y van Weezel, «Autoría y dominio del hecho en el derecho penal chileno. Una aproximación histórica», en A. Falcone (editor), *¿Autonomía y accesoriedad? Hacia un sistema de intervención delictiva superador del dominio del hecho* (Marcial Pons, Madrid, 2021), pp. 111-141. Sobre la teoría de la intervención delictiva más allá de la teoría del dominio del hecho, Jakobs, *Teoría de la intervención* (Universidad Externado de Colombia, Bogotá, 2016); van Weezel, «Intervención delictiva y garantismo penal.

A la memoria de Juan Bustos Ramírez», en ZIS 8/2009, pp. 432-445, y Robles Planas, «La estructura de la intervención en el delito», en *Política Criminal* Vol. 15, N° 30 (2020), pp. 993-1007. Específicamente sobre la autoría mediata, van Weezel, «Normativización de la autoría mediata. Una explicación desde la problemática del comienzo de la tentativa», en G. Yacobucci (ed.), *Los desafíos del Derecho Penal en el siglo XXI* (ARA, Lima, 2005), pp. 602-627. Y sobre el dominio organizacional, Orozco López, «La autoría mediata en virtud de aparatos organizados de poder de Roxin. Un análisis crítico», en ZIS 4/2021, pp. 249-264.

Capítulo III.
La imputación subjetiva

El derecho penal no tiene por objeto resguardar la incolumidad de los bienes jurídicos en cuanto objetos materiales o ideales, protegerlos de su «lesión externa» (WELZEL), sino garantizar el mínimo de fidelidad al derecho que es necesario para la vigencia de las normas fundamentales de convivencia social en libertad. Dicha vigencia solo puede ser cuestionada o conmovida mediante la expresión de sentido de una persona cuya conducta expresa que, para ella, la norma no es un parámetro de orientación válido. Por eso, el derecho penal se deja también limitar por los aspectos individuales, cuya presencia permite excluir un déficit de fidelidad al derecho. Las categorías de la llamada imputación subjetiva que estudiaremos a continuación son indicadores, portadores de un significado: expresan que el esbozo de configuración de la realidad manifestado en la conducta de una persona no es mera casualidad ni el producto de las circunstancias; por el contrario, se trata de su toma de posición frente a la norma y debe ser tomada en serio. Ausencia de imputación subjetiva es, por el contrario, imposibilidad de explicar el hecho como toma de posición de la persona frente a la norma penal.

No responden a este esquema los casos de responsabilidad penal objetiva o *delitos calificados por el resultado*, en los que se imputa un delito calificado pese a que la realización de la circunstancia calificante era inevitable para el autor. Los vestigios de responsabilidad objetiva que puedan quedar en los ordenamientos jurídicos suelen ser aplicación de un principio llamado *versari in re illicita* (en su formulación completa: *versanti in re illicita imputantur omnia quae sequuntur ex delicto* o, en una versión más precisa, *versatur in re illicita, respondeat etiam pro casu*), propio de sociedades inclinadas a relativizar las explicaciones basadas en las relaciones de causalidad natural. Conforme a este principio, a quien realiza deliberadamente una conducta ilícita deben imputarse todas las consecuencias negativas que ella produzca, sin atender a la posibilidad de preverlas. Interpretando en esta clave, por ejemplo, el art. 196 de la Ley de Tránsito, que establece el delito de conducción en estado de ebriedad produciendo ciertos resultados de daños o lesiones, habría que imponer la pena de la figura calificada aunque la producción de tales resultados en el caso concreto haya sido imprevisible.

La imputación subjetiva, también llamada *culpabilidad*, comprende tanto los presupuestos de una motivación predominante de respeto al derecho —su presencia es lo que permite luego valorar negativamente la ausencia de motivación manifestada en el hecho objetivamente imputado—, como las formas concretas de evitabilidad individual del suceso.

- En primer lugar, por tanto, en sede de imputación subjetiva deben analizarse los *presupuestos de una motivación predominante de respeto al derecho*. Ello exige comprobar que, al tiempo del hecho, se verificaban en la persona los presupuestos mínimos de madurez y disposición mental, y que la situación era suficientemente normal como para considerar la conducta como expresión de la motivación de la persona (y no exclusivamente de las circunstancias en que se encontraba). Todo esto es fundamental para que la competencia de aquella persona por el hecho sea penalmente relevante, es decir, para que el conflicto pueda ser procesado mediante la imposición de una pena.
- En segundo lugar, se debe establecer la *evitabilidad individual* del suceso que, cuando concurre, puede adoptar las formas de dolo o imprudencia. En términos simples y resumidos, el *dolo* es el conocimiento que se atribuye al individuo en cuanto a que la realización del injusto objetivo era conocida, al tiempo del hecho, como consecuencia evitable de su conducta; por lo tanto, comprende también lo que se suele denominar *conciencia de la ilicitud*. La *imprudencia* es la cognoscibilidad de aquello mismo.

En este orden se expondrán a continuación las diversas categorías de la imputación subjetiva. Pero antes nos referiremos a la culpabilidad como principio y al tratamiento que tradicionalmente se le ha dado como categoría en la estructura del delito.

I. LA CULPABILIDAD COMO PRINCIPIO Y COMO NIVEL EN LA ESTRUCTURA DEL DELITO

La culpabilidad es un principio y también uno de los niveles o planos en la estructura del delito.

1. El principio de culpabilidad

La imposición de una pena presupone siempre que sea posible emitir, respecto del que será castigado, un juicio de culpabilidad. Esta exigencia se sintetiza en la frase «no hay pena sin culpabilidad», o bien, «la pena debe ser *merecida* por la persona» a quien se impone. Si la pena tiene que ser merecida por la persona, entonces la culpabilidad es tanto un *presupuesto* para la imposición de la pena, como un *límite* a la intensidad de la pena que se puede imponer.

De acuerdo con una visión coherente con la prevención general positiva, culpabilidad y prevención se encuentran en una relación de funcionalidad recíproca y no de oposición. Si el fin de la pena es reparar a costa del delincuente el daño social causado por su conducta —la desestabilización de la norma como parámetro de orientación válido—, entonces lo preventivo y lo retributivo se condicionan recíprocamente. En un esquema así, culpabilidad y prevención no son polos opuestos, sino dos dimensiones de lo mismo.

Es importante no confundir las nociones de imputación, responsabilidad y culpabilidad. *Imputación* es la atribución de un hecho conforme a algún criterio o grupo de criterios dotados de cierta racionalidad. Por lo general, consideramos que está presente esta racionalidad cuando al menos uno de estos criterios consiste en que la persona haya podido evitar el hecho («haber podido actuar de otro modo»).

Responsabilidad, en cambio, es la obligación de soportar ciertas consecuencias que impone racionalmente el ordenamiento jurídico —asociadas o no a una imputación—, desde la obligación de «explicarse» o de abstenerse excepcionalmente de una conducta en principio lícita, hasta la de solventar el costo de reparación de un daño individual. Reconocemos en general como racionalmente impuestas las responsabilidades basadas en el «haber podido actuar de otro modo», pero también las que se basan en la posesión o gestión de objetos o actividades peligrosas; incluso más: en el derecho administrativo y en el derecho civil se asignan responsabilidades también convencionalmente y *a posteriori*.

Culpabilidad, finalmente, es el merecimiento de una pena; es el nombre que damos a *cierta* forma de asignar *cierto* tipo de consecuencias (justamente, la pena), lo cual da lugar a una determinada especie de imputación y de responsabilidad. La culpabilidad no radica simplemente en haber podido obrar de otro modo, sino en un déficit —manifestado en el hecho típico y antijurídico— de aquel mínimo de motivación de respeto al derecho que el ordenamiento espera de todos los ciudadanos.

Una consecuencia fundamental, aunque tal vez no suficientemente observada, de estructurar el derecho penal sobre el principio de culpabilidad es la personalización del conflicto. La culpabilidad descontextualiza el hecho de su entorno social mediato —los presupuestos de una motivación predominante de respeto al derecho solo están en condiciones de integrar el entorno inmediato—, lo despolitiza y, en este sentido, simplifica el conflicto o reduce su complejidad. Con culpabilidad, la erosión de la vigencia de la norma que produce el delito pasa a ser explicada como *obra* del delincuente y no de las estructuras sociales o de terceros. Allí donde estos efectos se consideren políticamente indeseables (¿resignificación del pasado?, ¿grandes desafíos medioambientales?), debería renunciarse al uso del derecho penal o al menos acordarse un uso tal que no implique el sacrificio del principio de culpabilidad.

a) Fuentes positivas del principio de culpabilidad

El *principio de culpabilidad* tiene rango constitucional, en la medida en que puede desprenderse de las valoraciones que subyacen al art. 1° de la Constitución, referido a la libertad e igualdad de las personas, a su realización espiritual y material, y a su participación en la vida social. De ello se concluye que para la Constitución —y, en consecuencia, para todo el ordenamiento jurídico— la persona es, al menos, un sujeto capaz de llegar a organizar su vida en forma responsable sin injerencia externa, y de llegar a colaborar en la mantención y desarrollo de las instituciones necesarias para el funcionamiento de la sociedad.

Este anclaje constitucional del principio de culpabilidad es consistente con el *principio de legalidad penal*, contenido en los dos últimos incisos del art. 19 N° 3 de la Constitución. La interpretación que de esos incisos ha hecho el Tribunal Constitucional, muy ligada a la idea de la pena merecida y «evitable» para la persona justiciable, confirma esta afirmación.

El Código Penal tampoco nombra expresamente el principio de culpabilidad, pero se entiende incorporado en su art. 1° inc. 1°, que define el delito como «acción u omisión *voluntaria* penada por la ley», ya que la expresión «voluntaria» remite a un conjunto de conceptos de los cuales se alimenta la idea de culpabilidad. Lo mismo podría decirse de las valoraciones que subyacen a los arts. 1° inc. 3° (la regla de error en la persona, que en realidad es error en el objeto material), 63 (*non bis in idem*), 64, 10 N° 8, etc. Al menos hasta ahora, son más los preceptos penales que asumen la idea de culpabilidad por el hecho que los que la contravienen.

b) Alcance del principio de culpabilidad

Se ha dicho que la culpabilidad determina tanto la procedencia como la medida de las penas. Sobre el alcance que esto tiene en el ordenamiento jurídico hay bastante menos claridad.

En primer lugar, se discute si el principio de aplica a las llamadas *medidas de seguridad*. La opinión predominante sostiene que no se aplica, ya que las medidas se rigen por un *principio de peligrosidad o necesidad*. Basta, por tanto, con que un hecho sea antijurídico para que la autoridad pueda imponer una de estas medidas. En otras palabras, no hace falta que la medida de seguridad sea *merecida*, sino que basta con que sea *necesaria*.

La discusión al respecto es bastante más reducida en Chile, porque nuestro ordenamiento solo contempla genuinas medidas de seguridad respecto quien padece una grave discapacidad psicosocial y ejecuta un hecho «antijurídico», siempre que exista peligro de que atente contra sí mismo o contra los demás (art. 455 CPP). En cambio las penas con fisonomía de medidas de seguridad, que son por el contrario muy abundantes (*v. gr.* arts. 45, 452 y 492 inc. 2°), requieren condena previa y por lo tanto se sujetan al principio de culpabilidad.

Por otra parte, es discutido también si el principio de culpabilidad se aplica en el ámbito del *derecho sancionatorio administrativo*. El Tribunal Constitucional ha proclamado la vigencia del principio de culpabilidad en el ámbito del derecho administrativo sancionador (al menos desde el Rol 244), pues ha entendido que es una manifestación del *ius puniendi* del Estado. Como consecuencia, habría que aplicar en este ámbito todos los principios que limitan la potestad punitiva del Estado, aunque «con matices». Sin embargo, en la praxis de los órganos administrativos y de los tribunales, que con disímiles argumentos asignan escaso o nulo valor a una serie de defensas que son relevantes en el ámbito penal, se les desconoce sistemáticamente. En el caso de la así llamada «responsabilidad penal de las personas jurídicas» (Ley N° 20.393) se sustituye la culpabilidad por el hecho por una especie de culpabilidad por el carácter, frecuentemente llamada «defecto de organización»

(TIEDEMANN). Como contrapartida, los estudios más recientes muestran que las funciones propias del derecho administrativo sancionador exigen dar cierta cabida a nociones de imputación y responsabilidad basadas en el «haber podido actuar de otro modo». La culpabilidad, en cambio, sigue siendo una categoría específicamente penal.

En este último ámbito, son problemáticas desde la perspectiva del principio de culpabilidad las reglas sobre reincidencia —que el legislador, sin embargo, utiliza cada vez con mayor profusión—; la imposición de sanciones pecuniarias como el comiso a personas que no han sido condenadas por delito alguno o la transmisión de las multas a los herederos; el régimen del homicidio en riña; los delitos de daño acumulativo —para ORTIZ/ARÉVALO, también los de peligro abstracto—; la interpretación que se hace con frecuencia del delito de conducción en estado de ebriedad con resultado de lesiones o muerte como un caso de responsabilidad objetiva por el resultado, y otras más.

2. La culpabilidad como nivel de la estructura del delito

La culpabilidad, en este sentido, es un conjunto de categorías de imputación que sirve para determinar si el suceso es expresión de un déficit de motivación de respeto al ordenamiento jurídico. Estas categorías están configuradas de diferente manera según la noción que se tenga de la culpabilidad y su función en la estructura del delito.

a) Culpabilidad en sentido formal

Formalmente hablando, la culpabilidad es una falta o déficit de motivación suficiente de respeto al ordenamiento, en la medida en que se expresa en el hecho típico y antijurídico. Se suele decir que a la constatación de este déficit sigue un *reproche* y esto es, en cierto sentido, correcto. Al autor se le reprocha no haber evitado la realización del tipo, a pesar de que la evitación era esperable de él. La sociedad esperaba que la persona en cuestión hubiera evitado la realización del tipo; como no lo hizo, la afirmación de la culpabilidad viene a expresar la «decepción» de la sociedad frente a esa persona.

Por lo tanto, todas las categorías de imputación que forman parte de la culpabilidad tienen por objeto establecer si el hecho expresa una falta o déficit de motivación suficiente de respeto al ordenamiento por parte de su autor y, en la medida de lo posible, cuantificar ese déficit. El resultado de la aplicación de esas categorías puede ser, entonces: (i) que la sociedad va a reprochar el hecho a la persona a quien este hecho se ha imputado ya objetivamente; (ii) que la sociedad va a reconocer las limitaciones de su propio ordenamiento o, dicho mediante una imagen, se va a dirigir un reproche a sí misma, o bien, (iii) que el hecho no es más que el producto de circunstancias inmanejables.

Uno de los rendimientos más extraordinarios de la dogmática penal es, precisamente, el diseño del instrumental necesario para responder a la pregunta sobre a quién corresponde dirigir, y en qué medida, el reproche de culpabilidad.

b) Culpabilidad en sentido material

El concepto material de culpabilidad pretende responder la pregunta acerca de por qué un déficit de motivación de respeto al ordenamiento jurídico merece precisamente una pena, o bien, por qué la sociedad tendría derecho a esperar esa motivación de la persona imputada y a castigarla penalmente si no la exhibe. Este problema no es estrictamente dogmático y tampoco pertenece a la teoría de la imputación. Se trata más bien de un problema filosófico-jurídico o político. Sin embargo, las conclusiones a las que se arribe al respecto pueden ser relevantes al momento de configurar las categorías y reglas de imputación subjetiva. En esta materia podría existir más consenso que el que los partidarios de las diferentes posiciones parecen estar dispuestos a admitir.

Los principales puntos de vista son los siguientes y, como se verá, no son necesariamente incompatibles entre sí.

aa) Concepto normativo de culpabilidad

Una primera forma de entender la culpabilidad en sentido material es el así llamado *concepto normativo* de culpabilidad (Frank/Welzel), que define la culpabilidad como «reprochabilidad personal». Este concepto ha sido sustentado en la jurisprudencia chilena, por ejemplo, en sentencia de la Corte Suprema de 23.III.1999 (*Fallos del Mes* 484 [1999], pp. 187 ss.):

> «La culpabilidad consiste en que al sujeto puede hacérsele un reproche personal por haber infringido las prohibiciones o mandatos del ordenamiento jurídico, porque él, en las circunstancias en que obró, tenía la posibilidad real de acatarlos y comportarse de otra manera» (cons.7°).

Entre los principales méritos de este concepto se encuentra su potencial para desligar la culpabilidad de lo meramente psicológico, de los estados mentales, lo cual permite concebirla como un juicio intersubjetivo sobre la conducta de una persona en un momento determinado. Pero también se le critica, no sin algo de fundamento, que no alcanza a ser un concepto material de culpabilidad, pues poco o nada dice acerca de por qué la sociedad puede esperar de las personas una motivación de respeto al derecho. Esta concepción asume «acríticamente» que el derecho penal protege bienes jurídicos y que estos bienes son valiosos; por tanto, quien pudiendo haber salvado esos bienes, no lo hace, merecería sin más un reproche penal.

bb) Concepto funcional de culpabilidad

Para el *concepto funcional*, la culpabilidad es «una función de la pena estatal». Si la pena tiene por finalidad el restablecimiento de la vigencia de la norma infringida, entonces habrá culpabilidad cuando la pena sea necesaria para ese restablecimiento. La pena merecida, en este concepto, es la pena necesaria para reparar el daño social provocado por el delincuente, que consiste en la afectación de la vigencia de la norma. Esta es la única culpabilidad que interesa al derecho penal.

Este concepto, cuyo principal exponente es JAKOBS, podría adolecer de excesiva neutralidad, pues las normas cuya vigencia se protege podrían tener, en principio, cualquier contenido. Por ello, esta visión funcional no puede prescindir de un ulterior complemento material; este complemento, suele decirse, consiste en «la protección de las normas que garantizan o fomentan la convivencia en libertad», es decir, de las normas legítimas.

La forma como se llena de contenido el concepto de *libertad* es histórica. La ciencia del derecho penal se limitará entonces a constatar las valoraciones imperantes al momento de interpretar las reglas correspondientes; será, como cualquier otra ciencia del espíritu, «su tiempo capturado en pensamientos» (HEGEL).

cc) Concepto discursivo de culpabilidad

Frente a la mencionada limitación del concepto funcional, pero en continuidad de pensamiento con él, surge el así llamado *concepto discursivo de culpabilidad* (GÜNTHER, KINDHÄUSER). Sostiene que el ciudadano no es solo el destinatario de las normas sino también su autor. En efecto, en un Estado democrático las normas son resultado del entendimiento de los ciudadanos en torno a un equilibrio de sus intereses, entendimiento que tiene lugar a través de la deliberación democrática. Todo ciudadano tiene derecho a participar igualitariamente en ese discurso o deliberación pública y, de este modo promover una modificación del equilibrio de intereses reflejado en las normas de convivencia social. Como contrapartida, el ciudadano no puede modificar esa coordinación de intereses plasmada en la ley por su cuenta, independientemente del discurso público. Si lo hace, entonces desconoce a los demás miembros de la sociedad su derecho como partícipes igualmente legitimados de ese discurso.

En este sentido, quien comete un delito no solo niega la coordinación de intereses vigente en las normas de convivencia, sino especialmente la calidad de los otros ciudadanos como partícipes o interlocutores igualmente legitimados en la producción de una nueva coordinación de intereses. Por eso, el delincuente no solo infringe una norma particular, sino también una norma fundamental o general, la que asegura el derecho de los demás ciudadanos a modificar discursivamente, en un plano de igual reconocimiento, la coordinación de intereses vigente. El delincuente niega a los demás el reconocimiento que les debe y vulnera así el precepto más elemental del derecho, caracterizado por HEGEL como «sé una persona y reconoce a los demás como personas».

La argumentación anterior dota de contenido material a la categoría de la culpabilidad y va más allá que la concepción funcional. En un Estado democrático de derecho, la culpabilidad no puede definirse de cualquier manera.

La principal crítica que puede hacerse a este planteamiento —por lo demás, acertado y consistente con los fines de la pena— es la abundancia de presupuestos que exige para poder hablar de culpabilidad. ¿Cuándo se puede decir, por ejemplo, que los ciudadanos realmente están en condiciones de participar de un modo igualitario en el discurso o deliberación pública a través de los procesos legislativos? En países donde la participación real es escasa, o bien, donde la democracia es todavía muy defectuosa, ¿desaparece la culpabilidad?, ¿deviene la pena en mera coacción? Si para responder a estas preguntas se renuncia a la consideración de la realidad concreta, el planteamiento se queda en el plano abstracto y no se diferenciaría mayormente de la culpabilidad funcionalista.

En cualquier caso, debe quedar claro que aquí se habla de una culpabilidad en sentido jurídico-penal, es decir, se trata siempre de un reproche que se realiza dentro del sistema penal y que, por lo tanto, no es sin más equiparable al reproche moral. Aunque ambos tienen una raíz común, el juicio de culpabilidad del que aquí se trata es relativamente autónomo y específico para el derecho penal.

c) Categorías de imputación que comprende la culpabilidad

Según la doctrina tradicional, estas categorías son tres:

- imputabilidad;
- conciencia de la ilicitud; y
- exigibilidad de una conducta (o de una motivación) conforme a la norma.

El reproche de culpabilidad supone la afirmación de estas tres categorías, pero no es necesario comprobar sus presupuestos cada vez que se analiza un caso, porque la ley asume que estos tres elementos concurren siempre, a no ser que haya indicios para pensar lo contrario. Luego, solo es preciso analizarlos en tanto haya indicios de que no concurrirían.

Conforme a la didáctica del curso, la imputabilidad y la exigibilidad corresponden a los presupuestos de una motivación predominante de respeto al derecho. La conciencia de la ilicitud, en cambio, forma parte del dolo, que a su vez constituye una de las formas de evitabilidad individual:

- Imputación subjetiva (culpabilidad)
  - Presupuestos de la motivación
    - Imputabilidad
    - Exigibilidad
  - Evitabilidad individual
    - Dolo (con conciencia de la ilicitud)
    - Imprudencia

II. PRESUPUESTOS DE UNA MOTIVACIÓN PREDOMINANTE DE RESPETO AL DERECHO

Se ha dicho que la imputación subjetiva o culpabilidad comprende, en primer lugar, los presupuestos de una motivación predominante de respeto al derecho. Estos presupuestos no concurren cuando, al tiempo del suceso, no se verificaban en la persona ciertas condiciones mínimas de madurez y disposición mental, es decir, no estaba presente aquello que tradicionalmente se conoce como *imputabilidad* o capacidad de culpabilidad.

También decaen los presupuestos de una motivación predominante de respeto al derecho cuando la situación era suficientemente anormal como para considerar que la conducta relevante no es expresión de la motivación del sujeto, sino de las circunstancias en que se encontraba. Este último complejo de problemas recibe en doctrina diversas denominaciones, entre las cuales destacan las de «exigibilidad de una conducta (o de una motivación) conforme a la norma», «contexto situacional normal» y, en la doctrina más antigua, «normalidad de las circunstancias concomitantes».

Las causas que conducen a excluir la culpabilidad por ausencia de los presupuestos de una motivación predominante de respeto al derecho (imputabilidad, exigibilidad) se encuentran establecidas en la ley. En el derecho comparado, se discute la posibilidad de construir causas de exculpación por analogía o *supralegales*, basadas especialmente en situaciones de inexigibilidad, como un estado de necesidad exculpante supralegal. En Chile, esta discusión es menos relevante porque existe una causa de exculpación amplia, contenida en el art. 10 N° 9, que exime de responsabilidad al que obra violentado por una fuerza irresistible o impulsado por un miedo insuperable. La discusión se concentra así en las posibles interpretaciones de esta regla. Además, en el año 2010 se agregó al Código Penal el actual art. 10 N° 11 que, según la doctrina mayoritaria, consagra o al menos incluye el *estado de necesidad exculpante*. Por otro lado, la introducción de consideraciones psicológicas en materia de imputabilidad, y en particular el concepto de «privación total de razón», permiten también un margen importante de interpretación.

1. La imputabilidad o capacidad de culpabilidad

«Imputabilidad» significa que la persona es capaz de darse cuenta del significado social que tienen sus actos y de autoconducirse conforme a ese conocimiento. En esta última dimensión, una persona es imputable cuando está en condiciones de responder no solo por sus propósitos (intenciones de primer orden), sino también por sus motivaciones (intenciones de segundo orden). En principio, toda persona es considerada imputable para el ordenamiento jurídico. El legislador presume la capacidad de culpabilidad en todos los mayores de 14 años. Por tanto, solo se considera inimputable a una persona:

- si no ha llegado a cumplir 14 años, o bien,
- si se encuentra en alguna de las situaciones que regula el art. 10 N° 1.

a) Inimputabilidad de los menores de edad

La inimputabilidad de los menores se encuentra establecida en el art. 10 N° 2: «Están exentos de responsabilidad criminal: (...) 2. El menor de dieciocho años».

Así, en principio, nuestra ley es consistente con la teoría discursiva y hace equivalente la calidad de ciudadano con la calidad de sujeto capaz de responsabilidad penal. Pero, a continuación, la misma regla dispone que «la responsabilidad de los menores de dieciocho años y mayores de catorce se regulará por lo dispuesto en la ley de responsabilidad penal juvenil». Luego, también existe una responsabilidad penal propia de los mayores de 14 y menores de 18 años, regulada por la Ley N° 20.084.

El modelo de responsabilidad penal juvenil chileno se basa en la *responsabilidad* del adolescente (por contraposición a los modelos basados en su irresponsabilidad) y postula que los mayores de 14 y menores de 18 son adultos menores o en formación. Esto se encuentra plasmado en el art. 20 de la Ley N° 20.084: «Las sanciones y consecuencias que esta ley establece tienen por objeto *hacer efectiva la responsabilidad* de los adolescentes por los hechos delictivos que cometan, de tal manera que la sanción forme parte de una intervención socioeducativa amplia y orientada a la plena integración social». Esta intervención se encuentra a cargo del Servicio Nacional de Reinserción Social Juvenil, que debe implementar un modelo de intervención centrado en el «sujeto de atención».

La pregunta es si, a pesar de esta definición y de la aplicación supletoria del régimen penal de los adultos, el sistema regulado en la Ley N° 20.084 da lugar a un modelo distinto de responsabilidad penal, que obliga a adecuar en forma consistente las categorías de imputación penal, al menos en el plano de la imputación subjetiva. Esta pregunta debe ser respondida afirmativamente (CILLERO-Código Penal) y sus consecuencias tienen que manifestarse desde la teoría del error hasta la interpretación de las circunstancias modificatorias de la responsabilidad.

Al mismo tiempo, la ley contiene instituciones orientadas a cumplir con el fin de integración social según el mandato de la última parte del art. 20 de la Ley N° 20.084. Estas instituciones son muchas y se pueden sintetizar en las conocidas «cuatro D»:

- *Despenalización*: dispositivos para restringir el ámbito de lo punible (*v. gr.* arts. 1° inc. 3°, 4° y 5° de la ley).

- *Desinstitucionalización*: se trata de procurar la disminución del contacto del adolescente con el sistema de justicia. Por tanto, se establecen instituciones destinadas a no iniciar un proceso y, una vez iniciado, a terminarlo lo antes posible. Así, por ejemplo, hay reglas especialmente amplias respecto del *principio de oportunidad*. Además, el hecho de que las penas sean en general bajas responde a este mismo sentido de desinstitucionalización. El sistema sancionatorio en su conjunto está construido desde esta perspectiva: rebaja inicial del art. 21, excepcionalidad del encierro en los arts. 26 y 47; sustitución y remisión de condena de los arts. 53 y 55; determinación de la naturaleza de la pena en el art. 24; etc. Muy poco sentido tiene, en cambio, la regla del art. 23 ter, según la cual al mayor de edad que también es juzgado por delitos cometidos siendo menor, solo se le puede imponer la pena correspondiente a los delitos que cometió a partir de los dieciocho años (salvo que los delitos cometidos antes sean más graves).
- *Debido proceso*: no se trata al menor de edad como a un incapaz, sino como a un sujeto responsable penalmente, quien, por tanto, tiene todos los derechos que le corresponden como imputado, y a quien se aplica el mismo régimen de garantías que a un adulto (*v. gr.* art. 1° y 27 inc. 1°; art. 2° inc. 2°).
- *Desjudicialización* (más conocida por la expresión en inglés *diversion*): es deseable que el proceso no concluya con el pronunciamiento de una condena en sentido estricto y, si se llega a condenar, que existan mecanismos para que la pena se cumpla alternativamente. Ejemplos de ello son el régimen más flexible para obtener salidas alternativas (*v. gr.* art. 35 bis) y, especialmente, el procedimiento de mediación regulado en el Párrafo 5° del Título II. Otro ejemplo de este principio en la ley es la suspensión de la imposición de la condena (art. 41), una institución que en el régimen penal de los adultos está prevista solo para bagatelas, pero que en el marco de las penas juveniles es posible también respecto de delitos graves.

b) Inimputabilidad por «locura o demencia»

Conforme al art. 10 N° 1, «están exentos de responsabilidad criminal: 1° El loco o demente, a no ser que haya obrado en un intervalo lúcido».

aa) Requisitos

El punto de partida de la regulación legal es el concepto psiquiátrico de «locura o demencia», por oposición a un concepto psicológico que atiende a las manifestaciones conductuales de una discapacidad psicosocial, a la forma como la persona se comporta realmente en la vida de relación.

Sin embargo, en la práctica opera un régimen mixto, en que no basta con la constatación de una patología psiquiátrica, sino que también se debe acreditar una cierta forma de conducta de la persona en su interacción social. Es decir, se exige (NÁQUIRA):

- un *presupuesto psicopatológico* (en realidad, habría que decir que se trata de un presupuesto «biológico», que en el caso del «demente» será psicopatológico; en cualquier caso, ha de tratarse de una perturbación psíquica grave y más o menos permanente) y, además,
- un *efecto psicológico-jurídico*, es decir, la persona debe exhibir una cierta forma de comportarse a raíz de ese presupuesto psicopatológico.

El «efecto psicológico-jurídico» se evalúa conforme al significado de la imputabilidad, que comprende dos dimensiones: la capacidad de la persona para darse cuenta del significado social de los propios actos y su capacidad de autoconducirse conforme a ese conocimiento. Estas dimensiones son requisitos copulativos de la imputabilidad. Por tanto, si el presupuesto psicopatológico anula o afecta muy severamente cualquiera de ellas, la persona se considerará inimputable. La constatación de un efecto psicológico-jurídico como parte del juicio de inimputabilidad implica, entre otras cosas, que este debe efectuarse en relación con el injusto específico respecto del cual se examina la imputabilidad del agente.

bb) ¿Qué casos están comprendidos en los conceptos de «loco o demente»?

Existe gran discusión al respecto, aunque puede afirmarse que existe cierto consenso en incluir las perturbaciones patológicas graves y los retardos mentales más severos.

(1) Perturbaciones mentales patológicas severas

Son locos o dementes en el sentido del Código Penal quienes padecen de perturbaciones mentales patológicas severas. Tradicionalmente se ha recurrido para su identificación a la clasificación de patologías contenida en el DSM-5 de la *American Psychiatric Association*. Las patologías más relevantes de este grupo presentan una base fisiológica o psico-orgánica, como los trastornos psicóticos, los casos severos de parálisis cerebral, las demencias, las esquizofrenias y las enfermedades maniacodepresivas. MATUS/RAMÍREZ utilizan en cambio la Clasificación Internacional de Enfermedades de la OMS, opción que tiene fundamento en la normativa sanitaria. Desde el punto de vista práctico, ambas tipologías conducen a resultados sustancialmente coincidentes para la determinación de la imputabilidad.

(2) Oligofrenias o retardo mental

También constituyen locura o demencia las oligofrenias o retardos mentales más severos, donde existe un desarrollo muy insuficiente, patológicamente condicionado, de las facultades intelectuales.

(3) ¿Trastornos de la personalidad?

Más discutible es el caso de los trastornos o anomalías graves de la personalidad.

Según el DSM-5, los trastornos de la personalidad se clasifican en tres grupos o *clusters* principales. En el Grupo A se encuentran, por ejemplo, el trastorno *esquizoide* (desapego en las relaciones sociales y poca variedad de expresión de las emociones en contextos interpersonales) y el *paranoide* (desconfianza y suspicacia intensa frente a los demás, de tal manera que sus motivos se interpretan como malévolos). Al Grupo B pertenecen *v. gr.* el trastorno *antisocial* (inatención y vulneración de los derechos de los demás, que se produce desde los 15 años de edad) y el *narcisista* (patrón dominante de grandeza en la fantasía o en el comportamiento, necesidad de admiración y falta de empatía). Mientras que en el Grupo C se encuentran entre otras las *personalidades dependientes* (necesidad dominante y excesiva de que le cuiden, lo que conlleva un comportamiento sumiso y de apego exagerado, y miedo a la separación) y *obsesivo-compulsivas* (preocupación por el orden, el perfeccionismo y el control mental e interpersonal, a expensas de la flexibilidad, la franqueza y la eficiencia).

En principio, los trastornos de personalidad no constituyen locura o demencia, aunque existe alguna discusión respecto de las *psicopatías*, es decir, de trastornos de personalidad particularmente intensos. Aunque se reconoce su existencia y entidad propia, no están incluidos en los manuales internacionales de diagnóstico psiquiátrico y la jurisprudencia, en general con razón, no los considera suficientes para fundar una declaración de inimputabilidad (Matus/Ramírez).

En términos muy generales, se puede decir que la línea divisoria entre la inimputabilidad por causa de salud mental y la imputabilidad discurre entre las patologías que implican una *pérdida de juicio de realidad*, es decir, aquellas en que la persona no percibe las cosas en el mundo exterior tal como son o confunde la realidad psíquica con la exterior (lo que ocurre, por ejemplo, en las psicosis), y los casos en que la persona solo ha perdido el *sentido de realidad*, lo que significa que, percibiendo las cosas tal cual son, interpreta la realidad de un modo enfermizo, como ocurre típicamente en quienes padecen trastornos severos de personalidad. Sin embargo, los trastornos de esta segunda clase podrían condicionar la concurrencia de una privación total y transitoria de razón como la que se regula en la segunda parte del art. 10 N° 1.

cc) No haber obrado en un «intervalo lúcido»

El art. 10 N° 1 contempla una excepción a la inimputabilidad por locura o demencia: no está exento de responsabilidad criminal el loco o demente que «haya obrado en un intervalo lúcido». Esta excepción ha sido explicada desde dos perspectivas diferentes:

- La concepción tradicional sostiene que el legislador del siglo XIX no conocía que las personas con grave discapacidad psicosocial padecen sus consecuencias de un modo permanente, aun cuando presenten fases o períodos en que su conducta no la manifiesta. Por lo tanto, en la medida en que la totalidad del comportamiento de estas personas se encuentra condicionado por la discapacidad, se dice, esta excepción que contempla la ley descansaría en un error y no tendría sentido.
- Alternativamente, cabe pensar que la ley reconoce que las personas con grave discapacidad psicosocial tienen capacidad para autoadministrarse, salvo que se encuentren cursando ciertas fases o etapas de su evolución clínica. Esta explicación es coincidente con el criterio diferenciador de algunas corrientes actuales de la psiquiatría forense, al menos respecto de las personas que padecen determinadas patologías, como epilepsias y trastornos bipolares o maniacodepresivos. Esta perspectiva diferenciadora, que parece más consistente con el estado de la ciencia, resuelve algunos problemas relativos a la imputación, pero abre importantes desafíos al momento de seleccionar y determinar las consecuencias jurídicas.

c) Inimputabilidad por privación transitoria de razón

La segunda parte del art. 10 N° 1 exime de responsabilidad a quien, al tiempo de la ejecución del hecho, «se halla privado totalmente de razón» por cualquier causa, siempre que esta causa sea independiente de su voluntad.

Esta regla se refiere a perturbaciones profundas de la conciencia de breve duración que no son exclusivamente de carácter psicopatológico y que conducen a un estrechamiento u oscurecimiento de la conciencia o de la razón tan grave como para conducir a una pérdida transitoria de la orientación espaciotemporal, del juicio de realidad o, al menos, de los presupuestos elementales del control de la motivación. La principal fuente de dificultades está en que la persona, no obstante lo anterior, conserva el control de la acción, es decir, la capacidad física y mental para evitar la conducta que realiza el tipo.

Para ser causa de inimputabilidad, la privación de razón debe ser total. Una privación parcial de razón, en caso de que fuera posible, solo puede tener cabida como circunstancia atenuante de la responsabilidad en el art. 11 N° 1 o, eventualmente, en el art. 11 N° 5.

Como la ley habla de «privación de razón», cabe preguntarse qué ocurre en los casos en que la persona conserva su lucidez en el razonamiento, pero es arrebatado por un movimiento pasional extraordinariamente violento. Si no resulta exento de responsabilidad, ¿puede quedar al menos comprendido en el art. 11 N° 1? La respuesta de la doctrina mayoritaria es que su caso queda comprendido bajo esta regla. Novoa, en cambio, se atiene al sentido literal del texto legal y exige una privación de razón entendida solo como «oscurecimiento» de la inteligencia. En cualquier caso, es preciso tener claro que la mera actuación pasional —por ejemplo, obrar por celos o con miedo— no constituye privación de razón, entre otras razones (como la derogación del antiguo art. 10 N° 11), porque estas situaciones están contempladas en los números 3°, 4° y 5° del art. 11 como circunstancias atenuantes y no como eximentes de responsabilidad.

Se puede dar asimismo por superada la discusión acerca de si, para que proceda la eximente, es necesario que la persona padezca una enfermedad mental de base. Hoy existe acuerdo en que tal patología de base no es necesaria, aunque desde luego esta condición puede, bajo ciertas condiciones, dar lugar a una privación total de razón.

Finalmente, se debe considerar que el art. 10 N° 1, segunda parte, se refiere a situaciones muy excepcionales —por ejemplo, cuando la persona ha sufrido un traumatismo severo que afecta en forma muy relevantes sus facultades intelectuales— y, sobre todo, a casos de intoxicación no voluntaria con alcohol u otras sustancias químicas psicoactivas.

d) *Actiones liberae in causa*

Si bien no hay duda en cuanto a que los casos de privación total de razón por intoxicación no voluntaria quedan comprendidos en el art. 10 N° 1, segunda parte, más complejo es determinar el tratamiento de la *autointoxicación*, ya que para eximir de responsabilidad la ley exige que la causa de la privación total de razón sea *independiente* de la voluntad del sujeto. En la historia de la ley se aprecia, además, que la Comisión Redactora tuvo el propósito de hacer responsable al ebrio por los delitos cometidos en estado de embriaguez (lo cual es un exceso, pues al menos hay casos patológicos que deben tratarse conforme a la primera parte del art. 10 N° 1).

En términos muy generales, y en sintonía con esta valoración legislativa, puede decirse que hasta hace algunos años la jurisprudencia tendía a rechazar la intoxicación por consumo de alcohol y drogas como causa de inimputabilidad. Por otro lado parece claro, sin embargo, que quien actúa en estado de intoxicación severa, aunque esta haya sido provocada en forma voluntaria, lo hace careciendo de los presupuestos de una plena imputabilidad penal. Sancionar penalmente al sujeto en estas condiciones, ¿es compatible con el principio de culpabilidad? A este problema se refiere la doctrina de las *actiones liberae in causa* (en singular, *actio libera in causa*) o, en forma abreviada, *a.l.i.c.*

La *a.l.i.c.* es expresión de un antiguo principio de imputación —su origen puede seguirse al menos hasta Aristóteles—, según el cual cuando una persona es responsable de su propio defecto de imputación, no puede invocar tal defecto para eximirse de responsabilidad por el hecho en el cual este incide (en un sentido amplio, esto es expresión del *venire contra factum proprium*). Con referencia a la teoría de la imputación del iusnaturalismo racionalista, Hruschka y otros autores hablan en estos casos, y en los de imprudencia, de una *imputación extraordinaria*.

Así, cuando una persona voluntariamente elimina los presupuestos de su propia imputabilidad y, en ese estado, realiza una conducta típica, no puede alegar luego que la realizó siendo inimputable: la voluntariedad «en la causa» ocupa el lugar del defecto de voluntariedad en el acto. Por tanto, a esa persona se le imputa el delito cometido en el estado de inimputabilidad y se le sanciona por él.

Alternativamente, o adicionalmente para los casos en que no se cumplan todos los requisitos de la *a.l.i.c.*, el ordenamiento podría establecer una responsabilidad por la sola configuración del déficit de imputabilidad, con independencia de lo que haya sucedido después. Se trataría de un delito de peligro consistente en ponerse a sí mismo en un estado que determina un déficit de imputabilidad, a lo cual se puede agregar una condición objetiva de punibilidad, que por lo mismo no requiere imputación subjetiva, consistente en la producción de un daño o en la ejecución de una acción prohibida. En Chile no se ha adoptado hasta el momento una regla como esta, aunque es favorecida por algunos autores como HERNÁNDEZ y COUSO.

aa) Problemas que plantea la **a.l.i.c.** *y modelos de solución*

La estructura de imputación de la *a.l.i.c.* presenta dos problemas principales:

- Primero, es absolutamente incompatible con una culpabilidad entendida en términos psicológicos (como evitabilidad del hecho «aquí y ahora», en función del control que la persona tiene actualmente de su motivación), porque no puede negarse que al momento de ejecutar el hecho típico la persona se encontraba privada de razón y, por lo tanto, simplemente no era imputable; que no haya sido imputable por su culpa, no elimina del mundo esa realidad. Luego, la única posibilidad de imputar subjetivamente el hecho pasa por normativizar la culpabilidad y convertirla en una exigencia o expectativa institucionalizada: es imputable no solo quien de hecho *tiene* el control de la acción al momento de realizar la conducta, sino también quien *debería haberlo tenido*.
- En segundo lugar, la *a.l.i.c.* también es *prima facie* incompatible con el *principio de coincidencia* —manifestación del *principio de legalidad* y *de culpabilidad* en sentido tradicional— según el cual, para poder atribuir a una persona un hecho delictivo, es necesario que se le puedan imputar como simultáneamente concurrentes, al menos en un momento del hecho, todos los presupuestos necesarios para afirmar su responsabilidad por él.

Para resolver este conflicto —e, indirectamente, también el primero—, se han desarrollado dos explicaciones. La opción por una u otra puede hacer variar la interpretación del art. 10 N° 1, segunda parte. *Nota bene:* ambas explicaciones *tienen en común* la exigencia de que, al momento de provocar su propia inimputabilidad, para la persona haya sido al menos *previsible* la realización del tipo en un momento posterior. Además, cabe agregar, la realización del tipo tiene que ser objetivamente imputable tanto a la autointoxicación como a la conducta desplegada en tal estado.

(1) Modelo de la excepción

Es cierto que al ejecutar el hecho típico la persona es inimputable, por lo que la *a.l.i.c.* es una excepción al principio de coincidencia. Pero esta excepción se funda en que el defecto de imputabilidad es atribuible al mismo sujeto, quien lo provoca a pesar de que ha previsto, o a que podía y debía prever, que en ese estado podía realizar el hecho. Por lo tanto, es la *actio praecedens* la que fundamenta su responsabilidad. Esto es lo mismo que se hace cuando se habla de «culpa por asunción», cuando se descarta un error de prohibición vencible, o cuando se niega la exculpación a quien ha provocado la situación de necesidad.

La principal objeción que se ha hecho en abstracto al modelo de la excepción es que una alteración como esta de los criterios de imputación sería de tal envergadura y afectaría de forma tan relevante la comprensión usual del principio de culpabilidad, que cuando menos debería estar consagrada expresamente en la ley. En Chile, sin embargo, puede considerarse que esta excepción está expresada en la ley (art. 10 N° 1), pues para que la persona sea considerada inimputable, la privación de razón debe obedecer a causas independientes de su voluntad; luego, si la privación de razón obedece a causas dependientes de su voluntad, la regla impide reconocer una causa de inimputabilidad. Más allá de esta observación de texto, habría que decir que la *a.l.i.c.* como estructura de imputación consiste precisamente en otorgar relevancia en el presente a las decisiones pasadas. En este sentido, la crítica resulta demasiado superficial.

(2) Modelo del tipo penal

En los casos en que se plantea el problema de la *a.l.i.c.* lo que en realidad ocurre es que la persona no comienza a ejecutar el hecho delictivo cuando, por ejemplo, realiza la acción matadora o pone en marcha el vehículo bajo el efecto de las drogas, sino que comienza a ejecutarlo ya cuando suprime su capacidad de culpabilidad. Esta posición, que se puede considerar predominante en la doctrina comparada, no necesita considerar a la *a.l.i.c.* como una excepción al principio de coincidencia, ya que, se dice, quien realiza un hecho delictivo comienza a realizarlo al momento de provocar su propia inimputabilidad, siendo al menos previsible la realización del tipo en un momento posterior.

Pero no es tan sencillo trasladar el comienzo de la realización típica al momento en el cual la persona provoca su propia inimputabilidad, entre otras razones —e incluso dejando de lado la crítica a una especie de «fraude de etiquetas»—, porque existe una definición legal acerca de cuándo comienza el hecho delictivo, y esa definición (art. 7° inc. 3°) exige un principio de ejecución «por hechos directos». El momento en que la persona suprime su imputabilidad de ninguna manera calza con un principio de ejecución del delito en cuestión por hechos directos. Así, sería inaceptable sostener, por ejemplo, que se ha iniciado la ejecución de un homicidio por hechos directos cuando la persona se embriaga en el bar para darse ánimos con el fin de encarar a su rival. Ello es aún más claro cuando se trata de delitos de mera actividad o de peligro abstracto, como algunos de los relacionados con el tráfico motorizado. En estos casos, resulta imposible hablar de un principio de ejecución en el momento en que la persona causa su propia imputabilidad.

Por estas razones, y suponiendo que se aceptan las consideraciones de teoría de la imputación que sirven de fundamento a la *a.l.i.c.*, resulta más convincente el modelo de la excepción.

Según el modelo que se aplique, se producirán consecuencias diferentes especialmente en dos planos:

(a) Comienzo de la tentativa

- Modelo del tipo penal: el hecho tendrá relevancia (*contra* o al menos *extra legem*, con independencia de la definición del art. 7° inc. 3°) cuando la persona provoca su inimputabilidad.
- Modelo de la excepción: la tentativa comienza cuando se entiende que lo hace conforme al art. 7° inc. 3°.

(b) Imputación subjetiva

- Modelo del tipo penal. Para que la acción típica posterior sea dolosa es necesario atribuir una especie de «doble dolo». Ya desde un comienzo, en el momento en que la persona provoca su inimputabilidad, el dolo debe extenderse a los presupuestos del hecho típico (el hecho no es divisible y la opinión predominante no acepta una tentativa que no sea dolosa) y al vínculo entre la realización de esos presupuestos y la conducta de supresión de la imputabilidad; pero además debe poder afirmarse el dolo al momento de la ejecución del hecho típico. En la práctica, los casos de *a.l.i.c.* dolosa serán muy escasos.

- Modelo de la excepción. Bajo este modelo, la persona debe obrar con dolo al momento de provocar su inimputabilidad y solo entonces. Aunque la *a.l.i.c.* es fenomenológicamente distinta de la autoría mediata, normativamente hablando es como si la persona cometiera el delito sirviéndose de sí mismo como instrumento. Por lo tanto, a efectos de la evitabilidad individual el momento relevante es aquel en que la persona pierde la capacidad de configurar de un modo evitable el hecho típico. En este momento se decidirá, entonces, si este se imputará a título de dolo o, en caso de que exista la figura imprudente, a título de culpa en aquellos casos en que se constate una discrepancia sustancial entre la creencia predictiva del autor y el curso real de los acontecimientos. Esta consecuencia en el plano de la imputación subjetiva es otra razón para favorecer el modelo de la excepción, pues la *a.l.i.c.* opera justamente en los casos de privación total de razón, en los cuales, como se verá más adelante, la atribución en propiedad de dolo o de culpa carece de sentido.

bb) Estado de la discusión en Chile

El modelo del tipo penal parece ser el que soporta implícitamente la posición mayoritaria en la doctrina chilena, que se ha concentrado en el análisis de los casos de embriaguez. En este sentido, y aun rechazando que el art. 10 N° 1 sea una consagración legislativa de la doctrina de la *a.l.i.c.*, Cury distinguía entre los casos de autointoxicación «preordenada» y «no-preordenada», distinción acogida por alguna jurisprudencia. En todos estos casos se tiene en mente lo que Cury llama «embriaguez plena», es decir, una embriaguez que produce una privación total, pero transitoria de la razón, en el sentido del art. 10 N° 1, segunda parte; en los casos de embriaguez «semiplena» solo viene a cuento la posibilidad de una atenuación en virtud del art. 11 N° 1.

(1) Autointoxicación preordenada

Es aquella en que la persona elimina su imputabilidad precisamente para cometer el delito. En estos casos se está ante una *a.l.i.c.* y la persona es plenamente responsable del hecho delictivo, en su caso, a título de dolo.

(2) Autointoxicación no-preordenada

Puede ser a su vez dolosa, culposa o fortuita (utilizando las dos primeras expresiones en un sentido muy impropio, pues no puede haber dolo o culpa respecto de un hecho que no realiza un tipo penal: autointoxicarse):

- La *autointoxicación no-preordenada dolosa* se produce cuando la persona se embriaga o se droga de forma voluntaria, para intoxicarse —no para delinquir— y luego comete un delito en ese estado. En este caso, el delito que luego se cometa solo puede imputarse a título de culpa, a no ser que la persona, al momento de provocar su inimputabilidad, se haya representado la posibilidad de cometer el delito que efectivamente cometió y la haya aceptado en su voluntad (dolo eventual).
- La *autointoxicación no-preordenada culposa* se produciría característicamente cuando la persona no bebe para embriagarse, pero atendidas las circunstancias este efecto era previsible. El delito cometido a continuación solamente podría imputarse a título de culpa.
- La *autointoxicación no-preordenada fortuita* tiene lugar cuando alguien se intoxica de modo totalmente imprevisto, como consecuencia de una alergia o del desconocimiento inevitable del carácter tóxico de la sustancia que ingiere. En tal caso, la privación de razón se produce por causas independientes de la voluntad del sujeto y se aplica el art. 10 N° 1, segunda parte.

Como se puede apreciar, el planteamiento de Cury coincide, en términos generales, con el modelo del tipo penal, pues conduce a la exigencia de un «doble dolo». La praxis de los tribunales discurre más bien según el modelo de la excepción. Si la persona ha cometido el delito luego de consumir voluntariamente drogas o alcohol, por lo general se entiende que no se encuentra en la situación descrita en el art. 10 N° 1, segunda parte (cfr. SCA Rancagua 9.IV.2020, Rol N° 155-2020; SCA Talca 18.VIII.2016, Rol N° 552-2016; divergente y con énfasis en lo dudoso que resulta imputar dolo al momento de la ejecución del hecho: SCA Iquique 22.XI.2021, Rol N° 394-2021). Incluso más, los tribunales tampoco suelen conceder la atenuante de eximente incompleta del art. 11 N° 1 en relación con el art. 10 N° 1 cuando la imputabilidad se encuentra disminuida a causa de una conducta de autointoxicación.

El modelo de la excepción es más severo que el modelo del tipo penal, porque admite la atribución de dolo también cuando la intoxicación no es preordenada y, de un modo consistente con la figura de la *a.l.i.c.*, no requiere una muy discutible atribución de dolo cuando el sujeto ya se encuentra totalmente privado de razón.

2. Exigibilidad

El segundo presupuesto necesario para enjuiciar si una persona obró con una motivación predominante de respeto al derecho en relación con el suceso objetivamente imputado, consiste en que el contexto de actuación haya sido suficientemente normal, de modo que sea posible concluir que la conducta es expresión de la motivación de la persona. Llamaremos a este presupuesto *exigibilidad de una motivación conforme a la norma* o, simplemente, *exigibilidad.*

Igual que la imputabilidad, este elemento también se da por supuesto, salvo que se demuestre claramente lo contrario. Se supone que toda persona imputable puede formarse una motivación conforme al ordenamiento jurídico, es decir, que tiene el control de la motivación, incluso en circunstancias muy adversas. Esta asunción es consistente con la dignidad de la persona, con «el derecho y el honor» que le corresponden (Hegel), pues la universalidad de la persona humana no puede quedar reducida sin más al momento puntual de una pasión.

Por tanto, este presupuesto de la culpabilidad tiene un contenido negativo, relacionado con que la persona *no* haya actuado en un contexto extremadamente anormal, radicalmente fuera de lo común. Solo si el contexto en que se realiza la conducta antijurídica es tan anormal o fuera de lo común que puede concluirse que tal conducta no ha sido expresión de la motivación de la persona, esta será *exculpada* o *excusada* por el derecho. Su conducta no es una toma de posición frente a la norma que sea capaz de desestabilizarla y, por lo tanto, el hecho no constituye el esbozo de un orden diverso, susceptible de generalización.

El ordenamiento jurídico trata esta exculpación por inexigibilidad de otra conducta con cautela y en términos muy restrictivos. Ella tiene que ver solo con situaciones de *conflicto existencial*, donde solo una actuación heroica habría llevado a la evitación de la realización del tipo; es decir, se trata de situaciones límite. En todos los demás casos, la norma de conducta conserva su pretensión de vigencia incluso ante quien debe enfrentar circunstancias muy adversas.

Caso 1. Dos náufragos se aproximan nadando a una tabla que solamente es capaz de resistir el peso de uno de ellos; el náufrago más fuerte golpea al más débil y se queda con la tabla, como consecuencia de lo cual el más débil perece antes de que pueda ser rescatado (caso análogo al de la famosa «tabla de Carnéades»).

Caso 2. Tres andinistas escalan amarrados por una cuerda; uno de ellos tropieza, queda inconsciente y remueve las fijaciones de tal manera que, si se queda un tiempo más colgando, provocará la caída de los otros dos, que están más arriba que él. Ante el peligro, uno de aquellos corta la cuerda, provocando la caída y la muerte del que estaba inconsciente.

Caso 3. Un hombre robusto y feral ataca con los puños a un viejecillo débil y de muy baja estatura, gritándole que lo va a «destruir»; el anciano, después de recibir varios golpes y poseído por el terror, saca una pistola calibre 22 y vacía el cargador sobre el grandulón dándole muerte al quinto disparo, pese a que el ataque había sido repelido ya definitivamente mediante los tres primeros.

En estos tres casos, aunque con diferencias de grado, se trata de situaciones extremadamente anormales. El derecho positivo se hace cargo de ellas estableciendo las denominadas *causas de exculpación* o, simplemente, *excusas*, y reconoce claramente dos de ellas: la fuerza irresistible y el miedo insuperable. Más discutida es, en cambio, la naturaleza de la obediencia jerárquica de órdenes antijurídicas y el favorecimiento del cónyuge y de ciertos parientes.

a) Fuerza irresistible y miedo insuperable

Ambas excusas se encuentran establecidas en el art. 10 N° 9.

aa) Fuerza irresistible

La palabra «fuerza» tiene varios sentidos posibles en la lengua castellana, desde aquellos cercanos a la fuerza física hasta los que se encuentran próximos a la retórica. Lo primero que debe resolverse, entonces, es de qué significado está más cerca esta palabra cuando se utiliza en el contexto de las causas de exculpación:

- En la interpretación más tradicional de la doctrina española, secundada en Chile por Peña y Rivacoba, entre otros autores, la fuerza capaz de exculpar es la *vis absoluta*, es decir, la fuerza física que gobierna por completo los movimientos de otro sujeto. Sin embargo, la *vis absoluta* no puede ser una causa de exculpación porque corresponde a un caso de *ausencia de acción*, es decir, excluye el control de la acción y no el control de la motivación, que es lo que interesa a la culpabilidad.
- Alternativamente, Cousiño y Novoa sostienen que, en una interpretación sistemática, la fuerza a que se refiere el art. 10 N° 9 no puede ser

otra que la fuerza física, pero incluyendo en ella no solo la *vis absoluta*, sino también el ejercicio de la fuerza física como coacción. Luego, queda también comprendida *v. gr.* la aplicación de torturas a una persona para que revele un secreto que debe guardar bajo amenaza de pena, así como la aplicación de fuerza física sobre un tercero a quien el coaccionado no quiere ver sufrir.

- Un último planteamiento —que hoy puede considerarse mayoritario— sostiene que la expresión «fuerza» comprende tanto la fuerza física como la fuerza moral o *vis compulsiva*, que es la amenaza de un mal de cualquier naturaleza, siempre que la persona amenazada considere que se trata de un mal grave. Además, según los autores finalistas, el origen de esta fuerza moral puede ser tanto externo como interno. Así, si un sujeto se convence a sí mismo de que algo muy grave sucederá si no realiza la conducta contraria a derecho, también estaría exculpado.

Una correcta interpretación de la eximente debe considerar que la expresión «fuerza» utilizada en el art. 10 N° 9, no puede tener un sentido ajeno al que posee en los demás preceptos del Código Penal que utilizan la misma palabra. Pues bien, en el lenguaje del Código, «fuerza» siempre significa «fuerza física»; por tanto, una interpretación sistemáticamente coherente del art. 10 N° 9 lleva a considerar como causa de exculpación solo la coacción mediante la amenaza de un mal físico. Es decir, llevaría razón el planteamiento de Cousiño, aunque habría que excluir la *vis absoluta*, que constituye un caso de ausencia de acción. La fuerza física, además, debe ser aplicada actualmente, pues la ley se refiere al que «obra violentado»; no basta, pues, con la amenaza de aplicación de fuerza física —situación que sí podría dar lugar, en cambio, a la excusa de miedo insuperable.

Por lo tanto, para que una persona se considere exculpada en virtud de una fuerza irresistible, se requiere:

- que el estímulo sea externo;
- que ese estímulo externo esté asociado a fuerza física, sea sobre el mismo autor, sea sobre un tercero, pero de tal manera que afecte al autor exculpado;
- que la aplicación de fuerza física sea actual, y
- que el estímulo tenga la entidad suficiente para provocar el conflicto de motivos que es propio de la exculpación (debe ser «irresistible»); por tanto, el estímulo debe constituir un mal serio y grave.

bb) Miedo insuperable

Aristóteles define el miedo como «una cierta clase de preocupación e inquietud producida por la representación de un mal próximo en el tiempo, capaz de provocar la muerte o dolor». Y aclara que no se tiene miedo frente a todo mal —no se teme, por ejemplo, ser injusto o volverse más lento—, sino «solo ante aquel que puede significar un gran sufrimiento o la destrucción, y esto además solo cuando este mal no se encuentra lejano, sino que aparece como próximo, de tal manera que puede acontecer en cualquier momento». De un modo consistente con estas definiciones, el miedo como causa de exculpación supone la amenaza de un mal grave y serio, capaz de doblegar la voluntad de la persona. Mientras que en la fuerza el mal es actual, en el miedo se trata de un mal futuro, pero que puede realizarse en cualquier momento y, en este sentido, es inminente.

El Código Penal es muy claro al señalar que la persona está exculpada cuando obra «por miedo», es decir, cuando la explicación del hecho es el miedo. Por lo tanto, y recogiendo la clásica distinción de Tomás de Aquino, puede decirse que no basta con que la persona actúe «con miedo». Sin embargo, es más bien poco lo que se ha hecho para clarificar más allá de esto el requisito de «insuperabilidad» del miedo. Se dice en términos bastante generales que, para ser insuperable, el medio debe ser intenso, grave, etc. La jurisprudencia suele agregar dos requisitos, ambos controversiales desde una perspectiva subjetivista de la excusa:

- el mal que se anticipa, origen del miedo, debe ser injusto o ilegítimo (así se desprende *v. gr.* de SCA Valdivia 6.VII.2007, Rol N° 116-2007);
- la realización del tipo es subsidiaria; si existen otros medios para evitar el mal o escapar de él, la realización del tipo penal no queda excusada (así se desprende *v. gr.* de SCA La Serena 10.VIII.2011, Rol N° 183-2011).

cc) Problemas comunes

Hay una serie de problemas comunes a las dos causas de exculpación previstas en el art. 10 N° 9 y que conviene revisar someramente:

(1) Fundamento de la exculpación

¿Cuál es el fundamento de la exculpación por inexigibilidad? Conforme a la doctrina mayoritaria, el fundamento básicamente es psicológico: la persona, a causa de las condiciones extremas en que actúa, es, en un sentido psicológico, «menos libre». Se argumenta que al ciudadano común no se le puede exigir que se comporte como un héroe.

Esta explicación no es falsa, pero es incompleta:

- No explica, en primer lugar, por qué a ciertas personas se les exige más que a otras para apreciar la «insuperabilidad» del miedo o la «irresistibilidad» de la fuerza (véase inmediatamente abajo el n. 4).
- El fundamento psicológico tampoco explica por qué en los casos de error (evitable) del sujeto acerca de la existencia del estímulo, habría que castigar igualmente. Si el fundamento fuera solo una menor libertad en sentido psicológico, entonces tanto valdría el estímulo real como el imaginario.
- No explica, tampoco, la diferencia entre estas instituciones y las atenuantes pasionales, especialmente la del art. 11 N° 5. Si el fundamento de la excusa está en que la persona actúa de manera menos libre debido al contexto, entonces prácticamente no se pueden distinguir estas causas de exculpación de las atenuantes pasionales.

Todo lo anterior sugiere que el fundamento de la exculpación no es únicamente psicológico, sino también *normativo*: el derecho renuncia al reproche porque la persona no es competente por su déficit de motivación, de tal manera que el conflicto puede ser explicado como obra de un tercero o del infortunio.

Luego, el criterio fundamental para enjuiciar la procedencia de una exculpación por inexigibilidad puede sintetizarse en el siguiente *test*: Si el juez exculpa al autor en el caso concreto, ¿debilita de un modo insoportable la vigencia de la norma quebrantada?, o, dicho de otro modo, ¿hace inviable una regulación jurídica eficaz en ese preciso ámbito de convivencia? Si la exculpación no debilita de modo significativo la vigencia de la norma, se puede exculpar —con otras palabras: el conflicto puede procesarse al margen de la persona a quien se imputa objetivamente su quebrantamiento—; de lo contrario, debe entenderse que el ordenamiento no tolera la exculpación.

(2) Delimitación respecto de otras instituciones

La fuerza irresistible y el miedo insuperable, como causas de exculpación, están de algún modo «entre medio» de otras dos instituciones también contempladas en el Código Penal: por un lado, las eximentes del art. 10 N° 1 (especialmente, en su segunda parte) y, por otro, las circunstancias meramente atenuantes llamadas *pasionales* (art. 11 Nos. 3, 4 y 5). Por tanto, la interpretación del art. 10 N° 9 debe darle a esta regla un ámbito propio de vigencia, que no colisione con el alcance de estas otras instituciones.

(3) Parámetro para determinar la «insuperabilidad» del miedo y la «irresistibilidad» de la fuerza

Lo insuperable del miedo y lo irresistible de la fuerza debe determinarse según un parámetro sobre cuya naturaleza se discute. Así, parte de la doctrina se inclina por un baremo generalizador, mientras que otro sector opta por uno individualizador, relativo al mismo sujeto cuya culpabilidad se juzga.

Quienes abogan por un parámetro generalizador, como CURY, sostienen que solo cuenta como irresistible o insuperable aquella fuerza o miedo, respectivamente, que lo es para un «hombre medio». La jurisprudencia ha seguido con frecuencia este criterio, lo que implica, por ejemplo, que las fobias que sufren ciertas personas no cuentan como causa de miedo insuperable.

Como contrapartida, la visión individualizadora sostiene que la culpabilidad como categoría del delito hace referencia a una persona determinada, por lo que el parámetro debe ser individualizador. Cuando se trata de la exigibilidad o inexigibilidad de una motivación conforme a la norma, la persona a quien se dirige la exigencia no puede ser otra que la persona cuya culpabilidad se juzga.

Como, en efecto, el juicio de culpabilidad responde a una especial personalización de la imputación, lo correcto es juzgar conforme a las características y capacidades individuales del sujeto, pero suponiendo como concurrente en él ese mínimo de motivación de respeto al derecho que se exige de todo ciudadano y que, por lo tanto, se encuentra estandarizado por el derecho.

(4) Tratamiento que debe darse a las personas que se hallan en situaciones especiales debido a su opción profesional o de vida

Algunas personas han decidido exponerse de modo habitual a riesgos de cierta magnitud (*v. gr.* bomberos, policías, militares, miembros de grupos de rescate, pilotos, etc.). La pregunta es si, en estos casos, al juzgar la «insuperabilidad» del miedo o la «irresistibilidad» de la fuerza hay que hacerlo atendiendo al parámetro que se utiliza para el ciudadano común o si, en cambio, hay que tener en cuenta su actividad profesional u opción de vida, exigiendo una capacidad mayor de resistencia y reacción.

La respuesta ampliamente predominante es que se debe tener en cuenta la situación especial del sujeto, pero dentro de ciertos límites, ya que, como acertadamente decía CURY, «no existe la profesión de héroe».

(5) Estímulos imaginarios

¿Qué ocurre cuando el estímulo —aquello que desencadena la reacción de miedo o que constituye la fuerza— es meramente imaginario, es decir, no existe en la realidad? En estas hipótesis, la persona cree que está en una situación extrema, cuando en realidad no lo está y, por lo tanto, hay una alternativa a la conducta típica que la persona no se representa.

Conforme a la doctrina mayoritaria, habría que distinguir:

- Si el error en que se encuentra la persona es un error *inevitable*, entonces correspondería igualmente excusar.
- Si el error era, en cambio, evitable (haciendo un mayor esfuerzo, la persona podría haber salido de él), entonces corresponde castigar, pero a título de imprudencia o al menos con un apena atenuada.

Esta solución es muy discutible, porque equipara sin más el tratamiento del error sobre los presupuestos de la exculpación con el tratamiento que la doctrina mayoritaria da al error sobre los presupuestos fácticos de la justificación. En realidad, se trata de situaciones muy diferentes, pues en la exculpación putativa la persona realiza la conducta típica con perfecto conocimiento del alcance y significado de sus actos para el ordenamiento jurídico. Además, ¿en qué habría de consistir la «imprudencia» a la que se refieren algunos de estos planteamientos? La idea de imprudencia solo tiene sentido como forma de evitabilidad del hecho típico y no se proyecta hacia potenciales conductas alternativas.

Por eso, la única respuesta coherente consiste en negar toda pertinencia al criterio *praeter legem* de la evitabilidad, sea para conceder en todo caso la eximente (como hace *v. gr.* HERNÁNDEZ-Código Penal), sea para negarla reconociendo solo una atenuante pasional, a la espera de que se reconozca *legalmente* la excusa en los casos de error invencible y se establezca, también en la ley, una facultad de graduación del reproche y de la pena para los casos más extremos de error evitable.

b) ¿Obediencia jerárquica como excusa?

La obediencia de órdenes antijurídicas no es un asunto limitado al régimen de los soldados y los policías, sino que es parte del régimen general de los funcionarios públicos (arts. 61 letra f] y 62 de la Ley N° 18.834, Estatuto Administrativo), de los jueces y otros funcionarios judiciales respecto de las órdenes impartidas por sus superiores jerárquicos (art. 226), y muy especialmente de los funcionarios de la Administración en lo que respecta a sus relaciones con los administrados (art. 159).

Sin embargo, la situación de los funcionarios militares y policiales, que cuenta con una regulación relativamente detallada en el Código de Justicia Militar (CJM), es muy diferente. Pues tratándose de la prevaricación del art. 226 y de las reglas del Estatuto Administrativo es posible concluir que la ley se refiere a órdenes ilegales o antijurídicas, mas no tendientes a la comisión de un delito; si fuera este último el caso, el subordinado debe abstenerse de ejecutar el mandato (MATUS/RAMÍREZ; POLITOFF). Sin embargo, esta interpretación se encuentra vedada en el caso de la obediencia militar, cuya regulación se refiere expresamente al deber de cumplir órdenes que tienden a la comisión de un delito. Así, aunque no existe duda en cuanto a que en tales casos el funcionario militar o policial se encuentra exento de responsabilidad penal, si se cumplen todas las condiciones establecidas en los arts. 214, 334 y 335 CJM, el fundamento de esta exención es tan controvertido que ETCHEBERRY llega a calificarlo como «uno de los temas más debatidos en la teoría del delito».

Los ensayos de fundamentación son muy variados, desde la idea de ausencia de acción por parte del subordinado hasta la tesis de la causa de exculpación por inexigibilidad de otra conducta, pasando por la obediencia jerárquica como causa de justificación, el error invencible sobre la antijuridicidad del hecho e, incluso, la fórmula de la excusa legal absolutoria. Entre estas diversas opiniones parece haberse impuesto en la doctrina chilena la tesis de que «el cumplimiento de órdenes impartidas por un superior, por ej., en la jerarquía militar, es causal de justificación, si la orden, no obstante típica, es lícita; las órdenes antijurídicas, en cambio, nunca justifican la conducta, pero pueden exculpar a quien las cumple, bajo ciertas condiciones estrictas, conforme al sistema de obediencia reflexiva» (COUSO-Código Penal).

Los principales argumentos a favor de esta «tesis de la exculpación» son las críticas que se dirigen a la «tesis de la justificación». Según ETCHEBERRY, esta última ni siquiera podría discutirse en el ordenamiento chileno, pues el art. 214 CJM deja subsistente la responsabilidad penal del superior. Como la valoración del hecho por parte del derecho ha de ser unitaria, no cabría sostener que se encuentra justificado. Por otro lado, la tesis de la justificación priva al afectado por la conducta delictiva del derecho a la legítima defensa, lo que resulta intolerable desde el punto de vista valorativo. Por último, y desde una perspectiva más bien política, parece inaceptable que el derecho justifique —es decir, apruebe en toda la línea— la ejecución de una orden que tiende a la perpetración de un delito.

La debilidad de la tesis de la exculpación se encuentra, sin embargo, en que no resulta plausible sostener con carácter general que el subordinado que cumple una orden ha actuado en una situación de conflicto existencial o de motivos. Incluso más, la idea de inexigibilidad parece estar fuera de lugar cuando se aplica a este tipo de situaciones, pues el derecho diría al subordinado y a la sociedad lo siguiente: La ley no puede exigirle al soldado o al carabinero que desobedezca la orden del superior, ya que para ello tendría que actuar con un heroísmo que no es esperable del hombre común; sin embargo, sí puede exigirle que cometa un grave delito con plena conciencia de que actúa en forma antijurídica, con tal que haya representado la orden al superior, pues cualquier persona habría hecho lo mismo en su lugar. Esta forma de razonar es extraña y repugna a la idea de inexigibilidad.

Por el contrario, el derecho espera más bien que el subordinado que advierte el carácter antijurídico de la orden —el cual, por lo demás, debe ser «notorio» de acuerdo al art. 335 CJM— y la ha representado al superior, cumpla la orden sabiéndose amparado por el ordenamiento jurídico y con la convicción de estar cumpliendo su deber. Actúa como lo hace no solo porque el derecho lo autoriza, sino precisamente *porque le manda* obrar de ese modo. Si no cumpliera la orden porque le repugna su contenido, bien podría venir en consideración la inexigibilidad de otra conducta respecto del delito de insubordinación. Pero quien obedece la orden representada e insistida no hace más que cumplir con su deber. Dicho en otros términos, las reglas de obediencia jerárquica tienen precisamente por objeto evitar o atenuar un posible conflicto de motivos en el subordinado, indicándole claramente qué es lo que debe hacer para cumplir con el mandato del derecho.

En esto radica precisamente el dilema que plantea la obediencia jerárquica. Novoa afirmaba que «el fondo de este conflicto, insoluble o casi insoluble, está en que una ley que hace obligatoria a ciertos individuos su propia transgresión, es una ley contradictoria». En esta misma afirmación, sin embargo, está la clave para resolver el dilema. Pues en rigor ocurre que el militar o carabinero se ve enfrentado a dos deberes cuyo cumplimiento simultáneo es imposible. Por un lado, debe evitar la realización del tipo penal y, por otro, debe cumplir una orden que le compele a realizarlo. Lo que hacen las reglas sobre obediencia jerárquica es resolver de un modo categórico esta colisión de deberes a favor de la obediencia. No existe un conflicto de motivos, sino una colisión de deberes, que el legislador ha resuelto sin duda alguna a favor de la eficacia del mando, como refleja entre otras la regla del art. 214 inc. 2° CJM.

Por el contrario, y a diferencia de lo que ocurre con el inferior, el superior no está enfrentado a esta colisión de deberes y, por lo tanto, respecto de él no surte efecto la causa de justificación. En concordancia con ello, el mismo art. 214 establece la responsabilidad exclusiva del superior.

El régimen general de la obediencia jerárquica en el Código de Justicia Militar no se encuentra, entonces, sujeto a consideraciones de exigibilidad de ninguna clase. Conforme al juego entre los arts. 334 y 214 CJM existe una *regla general* conforme a la cual *siempre* que la ejecución de la orden del superior conlleva la comisión de un delito, el único responsable de tal delito será el superior jerárquico. Respecto de esta regla general de justificación para el subordinado hace *excepción* el art. 335 CJM. En aquellos casos puntuales en que la orden *tiende notoriamente* a la perpetración de un delito, el subordinado tiene el deber de representar la orden al superior si quiere eximirse de responsabilidad; si no lo hace, y de todos modos cumple la orden, será castigado por tal delito, aunque con una pena atenuada. Este régimen excepcional da lugar a lo que se suele denominar como «obediencia reflexiva».

Por lo tanto, cuando la orden *no tiende notoriamente* a la perpetración de un delito, el subordinado simplemente tiene que obedecerla, y quedará exento de responsabilidad conforme a los arts. 214 y 334 CJM —una colisión de deberes resuelta expresamente en la ley— y, si se quiere, por esos dos preceptos en relación con el art. 10 N° 10 del Código Penal.

Para los casos excepcionales en que la orden tiende notoriamente a la perpetración de un delito, es decir, en las hipótesis de *obediencia reflexiva*, los requisitos de la eximente de responsabilidad penal son los siguientes:

- debe existir una «orden relativa al servicio», esto es, debe impartirse «en el contexto del servicio» y guardar relación con él. La orden no es relativa al servicio, por ejemplo, cuando sirve únicamente a fines personales del superior o cuando tiende a la comisión de un delito contra la integridad sexual;
- la orden debe encuadrarse dentro de las «atribuciones legítimas» del superior en un sentido formal. Las órdenes que tienden a la perpetración de delitos excluidos por la misma regla legal que establece la eximente o por los tratados de derechos humanos vigentes, no pertenecen siquiera formalmente al ámbito de atribuciones legítimas del superior;

- la orden debe tender notoriamente a la perpetración de un delito;
- el subordinado debe haber representado la orden, con independencia de cuáles fueran sus motivos para hacerlo. Si no lo hace, será responsable del delito, pero se le impondrá la pena inferior en un grado;
- el superior debe haber insistido en la orden;
- el subordinado tiene que haber cumplido la orden tal como se impartió; si se excede en el cumplimiento, en cambio, se le castiga con la pena del delito que haya cometido, rebajada en un grado.

La radicalidad de la forma en que el legislador ha regulado esta materia aparece claramente al examinar la situación en que se encuentra el titular de los bienes afectados por la conducta típica. Pues si el subordinado actúa amparado por una causa de justificación, entonces resulta forzoso asumir que no cabe contra él una reacción de defensa legítima. Sin embargo, el carácter justificado de la conducta del subordinado no excluye la concurrencia de un estado de necesidad defensivo (y, desde luego, no excluye la legítima defensa contra quien impartió la orden). Como se estudió en su momento, la «gracia» de las causas de justificación radica, precisamente, en que sus efectos y alcances son variables dependiendo entre otras cosas de la índole y peso relativo de los deberes que resultan infringidos. Cuando el que actúa lo hace amparado por una colisión de deberes propia de la obediencia jerárquica, el hecho de que la justificación tenga el alcance restringido que le da la ley y subsista, por ejemplo, la responsabilidad del superior, modula tanto el espectro justificatorio como el ámbito de reacciones permitidas a la persona afectada por la intervención.

En este caso, no puede considerarse que el subordinado que actúa justificado despliega una agresión ilegítima, pero su conducta representa un mal actual o inminente para el afectado. Por eso puede actuar en estado de necesidad. Esta solución también se hace cargo de la situación en que se encuentra el subordinado, quien, de lo contrario, no solo estaría obligado por el derecho a cumplir una orden antijurídica, sino también a soportar impávido que el afectado le lesione o le mate al desplegar todo el potencial de la autorización que le confiere el derecho a legítima defensa, incluso para repeler ataques contra intereses meramente instrumentales. La reacción en estado de necesidad, en cambio, está sujeta a un estricto régimen de subsidiariedad y se encuentra regulada en su intensidad por la ponderación de intereses.

c) ¿Favorecimiento del cónyuge y de ciertos parientes?

Conforme al art. 17 inciso final, se exime de responsabilidad a quien encubre a su cónyuge o a ciertos parientes que han cometido un delito, bajo las condiciones que la misma regla establece.

La índole de esta institución es discutida. Algunos señalan que se trata de una presunción de inexigibilidad; otros, en cambio, sostienen —con bastante fundamento— que no es una causa de exculpación, sino una *excusa legal absolutoria*. Para los partidarios de una accesoriedad completa o máxima en materia de participación, esto tiene consecuencias importantes. Pues si se trata de un hecho típico, antijurídico y culpable, pero no punible, entonces hay intervención delictiva de quien colabora en la conducta de favorecimiento sin ser cónyuge ni pariente; en cambio, si la regla consagra una causa de inexigibilidad, entonces su apreciación impide la participación de los *extranei* en el hecho por falta de culpabilidad en relación con el hecho principal.

III. LA EVITABILIDAD INDIVIDUAL

Para que a una persona se le pueda imputar un hecho antijurídico como obra suya, como *su* toma de posición frente a la norma, no basta con poder afirmar que concurren en él los presupuestos de una motivación predominante de respeto al derecho; se requiere, además, poder atribuirle la decisión de realizar la conducta contando con una orientación suficiente sobre su significado y alcance. Esto es lo que llamaremos *evitabilidad individual* (del hecho objetivamente imputado) y ella depende, expresado en términos simples y resumidos, de la posibilidad de atribuir al agente una anticipación de la realización del tipo como consecuencia evitable de su propia conducta.

Estudiaremos aquí, por tanto, las principales categorías que, en la sistemática de la doctrina predominante, comprende la denominada «faz subjetiva» del tipo penal: *el dolo* y la *culpa*, allí donde esta última puede contribuir a fundar una sanción penal. Tal estudio comprende también el del *error* como causa de disminución o, incluso, de exclusión de la evitabilidad individual.

1. El dolo

a) La ley

La ley no contiene una definición del dolo. Sin embargo, de ciertos preceptos del Código Penal obtenemos algunas ideas acerca de la forma en que el derecho positivo lo reconoce. Particularmente revelador es el art. 2°: «Las acciones u omisiones que cometidas con dolo o malicia importarían un delito, constituyen cuasidelito si solo hay culpa en el que las comete». ¿Qué se desprende de este precepto?

aa) «Dolo o malicia»

La expresión *dolo* aparece junto a la de *malicia*, separada de ella por la conjunción «o». Esta conjunción tiene en el idioma castellano dos significados distintos, ya que puede significar sinonimia o equiparación (como aquí mismo) de los términos que conecta, o bien (como en esta misma frase), la enunciación de alternativas conceptualmente diversas entre sí. La discusión acerca de cuál de los dos sentidos tiene en el art. 2° se encuentra abierta, y posee abundantes y relevantes consecuencias sistemáticas. Entre ellas destaca la determinación de si, conforme al derecho vigente, el dolo incluye la conciencia de la ilicitud, o en cambio —como quieren, entre otros, los autores finalistas— el ordenamiento asume la idea de un dolo valorativamente neutro.

Como se verá en lo sucesivo, el art. 2° se limita a enunciar las diversas formas de evitabilidad individual que la ley reconoce: el «dolo», que es la forma de evitabilidad asociada a la mayor parte de las figuras delictivas; la «malicia» o actuar «a sabiendas», que se exige solo respecto de ciertos delitos y supone atribuir al autor la asunción de un riesgo particularmente elevado de realización del tipo penal como consecuencia evitable de su conducta; y la «culpa» o imprudencia.

bb) Ubicación del precepto

De la ubicación del art. 2°, que se encuentra precisamente después del art. 1°, es posible obtener alguna conclusión respecto de la presunción de voluntariedad que este último contiene en su segundo inciso. En efecto, se ha sostenido que el art. 1° mal podría contener una presunción de dolo, pues esta categoría es introducida por el legislador recién en el art. 2°, y no puede «leerse en» la norma precedente (Ortiz Muñoz).

Desde el punto de vista teórico, tampoco parece haber antecedentes para aislar un determinado objeto de la presunción. La presunción de voluntariedad se refiere por igual a todas las categorías de la imputación subjetiva del hecho (desde la exigibilidad hasta la evitabilidad en general —sin concreción en culpa o dolo—, pasando por la imputabilidad: es decir, se presume que el acto no es *in*voluntario), o bien, carece de toda utilidad y ha de mirarse como no escrita —tal es la opción *v. gr.* de RETTIG—, pues no existe razón alguna de peso para considerar que la presunción de voluntariedad solo se refiere a la evitabilidad, o solo a la conciencia de la ilicitud, a la exigibilidad, o a cualquiera otra categoría de la imputación subjetiva. Ya PACHECO sostenía que «voluntario [en el art. 1° CP español de 1848] significa antes que todo, libre».

cc) «Cuasidelitos»

Una mención especial merece el hecho de que la ley, tras referirse a las acciones u omisiones cometidas con dolo, denomine como «cuasidelitos» a aquellas en que «solo hay culpa» (art. 2°). No existe duda alguna en el sentido de que, para la ley, el hecho imprudente es menos grave que el hecho doloso. El delito culposo sería de algún modo un delito «por extensión» (precisamente: un *cuasi*delito), lo que coincide con la cláusula de exención de responsabilidad por el hecho imprudente contenida en el art. 10 N° 13 y con el hecho de que, en principio, la imprudencia solamente se castiga cuando es temeraria (art. 490). En esta última regla, precisamente, es relevante notar que la imprudencia de una conducta pueda ser calificada como «temeraria» y que, a la vez, esa misma conducta se considere exenta de toda malicia.

Sin embargo, no se puede olvidar que para la ley todo delito es voluntario, también el cuasidelito. Aunque desde cierta perspectiva, que no era ajena al legislador histórico, lo que no es intencional es en cierto sentido menos voluntario, la falta de una «intención positiva» no suprime la voluntariedad. Así queda de manifiesto en la bipartición del art. 2°, que distingue entre delitos y cuasidelitos, ambos consistentes en acciones u omisiones «voluntarias» y penadas por la ley. De este modo, la voluntariedad es presupuesto de todo delito, según el art. 1° (Sesión 120 de la Comisión Redactora del Código Penal). Así parecía entenderlo también PACHECO:

> «Entre esa comisión voluntaria y esa comisión plenamente involuntaria; entre el dolo, nombre romano de la primera, y la inocencia, nombre universal de la segunda, ha podido considerarse algo intermedio, a que llamaron culpa los antiguos jurisperitos, y que nuestro Código ha apellidado negligencia e imprudencia temeraria».

Entonces, si la diferencia entre el delito doloso y el imprudente no está en que el primero es voluntario y el segundo no lo es, es decir, si la realización de todo delito requiere una clase de voluntariedad que no se identifica con la intención, cabe preguntarse cuál es la diferencia entre dolo y culpa en el Código Penal.

dd) «Las acciones u omisiones»

El art. 2° expresa que «las acciones u omisiones que (...) importarían un delito, constituyen cuasidelito si (...)»; es decir, las *mismas* acciones u omisiones constituyen delito o cuasidelito, según si se cometen con dolo o con culpa. Esta forma de expresarse del Código permite sostener que las descripciones del hecho doloso y del hecho culposo (*v. gr.* arts. 391 N° 2 y 490) corresponden a dos caras de una misma moneda. Sistemáticamente hablando, por lo tanto, no se trata de dos tipos penales distintos, sino un mismo tipo penal que tiene dos facetas. Esto explica, por ejemplo, que si respecto de una conducta matadora no se puede probar dolo, pero sí que el hecho era individualmente evitable para su autor, se pueda condenar por el correspondiente cuasidelito.

ee) «En el que las comete»

Según el precepto, la culpa —y el dolo— están «en el que» comete el delito (una referencia semejante se encuentra en el art. 490). Esta clara referencia a la evitabilidad como una cuestión de imputación subjetiva no tiene por qué interpretarse en términos «subjetivistas». El art. 64, por ejemplo, prueba que en la ley lo «personal» no se confunde con lo meramente subjetivo o psicológico. Pero el tenor del art. 2° sí tiene, en relación con lo ya visto, dos consecuencias muy importantes:

- Que el dolo y la culpa no se comunican a otras personas, es decir, no admiten un tratamiento accesorio.
- Que los elementos del dolo deben poder imputarse como presentes al tiempo de comisión del hecho (principio de simultaneidad o coincidencia). Por ejemplo, si Arnoldo está limpiando un arma y se le escapa un tiro que mata a Benito, se tratará de un hecho culposo, aunque luego Arnoldo apruebe o incluso celebre la muerte de Benito. Y a la inversa, si Arnoldo se dirige a matar a Benito, pero al encontrarlo se pone a discutir con él y entre ambos comienza una riña en la cual Benito cae en forma tan desafortunada que se golpea en la cabeza y

muere, la primitiva intención homicida de Arnoldo no convierte el hecho en un homicidio doloso. No existen un *dolus subsequens* ni un *dolus antecedens*.

b) Concepto de dolo en la jurisprudencia

La jurisprudencia ha expresado en numerosas ocasiones una concepción del dolo que se resume en el siguiente considerando:

> «El dolo aparece como compendio de un proceso anímico abarcador del [1] conocimiento que el sujeto ha de tener, comprensivo de los elementos esenciales fundamentadores del tipo, descriptivos y valorativos, y [2] de la definida y firme voluntad de realización del injusto típico; obra con dolo el que conoce y quiere realizar el tipo penal objetivo. Además de requerir un elemento cognitivo (el saber o conocer), el dolo exige también la presencia de un elemento volitivo: el querer (la realización del hecho típico)» (SCS 26.I.2009, Rol N° 5898-2008).

Estas definiciones han sido útiles para la praxis y pueden seguir siéndolo si se tienen en cuenta las siguientes precisiones y limitaciones:

- No es exacto decir que el autor «conoce» todos los elementos del tipo cuando actúa, como cuando se afirma, por ejemplo, que al momento de apretar el gatillo el autor conoce la muerte de la víctima (resultado típico del delito de homicidio). En este ejemplo, la muerte es un hecho futuro respecto de la conducta, y los hechos futuros no se conocen, sino que solo se anticipan o pronostican. El autor no puede conocer los elementos del tipo que aún no se han realizado, sino en el mejor de los casos creer o anticipar su aparición con una cierta probabilidad.
- Para actuar con dolo no solo es necesario «conocer» o anticipar los elementos del tipo, sino también el contexto en el cual se ejecuta la acción o se incurre en la omisión —hay que saber hasta cierto punto «cómo funciona el mundo»—, es decir, un conjunto de elementos, sucesos concomitantes, circunstancias y otras relaciones que el tipo no contiene siquiera implícitamente.
- La «definida y firme voluntad de realización del injusto típico» coincide con la intención de realizar ese injusto. Sin embargo, como se verá, se considera que también cumple el estándar del dolo una forma de voluntad distinta de la intención, caracterizada generalmente como «aceptación». Por esta razón se suele rechazar en materia penal el concepto de dolo

contenido en el art. 44 del Código Civil, al menos en cuanto se entienda que restringe el dolo a la «intención positiva» de causar injuria a otro.

Del concepto de dolo formulado por la jurisprudencia se deducen, con total independencia de su lectura en clave finalista, sus elementos: intelectual o cognitivo, y volitivo.

c) Elementos del dolo

aa) El elemento cognitivo o intelectual

La imputación de dolo implica atribuir al autor un *juicio válido y serio sobre la situación concreta.* Más precisamente, se atribuye al autor un juicio práctico cuyo contenido es configurar un riesgo de realización del tipo que puede considerarse como relevante para la decisión de actuar (o de no hacerlo), desde la perspectiva de una motivación predominante de respetar el derecho. El denominado «elemento intelectual» del dolo es, así, el contenido de la voluntad de realización de un hecho cuyas propiedades satisfacen los presupuestos de un injusto penal. Tal juicio estará normalmente presente cuando lo estén todos los factores capaces de proporcionar, a una persona imputable, suficiente orientación en cuanto a que la realización del tipo contará como consecuencia evitable de su propia conducta.

No obstante las evidentes discrepancias terminológicas o incluso de detalle entre los diversos autores, se puede afirmar que en buena parte de la literatura parece haberse instalado lo que Ragués denomina un «consenso divergente» sobre la comprensión del dolo, que tiende a mencionar expresamente solo su elemento intelectual (en este sentido, también algunos pronunciamientos aislados de la Corte Suprema: SCS 24.X.2018, Rol N° 13.123-2018). Según esta doctrina de consenso, existe dolo cuando la persona ha actuado pese a atribuir a su conducta la concreta capacidad de realizar un tipo penal. La representación necesaria para el dolo se verifica cuando puede afirmarse un conocimiento cierto de ciertos hechos preexistentes, o bien, una previsión del seguro acaecimiento del resultado; si el conocimiento es incierto, es preciso que el sujeto atribuya a su conducta una concreta capacidad lesiva (esto es: de realización del tipo penal).

La opinión prácticamente unánime en cuanto a la *densidad* del peligro de realización típica cuyo conocimiento es relevante para el juicio práctico de actuar o no actuar —con excepción de los planteamientos que reivindican el *dolus indirectus* para los casos de indiferencia, a los cuales nos referiremos más adelante— sostiene que el contenido de la representación del autor doloso corresponde al *riesgo concreto de realización del tipo en la situación singular* en que despliega su conducta. No es una representación apta para la imputación de dolo, en consecuencia, la mera conciencia de estar creando en general un riesgo de realización del tipo.

Una sentencia confirmada por la Corte de Apelaciones de Santiago ilustra muy bien el criterio general. El chofer de un bus del Transantiago había ingresado a la vereda, en el sector donde se encuentra un paradero, con el propósito de impactar con la parte posterior del bus a dos sujetos con los que había mantenido previamente un altercado, objetivo que no consiguió. Sin embargo, con esta maniobra atropelló sobre la vereda a una mujer, quien falleció, y a su hijo menor de edad. Ningún antecedente permitía dar por probado que el chofer haya visto a la mujer o a su hijo antes de impactarlos. La Fiscalía imputó un homicidio doloso argumentando en lo sustancial que cualquier conductor sabe que si invade la vereda con su vehículo cuando allí se encuentran o desplazan peatones, probablemente provocará la muerte o lesionará a algunos de ellos. El tribunal de juicio oral descartó esta argumentación, pues consideró que ella hace consistir la representación del autor doloso «en un hecho general y abstracto», que «escapa a lo que en derecho penal debe entenderse en esta materia, ya que la cuestión radica en establecer lo que efectivamente ocurrió respecto a una persona determinada». Y agrega: «La pregunta que debió en consecuencia realizarse el ente persecutor a fin de determinar la configuración de este elemento subjetivo es si de acuerdo a la visión o mirada que en esos instantes tuvo el acusado, se encontraba dirigida hacia doña T.G.F. y en el evento que ello fuere positivo, representarse que su proceder podría ocasionarle la muerte y a pesar de ello decidió actuar» (S. 3° TOP Santiago 17.X.2007, RIT 216-2007).

Este criterio, en principio claro, resulta no obstante significativamente relativizado en la literatura y en la jurisprudencia cuando se estima que el agente ha creado un riesgo particularmente elevado de realización del tipo. En tales casos, bastaría con una representación bastante más general de las posibles consecuencias de la conducta que se despliega. Así, por ejemplo, afirma NÁQUIRA que obra con dolo «el terrorista que coloca una bomba en un sitio concurrido para causar alarma, aunque en su interior desea que al momento de estallar nadie salga herido o muerto». El riesgo asociado a esta conducta es de tal magnitud, que la concreción de la víctima parece ser irrelevante para afirmar el conocimiento necesario para el dolo.

Aparte de lo anterior, la discusión relativa a este elemento cognitivo del dolo se refiere fundamentalmente a dos puntos: la «naturaleza» del elemento y la inclusión en él de la conciencia de la ilicitud.

(1) *La «naturaleza» del elemento intelectual del dolo: constatación vs. atribución*

En la concepción tradicional, el reconocimiento de una dimensión cognoscitiva del dolo exige averiguar qué fue conocido por el autor, qué elementos del hecho y su contexto llegaron «efectivamente» —*i.e.*, en un sentido psicológico— a conocimiento del sujeto. Este es el procedimiento que utilizan más recientemente algunos autores finalistas: dividir el hecho y su contexto en tantos aspectos («síndromes de riesgo», en la expresión de STRUENSEE) como sea posible, y determinar cuántos de ellos conoció «efectivamente» el sujeto; si conoció lo suficiente, entonces hay dolo; si conoció menos, entonces puede haber imprudencia. Este procedimiento, sin embargo, es metodológicamente dudoso:

- en primer lugar, porque no todos los elementos son equivalentemente relevantes desde una perspectiva naturalista (es cierto que el homicida debe conocer que tal veneno puede matar a una persona, pero también que solamente disuelto en licor desaparece el olor penetrante de la sustancia, etc.);
- sobre todo, porque el procedimiento puede ser muy atractivo en la teoría, pero tropieza con dificultades insolubles en la práctica, tal como ha demostrado RAGUÉS: lo que alguien conoció o integró cognoscitivamente en un momento determinado —entendido este conocimiento como un hecho de la conciencia, como un *factum* psicológico— apenas lo sabe el mismo que actúa unos instantes después.

En consecuencia, debe reconocerse que lo que realmente interesa no es lo que «se encuentra en la cabeza del autor» en un momento determinado, sino lo que la sociedad personificada en el tribunal estima que, sobre la base de los antecedentes objetivos —de los hechos externos, del contexto— y supuesto el mínimo de motivación de respeto al derecho que se exige a todo ciudadano, el autor imputable tuvo que asumir al momento de formular el juicio práctico de actuación. En este sentido, el dolo *no se prueba*, sino que se *imputa*; no es un concepto descriptivo sino «adscriptivo», y la atribución de dolo puede ser más o menos plausible, pero no es susceptible de un juicio de verdad o falsedad (HRUSCHKA). El dolo es, por tanto, una *categoría de imputación* y no un hecho.

Por cierto, que el dolo sea una categoría de imputación y no un estado mental no significa que su contenido deje de ser referencial. Al contrario, el dolo es una categoría cuya adscripción depende de la posibilidad de dar por concurrentes —en un cierto horizonte normativamente definido— los presupuestos externos para la formación del juicio práctico. No es lo mismo discutir cuál es el objeto de referencia del dolo que transformar al dolo en objeto de referencia.

La evolución es, entonces, la siguiente: voluntad de realizar el hecho ilícito en el clasicismo; conocer y querer el hecho que realiza los elementos de un tipo penal en el finalismo; conocer y querer el hecho en concreto en el postfinalismo; conocer la concreta aptitud lesiva en el consenso contemporáneo; atribución, de un modo consistente con el material probatorio, de un juicio práctico serio y válido relativo a la conducta y sus efectos. Este proceso es lo que en ocasiones se denomina «normativización del dolo» y, en cierto sentido, implica un refinamiento de la doctrina del *dolus indirectus* o *dolus ex re*, según la cual, dadas ciertas circunstancias, no es posible alegar una ausencia de intención: quien a un metro de distancia dispara sobre otro con un arma de fuego apuntando a la parte superior del tórax, o es inimputable, o tiene dolo homicida.

Caracterizado en estos términos, el elemento intelectual del dolo es la creencia que *se atribuye* al sujeto en cuanto a que, como consecuencia evitable de la conducta que voluntariamente despliega, es probable que se realice el conjunto de elementos que constituye positivamente la antijuridicidad de un hecho.

Por contraste, en Chile parte de la doctrina (destacadamente, MATUS/RAMÍREZ) y la jurisprudencia ampliamente mayoritaria sostiene, en síntesis, que la prueba del dolo en cada caso concreto es altamente problemática, pues

> «pasa por la necesidad de que se averigüen determinados datos de naturaleza psicológica: se debe averiguar una realidad que (…) "se encuentra en la cabeza del autor" o, como puntualiza Schewe, se basa en "vivencias subjetivas del autor en el momento del hecho", unos fenómenos a los que puede y debe accederse en el momento posterior del proceso» (SCS 17.II.2021, Rol N° 134.189-2020).

En plena coherencia con estas definiciones, está muy extendida en la jurisprudencia la idea de que la afirmación del dolo sería una «cuestión de hecho», privativa de los jueces del fondo y no revisable por vía de nulidad.

(2) Si el conocimiento ha de comprender la ilicitud del hecho

Según la opinión actualmente predominante, el dolo es «neutro» y no comprende la conciencia de la ilicitud, sino solo las circunstancias del hecho y los presupuestos objetivos de su punibilidad. La posibilidad de conocer la ilicitud del hecho, no su conocimiento actual, es una categoría autónoma perteneciente al juicio de culpabilidad.

La alternativa es considerar que, para que el hecho le sea reprochable a título de dolo, es necesario atribuir al autor el conocimiento de la ilicitud de su proceder (*dolus malus*). Las razones a favor de este planteamiento son muy simples: Quien desconoce el significado que su conducta tiene para la sociedad, en realidad desconoce lo que está haciendo. Si se trabaja además con un concepto adscriptivo de dolo, esta «concesión» al agente no representa un problema, pues solo si este alega plausiblemente el desconocimiento de la ilicitud, y además sus causas son intersubjetivamente aceptables y reconocidas por el derecho, resultará posible desvirtuar la imputación dolosa.

La perspectiva cambia únicamente si el dolo se concibe como un hecho más de la causa. Si conforme al finalismo el dolo es un hecho psíquico, un estado de la mente, entonces el principio de coincidencia exige que ese estado mental pueda darse por concurrente al tiempo de ejecución del hecho típico. Como es obvio, tal exigencia choca frontalmente con la idea de una conciencia meramente potencial de la ilicitud que no se confunda, a su vez, con la imputabilidad. Así, el propio finalismo vino a «resolver» este problema planteando que, si bien el dolo es un hecho psíquico, su contenido no incluye la conciencia de la antijuridicidad. Esta doctrina ha sido asumida en general por la jurisprudencia, conforme a la cual

> «la conciencia de la ilicitud no es un elemento del dolo (malicia) —el cual subsiste aunque ella esté ausente— sino del juicio de reproche o culpabilidad, para emitir el cual basta con que el sujeto haya tenido la posibilidad de conocer lo injusto de su comportamiento» (SCS 9.V.2000, Rol N° 234-2000, voto disidente, pero que en este punto resume la doctrina de la Corte Suprema).

Sin embargo, las dificultades que la realidad ofrece a la idea de un dolo neutro han sido reconocidas por el mismo supremo tribunal:

> «[Las pruebas rendidas] no son suficientes para dar por cumplida la exigencia de sustentar la conclusión del actuar doloso —en forma de intención— de la incriminada. En efecto, el pronunciamiento objetado no pone de manifiesto la voluntariedad y propósito criminal de la inculpada, ni demuestra que su comportamiento sea demostrativo del perfecto conocimiento que tenía del alcance del hecho punible y de su antijuridicidad, realizado con voluntad decidida de llevarlo a la práctica y lesionar el respectivo bien jurídico protegido» (SCS 26.I.2009, Rol N° 5898-2008).

Pareciera así que al menos el «dolo directo» incluiría la conciencia de la ilicitud, y lo mismo puede entenderse en todos los casos, nada infrecuentes, en que la Corte considera como integrante del dolo el conocimiento de que la conducta es idónea para «lesionar el bien jurídico», un planteamiento que tampoco es inusual en la literatura. Así, por ejemplo, RETTIG define el dolo como «el conocimiento del riesgo jurídicamente desaprobado inherente a la conducta típica», y por lo tanto implica el conocimiento de los elementos que hacen que el comportamiento sea «apto para poner en riesgo un bien penalmente tutelado». Las referencias a la desaprobación jurídica del riesgo y a la aptitud para lesionar el bien tutelado *por el derecho penal* se alejan sustancialmente de la noción de un dolo neutro.

En este *Curso* se favorece una concepción del dolo que integra la conciencia de la ilicitud, lo cual es consistente con la teoría del error que se expondrá en la sección siguiente. Sin embargo, la cuestión sigue siendo objeto de viva discusión en la literatura y, oblicuamente, también en la jurisprudencia. En cualquier caso, y tal como ha fallado acertadamente la Corte Suprema, para dar por concurrente la conciencia de la ilicitud

> «no se requiere que el autor sepa (potencialmente) que su conducta está conminada con pena, en un tipo penal determinado. Es bastante el "conocimiento profano" de que está desobedeciendo los mandatos del derecho (aunque el hechor piense que la sanción de su acto no es de carácter penal)» (SCS 12.III.2018, Rol N° 37917-17).

bb) El elemento volitivo del dolo

Según la jurisprudencia y buena parte de la doctrina, el dolo comprende un elemento volitivo, elemento que *excede* la representación de la concreta aptitud lesiva de la conducta. En palabras de la Corte Suprema, «la mera representación del resultado es insuficiente para calificar de dolosa la conducta del autor; el dolo requiere un momento volitivo» (SCS 5.V.2021, Rol N° 6.945-2021).

(1) El elemento volitivo en general

Este elemento consiste en una «voluntad de realización» (WELZEL) cuyo contenido viene dado por el elemento intelectual que acabamos de estudiar. Esta voluntad de realización no radica simplemente en anhelar, desear o esperar que su contenido se realice, sino que supone que el agente se atribuya la capacidad para arbitrar los medios en tal sentido. De esta forma, en principio nadie puede obrar con dolo respecto de que un rayo acabe con la vida de su enemigo —aunque lo anime a correr algún riesgo de que ello ocurra—, y es bastante discutible que una persona pueda obrar con dolo respecto de lo que *otro* sujeto autorresponsable haga o deje de hacer.

Conforme a la clásica tripartición de WELZEL, la voluntad de realización comprende o abarca tres contenidos posibles:

(a) Lo que la persona se propone conseguir, o sea, lo que es parte del objetivo de actuación del sujeto, *v. gr.* dar muerte al primer ministro.
(b) Todos los medios necesarios para —y efectos asociados necesariamente a— la consecución de ese objetivo, *v. gr.* la bomba instalada en la diligencia donde viaja el primer ministro matará también al cochero (los finalistas suelen decir que esta categoría no se distingue en nada de la anterior: si es así, lo mismo vale para la categoría siguiente).
(c) Todas las consecuencias posibles de la conducta cuya producción la persona *acepta* para el eventual caso de que se produzcan, *v. gr.* la muerte del postillón de la diligencia en que viaja el primer ministro.

Estos contenidos permiten formular una clasificación del dolo que ha tenido cierta importancia dogmática y que distingue entre dolo directo (que comprende los dos primeros contenidos, aunque, tratándose del segundo, se habla de «dolo de las consecuencias seguras») y dolo eventual.

(2) El dolo eventual

Se refiere al tercer contenido posible de la voluntad de realización en el esquema de WELZEL. Corresponde a los casos en que habría voluntad bajo la forma de *aceptación* de la realización del tipo, pero sin que exista intención de realizarlo. El dolo eventual se distingue así, por una parte, del dolo directo y, por la otra, de la mera imprudencia. Con el dolo de las consecuencias seguras tiene en común que el autor no persigue como objetivo la realización del tipo penal: son formas de lo que podría denominarse como «dolo no intencional».

Es importante observar que el dolo eventual requiere *siempre* la concurrencia del elemento intelectual, es decir, en términos resumidos, debe imputarse al sujeto el conocimiento de la eventual realización de los elementos del tipo como consecuencia evitable de su conducta. Por lo tanto, tratándose de un delito de homicidio, «el no representarse [el autor] como posible el deceso, debiendo haberlo hecho, excluye la posibilidad de sancionar la conducta a título de dolo eventual, y conduce al castigo por delito imprudente» (SCS 13.III.2017, Rol N° 2882-2017).

Para caracterizar el otro elemento del dolo eventual, la «aceptación» de la realización típica —que es una «voluntad sin intención»—, se han utilizado diversas fórmulas. Hay algunos criterios que atienden a la intensidad de la representación (grado de posibilidad o de probabilidad con que la persona se ha representado la realización del tipo), y otros que atienden a lo específicamente volitivo en un sentido más o menos psicológico. Los criterios de este último tipo son los que han encontrado más acogida en Chile, en especial la así llamada «segunda fórmula de Frank».

Conforme a la segunda fórmula de Frank o «teoría positiva del consentimiento», hay dolo (eventual) si la persona se representa el resultado como una posibilidad y, no obstante ello, actúa, dejando todo librado al azar: «Cuando el autor se dice a sí mismo: sea de este modo o de otro, llegue a ocurrir esto o lo otro, en todo caso actúo, entonces su responsabilidad es dolosa».

¿Qué ha dicho la jurisprudencia al respecto? Tomemos como ejemplo representativo estas consideraciones de la Corte Suprema:

> «Como ya ha resuelto este Tribunal, según la mejor doctrina, el dolo eventual exige que el agente se haya representado como posible el resultado fatal no querido y, no obstante esta representación, lo haya aceptado o aprobado, mostrándose indiferente a la lesión —también representada— del respectivo bien jurídico puesto en peligro. No basta, por tanto, con la mera representación del evento previsible no perseguido, es necesario —conforme a la teoría del asentimiento o consentimiento— que el sujeto activo haya aceptado, asumido, admitido o aprobado el evento lesivo como algo probable para el caso que se produzca (...) No es suficiente para el surgimiento de la categoría de dolo en análisis, y conforme a las teorías volitivas, con la representación del resultado lesivo previsible, como posible evento ligado causalmente a la acción emprendida, sino que a ello debe añadirse como plus subjetivo esencial, la conformidad con ese resultado, su aceptación o aprobación, dada a conocer con la continuación de la conducta peligrosa puesta en marcha, que pudo haber detenido; en otras palabras —y como lo señalara Frank en su conocida "segunda fórmula" —, el sujeto se dice a sí mismo, "sea así o de otra manera, suceda esto o lo otro, en todo caso actúo"; por ende, quien obra con dolo eventual renuncia a su posibilidad de detenerse en el curso desplegado y evitar de este modo la previsible —y prevista— lesión del objeto jurídico puesto en peligro; al agente no le importan las consecuencias lesivas de su proceder, aceptando que sobrevengan» (SCS 26.I.2009, Rol N° 5898-2008).

Estos planteamientos sugieren al menos tres preguntas:

(a) *La distinción entre dolo directo y eventual, ¿tiene alguna relevancia para la imputación?*

Según la Corte Suprema, sí la tiene, debido a que, de acuerdo con su doctrina, las leyes penales contemplarían delitos que solo podrían cometerse con dolo directo, de tal manera que su comisión con dolo eventual no sería punible. Tal sería el caso, por ejemplo, del cohecho del art. 248 bis y del parricidio (art. 390). En sintonía con el finalismo tardío, la Corte Suprema también ha considerado, salvo en algún caso puntual, que la tentativa y el delito frustrado solo serían concebibles cuando se puede imputar dolo directo, pues por su propia definición requerirían que el autor «persiga» la producción del resultado o la realización completa del tipo penal (SCS 17.II.2021, Rol N° 134.189-2020, con voto disidente; en contra, SCS 5.V.2021, Rol N° 16.945-2021, también con voto disidente).

Dogmáticamente es posible afirmar que la distinción entre dolo directo y dolo eventual se encuentra reconocida en la ley cuando exige, en concordancia con lo anunciado en el art. 2° (la evitabilidad individual puede adoptar las formas de culpa, dolo o malicia), que el autor obre «a sabiendas» o «maliciosamente» (p. ej., respecto del aborto del art. 342, o de las mutilaciones del art. 396). Estas exigencias no se refieren a la conciencia de la ilicitud —que, según se vio, siempre forma parte del dolo—, ni se da un supuesto «dolo específico» de ciertos delitos —el dolo siempre es específico al tipo penal—, sino a la representación de un alto o incluso altísimo nivel de riesgo de realización del tipo como consecuencia evitable de la conducta que se despliega. Tales exigencias parecen incompatibles con una mera «aceptación» de la realización típica para el caso eventual de que se produzca, que caracteriza a la imputación subjetiva a título de dolo eventual. Esto tiene importantes consecuencias en materia de error, según se verá. En cualquier caso, no hay que olvidar que se trata de exigencias excepcionales y que para la ley en general es indiferente la «clase» de dolo que puede atribuirse al agente.

(b) ¿Cuál es el límite entre el dolo eventual y la imprudencia «consciente» (i. e., aquella en donde se atribuye al agente el conocimiento de la posibilidad de que se produzca el resultado)?

Conforme a la opinión más extendida, el agente obra solo con culpa o imprudencia consciente cuando, en lugar de dejar todo librado al azar, «confía» en que el resultado no se va a producir y, por tanto, no es indiferente a la producción del resultado.

Ante la objeción de que esta fórmula da lugar a un espacio demasiado amplio de discrecionalidad para el aplicador del derecho, se han desarrollado algunos criterios limitativos adicionales. Por ejemplo:

- habría solo culpa consciente y no dolo cuando el mismo autor resultaría seriamente dañado por su conducta si es que algo sale mal; tras este criterio se encuentra una idea muy antigua y arraigada en la teoría de la imputación, a saber, que el autor imprudente arriesga siempre una *poena naturalis*;
- solo habría culpa y no dolo cuando existan «posibilidades objetivas, conocidas por el actor, de no realización del hecho delictivo, respecto de las cuales posee un cierto grado de manejo y control» (NÁQUIRA);
- habría solo culpa consciente cuando existen manifestaciones objetivas de una «voluntad evitadora» del resultado, como la adopción de ciertos resguardos, aunque estos luego hayan resultado insuficientes (KAUFMANN);

Por otra parte, es posible advertir una lenta recuperación del criterio, presente en la jurisprudencia previa a la recepción del finalismo durante el último tercio del siglo XX, que solo acepta la apreciación de culpa en lugar de dolo cuando la confianza del sujeto en la evitación del resultado era *razonable*. Así, habría únicamente culpa y no dolo eventual si el sujeto rechaza la posibilidad de realización del tipo que se representó porque confía «sobre bases mínimamente racionales» (HERNÁNDEZ-Código Penal) en que su conducta no va a producir esa consecuencia. El punto está en determinar cuán racionales deben ser esas bases para entender que la realización de la conducta expresa el menor déficit de motivación de respeto al derecho que es propio de la imprudencia, asunto estrechamente relacionado con la teoría del error que estudiaremos enseguida. En términos muy generales cabría decir, con ETCHEBERRY, que lo propio de la culpa no está simplemente en confiar en que el resultado no se producirá; «lo exacto es decir que se caracteriza por confiar en poder evitarlo. La confianza en el puro azar es dolo eventual».

La otra cara de la medalla de la discrecionalidad jurisprudencial, sin embargo, es la apreciación de dolo por el solo hecho de que el sujeto llevó a cabo la conducta arriesgada. En la SCS 2.VII.2009, antes citada, se observa con claridad este fenómeno. El fallo insiste en escudriñar lo que «el sujeto se dice a sí mismo» para dilucidar si concurre el «plus subjetivo esencial» propio del dolo, pero luego concluye simplemente que «la conformidad con ese resultado [previsto], su aceptación o aprobación», se da «a conocer con la continuación de la conducta peligrosa puesta en marcha, que pudo haber detenido». De modo que la sola continuación de la conducta, pese a la previsión del resultado, parece suficiente para afirmar el dolo. Un razonamiento semejante se repite en muchas otras sentencias.

(c) *Si la distinción entre dolo directo, dolo eventual y culpa consciente se realiza en el plano volitivo (intención, aceptación del resultado vs. confianza en su evitación), ¿tiene alguna importancia el grado de probabilidad de la representación del resultado?*

La doctrina predominante suele distinguir. Cuando se trata del dolo directo o intención, corresponde imputar dolo incluso si se atribuye al sujeto el conocimiento de que el resultado solo puede alcanzarse en una hipótesis muy improbable. Por ejemplo, si el francotirador, en lugar de disponer de un rifle de alta precisión, dispone de una pistola calibre 22, y considera que es casi imposible que logre su objetivo con tal arma, pero en definitiva da muerte a su objetivo, se afirma el dolo sin importar el grado de probabilidad con que la persona se representó el resultado.

En el caso del dolo eventual, en cambio, se considera en general relevante el grado de probabilidad asociado a la representación del resultado. Lo que caracteriza al autor doloso (eventual) sería precisamente que, a diferencia del imprudente, cuenta con una probabilidad mayor de realización del tipo penal, como cuando el francotirador dispara sobre una sombra dudando de si se trata de un ser humano o de un espantapájaros.

Esta distinción no es convincente y atribuye a los dos «elementos» del dolo una autonomía de la cual carecen. En realidad, ambos francotiradores asumen en los ejemplos una probabilidad *suficiente* de realización del tipo penal, es decir, una que permite atribuirles un juicio práctico cuyo contenido es configurar un riesgo de realización del tipo que puede considerarse como relevante para la decisión de actuar. Otro asunto es que la ley exija, de modo muy excepcional, una forma particularmente intensa de evitabilidad individual (*v. gr.* un obrar malicioso). Esta exigencia se satisface solo cuando el agente asume un nivel muy elevado de riesgo de realización del tipo, lo cual es incompatible con el dolo eventual, caracterizado como mera aceptación de la realización típica.

(3) *¿Dolo «específico»?*

El argumento de que en ciertos delitos el tipo penal exige un «dolo específico» es tradicional en el derecho penal económico, donde, como ocurre por ejemplo en el ámbito penal tributario, la ley usa con frecuencia las expresiones «maliciosamente» o «dolosamente» al describir ciertas conductas. Justamente en esta materia, sin embargo, la Corte Suprema resolvió en 2010 que

> «no se trata de locuciones que requieran un dolo específico distinto del genérico que señala el art. 1° del Código Penal» (SCS 17.XI.2010).

El ministro señor Künsemüller previno que no compartía el considerando citado, pese a estar de acuerdo con el fondo del fallo. Aunque no las expresa, las razones de esta prevención parecen evidentes y son útiles para el estudio del dolo:

- en primer lugar, todo dolo es específico, pues no existe un dolo «genérico» sino exclusivamente un dolo del hecho concreto;
- como destacaba Ortiz Muñoz, el art. 1° no se refiere para nada al dolo, que aparece recién en el art. 2°.

(4) Dolo e inimputabilidad

Este somero examen de los elementos intelectual y volitivo del dolo plantea entre otras la pregunta, ya mencionada a propósito del tratamiento de la *a.l.i.c.*, acerca de si a las personas inimputables —*v. gr.* en virtud de una privación total y transitoria de razón— puede atribuírseles dolo y culpa en propiedad. Aunque algunos autores como Politoff consideran «aceptable» la solución de operar en estos casos con un «dolo natural», es decir, un simple querer despojado de cualquier connotación de maldad, la respuesta ha de ser negativa. La imputabilidad es un presupuesto de la imputación subjetiva en un sentido diverso de la exigibilidad, pues incide en la capacidad de las personas para conocer el significado social de su conducta. Si esta capacidad se encuentra disminuida o ausente hasta el punto de excluir la imputabilidad penal —y solo de esto se trata: no es que el inimputable sea incapaz de conocer y querer en un sentido psicológico—, ya no tiene sentido preguntarse por las formas de evitabilidad individual.

Las consecuencias sistemáticas de lo anterior son múltiples. Así, en el ámbito de la *a.l.i.c.* quedan en evidencia los inconvenientes del modelo de la tipicidad; y cuando el art. 455 CPP establece como requisito para la imposición de medidas de seguridad que la persona a quien se han de imponer «hubiere realizado un hecho típico y antijurídico», ello solo resultaría problemático para quienes atribuyan al legislador un compromiso con una estructura del delito que considere al dolo y la culpa como elementos del tipo penal.

d) La prueba del dolo

Ya se ha visto que, según la Corte Suprema, «la prueba del dolo en cuanto integrado por elementos psicológicos que yacen en la psique del sujeto activo del delito, ha de basarse en circunstancias —anteriores, coetáneas y posteriores al hecho, de todo orden— que demuestren al exterior el íntimo conocimiento y voluntad del agente, toda vez que como todo lo que se guarda en lo más profundo del ser anímico, solo puede probarse por una serie de datos que manifiesten la intención querida» (SCS 26.I.2009, Rol N° 5898-2008).

Pero ni siquiera una concepción psicológica del dolo está obligada a recurrir a criterios toscos o ambiguos para su imputación, ajenos al significado social de la conducta. En este sentido destacan las contribuciones de RAGUÉS, quien llega a formular los siguientes criterios para establecer el contenido de la voluntad del agente:

- Los *conocimientos mínimos*, es decir, los que corresponden a cualquier sujeto imputable (conocimientos mínimos en sentido estricto), o bien, a cualquier sujeto imputable con una socialización no exótica (conocimientos mínimos en sentido amplio).
- Las *transmisiones previas de conocimientos*, en cuanto se hallan suficientemente acreditadas y en circunstancias tales que tanto la importancia de los conocimientos como la proximidad de la transmisión excluyen la posibilidad de un olvido socialmente comprensible.
- La *exteriorización del propio conocimiento*, siempre y cuando sea anterior o coetánea al hecho, y solo cuando perjudica al autor en caso de que se trate de exteriorizaciones posteriores al hecho.
- Los conocimientos que la sociedad entiende como *necesariamente vinculados* a ciertas características personales o al rol que desempeña el agente.

La jurisprudencia de los tribunales de justicia procede, cuando lo hace rigurosamente, considerando de modo expreso o tácito los razonamientos que subyacen a estos criterios. En cambio, los deja de lado para reemplazarlos por un examen de la personalidad del autor cuando quiere hacer uso de un espacio de discrecionalidad no susceptible de control. Esta lectura «emocionalista» de la segunda fórmula de Frank ha funcionado en la práctica como una especie de *versari* e, incluso, como un derecho penal de autor.

e) ¿Dolo sin representación del resultado?

La expresión «indiferencia como dolo», acuñada por JAKOBS, alude a la posibilidad de imputar dolo en los casos en que ya el desconocimiento de la situación se debe a un defecto de valoración por parte del autor. Es decir, no se trata de aquellos casos en que el agente desestima un riesgo concreto que ha conocido, sea porque lo considera erróneamente muy menor o irrelevante (imprudencia), sea porque le da lo mismo que se realice (dolo eventual). Lo propio del dolo como indiferencia es una total prescindencia respecto de las consecuencias de la conducta: no puede decirse que el conocimiento de la situación sea deficiente, lo que ocurre es que desde un comienzo el agente decide —la mayor parte de las veces, implícitamente— no conocerla.

A quien prescinde voluntariamente y por completo de las consecuencias lesivas de sus actos, se le imputarán dichas consecuencias a título de dolo. En palabras de Jakobs: «Las consecuencias [de la conducta] se encuentran en un ámbito que el autor hace a un lado con su indiferencia, y este "hacer a un lado" es un juicio sobre la totalidad de los factores orientadores en ese ámbito: lo que sea que pueda llegar al conocimiento del autor, se descarta anticipadamente como irrelevante para la decisión de actuar».

La «indiferencia como dolo» sería, por lo tanto, una forma especialmente cualificada de dolo y expresa un particular desprecio por los bienes jurídicos y la vigencia de las normas elementales de convivencia cuya protección incumbe al derecho penal. En palabras de quienes han desarrollado esta doctrina, corresponde a la manifestación particularmente intensa de un defecto volitivo o déficit de motivación de respeto al derecho. Por lo tanto, esta forma de evitabilidad individual no se encuentra en la frontera entre el dolo y la imprudencia, sino «más allá» del dolo directo en cuanto a su gravedad o reprochabilidad.

Un caso resuelto hace algunos años por la Corte de Apelaciones de San Miguel puede servir para ilustrar lo anterior. Un sujeto sustrajo un camión que se encontraba estacionado en una estación de servicio e inició una carrera a toda velocidad para escapar de los vehículos policiales que lo perseguían. Algunos de estos se ubicaron bloqueando las dos primeras pistas de la Ruta 5, mientras otro logró adelantar al camión y bloquear también la pista que da acceso a las salidas laterales. El chofer del camión optó por escapar utilizando precisamente esta tercera pista. Ante la inminente colisión, consiguieron bajar del automóvil el funcionario que lo conducía y su copiloto —lo cual probablemente fue advertido por el autor—, pero no la funcionaria que ocupaba el asiento trasero, quien falleció a causa del impacto. No hay antecedentes de que el chofer fugitivo haya sido consciente de cuántas personas ocupaban el vehículo policial. La Corte, igual que antes el TOP, imputó el homicidio a título doloso pues el autor, «una vez que logró ingresar al camión de propiedad de un tercero, no solo casi pasa a llevar a un bombero del servicentro donde estaba estacionado el móvil, sino que continuó con una carrera por diversas arterias sin detenerse, por lo que resulta lógico concluir que prefirió asumir las consecuencias que de su acción podían producirse, como en el hecho aconteció. Su conducta supone voluntariedad de la acción y representación del resultado [¡!], considerando que el móvil que conducía era de mayor envergadura que el auto policial y que de acuerdo a las pericias tenía espacio para detenerse o esquivar los móviles, pero conduce el camión directo hacia el vehículo policial» (SCA San Miguel 14.IX.2012, Rol N° 1103-2012).

Para evaluar la plausibilidad de esta clase de planteamientos habría que someter a prueba la idea fundamental que subyace a ellos, a saber, que lo que define al comportamiento doloso no es la predicción o anticipación de la realización típica, sino la presencia de un defecto de motivación mayor, uno de cuyos efectos puede consistir precisamente —para hablar en términos gráficos— en que tal predicción o anticipación no tenga lugar. Esta idea fundamental puede tener sentido, pero en todo caso se aparta del consenso existente y, mal entendida, entraña el riesgo de tratar a una persona actualmente desorientada como si no lo estuviera.

2. El error

a) En general

Un caso muy relevante de disminución o ausencia de evitabilidad es el *error* sobre todos o algunos de los elementos que constituyen el injusto. No se trata del mero desconocimiento, sino de aquel desconocimiento que no puede imputarse a la misma persona que lo alega. El error es el desconocimiento por el cual *no se es competente* o, al menos, no se es competente en plenitud. El efecto del error como categoría de imputación consiste en que permite excluir o modificar la imputación subjetiva de aquellos segmentos del hecho sobre los cuales recae.

Como el art. 1° establece que las acciones u omisiones que constituyen delito deben ser realizadas voluntariamente, en nuestro derecho el error tiene un efecto liberador de responsabilidad. Pero como el art. 2° dice que también pueden castigarse los cuasidelitos, mientras que el art. 1° inc. 3° responsabiliza igualmente al que se equivoca en la persona de la víctima, resulta que el efecto excusante del error no es absoluto. Hay una gama de posibilidades y algunos errores excusan (mucho) más que otros.

¿Cuáles son los criterios que, en nuestro ordenamiento jurídico, sirven para determinar la eficacia excusante del error? Son dos: la calidad de la explicación que la persona dé acerca de las causas de su desconocimiento, y la forma como el derecho exige el conocimiento de los elementos del injusto de que se trata.

aa) La calidad de la explicación que la persona dé acerca de las causas de su desconocimiento

Si una persona con discapacidad visual afirma que no vio el valioso jarrón antes de derribarlo con el brazo, probablemente se le excuse mucho. Si, en cambio, otra persona alega que como iba conduciendo a 180 km/hora por una calle céntrica no vio al peatón que cruzaba la calle en el paso de cebra y por eso lo atropelló, todo indica que no debería excusársele.

Es decir, lo relevante es qué tan exigible era para el sujeto haber conocido lo que alega desconocer, o haber superado su desconocimiento.

(1) ¿De qué depende el enjuiciamiento de la calidad de la explicación que el sujeto dé acerca de las causas de su desconocimiento?

(a) De la persona en particular

El enjuiciamiento de la calidad de esta explicación depende, en primer lugar, de la persona en particular. Así, el juez tiene que determinar si la explicación del imputado en el caso concreto, con sus características personales, es suficiente o racional. El parámetro no es un «hombre medio», sino que es el mismo sujeto, pero suponiendo en él ese mínimo de motivación de respeto al derecho que la sociedad exige de cada uno de sus integrantes. Lo único que se estandariza es este mínimo de motivación de respeto al derecho; el resto, debe personalizarse conforme al sujeto singular, pues aquí se trata precisamente de la evitabilidad individual, de la imputación subjetiva.

(b) De las posibilidades de procesamiento alternativo del conflicto

El enjuiciamiento de la calidad de la explicación depende también de las posibilidades que la sociedad tiene de resolver o procesar el conflicto al margen del autor individual. Es preciso revisar en qué medida la sociedad puede permitirse procesar la perturbación de la convivencia social en que consiste el quebrantamiento de la norma dejando al sujeto «afuera» del asunto al reconocer eficacia eximente a su error.

Es el mismo problema que se suscita a propósito de la exigibilidad de una conducta conforme a derecho. La inexigibilidad o exigibilidad disminuida de otra conducta —en este caso, procurarse la información necesaria como presupuesto de la evitación o, alternativamente, evitar la realización conducta— es una causa de exculpación o de atenuación de la responsabilidad basada en un déficit excusable.

Aparte de los criterios centrales de la jurisprudencia (contexto, «artificiosidad» del tipo penal, prácticas comunes o costumbres de una cierta comunidad o grupo cultural, etc.), desarrollados principalmente en torno a los casos del denominado error inevitable de prohibición, hay que tener en cuenta lo siguiente para eximir de toda responsabilidad por causa de error, y lo mismo es aplicable *cum grano salis* para su atenuación:

- la valoración debe realizarse teniendo en cuenta la finalidad de la pena, *i. e.*, reafirmar normativa y cognitivamente la vigencia de la norma, por lo que hay que evaluar si, aceptada la excusa, todavía es posible organizar jurídicamente el ámbito de que se trata;
- la motivación del autor ha de poder considerarse como adecuada a la situación —normal, o, por el contrario, más o menos excepcional— en que se encuentra; si la situación es excepcionalmente desfavorable, debe de considerarse también la responsabilidad del autor por tal situación;
- si el conflicto puede atribuirse a la propia sociedad (defectos de socialización no imputables al agente), o a la estandarización y generalización inherente a las reglas jurídicas.

(2) ¿Cómo se hace operativo el mayor o menor grado de excusa, según la calidad de la explicación que se obtenga?

La forma concreta en que los tribunales pueden hacerse cargo de estas distinciones para graduar la intensidad del reproche y de la pena correspondiente, fuera de los casos de excusa total, no es un asunto menor. En términos generales, puede decirse lo siguiente:

- Tanto los marcos penales como las reglas de individualización judicial de la pena ofrecen por lo general amplias posibilidades de graduación.
- Es posible evaluar una circunstancia atenuante por analogía *in bonam partem*, fundada directamente en el art. 1°. Se ha visto que existen buenas razones para pensar que este precepto considera la conciencia del significado de la conducta como parte de la «voluntariedad» exigida para todo delito, y que en su inciso 3° se reconoce eficacia incluso a las atenuantes que el autor que obra en error no conoció. Si la voluntariedad es menor, por tanto, la responsabilidad debería atenuarse.
- Otra solución, a primera vista algo forzada, pero con cierta tradición en la dogmática hispanoamericana (Cerezo Mir, Politoff, Cury), consiste en el reconocimiento de una atenuante de eximente incompleta (art.

11 N° 1) basada en el art. 10 N° 1, que exime de responsabilidad al que actúa «privado de razón», entendiendo que quien actúa sin conciencia del significado de su acto, lo hace de una manera, en cierto sentido, irracional.

- En este mismo sentido podría postularse una solución semejante a la adoptada en el art. 110 del Código Tributario, que permite eximir o atenuar la responsabilidad en razón del «conocimiento imperfecto» de las obligaciones infringidas, remitiéndose al art. 10 N° 12 (segunda parte) del Código Penal. Este precepto exime de responsabilidad penal al que incurre en alguna omisión, hallándose impedido por causa «insuperable», es decir, por causa de inexigibilidad de otra conducta. Si la causa es superable, se pasa del art. 10 N° 12 al art. 11 N° 1, dando lugar a una atenuación de la pena.

En los dos últimos casos será posible considerar también el art. 73, aplicable en relación con las eximentes incompletas; y en todos ellos, además, la apreciación de la atenuante como muy calificada en los términos del art. 68 bis. La opción de combinar dos o más de estas posibilidades permanece igualmente abierta, en los límites de la ley.

bb) La forma como el derecho exige el conocimiento de los elementos del injusto

El segundo criterio para determinar la eficacia excusante del error consiste en considerar la forma como el derecho exige el conocimiento de los elementos del injusto respectivo. Son relevantes, en este análisis, las siguientes circunstancias:

(1) La exigencia de conocimiento que puede sustentar la imputación subjetiva en relación con un determinado tipo penal

En primer lugar, hay que atender a la «intensidad» o «densidad», según la metáfora que se prefiera, de la representación del riesgo de realización del tipo (como consecuencia evitable de la propia conducta), requerida por el delito de que se trate. Más breve, pero imprecisamente: la exigencia de conocimiento que hace el respectivo tipo penal. Los delitos «dolosos» —es decir, aquellos que solo admiten una imputación subjetiva a título de dolo— exigen que la persona se encuentre plenamente orientada, es decir, que se le pueda atribuir el conocimiento de todo lo necesario para formular un juicio práctico serio sobre la situación; los delitos «imprudentes» —es decir, aquellos que se satisfacen con una imputación subjetiva a título de imprudencia—, en cambio, solo exigen cognoscibilidad.

Pero incluso dentro de los «delitos dolosos» cabría distinguir diversas clases de exigencia de conocimiento impuestas por el legislador. Aunque la ley no distingue en general entre diversas formas de dolo, algunas definiciones típicas exigen que el agente obre «maliciosamente» o «a sabiendas» (*v. gr.* arts. 198, 207, 342, 395, 396, 383). Estas expresiones pretenden imponer la exigencia de un mayor grado de orientación del agente al momento de realizar la conducta típica. En tal sentido, es plausible que la imputación de dolo en relación con estas figuras exija, en el plano intelectual, la atribución al agente de la creencia de que como consecuencia de la conducta desplegada no solo es probable, sino prácticamente seguro, que se realizará el conjunto de elementos que constituye positivamente la antijuridicidad de un hecho. Es decir, se requiere la atribución de una creencia predictiva incompatible con el denominado «dolo eventual». La imposibilidad de realizar tal atribución puede convertir el hecho en irrelevante penalmente, como en el uso de documentos falsificados (art. 198), o en un delito distinto, como en las mutilaciones del art. 396 (que pasarán a ser lesiones).

Como contrapartida, otras definiciones típicas relajan las exigencias de imputación subjetiva en relación con algunos aspectos. Tal es el caso, por ejemplo de la receptación del art. 456 bis A del Código Penal (receptación) y del art. 27 inc. 3° de la Ley N° 19.913 (lavado de dinero) respecto del origen ilícito de los bienes, que es un elemento del tipo. En el primer caso, basta con que el agente «no pudiera menos que conocer» tal origen, y en el segundo, la pena es menor si el sujeto lo desconoció por «negligencia inexcusable». En tales casos la imputación del hecho a título de dolo se satisface, en lo que respecta a ese elemento particular del tipo penal, con la cognoscibilidad.

(2) La clase de efecto que tendrá la exclusión de la imputación de ciertos segmentos del hecho

En segundo lugar, el efecto que la exclusión de la imputación de ciertos segmentos del hecho va a tener en la atribución de dolo o imprudencia depende de diversos factores:

- de qué segmentos del hecho se trata: no es lo mismo errar sobre la posición de garante precisa que hacerlo sobre el objeto material del delito;

- de la magnitud del error: no es lo mismo errar levemente sobre el curso causal que errar sobre la toxicidad o ausencia de toxicidad de una sustancia que se entrega a otro para su ingesta; y
- de la intensidad con que esos segmentos configuran el injusto típico: no es lo mismo errar sobre la edad de la víctima en la violación impropia que sobre el monto del perjuicio en la apropiación indebida.

Lo anterior tiene como consecuencia, entre otros aspectos, que no existe una conexión «automática» entre dolo y error, es decir, no existe un error que automáticamente excluya el dolo o que no lo excluya.

Por último, conviene recordar que la imputación subjetiva en general y la evitabilidad individual en particular dicen relación con la existencia de un déficit de motivación suficiente de respeto al derecho expresado en el *injusto*. Por eso, no son relevantes para el juicio de evitabilidad los errores relativos a elementos de la *punibilidad*, como el que pueda recaer sobre un presupuesto de procesabilidad, el plazo de prescripción o la existencia de un parentesco como el contemplado en la excusa legal absolutoria del art. 489.

b) Algunos casos de error con mayor relevancia teórica o práctica

Hay algunas constelaciones que han sido objeto de especial estudio en cuanto a los *efectos* del desconocimiento jurídicamente tolerable. En algunos casos, porque es difícil determinar si se debe excusar mucho, poco o nada (una parte de los errores en el curso causal, el error sobre elementos normativos del tipo). En muchos casos, porque hay más de un bien jurídico en juego y por lo tanto el desconocimiento puede producir un problema concursal (errores en el curso causal). Y por último en otros, solamente como consecuencia de una determinada teoría que clasifica rígidamente los efectos del desconocimiento según el objeto en que recae; ejemplos de ello son el llamado «error sobre los presupuestos fácticos de una causa de justificación» y el error sobre las normas complementarias de una ley penal en blanco.

A continuación, veremos solo algunas de estas constelaciones. Hay otras, muy complejas, que dejaremos para los especialistas, como el denominado «error sobre los presupuestos del dominio del hecho», donde el sujeto cree que es autor pues domina el hecho, pero en realidad no es más que el instrumento de un tercero. Esto ocurriría, según algunos autores, en el ya clásico «Caso Dohna»: A se entera de que B pretende disparar a muerte sobre C en un determinado lugar y a una determinada hora. Ante esto, A organiza en ese lugar y a esa hora un encuentro con su enemigo O. Tal como había sido planificado por A, B confunde a O con C y le da muerte.

Es muy importante tener en cuenta además que, salvo en el caso de una parte de la discusión sobre errores en el curso causal y sobre el error acerca de elementos normativos, aquí *no está en discusión si el desconocimiento se tolera o no, o en qué medida se tolera*. En las constelaciones que estudiaremos, pues, ya se sabe que hay un error —un desconocimiento jurídicamente tolerado—, y lo que se discute son las consecuencias que esto tiene respecto de la imputación.

aa) Error en la persona

Caso 1. Arnoldo quiere matar a Benito y con este propósito lo espera armado a la salida de un local nocturno; apenas sale un individuo del local, Arnoldo dispara sobre él suponiendo que se trata de su enemigo, pero el ultimado resulta ser Óscar.

Caso 2. Óscar yace con Juana, de 13 años de edad, suponiendo plausiblemente que es Maya, que tiene 15.

Caso 3. Estela mata a Juan asumiendo plausiblemente que con su acción está matando a su propio padre.

El error en la persona está regulado expresamente en el art. 1° inc. 3°, que en su primera parte señala: «El que cometiere delito será responsable de él e incurrirá en la pena que la ley señale, aunque el mal recaiga sobre persona distinta de aquella a quien se proponía ofender».

El precepto no hace más que sacar una consecuencia obvia de un principio más general: Como no existe un tipo penal cuyo contenido sea «el que mate a B», el titular del bien en que se concreta el bien jurídico protegido por el tipo —el sujeto pasivo del delito— no forma parte del tipo penal. El derecho penal no se ocupa de todas las especificaciones de un hecho ni de las motivaciones individuales que no se encuentran legalmente tipificadas; por eso, una discordancia o frustración en este plano es irrelevante para la verificación de la conducta prohibida y, en forma refleja, para la imputación subjetiva. Por la misma razón, cuando se habla de error en la persona hay que distinguir dos situaciones totalmente distintas:

(1) El error que recae en el titular de los bienes protegidos por el tipo penal

El error en la persona que carece de efecto es el que recae en el titular de los bienes en que se concreta el bien jurídico protegido por el tipo penal, es decir, el error en cuanto al sujeto pasivo del delito. Este error es irrelevante. Por ejemplo, si el sujeto cree estar sustrayendo un celular desde la chaqueta de Juan, pero en realidad la chaqueta y el celular pertenecen a Pedro, ello es indiferente e igualmente se verifica un delito de hurto. Así también, en el *Caso 1*, Arnoldo debe ser castigado por un homicidio doloso, pues el error en la persona no afecta la realización del tipo.

(2) El error en la persona que es «objeto material» de la conducta típica

En cambio, el error en la persona pasa a ser relevante cuando ya no se refiere simplemente al titular de los bienes jurídicos protegidos por el tipo, sino a la persona en cuanto «objeto material» de la acción típica, que sí es un elemento del tipo en una serie de delitos. Si el error recae sobre el objeto material de alguno de estos delitos, entonces recae en uno de los elementos del tipo y por lo tanto es relevante.

Por ejemplo, el objeto material en el delito de violación impropia es un menor de 14 años, de forma que, en el Caso 2, el error en que incurre Óscar podría tener relevancia.

Lo mismo ocurre en el *Caso 3*. Este error es relevante porque se debe decidir si corresponde imputar a Estela un homicidio consumado, un parricidio frustrado, o ambos delitos.

La segunda parte del art. 1° inc. 3° tiene por objeto solucionar precisamente este problema, y lo hace en los términos siguientes: «En tal caso no se tomarán en consideración las circunstancias, no conocidas por el delincuente, que agravarían su responsabilidad; pero sí aquellas que la atenúen». En el *Caso 3*, entonces, se castigará a Estela solo por un homicidio consumado. Esta solución puede ser discutible, pero es la que ha escogido el legislador: al sujeto no le perjudica lo más grave que desconocía, pero le aprovecha lo más favorable.

bb) Error en el curso causal

El sujeto se equivoca sobre el «curso causal», es decir, sobre las propiedades del hecho que permiten imputar el resultado típico a la conducta típica (la cual previamente se ha imputado al sujeto como asunto de su incumbencia). Hay principalmente dos clases de discusión asociadas a este error. La primera de ellas se refiere a su eficacia excusante; la segunda, al efecto que surte en orden a «multiplicar» los delitos en cuestión. Esta última discusión comprende en especial los casos de *aberratio ictus* y los casos de error sobre el momento de consumación del delito.

(1) Sobre la eficacia excusante del error en el curso causal: desviaciones «esenciales» e «inesenciales» del curso causal

Esta clase de error es problemática porque lo normal es que las personas se equivoquen en el curso causal y que exista divergencia entre la creencia predictiva del agente y la forma en la que el suceso realmente tiene lugar. También en el lanzamiento de un vehículo espacial o el rendimiento de un atleta en los juegos olímpicos, es decir, incluso en las actividades que suponen un gran esfuerzo de planificación y control, se producen desviaciones entre lo anticipado y el desarrollo efectivo de los acontecimientos. ¿Habría entonces que negar el conocimiento del correspondiente segmento del hecho cada vez que se observe una divergencia, por mínima que sea, entre lo pronosticado y lo realmente ocurrido?

Caso 1. La madre pretende dar muerte a su hijo recién nacido arrojándolo desde un puente al río para que se ahogue; no obstante, al lanzarlo la criatura se golpea la cabeza contra un pilar del puente y fallece como consecuencia del traumatismo.

Caso 2. Una persona conduce contra el tránsito a exceso de velocidad, consciente de que podría alcanzar al peatón que cruza la calle en la esquina siguiente; al intersecarse las respectivas trayectorias no se produce la colisión, pero uno de los neumáticos del vehículo pisa a medias una piedra, la cual sale disparada —probablemente a mayor velocidad que la que habría alcanzado si el conductor hubiera viajado más lento— y golpea al peatón en la cabeza, dándole muerte.

En el *Caso 2*, aunque existe cierta relación entre la muerte del peatón y el hecho de que el automovilista condujera a exceso de velocidad, el modo en que las cosas ocurren escapa en tal medida a lo ordinario, que ha de negarse la evitabilidad individual. El curso causal ni siquiera puede imputarse subjetivamente como *cognoscible*.

Pero en el *Caso 1*, ¿habría que negar o reducir el valor de evitabilidad en la conducta de la madre? En general se asume que no, es decir, que de todos modos existe plena evitabilidad individual, pues la divergencia entre lo anticipado y el curso real ha sido manifiestamente insignificante.

El asunto está entonces en la definición de los criterios para considerar que un error sobre el curso causal es *esencial*, es decir, afecta la evitabilidad reduciendo o, incluso, excluyendo la responsabilidad. Históricamente se han propuesto diversos criterios para resolver el problema de la relevancia del error sobre el curso causal; en Chile han tenido mayor relevancia los siguientes:

(a) La persistencia hipotética de la resolución delictiva

Para saber si un error es esencial es preciso atender a la «persistencia hipotética de la resolución delictiva». Es decir, hay que preguntarse qué habría ocurrido si el sujeto se hubiera representado el curso causal como finalmente se desarrolló. Si el autor hubiera persistido en su resolución delictiva, la desviación causal es irrelevante; de lo contrario, es relevante y excluye la evitabilidad individual. Este criterio de imputación, sustentado en Chile por Novoa, opera implícitamente en numerosos razonamientos judiciales.

Conforme a este criterio, sin embargo, la solución dependería menos de las circunstancias del hecho que del carácter o de la personalidad del agente. Se tendería a considerar dolosas a las personas cuya conducta previa o posterior al hecho dé cuenta de una mayor desaprensión, o de una menor reflexividad y consideración por los intereses ajenos. Las personas de carácter aprensivo o dubitativo, en cambio, calificarían en general como meramente imprudentes. Además, el carácter hipotético de la fórmula —se basa en la reacción que el sujeto habría tenido ante una situación meramente supuesta— favorece la discrecionalidad y produce incertidumbre.

(b) La «fórmula de Cury»

Caso 3. Arnoldo le sirve a Benito un pastel envenenado para darle muerte, sin notar que en el pastel se esconde además una abeja. Benito muere como consecuencia de una alergia a la picadura de la abeja.

El error sobre el curso causal no será esencial —es decir, en el esquema finalista de Cury, no obstará a la afirmación del dolo— «cuando el autor se representa su acción como causa y el resultado como efecto y, en realidad, ambos ocupan esa situación, sin que para la producción del último haya sido precisa la interposición de otras acciones del mismo sujeto o de un tercero dirigidas a un fin distinto que la obtención del resultado» (esta última parte de la fórmula anticipa la opinión de Cury sobre la solución de los casos de *dolus generalis*).

De acuerdo con esta fórmula, entonces, el error es irrelevante cuando tanto la acción como el resultado ocupan en la realidad el lugar que les correspondía en la representación del autor acerca de su relación causal. Es irrelevante lo que haya ocurrido en el tiempo intermedio —con una excepción: la interposición de un cierto tipo de acción.

Este criterio es problemático, porque implica reducir al mínimo, cuando no simplemente renunciar, a la imputación subjetiva respecto del curso causal. Según Cury, en el *Caso 3* la desviación del curso causal sería inesencial. Sin embargo, resulta evidente que en él hay un problema de imputación subjetiva, pues el riesgo que el sujeto asumió al realizar la conducta no es el riesgo que se realizó en el resultado.

Para resolver adecuadamente estas constelaciones, *en primer lugar*, hay que rescatar lo que la posición de CURY tiene de correcto frente a la de NOVOA, refiriendo el análisis a la relación causal entre el riesgo típico creado por el autor y la producción del resultado concreto y no a un suceso hipotético. Pero esto debe complementarse, *en segundo lugar*, con la exigencia de que las circunstancias que constituyen la tipicidad del riesgo inicial, y que el autor ha creado conscientemente, sean al mismo tiempo *necesarias* para la explicación causal del resultado concreto.

En el *Caso 3*, el hecho de que el pastel estaba envenenado, componente esencial del riesgo de muerte que el sujeto asume estar creando, no sirve para explicar el resultado concreto. Este error sobre el curso causal tiene que ser relevante, pues el hecho de servir un pastel envenenado constituyó, en este caso, solo una tentativa completa de homicidio.

Veámoslo ahora en el *Caso 1*. Como observa KINDHÄUSER, cuando alguien empuja a otra persona desde lo alto de un puente, crea un riesgo que puede llevar a la muerte de la víctima de muchas maneras distintas: esta se puede ahogar, puede quedar inconsciente al golpearse contra el agua, sufrir un *shock*, golpearse contra unas rocas o contra un pilar del puente, etc. Todos estos son cursos causales posibles a partir de la conducta de empujar a otra persona desde lo alto del puente. Cuáles de estos cursos causales fueron considerados por el autor y cuáles consideró como más o como menos probables, es irrelevante. ¿Por qué? Porque él sabe lo suficiente sobre el riesgo inicial —empujar a otro desde lo alto de un puente— como para haberse motivado a evitar la conducta debido a las consecuencias asociadas a la creación de ese riesgo. Por otro lado, para explicar el resultado concreto —la víctima se rompe la cabeza contra un pilar— es necesario considerar que el autor empujó a la víctima desde lo alto del puente y, por lo tanto, se ha realizado precisamente el riesgo que el autor creó.

(2) Sobre una eventual «multiplicación de los delitos» como consecuencia del error en el curso causal

La segunda vertiente de discusión se refiere ya no al efecto excusante del error en el curso causal, sino a la posibilidad de que, como consecuencia de ese error, incluso se incremente el desvalor del hecho. Por razones más bien históricas, este incremento se realiza por la vía del llamado «concurso de delitos», que estudiaremos más adelante. Para mayor claridad, asumiremos en lo sucesivo que el error en el curso causal de que se trata en cada caso es esencial y además evitable.

(a) Aberratio ictus o error en el golpe

Caso 1. Arnoldo dispara sobre Benito para matarlo, pero solo alcanza mortalmente a su perro, que camina junto a él.

Caso 2. Un francotirador quiere matar a un estudiante de la facultad que está en el patio, pero por su mala puntería mata a otro que está sentado a su lado.

Caso 3. Arnoldo dispara para matar a Benito, pero alcanza a Óscar, quien se encuentra detrás de él y, a su vez, venía apuntando a Arnoldo para matarlo, lo cual este no había advertido.

Es la situación en que el sujeto se representa su acción como dirigida a lesionar un determinado objeto («objeto del ataque»), pero como consecuencia del error en el curso causal, lesiona otro («objeto lesionado»). El autor no solamente yerra sobre la identidad precisa del objeto lesionado, como ocurre en las hipótesis de error en la persona —Arnoldo dispara sobre Benito asumiendo que se trata de Óscar—, sino que pronostica otro curso causal con otro objeto del ataque.

Según la opinión ampliamente dominante, la *aberratio ictus* da lugar a dos delitos que se cometen con una misma conducta:

- respecto del objeto lesionado, y debido a la desviación relevante en el curso causal, el autor responde como mucho a título de culpa, es decir, por un delito imprudente;
- respecto del objeto del ataque, el autor responde por un delito doloso frustrado, pues se realiza el presupuesto de aplicación del art. 7° inc. 2°.

Esta «duplicación del delito» se traduce básicamente un asunto de determinación de la pena, pero también es un asunto de interpretación de la ley. Lo revisaremos en su momento, al estudiar la teoría de los concursos.

A continuación, veremos el caso indiscutido de *aberratio ictus*, los casos discutidos, y los casos en donde claramente *no* existe *aberratio ictus*:

(α) Caso indiscutido

La solución anterior es unánime cuando entre el objeto del ataque y el objeto de la lesión hay una diferencia de género (en sentido lógico) típicamente relevante.

En el *Caso 1*, el autor realiza algo que se aparta de su representación en todo lo que es relevante para la realización del tipo. Por lo tanto, existirá un concurso entre el homicidio frustrado de Benito y los daños imprudentes en el perro (atípicos conforme al ordenamiento jurídico chileno).

(β) Casos discutidos

Según la opinión dominante, también se aplica la solución anterior —es decir, el error en el curso causal da lugar a una «duplicación» del delito—, cuando el objeto del ataque y el objeto lesionado pertenecen al mismo género típicamente relevante.

En el *Caso 2*, ambos estudiantes (objeto del ataque y objeto lesionado) son equivalentes desde el punto de vista del bien jurídico y su afectación. Sin embargo, conforme a la opinión predominante el francotirador ya habría «concretizado» su dolo en la lesión de uno de los estudiantes, por lo que su error es suficientemente relevante como para producir una multiplicación de los delitos. Por lo tanto, debe ser castigado por el homicidio frustrado de un estudiante, en concurso con el homicidio culposo consumado del otro.

No obstante, la jurisprudencia —apoyada por una opinión minoritaria en la literatura— una y otra vez ha considerado que esta clase de casos debe tratarse simplemente como un error en la persona, debido a que el objeto lesionado es equivalente al objeto del ataque desde el único punto de vista relevante para el derecho penal: el agente se propuso matar a un ser humano y, efectivamente, mató a un ser humano. En otras palabras, la jurisprudencia aplica a estos casos el art. 1° inc. 3°: «El que cometiere delito será responsable de él e incurrirá en la pena que la ley señale, aunque el mal recaiga en persona distinta de aquella a quien proponía ofender».

Diversa sería la situación únicamente si ambos objetos fueran diferentes desde el punto de vista jurídico, como ocurre en el *Caso 3*. En un caso como este, Óscar es un agresor ilegítimo, mientras que Arnoldo no lo es. Por lo tanto, correspondería multiplicar los delitos (el resultado de esta multiplicación depende de si se exige o no un elemento subjetivo de justificación).

Sin embargo, hay una justificación histórica y otra de fondo para sostener que todos los casos de discrepancia entre el objeto del ataque y el objeto lesionado deben resolverse del mismo modo, es decir, conforme a la opinión dominante, con multiplicación de delitos:

- La justificación histórica proviene de las Actas de la Comisión Redactora del Código Penal y se funda en el ejemplo utilizado por los comisionados en la Sesión 116 para aclarar la expresión «circunstancias no conocidas por el delincuente», que utiliza el art. 1° inc. 3°. Según lo allí consignado, se trataba de situaciones como la de «alguien [que] creyendo matar a un extraño mata a su padre». Como destaca Novoa, este ejemplo indica que el legislador histórico no se refiere en ese precepto a los casos de error en el curso causal, sino a aquellos en que el agente aplica la acción desde un comienzo sobre un objeto del ataque erróneo. El ejemplo del que creyendo matar a un extraño, mata a su padre, no supone que detrás del extraño se encontraba el padre, de modo que este murió como consecuencia de la mala puntería (error sobre el curso causal), sino que la acción, desde un comienzo, estuvo erróneamente aplicada. Luego, la regla no es pertinente en los casos de error en el curso causal.

- El argumento de fondo se basa en la existencia de una diferencia valorativa entre la situación donde el agente dirige su acción desde un comienzo contra la persona equivocada, y la situación de error en el curso causal que es propia de la *aberratio ictus*. En la primera hay un solo bien jurídico en juego, esto es, la vida de una sola persona; mientras que en el segundo caso hay por lo menos dos bienes jurídicos en juego (el objeto del ataque y el objeto lesionado) debido al error sobre el curso causal. Lo anterior justifica hacerse cargo de esta diferencia entre aquello que el sujeto intenta, pero no consigue, y aquello que consigue sin buscarlo, pero habiendo creado el riesgo correspondiente.

Estos argumentos resultarían bastante plausibles si no fuera por la regla penológica del art. 75. Pues aunque poner en peligro dos bienes jurídicos parece más grave que amenazar a uno solo, lo que justificaría un tratamiento diferenciado de la *aberratio ictus* frente al *error in persona vel objecto*, al momento de determinar las penas aplicando la regla citada se advierten las dificultades.

Conforme a la solución de la jurisprudencia, tanto en los casos de *aberratio ictus* que estamos analizando (el objeto del ataque y el objeto lesionado pertenecen al mismo género lógico) como en los de *error in persona vel objecto*, corresponde imponer la pena del delito consumado, ya que el error en el individuo es irrelevante. En cambio, si junto a la doctrina mayoritaria se aprecia un concurso entre un delito doloso frustrado y un cuasidelito, entonces correspondería aplicar el art. 75, que obliga a imponer solo la pena mayor del delito más grave (la pena del delito doloso rebajada en un grado debido a la frustración). Por tanto, la solución de la doctrina mayoritaria, elaborada atendiendo a criterios valorativos sobre la mayor gravedad de los casos de *aberratio ictus* frente a los de *error in persona*, lleva a imponer una pena menor que la que se regularía recurriendo al art. 1 inciso 3°.

Utilicemos como ejemplo el *Caso 2*. Siguiendo la posición de la jurisprudencia, se debe castigar por el homicidio consumado con una pena de presidio mayor en su grado medio a máximo. Pero si se aplica la tesis de la doctrina mayoritaria, habría un concurso ideal entre un homicidio frustrado y un cuasidelito de homicidio; ello obliga —según el art. 75— a aplicar la pena del homicidio frustrado en su mayor grado, es decir, presidio mayor en su grado mínimo.

(γ) Casos en que no hay *aberratio ictus*

Caso 4. Un sujeto que es perseguido por dos policías dispara una sola vez hacia atrás apuntando al que le sigue más de cerca, pero el proyectil alcanza al otro, que corre inmediatamente detrás del primero.

Caso 5. Un sujeto que es perseguido por dos policías dispara una sola vez hacia atrás apuntando al que le sigue más de cerca. El proyectil da en el blanco y da muerte al policía, pero continúa su trayectoria y alcanza también mortalmente al otro, que corre detrás al primero.

Caso 6. Un terrorista coloca una bomba de tiempo junto al púlpito desde el cual hablará el candidato en un acto de campaña; pero en el momento en que estalla la bomba no está hablando el candidato, como había previsto el terrorista, sino su asistente o uno de los anfitriones.

- No hay *aberratio ictus*, en primer lugar, en los casos en que el agente comprende en su representación del riesgo que crea tanto al objeto del ataque como al objeto lesionado. La solución del *Caso 4* depende, por tanto, de si es posible considerar que ambos policías son igualmente objeto del ataque, de modo que solo habría un error en la persona. Cuando este es el caso, se habla propiamente de un «dolo alternativo».

La situación sería distinta si el disparo dirigido contra uno de los policías termina alcanzando a ambos, como ocurre en el *Caso 5*. Ya que en circunstancias normales no se puede asumir que un solo proyectil puede matar a dos personas, por lo general habrá que apreciar un error en el curso causal respecto de la segunda muerte, lo que sí da lugar a una *aberratio ictus*.

- Tampoco hay *aberratio ictus* en situaciones como las del *Caso 6*.

En estas hipótesis, el autor ha determinado el objeto del ataque solo de manera general y mediata (aunque de un modo suficientemente concreto como para que sea posible afirmar el dolo: la bomba está en el púlpito durante un acto público y matará al orador que lo utilice en ese momento), y lo ha hecho precisamente a través de la forma ambigua en que ha configurado la operación de los medios de ataque. Esta configuración, en el caso del ejemplo, indica que el terrorista conoce el riesgo de muerte respecto de quien se encuentre junto al púlpito a la hora programada para el estallido de la bomba. Por tanto, solo habría un error en la persona, que no es relevante.

(b) Error sobre el momento de consumación del hecho

Caso 7. A anestesia a B para luego hacer un montaje en el cual parezca que B se ha suicidado colgándose de una cuerda; pero ya la anestesia provoca la muerte de B.

Caso 8. O asume que mató a P con el garrotazo que le pegó en la cabeza. Para simular un accidente, O lanza a P desde la ventana de un 10° piso. P muere recién cuando cae sobre la vereda.

(α) Consumación anticipada

Se habla de consumación anticipada cuando el autor realiza el tipo a través de un acto que, desde su punto de vista, no tiene por objeto consumar el delito, y al cual, en su representación, aún debía seguir un segundo acto que produjera el resultado típico o, en términos más generales, la consumación.

La opinión dominante considera que, en estas hipótesis, se verifica un delito doloso consumado en la medida en que el autor —como ocurre en el *Caso 7*— haya ingresado mediante el primer acto en el estadio de la tentativa de ese delito. En un caso así, la conducta de tentativa iría acompañada de un dolo («general») de homicidio y, por lo tanto, sería irrelevante el hecho de que la consumación se anticipe.

Una opinión cada vez más extendida, en cambio, propone distinguir (Jakobs). La solución anterior sería correcta solo cuando, según la representación del autor, ya con el primer acto se está creando o contribuyendo a crear un riesgo relevante de producción del resultado. Si esto

no ocurre, si —como en el *Caso 7*— de acuerdo con la representación del autor aún no se crea con el primer acto (anestesiar) un riesgo relevante de producción del resultado, que sí se pretende crear mediante la conducta subsecuente (colgar a la víctima), entonces el autor ha incurrido en un error. Por lo tanto, en principio solo podría realizar el primer acto en forma culposa o imprudente en relación con el resultado final. Por otra parte, el riesgo que el autor consideraba relevante ya no se llega a realizar (muerte por ahorcamiento) por causas independientes de su voluntad, de modo que correspondería castigarle por un delito frustrado. En consecuencia, ambos delitos se encontrarían en concurso y la solución penológica sería idéntica a la que propone la doctrina mayoritaria para los casos de *aberratio ictus*, la aplicación del art. 75.

Si la opinión minoritaria lleva razón, como parece ser el caso, lo anterior demuestra desde otro punto de vista lo inadecuado de la regla del art. 75, que termina aplicándose por igual a los casos en que hay más de un objeto en peligro y a los casos como el *Caso 7*, en que se pone en peligro y se lesiona un solo objeto.

(β) Dolus generalis o «dolo de Weber»

Es la hipótesis inversa. Como en el *Caso 8*, el autor asume que ya provocó el resultado, pero en realidad lo produce sin darse cuenta a través de una conducta posterior, la cual no estaba dirigida a consumar el hecho sino a un fin distinto, por ejemplo, ocultar el primer acto o sus efectos. En nuestra literatura se suele usar el ejemplo del que entierra el supuesto cadáver para evitar que sea descubierto, maniobra que recién produce la muerte de la víctima por asfixia.

Con respecto a esta constelación se plantea exactamente la misma disyuntiva que en los casos de consumación anticipada:

- En general, se tiende a considerar que hay un delito doloso consumado siempre que el hecho en su conjunto, tal como realmente ocurrió, se mantenga en los límites de lo que era previsible (se trata aquí de una «previsibilidad objetiva», característica de los planteamientos finalistas). Tal sería la situación en el *Caso 8*.
- También aquí se ha sostenido que lo anterior es correcto solo si la segunda conducta se mantiene en el marco del riesgo que anticipó el autor en relación con la primera conducta (Jakobs). Si, por el contrario, el autor creó con su conducta posterior un nuevo riesgo, autónomo del anterior, entonces el nuevo curso causal «alcanza y adelanta al anterior». Esto ocurre en el *Caso 8*. El riesgo que O asumió no se realiza en la muerte: se trata de un delito frustrado. Por su parte, el nuevo riesgo se creó de un modo inadvertido, por lo que solo entra en consideración un delito imprudente. Ambos delitos estarían en relación concursal.

De este modo concluimos este tratamiento esquemático del error en la persona (y en el objeto) y del error en el curso causal. A continuación, revisaremos de un modo igualmente esquemático tres «clases» de error cuyo tratamiento particularizado se debe a la adopción de una determinada teoría por parte de la doctrina mayoritaria, y no a una cuestión legal o de hecho: el error sobre los presupuestos fácticos de una causa de justificación, el error sobre elementos normativos del tipo y el error sobre las normas complementarias de una ley penal en blanco.

cc) Error sobre los presupuestos fácticos de una causa de justificación

El error como categoría de imputación es un indicador para determinar si el hecho que objetivamente se imputa a una persona es expresión de un déficit de motivación suficiente de respeto al derecho, o no lo es. Por lo tanto, la pregunta central que debe responderse al aplicar esta categoría es si el desconocimiento que la persona alega haber padecido se habría evitado si hubiera exhibido ese mínimo de respeto o fidelidad al derecho.

Hay desconocimientos que descargan de responsabilidad y desconocimientos que no lo hacen: todo depende de la explicación que se dé acerca de sus causas y de la forma como la ley exige el conocimiento respectivo al definir lo prohibido o mandado. Respecto de las causas, el desconocimiento que procede de un fracaso en la planificación individual generalmente tendrá un cierto efecto excusante. En cambio, el desconocimiento que manifiesta desinterés por los asuntos y derechos de los demás tiene escaso o nulo efecto liberador de responsabilidad. Como en ocasiones puede resultar difícil saber si se está frente a una u otra clase de desconocimiento, el derecho romano desarrolló una fórmula para reducir la complejidad: *error iuris nocet, error facti nemini nocet*. Es decir, si lo que se alega desconocer son las reglas básicas de convivencia que fundamentan la cohesión social, tal desconocimiento no libera de responsabilidad; en cambio, sí lo hace el desconocimiento que recae sobre las particularidades fácticas de la situación. Conforme a esta fórmula, lo esencial para definir los efectos del desconocimiento es el «objeto» (primordialmente fáctico vs. primordialmente valorativo o jurídico) en el cual recae, todo ello como sucedáneo del examen de la calidad de la explicación sobre las causas del desconocimiento.

Esta misma distinción se mantiene hasta el día de hoy, con los ajustes necesarios de acuerdo con la evolución de la teoría del delito. Así, los efectos del error dependen de si se trata de un *error de tipo* o de un *error de prohibición*. Esta forma de tratar el error es la que asume la llamada «teoría de la culpabilidad», doctrina que Welzel calificaba como «la primera y más importante consecuencia de la teoría final de la acción para el derecho penal», y que según Balmaceda estaría «tan arraigada dentro de nuestra doctrina, que la literatura penalista no trata el tema».

Conforme a esta teoría, hay que distinguir si se está ante un «error de tipo», que recae sobre alguno de los elementos del tipo penal; o si, en cambio, se está ante un «error de prohibición», que incide en la valoración del hecho por parte del ordenamiento jurídico. La distinción tiene efectos muy relevantes cuando el desconocimiento es evitable (en caso de desconocimiento inevitable, todas las teorías excluyen la evitabilidad individual y, por lo tanto, la responsabilidad penal):

- Si el error recae sobre elementos del tipo, se produce *automáticamente* la exclusión del dolo. Por tanto, no existirá responsabilidad penal o esta será muy limitada, pues los hechos culposos por regla general no son punibles y, cuando lo son, contemplan un régimen punitivo particularmente benigno. Las siguientes consideraciones de la Corte Suprema ilustran muy bien el razonamiento:

> «Las circunstancias de hecho fijadas en los motivos 9° y 11° del fallo invalidado dan cuenta que la acusada comete un error de tipo excluyente del dolo del homicidio al creer que al enterrar al ofendido este ya se encontraba muerto, error que por ser vencible, dadas las circunstancias que se dieron por sentadas en el motivo 11° ya señalado, conlleva que la conducta deba ser sancionada solo a título culposo conforme a la figura de imprudencia temeraria del art. 490 N° 1 del Código Penal» (SCS 13.III.2017, Rol N° 2882-2017).

- En cambio, si el error recae sobre la antijuridicidad del hecho, solo desaparece la conciencia de la ilicitud, que, según la teoría final del delito, es un elemento independiente del dolo y radicado en la categoría de la culpabilidad. Así, el error de prohibición no impide la imputación del hecho a título de dolo, cuya concurrencia ya ha quedado establecida a nivel de tipicidad. Por otro lado, y ya que según esta teoría la conciencia de la ilicitud puede ser meramente potencial, el establecimiento de un error de prohibición no impedirá afirmar la culpabilidad del autor, aunque pueda reconocérsele una atenuación de la pena.

El resultado de la teoría de la culpabilidad es una radical diferencia en el tratamiento de ambas «clases de error»; sin embargo, al asignar esa diversidad de efectos la teoría no tiene en cuenta para nada la calidad de la explicación que da el sujeto sobre el desconocimiento que alega. Esto es precisamente lo que quedó «formalizado» mediante la fórmula *error iuris nocet*.

La teoría de la culpabilidad es ampliamente predominante en la literatura y también ha sido acogida por la jurisprudencia:

«El dolo requiere saber que se realiza la situación prevista en el tipo de injusto, el error determinará su ausencia cuando suponga el desconocimiento de alguno o todos los elementos del tipo de injusto. Tal es la esencia del error de tipo, que se distingue del error de prohibición, en que este último no supone el desconocimiento de un elemento de la situación descrita por el tipo, sino (solo) del hecho de estar prohibida su realización» (SCS 12.XII.2006, Rol N° 5302-2004).

Pero, ¿qué ocurre si la persona asume que está realizando una conducta típica aunque excepcionalmente permitida por una causa de justificación, cuando en realidad no concurren los presupuestos *fácticos* de tal causa de justificación? Por ejemplo, Arnoldo cree estar siendo agredido y para defenderse causa una lesión al supuesto agresor, pero luego se comprueba que no existió la agresión inicial.

Este desconocimiento, suponiendo que sea plausible, ¿debe tratarse como se trata el error de tipo, o como se trata el error de prohibición? ¿Hay un delito culposo o un delito doloso, cuyo autor solo puede beneficiarse eventualmente de una atenuación de la pena? Ambas posiciones han sido defendidas (también en Chile; así, por ejemplo, BULLEMORE/MACKINNON sustentan la segunda alternativa, conocida como «teoría extrema de la culpabilidad»), aunque hoy es ampliamente mayoritaria la que trata el error sobre los presupuestos fácticos de una causa de justificación «como si fuera un error de tipo», es decir, le asigna el tratamiento más favorable. Esta doctrina mayoritaria es conocida como «teoría limitada de la culpabilidad».

La sentencia más destacada de la Corte Suprema al respecto discurre más o menos en esta dirección. Aunque el error sobre los presupuestos fácticos de una causa de justificación sería un error de prohibición, de modo que si es evitable subsiste el dolo,

«ha de tratárselo de manera más benigna y, precisamente, "como si" en tal evento concurriera solo imprudencia (culpa) (...) Ello se explica, porque en tal situación, a diferencia de lo que ocurre en los restantes casos de error de prohibición, el autor se comporta de una manera "fiel al derecho". En efecto, si su representación de los hechos no fuera errónea y correspondiera a la realidad, el ordenamiento jurídico la hubiera valorado como él lo hace, y lo habría efectivamente autorizado para realizar la conducta típica. "Cuando el autor acepta equivocadamente los presupuestos de una causa de justificación reconocida por el Derecho, está ausente la apostasía de los valores de la comunidad jurídica característica de los delitos dolosos. El castigo sobre la base del tipo doloso no resulta justificado porque, como consecuencia del error, el dolo no se muestra como portador del desvalor de la actitud interna propio de los hechos dolosos"» (SCS 27.X.2005, Rol N° 1739-2003; la última parte corresponde a una cita de la 5ª edición del tratado de JESCHECK/WEIGEND).

La solución del supremo tribunal, que se conoce como «teoría de la culpabilidad orientada a las consecuencias», resulta difícil de sustentar sistemáticamente, pues afirma la existencia de un hecho doloso y, al mismo tiempo, ordena castigarlo «como si» fuera imprudente. Algo análogo se puede decir de la teoría limitada de la culpabilidad, pues quienes la favorecen, salvo contadas excepciones, no consideran los presupuestos fácticos de las causas de justificación como elementos (negativos) del tipo. Por lo tanto, igualmente castigan un hecho que en rigor consideran doloso como si se tratara de un delito imprudente —y, obviamente, solo en caso de que el tipo imprudente exista.

Cuando el desconocimiento recae ya no sobre los presupuestos fácticos de la justificación, sino sobre la existencia o alcance de la misma causa de justificación, la teoría de la culpabilidad habla de *error indirecto de prohibición* (indirecto, en cuanto se produce mediante la ampliación del tipo de permisión): el delito es doloso y solo viene a cuento una atenuación facultativa de la pena. Esta solución es simple, pero gruesa, porque la errónea asunción de los presupuestos de una causa de justificación conduce a un desconocimiento mucho más indeterminado que el que caracteriza al error directo de prohibición. Por eso, según se vio, lo verdaderamente relevante es la exigibilidad de superación del desconocimiento para el autor, si se le supone correctamente motivado. Ejemplo: La conducta descuidada del adulto mayor A amenaza con destruir un valioso objeto de arte perteneciente a B y este asume que la legítima defensa le permite apartarlo usando de fuerza física moderada (pero relevante conforme al art. 403 bis), es decir, desconoce que la agresión debe ser típica para ser ilegítima en el sentido de la legítima defensa. Aunque el desconocimiento de B sea en teoría evitable, el contexto de necesidad y la clase de reacción permitirán usualmente reconocer una excusa en términos amplios.

dd) El error sobre elementos normativos del tipo penal

Desde el punto de vista de la imputación penal, la relevancia de distinguir entre elementos descriptivos y normativos de los tipos penales es mínima. No existe diferencia alguna en el tratamiento que se dispensa al sujeto que desconoció, por ejemplo, que la persona era «menor de catorce años» en el sentido del art. 362, y al que desconoció que la cosa era ajena en el sentido del art. 432. Incluso de acuerdo con la dominante teoría de la culpabilidad, en ambos casos se excluirá el dolo respecto de ese extremo, lo que en este ejemplo, y también usualmente, hará decaer la tipicidad de la conducta.

En el pasado se discutió acerca de cómo tenía que ser el conocimiento del autor sobre los elementos normativos de los tipos penales, porque, se decía, si se tomara en serio la exigencia de conocimiento, podría llegarse al absurdo de que solo un experto en derecho sería capaz de conocer en propiedad el alcance del elemento normativo y, con ello, el sentido de la norma de conducta. Esta discusión se considera «zanjada» para la praxis, hasta el día de hoy, mediante la clásica fórmula de BINDING y MEZGER, según la cual el conocimiento de los elementos del injusto que entrañan un «significado» se satisface cuando el autor es capaz de realizar una «valoración paralela a la que realizaría el juez, pero en la esfera del lego».

Sin embargo, hay tres aspectos de detalle que conviene tener en cuenta:

- Que la distinción entre un tipo penal con elementos normativos y una ley penal en blanco sigue siendo relevante en el marco de la teoría de la culpabilidad y, al menos nominalmente, en la jurisprudencia del Tribunal Constitucional sobre el mandato de determinación del art. 19 N° 3 inciso final de la Constitución. En principio, para el TC las leyes en blanco imponen un escrutinio mucho más estricto que los tipos con elementos normativos en sede de control de constitucionalidad.
- Que la distinción puede cumplir la función de un *topos*, entre otros, para la ponderación del grado de evitabilidad del error. Si la definición del delito incluye remisiones jurídicamente complejas, el error podría ser menos evitable incluso para el ciudadano suficientemente motivado.
- Al mismo tiempo, la distinción está relacionada con el grado de conocimiento de los elementos del tipo que debe atribuirse al autor para estimar que obró en forma dolosa. En la práctica, esto significará usualmente que cuando los elementos del tipo poseen más carga normativa —o una conexión menos inmediata con la experiencia cotidiana—, lo que hace más plausible la alegación de desconocimiento, disminuyen las posibilidades de imputar un actuar doloso.

Entre nosotros, MAÑALICH rechaza la idea de que el conocimiento de la valoración jurídica subyacente a los elementos normativos de los tipos penales sea objeto del dolo. Al contrario, en el proceso de imputación habría que asumir que el autor conoce perfectamente la valoración que da consistencia a los elementos normativos del tipo. Luego, sobre esta base, habría que determinar si el autor conoció los presupuestos fácticos de aplicación de las normas portadoras de esas valoraciones. Pues si mantenía una creencia predictiva que afirmaba la concurrencia de esas «circunstancias objetivamente realizadoras de los elementos del tipo», entonces tenía una razón suficiente para motivarse a evitar su realización y habrá actuado dolosamente. Este razonamiento adolece, sin embargo, del defecto de suponer que es posible hablar de juicios personales relativos a «circunstancias objetivamente realizadoras de los elementos del tipo» sin introducir en tales juicios elementos de valoración. Esta suposición es errónea, pues la única forma en que el espíritu puede discernir en el universo de lo simultáneo aquellos fragmentos de la realidad que son relevantes para el juicio práctico de evitación es integrando elementos fácticos y valorativos. Los objetos y los acontecimientos siempre son percibidos como algo que tiene algún sentido, y aunque no sean siempre lingüísticamente clasificados, siempre son «categorizados». Por otro lado, lo que puede asumirse es que el ciudadano tiene una motivación suficiente de respeto al derecho, pero no que conoce perfectamente las valoraciones jurídicas en los diversos ámbitos de relación.

ee) El error sobre las normas complementarias de una ley penal en blanco

Para la teoría de la culpabilidad también es problemática la situación en que el agente yerra sobre las normas complementarias de una ley penal en blanco.

Según la opinión predominante, en estos casos hay que distinguir si la persona desconoce evitablemente la existencia de tales normas complementarias (*v. gr.* del reglamento que prohíbe importar cierta clase de substancias sin previa autorización, en relación con el delito de contrabando del art. 168 de la Ordenanza de Aduanas), o si desconoce la concurrencia de los presupuestos fácticos que autorizan la subsunción del hecho bajo tales normas (*v. gr.* que el producto que está importando contiene esa clase de substancia). En esta última hipótesis se trataría de un error de tipo, lo cual —también si el desconocimiento era fácilmente evitable— determinará por lo general la impunidad de la conducta debido a la ausencia de una figura imprudente. En la primera hipótesis, en cambio, se habrá consumado un delito doloso y solo entrará en consideración una atenuación facultativa de la pena. Como acertadamente advierte Politoff, «desde el punto de vista de las simetrías sistemáticas esta solución es irreprochable. Menos evidente es su congruencia con el sentimiento de justicia».

3. Los delitos culposos o imprudentes

a) Régimen de punibilidad en el Código Penal

En la mayor parte de los ordenamientos jurídicos, incluido el nuestro, la responsabilidad penal por un hecho imprudente es excepcional. Los tipos penales imprudentes son escasos y las penas son bajas en comparación con las establecidas para los delitos dolosos. El art. 10 N° 13 expresa esta idea en términos particularmente categóricos:

«Artículo 10.- Están exentos de responsabilidad criminal: (...) N° 13. El que cometiere un cuasidelito, salvo en los casos expresamente penados por la ley».

La redacción de la regla parece extraña, pues ninguna conducta es punible salvo que se halle entre «los casos expresamente penados por la ley». La explicación se encuentra en el contraste que la ley establece entre las dos distinciones fundamentales que surgen de los arts. 1° y 2°, a saber, la distinción entre delitos de acción y de omisión («Art. 1°.- Es delito toda acción u omisión...»), y la distinción entre delitos y cuasidelitos («Art. 2°.- Las acciones u omisiones que cometidas con dolo o malicia importarían un delito, constituyen cuasidelito si solo hay culpa en el que las comete»). Así, mientras para la ley es en principio indiferente si la conducta es activa u omisiva —y, por lo tanto, castiga tanto a la persona competente que mata a otro como al que lo deja morir—, no ocurre lo mismo con las conductas imprudentes respecto de las dolosas.

En principio, prescribe entonces el art. 10 N° 13, lo tipos penales admiten solo una imputación subjetiva a título de dolo, de modo que, si no es posible su atribución, el hecho es penalmente irrelevante, *salvo* en aquellos casos en que —de modo especial y excepcional— la ley establece que un hecho admite una imputación subjetiva a título de imprudencia. Por ello, existen muchas conductas que constituyen delito si son dolosas, pero cuya realización imprudente no acarrea responsabilidad penal alguna, como ocurre con casi todos los delitos patrimoniales y económicos. Además, según se verá, en el sistema del Código Penal la imprudencia simple no es punible ni aun cuando haya producido un resultado de lesiones o muerte.

Como consecuencia de lo anterior, se suele decir que el ordenamiento chileno ha establecido un régimen de *numerus clausus* para la tipificación de los delitos imprudentes, es decir, que la responsabilidad penal está limitada a los casos expresamente señalados por ley. La alternativa es un régimen de *numerus apertus*, donde una cláusula general permite construir a partir de (casi) cualquier delito doloso, un delito imprudente. Un régimen de *numerus apertus*, no exento de polémica y con muchas restricciones dogmáticas, estuvo vigente en España antes del Código Penal de 1995.

Esta opción legislativa sugiere, entre otras cosas, que en Chile no existe un *crimen culpae* sino *crimina culposa*, de modo que cuando con una sola acción imprudente se producen varios resultados lesivos, en principio hay tantos cuasidelitos como resultados. Como se verá al tratar del concurso de delitos, la regla penológica del art. 75 es consistente con esta valoración.

aa) Técnicas de tipificación

El legislador utiliza principalmente tres técnicas distintas para sancionar conductas imprudentes:

(1) Establecimiento de una figura culposa o imprudente, paralela a la definición de un hecho doloso

Por ejemplo, en el art. 233 se define el delito de malversación de caudales públicos, que consiste en que un empleado público que tiene a su cargo ciertos bienes los sustrae o consiente en que otro los sustraiga. Luego, en el art. 234, se sanciona al empleado público que por abandono o negligencia inexcusables diere ocasión a que se efectúe por otra persona la sustracción de los caudales o efectos.

Algo similar ocurre con respecto al delito de prevaricación, En el art. 223 N° 1 se tipifica la figura dolosa, mientras que en el art. 224 N° 1 se describe expresamente una forma culposa con referencia a la primera.

(2) Establecimiento de una figura culposa o imprudente sin un correlato doloso

Excepcionalmente, el legislador establece un tipo penal imprudente sin conexión aparente con un delito doloso. Tal es el caso, por ejemplo, de la interesante figura del art. 329 inc. 1°. En este caso, como en otros, existe una conexión no aparente con los delitos dolosos contra la vida y la salud de las personas.

(3) Las cláusulas generales del Título X del Libro II del Código Penal (arts. 490 y ss.)

En el Título X del Libro II, el legislador introduce cláusulas generales de punibilidad de los delitos imprudentes cuando se trata de atentados «contra las personas», una remisión que ha sido interpretada tanto en términos amplios como restrictivos. Aunque hay buenas razones para una interpretación restrictiva, esta técnica de tipificación relativiza la idea de que el sistema chileno sería de *numerus clausus* y da sustento a un régimen intermedio o mixto. Es decir, los arts. 490 y ss. parecen desactivar la lógica de los arts. 2° y 10 N° 13 cuando se trata de atentados contra las personas.

Sistemáticamente hablando, una técnica adicional para la sanción del injusto imprudente es la tipificación de delitos de peligro abstracto. Por medio de ella se castiga la realización conductas que, a juicio del legislador, implican *per se* la creación de un riesgo intolerable para la convivencia social. Desde un punto de vista estructural, la conducta típica de muchos delitos de peligro abstracto consiste en la creación deliberada de un riesgo confiando en que este no se realizará, de tal manera que si, contra el pronóstico, aquel se realizare, el resultado lesivo sería imputable a título de imprudencia. La legislación chilena contempla desde antiguo esta clase de figuras. Por ejemplo, el art. 313 A sanciona a quien, careciendo de título, realiza actos propios de la profesión de médico, aunque de ello no se siga resultado alguno de peligro o lesión. Si el falso profesional llegara a producir resultados lesivos mediante su «tratamiento», o como consecuencia de la omisión de un diagnóstico oportuno y acertado, se tratará por lo general de un cuasidelito cometido con culpa por asunción. Conforme al art. 313 A, sin embargo, la conducta ya es punible, bajo la forma de un delito de peligro abstracto, incluso antes de que se llegue a aplicar el supuesto tratamiento. El delito de peligro abstracto anticipa la punibilidad del injusto imprudente.

bb) El sistema «escalonado» del Título X del Libro II

El Título X del Libro II establece un sistema escalonado de tipificación, donde los diversos niveles están constituidos por las exigencias típicas. Cuantitativamente de menos a más, el esquema es el siguiente:

(1) El art. 490 (primer nivel)

«El que por *imprudencia temeraria* ejecutare un hecho que, si mediara malicia, constituiría un crimen o un simple delito contra las personas, será penado: 1° Con reclusión o relegación menores en sus grados mínimos a medios, cuando el hecho importare crimen. 2° Con reclusión o relegación menores en sus grados mínimos o multa de once a veinte unidades tributarias mensuales, cuando importare simple delito».

Para la realización del tipo se requiere, entonces:

imprudencia temeraria + resultado (contra las personas)

(2) El art. 492 (segundo nivel)

«Las penas del artículo 490 se impondrán también respectivamente al que, con *infracción de los reglamentos* y por *mera imprudencia o negligencia*, ejecutare un hecho o incurriere en una omisión que, a mediar malicia, constituiría un crimen o un simple delito contra las personas».

Se castiga aquí la mera imprudencia o negligencia, pero siempre que además concurra una infracción de reglamentos. Entonces:

mera imprudencia	+	infracción de reglamentos	+	resultado (contra las personas)

(3) El art. 491 (tercer nivel)

Este precepto sanciona la mera imprudencia sin exigir infracción de reglamentos, pero siempre que concurran determinadas condiciones definidas en cada uno de sus incisos:

- El inciso primero se refiere a profesionales que ejercen actividades directamente relacionadas con el cuidado de la vida y la salud de las personas, bienes que, según el planteamiento mayoritario, serían el único objeto de protección del Título X.

Debido al principio de reserva o legalidad, no es posible añadir otros profesionales a la nómina, pues hacerlo implicaría ampliar el alcance de la norma a casos no previstos en ella, es decir, el uso de analogía *in malam partem*. Respecto del «flebotomiano», existe acuerdo en que, conforme a una interpretación teleológica, la expresión corresponde al actual cirujano dentista.

- El inciso segundo se refiere al dueño de animales feroces, cuando el animal lesiona o mata a alguien debido a la imprudencia del mismo dueño. Se trata de una hipótesis evidente de creación de un riesgo especial.

Se puede observar cómo, en el art. 491, el legislador prácticamente ha «nombrado» el presupuesto fáctico de la respectiva posición de garante, que corresponde a asunción o confianza especial, en el primer caso, y a un deber de aseguramiento o injerencia, en el segundo. Los arts. 490 y 492 funcionan, en cambio, con independencia de cuál sea la fuente de la posición de garante del autor.

Entonces, el art. 491 exige:

cierta posición de garante	+	negligencia/ descuido culpable	+	resultado (contra las personas)

El último precepto del Título, el art. 493, consagra una aplicación del principio de especialidad. Los presupuestos específicos de la antijuridicidad de las conductas imprudentes previstas en el Título X no se aplican a otros cuasidelitos tipificados fuera del Título X, como ocurre *v. gr.* con la figura del ya citado art. 329.

b) ¿Diferencias entre la estructura del delito culposo y la del delito doloso?

Según la doctrina y la jurisprudencia predominantes, la tipicidad del delito culposo está constituida, en lo sustancial, por tres elementos (particularmente pedagógicas al respecto son SCS 10.XI.2005, Rol N° 853-2003 y SCS 15.IX.2008, Rol N° 7070-2007):

- la violación de un deber objetivo de cuidado, compuesto por un conjunto de deberes que Jescheck agrupaba en las categorías del «cuidado interno» (al cual pertenece, p. ej., el «deber de examen previo») y el «cuidado externo» (como p. ej., el «deber de omitir acciones peligrosas»);
- la previsibilidad objetiva del resultado (el resultado debe ser previsible para un hombre medio «situado»);
- un resultado objetivamente imputable a la conducta descuidada.

Al comparar los tres elementos del delito culposo con los elementos de la tipicidad del delito doloso se observa lo siguiente:

- El deber de cuidado consiste en que, al realizar una conducta riesgosa, el agente debe cumplir un cierto estándar en la administración de los riesgos que emanan de ella. En este aspecto, no se aprecia diferencia alguna con el deber de aseguramiento, aplicable también a los delitos dolosos.
- Respecto de la previsibilidad objetiva (y dejando aparte que es erróneo introducir una previsibilidad «objetiva» en sede de imputación subjetiva), se dice que el resultado o la realización del tipo debe ser cognoscible *ex ante*. En el delito doloso, la cognoscibilidad del resultado también es requisito de la tipicidad, aunque para afirmar el dolo sea preciso atribuir un cierto nivel de conocimiento o actualización de la cognoscibilidad.
- Y respecto a la imputación objetiva del resultado, en los delitos dolosos de resultado se exige en idénticos términos.

Por lo tanto, la estructura del delito culposo es idéntica a la del delito doloso, y lo mismo cabe decir sobre los requisitos para la realización del respectivo tipo penal. El así llamado «deber objetivo de cuidado» es un fárrago de instituciones de imputación objetiva de conductas y de resultados. Todas ellas fueron abordadas con mayor detalle a propósito del delito doloso y tienen plena aplicación en el ámbito de los delitos imprudentes.

c) Algunos problemas que presenta la tipificación de delitos imprudentes en el Título X del Libro II del Código Penal

El hecho de que exista similitud estructural entre el delito doloso y el delito imprudente no impide que en el nivel de los presupuestos específicos de la antijuridicidad —la forma de tipificación del delito culposo en la ley— se presenten problemas interpretativos igualmente específicos. Veremos algunos de los más llamativos en el Título X del Libro II.

aa) Los bienes jurídicos protegidos en el Título X

Los preceptos legales pertinentes se refieren a un crimen o un simple delito «contra las personas», un «daño a las personas», y un «mal a las personas».

Tradicionalmente, se ha entendido que estas remisiones se realizan al Título VIII del Libro II, llamado justamente «De los delitos contra las personas». Pero en este Título también se encuentran la provocación a duelo (art. 404, con un régimen especial si resulta la muerte del adversario: art. 406), la inducción al suicidio (art. 393 bis), el tráfico de migrantes (art. 411 bis), la trata de personas (arts. 411 ter y 411 quáter) y las injurias (art. 416 y ss.) y calumnias (art. 412 y ss.). Respecto de estas figuras, la doctrina sostiene que «no es imaginable» su comisión imprudente. Algo análogo se aplicaría al infanticidio (art. 394), al parricidio (art. 390) y al homicidio calificado (art. 391 N° 1). En el caso del femicidio intrafamiliar (art. 390 bis) y en razón de género (art. 390 ter), el fundamento de la incriminación especial sería incompatible con la mera imprudencia. Tratándose de la castración (art. 395) y de las mutilaciones (art. 396), la ley parece exigir expresamente una precisa intención del autor, también incompatible con la imprudencia, igual que el «conocimiento de causa» del auxilio al suicidio.

Más complejo parece ser el caso del maltrato corporal relevante de menores de edad, adultos mayores y personas en situación de discapacidad (art. 403 bis) y, sobre todo, la situación del «suicidio femicida» (art. 390 sexies), donde la estructura del tipo parece incompatible con el dolo. Sin embargo, al menos por ahora, existe amplio acuerdo en que la remisión que realiza el Título X se restringiría únicamente al *homicidio simple* y a las *lesiones corporales*.

El asunto es muy discutible. Desde luego, no es correcto el argumento de la tesis restrictiva en cuanto a que, en definitiva, todos los delitos podrían considerarse como delitos contra las personas, pues resulta evidente que solo algunos afectan intereses personalísimos. Por otro lado, una interpretación restrictiva de la remisión fundada en los arts. 2° y 10 N° 13 podría adolecer de una petición de principio, ya que el régimen del Título X podría establecer justamente el principio opuesto tratándose de los atentados contra las personas. Es cierto que, como ha apuntado el Tribunal Constitucional en el Rol 2154, la doctrina mayoritaria parece salvaguardar mejor la garantía de tipicidad en el ámbito de los delitos imprudentes, pues las normas del Título X tendrían un destino claro de remisión para la descripción del núcleo fundamental de la conducta. Sin embargo, el trabajo dogmático y la jurisprudencia también pueden proporcionar tal certidumbre sin tener que reducir el alcance de la remisión contra la evolución del derecho y la sociedad desde 1874.

La jurisprudencia ha desafiado el restrictivo consenso doctrinal en el caso del aborto que se provoca como consecuencia de la grave negligencia de un profesional de la salud. Lo ha hecho por dos vías distintas:

- Una vía indirecta, en SCS 30.I.2008, Rol N° 6229-2006. En este caso, la Corte Suprema entendió que desde el momento en que se da inicio al proceso del nacimiento, ya existe una persona en sentido legal y, por lo tanto, la criatura es sujeto pasivo de lesiones y homicidio. Se trata de una vía indirecta, pues, aunque no condena por aborto, la sentencia anulada de la Corte de Santiago había absuelto justamente del delito de aborto.
- Una vía directa, en SCS 16.IV.2009, Rol N° 1882-2008, en un caso de clara negligencia médica, donde la alternativa era entender que no concurría delito alguno:

> «Las figuras de ilícitos que conforman el hecho principal en los cuasidelitos contra las personas, están constituidas por el homicidio y las lesiones, y también por el aborto (...) a lo menos, en la etapa de nacimiento que se inicia con las primeras contracciones que sufre y experimenta la parturienta».

Estas sentencias están en sintonía con los avances científicos en el conocimiento de la vida del que está por nacer y, además, cuentan con un apoyo dogmático que la Corte no menciona. En efecto, el art. 343 castiga una determinada forma de aborto culposo, por lo que no se puede afirmar que en nuestro sistema la vida del que está por nacer no pueda ser objeto de un ataque imprudente. El argumento de que el art. 493 impediría el castigo de otras formas de aborto imprudente no es convincente, pues lo único que señala esta disposición es que las reglas «generales» del Título X no se aplican al que realiza lo descrito en el art. 343 («el que con violencias ocasionare un aborto...»). Esto es lógico, además, porque esta figura tiene asignada una pena mayor.

bb) Imprudencia «temeraria»

El art. 490 exige que la imprudencia sea «temeraria». Se trata del único calificativo o denominación legal de la imprudencia que tiene consecuencias relevantes, por lo que resulta lógico preguntarse qué se entiende por temeridad. Sin embargo, no existe una respuesta clara a esta interrogante. En ocasiones se ha intentado una correlación más o menos explícita con las categorías de la culpa del Código Civil, que en lo penal sirven de muy poco, principalmente porque en derecho penal no existe la culpa levísima, de modo que toda la estructura civil de graduación de la culpa queda descompensada cuando se traslada al derecho penal.

Si se revisan las pocas sentencias de la Corte Suprema que tratan específicamente el problema de la delimitación de la imprudencia temeraria, se encuentran razonamientos como el siguiente:

> «Que, al efecto y para resolver el asunto discutido, resulta conveniente recordar cuál es el sentido y alcance de la voz "imprudencia temeraria" en nuestro ordenamiento. A falta de una definición legal, y de acuerdo con la generalidad de la doctrina nacional, se trata de una expresión amplia, que incluye las conductas de negligencia. Labatut, citando a Viada, señala que la temeridad propia de esta forma cuasidelictual consiste en ejecutar un acto "sin tomar las precauciones o medidas previas que aconseja la prudencia más vulgar", caso en que la imprevisión sería "inexcusable" (Labatut, Derecho Penal, Editorial Jurídica de Chile, Tomo II, p. 407). En consecuencia, tal como sostiene Etcheberry, será esta una cuestión de hecho, que deberá resolverse caso a caso (Derecho Penal, Editorial Jurídica de Chile, tomo IV, p. 344) (...) [Y Cury,] al referirse a la imprudencia temeraria afirma que ella "...importa un grado de irreflexión o descuido y una actuación del agente, creadora del riesgo" (Enrique Cury Urzúa, Derecho Penal, Parte General, Ediciones Universidad Católica de Chile, p. 345)».

Respecto de los hechos del caso, continúa el fallo:

> «Que para el caso en estudio, respecto del acusado, en concepto de los jueces del fondo, su actuación debe considerarse como constitutiva de "imprudencia temeraria" (...) desde que en los antes referidos hechos obró con culpa en la producción del resultado, no querido pero previsible, al infringirse la ordenanza municipal y normas de seguridad del mismo centro invernal, por el hecho de descender por una de sus pistas a exceso de velocidad, lo que no le permitió respetar la preferencia perentoria de que gozaba el menor ofendido de autos, quien se deslizaba delante suyo en la misma huella, impactándolo de lleno» (SCS 30.VIII.2010, Rol N° 3436-2009).

Lamentablemente, tampoco en estas extensas consideraciones se aprecian los criterios de delimitación de la imprudencia temeraria, ni los fundamentos de la decisión del tribunal al respecto, ni las diferencias entre esa clase de imprudencia y la que exige el art. 492. En un fallo más reciente, y apenas al pasar, la Corte Suprema sugiere que no existe imprudencia temeraria en la conducción de un vehículo si el acusado «conducía dentro del límite de velocidad permitido» e impactó a un vehículo «mal estacionado» y que «no tenía ninguna señalización» (SCS 22.VII.2019, Rol N° 19062-2019); en realidad, en este caso probablemente ni siquiera existió una transgresión del riesgo permitido, de modo que la pregunta sobre la evitabilidad estaría fuera de lugar.

En todo caso, existe amplio acuerdo en que la temeridad —y más en general, la gravedad de la imprudencia— no depende de la representación del resultado. La culpa consciente o «con representación» no es necesariamente más grave que la culpa inconsciente o «sin representación» del posible resultado.

BULLEMORE/MACKINNON se apartan de este consenso al considerar derechamente *no punible* la culpa sin representación, ya que de lo contrario se vulnerarían «el principio del hecho (...) y el principio de legalidad, en general». Sin embargo, y dejando aparte que de esta manera se beneficiaría con la impunidad al sujeto cuya temeridad es tan grande que ni siquiera toma nota de los riesgos inherentes a su conducta, pareciera que en su argumentación aluden más bien a los casos en que, como señalan literalmente, «no hay previsibilidad del resultado típico», es decir, a que siempre «debe ser posible la representación del riesgo creado con la conducta». Si este es el caso, no habría mayor diferencia con la doctrina de consenso, que tampoco afirmará la imprudencia si el resultado era imprevisible.

cc) Parámetro para el enjuiciamiento de la infracción del deber subyacente al tipo penal

El parámetro de enjuiciamiento para determinar la infracción del deber de evitar la realización del tipo imprudente y su imputación al autor es, igual que en los delitos dolosos, el resultado de una combinación de categorías objetivas e individuales.

En el plano objetivo, el punto de partida es la existencia de una posición de garante. Luego se aplican los parámetros pertinentes a la transgresión del riesgo permitido y demás instituciones de la imputación objetiva de conductas, todo ello conforme a un juicio ex ante, emitido por quien conoce la actividad en cuestión, con o sin relevancia de los conocimientos especiales, dependiendo de cuál sea la posición de garante.

Una vez establecido el quebrantamiento objetivamente imputable de la norma —al cual pertenece también la imputación de resultados, que trataremos enseguida—, en el plano subjetivo hay que tener presente ante todo que la imprudencia es una forma de evitabilidad individual y, por lo tanto, de aquello que el sujeto concretamente acusado habría evitado si se le supone una motivación suficiente de respeto al derecho. Por eso, el derecho penal no impone a un conductor principiante o a un cirujano que realiza sus primeras intervenciones un estándar de previsibilidad o evitabilidad que no están en condiciones de satisfacer.

Esto es consistente con la forma en que el derecho penal cumple su misión. El derecho penal no garantiza la incolumidad de los bienes jurídicos, sino solo que las personas sean mínimamente leales al derecho, que actúen con una motivación predominante de respeto a las normas fundamentales de convivencia social.

dd) «Infracción de los reglamentos»

El art. 492 exige que, además de la imprudencia, concurra «infracción de los reglamentos». Lo más importante que debe tenerse en cuenta al respecto es que la infracción de los reglamentos es una *exigencia adicional* del tipo, que se suma a la de mera imprudencia o negligencia. Si esto se tiene claro, es posible resolver casi todas las dudas que ha presentado la interpretación de la regla. En consecuencia:

- La expresión «reglamentos» no se refiere a conjuntos de máximas de experiencia no escritas —por ejemplo, las leges artis de las distintas profesiones—, ni tampoco al sentido común ni a criterios jurisprudenciales, pues lo propio de estos conjuntos de máximas es que definen en términos abiertos el ámbito mismo de lo prudente o imprudente. Si se los considerara al mismo tiempo como «reglamentos» en el sentido del art. 492, se eliminaría por esta vía uno de los requisitos del tipo.

En tal sentido se pronuncia, acertadamente en cuanto al fondo, el Tribunal Constitucional, en el Rol 2154, estableciendo un criterio que luego es reiterado en el Rol 2716:

> «La referencia que el precepto impugnado [art. 492] hace a los "reglamentos" no tiene por objeto completar la descripción típica del precepto legal impugnado, sino que cumple una función delimitadora del ámbito en el que la acción imprudente debe realizarse: debe tratarse de un ámbito especialmente reglado. Además, los reglamentos pueden definir parámetros para determinar si la acción fue ejecutada con imprudencia o negligencia, sin que lo anterior implique en todo caso que la infracción de un reglamento conlleve necesariamente la presencia de negligencia o imprudencia».

Sin embargo, en ocasiones la jurisprudencia de los tribunales ordinarios ha hecho todo lo contrario, de dos modos distintos. Primero, integrando la voz «reglamentos» con el art. 108 inc. 2° de la Ley del Tránsito, que ordena conducir atento a las condiciones del tránsito (por ejemplo, en SCS 17.II.2010, Rol N° 1126-2009). Esta integración es errónea, pues el precepto citado no contiene más que un llamado genérico a conducir con prudencia, limitando el ámbito de aplicación del principio de confianza. Es decir, la regla incide en los presupuestos de la imputación y no, como es el caso de la exigencia de infracción de los reglamentos, en los de la subsunción.

En segundo lugar, alguna jurisprudencia afirma la mera imprudencia o negligencia a partir de la así llamada «culpa infraccional», es decir, al modo como razonan los jueces civiles en materias de responsabilidad extracontractual, que tienen por concurrente la culpa del agente por el solo hecho de que este haya realizado una conducta objetivamente contraria a alguna norma. Por ejemplo, y en una formulación que se repite en numerosas sentencias posteriores:

> «Como lo ha sostenido en reiteradas oportunidades este tribunal, habrá culpa por el solo hecho de que el sujeto activo haya ejecutado el acto prohibido o no haya realizado el ordenado por la ley o el reglamento, pues significa que omitió las medidas de prudencia o precaución necesarias para evitar un daño» (SCS 15.IX.2008, Rol N° 7070-2007).

- Los «reglamentos» son, al menos, las reglas formales del Estado que establecen en términos generalmente vinculantes, y con cierto grado de concreción, deberes de conducta en la realización de actividades riesgosas. Formalmente hablando, entonces, la remisión debe realizarse a otras leyes, o bien, a reglamentos (decretos supremos).

La posibilidad de aceptar remisiones a reglas de jerarquía infrarreglamentaria, o incluso a reglamentaciones de carácter privado, depende del alcance que se acuerde al principio de legalidad. Por ejemplo, en casos sobre derrumbes de edificios defectuosamente construidos se ha invocado la infracción de normas técnicas como las Normas Chilenas (NCh); sin embargo, en materia de estándares de construcción la misma ley se remite a esta clase de normas. En cualquier caso, no es correcta la idea contenida en STC Rol 2154 (citada más arriba), conforme a la cual estas normativas solo restringirían el ámbito de lo punible y, por lo tanto, ya desde un principio quedarían al margen de las exigencias del principio de legalidad: todos los elementos de los tipos penales cumplen tal función restrictiva.

- Ni la infracción de los reglamentos ni la imprudencia se identifican con la infracción del riesgo permitido. La primera puede perfectamente concurrir sin que esta última se produzca: la regla general es rígida y no conoce todos los casos particulares. La imprudencia, por su parte, es un asunto que concierne no solo al caso particular, sino a la persona del presunto infractor, quien puede infringir el riesgo permitido de un modo que para él no es individualmente evitable, incluso desde una motivación óptima de respeto al derecho; en estos casos, no actuará de un modo imprudente.

ee) La imputación de resultados

En el Código Penal apenas hay delitos culposos que no sean de resultado de lesión (un ejemplo podría ser el delito de prevaricación administrativa del art. 228 inc. 2°). En las leyes especiales, solo muy excepcionalmente se contemplan figuras imprudentes de peligro. Tal es el caso, por ejemplo, del art. 42 inc. 2° de la Ley N° 18.302 sobre Seguridad Nuclear («El que por descuido o negligencia diere ocasión a que otro cometa el robo o hurto, o la sustracción o apropiación ilícita, de sustancias nucleares o materiales radiactivos»). Además —y sin perjuicio de su criminalización indirecta vía delitos de peligro abstracto, según se explicó—, la doctrina y la jurisprudencia entienden que no puede haber tentativa o delito frustrado imprudentes, pues no serían «imaginables». En realidad no es un problema de imaginación, sino de incompatibilidad con el tenor del art. 7°, que exige una conducta suficientemente orientada respecto de la posible realización del tipo, compatible con el denominado «dolo eventual» pero no con la imprudencia.

Por lo tanto, en el ámbito de la imprudencia es particularmente relevante la imputación de resultados. Ella exige verificar tanto la relevancia causal de la conducta para la producción del resultado, como si aquella es, además, su explicación prevalente. Cabe recordar que fue precisamente en el ámbito de los delitos culposos donde la jurisprudencia desarrolló el concepto de «causa basal», que corresponde precisamente a este segundo nivel de la imputación de resultados. Repasaremos ahora dos criterios o *topoi* especialmente utilizados para la imputación de resultados en el ámbito de la imprudencia: el comportamiento alternativo ajustado a derecho y el incremento del riesgo. Ambos pertenecen a la imputación en sentido estricto, es decir, operan una vez afirmada la relevancia causal.

(1) El comportamiento alternativo ajustado a derecho

El resultado no solo debe ser un efecto de la conducta, sino también la consecuencia precisa de la infracción del deber subyacente al tipo penal. Por eso, si de haberse cumplido el deber impuesto por la respectiva norma de conducta, el resultado igualmente se hubiera producido, ha de entenderse que tal conexión o «contexto de contrariedad al deber» no existe.

Este mismo criterio es utilizado por la jurisprudencia al distinguir, sobre todo en materia de accidentes de tránsito, entre las causas del accidente a secas y la llamada «causa basal». La causa basal es una causa respecto de la cual se puede afirmar, además, la conexión normativa con el resultado:

> «Se entiende por causa de un accidente de tránsito cualquier circunstancia, comportamiento, acción o condición riesgosa, sin la cual el hecho no se habría producido. En tal virtud, la denominada causa basal de un hecho culposo en la circulación vehicular, la ha de constituir el proceder descuidado, imprudente o negligente que necesariamente ha determinado la producción del resultado antijurídico ocurrido, la conducta infractora del deber general de atención y cuidado, por la cual ha devenido tal resultado; dicho de otro modo, la acción o abstención descuidada sin la cual el detrimento del bien jurídico amparado no habría sobrevenido» (SCS 10.XI.2005, Rol N° 853-2003).

(2) El incremento de riesgo

El *topos* del comportamiento alternativo ajustado a derecho encuentra su límite en los casos de incertidumbre, es decir, cuando no se sabe con suficiente certeza si un comportamiento ajustado a derecho habría determinado que el resultado no se produjera. Entonces se suele echar mano del criterio del *incremento del riesgo*: Si la conducta contraria a deber incrementó en forma relevante el riesgo de producción del resultado, entonces se le imputa dicho resultado, aunque no se tenga certeza de que se habría evitado con el comportamiento acorde a la norma.

Así se resolvió, por ejemplo, en un caso de derrumbe de edificios mal calculados que causó la muerte de ocho personas en Constitución con ocasión del terremoto de 2010. La pregunta que debía responder el tribunal era la siguiente: ¿Se puede considerar que las muertes se deben a la negligencia del calculista y a la del funcionario municipal que no advirtió el error?:

> «La relación de causalidad fluye evidente, pues la acción negligente y anti reglamentaria del profesional que validó los planos estructurales que sirvieron de base a la construcción de los edificios que colapsaron, al igual que la del funcionario

público que no reparó en tan grave error, permitiendo que se seleccionara el proyecto y se construyera con esas graves falencias sísmicas, *crearon un riesgo que incrementó las posibilidades de producción del resultado*, ya que vivimos en un país con altos índices de sismicidad, por su ubicación geográfica (...) De esta forma, el incumplimiento normativo significó un peligro efectivo para los moradores de dichos edificios, que se concretó con el primer sismo severo al que fueron expuestos, ya que significó el colapso de los mismos y la muerte de 8 personas, que no tuvieron la oportunidad de escapar» (STOP Talca 18.V.2012, RIT N° 181-2011).

Ya se ha visto, sin embargo, que el criterio del incremento del riesgo es problemático, y así lo consideró también a la Corte de Apelaciones de Talca, que anuló la sentencia y el juicio por falta de suficiente fundamento de la imputación del resultado a estas dos personas:

«Los hechos de la causa tienen el carácter de múltiples y complejos, se desarrollaron en distintos lugares y épocas, por diferentes personas y entidades, en cuyo devenir las actuaciones de los acusados constituyen una más de una serie de intervenciones profesionales, por lo que no se ajusta a las circunstancias la afirmación contenida en el fallo de que la relación de causalidad fluye evidente, y tampoco es efectiva la ejecución inmediata y directa que la sentencia les atribuye, pues ninguna de esas conclusiones se aviene con la coherencia que debe existir, respecto del resultado final (desplomes más muertes)» (SCA Talca 31.VII.2012, Rol N° 257-2012).

En realidad, el problema de fondo en estos casos es otro y tiene que ver con la aplicación de un concepto unitario causal de autor en los delitos culposos. Solo un modelo de intervención delictiva con accesoriedad permite «sumar causas» puestas por diferentes personas autorresponsables.

d) Combinaciones de dolo e imprudencia

aa) Versari in re illicita *y delitos calificados por el resultado*

(1) El «versari»

El *versari* es una aplicación de la doctrina de la *culpa praecedens* para los casos en que se daba muerte a una persona de manera fortuita (*homicidium casuale*). La doctrina de la *culpa praecedens* construye una evitabilidad solo aparente del resultado de muerte a partir de un concepto errado de *voluntas indirecta* (la que, en realidad, corresponde al dolo de las consecuencias seguras o, cuando mucho, al dolo eventual), para intentar dar cabida en el sistema a una responsabilidad «objetiva» por el resultado, arraigada en la cultura popular en la Alta Edad

Media, pero incompatible con la idea de culpabilidad defendida mucho antes por San Agustín (KUTTNER). El *versari* es responsabilidad por un resultado de *muerte* en caso fortuito, sin evitabilidad individual, aunque restringida a los casos en que la acción que produce la muerte es ilícita. Ambos elementos, la ilicitud de la conducta y su relevancia causal respecto de la muerte, son las vigas maestras sobre las cuales descansa el *versari*.

Subyace también al *versari* la idea errónea de que el delito culposo solamente podría ser cometido por quien persigue un fin lícito. Así, cuando el estudiante provoca un accidente y lesiona a un peatón por conducir demasiado rápido para llegar a tiempo a la clase de Derecho Penal, se entiende que persigue un fin lícito y, por tanto, es posible imputarle un delito culposo. En cambio, cuando el sujeto se encuentra cometiendo un delito —por ejemplo, conduce a toda velocidad el vehículo que acaba de sustraer, con el fin de consumar el robo—, entonces no se le «beneficia» con una imputación conforme a los criterios y las figuras legales propias de la imprudencia, sino que ha de responder por todas las consecuencias que se derivan causalmente de tal proceder ilícito. Bajo este esquema, el único límite a la imputación procede de la relevancia causal. Si la realización del tipo era cognoscible para el sujeto o no lo era, es algo que carece de relevancia.

(2) Delitos calificados por el resultado

El *versari in re illicita* se manifiesta en los *delitos calificados por el resultado*. En esta clase de delitos, la ley prevé una pena básica para una determinada conducta dolosa, pero establece una pena más alta si, en conexión causal con la realización de esa conducta, se producen resultados más graves, y lo hace con prescindencia de que estos resultados más graves hayan sido previstos o fueran siquiera previsibles para el autor. Se trata de hipótesis de responsabilidad penal objetiva.

¿Existen delitos calificados por el resultado en la ley chilena?

Antes de la reforma introducida en 2021 por la Ley N° 21.402, las penas que correspondía imponer a quien incendiaba *un lugar cualquiera* se calificaban según si se producía la muerte o lesiones graves de personas cuya presencia en el lugar el autor pudo prever, es decir, en los supuestos de imprudencia (art. 474 incisos 1° y 2°). Sin embargo, si se producía la muerte de personas que «se hallaren a cualquier distancia del lugar del siniestro» (art. 474 inciso 3°), se establecía una pena inferior a la del supuesto imprudente, pero muy superior a la pena de la figura básica del art. 477. Esta diferencia en la pena por el resultado previsible y la pena por el resultado establecido en el inciso 3°, llevaba a pensar que en este último caso no podía sino tratarse de resultados imprevisibles. De esta manera, la regla solo parecía explicable como hipótesis de calificación por el resultado. Hoy, sin embargo, la calificación exige expresamente la previsibilidad de la presencia de personas, de modo que el art. 474 establece un delito preterintencional con pena propia, según veremos.

Pero el legislador penal, que no se toma vacaciones, creó en 2022 el tipo penal del «suicidio femicida» (art. 390 sexies), para sancionar con pena de crimen al que «con ocasión de hechos previos constitutivos de violencia de género, cometidos por este en contra de la víctima, causare el suicidio de una mujer». El mismo precepto define la «violencia de género» como «cualquier acción u omisión basada en el género, que causare muerte, daño o sufrimiento físico, sexual o psicológico a la mujer, donde quiera que esto ocurra». La redacción del tipo, la gran variedad de conductas que comprende y el hecho de que el suicidio siempre implica un acto autorresponsable del suicida desde el punto de vista penal (pues de lo contrario habría un homicidio directo o en autoría mediata, cometido por quien condiciona de un modo relevante la muerte), sugieren fuertemente que en este caso se ha querido establecer una responsabilidad objetiva por el resultado.

En general, se ha de evitar la interpretación de una regla como responsabilidad objetiva siempre que ello sea posible, y la exigencia general de dolo o culpa contenida en los arts. 1° y 2° es una ayuda importante en este sentido. La jurisprudencia y alguna literatura sobre el delito de conducción en estado de ebriedad con resultados lesivos, así como el tenor de algunos preceptos legales como los arts. 392, 402 y, ahora, el art. 390 sexies, constituyen un desafío al respecto.

(3) *Subsistencia del* versari *como criterio de imputación en el ordenamiento jurídico chileno*

Conforme al art. 10: «Están exentos de responsabilidad criminal: (...) N° 8. El que con ocasión de ejecutar un acto lícito, con la debida diligencia, causa un mal por mero accidente».

La formulación plasmada en esta regla recoge prácticamente al pie de la letra las doctrinas canónicas que intentaron articular en un solo sistema las distinciones entre *res illicita - res licita* (acto lícito o ilícito), por una parte, y *adhibere diligentiam debitam - non adhibere diligentiam debitam* (con o sin la debida diligencia), por la otra. Este esfuerzo estaba destinado al fracaso, pues la primera conecta con una responsabilidad por el resultado y, la segunda, con una genuina imputación subjetiva. Pese a ello, hicieron fortuna doctrinas como la de la *voluntas perniciosa*, recogida en la *Summa Lipsiensis* (siglo XII). Conforme a ella, existe una *voluntas perniciosa secundum se* (dirigida a producir el resultado lesivo) y una *voluntas perniciosa secundum accidens*. Esta última podía ser a su vez *ex causa inhonesta* (esta es justamente la *res illicita*) o *ex negligentia*.

La *Summa Bambergensis* (siglo XIII) recogería luego una distinción análoga. El autor de la muerte podía encontrarse *in culpa* y ser responsable por ella *ratione operis* —o sea, por la naturaleza de la acción: *res illicita*—, o bien, por la forma de realizar la conducta, el lugar o el tiempo, es decir, las circunstancias que vuelven imprudente una acción en sí misma lícita. De esta forma, muchos canonistas incorporaron en una construcción unitaria dos situaciones inconciliables: la pura responsabilidad por el resultado de muerte basada en un *dare operam rei illicitae* y la responsabilidad basada en culpa. Estas doctrinas se encuentran bien arraigadas en la cultura jurídica cuando comienzan los procesos de codificación a fines del siglo XVIII como demuestra, por ejemplo, el proyecto de MELLO FREIRE.

Parece razonable pensar que, al reproducir estas fórmulas recibidas del *Código Criminal do Imperio do Brasil* de 1830 a través del Código Penal español de 1848 (PACHECO: La ley «ha querido y ha dispuesto que, cuando se emprende una [acción] criminal, no sea causa que justifique la del acaso, aun suponiendo que lo hubiera en lo que resultó»), el legislador está asumiendo también su necesario punto de partida, a saber, que puede existir una responsabilidad por el caso fortuito. Esto explica que la exención de responsabilidad por *casum* («mero accidente») haya quedado supeditada en el art. 10 N° 8 al cumplimiento de dos «condiciones». La primera es el *adhibere diligentiam debitam*, la actuación diligente o prudente; la segunda condición es objetiva y contingente respecto del resultado: que la conducta en sí misma no cuente como *res illicita* o prohibida por el derecho. La otra cara de la medalla es, naturalmente, la existencia en el Código Penal de una responsabilidad por el caso fortuito, a pesar de la ausencia de culpa a su respecto, cuando el «mal» causado —el origen del precepto obliga a interpretar que este «mal» ha de consistir en un resultado de muerte— es producto de una conducta prohibida por el derecho.

Cabría sostener, sin embargo, que todo esto no obsta a que opere una exención de responsabilidad en virtud de otras reglas (arts. 1°, 2° y 10 N° 13) o, incluso, directamente a partir del principio de culpabilidad. Pero aparte de que ello tornaría completamente superfluo el precepto, resulta que las consecuencias jurídicas de la ausencia de los presupuestos de la exención de responsabilidad por el caso fortuito están *especialmente* reguladas en el art. 71: «Cuando no concurran todos los requisitos que se exigen en el caso del N° 8 del art. 10 para eximir de responsabilidad, se observará lo dispuesto en el art. 490».

La redacción del art. 71, que probablemente se explica por la necesidad de sustraer al art. 10 N° 8 de la regla del art. 11 N° 1, es desafortunada en cuanto se refiere a la concurrencia de «requisitos» para eximir de responsabilidad. Pues el supuesto regulado en el art. 10 N° 8 no es simplemente el *casus*, la causación de un mal por mero accidente, sino el *casus* en la medida en que el resultado se vincula causalmente con una acción *ilícita*. El *versari* descansa sobre ambos pilares. Por lo tanto, en rigor no es que la licitud de la conducta desplegada sea un «requisito» pare eximirse de responsabilidad por el *casum*, sino que, tratándose de acciones lícitas, tal responsabilidad simplemente no entra en consideración. Igualmente, la «causación de un mal por mero accidente» no es uno de los «requisitos que se exigen para eximir de responsabilidad», sino que pertenece a la formulación del supuesto de responsabilidad objetiva regulado en el N° 8 del art. 10.

Hechas estas precisiones, la regla del art. 71 confirma que en el art. 10 se asume la existencia de una responsabilidad por el caso fortuito, cuyas consecuencias punitivas quedan reguladas conforme a ella. Este precepto confirma también que no hay responsabilidad penal por el *casum* si se cumplen los «requisitos» (en plural, al estilo de la *Bambergensis*) establecidos en el art. 10 N° 8: la licitud de la conducta desplegada y el empleo de la debida diligencia. Consecuentemente, el art. 71 regula qué sucede si no concurre alguno de estos dos «requisitos»: se observará los dispuesto en el art. 490.

Se ha sostenido que esta remisión desactivaría el *versari* debido a la exigencia de imprudencia temeraria que contiene el art. 490 (Cury). Esto es incorrecto, pues el art. 490 solo se aplica propiamente cuando el resultado se explica por la infracción del deber de cuidado y no cuando sobreviene «por mero accidente», que es el caso regulado en los arts. 10 N° 8 y 71. Si la remisión implicara la adopción del *régimen* de imprudencia punible del art. 490, esos dos preceptos serían no solo superfluos (el art. 490 funciona tanto cuando la conducta está en general permitida, como cuando está prohibida), sino una gran fuente de confusiones. Por eso, la remisión solo tiene sentido en cuanto se refiere a las *consecuencias* punitivas.

Entonces, si la conducta que produjo el resultado es ilícita y se causa una muerte por mero accidente —es decir, si se dan los presupuestos del *versari*—, conforme al art. 71 corresponde imponer las penas de los cuasidelitos, prescindiendo de la exigencia de imprudencia temeraria que contiene el art. 490. Lo mismo sería aplicable cuando la conducta es ilícita (p. ej., contraria a la Ley sobre Control de Armas) y además imprudente, pero el resultado no es imputable a la imprudencia y, en tal sentido, constituye un caso fortuito. El art. 492 conserva siempre un ámbito propio, ya que para su aplicación es necesario que el resultado sea imputable a la infracción del deber y, por otro lado, el *versari* solo es pertinente cuando ese resultado es la muerte de una persona.

Las sanciones canónicas eran más drásticas. El clérigo que con ocasión de ejecutar un acto lícito con la debida diligencia causaba la muerte de una persona no era castigado con la pena de *depositio* o destitución. Pero las penas por el *casus* basado en un *dare operam rei illicitae* son similares a las del homicidio doloso e incluyen la *depositio*. Esto puede haber alimentado la errónea idea de que el *versari* canónico implicaba la imputación del efecto dañoso a título de dolo, cuando a lo más se llegó a la doctrina ya mencionada de la *culpa praecedens*, o a la idea de que se sancionaba la conducta imprudente *per se*, más una calificación por el resultado (HUGUCCIO).

La deficiente redacción del art. 71 se manifiesta, sin embargo, cuando se trata de dilucidar el tratamiento que corresponde a quien realiza un acto lícito (en el sentido de no prohibido por el derecho), sin la debida diligencia, pero causando una muerte por mero accidente, es decir, de un modo no imputable a la infracción del deber de cuidado. Si en tal situación hubiera que aplicar las penas del art. 490, entonces en los cuasidelitos de homicidio que *no* importan la realización de una acción en general prohibida por el derecho, para la ley sería completamente irrelevante si la muerte es imputable a la imprudencia o si, por el contrario, es producto del acaso. Aun más, la exigencia subjetiva mayor —imprudencia temeraria— sería aplicable solo allí donde en el plano objetivo no basta con la mera relevancia causal —esto es, donde es pertinente aplicar el régimen integral del art. 490—, lo que incrementa todavía más la inconsistencia. Y todo ello, sin que concurra el otro elemento esencial del versari, la ilicitud de la conducta desplegada.

El problema no se resuelve sosteniendo que una acción realizada sin la debida diligencia es siempre, al mismo tiempo, una acción ilícita en el sentido del art. 10 N° 8, pues ello no sería consistente con el origen del precepto y resulta apenas conciliable con su tenor literal. Solo podría haber algún espacio para esta interpretación en ámbitos densamente regulados y con cláusulas residuales como el art. 108 inc. 2° Ley de Tránsito (cuya infracción, según se vio, no puede contar como «infracción de los reglamentos» conforme al art.

492); entonces el caso se convertiría en uno donde faltan tanto la diligencia debida como la *res licita*, lo cual, en la valoración legislativa, «justificaría» la responsabilidad por el *casum*.

El resultado de esta interpretación no es halagüeño, pero el Código Penal contiene también otras reglas que descansan en estructuras arcaicas de imputación, como el art. 10 N° 6 inc. 1° *in fine*, o son funcionales a ellas, como el art. 75. Y aunque hay esfuerzos bien intencionados para remediarla, ellos no son convincentes, pues implican desconocer el origen y el sentido literal de los preceptos pertinentes. Pareciera haber solo dos caminos para evitar las consecuencias de esta interpretación. El primero consiste en definir que una responsabilidad por el resultado en el Código «no puede ser» y, en consecuencia, leer el art. 10 N° 8 como una consagración del riesgo permitido o de la adecuación social: quien obra dentro del riesgo permitido, no responde por la muerte que produjo su conducta; así de simple. La subyacente identificación entre la «licitud» de un acto y su calificación como riesgo permitido, así como el rol de la debida diligencia y los efectos de la remisión del art. 71 según los requisitos que falten o concurran, no serían más que una *cura posterior*.

El segundo es el camino institucional. En la medida en que la Constitución consagra el principio de culpabilidad, la actualización de esta parte del Código —ella es posible por una vía estrictamente negativa— es tarea de la justicia constitucional o del legislador.

bb) Delitos preterintencionales

Etimológicamente, «delito preterintencional» significa «delito que alcanza más allá de la intención». En algunos países se los denomina «delitos calificados por el resultado». Sin embargo, a diferencia de lo que en el apartado anterior se ha entendido por esta última clase de delitos, en el delito preterintencional no es el tipo penal el que está construido de un modo extraño, sino que el hecho ocurre de un modo anómalo, distinto de lo pronosticado.

Hay un delito preterintencional cuando el autor realiza dolosamente una conducta básica, pero, por imprudencia suya, se produce un resultado más grave que el que había pronosticado. Por ejemplo, Arnoldo se propone repeler e inmovilizar a Benito disparándole sobre una extremidad, pero a causa de su impericia lo alcanza en el tórax causándole la muerte.

Los delitos preterintencionales se diferencian de los casos de *aberratio ictus* en que el primer resultado es, de alguna manera, el «medio» para que se produzca el resultado más grave; es decir, para llegar al resultado más grave debe realizarse necesariamente, y en primer lugar, el resultado propio del tipo básico.

Algunos ordenamientos contemplan una regla general para resolver los casos de preterintencionalidad o, al menos, una para los casos en que la combinación consiste en lesiones dolosas y resultado de muerte por imprudencia. Se suele decir que en Chile no es así, y que, en cambio, solo existirían algunas reglas especiales en relación con delitos específicos. Un ejemplo sería el ya citado art. 474, conforme al cual el incendio de *ciertos* objetos o lugares se califica cuando además produce imprudentemente la mutilación, muerte o lesiones gravísimas de una persona o de varias (esta multiplicidad es irrelevante, de acuerdo con el precepto).

¿Cómo habría que resolver los demás casos, donde no existe o no es aplicable una regla como esta? Históricamente, la jurisprudencia había sido vacilante. En algunos casos sancionaba simplemente por el delito culposo, o sea, por el resultado final, desentendiéndose de la conducta dolosa. En otros casos, castigaba solo por el delito doloso y prescindía del hecho culposo.

Finalmente, la jurisprudencia de la Corte Suprema adoptó el siguiente criterio, que en términos generales se mantiene hasta hoy. Lo que en realidad ocurre en estos casos es que el sujeto, mediante una sola conducta, realiza dos tipos penales distintos, y lo hace de tal manera que uno de ellos es el medio necesario para que se realice el otro. Conforme a la doctrina predominante, todas estas constelaciones se encuentran reguladas en el art. 75, que ordena imponer la pena mayor correspondiente al delito más grave. Es decir, en Chile existiría una regla general para los casos de preterintencionalidad, precisamente la regla sobre «concurso medial» de delitos. Un problema distinto es que la regla sea justa, pues al aplicar el art. 75 se daría a las hipótesis de preterintencionalidad la misma solución que a las situaciones de *aberratio ictus*, pese a que ambas exhiben propiedades valorativamente diversas.

Como se recordará, una hipótesis característica de *aberratio ictus* aparece representada en el caso del francotirador: El sujeto dispara para matar a un estudiante de la facultad que está en el patio, pero debido a su mala puntería, mata a otro que está sentado junto a él. Este caso se diferencia claramente de aquel en que el mismo francotirador dispara solo para lesionar a un estudiante, pero a causa de su impericia termina matándolo.

Así, en los casos de *aberratio ictus* parece teóricamente razonable dividir el hecho en dos delitos, pues son dos los objetos afectados por la conducta típica. Pero en los delitos preterintencionales no se verifica la misma situación.

Al contrario, cabe preguntarse si en los casos de preterintencionalidad no se está en realidad en una situación en la cual el hecho no es divisible o, mejor dicho, donde el criterio para dividir el hecho sería completamente arbitrario o subjetivo. Solo si se concluye que es razonable dividir el hecho —por lo menos, en un grupo de casos—, la solución podría considerarse correcta.

Además, es preciso tener en cuenta que la regla de determinación de la pena prevista en el art. 75 da lugar a soluciones insatisfactorias, como cuando las lesiones graves dolosas son seguidas de un homicidio culposo. Para la ley, el delito más grave es el de lesiones, pero la gravedad de la pena de las lesiones se explica —para comprobarlo basta leer el art. 397— por la forma en que la víctima «queda» como consecuencia de la conducta típica; pues bien, resulta evidente que si la víctima muere, justamente no «queda» lesionada. Pero todo esto tiene más que ver con la regla del art. 75 que con los presupuestos para su aplicación. Para entender esta distinción, hay que estudiar en primer lugar el capítulo siguiente, relativo a los concursos.

Para profundizar...

Sobre el principio de culpabilidad y las relaciones entre culpabilidad y prevención Jakobs, «El principio de culpabilidad», en Fundamentos del Derecho Penal (Ad Hoc, Buenos Aires, 1996); Couso, *Fundamentos del derecho penal de culpabilidad* (Tirant lo Blanch, Valencia, 2006), Kindhäuser/Mañalich, *Pena y culpabilidad en el Estado democrático de derecho* (B de F, Buenos Aires, 2011). Sobre la imputación subjetiva en el sentido del curso, van Weezel, *Error y mero desconocimiento en derecho penal* (Legal Publishing, Santiago, 2008). Sobre el estado de la discusión en torno al dolo, van Weezel, «Intención, azar e indiferencia. El dolo no intencional en la dogmática penal chilena del siglo XXI», en *Revista Ius et Praxis*, Año 27, N° 1 (2021), pp. 190-209; De la Fuente, «Dolo», en Revista de Derecho de la Universidad Adolfo Ibáñez N° 4 (2016), pp. 413-434; Ragués i Vallés, *El dolo y su prueba en el proceso penal* (J. M. Bosch, Barcelona, 1999). Desde el punto de vista probatorio, Londoño, «Tres peldaños para la prueba del dolo. Consideraciones a propósito de un polémico caso de femicidio frustrado», en Perin, y Ackermann, *Imputación penal y culpabilidad* (Tirant lo Blanch, Valencia, 2020), pp. 413-436. Sobre el problema de la *a.l.i.c.*, Hernández, «El régimen de autointoxicación plena en el derecho penal chileno: deuda pendiente con el principio de culpabilidad», *Revista Estudios de la Justicia* N° 9 (2007), pp. 11-45. Sobre los cuasidelitos, Bustos, *El delito culposo* (Editorial Jurídica de Chile, Santiago, 1995) y Contreras, «Reglas extrajurídicas y creaciones de riesgos toleradas o desaprobadas en los delitos culposos de homicidio y lesiones», en *Política Criminal* Vol. 13 N° 25 (2018), pp. 387-444. Y sobre el poco tratado tema de la inimputabilidad por causa de salud mental, Fernández, «Los desórdenes mentales en el Código Penal chileno: un estudio sobre la inimputabilidad», en *Revista de Derecho* (Valdivia) Vol. XXXIV N° 2 (2021), pp. 293-312. Una visión panorámica, concisa y clara, de los fundamentos y desafíos del derecho penal de jóvenes puede verse en Cano Paños, *El futuro del derecho penal juvenil europeo* (Atelier, Barcelona, 2006).

EJERCICIOS

Caso 10

El 19 de enero de 1948 naufragó en las aguas del río Imperial el vapor "Cautín", mientras cubría su recorrido ordinario entre Carahue y Puerto Saavedra, pereciendo ahogadas 79 personas. El barco estaba autorizado para transportar hasta cien pasajeros, pero la noche del naufragio llevaba entre doscientos y trescientos. Por otra parte, el vapor contaba sólo con veinte salvavidas para casos de emergencia. Los hechos acontecieron de la siguiente manera: el "Cautín" comenzó a hacer agua con motivo de la aglomeración en la popa de los pasajeros en busca de refugio contra el frío de la noche; como consecuencia de ello, se inundó la sala de máquinas, pese a lo cual la embarcación no zozobró. El capitán, dando muestras de evidente habilidad, logró enderezar el barco hacia la ribera norte del río y encallarlo. Fue entonces cuando los pasajeros se movieron súbitamente desde babor hacia estribor, haciendo volcar la nave hacia el lado de la corriente (según SCS 16.X.1954, en RDJ 1954, sección 4ª, p. 223, cons. 8°).

Punibilidad del capitán del "Cautín".

Caso 11

A, cliente habitual del bar "De la Esquina", se siente atraído por la nueva mesera M y se le insinúa ya antes de embriagarse como es su costumbre. Una vez que está completamente ebrio y los demás clientes se han ido, se abalanza sobre ella con el propósito de violentarla sexualmente. Sin embargo, ante las súplicas de la mesera para que no le haga nada, A abandona su propósito y se limita a quitarle a M su cartera para apropiarse de sus ingresos del día.

Punibilidad de A.

Variante: A, cliente habitual del bar "De la Esquina", se siente atraído por la nueva mesera M y se le insinúa ya antes de embriagarse como es su costumbre. Una vez que está completamente ebrio y los demás clientes se han ido, A confunde a J con M y se abalanza sobre ella con el propósito de violentarla sexualmente, lo que efectivamente hace (caso según WESSELS/BEULKE/SATZGER).

Punibilidad de A.

Caso 12

H convenció al influenciable R de que el "Rey de los Gatos", una encarnación del mal que amenazaba a la Humanidad, estaba exigiendo un sacrificio humano. R debía dar muerte a O, pues de lo contrario perderían la vida millones de personas. H disipó las dudas de conciencia de R diciéndole que ella le hablaba cumpliendo un encargo divino y que R podía salvar al mundo si daba muerte a O. Convencido de estar prestando un invaluable servicio a la Humanidad, R se dirigió entonces hasta la casa de O y la apuñaló en reiteradas ocasiones, provocándole severas heridas, pero no consiguió causarle la muerte (según BGHSt 35, 347). Finalmente, ante las súplicas de O decide alejarse del lugar.

Punibilidad de H; punibilidad de R.

Variante: H convenció al influenciable R de que el "Rey de los Gatos", una encarnación del mal que amenazaba a la Humanidad, estaba exigiendo un sacrificio humano. R debía dar muerte a O, pues de lo contrario perderían la vida millones de personas. H disipó las dudas de conciencia de R diciéndole que ella le hablaba cumpliendo un encargo divino y que R podía salvar al mundo si daba muerte a O. Convencido de estar prestando un invaluable servicio a la Humanidad, R se dirigió entonces hasta la casa de O premunido de un arma de fuego, con el propósito de dispararle a O a través de la ventana desde afuera de la casa. Sin embargo B, quien conocía toda la historia, se las había arreglado para que Z fuera a acompañar esa noche a O, con la esperanza de que ella y no O fuera alcanzada. Creyendo aplacar al "Rey de los Gatos" mediante la muerte de O, R disparó sobre ella pero alcanzó a Z, quien murió al instante.

Punibilidad de H; punibilidad de B; punibilidad de R.

Caso 13

Óscar decide saldar cuentas con su exconviviente Marcela, la cual espera un hijo de Óscar y tiene 14 semanas de embarazo. Para ello compra unos pasteles que sabe le gustan a su exnovia y les añade una dosis fuerte de veneno para ratones que puede ser mortal. Luego le pide a Gilberto, un amigo suyo, que lleve los pasteles y los entregue en la casa de Marcela, sin decirle que están envenenados. Óscar añade una tarjeta que dice: «De un admirador». Marcela se alegra al recibir los pasteles y los deja encima de la mesa de la cocina. En su ausencia, Olga, la madre de Marcela, se come uno de los pasteles y las lesiones que sufre le producen una pérdida definitiva de la visión (según SCS 17.IX.1996, Rol N° 46.696-1996).

Punibilidad de Óscar.

Caso 14

El día 10 de noviembre de 2019, siendo alrededor de las 17:00 horas, se desarrollaba una manifestación pública masiva, en el sector céntrico de Reñaca, Viña del Mar. En ese contexto, en la intersección de avenidas Ignacio Carrera Pinto y Borgoño, un grupo de manifestantes realizó bloqueos parciales de la calzada, controlando el paso de los vehículos a condición de que una persona (una por cada móvil) previamente descendiera a efectuar bailes o movimientos físicos.

Hasta allí llegó JMC, a bordo de una camioneta, la que conducía. El grupo ubicado en el lugar intentó detener su móvil, lo que el acusado evitó acelerando el motor. Sin embargo, solo unos metros más allá de la referida esquina, por la calle Ignacio Carrera Pinto, se detuvo, extrajo una pistola marca Sig Sauer, Serie N°40806, calibre 40, inscrita a su nombre, sin autorización de porte, con la puerta del conductor del vehículo entreabierta y sin bajarse de la cabina, tras hacer puntería disparó hacia el grupo de manifestantes, impactando a Luis Villegas Ahumada y provocándole una herida por proyectil de arma de fuego en muslo izquierdo de carácter grave.

Hecho lo anterior, JMC reanudó la marcha del móvil por la misma vía, para volver a detenerse a aproximadamente cien metros más allá, esta vez descendiendo del vehículo, para realizar dos disparos, impactando uno de ellos al vehículo marca Hyundai, P.P.U. RR7385, conducido por Daniel Molina Meza y en el que también viajaba Nieves Pinto Campos, impacto que alcanzó el móvil señalado en su parte delantera izquierda, resultando ambos ocupantes ilesos. A continuación, JMC, volvió a subirse a la camioneta singularizada, reanudó su marcha, disparando simultáneamente, por cuarta vez, el arma de fuego, esta vez en dirección hacia la playa.

Con respecto al impacto al vehículo conducido por Daniel Molina Meza, el tribunal estableció que «habiéndose observado los videos contenidos en la prueba "once videos anexos al informe OFAN N° 94 de la Policía de Investigaciones de Chile...", parece evidente que lo que trató de hacer JMC fue impactar a un tercer sujeto no identificado, que se ve en las grabaciones refugiándose detrás de otro móvil. Luego del disparo a Ahumada Villegas, este tercero desconocido lanza un objeto al vehículo del tirador, el que se detiene. Del vehículo del hechor desciende éste, apunta y dispara, impactando finalmente al vehículo Hyundai conducido por Molina Meza, que estaba más atrás y en la línea de fuego» (según SCS 17.II.2021, Rol 134.189-2020).

Punibilidad de JMC.

Capítulo IV.
Concurso de delitos

Hay concurso o pluralidad de delitos, en el sentido que aquí interesa, cuando se verifican los presupuestos para imponer a una persona las penas que corresponden a la realización de varios tipos penales, o bien, a la realización repetida de un mismo tipo penal. Esto puede verificarse al interior de un mismo proceso penal, pero también en procesos sucesivos (art. 164 COT).

A continuación, estudiaremos las reglas generales del Código Penal para los casos de concurso de delitos. Veremos que la aplicación de estas reglas depende fundamentalmente de si, en el sentido del Código, se está ante un solo hecho o, en cambio, ante varios hechos distintos. Luego, se estudiará con algo más de detalle:

- los casos en que existe unidad jurídica del hecho, a pesar de que, a primera vista, se trataría de varios hechos distintos;
- los casos en que se verifican los presupuestos para imponer a una persona las penas correspondientes a la realización de varios tipos penales, pero donde solo se imponen las asignadas a uno de ellos, pues de lo contrario se violaría el principio de *non bis in idem*;
- los regímenes concursales especiales (como el art. 141 *in fine*), y
- dentro de estos últimos, las situaciones de reiteración de delitos (art. 451 CP y art. 351 CPP).

I. REGLAS GENERALES PARA LOS CASOS DE PLURALIDAD DE DELITOS

Fuera de las hipótesis más simples de pluralidad —varios hechos realizan varios tipos penales o varias veces el mismo tipo penal—, es frecuente que varias acciones realicen una sola vez una descripción típica, o que una sola acción realice varias descripciones típicas. Un legislador consciente intenta hacerse cargo de estas situaciones en la parte especial —al menos de las más frecuentes o problemáticas, aunque en algunos casos no lo haga explícita sino solo implícitamente— indicando el tratamiento punitivo para cada constelación. Por ejemplo, dos acciones distintas pero relacionadas entre sí dan lugar a un solo delito en el robo (arts. 432 y 436), o en la usurpación de funciones (fingirse autoridad, funcionario o titular de una profesión y realizar actos propios de esas investiduras; la ley dice que el que solo se finge será sancionado como autor de una tentativa del delito de intrusismo: art. 213); dos acciones distintas pero relacionadas de una misma persona dan lugar a dos delitos distintos en la captación de comunicaciones privadas (captación y difusión, ambas contempladas en incisos separados del art. 161 A), pero la ley establece una pena especial cuando es una misma persona la que hace las dos cosas (impidiendo consiguientemente la acumulación de las penas); una sola acción constituye a la vez incendio y daños, pero la ley dispone que solo se castigará el incendio (art. 488); una sola acción constituye usurpación de nombre e injurias, y en este caso la ley dice que se castigará ambas (art. 214); etc.

Las leyes penales están repletas de esta clase de reglas. Uno podría decir incluso que definir los delitos en sí mismos es lo más simple en el diseño de un Código Penal, y que lo complejo es adentrarse en esta verdadera maraña de regulaciones expresas e implícitas para los casos, tan frecuentes, en que no se tratará de un solo acto que realice una sola descripción típica. Sin embargo, incluso si se cuenta con una serie de reglas especiales de esta índole, será inevitable que queden muchas situaciones sin una solución cierta. Por eso, el legislador tiene que establecer reglas que se apliquen por defecto en la parte general.

Para entender estas reglas generales hay que tener muy en cuenta dos particularidades del derecho penal chileno:

- las principales reglas en cuestión son reglas de *determinación de las sanciones*, es decir, no tienen por objeto armonizar o priorizar normas de comportamiento, ni resolver problemas de imputación de conductas. Su función se limita al plano de las normas de sanción;

- por lo mismo, en esas reglas la ley no habla de «acciones» o actos, sino de «hechos», y hay buenas razones para sostener que un hecho, en el sentido de las reglas concursales del Código Penal, no es una conducta, sino un «efecto en el mundo».

1. Concursos real, ideal y medial

a) Concurso real (art. 74)

La primera regla general sobre pluralidad de delitos se refiere a las hipótesis más simples —el denominado «concurso real»—, cuando se trata de (i) varios hechos (ii) que constituyen delitos diferenciables y que (iii) son punibles independientemente.

La regla ordena sumar o «acumular» materialmente las penas, aplicando conjuntamente todas las que correspondan a cada delito cometido y juzgado.

b) Concurso ideal (art. 75)

La otra regla general —que ordena aplicar únicamente la pena mayor del delito más grave (acumulación jurídica simple)— está destinada a los casos en que puede entenderse que *un solo hecho* constituye dos o más delitos.

En todos estos casos se considera a la persona como culpable de todas las realizaciones típicas, pero se aplica una solución penológica unitaria, que, según la opinión dominante, es la misma con independencia de cuáles sean las realizaciones típicas en cuestión (dos o más veces la misma: concurso ideal homogéneo; todas distintas: concurso ideal heterogéneo). Además, la ley somete a la regla del art. 75 aquellas hipótesis en que dos delitos se relacionan de tal modo que uno es el «medio necesario» para cometer el otro (concurso medial). Entonces:

aa) Concurso ideal heterogéneo

La Comisión Redactora pone el ejemplo del acceso carnal usando fuerza o intimidación sobre una persona ligada al autor por alguna de las relaciones de parentesco señaladas en el art. 375: violación e incesto.

bb) Concurso ideal homogéneo

Según algunos autores (*v. gr.* Cury, Etcheberry), se verifica cuando, por ejemplo, se mata a varias personas con una sola bomba. A juicio de una parte importante de la doctrina, sin embargo, y por razones poco claras, en tales casos no procedería el «beneficio» de la acumulación jurídica previsto en el art. 75 (*v. gr.* Novoa, Garrido).

Existe más acuerdo en orden a aplicar esta figura en el ámbito de los delitos imprudentes, cuando una sola conducta descuidada produce varios resultados de igual naturaleza. Pero, de seguirse esta misma lógica —cuya corrección se pone en duda a continuación—, lo mismo podría valer también para otros delitos, como la estafa —un solo engaño que afecta a varios sujetos— o las injurias.

cc) Concurso medial

La ley también somete a la regla penológica del art. 75 aquellas hipótesis en que dos delitos se relacionan de tal modo que uno es el «medio necesario» para cometer el otro. La identidad de tratamiento de esta hipótesis con aquella en la cual *un solo hecho* constituye dos o más delitos obliga a realizar una interpretación de la regla que aproxime valorativamente ambos supuestos.

Tal interpretación debiera clarificar también cuándo es posible afirmar el carácter de «medio necesario» de uno de los delitos. La jurisprudencia suele atender a la «conexión ideológica» entre ambos —es decir, al plan del autor—, pero no faltan sentencias que exigen también una «necesidad objetiva» del delito que se considera como un medio, por supuesto, siempre para alcanzar el fin que se propone el autor.

No es fácil identificar en abstracto los casos de concurso medial pues, en definitiva, la necesidad va a depender de las características del caso concreto. Por ejemplo, para lesionar (maltratándola de obra) a una persona que no puede o no quiere salir de su casa, habrá que cometer el delito de violación de morada.

2. Qué significa «un solo hecho»

¿Cuándo corresponde aplicar el art. 75 en lugar del art. 74? Como el punto está en si se trata de un hecho o de una pluralidad de hechos, entonces lo determinante es el concepto de «hecho». Conforme a una idea más o menos arraigada en la doctrina chilena, la definición sería contextual: Un hecho único es la unidad espaciotemporal dentro de la cual se realiza al menos un tipo penal (*v. gr.* ETCHEBERRY, MATUS/RAMÍREZ). Si en esta unidad espaciotemporal se realizan, además, los presupuestos de otro tipo penal o de otros tipos penales, entonces tendremos un solo hecho que constituye dos o más delitos y se aplicará el art. 75.

Los inconvenientes para esta comprensión de la unidad de hecho, en virtud del contexto espaciotemporal comienzan, sin embargo, en el mismo art. 75. Pues esta misma regla considera como un caso de unidad de contexto la necesaria relación de medio a fin entre dos realizaciones típicas, el denominado «concurso medial». El único límite es la exigencia de que un delito sea el medio «necesario» para cometer el otro, pero es evidente que tal relación puede darse también entre delitos que se cometen en coordenadas espaciales y temporales completamente distintas.

El otro problema es el carácter residual de la solución del art. 75. Pues la unidad de contexto espaciotemporal es esencialmente ambigua respecto de la gravedad del hecho. En algunos delitos, como el robo, es precisamente la unidad de contexto espaciotemporal en que se encuentran las diferentes acciones la que funda la mayor gravedad del delito. En otros, en cambio, la ejecución de diversas realizaciones típicas en un mismo contexto puede obedecer al fragor del momento o a un cierto condicionamiento de las circunstancias. Por lo tanto, una regla residual en la parte general debería reflejar esta ambigüedad y el art. 75, en cambio, es una regla rígida de asperación.

La alternativa es pensar que el art. 75 opera cuando se ha producido un *único efecto en el mundo* y, en principio, con total independencia de su evitabilidad. Es decir, el punto de partida es el inverso del que se suele utilizar. No hay que comenzar por las acciones, sino por los efectos, entendidos como alteraciones de las propiedades estáticas de un objeto dado. Estos efectos en el mundo pueden llegar a ser «resultados» en el sentido de un tipo penal, pero esto no es lo que interesa en el plano de las normas de sanción, que es al cual pertenece la unidad de hecho concursal. También es «efecto» en este último sentido la alteración misma introducida en el documento público, la puesta en el mundo de la expresión o imagen injuriosa, o la propagación de una substancia susceptible de poner en peligro la salud animal, mientras que no lo es la sola «puesta en peligro» de un objeto determinado, ya que el «peligro» existe solo en el plano de las normas de conducta.

Esto último no significa que las puestas en peligro no sean penalmente relevantes. Todo lo contrario. Si A elige matar a B cuando esta se encuentra rodeada de otras personas y falla el tiro, dando muerte a C, es razonable que se imputen a A las dos realizaciones típicas que entran en consideración, el homicidio doloso frustrado de B y el homicidio imprudente de C: hay más de un objeto (que encarna un bien jurídico) en juego, de modo que el enjuiciamiento de la situación debe captar esta complejidad. Pero todas estas valoraciones tienen lugar en el plano de las normas de conducta, y no en el plano concursal. Por eso, aunque el art. 75 contingentemente decida aplicar un régimen de acumulación jurídica a nivel de norma de sanción, deja plenamente subsistente la duplicidad del título de imputación en el plano de las normas de conducta.

Y por eso mismo: Si alguien raya el automóvil de otro grabando en el capó una imagen injuriosa, o perjudica el patrimonio que administra mediante un acto constitutivo de sabotaje informático; pero también si A dispara sobre B poniendo en riesgo su vida, pero alcanzando solo a C que estaba justo detrás suyo —*aberratio ictus*—, resultará aplicable el art. 75. Y en cambio no resultará aplicable si con una sola bomba se mata a diez personas, ni tampoco cuando se les da muerte mediante una ráfaga de metralleta.

A favor de una interpretación como esta hablan las Actas de la Comisión Redactora del Código Penal, que en el registro de la Sesión 19 dan cuenta de cómo los comisionados quisieron dejar expresamente consignado el ejemplo de lo que debía regular el art. 75 en su primera parte. El ejemplo es el de la violación de una pariente, donde precisamente hay un solo efecto en el mundo y la acción realiza dos descripciones típicas, incesto y violación (*Nota bene*: el ejemplo es correcto, ya que en él la conducta no consiste simplemente en «yacer», sino en yacer mediante fuerza o intimidación con ciertos parientes; por eso no hay infracción del *non bis in idem* al apreciar aquí un concurso de delitos y no uno de leyes, como se verá a continuación).

También favorece esta interpretación el tenor literal del precepto, que ordena la imposición de la pena mayor asignada «al delito más grave», de modo que su aplicación parece ser incompatible con las hipótesis de homogeneidad penológica. Así, lo que desde otras perspectivas aparece como una restricción inexplicable, al punto de que llega a mirarse como no escrita, encontraría aquí una explicación. Pues si se trata de un solo efecto en el mundo (un solo hecho), la pluralidad solo puede provenir de la existencia de más de una ley penal aplicable (dos o más delitos), y lo usual es que los diversos delitos contemplen también diversas penas. Resulta, por tanto, natural que el art. 75 asuma que los delitos en cuestión tienen diversa gravedad. Un problema distinto, por cierto, es si tal asunción de la hipótesis más frecuente impide la aplicación de la regla a los casos menos frecuentes de heterogeneidad penológica.

3. Aplicación de cada régimen

Una vez que ya se ha determinado qué regla se aplica, hay que considerar con algo más de detalle en qué consiste la aplicación de cada regla, que está lejos de ser evidente.

a) Régimen del concurso real (art. 74)

Consiste en aplicar «simultáneamente» —dice la ley (art. 74 inc. 2°)— todas las penas impuestas, cuando ello es posible. Hay muchos casos en que esto no presenta inconvenientes: una pena de cárcel y una pena pecuniaria; una pena de cárcel y ciertas inhabilidades; etc.

Pero otras veces, como dice el mismo precepto, mediante el cumplimiento simultáneo podría «resultar ilusoria» alguna de las penas: por ejemplo, cuando se han impuesto varias sanciones privativas de libertad. En tales casos, las penas se cumplen en forma sucesiva, comenzando por la más grave. La misma ley da una regla al respecto: Las penas de las Escalas 2 y 3 del art. 59 deben ejecutarse después de las comprendidas en la Escala 1 del mismo artículo.

b) Régimen del concurso ideal y medial (art. 75)

La «pena mayor asignada al delito más grave» se busca entre las penas abstractas, antes del juego de las circunstancias modificatorias, que solo se consideran después de la decisión que ordena adoptar el art. 75.

- «Delito más grave» es el que tiene asignada la pena más extensa en la respectiva Escala del art. 59, atendiendo al límite superior del marco penal establecido. En el ejemplo de la violación e incesto utilizado por la Comisión Redactora, es más grave el delito de violación.
- Cuando las penas son de distinta naturaleza, pero de igual duración, las penas privativas de libertad se entienden más graves que las inhabilidades y que las penas restrictivas de libertad (y estas, posiblemente, son las menos graves de todas).
- Cuando las penas son de distinta naturaleza, y además de distinta duración, se dice que hay que hacer una ponderación caso a caso. Aunque en teoría es imaginable, difícilmente se podrá comparar en la práctica una pena privativa con una pena restrictiva de libertad.
- Por último, «pena mayor» —la que en definitiva se va a imponer— es el *grado* mayor de penalidad, cuando la pena del delito más grave consta

de más de un grado. En el mismo ejemplo de violación e incesto, la pena de presidio mayor en su grado medio (art. 361). El juez no está obligado a imponer la pena en la cuantía superior del grado (en el ejemplo, 15 años de presidio), sino que puede recorrer su extensión (en el ejemplo, desde 10 años y un día hasta 15 años de presidio) según el peso de los demás factores de determinación de las penas.

Por alguna razón, la idea de que el art. 75 otorga un «beneficio» al justiciable ha tenido gran influencia en la doctrina (*v. gr.* Garrido, Etcheberry) y también en la jurisprudencia; a causa de ello, se ha entendido que, si al aplicar el régimen del art. 75, resulta para el condenado una pena más gravosa que si se aplicara el art. 74, entonces habría que «volver» al art. 74.

II. SITUACIONES EN QUE NO SE APLICAN LAS REGLAS GENERALES

1. Unidad jurídica del delito

a) Los casos de «unidad de acción»

Hay muchos casos que no ofrecen mayores dudas. Por ejemplo, el agente dispara una bala con la que mata a su enemigo, o pasa corriendo y le arrebata el bolso a un transeúnte, etc. Pero esta aparente simplicidad no puede llevar a olvidar que la constitución de esta «unidad» obedece a una combinación de consideraciones fácticas y valoraciones jurídicas. Así:

- Tres golpes sucesivos en el rostro son un solo delito de lesiones si la víctima es una sola, pero cuando los golpeados son tres personas distintas, hay un concurso de delitos;
- En cambio, cuando se sustraen en un cierto contexto varias cosas muebles de distintos dueños, el ordenamiento considera que se han realizado una sola vez los presupuestos para imponer la pena del delito de hurto: arts. 451, 447 N° 3 y 448 inciso 2°. La jurisprudencia ha fallado, en el mismo sentido que, cuando se sustrae una cosa que pertenece a varias personas, corresponde sancionar la realización de un solo hurto y no de tantos hurtos como dueños tiene la cosa.

b) El «delito continuado»

Un caso extremo de tratamiento unitario es la figura de creación jurisprudencial conocida como «delito continuado». El delito continuado no es una construcción pacífica en la doctrina, y al rechazo de Novoa se han ido sumando más voces en el último tiempo. Consiste en una serie o sucesión de hechos similares, cada uno de los cuales podría castigarse en forma independiente —es decir, en principio es una hipótesis de reiteración: art. 351 CPP—, no obstante lo cual todos ellos serán considerados como una sola unidad para los efectos de su sanción. Así, por ejemplo, si se trata de tres hurtos, uno de 10, otro de 15 y otro de 20, se apreciará un solo hurto de 45, al que se aplicará la pena que corresponda de acuerdo con el art. 446.

Entre los criterios que justificarían este tratamiento unitario se suele mencionar la identidad o unidad del bien jurídico afectado; la igual naturaleza del objeto material; la unidad temporal; la unidad de propósito del autor; la consideración social del conjunto de los hechos; criterios de economía procesal cuando resulta imposible probar el detalle de cada acto (especialmente en delitos de abuso sexual reiterado), y la desproporción de las penas que resultaría de aplicar las reglas generales.

La jurisprudencia estima que concurre un delito continuado cuando se verifican todos o cuando menos algunos de los siguientes requisitos:

- unidad de autor;
- identidad del tipo penal realizado en diversas ocasiones («un solo derecho violado»);
- que los episodios tengan lugar durante un lapso relativamente prolongado de tiempo; y
- que haya «unidad de propósito» del agente.

Algunas sentencias exigen, además, como correlato objetivo de la «unidad de propósito», que para poder cometer el hecho haya sido *necesario* su fraccionamiento, de acuerdo con las circunstancias, y que la forma de comisión del delito sea uniforme en lo sustancial.

El tratamiento penológico del delito continuado consiste en imponer la pena del único delito que resulta de la unificación, y así procede la jurisprudencia mayoritaria. En la doctrina disiente Cury, quien propone darle el tratamiento del art. 75. Este criterio guarda cierta relación (aunque en un plano diverso) con la exigencia del mismo Cury en cuanto a que, para que exista delito continuado, el fraccionamiento del hecho ha debido ser necesario, es decir, las circunstancias debieron ser tales que, sin tal fraccionamiento, el hecho no se podía cometer.

En todo caso, conforme a la opinión predominante solo cabría apreciar un delito continuado cuando se trata de bienes o intereses instrumentales. La afectación de bienes personalísimos sería irreductible a una sola unidad, siempre cuando estos bienes pertenecen a personas distintas y, la mayor parte de las veces, cuando se trata de bienes de una misma persona.

c) Delitos permanentes, habituales y de emprendimiento

aa) Delitos permanentes

Son aquellos cuya consumación se prolonga en el tiempo. Se crea un estado antijurídico cuya mantención depende de la conducta del autor, como en el delito secuestro y en el de detención ilegal. Aunque la prolongación del estado intensifica la antijuridicidad, no hace perder la unidad del hecho.

Desde luego puede ocurrir que, mientras dura el estado antijurídico, se cometan además otros delitos (véanse p. ej. las reglas especiales de los arts. 141 y 142).

bb) Delitos habituales

En ellos la pluralidad de hechos es ya un requisito del tipo; por lo tanto, por definición no hay concurso: el acto aislado no es delictivo, incluso aunque se repita. Tal es el caso, por ejemplo, del encubrimiento previsto en el art. 17 N° 4, conforme al cual se comete el delito de encubrimiento «acogiendo, receptando o protegiendo *habitualmente* a los malhechores, sabiendo que lo son, aun sin conocimiento de los crímenes o simples delitos determinados que hayan cometido, o facilitándoles los medios de reunirse u ocultar sus armas o efectos, o suministrándoles auxilios o noticias para que se guarden, precavan o salven».

Los delitos habituales presentan muchos e interesantes problemas desde el punto de vista dogmático y político-criminal. Por ejemplo, ¿cuándo empieza a cometerse el delito habitual?, ¿desde el primer acto o solo desde que se puede afirmar que existe habitualidad?

cc) «Delitos de emprendimiento»

En nuestro medio, los delitos de emprendimiento forman una categoría no inventada, pero sí utilizada por Politoff y Matus en el ámbito de los delitos relativos al tráfico de drogas. Se habla de «delitos de emprendimiento» cuando la ley describe una serie de conductas que forman parte de una misma empresa criminal, de manera que lo normal es que una persona realice varias de ellas en distintos momentos. Todas estas conductas son, en realidad, modalidades de una misma actividad que es abarcada totalmente por la «abrazadera» del tipo (MAURACH), en la que el sujeto interviene una y otra vez.

Los ejemplos más característicos de delitos de emprendimiento se encuentran en los arts. 1°, 2° y 3° de la Ley N° 20.000, pero también los hay en el Código Penal, entre los delitos contra la seguridad interior del Estado y en el § V bis del Título VIII del Libro II, que establece los delitos de tráfico de migrantes y trata de personas.

d) Delitos complejos y delitos de tipicidad reforzada

«Delitos complejos» son los que se componen de más de un acto. Si estos actos por separado no son típicos —como en el delito de giro fraudulento de cheques (art. 22 D.F.L. N° 707 de 1982)—, no hay problema concursal alguno. Pero si los actos son punibles por separado —como en el robo con intimidación—, entonces sí hay un problema concursal y este, como veremos, *no* se resuelve según las reglas generales de los arts. 74 y 75.

«Delitos de tipicidad reforzada» son aquellos en donde el tipo penal contempla diversas modalidades comisivas, pero de tal manera que la concurrencia de una o de varias de ellas es indiferente en orden a imponer la pena prevista en la ley para el delito en cuestión (aunque pueda no serlo para determinar la pena conforme a los arts. 65 a 70). Tal es el caso, por ejemplo, del homicidio calificado cuando concurren a la vez varias circunstancias calificantes (art. 391 N° 1), de las injurias (art. 417) y de la sublevación (art. 123).

Cuando la tipicidad reforzada implica dejar de lado la existencia de un solo «efecto en el mundo» (en el sentido de la unidad de hecho concursal ya estudiada), estaremos ante una excepción al art. 75 (p. ej., por regla general, en el homicidio calificado, cuando concurre más de una circunstancia calificante); si las modalidades típicas suponen en cambio una sucesión de hechos, como en el art. 123, la excepción se referirá más bien al art. 74.

¿Cómo saber si se está frente a un delito de tipicidad reforzada? Se trata siempre de una cuestión interpretativa. Por ejemplo, el delito del art. 417 (injurias graves) se considera de tipicidad reforzada; no ocurre lo mismo, en cambio, con el del art. 223, de modo que si concurre más de una hipótesis de prevaricación, se dice que hay un concurso de delitos.

2. Concurso de leyes que excluye el concurso de delitos

Existe un «concurso de leyes» cuando varios tipos penales se disputan la aplicación a un hecho determinado y es preciso escoger uno de ellos, pues el principio de *non bis in idem* —manifestación del principio de culpabilidad— impide aplicarlos todos a la vez.

La caracterización anterior deja en claro lo que distingue al concurso de leyes del concurso de delitos: el concurso de leyes pertenece al plano de la subsunción e imputación de conductas y no, como es el caso del concurso de delitos, al plano de las normas de sanción. Es decir, aunque tanto en el concurso ideal como en el concurso de leyes se afirma que existe «unidad de hecho», esta expresión se toma en uno y otro caso en sentidos muy diversos. En el concurso ideal, «unidad de hecho» significa «un solo efecto en el mundo» como presupuesto de aplicación de una regla general y supletoria —a la vez que contingente— de determinación de las penas. En el concurso de leyes, «unidad de hecho» significa «indivisibilidad» de una conducta desde el punto de vista de su imputación: no es posible apreciar la existencia de dos o más delitos, pues para ello habría que desvalorar una conducta o una parte del hecho en más de una oportunidad, vulnerando así la prohibición de doble valoración que deriva del *non bis in idem*.

En principio, cuando un hecho realiza varios tipos penales, ese hecho posee un particular potencial expresivo de la falta de motivación de respeto al derecho atribuible a quien la ejecuta. Las hipótesis que penológicamente se resuelven según el esquema del concurso ideal son compatibles con la imputación a una persona de la realización evitable de dos o más tipos penales. En tales casos, todos estos tipos penales deben —o, al menos, pueden— ser considerados en la sentencia condenatoria, sin perjuicio de la aplicación de la regla penológica especial o residual que haya establecido el legislador. El concurso ideal comprende los casos en que no es lógico ni necesario que «desaparezca» o «se pierda» alguno de los posibles títulos de imputación en la sentencia.

En el concurso de leyes, en cambio, ocurre de modo «excepcional» que el hecho no tiene una capacidad expresiva particularmente intensa por la circunstancia de encuadrarse formalmente en varias leyes penales. Esto se debe a que la prohibición de doble valoración impide ya de entrada la atribución a la persona de dos o más delitos, puesto que tal atribución supondría, precisamente, realizar una desvaloración múltiple (*bis in idem*) del hecho o de un segmento significativo de él. Nótese que la concurrencia de este supuesto no depende de variables exclusivamente mecánicas («apretar una sola vez el gatillo») o cuantitativas (número de objetos lesionados), sino de consideraciones valorativas en relación con la capacidad expresiva del hecho. El uso de un medio de alto poder lesivo (como un arma de fuego o una bomba) en un cierto contexto (en la vía pública o ante una aglomeración de personas) puede conferir una intensión o comprensión múltiple a una sola acción, sin que resulten aplicables las limitaciones provenientes del *non bis in idem* que veremos a continuación, pues en tal caso no se valoraría dos veces un solo acto (*v. gr.* apretar el gatillo), sino que se captaría el desvalor del hecho en su totalidad. Se tratará de dos o más hechos en el sentido de las normas de conducta y de uno solo en sentido concursal. Así ocurre característicamente, por ejemplo, en los casos de *aberratio ictus*.

Lo anterior es así con independencia de que se entienda el concurso de leyes como un problema de interpretación de los tipos penales (solo se trata de identificar, entre varios posibles, cuál es el tipo penal realmente aplicable) o como un problema de aplicación preferente de una cierta norma de sanción (solo se trata de identificar, entre varias pertinentes, cuál es la norma de sanción aplicable). Pues tanto en uno como en otro caso el problema es de *preferencia* de una ley sobre otra. Esto es lo que hace la diferencia con el concurso de delitos, donde no se prefiere una ley sobre otra, sino que se aplica una norma de sanción general o especial prevista para el caso de pluralidad de delitos. Con todo, la concepción del concurso de leyes como un asunto relativo a las normas de sanción oscurece el hecho de que aquí lo fundamental es que la prohibición de doble valoración impide ya la atribución de todos los delitos y no solo su sanción, por mucho que se hayan realizado formalmente los presupuestos de más de una norma de comportamiento.

Según la doctrina predominante, el principio de *non bis in idem* tiene dos dimensiones que son relevantes en este contexto: una dimensión lógico-formal y una dimensión material (ligada al bien jurídico). Estas dos dimensiones son las que permiten resolver los casos de concurso de leyes:

- La dimensión lógico-formal da lugar al *principio de especialidad*: No se puede aplicar los dos tipos legales porque, de hacerse, habría que considerar más de una vez un elemento fundante de la responsabilidad que está presente en ambas figuras.
- La dimensión material da lugar al *principio de consunción* (y a otras dos expresiones suyas que, a veces, se tratan como principios autónomos: *subsidiariedad* y *alternatividad*): no pueden aplicarse los dos tipos penales

porque uno de ellos «absorbe» por completo el desvalor del otro, de tal manera que el desvalor que representa este último se puede considerar «copenado» al castigar por el primero. Desde otro punto de vista: frente al otro tipo penal, el que no se aplica aparece como insignificante.

Aunque en lo sucesivo seguiremos para mayor claridad esta bipartición, es discutible si la idea de *consunción* tiene realmente autonomía respecto de la de *especialidad*, pues bien podría sostenerse, por ejemplo, que la regla de conducta de coautoría del art. 15 N° 3 es especial respecto de la simple colaboración simultánea con el hecho contemplada en la regla de conducta de complicidad del art. 16, de modo que a quien ha realizado actos encuadrables en ambas solo puede imputársele una coautoría. La misma idea de *subsidiariedad*, que se presenta a veces como manifestación de la consunción, parece más bien otro corolario de un principio básico de especialidad, ya que es el propio legislador quien, explícita o implícitamente, ha establecido límites a la imputación de un hecho sirviéndose, desde el punto de vista de la técnica legislativa, de reglas especiales de preferencia por mandato de aplicación subsidiaria, como el art. 488 (explícita) o el art. 317 (implícita).

Si esto es correcto, entonces es en el ámbito del concurso aparente y no en el del concurso de delitos donde tiene sentido la utilización del así denominado «test de evitabilidad conjunta» (debe imponerse una sola sanción cuando la evitación de una misma acción determina la evitación de todas las realizaciones típicas concurrentes). Los supuestos de especialidad y subsidiariedad son lógica o necesariamente casos donde la intensión es múltiple y la acción es una, de modo que, en el plano de las normas de comportamiento, el concurso ideal y el concurso aparente de leyes son lo mismo: un solo hecho (una sola acción) realiza más de una descripción típica. La pregunta es si, en un segundo nivel, aunque siempre en el plano de las normas de comportamiento, es posible —o incluso necesario, a causa del *non bis in idem*— preferir una de ellas. Este sería el caso siempre que la evitación de una misma acción determina la evitación de todas las realizaciones típicas concurrentes, ya que a su vez tal es *necesariamente* el caso, cuando menos, en los supuestos de especialidad.

a) Principio de especialidad

Hay relación de especialidad entre dos tipos penales cuando uno de ellos contiene todos los elementos del otro y, además, uno o varios elementos particulares. Esta es la «especialidad por extensión o adición», como en el parricidio respecto del homicidio simple.

También hay relación de especialidad cuando la descripción de uno o varios elementos del tipo especial supone necesariamente la de todos los elementos de la ley general, porque aquella es una parte de un todo o una especie de un género. Esta es la «especialidad por comprensión o especificación», como el fraude de subvenciones (art. 470 N° 8) o la figura del art. 470 N° 9, en ambos casos respecto de la estafa (en cambio, *no* es necesariamente respecto de la estafa el uso malicioso de instrumento privado falso).

Por lo tanto: cuando hay especialidad, todos los casos que se subsumen bajo la norma especial se podrían subsumir también bajo la norma general, pero esta última alcanza al menos a un caso adicional.

b) Principio de consunción

No existe concurso de delitos debido a un *non bis in idem* «material» cuando, de las dos (o más) leyes que entran en consideración, una «recorta» un hecho que está «como incluido» en otro; el desvalor del primero resulta completamente absorbido por el segundo y, por lo tanto, este último no se considera como título de imputación.

Se habla por eso de actos o hechos «copenados», que pueden ser anteriores, acompañantes o posteriores al hecho que se considera principal.

La aplicación del principio de consunción exige una interpretación del tipo penal, el establecimiento de su sentido y alcance teniendo en vista un caso concreto. Por eso, es imposible ofrecer un esquema *a priori* de los casos de consunción. Sin embargo, en la mayoría de las hipótesis la figura más grave consume a la más leve, de modo que, en general, no es difícil aplicar el principio una vez que uno ya sabe cuáles son las leyes que entran en juego. Lo difícil, a veces, es determinar esto último. Por ejemplo: el robo con violencia consume a las lesiones menos graves, pero ¿el secuestro de la Ley de Seguridad del Estado consume a la sustracción de menores?

aa) Casos más o menos claros de consunción

A pesar de las dificultades, y con las reservas del caso, la doctrina y la jurisprudencia han ido señalando grupos de casos de consunción que serían relativamente claros.

(1) Actos anteriores copenados

- La intervención durante la fase preparatoria del hecho resulta consumida por la ejecución de propia mano (p. ej., si el que durante la fase preparatoria proporcionó una herramienta para ejecutar el hecho, pasa luego a realizar la conducta descrita en el tipo).
- Realización de tentativas fallidas de comisión de un mismo delito resultan consumidas por su efectiva comisión, siempre que sean próximas en el tiempo y se refieran al mismo objeto material (*v. gr.* un sujeto trata de ingresar por diversas vías en la morada ajena, hasta que finalmente lo consigue).
- Actos preparatorios especialmente penados resultan consumidos por la realización del tipo del delito preparado, aun en tentativa (p. ej., el art. 445 en relación con el art. 440 y el art. 442).
- Los delitos de peligro concreto resultan consumidos por el tipo de lesión, cuando esta se produce (p. ej., las amenazas del art. 296 N° 1 y 2 seguidas de la realización del mal amenazado). Esto no se aplica, sin embargo, cuando el tipo penal exige la puesta en peligro concreta de un determinado objeto, pero el peligro es además uno de carácter general o «común» y, por lo tanto, excede al bien amenazado (delitos del art. 313a y siguientes; incendio del art. 475; para algunos autores, también las amenazas del art. 296 Nos. 1 y 2). Con mayor razón, tampoco se aplica en el caso de los delitos de peligro abstracto en relación con los que contemplan la producción de un peligro concreto o de lesiones como elemento del tipo penal (*v. gr.*, art. 294 bis).
- Los delitos «de tránsito» quedan consumidos por el delito «de término»: p. ej., lesiones menos graves → lesiones graves → homicidio doloso.

(2) Actos coetáneos copenados

- Las formas de intervención distintas de la autoría resultan desplazadas por esta (*v. gr.*, el sujeto que en principio solo debía vigilar si venía alguien, a continuación asume otras funciones e intimida al guardia con un arma de fuego).
- Ciertos hechos de menor entidad que acompañan necesariamente la realización de algunos tipos penales: injurias de hecho o daño de las ropas de la víctima en el homicidio; violación de morada y daños en el robo con fuerza en las cosas.

(3) Actos posteriores copenados

- Actos que consisten en el aprovechamiento o destrucción de los «efectos» del delito en que se ha intervenido delictivamente. Son muy característicos, aunque no exclusivos, de los delitos contra la propiedad.
- Actos de agotamiento del delito (p. ej., el uso del documento falso respecto de quien lo ha falsificado, como se aprecia en el juego de los arts. 193, 194 y 196).

Actos de autoencubrimiento (*v. gr.*, lavado de activos provenientes del tráfico de estupefacientes, respecto de quien es responsable del delito de tráfico; por eso, la ley tuvo que declarar expresamente punible el autolavado: art. 27 inc. 6° Ley N° 19.913).

Algunos autores que reconocen autonomía conceptual a la idea de consunción (respecto de la especialidad), consideran que una forma característica de consunción se verifica cuando el legislador dispone la preferencia de una figura sobre otra; estos casos se suelen agrupar bajo el rótulo de «subsidiariedad». Para estos autores, como es lógico, no existe una «subsidiariedad tácita», ya que esta es simplemente consunción.

bb) Casos en que «revive» la ley desplazada

¿Podría una ley desplazada por consunción «resurgir», o bien, tener «efectos residuales»? En general, es posible identificar tres situaciones en que se acepta o se tiende a aceptar este resurgimiento de la ley ya desplazada.

(1) Casos comprendidos bajo el denominado «principio de alternatividad»

El «principio de alternatividad» es una institución probablemente ideada por Binding —y que Matus aprovecha para Chile— con el fin de subsanar errores graves del legislador. Se trata básicamente de dos situaciones:

- Casos en que determinadas circunstancias concebidas como agravantes o calificantes terminan convirtiéndose en un privilegio en el caso concreto. Esto puede ocurrir, por ejemplo, con el art. 317 respecto de eventuales delitos de homicidio. Cuando las conductas peligrosas «pueden afectar» la *vida*, no hay problema alguno; pero si en definitiva la «afectan», la pena aplicable sería incluso menor que la del homicidio simple. En estas situaciones, puede resurgir la ley desplazada.

- Casos en que ciertas figuras especiales pensadas como más graves, terminan por beneficiar al sujeto en el caso concreto. Un ejemplo es el secuestro político del art. 5° b) de la Ley de Seguridad del Estado, que tiene menor pena que la sustracción de menores más leve. Algo similar podría suceder en el caso del maltrato habitual de Ley sobre Violencia Intrafamiliar o del maltrato corporal relevante (art. 403 bis), ambos en relación con las lesiones menos graves reiteradas, también en contexto intrafamiliar. También en estos casos resurgiría el tipo desplazado, que es más grave.

La alternatividad sería, se dice, una forma de interpretación sistemática de la ley orientada por el principio de consunción. Por otro lado, sin embargo, y tal como advierten Bustos/Hormazábal/Fernández, el principio de legalidad ordena al intérprete abstenerse de enmendar los errores legislativos cuando ello implica convertir en letra muerta una disposición legal y, además, surte efectos en contra del justiciable. Este conflicto sugiere que la pertinencia del principio de alternatividad debe enjuiciarse caso a caso mediante un ejercicio de ponderación.

(2) *El caso de los llamados «delitos especiales impropios» cuando se divide el título de imputación*

Todos los intervinientes en un delito especial realizan en principio el mismo tipo penal, el del delito especial. Pero, tal como se estudió en su momento, en cierta clase de delitos especiales la opinión mayoritaria divide el título de imputación con el fin de castigar a los intervinientes no cualificados por un delito común, supuestamente «similar» al delito especial. En estos casos, la ley «desplazada», la que establece el delito común, termina por aplicarse.

(3) *¿Efecto residual en la determinación de la pena?*

Sabemos que el régimen penológico del concurso ideal ordena o al menos permite mantener en la condena todos los títulos de imputación que puedan concurrir, mientras que, tratándose de un concurso de leyes, el título de imputación pertinente desplaza y hace desaparecer a todos los demás.

Sin embargo, cabe preguntarse si, en este último caso, el hecho de que la conducta haya realizado dos o más tipos penales puede tener algún efecto residual dentro del grado de penalidad ya definido conforme a las reglas generales. La respuesta a esta pregunta permanece abierta y depende de cómo se entienda el juego entre el art. 69, que en este nivel parece admitir un cierto *bis in idem*, y los demás preceptos sobre determinación de las penas.

3. Delitos con un régimen concursal especialmente regulado

a) Hurtos reiterados del art. 451

No ha de confundirse esta regla con la figura del delito continuado:

- el art. 451 asume que existe pluralidad de hechos («en los casos de reiteración de hurtos»);
- en el art. 451, la pena se establece conforme a una regla de absorción como la del art. 75, es decir, no se suman los montos o el valor de los bienes hurtados para constituir un solo hurto, como ocurre en la figura del delito continuado;
- el ámbito de aplicación de la regla es muy restringido: de los cinco marcos penales que contempla la ley para el hurto, solo dos son compuestos y admiten la aplicación de la pena en «el grado superior».

b) Otras reglas especiales para determinados delitos

Algunas de las hipótesis más relevantes son las siguientes:

- Secuestro y sustracción de menores provocando determinados resultados adicionales a la privación de libertad: arts. 141 y 142 inc. final (normalmente, será un concurso ideal).
- Torturas seguidas de muerte o lesiones: art. 150 B (en principio es un concurso real, pues se trata de hechos de naturaleza distinta).
- Imposición arbitraria de penas corporales seguida de su ejecución: art. 153 (concurso real).
- Ejercicio ilegal de la medicina y resultados de lesiones o muerte: art. 313 c (la relación concursal depende de la figura concreta del art. 313 a: si es una de peligro concreto, concurso de leyes; si es una de peligro abstracto, concurso real o medial).
- Violación seguida de muerte: art. 372 bis.
- Delito complejo de robo calificado: art. 433.
- Concurrencia de circunstancias en delitos de robo o hurto: art. 453.
- Incendio con resultado de mutilaciones, lesiones gravísimas o muerte: art. 474.

4. La regla del art. 351 del Código Procesal Penal

El ordenamiento contempla también diversas reglas concursales especiales, pero cuya aplicación no se circunscribe a un determinado tipo penal o conjunto de tipos penales. Así, por ejemplo, el art. 91 regula los casos en que el penado comete un nuevo delito mientras cumple su condena o después de haberla quebrantado.

Una de las reglas especiales más significativas se encuentra en el art. 351 CPP, y establece un sistema de acumulación jurídica o exasperación de la pena para casos de reiteración de crímenes o simples delitos de la misma especie.

Esta regulación hace excepción a la regla general del art. 74 (concurso real), a la cual sin embargo hay que «volver» —aquí, por remisión expresa de la ley— si la aplicación de la regla general favorece al justiciable.

aa) ¿Qué se entiende por crímenes o simples delitos de la misma especie?

La propia ley (art. 351 inc. final) señala que son crímenes o simples delitos de la misma especie los que afecten al mismo bien jurídico. La definición está lejos de ser óptima:

- la abundante jurisprudencia sobre reincidencia del art. 12 N° 16 ya muestra las dificultades que se presentan al momento de apreciar si existe identidad de bien jurídico;
- los delitos pluriofensivos son muy frecuentes en el ordenamiento: ¿habría que entender que no se les aplica el art. 351 CPP?

bb) Tratamiento de la reiteración de delitos de la misma especie

El art. 351 CPP establece dos reglas distintas para la reiteración de delitos de la misma especie:

(1) Si las diversas infracciones se pueden estimar como un solo delito

En tal caso, se impone la pena que resulta de considerar las diversas infracciones como una sola, pero aumentada en uno o dos grados.

Según Novoa, el presupuesto de aplicación de esta regla solo puede verificarse en aquellos delitos susceptibles de cuantificación (*v. gr.*, se destruye varios postes de alumbrado público), o en figuras penales que en su descripción o en la pena aplicable tienen en cuenta valores pecuniarios, como ocurre en los hurtos o las estafas. De este modo, la apreciación como un solo delito de hurto o de estafa, por ejemplo, obligaría a sumar los valores de lo sustraído y del perjuicio, respectivamente, para así llegar a un grado de penalidad que luego se eleva en uno o dos grados.

Otra posibilidad es entender que las diversas infracciones de la misma especie únicamente se pueden estimar como un solo delito si, además, son iguales en concreto, en el sentido de que ninguna posee circunstancias modificatorias de las cuales los otros carecen. Solo entonces se aplicará la pena que corresponda al «único delito» resultante, aumentada en uno o dos grados. Esta interpretación es más plausible que la anterior, debido a que la otra regla contemplada en el precepto atiende precisamente, según veremos de inmediato, a la pena en concreto, *i. e.*, con circunstancias modificatorias.

(2) Si las diversas infracciones no se pueden estimar como un solo delito

En estos casos se impone solo la pena de aquella infracción que, considerada aisladamente, *con las circunstancias del caso —nota bene*: esta apreciación en concreto es *muy excepcional* en el derecho penal chileno—, tenga asignada la pena mayor, aumentada en uno o dos grados.

Tanto en esta alternativa como en la anterior, el *aumento* es obligatorio, pero su *cuantía* es facultativa. En la segunda alternativa, el tribunal debe tener necesariamente en cuenta «el número de delitos».

Por último, prefiere el art. 74 si es que su aplicación resulta más favorable para el condenado que la regla del art. 351 CPP, lo cual obliga al tribunal a realizar siempre el doble cálculo.

Para profundizar...

El volumen *Concurso de delitos. Problemas fundamentales* (ed. Maldonado, Tirant lo Blanch, Valencia, 2021) concentra las principales discusiones sobre la materia y contiene las referencias más relevantes en la literatura nacional y comparada; se puede comenzar con el trabajo de Maldonado, «Sobre la naturaleza del concurso aparente de leyes penales» (pp. 43-90); con respecto a la interpretación del art. 75, pueden verse en el mismo volumen los trabajos de Rojas (pp. 273-299) y van Weezel (pp. 301-326). En la literatura previa conviene revisar también Matus, *El concurso aparente de leyes* (EJS, Santiago, 2008), y Ortiz/Arévalo, *Las consecuencias jurídicas del delito* (Editorial Jurídica de Chile, Santiago, 2013), pp. 316-362.

Capítulo V.

Extinción de la responsabilidad penal

I. CONSIDERACIONES PRELIMINARES

La extinción de la responsabilidad penal se encuentra regulada principalmente en el Título V del Libro Primero, art. 93 y ss., del Código Penal. Al programa del curso corresponde solo el estudio de algunos de sus aspectos centrales.

Antes de revisar las causas de extinción de la responsabilidad en particular, conviene tener presentes los siguientes aspectos generales:

- El estudio de esta materia comprende no solo las causas de extinción de la responsabilidad en sentido estricto, sino también las causas que impiden establecer la responsabilidad penal —es decir, los casos en que esta no llega a nacer—, como ocurre con la prescripción de la acción penal. Aunque es discutible, hay buenas razones para pensar que, a diferencia de la responsabilidad civil, la responsabilidad penal no nace con la realización de un hecho que cuenta como delito, sino solo cuando tal responsabilidad ha sido establecida por sentencia condenatoria firme. Esto no se refiere a la presunción de inocencia, que desde luego rige hasta la sentencia condenatoria, sino a la clase de efecto que produce precisamente esta sentencia.
- Que la regulación de las causas de extinción de la responsabilidad se encuentre en el Código Penal y no en el Código Procesal Penal tiene cierta relevancia. Por ejemplo, contribuye a despejar posibles dudas en cuanto a que las causas de extinción se rigen por el principio de favorabilidad, de modo que las leyes que las modifican no se aplican sin más a todos los casos que sean sentenciados después de su entrada en vigor,

sino que es preciso buscar, entre las leyes substancial y temporalmente pertinentes, la que sea más favorable.

- Se suele señalar que la enumeración del art. 93 no es taxativa. A ella hay que agregar, al menos, el perdón del ofendido en los delitos de acción privada (art. 19). Esta es una causa de extinción de la acción penal y no de la pena, a diferencia de la que establece el art. 93 N° 5. Mayor discusión suscitan, en cambio, la institución del desistimiento, el pago en el delito de giro fraudulento de cheques y las salidas alternativas del proceso penal, entre otras. De allí la ambigüedad de las causales de sobreseimiento definitivo contempladas en las letras d) y e) del art. 250 CPP.

II. CAUSAS DE EXTINCIÓN DE LA RESPONSABILIDAD REGULADAS EN EL ARTÍCULO 93

1. La muerte del responsable

Según el art. 93 N° 1, esta causa de extinción de la responsabilidad penal rige siempre en cuanto a las penas que denomina «personales»; en cambio, respecto de las penas pecuniarias (multa y comiso), la responsabilidad se extingue solo cuando, al fallecimiento del responsable, no se hubiere dictado sentencia ejecutoriada.

Esta excepción legal, que consagra la transmisibilidad de la pena pecuniaria a los herederos, solía ser severamente criticada por la doctrina. Si la multa y el comiso son penas, entonces rige a su respecto el mismo carácter personalísimo de todas las sanciones penales. La excepción se ha interpretado restrictivamente, y por eso se dice que respecto de los herederos no cabría aplicar el art. 49 (privación de libertad por vía de sustitución y apremio), ya que este precepto se refiere solo al «sentenciado». También se afirma que la transmisión solo se produce con la muerte real y no con la muerte presunta.

2. El cumplimiento de la condena

Su carácter de causa de extinción de la responsabilidad penal es evidente, aunque puede serlo menos cuando se trata de indemnizaciones civiles impuestas en la misma sentencia y no cumplidas. Al respecto, se entiende acertadamente que las indemnizaciones no forman parte de la condena penal, y por lo tanto la responsabilidad penal se extingue en virtud del art. 93 N° 2 aunque no se haya solucionado íntegramente la indemnización.

Es importante tener en cuenta que con no poca frecuencia la ley permite sustituir la pena impuesta en la condena o su forma de cumplimiento antes de que transcurra el tiempo establecido en la sentencia condenatoria. Tal es el caso, por ejemplo, de la libertad condicional y del reemplazo de la pena o las penas mixtas en la Ley N° 18.216.

3. La amnistía

La amnistía «extingue por completo la pena y todos sus efectos» (art. 93 N° 3). En cambio, subsiste la responsabilidad civil, pues —según afirma la doctrina (en este sentido, CURY, ETCHEBERRY y MERA-Código Penal, entre otros)— el derecho a ser indemnizado nace con la producción del daño y, por lo tanto, si lo extinguiera, la ley de amnistía sería una especie de expropiación.

La amnistía solo puede concederse por ley. Conforme a la Constitución (art. 63 N° 16), la ley de amnistía, al igual que la que concede un indulto general, debe ser despachada con un quórum calificado (mayoría de diputados y senadores en ejercicio. Y cuando se trata de los delitos contemplados en el art. 9° de la Constitución (delitos terroristas), el quórum se eleva a las dos terceras partes de los diputados y senadores en ejercicio.

En principio, todos los delitos pueden ser amnistiados. Pero no pueden serlo los *delitos de lesa humanidad* que los tratados de derechos humanos vigentes en Chile declaran no amnistiables (art. 5° inc. 2° de la Constitución, art. 250 inciso final CPP). Tampoco son admisibles las denominadas «autoamnistías». La Corte Interamericana de Derechos Humanos, en el caso *Almonacid Arellano y otros vs. Chile* (2006), estimó que el Decreto Ley N° 2.191 de 1978 constituye una autoamnistía, por lo que no es aceptable. Las autoamnistías, señala la Corte, «conducen a la indefensión de las víctimas y a la perpetuación de la impunidad de los crímenes de lesa humanidad, por lo que son manifiestamente incompatibles con la letra y el espíritu de la Convención Americana».

Aunque el art. 93 supone que las amnistías se dictan después de la sentencia condenatoria, hay acuerdo en que la ley de amnistía puede dictarse en cualquier tiempo posterior a la comisión del delito; en estos casos, se habla de «amnistías impropias».

El efecto de la ley de amnistía es distinto según el momento en que se dicte:

- si se dicta después de la comisión del delito, extingue la acción penal;
- si se dicta durante el procedimiento: es causa suficiente para que se decrete el sobreseimiento definitivo;
- si se dicta después de la condena: el beneficiario debe ser puesto inmediatamente en libertad o restituido en sus derechos.

¿Es renunciable la amnistía para quien resulta beneficiado por ella? Según la doctrina mayoritaria, la amnistía y sus efectos no son renunciables, pues su dictación se funda en razones de interés general. Sin embargo, el Tribunal Constitucional italiano declaró inconstitucional una ley que la declaraba irrenunciable, ya que a su juicio limitaba el derecho de defensa; en efecto, el acusado podría tener la legítima pretensión de que se le absuelva habiendo demostrado su inocencia y no en virtud de una ley.

4. El indulto

El indulto puede ser general o particular. Está regulado en el Código Penal (art. 93) y en los arts. 9° y 63 N° 16 de la Constitución.

Los indultos particulares son otorgados por el Presidente de la República, salvo en el caso de funcionarios acusados constitucionalmente por la Cámara de Diputados y condenados por el Senado, quienes solo pueden ser indultados por el Congreso (art. 32 N° 14 de la Constitución). El art. 9° de la Constitución prohíbe el indulto particular de delitos terroristas.

Los indultos generales se otorgan por ley, la que debe ser de quórum calificado.

A diferencia de la amnistía, la gracia del indulto solo remite o conmuta la pena, pero no quita al favorecido el carácter de condenado para los efectos de la reincidencia y demás consecuencias legales.

El indulto particular debe ser posterior a la sentencia condenatoria (art. 32 N° 14 de la Constitución). Si bien la Constitución no establece un límite similar para los indultos generales, la doctrina señala que se aplica el mismo principio y, por lo tanto, solo proceden una vez que la persona ha sido condenada.

Existe acuerdo asimismo en que el indulto deja subsistentes las responsabilidades civiles, es irrenunciable y no tiene efecto retroactivo (esto último se deduce del art. 44 CP).

5. El perdón del ofendido

Procede únicamente en el caso de delitos de acción privada. Estos son los que enumera el Código Procesal Penal en su art. 55, como p. ej. las injurias y, de un modo poco consistente con el bien jurídico protegido, la calumnia.

6. La prescripción

a) La prescripción de la acción penal

El art. 93 N° 6 debe leerse en conjunto con los arts. 94, 95 y 96.

Por regla general, el tiempo de prescripción de la acción penal es de 15 años en el caso de los crímenes sancionados con penas perpetuas de privación de libertad o relegación; de 10 años, en el de los demás crímenes; de 5 años tratándose de simples delitos, y de seis meses en el caso de las faltas (art. 94).

La mayoría de los autores sostiene que, para calcular el tiempo de prescripción, hay que atender a la pena abstracta, es decir, a la asignada en términos generales por la ley al delito. Este es probablemente el sentido del art. 94, en una interpretación literal y sistemática. No obstante, algunos autores como Guzmán Dalbora y Mera-Código Penal sostienen que, por consideraciones de justicia, debe atenderse a una pena que tenga en cuenta las circunstancias modificatorias, el grado de desarrollo del delito y la clase de intervención en el hecho.

¿Desde cuándo se cuenta la prescripción? Según el art. 95, el término de la prescripción empieza a correr desde el día en que se hubiera cometido el delito. Pero ¿cuándo exactamente hay que entender que se ha cometido el delito? En el ámbito de los delitos de resultado, algunos autores (*v. gr.* Cury, Garrido y Etcheberry) señalan que la comisión coincide con la *conclusión de la conducta*. Así, por ejemplo, si una persona dispara sobre otra para matarla, pero la víctima fallece solo varios meses después en el hospital, debe atenderse al momento del disparo. Otros autores, como Politoff y Guzmán Dalbora, en cambio, quieren atender al momento de la consumación del delito (en el ejemplo, a la muerte de la víctima).

El art. 96 regula la interrupción y la suspensión de la prescripción de la acción penal:

- La *suspensión* se produce desde que el procedimiento se dirige contra el delincuente; pero si aquel se paraliza por tres años o termina sin condenar al imputado, la prescripción continúa a su respecto como si no se hubiera suspendido.

Ha existido bastante discusión acerca de cuándo puede entenderse que «el procedimiento se dirige contra el delincuente». El art. 233 del Código Procesal Penal parece resolver el asunto al establecer la suspensión de la prescripción entre los efectos de la formalización de la investigación. Sin embargo, la regla es problemática por razones de forma y fondo. Entre las primeras está el hecho de que el proceso penal no siempre contempla el trámite de la formalización, como cuando se utiliza el procedimiento simplificado, o en el caso de los delitos de acción privada. Por otro lado, cabe preguntarse qué sucede cuando la formalización se demora sin razón suficiente, por simple retardo en la investigación fiscal. Por eso, los tribunales tienden a considerar suspendida la prescripción desde la admisión a trámite de una querella nominativa, o desde que se puede atribuir a la persona en cuestión la calidad de imputado en el procedimiento. La regla del art. 233 CPP solo cumpliría una función subsidiaria.

- La *interrupción* de la prescripción se produce si la persona comete nuevamente un crimen o simple delito (y no una falta). Naturalmente, la interrupción requiere el establecimiento de la responsabilidad del autor por este nuevo crimen o simple delito a través de una sentencia condenatoria.

Las reglas sobre suspensión e interrupción de la prescripción se aplican también —salvo disposición en contrario— a las prescripciones especiales de corto tiempo que establece la ley, como en el caso de la acción por injuria o calumnia, que prescribe en un año, contado desde que el ofendido tuvo o pudo racionalmente tener conocimiento de la ofensa (art. 431).

b) La prescripción de la pena

La regla del art. 93 N° 7 debe leerse en conjunto con los arts. 97, 98 y 99. Los plazos de prescripción de la pena son iguales a los de prescripción de la acción penal. Esto es extraño, pues en el caso de la prescripción de la pena ya se ha establecido la responsabilidad y, por alguna razón, se ha frustrado la ejecución de la sentencia. En consecuencia, sería razonable que los plazos fueran mayores.

Según el art. 98, el tiempo de la prescripción de la pena comienza a correr «desde la fecha de la sentencia de término o desde el quebrantamiento de la condena, si hubiere esta principiado a cumplirse». En cuanto a la «sentencia de término», se discute si debe estar ejecutoriada o no. Sin embargo, el artículo anterior habla de «sentencia ejecutoria», por lo que el juego entre ambas disposiciones permite concluir que la condena ha de estar firme para que empiece a correr la prescripción.

c) Reglas comunes sobre prescripción

aa) Sobre personas ausentes (art. 100)

Si el responsable se ausenta del territorio de la República, se necesita el doble de tiempo para que opere la prescripción, de modo que para el cómputo de los años se toma el tiempo de ausencia y luego se divide por dos. Es decir, al aplicar esta regla no se alarga el plazo de prescripción, sino que se reduce a la mitad *el tiempo transcurrido* mientras el responsable está en el extranjero.

No se aplica esta disposición a los casos de ausencia involuntaria, esto es, respecto de «los que hubieren estado sujetos a prohibición o impedimento de ingreso al país por decisión de la autoridad política o administrativa, por el tiempo que les hubiere afectado tal prohibición o impedimento».

bb) Suspensión a favor de ciertas personas (art. 101)

Hasta hace poco tiempo no había excepciones de índole personal y se aplicaba el art. 101 en todos los casos; hoy no es así.

La Ley N° 21.121 de 2018 introdujo el art. 260 bis, que, entre otras cosas, dispone que el plazo de prescripción de gran parte de los delitos funcionarios comienza a correr «desde que el empleado público que intervino en ellos cesare en su cargo o función. Sin embargo, si el empleado, dentro de los seis meses que siguen al cese de su cargo o función, asumiere uno nuevo con facultades de dirección, supervigilancia o control respecto del anterior, el plazo de prescripción empezará a correr desde que cesare en este último».

Desde el año 2019 rige también la actual redacción del art. 369 quinquies respecto de una serie de delitos, todos relacionados directa o indirectamente con la integridad sexual de menores de edad: secuestro y sustracción de menores en relación con la violación, torturas y apremios ilegítimos en relación con ciertos delitos sexuales, violación y abuso sexual, estupro, proxenetismo, trata de personas para la explotación sexual, robo con violación. La regla establece que cuando estos delitos se cometen contra víctimas menores de edad, «se consideran delitos de acción pública previa instancia particular, rigiéndose por el art. 54 CPP, desde que el ofendido por el delito haya cumplido dieciocho años, si no se ha ejercido antes la acción penal».

Esta enrevesada redacción tuvo por objeto introducir con efecto retroactivo una suspensión de los plazos de prescripción de la acción penal para los delitos ya cometidos a la fecha de entrada en vigor de la Ley N° 21.160, de 18.VII.2019. Así, el plazo solo se empieza a contar desde que la víctima ha cumplido la mayoría de edad.

cc) Declaración de oficio de la prescripción (art. 102)

La prescripción debe declararse de oficio, siempre que el imputado haya comparecido en el procedimiento penal.

dd) Inhabilidades (art. 105)

Para la mayoría de los autores, la regla del inciso 1° del art. 105 es superflua y, con ella, todo el art. 105, pues la regla del inciso 2° sin duda lo es. Conforme a esta opinión, el inciso 1° solo establecería que las penas accesorias de inhabilitación se sujetan a las reglas sobre prescripción de las penas, exceptuando a las inhabilidades para el ejercicio de los derechos políticos.

Sin embargo, Novoa sostiene que ello no es así, porque la ley se referiría en esta disposición a las inhabilidades *no penales* que la imposición de una pena trae consigo, como la pérdida de la patria potestad, de la capacidad para ser tutor o curador, de la habilidad para ser testigo en juicio, etc.

Todo indica que el legislador tenía en mente las «inhabilidades legales» a las que se refiere Novoa, tanto por la curiosa denominación que utiliza, como por lo que se consigna en las Actas de la Comisión Redactora (Sesión 165). El legislador penal no conoce ni puede conocer si las leyes civiles se harán cargo de la rehabilitación de quienes hayan cumplido sus condenas, y por eso establece como regla residual que esas inhabilidades no penales, pero fundadas en una sentencia condenatoria penal, «prescriben» o se extinguen al menos en el mismo tiempo requerido para prescribir la sanción penal impuesta en dicha sentencia.

ee) La «media prescripción» (art. 103)

La «media prescripción» beneficia con una muy significativa atenuación de la pena a quien es habido o se presenta antes de completar el tiempo de prescripción de la acción penal o de la pena, pero habiendo ya transcurrido la mitad de ese tiempo. Hay principalmente dos discusiones relativas a esta regla:

- El desfase entre el «deberá» del art. 103 y los «podrá» de los arts. 65 a 68. Para algunos, tienen la preferencia estos últimos. Para otros, la disposición del art. 103 debe surtir efecto, y un efecto intenso; es decir, al menos debe llevar a imponer la pena inferior en grado al mínimo de los que señala la ley.
- Si el fundamento de la «media prescripción» es el mismo que el de la institución de la prescripción o uno distinto, lo cual es relevante para decidir si se aplica o no a los delitos que, de acuerdo con los tratados internacionales y el derecho interno, son imprescriptibles. En la actualidad, y luego de haber seguido el criterio opuesto durante años, la Corte Suprema considera que la atenuante de media prescripción no se aplica a los delitos imprescriptibles. Así por ejemplo, la SCS 14.VI.2022, en causa Rol N° 149.250-2020, declara:

> «La llamada "media prescripción" es una "especie" de prescripción total y no una mera regla especial de determinación de la pena, desde que ambas tienen igual fundamento, esto es, la necesidad de la pena disminuye con el tiempo hasta desaparecer. En otras palabras, ambas son una misma cosa, pero en estadios diversos. Lo anterior conlleva que a la media prescripción le sean aplicables, de modo consecuencial, todas las instituciones y prohibiciones que a la prescripción total y, en lo que aquí interesa, en aquellos delitos en que no puede haber prescripción total porque no disminuye la necesidad de pena con el transcurso del tiempo, como los de lesa humanidad de autos, tampoco puede operar la media prescripción».

De un modo consistente con esta posición de la Corte Suprema, la SCA de Talca 23.XII.2022, Rol N° 1395-2022, resuelve que la media prescripción debe ser declarada de oficio por el tribunal conforme al art. 102.

d) Delitos imprescriptibles

Conforme al art. 94 bis, son imprescriptibles, cuando al momento de perpetrarse el delito la víctima era menor de 18 años, los crímenes y simples delitos cometidos por adultos y contemplados en los arts. 141, inciso final, y 142, inciso final, ambos en relación con la violación; los arts. 150 B y 150 E, ambos en relación con los delitos de violación (art. 361), violación impropia (art. 362) y abuso sexual del art. 365 bis; los delitos sexuales previstos en los arts. 361, 362, 363, 365 bis, 366, 366 bis, 366 quáter, 367 y 367 ter, 367 quáter y 367 septies; la trata de personas del art. 411 quáter en relación con la explotación sexual; y el robo calificado del art. 433, N° 1, en relación con la violación.

Asimismo, la jurisprudencia ha entendido consistentemente en los últimos años que los crímenes de lesa humanidad también son imprescriptibles. Tratándose de violaciones graves y sistemáticas a los derechos humanos que comprometen al aparato estatal en su conjunto, los estándares internacionales establecen que los Estados no pueden erigir barreras que impidan su investigación y sanción, y se ha interpretado que entre estas barreras estarían no solo los indultos y las amnistías, sino también la prescripción. En este sentido, la Corte Interamericana de Derechos Humanos, en el caso *Almonacid Arellano y otros vs. Chile* (2006) sentenció que «el Estado [de Chile] no podrá argumentar prescripción, irretroactividad de la ley penal, ni el principio *non bis in idem*, así como cualquier excluyente similar de responsabilidad, para excusarse de su deber de investigar y sancionar a los responsables» de violaciones de los derechos consagrados en la Convención Americana acontecidas en Chile.

Para profundizar...

Aparte de los comentarios al Código Penal y obras generales referidas en la bibliografía general, en materia de extinción de la responsabilidad penal conviene comenzar por Ortiz/Arévalo, *Las consecuencias jurídicas del delito* (Editorial Jurídica de Chile, Santiago, 2013), pp. 509-548 y Guzmán Dalbora, *La pena y la extinción de la responsabilidad penal* (Editorial B de F, Buenos Aires, 2009). Con respecto a la prescripción, Ragues i Vallès, *La prescripción penal. Fundamento y aplicación* (Atelier, Barcelona, 2004).

EJERCICIOS

Caso 15

El día 8 de enero de 1990, en el sector de Los Amarillos, Carlos arreaba su ganado junto con su hijo, Juan y el arriero Marcelo, traspasando el terreno de su vecino colindante, Rubén, con el cual tenían públicas disputas anteriores por cuestiones limítrofes y de aguas.

Al percatarse de que se encontraban en su propiedad, Rubén salió en persecución de ellos, portando una pistola y efectuando uno o dos disparos que se presume que fueron al aire. A causa de lo anterior, el arriero Marcelo y Juan, hijo de Carlos, emprendieron la fuga, saltando un cerco que separa la propiedad de Rubén del camino público. A su vez, Rubén trepó en dicho cerco, apuntando con su arma al hijo de Carlos, el cual, al percatarse de la amenaza que se cernía sobre su hijo, hizo fuego con la escopeta que llevaba consigo, impactándolo en la región toráxica. Rubén, sin embargo, no murió instantáneamente, sino que permaneció abatido en el suelo desangrándose. En lugar de socorrer a su adversario, Carlos se dio a la fuga, junto con sus acompañantes, pero no sin antes recoger la pistola de que se había servido Rubén anteriormente y sin detenerse a averiguar el estado en que se encontraba aquél ni hacer intento alguno de prestarle auxilio o conseguir que otros lo hicieran.

Rubén permaneció abandonado en el lugar de los hechos hasta que se produjo el hallazgo de su cadáver, aproximadamente a las dos de la madrugada del día 9 de enero de 1990, por Carabineros, a los cuales había dado aviso de lo acontecido, recién a las 00:15 horas de ese día, el hermano del victimario, Germán del Carmen.

Según consta en el informe de necropsia, de haber recibido socorros y atención médica oportuna y adecuada, el fallecimiento de Rubén probablemente «pudo haberse evitado».

El examen de la pistola usada por Rubén durante el incidente que condujo a su muerte demostró que el arma se encontraba con el seguro puesto y, en consecuencia, era imposible que disparara, aunque se la gatillara. Así lo evidencian, en efecto, tanto las declaraciones prestadas por el perito de Carabineros como el peritaje balístico evacuado por el Laboratorio de Criminalística (Sección Balística) de la Policía de Investigaciones de Chile, en el cual se precisa categóricamente que la pistola no se encontraba «trabada», sino asegurada (según SCS 4.VIII.1998, Rol 1338-1998).

Punibilidad de Carlos, si es que existe.

Caso 16

«Un comerciante, Eduardo Ros (62 años), compró un inmueble a un inversionista, Carlos Luján Sosa (59 años). Ros pagó la casa, pero no hizo de inmediato la escritura. Con el fin de quedarse con el inmueble y el dinero, Luján Sosa urdió una sangrienta jugada: asesinar a Ros. Este es el comienzo de la historia de un crimen que remece a Argentina.

Con este objetivo, Sosa contactó a un sicario, Diego "Coco" López (23 años), para llevar adelante su criminal plan, pero todo salió mal.

López, el 14 de mayo de 2014, apareció en la entrada de la residencia de Ros, en medio de la oscuridad abordó al comerciante cuando este llegaba a su casa junto a su esposa, Griselda Fuentes Cabal (31 años).

El criminal disparó tres veces, una bala le dio cerca de un ojo y otra en la oreja a Ros, pero un disparo impactó en la nuca de la mujer, quien falleció de inmediato. Creyendo que había cumplido su objetivo, se dio a la fuga.

Minutos después, un policía de la localidad Santa Rosa, La Pama, controló a un vehículo que marchaba a baja velocidad, con las luces apagadas y con la patente tapada con plásticos.

En el vehículo se encontró bolsas de papas, las mismas que había ocupado López como un silenciador casero en el crimen. El conductor del vehículo, Gastón Soria (33 años), fue detenido y confesó todo. Había sido contratado para transportar a López, quien cometería un crimen y a su vez, López había sido contactado por Sosa para acabar con la vida de Ros.

Toda la historia fue confirmada por la policía por el registro de llamadas de los acusados y los mensajes de texto que intercambiaron.

Al final, Ros sobrevivió al ataque, y la Justicia condenó a Sosa, López y Soria a cadena perpetua» (caso tomado literalmente de La Tercera, 4.XI.2015).

Analice los fundamentos de su punibilidad.

Caso 17

Los hermanos Arnoldo y Benito (A y B) contratan al sicario Óscar (O) para que dé muerte a su padre, al cual pretenden heredar. O acepta el encargo atraído por la recompensa, pero en realidad no desea la muerte del viejo, por el cual siente incluso algún aprecio. Por lo mismo, va dilatando en el tiempo la ejecución del encargo. Semanas más tarde, A y B se presentan en casa de O y le señalan que este es el día apropiado para la ejecución. Después de un rato logran convencer a O de que tome su arma y vaya con ellos a la población donde vive el padre con el fin de esperar su llegada, ocultos tras unos árboles, en las proximidades de su casa. Media hora después, los tres divisan a unos 40 m de distancia al padre que viene caminando por la vereda. Entonces A y B instan a O para que saque el arma y ejecute de una vez el encargo. O saca en efecto el arma, pero dispara a propósito hacia un objeto distinto, un contenedor de basura metálico, próximo al lugar por donde pasa el padre. El proyectil rebota en el contenedor y lesiona al padre de gravedad.

Desarrolle: (i) punibilidad de A y B; (ii) punibilidad de O.

Caso 18

En la madrugada del día 11 de abril de 2016, Arnoldo se encontraba al interior de su domicilio ubicado en calle Las Perdices N° 1130 de la comuna de Osorno, en compañía de un grupo de personas entre las que se encontraba Beatriz, su conviviente y con quien tiene dos hijos en común. Debido a la ingesta alcohólica, se inició una discusión entre Arnoldo y Beatriz en la que el imputado se descontroló, insultó, amenazó y agredió a Beatriz, lo que provocó que alrededor de las 6:00 horas, la víctima huyera del lugar por calle Las Perdices hacia el oriente siendo seguida por Arnoldo, quien luego de cruzar calle Monreal le dio alcance procediendo a golpearla en reiteradas oportunidades en la cabeza con dos trozos de concreto que portaba en sus manos, causándole lesiones consistentes en fractura occipital derecha, fractura de macizo facial en arco cigomático y piso órbita derecha; trauma auricular derecho que requirió cirugía de reconstrucción; y lesiones contuso cortantes en cabeza, cuello, rostro y extremidades, que le provocaron compromiso de conciencia, shock hipovolémico y riesgo vital, para acto seguido, retirarse del lugar y luego volver casi inmediatamente sobre la víctima, procediendo a introducir un elemento punzante en sus ojos y remover ambos globos oculares cortando el nervio óptico y causando la enucleación total bilateral que provocó en Beatriz la pérdida total e irreversible de la vista (según SCS 11.VII.2017, Rol 19008-2017).

Punibilidad de Arnoldo.

Caso 19

A mediados del año 2009, Arnoldo le encarga a Benito —quien dos años antes había sido condenado por robar un cuadro desde la casa de un conocido coleccionista— que ingrese a robar al inmueble habitado por la madre (M), la hermana (H), el cuñado (C) y la sobrina (S) de Arnoldo, y que además los mate. Todo esto, debido a las graves desavenencias que él ha mantenido por años con estos parientes. Al efecto, Arnoldo le ofrece a Benito, además del botín que pueda obtener del robo, la suma de $15 millones por cada muerte, suministrándole toda la información necesaria para hacer efectivo el encargo. Esta información comprendía la circunstancia de que S era visitada asiduamente por su novio (N), quien prácticamente todos los días la iba a buscar temprano en la mañana para ir juntos a sus respectivos trabajos. Sin embargo, Arnoldo nada indicó ni sugirió a Benito con respecto al momento para ejecutar el encargo.

Benito acepta el encargo y, luego de algunos preparativos, el día 24 de noviembre, alrededor de las 7:30 de la mañana, concurre al domicilio de calle Esmeralda, portando una pistola, un cuchillo y un bolso para transportar especies. Tras esperar algunos minutos, Benito aprovecha que S le abre la puerta a N, quien ha llegado a buscarla como de costumbre, para ingresar al inmueble, empujando a N y a S hacia adentro y cerrando la puerta de calle tras de sí. En esos momentos se produce un intenso forcejeo entre ambos hombres, durante el cual Benito le dispara a N dos veces con su pistola, hiriéndolo con uno de los disparos y procediendo luego a apuñalarlo con el cuchillo que portaba. En esos momentos, S presiona el botón de pánico de la alarma, situada junto a la puerta. Asustado por el ruido, Benito decide huir, justo antes de que H, M y C bajen desde el segundo piso a ver qué está ocurriendo. A pesar de los esfuerzos médicos, N fallece un par de horas después, a consecuencia de las heridas sufridas (según S. 3° TOP Santiago 26.II.2011, RIT N° 136-2010).

Una vez que haya analizado la punibilidad de A y B, determine, si es que corresponde, la pena aplicable a cada uno, si se dictare sentencia en junio de 2022. Considere, entre otros, los arts. 74, 75, 390, 391, 433 y 450 del Código Penal.

Caso 20

El día 13 de septiembre de 2016, la señora Juana Pérez se comunicó telefónicamente con Carabineros de Chile para denunciar que el hijo de su pareja, el señor José González, se encontraba realizando daños y desórdenes en el interior del domicilio ubicado en el pasaje Centella N° 13, de la comuna de Placilla. Ante el llamado realizado por la señora Pérez, la Central de Comunicaciones de Carabineros (CENCO) se comunicó a las 08:00 horas aproximadamente de ese mismo día, con una patrulla de Carabineros de la 3ª Comisaría de Placilla compuesta por cuatro funcionarios policiales. CENCO envió a dicha patrulla hasta el domicilio antes señalado para verificar la efectividad de los daños y desórdenes.

Los cuatro funcionarios llegaron al domicilio y se entrevistaron con la denunciante, quien, luego de corroborar la información entregada a CENCO, manifestó que no tenía intención de realizar una denuncia por escrito. Con todo, la señora Pérez pidió a los funcionarios policiales que se llevaran del domicilio al señor José González, para que este no continuara causando daños y desórdenes en la casa. Frente a esta solicitud, y habiendo constatado la efectividad de los hechos informados, los funcionarios detuvieron al señor José González, subiéndolo esposado al carro policial, y se retiraron del lugar.

El día de los hechos, José González habría estado experimentando una crisis asociada a una enfermedad mental no tratada. Esta condición médica, sin embargo, no fue comunicada a los funcionarios policiales, quienes interpretaron en ese momento el comportamiento del señor González como un signo externo del consumo de pasta base o de alguna otra sustancia similar.

Durante el trayecto y antes de llegar a las dependencias de la 3ª Comisaría de Placilla, el cabo primero Óscar Fontecilla, quien estaba a cargo de dirigir el procedimiento policial, indicó a los otros funcionarios de la patrulla que harían lo que se denomina un "dos corto" (o "machetazo"). Esto es, que no llevarían al detenido a la Comisaría o a un Centro Asistencial como indica el protocolo policial en estos casos, sino que lo liberarían en un sitio eriazo para que regresara caminando a su domicilio y así se tranquilizara.

Ante esta instrucción, al menos dos de los funcionarios policiales que conformaban la patrulla le representaron al señor Fontecilla no estar de acuerdo con su orden. Frente a esto, el superior jerárquico insistió en la misma orden, por lo que aquella fue finalmente ejecutada en la forma en que se impartió. Así, los cuatro funcionarios policiales trasladaron al señor José González a las afueras de Placilla, específicamente a un sector colindante con el Centro Penitenciario de la misma comuna y al menos con un camino *público*. En este lugar le sacaron las esposas, lo bajaron del carro policial y luego se retiraron.

Con el objeto de evitar los problemas administrativos que este incumplimiento del protocolo policial podría implicar, los funcionarios no dejaron un registro formal de haber practicado la detención del señor José González. Asimismo, alteraron la información de las hojas de ruta y la información proporcionada a CENCO, afirmando que, al momento de concurrir al domicilio ubicado en el pasaje Centella N° 13, de la comuna de Placilla, la persona que habría estado realizando daños y desórdenes no se encontraba en el lugar.

Desde la liberación del señor José González, ocurrida el día 13 de septiembre de 2016 en un sector colindante al Centro Penitenciario de Placilla, hasta la fecha se desconoce su paradero (versión modificada de los hechos establecidos en S. del TOP Iquique 28.IX.2018, RIT N° 794-2017).

PARTE III.
SISTEMA DE PENAS

Capítulo I.
El sistema de la reacción penal

A continuación, estudiaremos el sistema de penas contemplado en el Código Penal y sus complementos en el Código Procesal Penal. Aparte de este sistema de penas, existe un ordenamiento especial en la Ley N° 20.084 sobre Responsabilidad Penal de los Adolescentes. Asimismo, Ley N° 20.393 sobre Responsabilidad Penal de las Personas Jurídicas contempla otro catálogo de penas con reglas e instituciones propias.

I. PENAS Y MEDIDAS COERCITIVAS

Ya se ha visto someramente la discusión sobre la legitimación de las normas de sanción penal, la virtual ausencia de medidas de seguridad propiamente tales en el derecho penal de adultos —aunque existen numerosas penas accesorias que tienen una fisonomía similar a la de las medidas de seguridad—, y qué sanciones no constituyen penas conforme al art. 20.

Tampoco constituyen penas las medidas coercitivas que el ordenamiento jurídico autoriza imponer con el objeto de forzar al cumplimiento de una obligación o de precaver la afectación de un bien jurídico. Aunque presenten similitud con la pena —incluyendo privaciones breves de libertad—, no tienen el sentido de reparar una lesión de la vigencia de la norma. Es el caso de los apremios con que se conmina a una persona para que ejecute un determinado acto (por ejemplo, arresto de un testigo renuente: arts. 380 CPC y 299 inc. 1° en relación con el art. 33 inc. 3° CPP); las cauciones que tienen por objeto garantizar el cumplimiento de una obligación (la caución como medida sustitutiva de la prisión preventiva, art. 146 CPP), o la privación de libertad que se decreta durante la substanciación de un proceso penal «cuando es necesaria para las investigaciones o para a la seguridad del ofendido o de la sociedad» (art. 19 N° 7, letra e], de la Constitución; art. 140 y ss. CPP).

II. CLASIFICACIÓN DE LAS PENAS

1. Según su naturaleza

Según el bien jurídico al que principal o específicamente afectan, se distinguen:

a) Penas corporales

aa) En sentido técnico

Son todas aquellas que afectan la vida o la integridad física de la persona condenada (azotes, mutilaciones, etc.).

En Chile, solo subsiste la pena de muerte o pena capital, aunque de manera limitada, en el Código de Justicia Militar. Hasta el año 1949, sin embargo, estuvo vigente la pena de azotes para los reincidentes en los delitos de hurto y robo, siempre que fueran mayores de dieciocho años y no sobrepasaran los cincuenta.

bb) En sentido amplio

Se denomina penas corporales, en un sentido amplio, a las que no son pecuniarias y, en particular, a las penas privativas de libertad (*v. gr.*, presidio, reclusión). Este es el sentido, por ejemplo, en que se utiliza la expresión «pena corporal» en el Código Tributario.

b) Penas infamantes

Son aquellas que afectan el honor del condenado. Buscan poner en evidencia al delincuente para que los demás miembros de la sociedad puedan precaverse de sus ataques o tendencias criminales (anotación en un registro público; publicación de la sentencia; la pena de degradación, regulada en los arts. 228 y 241 del Código de Justicia Militar, etc.).

La pena infamante se plantea como una especie de medida de seguridad administrada descentralizadamente, pues son los miembros de la sociedad civil quienes la hacen efectiva. Por esta misma razón, entre otras, las penas infamantes son rechazadas por una parte de la doctrina, al menos respecto de las personas naturales, ya que podrían afectar la dignidad de la persona y no solo alguno de sus derechos. Desde el punto de vista político-criminal, hay que tener en cuenta además que la estigmatización del delincuente constituye un poderoso factor criminógeno. A pesar de ello, las penas infamantes han experimentado un fuerte renacer en los últimos años.

c) Penas privativas de libertad o penas de encierro

Son todas aquellas que afectan principal e intensamente la libertad ambulatoria del condenado. El delincuente es objeto de encierro en un establecimiento público penal, donde queda sometido a un régimen especial de vida. En nuestro ordenamiento, son penas privativas de libertad el presidio, la reclusión y la prisión. En la medida en que la reclusión parcial prevista en la Ley N° 18.216 puede ejecutarse en un establecimiento público, debe considerarse también una pena privativa de libertad y no solo una forma sustituta para su ejecución.

d) Penas restrictivas de libertad

El condenado ve severamente limitada su libertad ambulatoria, pues se le prohíbe trasladarse a ciertos lugares o permanecer en ellos, o bien salir de cierta circunscripción. Pertenecen a esta clase las penas de confinamiento, extrañamiento, relegación, destierro y, en un sentido más amplio, la de sujeción a la vigilancia de la autoridad y la prestación de servicios en beneficio de la comunidad, así como la mayoría de las penas sustitutivas de las penas privativas de libertad contempladas en la Ley N° 18.216, que estudiaremos más adelante.

e) Penas privativas de otros derechos

Estas penas afectan la libertad para ejercitar ciertos derechos, desempeñar cargos y profesiones o ejecutar una determinada actividad. Entre ellas se cuentan la inhabilitación para el ejercicio de cargos y oficios públicos, derechos políticos y profesiones titulares; la inhabilitación para cargos, empleos o profesiones ejercidos en ámbitos educacionales o que involucren una relación directa y habitual con personas menores de edad, adultos mayores o personas en situación de discapacidad; la inhabilitación absoluta temporal para ejercer cargos, empleos, oficios o profesiones en empresas que contraten con órganos o empresas del Estado; la inhabilitación temporal para emitir licencias médicas; la inhabilidad absoluta perpetua para la tenencia de animales, y la inhabilitación o suspensión de la licencia para conducir vehículos a tracción mecánica o animal.

Además de las penas comunes privativas de otros derechos, consideradas en la escala general del art. 21, existen otras penas de esta naturaleza esparcidas en la legislación. En el Código Penal, algunos ejemplos son la pérdida de la patria potestad o la inhabilitación para obtenerla (art. 370 bis), la interdicción del derecho de ejercer la guarda y de ser oído como pariente (art. 372); la cancelación de la carta de nacionalización para ciertos autores del delito de usura (art. 472). Fuera del Código, se encuentran la asistencia obligatoria a programas de prevención, tratamiento o rehabilitación; la clausura de un establecimiento; etc.

f) Penas pecuniarias

Son aquellas que afectan al patrimonio del condenado. En Chile, son de esta clase la multa, el comiso y la caución. La pena de confiscación de bienes, prohibida por la Constitución salvo cuando se trata de asociaciones ilícitas (art. 19 N° 7, letra g]), no se encuentra contemplada —por el momento— en la legislación penal.

2. Según su gravedad

Se trata de una clasificación legal de las penas, que las ordena según la intensidad o la extensión de los derechos que afectan. A partir de ella se establece a su vez la gravedad de los delitos. En efecto, el art. 3° dispone que los delitos, atendida su gravedad, se clasifican en crímenes, simples delitos y faltas, lo que se determina según la pena que tienen asignada en la escala general del art. 21. Ya al interior de estas tres categorías, y aunque la ley no lo establece, se dice que un delito es más grave que otro cuando tiene asignada una pena abstracta mayor.

a) Penas de crímenes

Son penas de esta clase todas las privativas y restrictivas de libertad perpetuas o mayores, las inhabilitaciones perpetuas y ciertas inhabilitaciones temporales.

Las penas privativas de libertad (y la mayoría de las restrictivas de libertad) pueden ser mayores o menores, según su duración. Las mayores tienen una duración que va de cinco años y un día a veinte años. Admiten división en tres grados: mínimo, de cinco años y un día a diez años; medio, de diez años y un día a quince años; y máximo, de quince años y un día a veinte años.

Las inhabilitaciones, cuando son temporales, tienen una duración que va de tres años y un día a diez años, y también admiten división en tres grados: mínimo, de tres años y un día a cinco años; medio, de cinco años y un día a siete años y máximo, de siete años y un día a diez años.

Existe alguna discusión sobre las inhabilitaciones como penas de crimen para efectos de la autorización de medidas intrusivas, *v. gr.* conforme al art. 222 CPP. El asunto resulta algo distorsionado por el hecho de que la inhabilitación parece tener una naturaleza próxima a las medidas de seguridad. Por otro lado, es discutible el efecto que debería tener esta clasificación, tratándose de inhabilitaciones, en cuanto a los plazos de prescripción de la acción penal.

b) Penas de simples delitos

Lo son las penas privativas y restrictivas de libertad menores, el destierro, algunas inhabilitaciones y las suspensiones. Pertenecen a esta clase el presidio, la reclusión, el confinamiento, el extrañamiento y la relegación menores; el destierro; la suspensión de cargos u oficios públicos o profesiones titulares, y la inhabilidad perpetua para conducir vehículos a tracción mecánica o animal, entre otras.

Las penas privativas de libertad (y algunas de las restrictivas de libertad) menores tienen una duración que va de sesenta y un días a cinco años, y admiten división en tres grados: *mínimo*, de sesenta y un días a quinientos cuarenta días; *medio*, de quinientos cuarenta y un días a tres años; y *máximo*, de tres años y un día a cinco años.

Las penas de suspensión tienen una duración que va de sesenta y un días a tres años y se dividen, también, en tres grados: mínimo, de sesenta y un días a un año; medio, de un año y un día a dos años; y máximo, de dos años y un día a tres años.

El destierro es siempre pena de simple delito; no admite distinción entre mayor y menor, pero se divide en tres grados con la misma duración que estos tienen en las penas menores.

c) Penas de falta

Conforme al art. 21, son penas de falta:

- la prisión;
- la inhabilidad perpetua para conducir vehículos a tracción mecánica o animal; y
- la suspensión para conducir vehículos a tracción mecánica o animal.

La prisión admite división en tres grados: *mínimo*, de uno a veinte días; *medio*, de veintiún a cuarenta días; y *máximo*, de cuarenta y un días a sesenta.

d) Penas comunes a las tres categorías anteriores

Son penas comunes a las tres clases anteriores la multa y el comiso. La primera pertenecerá a la clase que determine su cuantía, de acuerdo con el art. 25 inciso 6° —y aquí se suscita una discusión análoga a la que producen las inhabilidades como penas de crimen—; la pena de comiso, en cambio, seguirá siempre la suerte de la pena a la que acceda, pues *nunca se aplica como pena única*, sino que acompaña obligatoriamente a otra en los crímenes o simples delitos, o de modo facultativo cuando se trata de faltas (art. 31).

e) Consideraciones generales acerca de la clasificación de las penas según su gravedad y sus efectos

- La clasificación de las infracciones criminales según su gravedad se realiza en abstracto, atendiendo a la pena que la ley asigna al autor del delito consumado, es decir, sin considerar la pena aplicable en cada caso particular.
- Si un delito tiene asignadas penas de crimen y de simple delito, deberá estarse a la pena más grave para su calificación (*v. gr.*, art. 396: el delito de mutilación de un miembro importante tiene asignado un marco penal que abarca penas de crímenes y de simples delitos, de modo que debe considerarse como crimen).

- Ossandón llama la atención con respecto a que el legislador ha incurrido en una serie de imperfecciones técnicas en las recientes modificaciones al Código Penal. Por una parte, la pena de inhabilitación absoluta temporal para cargos, empleos o profesiones ejercidos en ámbitos educacionales o que involucren una relación directa y habitual con personas menores de edad, aparece como pena de crimen y también de simple delito; por otra, la pena de inhabilidad perpetua o suspensión para conducir vehículos a tracción mecánica o animal, aparece a la vez como pena de simple delito y de falta. A su juicio, en caso de imponerse alguna de estas penas habría que calificar el delito según la alternativa más grave y, en consecuencia, estimar que es pena de crimen la primera y de simple delito, la segunda.
- Determinar si un delito es un crimen, un simple delito o una falta —según la pena que tiene asignada y la forma en que la califica el art. 21— tiene muchas consecuencias relevantes. En el plano procesal, la imputación de un crimen tiene efectos en cuanto a la necesidad de cautela para la prisión preventiva y otras medidas cautelares, y también autoriza medidas de investigación que en general están vedadas para los simples delitos. Otra consecuencia importante dice relación con la prescripción, pues son distintos los plazos de prescripción de la pena y de la acción penal de los crímenes, simples delitos y faltas (arts. 93 y ss.). Por último, el régimen punitivo de las faltas tiene una serie de particularidades sustantivas y procesales ajenas al de los crímenes y simples delitos.

3. Según su autonomía

Conforme a este criterio, las penas pueden ser principales o accesorias.

a) Penas principales

Son aquellas que pueden imponerse independientemente, sin necesidad de otra pena. En cada caso, están expresa y determinadamente previstas en la ley como consecuencia de la realización culpable de los presupuestos de un delito y el cumplimiento de las demás condiciones para su punibilidad.

Son penas principales, en general, las contempladas en la escala general del art. 21 para los crímenes, simples delitos y faltas. Sin embargo, las inhabilitaciones y suspensiones para ejercer cargos públicos y profesiones titulares solo de modo excepcional se utilizan como pena principal.

b) Penas accesorias

Son aquellas cuya irrogación acompaña a la de una pena principal. La ley puede imponerlas especialmente u ordenar que otras penas siempre las lleven consigo.

Son penas accesorias:

- la suspensión e inhabilitación para cargos y oficios públicos, derechos políticos y profesiones titulares, en todos aquellos casos en que, no imponiéndolas especialmente la ley, ordena que otras penas las lleven consigo (art. 22); la regla general es que estas penas sean accesorias, como se desprende de los arts. 27 a 30;
- la inhabilitación absoluta temporal para cargos, empleos o profesiones ejercidos en ámbitos educacionales o que involucren una relación directa y habitual con personas menores de edad (*v. gr.*, art. 372 inc. 2° y 3°);
- la interdicción del derecho de ejercer la guarda y ser oído como pariente en los casos que la ley señala (art. 372 inc. 1°);
- el comiso;
- la caución y la sujeción a la vigilancia de la autoridad;
- la privación temporal o definitiva de la licencia de conducir vehículos motorizados;
- la incomunicación con personas extrañas al establecimiento penal; el art. 21 hace un reenvío al Reglamento de Establecimientos Penitenciarios; sin embargo, en el actual Reglamento (Decreto Supremo N° 518 de 1998) no se regula como pena;
- la pena de encierro en celda solitaria fue suprimida del Código Penal en 2001 (estaba previsto en el art. 91 inc. 2°); sin embargo, sigue vigente en el Reglamento Penitenciario (art. 84 y siguientes) como sanción disciplinaria.

4. Según la forma en que se ponen a disposición del tribunal

a) Penas copulativas

En estos casos, la ley señala al delito varias penas, que el tribunal *debe* imponer conjuntamente. Esto ocurre siempre respecto de las penas accesorias, pero también es frecuente la disposición copulativa de dos o más penas principales (*v. gr.*, arts. 248, 357).

b) Penas alternativas

La ley permite al juez elegir, de entre dos o más penas que le señala, aquella que parezca más adecuada a las características particulares del caso concreto (*v. gr.*, arts. 121, 473). Al respecto, cabe tener presente el art. 61 regla 3ª: La elección de una de las penas para un interviniente en el delito no vincula al juez respecto de los demás.

c) Penas facultativas

Aquellas que el tribunal está autorizado para agregar o no, a su arbitrio, a otra pena cuya aplicación es obligatoria (*v. gr.*, la pena accesoria de comiso respecto de las faltas).

5. Según su divisibilidad

a) Penas divisibles

Son penas divisibles las que tienen una duración limitada en el tiempo o una cierta cuantía económica, de modo que admiten fraccionamiento.

b) Penas indivisibles

Son indivisibles las demás, es decir, las penas que no tienen una duración determinada en el tiempo, ni una cuantía determinada, razón por la cual no se pueden fraccionar (*v. gr.*, las penas privativas o restrictivas de libertad perpetuas).

Esta clasificación es de capital importancia en relación con los efectos de las circunstancias modificatorias de la responsabilidad penal.

6. Según su aflictividad

Conforme al art. 37, son aflictivas todas las penas de crímenes y, además, las de simples delitos privativas y restrictivas de libertad —salvo el destierro y la sujeción a la vigilancia de la autoridad— cuya duración excede de tres años. Todas las demás penas no son aflictivas.

Respecto de la pena de multa, la jurisprudencia ha mantenido el criterio de que no es una pena aflictiva, aun cuando, de acuerdo con el art. 25, quede comprendida dentro de la cuantía que corresponde a los crímenes; se argumenta que la multa no figura como pena de crimen en el art. 21.

Tal como se estudió en su momento, esta clasificación tiene un efecto procesal menor (la decisión de archivo provisional debe ser aprobada por el fiscal regional: art. 167 inc.2° CPP), pero gravísimas consecuencias en el plano constitucional. La persona condenada a pena aflictiva no puede adquirir la ciudadanía y, si la poseía, la pierde (arts. 13 y 17 N° 2 de la Constitución). Además, el derecho a sufragio se suspende para el acusado (no meramente imputado) por un delito que merezca pena aflictiva (art. 16 N° 2 de la Constitución).

III. NATURALEZA DE LAS PRINCIPALES PENAS

1. Pena de muerte

La pena de muerte o pena capital, que consiste en privar de la vida al condenado, fue suprimida de la escala general del art. 21 por la Ley N° 19.734 de 2001 y sustituida por el presidio perpetuo calificado, pero subsiste para casos de graves delitos cometidos en tiempos de guerra, tipificados en el Código de Justicia Militar (*v. gr.* en el art. 287, para el que dé voces para introducir el espanto o promover el desorden en la tropa al principio o en el curso del combate).

En Chile, a diferencia de otros países, la pena de muerte no se encuentra prohibida a nivel constitucional. Aún más, el inc. final del art. 9° y el inc. 3° del art. 19 N° 1 de la Constitución podrían leerse en sentido inverso. Prescribe este último: «La pena de muerte solo podrá establecerse por delito contemplado en ley aprobada con quórum calificado». Sin embargo, existen limitaciones a la reinstauración de la pena de muerte o a su extensión más allá del ámbito militar por disposición del art. 4° de la Convención Americana sobre Derechos Humanos en relación con el art. 5° inc. 2° de la Constitución Política. Conforme a la Convención, en ningún caso se puede aplicar la pena de muerte por delitos políticos ni comunes conexos con los políticos (art. 4° N° 4); además, se establece un sistema para la desaparición progresiva de la pena de muerte contra el cual conspiraría su reinstauración (art. 4° Nos. 2 y 3), al menos tratándose de delitos comunes.

Ello es consistente con el debate sobre el sentido y fin de la pena. Como se explicó en su momento, la pena de muerte no se deja justificar desde una concepción personal del delito y preventivo-general positiva de la pena.

2. Penas privativas de libertad

a) Presidio y reclusión

Ambas penas consisten en el encierro del condenado en un establecimiento carcelario. La diferencia entre ellas está, en teoría, en que el presidio sujeta al interno a los trabajos prescritos por los reglamentos del respectivo establecimiento penal, mientras que la pena de reclusión no le impone trabajo alguno (art. 32). Esta distinción carece de efectos prácticos, ya que el actual Reglamento Penitenciario establece un régimen común, tanto para las personas detenidas como para los condenados y las personas sujetas a prisión preventiva —todos se consideran por igual «internos»—, que no contempla la sujeción a trabajo alguno.

Las penas de presidio y reclusión pueden ser perpetuas o temporales.

aa) Penas de presidio y reclusión perpetuos

Duran toda la vida del condenado. Entre ellas destaca por sus características especiales el *presidio perpetuo calificado*, que consiste en la privación de libertad del condenado de por vida. Se rige por una serie de reglas contempladas en el art. 32 bis. Fundamentalmente, se establece a su respecto la prohibición de otorgar la libertad condicional hasta transcurridos 40 años de cumplimiento efectivo de pena, la prohibición de otorgar beneficios penitenciarios que importen la libertad del condenado, y la exclusión de las amnistías e indultos generales.

Las penas perpetuas son objeto de severas críticas, pues se alejan de los fines de rehabilitación o reinserción social del condenado para convertir el castigo en una simple medida de inocuización.

bb) Penas de presidio y reclusión temporales

Pueden durar de 61 días a 20 años:

Presidio y reclusión menores	grado mínimo: 61 a 540 días. grado medio: 541 días a 3 años. grado máximo: 3 años y un día a 5 años.
Presidio y reclusión mayores:	grado mínimo: 5 años y un día a 10 años. grado medio: 10 años y un día a 15 años. grado máximo: 15 años y un día a 20 años.

b) Prisión

Es una pena privativa de libertad que no impone al condenado la obligación de trabajar y cuya duración no excede de sesenta días. Se trata, por tanto, de un encierro breve, divisible también en tres grados, cada veinte días. Se aplica solamente a las faltas.

c) Aspectos comunes a las penas privativas de libertad

- Todas las penas privativas de libertad se cuentan a partir del día de la aprehensión del condenado (art. 26) y a su duración se imputa el término que el afectado haya permanecido sujeto a prisión preventiva o a la medida de arresto domiciliario total o parcial, durante la sustanciación del proceso. En el caso del arresto domiciliario, el art. 348 CPP dispone que «se abonará a la pena impuesta un día por cada día completo, o fracción igual o superior a doce horas». No obstante que la ley razona sobre la base de que la privación de libertad incide en un día de 24 horas, la Corte Suprema ha sostenido recientemente que el mínimo de doce horas para que proceda el abono puede obtenerse también sumando horas de días distintos, es decir, dividiendo por doce el total de horas de arresto domiciliario (SCS 13.X.2022, Rol N° 121275-2022). Esta interpretación parece contraria a la lógica del precepto y no considera que el arresto domiciliario parcial de menos de doce horas es sustancialmente menos gravoso que el arresto total o uno que no supere ese límite.
- Se discute vivamente si es legítimo el abono de la prisión preventiva que una persona ha soportado en una causa diversa, en la cual posteriormente no fue condenado. La jurisprudencia más reciente de la Corte Suprema acepta esta posibilidad, con el argumento de que no podría exigírsele al afectado por una privación de libertad injustificada que se conforme con tal situación; a la misma conclusión conducirían el «principio pro reo», la constatación de que las normas que regulan la materia no prohíben expresamente el «abono heterogéneo» y la interdicción de la detención o encarcelamiento arbitrarios que establece la Convención Americana sobre Derechos Humanos (SCS 30.VI.2022, en causa Rol N° 24.718-2022). Esta interpretación del supremo tribunal es desafortunada no solo porque contradice la lógica del abono en la ley, sino porque convierte la magnitud de la sanción que efectivamente se cumplirá en algo casual, lo que debilita en forma significativa el valor comunicativo de la pena. La

compensación por una privación de libertad injustificada —concepto que también requiere de precisión— debe realizarse de otro modo y en el marco del mismo proceso en el cual se ha producido.

- Estas penas llevan generalmente consigo otras penas accesorias, como aparece de los arts. 27, 28, 29 y 30.
- Las penas privativas de libertad se pueden sustituir por otras meramente restrictivas de libertad, en los términos y bajo las condiciones que establece la Ley N° 18.216.

3. Penas restrictivas de libertad

a) Confinamiento

«Es la expulsión del condenado del territorio de la República con residencia forzosa en un lugar determinado» (art. 33). Se divide temporalmente en la misma forma que el presidio y la reclusión, y solo puede ser temporal.

b) Extrañamiento

«Es la expulsión del condenado del territorio de la República al lugar de su elección» (art.34). Solo excepcionalmente puede ser perpetuo.

c) Relegación

«Es la traslación del condenado a un punto habitado de la República con prohibición de salir de él, pero permaneciendo en libertad» (art.35). Puede ser perpetua o temporal, y esta última se subdivide en la misma forma que el presidio y la reclusión.

Aunque se contempla en no pocas disposiciones como pena principal pero alternativa respecto de penas privativas de libertad (*v. gr.* en el art. 399, delito de lesiones menos graves), es de casi nula aplicación.

d) Destierro

«Es la expulsión del condenado de algún punto de la República» (art.36). Es siempre una pena de simple delito, que va de 61 días a 5 años. Se divide también en tres grados.

El único delito que la contemplaba como pena principal, el amancebamiento (art. 381), hoy está derogado.

e) Sujeción a la vigilancia de la autoridad

Se encuentra regulada en los arts. 23, 25 y 45, y puede ser impuesta como pena accesoria —como en los arts. 27, 298 y 452— o como medida preventiva (en este caso, con una regulación muy deficitaria), como en los arts. 295 y 372 ter. Se trata de una institución mucho más cercana a las medidas de seguridad y corrección que a las sanciones propiamente tales.

Esta pena o medida, si es impuesta en una sentencia condenatoria, permite al tribunal determinar los lugares en los cuales le será prohibido al condenado presentarse después de cumplida la pena principal y durante el tiempo que dure la medida (61 días a cinco años), e imponerle todas o algunas de las obligaciones enumeradas en el art. 45 (básicamente, el registro de su domicilio y la adopción de una actividad que le permita ganarse el sustento).

f) Reglas comunes

- Las penas restrictivas de libertad llevan consigo las accesorias que señalan los arts. 27, 28, 29 y 30, según corresponda (con excepción de la sujeción a la vigilancia de la autoridad, que es ella misma una pena accesoria).
- Las penas restrictivas de libertad contempladas en el Código Penal se pueden sustituir por las que establece la Ley N° 18.216.

4. Penas privativas de otros derechos

a) Penas de inhabilitación

Estas penas incapacitan al condenado para el ejercicio y la obtención de ciertos derechos, cargos y oficios públicos:

aa) Derechos políticos

La inhabilitación comprende la capacidad para ser ciudadano con derecho a sufragio y la de obtener cargos de elección popular (art. 42).

El que ha sido privado de estos derechos solo puede ser rehabilitado en su ejercicio en la forma prescrita por la Constitución. Según ella, tratándose de condenados a pena aflictiva, la ciudadanía se recupera una vez extinguida la responsabilidad penal, de conformidad a la ley; pero en el caso de condenados por delitos que la ley califique como conducta terrorista y los relativos al tráfico de estupefacientes, que hubieren merecido, además, pena aflictiva, solo cabe rehabilitación por el Senado, una vez cumplida la condena (art.17 de la Constitución).

La pena de pérdida de la ciudadanía que establecen el Código Penal y el art. 17 de la Constitución es altamente problemática. La suspensión del derecho a sufragio resulta virtualmente imposible de fundar en un Estado democrático de Derecho. Y en cuanto a la suspensión de la posibilidad de optar a cargos de elección popular, la regulación es claramente defectuosa.

Solo la rehabilitación de los condenados por conductas terroristas y delitos de tráfico de drogas se encuentra regulada en la misma Carta Fundamental. La solicitud correspondiente es conocida por el Senado, tras la extinción de la responsabilidad. Pero esta regulación no considera que la pérdida de los derechos políticos contemplada en el Código Penal como pena accesoria (arts. 27 y 28) es una pena perpetua (art. 38), de modo que la responsabilidad penal no se extinguirá nunca, salvo que medie una amnistía o un indulto, y esto sin considerar las penas de inhabilitación para el ejercicio de cargos públicos. Respecto de este problema y la situación de los demás condenados a pena aflictiva, solo existe una regulación parcial en el Decreto Ley N° 509 de 1932, conforme a la cual cuando la pérdida de los derechos políticos es pena accesoria *a una pena privativa de libertad*, y solo en este caso, el condenado puede solicitar, después de dos años de haber cumplido la pena, si es primera condena, y de cinco años, si ha sido condenado antes, que por decreto supremo de carácter confidencial se le considere como si nunca hubiere delinquido para todos los efectos legales.

Es imperioso y urgente contar con un estatuto constitucional y legal apropiado para la rehabilitación de la ciudadanía. En palabras de la Corte Interamericana de Justicia en el caso *Norín Catrimán y otros vs. Chile* (S. de 29.V.2014):

> «En la medida en que el ejercicio efectivo de los derechos políticos constituye (...) un medio fundamental que las sociedades democráticas tienen para garantizar los demás derechos humanos previstos en la Convención, la Corte considera que en las circunstancias del presente caso la imposición de las referidas penas accesorias, en las que se afecta el derecho al sufragio, la participación en la dirección de asuntos públicos y el acceso a las funciones públicas, incluso con carácter absoluto y perpetuo o por un término fijo y prolongado (quince años), es contraria al principio de proporcionalidad de las penas» (párr. 383).

bb) Cargos u oficios públicos

Se refiere a los cargos del art. 260. La inhabilidad puede ser absoluta o especial, según si recae sobre cualquier cargo u oficio, o bien, sobre uno en particular (arts. 38 y 39); y puede ser perpetua (durante toda la vida del condenado) o temporal (durante el tiempo de la condena).

Conviene tener en cuenta que los funcionarios públicos también pueden ser destituidos cuando han sido condenados por hechos constitutivos de infracción que vulneren gravemente el principio de probidad y, en general, si han sido condenados «por crimen o simple delito» (art. 125 del Estatuto Administrativo). Según la Contraloría General de la República, además, desde la entrada en vigor de la Ley 20.603 no obsta a ello la imposición una pena sustitutiva de las contempladas en la Ley N° 18.216.

cc) Profesiones titulares

No solo se refiere a las que suponen un título universitario, pero debe tratarse de profesiones cuyo ejercicio exige el cumplimiento debidamente certificado de ciertos requisitos legales. También puede ser absoluta o especial, perpetua o temporal.

dd) Inhabilidad para el desempeño de actividades relacionadas con niñas, niños y adolescentes

Se refiere a los cargos, empleos, oficios o profesiones ejercidos en ámbitos educacionales o que involucren una relación directa y habitual con personas menores de edad (art. 39 bis). Esta pena de inhabilitación absoluta perpetua fue introducida al sistema de penas en el año 2004 mediante la dictación de la Ley N° 19.927, que incorporó el art. 39 bis, reformado por la Ley N° 21.418 de 2022. Esta pena es siempre accesoria y está prevista para quienes fueren condenados como partícipes en los delitos de violación, estupro y otros delitos sexuales cometidos en contra de un menor de edad, de conformidad a lo dispuesto en el art. 372.

ee) Inhabilidad para el desempeño de actividades relacionadas con menores de 18 años, adultos mayores y personas con discapacidad

Introducida en 2017 mediante la Ley N° 21.013, esta inhabilitación absoluta perpetua o temporal prevista en el art. 39 ter fue creada en el contexto de la tipificación de los delitos de maltrato corporal relevante del art. 403 bis y siguientes.

ff) Inhabilidad para el desempeño de cargos, empleos, oficios o profesiones en empresas que contraten con el Estado

Fue introducida en 2018 por la Ley N° 21.121, en el contexto de una amplia reforma a los delitos de corrupción y de la creación de nuevas figuras relacionadas con la criminalidad en contextos empresariales o de negocios (art. 39 quáter).

b) Penas de suspensión

Consisten en la prohibición de ejercer ciertos derechos y actividades por un determinado lapso. Recaen sobre *cargos y oficios públicos* y sobre *profesiones titulares*, y no tienen carácter absoluto, sino que se refieren únicamente al cargo o profesión que el condenado haya tenido o desempeñado a la época de comisión del delito. Son siempre temporales y duran de 61 días a tres años. Se dividen en grados. Sin embargo, según se vio antes, el art. 125 del Estatuto Administrativo puede llevar a que la pena de suspensión sea equivalente en sus efectos a la de inhabilitación perpetua.

No debe confundirse la pena de suspensión con la medida preventiva del art. 40 inc. 2° (suspensión decretada durante el juicio, que trae como consecuencia inmediata la privación de la mitad del sueldo al imputado).

c) Interdicción para conducir

Consiste en la inhabilidad perpetua o en la suspensión para conducir vehículos a tracción mecánica o animal. Está contemplada *v. gr.* en el art. 492 inc. 2°.

d) Aspectos comunes

- Salvo en el caso de la inhabilitación y suspensión de la licencia de conducir, se discute la eficacia de estas penas desde el punto de vista de la prevención especial.
- Los arts. 38 y siguientes regulan en detalle los efectos de cada una de estas penas.

- La regla general es que estas penas sean accesorias, como se desprende de los arts. 27 a 30.

5. Penas pecuniarias

Son la multa, el comiso y la caución. Entre estas penas *no* se incluyen las costas de la causa, cuyo pago impone al condenado el art. 24, y que comprenden tanto las procesales como las personales, así como los demás gastos del juicio. El pago de las costas tiene un sentido meramente indemnizatorio y no sancionatorio.

a) Confiscación de bienes

Consiste en desposeer al condenado de bienes de su propiedad. El art. 19 N° 7, letra g) de la Constitución únicamente autoriza imponerla a las asociaciones ilícitas, probablemente porque puede entrar en conflicto con el carácter personalísimo de la responsabilidad penal. Al parecer, la pena de confiscación solamente puede imponerse a las asociaciones que la misma Constitución considera ilícitas, y no a todas las que se refiere el art. 292 del Código Penal.

b) Multa

Es la pena pecuniaria por excelencia. Impone al condenado la obligación de pagar una suma de dinero determinada en la sentencia judicial. Es común a toda clase de delitos y puede tener carácter residual (art. 60 inc. 1°).

aa) Fijación de la multa

Las leyes N° 19.450 y 19.501 establecieron un sistema de fijación de las multas basadas en la *unidad tributaria mensual* (UTM), esto es, la cantidad de dinero cuyo monto, determinado por ley y permanentemente actualizado, sirve como medida o punto de referencia para efectos fiscales. Según el art. 25 inc. 6°, el monto máximo de la pena de multa es la cantidad de 30 UTM; en el derecho penal no codificado, sin embargo, casi todas las multas superan con creces ese monto.

bb) Destino de la multa

El destino de la multa impuesta por un crimen o por un simple delito es una cuenta fiscal, contra la cual solo puede girar el Ministerio de Justicia para los fines que establece la ley (art. 60): sostenimiento de los establecimientos penitenciarios y de reinserción, instalación y mantención de tribunales y mantenimiento del Patronato Nacional de Reos. Esta última institución fue suprimida en el año 2014 mediante el Decreto Supremo N° 522 de 2014, ya que todas sus funciones habrían sido asumidas por Gendarmería de Chile a partir de la entrada en vigor de la Ley N° 20.426.

El destino de la multa impuesta por una falta son las arcas de la Municipalidad correspondiente al territorio donde se cometió.

cc) Pago de la multa, sustitución y apremio

El pago de la multa ha de realizarse en pesos chilenos, según su equivalencia con la UTM al momento del pago.

El art. 49 regula la situación que se produce cuando el sentenciado carece de bienes suficientes para satisfacer la multa:

- El tribunal puede imponer, por vía de sustitución, la pena de prestación de servicios en beneficio de la comunidad. Para proceder a esta sustitución se requiere el acuerdo del condenado.

La pena de «servicios en beneficio de la comunidad» consiste en la realización de trabajos no remunerados a favor de la comunidad o en beneficio de personas necesitadas. Esta labor es coordinada por Gendarmería de Chile, la que puede establecer convenios con organismos públicos y privados sin fines de lucro. El trabajo comunitario comprende un máximo ocho horas diarias, considerando ocho horas por cada tercio de UTM de la multa. En cualquier momento, el condenado puede solicitar poner término a la prestación de servicios previo pago de la multa que le restaría por cancelar, considerando las horas trabajadas. Si el condenado no se presenta a realizar los trabajos o hace una labor insatisfactoria, el juez puede revocar la pena de trabajos comunitarios y cambiarla por reclusión.

- A falta de acuerdo del condenado, el tribunal debe imponer, por vía de sustitución y apremio, la pena de reclusión, regulándose un día por cada tercio de UTM, sin que pueda exceder de seis meses.
- La pena sustitutiva de prestación de servicios en beneficio de la comunidad no se aplica, ni se hace efectivo el apremio de reclusión cuando, de los antecedentes expuestos por el condenado, apareciere la imposibilidad de cumplir la pena de multa impuesta. Queda también exento de este apremio el condenado a reclusión menor en su grado máximo o a otra pena más grave que deba cumplir efectivamente.

- Como veremos, aparte de esta de prestación de servicios en beneficio de la comunidad como pena sustitutiva de la multa, existe una que es sustitutiva de penas privativas o restrictivas de libertad, de conformidad a la Ley N° 18.216.

dd) Ventajas y desventajas de la pena de multa

- Ventajas: tiene un indudable carácter aflictivo; es divisible y flexible en extremo; no degrada al condenado ni deshonra a su familia; es la más reparable de las penas y su administración es muy económica para el Estado.
- Desventajas: no es igualitaria; es difícil hacerla efectiva, pues depende de la solvencia de los condenado; no tiene un carácter estrictamente personal, pues afecta al patrimonio familiar. Para resolver el problema de la desigualdad relativa de la pena de multa, en muchos países se ha establecido un sistema de días-multa, donde el valor del día multa se establece conforme al ingreso promedio diario de la persona condenada.

El sistema de días-multa fue ideado por el jurista y político sueco Johan Thyrén (1861-1933). El *valor* del día multa debe determinarse en concreto respecto de cada sujeto y sobre la base de sus ingresos promedio. Una vez establecido ese valor, se impone al condenado una determinada *cantidad* de días-multa, conforme lo prevea la ley y lo establezca el juez respecto de cada delito. De esta manera, por ejemplo, 20 días-multa representarán una suma de dinero variable, según la capacidad económica de cada condenado.

c) Comiso

Es la pérdida de los instrumentos y efectos del delito en cuanto sean de propiedad de los responsables (art. 31). «Instrumentos» son los medios materiales de que se hayan valido los intervinientes para perpetrar el delito; «efectos» son los *producta sceleris*, es decir, los objetos que no existían antes del delito y son producto de él (*v. gr.*, el documento falsificado), no el objeto material del delito (Guzmán Dalbora). Por esto mismo, y aunque alguna jurisprudencia y doctrina han señalado lo contrario, el comiso no se extiende a las ganancias obtenidas mediante la comisión del delito que no constituyan al mismo tiempo sus «efectos» en el sentido indicado. Esto explica que la ley, en ciertos casos, haya ordenado especialmente el comiso de ganancias, como en los arts. 251, 280-282 y 286 (Hernández-Código Penal).

El comiso es una pena accesoria que se impone en toda sentencia condenatoria por crimen o simple delito. Tratándose de faltas, en cambio, su aplicación es facultativa (art. 500).

En las últimas décadas, se ha desarrollado en el derecho comparado la tendencia a ampliar sustancialmente la pena de comiso, sobre todo en el ámbito de la criminalidad organizada, extendiéndola a las ganancias obtenidas (comiso de ganancias), a los bienes adquiridos con ellas (comiso sustitutivo) en incluso a bienes de valor equivalente, cuando no es posible decomisar los anteriores (el art. 37 de la Ley N° 19.913 prevé esto último, pero solo cuando el comiso propio se ha hecho imposible por actos u omisiones del imputado). Incluso más, se sostiene la posibilidad de imponer el comiso respecto de personas que no han sido condenadas por delito alguno, tampoco por lavado de activos, encubrimiento o receptación, si es que en su poder se encuentran bienes que proceden de la comisión de un delito (comiso sin condena). En esta modalidad, la imposición del comiso en sede penal ocupa el lugar de la acción civil contra el que reporta provecho del dolo ajeno (art. 2316 CC).

El art. 45 de la Ley N° 20.000 es expresión de esta criticable (Guzmán Dalbora) tendencia, pues prevé el comiso de «las utilidades que hubieren originado [los delitos], cualquiera que sea su naturaleza jurídica, o las transformaciones que hubieren experimentado, como, asimismo, todos aquellos bienes facilitados o adquiridos por terceros a sabiendas del destino u origen de los mismos». Lo mismo se extiende al delito de lavado de dinero, de conformidad al art. 33 de la Ley N° 19.913.

d) Caución

El efecto de la pena de caución consiste en obligar al condenado a presentar un fiador que responda:

- de que aquel no ejecutará el mal que se trata de precaver, o
- de que cumplirá su condena.

El fiador se obliga a satisfacer, para el caso de incumplimiento por parte del condenado, la cantidad que el tribunal haya fijado (art. 46).

Puede imponerse como pena accesoria, (*v. gr.*, en el delito de amenazas, art. 298 Código Penal), o como medida preventiva. Como es obvio, en este último caso no reviste el carácter de pena.

Si el penado no presenta un fiador, debe cumplir una pena de reclusión equivalente a la cuantía de la fianza, computándose un día por cada quinto de

UTM, pero sin poder en ningún caso exceder de seis meses (art. 46 inc. 2°). Por otra parte, se aplica a la caución la regla del art. 2337 inc. 2° del Código Civil: «Si la fianza es exigida por ley o decreto del juez, puede substituirse a ella una prenda o hipoteca suficiente».

Con respecto a la cuantía de la caución, se han de observar las reglas establecidas para la multa, doblando las cantidades respectivamente, y su duración no podrá exceder del tiempo de la pena u obligación cuyo cumplimiento asegura, o de cinco años en los demás casos (art. 25 inc. final).

Capítulo II.
Determinación de la pena

I. NOCIONES GENERALES

1. Sistema de determinación de la pena

La determinación de la pena es el proceso de establecer, en el caso concreto, la pena que se impondrá a quien ha intervenido culpablemente en la realización de un hecho punible.

En Chile rige un sistema de determinación legal relativa, pues la propia ley establece una serie de reglas vinculantes no solo para precisar el marco penal aplicable, sino también para precisar la naturaleza y cuantía de la pena en el caso concreto, pero dejando siempre un margen relevante para la apreciación y decisión judicial.

En este sistema es posible distinguir entre las reglas de *determinación legal de la pena*, que inciden principalmente en el marco penal aplicable a un delito —la «pena legal»—, y las reglas de *individualización judicial* de la pena, referidas principalmente a la concreción de la sanción dentro del marco penal ya determinado.

2. Reglas básicas

La ley establece un sistema relativamente detallado para la determinación de las penas, sus diversos grados y sus posibles aumentos y rebajas, al cual ha de atenerse el tribunal.

Las reglas básicas son las siguientes:

a) Cada uno de los grados de una pena divisible constituye una pena distinta

Todas las penas divisibles —excepto la de multa— están estructuradas en grados (art. 56), cada uno de los cuales debe considerarse en sí mismo como una pena. Así, cuando un delito está castigado, por ejemplo, con *presidio menor en sus grados mínimo a máximo*, debe entenderse que el marco punitivo está compuesto de tres penas diferentes: *presidio menor en su grado mínimo*, *presidio menor en su grado medio* y *presidio menor en su grado máximo* (art. 57).

b) Si el marco penal está compuesto por dos o más penas distintas, cada una de ellas forma un grado de penalidad

Es decir, cada una de esas penas ha de ser ficticiamente considerada como si fuera un grado; la más leve, el mínimo; la más grave, el máximo. Por ejemplo, si la sanción de un delito es *presidio mayor en su grado máximo* a *presidio perpetuo calificado*, el marco penal consta de tres grados: el más benigno, *presidio mayor en su grado máximo*; luego, *presidio perpetuo* (simple); y el más severo, *presidio perpetuo calificado* (art. 58).

Conforme a lo anterior, puede decirse, con ETCHEBERRY, que «cada pena es un grado y cada grado es una pena».

c) Las penas están agrupadas en cinco escalas graduales, de acuerdo con su gravedad

El Código Penal contiene un conjunto de reglas para imponer las penas (arts. 50 y ss.) Conforme a estas reglas, hay situaciones en que puede ser necesario aplicar la pena superior o inferior en grado a la establecida por el legislador para el delito de que se trate. Para efectuar tales aumentos o disminuciones, el art. 59 establece cinco «escalas graduales». La primera es para las penas privativas de libertad; la segunda y la tercera, para las restrictivas de libertad; y la cuarta y la quinta, para las inhabilitaciones y suspensiones de derechos. Dentro de cada escala, se enuncian en orden decreciente de gravedad las penas que la componen. Conforme al art. 60 inc. 1°, la multa se considera como la pena inmediatamente inferior a la última en todas las escalas graduales.

De esta manera, se pone a disposición del juez un catálogo completo que le permite saber qué penas aplicar cuando la ley le ordena sobrepasar el marco total previsto para el delito respetivo en la parte especial.

Si la ley determina una pena inferior o superior en uno o más grados a otra determinada, la pena inferior o superior se debe tomar de la escala gradual en que se halle comprendida la pena determinada (art. 77 inc. 1°). Es decir, hay que verificar cuál es el lugar que dentro de la escala respectiva ocupa la pena indicada en la disposición correspondiente, y subir o bajar, siguiendo dicha escala, el número de grados que fuere necesario. Así, por ejemplo, si la pena fuese la de *presidio menor en su grado mínimo* y corresponde bajar un grado, la pena sería la de *prisión en su grado máximo*, según la escala número 1; y si la pena asignada al delito fuese *relegación menor en su grado mínimo* y tuviésemos que subir dos grados, se llegaría a la pena de *relegación menor en su grado máximo*, siguiendo la escala número 2.

Puede suceder, sin embargo, que por aplicación de este procedimiento se llegue al tope máximo de la escala y todavía sea necesario seguir subiendo. Por ejemplo, puede ocurrir que, por aplicación de las reglas sobre concursos, sea preciso aumentar la pena de *relegación mayor en su grado máximo* en dos grados; sin embargo, la pena máxima en la escala número 2 es *relegación perpetua*, que es superior solo en un grado respecto de la *relegación mayor en su grado máximo*. En tales casos, se aplican las reglas contempladas en los incisos 2° y 4° del art. 77:

- en la escala número 1, debe imponerse *presidio perpetuo calificado*;
- en las escalas números 2 y 3, debe imponerse *presidio perpetuo*;
- en las escalas números 4 y 5, se impone la pena superior de la respectiva escala y, además, la pena de *reclusión menor en su grado medio*.

A la inversa, si hay que rebajar la pena por debajo del límite mínimo de la escala, se impone siempre la pena de multa (art. 77 inc. 3°), cuya cuantía ha de fijarse de acuerdo con el art. 25, atendiendo a la naturaleza de la infracción.

d) Desde qué grado se aumenta o disminuye la sanción

Para determinar la rebaja o el aumento de una *sanción compuesta*, esto es, aquella que tiene una extensión que comprende diversos grados o penas, hay que distinguir:

aa) Si la ley le impone al juez hacer* rebajas *respecto de un marco penal compuesto, debe hacerlas desde el mínimo

Las rebajas de grado que impone la ley, en el caso de penas compuestas, se hacen a partir del grado mínimo que contemple la pena compuesta, es decir, desde la pena menos grave o más leve; así se desprende de algunos preceptos legales, como los números 1° y 2° del art. 61.

bb) *Hay discusión acerca de cuál es el punto de partida para efectuar los aumentos de pena por sobre los límites del marco penal*

Se discute si se aplica un criterio análogo cuando el juez debe aumentar grados por sobre los límites del marco penal, es decir, si tales aumentos deben hacerse a partir del grado máximo de la pena compuesta. Algunos fallos, apoyados por una parte de la doctrina, han sostenido que corresponde elevar cada uno de los grados que componen el marco penal. Conforme a este criterio, si el marco penal establecido en la ley para un delito es, por ejemplo, de *presidio menor en cualquiera de sus grados* y la ley ordena aumentar la pena en un grado, de este incremento resulta un nuevo marco punitivo, que va de *presidio menor en su grado medio* a *presidio mayor en su grado mínimo.*

Sin embargo, también hay jurisprudencia que realiza el aumento desde el grado máximo; en el ejemplo, la pena resultante sería solo *presidio mayor en su grado mínimo*. El inciso 4° del art. 68 ordena expresamente realizar el cómputo de este modo en la hipótesis particular que regula (la pena señalada en la ley consta de dos o más grados y en el caso concurren dos o más agravantes y ninguna atenuante), lo cual abona la tesis de que esta forma de cálculo constituye una excepción.

e) Si las penas señaladas al delito son *copulativas*, se aplicarán unas y otras a todos los responsables

Las penas copulativas deben aplicarse a todos los responsables, salvo en aquellos casos en que una de dichas penas se impone a algún interviniente en el delito por circunstancias peculiares suyas, que no concurren en los demás, pues entonces tal pena se hace extensiva solo a los personalmente calificados (art. 61, regla 4ª).

f) Si las penas señaladas al delito son *alternativas*, no estará obligado el tribunal a imponer a todos los responsables las de la misma naturaleza

Hay delitos para los cuales el legislador ha determinado indistintamente varias penas. En estos casos, el tribunal puede aplicar una u otra pena, según los antecedentes del caso. Ejemplo típico de esta especie de delito es el de lesiones menos graves, sancionado en el art. 399 con *relegación* o *presidio menores en sus grados mínimo* o con *multa de once a veinte unidades tributarias mensuales*. Se trata, por consiguiente, de tres penas alternativas, entre las cuales el juez puede escoger cuál impondrá. Pues bien, conforme al art. 61, regla 3ª, si son varios los responsables, no es imperativo imponer a todos ellos la misma clase de sanción.

II. FACTORES QUE INCIDEN EN LA DETERMINACIÓN DE LA PENA

Cinco factores básicos deben tenerse en cuenta para regular la sanción que corresponde aplicar a los intervinientes en un delito: (1) la pena abstracta; (2) la etapa de desarrollo o grado de ejecución del delito; (3) la clase o forma de intervención en el hecho; (4) las circunstancias modificatorias de la responsabilidad penal concurrentes, y (5) la extensión del mal causado por el delito.

1. Pena abstracta: marco penal aplicable y título de la imputación

El punto de partida del proceso de determinación de la pena es el marco penal, es decir, la pena que la ley establece en abstracto para cada delito. Conforme al art. 50, esta pena es la que corresponde (en abstracto) al *autor* del delito *consumado*, y ella sirve como base para la determinación de la sanción que corresponderá aplicar, en el caso concreto, tanto al mismo autor como a los demás intervinientes.

Para saber cuál es el marco penal aplicable, lo primero es precisar cuál es el *título* de la imputación, es decir, cuál es el delito cuya realización culpable da lugar a la imposición de la pena. Para estos efectos, deben considerarse también las circunstancias que dan lugar a figuras calificadas o privilegiadas (y, en cambio, no las circunstancias agravantes y atenuantes). Además, deben tenerse en cuenta todas las reglas e instituciones estudiadas en el capítulo sobre concursos de delitos.

2. Etapa de desarrollo del delito

Precisado el título de la imputación, la propia ley determina una pena distinta según sea el grado de desarrollo del delito. Las etapas de desarrollo o ejecución del delito para efectos de su sanción son tres: consumación, frustración y tentativa. Mientras la pena que la ley señala en abstracto se refiere al autor del delito *consumado* (art. 50), al autor de crimen o simple delito *frustrado* corresponde la pena inmediatamente inferior en grado a la señalada por la ley para el crimen o simple delito (art. 51); al autor de *tentativa*, por su parte, le corresponde la pena inferior en dos grados (art. 52 inc. 1°). Las faltas solo se castigan si han sido consumadas, salvo en el caso del hurto-falta tipificado en el art. 494 bis.

Estas reglas generales no se aplican cuando el delito frustrado y la tentativa se encuentran especialmente penados en la ley (art. 55). Tal es el caso, por ejemplo, del art. 450, que castiga algunas clases de robo con la pena que corresponde al delito consumado desde que se encuentran en grado de tentativa.

3. Clase de intervención en el hecho

La pena abstracta es la que corresponde a los *autores*, es decir, aquellos que ejecutan el hecho en el sentido de los respectivos tipos penales de la parte especial y aquellos que se consideran autores conforme al art. 15. A los cómplices de crimen o simple delito debe imponerse la pena inmediatamente inferior en grado a la señalada en la ley para el crimen o simple delito (art. 51).

Al cómplice de una falta se le castiga con una pena que no puede exceder de la mitad de la que corresponde a los autores.

Probablemente la relación que existe entre el delito de encubrimiento y los crímenes y delitos encubiertos (no existe el encubrimiento de faltas) llevó al legislador a regular en este mismo contexto la pena de los autores del delito de encubrimiento. El art. 52 dispone, así, que «a los encubridores de crimen o simple delito consumado, se impondrá la pena inferior en dos grados a la que señala la ley para el crimen o simple delito» encubierto. El caso del encubrimiento por favorecimiento personal habitual (art. 17 N° 4) requiere por razones obvias de una regla especial contenida en el art. 52 inc. 3°, donde se asigna una pena autónoma de *presidio menor en cualquiera de sus grados*. En el mismo art. 52, pero en el inciso 2°, se mantiene la asignación de una pena de inhabilitación a los encubridores del N° 3 del art. 17 en quienes concurra la circunstancia 1ª prevista en ese mismo número; sin embargo, esta circunstancia —relativa a los encubridores que abusan de su función pública— fue derogada en 1991, por lo que la regla carece de objeto.

Las rebajas aplicables de conformidad a los dos factores anteriormente descritos *se suman*, si así procede en el caso concreto, utilizando las escalas graduales de penas, tal como se muestra en el siguiente cuadro:

	Delito consumado	Delito frustrado	Tentativa
Autor	pena abstracta	un grado menos	dos grados menos
Cómplice	un grado menos	dos grados menos	tres grados menos
Encubridor	dos grados menos	tres grados menos	cuatro grados menos

La pena determinada conforme a los tres factores anteriores constituye la *pena legal*. A veces se designa también a la pena legal como «la pena señalada por la ley» al delito; esta expresión no es incorrecta —al contrario: la ley la utiliza con frecuencia en el sentido preciso que aquí se le da en los art. 65 y ss.—, pero tiene el problema de que puede confundirse con la pena abstracta, es decir, con aquella que la ley establece junto a la definición de la conducta típica y sin consideración de los factores de determinación legal.

4. Circunstancias modificatorias de la responsabilidad penal

Una vez que se ha determinado la pena legal (pena abstracta, clase de intervención en el delito y grado de ejecución), procede establecer el efecto de las circunstancias agravantes y atenuantes concurrentes según las reglas del art. 62 y ss. Entre ellas hay algunas reglas generales y otras que dependen del marco penal establecido en la ley.

a) Reglas generales

aa) Las atenuantes producen efectos más intensos que las agravantes

Las circunstancias atenuantes pueden suponer rebajas de hasta tres grados (arts. 11 N° 1 y 73), mientras que las agravantes solo llegan a aumentar en un grado la pena.

bb) Casos en que las circunstancias agravantes no surten efecto

El art. 63 dispone en qué casos las circunstancias agravantes no producen el efecto de aumentar la pena. El precepto circunscribe tres hipótesis, cuyo fundamento se encuentra en el principio *non bis in idem* en cuanto «prohibición de doble valoración». A saber:

(1) Cuando la agravante constituye por sí misma un delito especialmente penado por la ley.

No procede valorar doblemente un mismo suceso, como delito y como agravante. Ejemplo: la agravante del art. 12 N° 3 en relación con el delito de incendio y estragos. En tales hipótesis, se excluye la agravante y se perfecciona solo un concurso de delitos. El art. 449 bis *in fine* regula un caso especial de esta situación.

(2) Cuando la ley, al describir el delito, ha incluido la circunstancia agravante.

Se refiere a aquellos tipos penales que comprenden la agravante como uno de los elementos de su definición legal. Ejemplos: la agravante del art. 12 N °19 forma parte del tipo del robo con fuerza en las cosas del art. 440 N° 1; la agravante del art. 12 N° 22 respecto del delito de maltrato corporal relevante del art. 403 bis.

(3) Cuando la agravante es de tal modo inherente al delito, que este no puede cometerse sin que además concurra la circunstancia agravante.

El delito no puede cometerse sin que se configuren al mismo tiempo los presupuestos de una circunstancia prevista en la ley como agravante. Conforme a una parte de la doctrina y la jurisprudencia, esta hipótesis contempla dos situaciones. La primera se presenta cuando la agravante está implícita en el tipo, es decir, es intensionalmente inherente a él. Por ejemplo, la violación del art. 361 N° 1 supone el abuso a que se refiere el art. 12 N° 6 siempre que la víctima sea una mujer y el violador, un hombre; el delito funcionario importa la agravante de prevalerse el culpable de su carácter público (art. 12 N° 8); el delito de administración desleal importa el abuso de confianza (art. 12 N° 7).

La segunda situación se presentaría cuando la agravante —sin estar implícita en el tipo— deriva de las «circunstancias concretas» en que se comete el delito. Por ejemplo, quien se propone matar a su enemigo que se encuentra postrado y gravemente enfermo, no puede sino obrar con alevosía (art. 12 N° 1), y quien hurta el teléfono celular que porta una persona de diecisiete años, o con alguna discapacidad relevante o es un adulto mayor, no puede sino cometer un hurto agravado por la circunstancia del art. 12 N° 22. Aunque hay jurisprudencia en contra, se sostiene que en estos casos la agravación operaría de todas maneras solo si es que ella aparece fundada en una característica personal *del autor*, como ocurre con las agravantes del art. 12 Nos. 14, 15 y 16. Haber sido condenado con anterioridad por un delito de igual naturaleza o cometer el nuevo delito mientras cumple una condena son circunstancias que no pueden quedar incluidas entre las que pertenecen a la ejecución del delito, por cuanto la ley habría manifestado implícitamente su voluntad en el sentido de que surtan efecto en todo hecho típico en que el agente cumpla la condición que agrava su responsabilidad. Pero otro tanto podría decirse en el caso de la agravante del art. 12 N° 22, introducida precisamente para agravar la pena *siempre* que la víctima concreta ostente alguna de las características que se definen en ella.

Una inherencia derivada de las «circunstancias concretas» en que se comete el delito es problemática al menos por tres razones. En primer lugar, pues la forma en que un hecho ocurre es siempre inherente a él e imposible de fragmentar y suprimir sin que el hecho desaparezca como tal (lo «fáctico», lo que ocurrió, es uno y determinado; lo «contrafáctico», lo que pudo o podría ocurrir, no existe y es infinitamente indeterminado). Luego, pues en el siglo XIX, cuando se concibió la regla, aún no existía el concepto de tipo penal como categoría abstracta de la estructura del delito; por eso el inciso 2° del art. 63 habla de circunstancias inherentes al «delito» y no al «hecho». Y en tercer lugar, porque ello es consistente con el sentido del inciso 1° y del lenguaje empleado en él. Es el artículo completo el que se refiere a los tipos penales, regulando de modo general los casos en que las agravantes no operan respecto de ellos. De haberse considerado en el inciso 2° las circunstancias concretas de comisión, se habría señalado así sin margen de dudas.

Cabe concluir, entonces, que la inherencia a que se refiere el art. 63 comprende únicamente las hipótesis en que la circunstancia agravante está implícita *en el tipo penal*. No existe una inherencia derivada únicamente de las circunstancias concretas en las que se comete el hecho.

cc) *La comunicabilidad de atenuantes y agravantes depende de su carácter «personal» o «material»*

El art. 64 regula la comunicabilidad de las circunstancias modificatorias entre las diversas personas que participan en la comisión del delito, distinguiendo al efecto entre dos grupos de circunstancias: las *personales* o *subjetivas*, y las *materiales* u *objetivas*. Se refiere tanto a las agravantes como a las atenuantes.

Son circunstancias *subjetivas* aquellas que consisten «en la disposición moral del delincuente, en sus relaciones particulares con el ofendido o en otra causa personal». Estas circunstancias no se comunican a los demás intervinientes en el delito y, por lo tanto, incidirán exclusivamente en la pena que se impondrá a la persona en la cual concurren.

En cambio, son *objetivas* aquellas circunstancias que consisten «en la ejecución material del hecho o en los medios empleados para realizarlo»; estas sí se comunican, pero solo respecto de aquellos intervinientes que «tuvieren conocimiento de ellas antes o en el momento de la acción o de su cooperación para el delito».

b) Reglas que dependen del marco penal fijado en la ley para cada delito

Los arts. 65, 66, 67, 68 y 68 bis delimitan y precisan hasta cierto punto el efecto que las circunstancias modificatorias pueden tener en la individualización judicial de la pena; constituyen, en este sentido, una injerencia de la determinación legal en el ámbito de la individualización judicial. Las reglas distinguen según el tipo de pena al que se haya arribado tras recorrer las fases anteriores del proceso de determinación, considerando especialmente si la pena de que se trata es divisible o no lo es.

aa) Consideraciones generales acerca de estas reglas

- La regulación legal reserva un margen relevante para la apreciación y decisión judicial en el caso concreto.
- Las circunstancias atenuantes de la responsabilidad han de producir, en general, efectos más intensos que las agravantes.
- Si concurren circunstancias de distinto signo —también en el caso del art. 65, como argumenta convincentemente Couso-Código Penal—, el tribunal debe «compensarlas racionalmente», lo cual implica que el juez debe «pesarlas» y compararlas en su fundamento valorativo y en la intensidad con que concurren sus presupuestos en el caso concreto, sin limitarse a una mera operación aritmética de suma y resta. Así, podría compensar, por ejemplo, dos agravantes con una sola atenuante.
- Sin perjuicio de algunas excepciones, la concurrencia de *una sola* circunstancia modificatoria, atenuante o agravante, impide al juez exceder el marco penal, ascendiendo o descendiendo en la escala de penas respectiva; es decir, los efectos de esa circunstancia se producen exclusivamente dentro del marco penal ya establecido conforme a las fases anteriores del proceso de determinación de la pena, es decir, de la pena legal.

- El art. 68 bis —haciendo excepción a esta regla— contempla la posibilidad de que el tribunal considere una atenuante común como «muy calificada». En tal caso, el juez puede imponer la pena inferior en grado al mínimo de la pena legal.
- Cuando concurren dos o más atenuantes y ninguna agravante, el tribunal puede rebajar la pena por debajo de la pena legal. La rebaja parece ser facultativa en cuanto a su magnitud, pero no en cuanto a su procedencia, aunque hay jurisprudencia en contra de este criterio.

bb) Tabla demostrativa de la aplicación práctica de las reglas de los artículos 65 a 68 bis

Los efectos combinados de todas estas reglas pueden apreciarse en la siguiente tabla demostrativa (POLITOFF/MATUS/RAMÍREZ):

	Una pena indivisible. (art. 65)	Pena compuesta de dos indivisibles. (art. 66)	Pena divisible de un grado. (art. 67)	Combinación de una o más penas indivisibles con uno o más grados de una pena divisible, o diversos grados de una pena divisible. (art. 68)
0 Atenuantes 0 Agravantes	Pena prevista.	Se puede imponer en cualquiera de sus grados, recorriendo toda su extensión.	Se puede recorrer toda la extensión del grado.	Se puede imponer en cualquiera de sus grados, recorriendo toda su extensión.
0 Atenuantes 1 Agravante	Pena prevista.	No debe aplicarse en su grado mínimo, se aplica el máximo.	No debe aplicarse en su mínimum, se aplica el máximum.	No debe aplicarse en su grado mínimo, se aplican los grados restantes.

continúa →

1 Atenuante 0 Agravantes	Pena prevista.	No debe aplicarse en su grado máximo, se aplica el mínimo.	No debe aplicarse en su máximum, se aplica el mínimum.	No debe aplicarse en su grado máximo, se aplican los grados restantes.
1 Sola atenuante muy calificada	Se puede imponer la pena inferior en un grado al mínimo de la señalada.	Se puede imponer la pena inferior en un grado al mínimo de la señalada.	Se puede imponer la pena inferior en un grado al mínimo de la señalada.	Se puede imponer la pena inferior en un grado al mínimo de la señalada.
0 Atenuantes 2 o más agravantes	Pena prevista.	Debe imponerse en su grado máximo.	Se puede imponer la pena superior en un grado.	Se puede imponer la pena superior en grado al máximo de los designados por la ley.
2 o más atenuantes 0 Agravantes	Se puede aplicar la pena inmediatamente inferior en uno o dos grados.	Se puede aplicar la pena inferior en uno o dos grados al mínimo, según el número y entidad de las circunstancias.	Se puede aplicar la pena inferior en uno o dos grados al mínimo, según el número y entidad de las circunstancias.	Se puede aplicar la pena inferior en uno, dos o tres grados al mínimo, según el número y entidad de las circunstancias.
Atenuantes Agravantes	Pena prevista.	Compensación racional.	Compensación racional.	Compensación racional.

cc) Consideración de las circunstancias modificatorias en la determinación de la cuantía exacta de la pena

Cuando se ha determinado el grado de la pena que se impondrá al responsable, el tribunal debe volver a tomar en cuenta estas circunstancias, puesto que el art. 69 prescribe que, dentro de los límites de cada grado, la cuantía de la pena se regulará «en atención al número y entidad de las circunstancias atenuantes y agravantes», consideradas ahora en su conjunto.

Esta segunda valoración de las circunstancia modificatorias es problemática desde la perspectiva del *non bis in idem* cuando se trata de agravantes, pues implica que la misma circunstancia se utilice para establecer un grado mayor de penalidad dentro de la pena legal, y que luego se utilice nuevamente para imponer la cuantía más alta dentro de ese grado. Aunque se han hecho algunos esfuerzos para justificar esta «doble valoración» —por ejemplo, enfatizando el carácter conjunto o global de la segunda valoración o su diverso sentido desde el punto de vista de los fines de la pena en relación con el caso concreto—, ellos no resultan del todo convincentes.

En este contexto, y como manifestación del frenesí legislativo penal de los últimos años, el legislador añadió al art. 69 una regla que obliga a tener «en especial consideración la circunstancia de ser la víctima un menor de 18 años, un adulto mayor, según lo dispuesto por la ley N° 19.828, o una persona con discapacidad en los términos de la ley N° 20.422», es decir, la agravante del art. 12 N° 22. Ni siquiera los intentos de justificación de la segunda valoración ligadas a las particularidades del caso concreto están en condiciones de explicar este evidente caso de *bis in idem*. Por eso, conforme a una concepción que considera vinculante para el legislador el principio *non bis in idem*, como la que aquí se sustenta, habría que entender que el juez tendría la disfuncional facultad de elegir entre aplicar la agravante o considerar sus elementos como factor de individualización conforme al art. 69.

Para incrementar la confusión, no obstante, la misma Ley N° 21.483 incrustó después de las reglas de individualización de la pena exacta un nuevo art. 69 bis, que concierne a la etapa previa, relativa a la determinación de su grado. La regla otorga un efecto extraordinario a la nueva agravante del art. 12 N° 22 cuando incide en un delito contra las personas, consistente en que la pena se determina «excluyendo el grado mínimo si es compuesta, o el mínimum si consta de un solo grado». Como el precepto comienza advirtiendo que esto es «sin perjuicio» de lo dispuesto en el artículo anterior, que ordena utilizar los mismos factores agravantes para determinar la pena exacta, su tenor dificulta, aunque no imposibilita, la evitación del *bis in idem* cuando se trate de delitos contra las personas.

Naturalmente, estas reglas del art. 69 no tienen aplicación cuando en el hecho no concurren circunstancias modificatorias (arts. 66 inc. 1°, 67 inc. 1° y 68 inc. 1°), ni en el caso del art. 65, cuando las atenuantes que concurren no son suficientes para convertir la pena indivisible en una divisible.

dd) Todas estas reglas deben entenderse sin perjuicio de las disposiciones especiales dispersas en el Código Penal o en leyes especiales

Los ejemplos de reglas especiales son muy numerosos, pero ya los artículos 69 bis (introducido en 2022) y 72 (cuya redacción fue modificada en este sentido también en 2022, pero en otra ley), establecen algunas. Este último precepto se aplica a los mayores de edad que cometen un delito conjuntamente con menores de 18 pero mayores de 14 años (agravación consistente en la prohibición de aplicar el mínimum o el grado mínimo de la pena abstracta) o con menores de 14 años (calificación: aumento obligatorio de la pena en un grado).

Sin embargo, las reglas especiales más sobresalientes son probablemente las que han ido surgiendo en los últimos años con el objeto de endurecer la individualización de la pena respecto de delitos que se consideran especialmente graves. El esquema es similar en todos los casos y puede observarse en el art. 449, tras la reforma de la Ley N° 20.931 de 2016, relativo a ciertos delitos contra la propiedad. En esencia, consiste en que las circunstancias modificatorias nunca (o solo en casos excepcionales y distintos de los regulados en los arts. 65 a 68 bis) permiten sobrepasar el marco penal definido según los tres primeros factores de determinación de la pena (pena legal). Reglas análogas se introdujeron en 2014 a la Ley de Tránsito, art. 196 bis, respecto del delito de conducción en estado de ebriedad con resultado de muerte o lesiones gravísimas (la denominada «Ley Emilia»); en el art. 17 B de la Ley sobre Control de Armas; y en el art. 62 del Decreto Ley N° 211 respecto del delito de colusión.

5. Extensión del mal producido por el delito

El último factor que considera la ley en la determinación de la pena es la extensión del mal producido por el delito.

Conforme al art. 69, una vez que se ha determinado el grado de la pena que se va a imponer, debe el juez precisar su cuantía exacta considerando, además del número y entidad de las circunstancias modificatorias concurrentes, la mayor o menor extensión del mal producido por el delito.

Este factor de individualización de la pena comprende: (i) los resultados típicos no asociados por la ley a incrementos vinculantes de penalidad (*v. gr.*, el grado de deformidad —siempre dentro de lo «notable»— causado por las lesiones del art. 397 N° 1); (ii) las repercusiones, que necesariamente serán extratípicas, derivadas de la tentativa y del delito frustrado; (iii) las demás repercusiones extratípicas del hecho, tanto en los delitos de resultado como en los de mera actividad (*v. gr.* la magnitud del perjuicio económico que sufre el tenedor de un cheque sin fondos, en el delito de giro doloso de cheques).

En todos estos casos, y también en las reglas especiales como la del art. 369 bis A, el art. 69 solo alcanza a las repercusiones del hecho que sean al menos objetivamente imputables al comportamiento típico. Es discutible si además debe tratarse de repercusiones culpables. De todas formas, la barrera de la imputación objetiva puede bastar para excluir las consecuencias más insatisfactorias como, por ejemplo, la consideración *en todo caso* del mal consistente en la muerte del bombero al determinar la pena exacta para el autor de un incendio (como sugieren, sin embargo, ETCHEBERRY y CURY).

La ley no ha establecido criterios generales para valorar la extensión del mal.

6. Determinación de la pena de multa

Para la determinación de la cuantía precisa de la multa existen reglas especiales en el art. 70, que se caracterizan por su flexibilidad. Así, se establece que el tribunal podrá recorrer toda la extensión en que la ley le permite imponer la multa, tarea en la que debe considerar exclusivamente dos parámetros: las circunstancias atenuantes o agravantes concurrentes, y las facultades económicas del culpable. De entre estos factores, la ley confiere primacía al segundo: es «principalmente» en atención a las facultades económicas del condenado que debe fijarse el monto de la multa.

El precepto alude solo genéricamente a las circunstancias modificatorias de la responsabilidad, sin vincular la determinación de la pena a su número y entidad, como se venía haciendo en los artículos anteriores. A diferencia de lo que ocurre con las penas no pecuniarias, la conjunción de circunstancias agravantes nunca permite al tribunal exceder la pena legal. Sin embargo, sí se le permite imponer una multa inferior a ella en casos calificados, siempre que no concurran circunstancias agravantes.

Asimismo, se prevé la posibilidad de que el tribunal autorice al condenado para pagar la multa por parcialidades, dentro de un límite que no exceda de un año. En tal evento, el no pago de una sola de las parcialidades hace exigible el total de la multa adeudada.

Capítulo III.
Ejecución de las penas

I. ORDEN DE LA EJECUCIÓN

Las reglas sobre el orden de ejecución de las penas se encuentran en el art. 74. Conforme a ellas, la ejecución de las penas impuestas a una misma persona debe realizarse:

- Simultáneamente, cuando es posible. Por lo general, es posible cuando las penas impuestas son de diferente naturaleza y afectan a bienes jurídicos distintos. Así, por ejemplo, las penas pecuniarias (multa, caución o comiso) son por lo general compatibles con todas las demás.
- En orden sucesivo, si no pueden cumplirse de modo simultáneo, o si de ello hubiere de resultar ilusoria alguna de las penas. Se entiende que el cumplimiento simultáneo de dos penas hace ilusorio el de una de ellas, cuando la imposibilidad de ejercer el derecho afectado por esta última está ya implícita en la afectación de aquel a que concierne la otra (CURY). Parece evidente, por ejemplo, que dos penas privativas de libertad no admiten cumplimiento simultáneo, pero tampoco lo admiten las penas de encierro con las penas restrictivas de libertad, lo cual es consistente con la regulación contenida en la última parte del art. 74.

La parte final del inc. 2° del art. 74 señala detalladamente el orden de ejecución sucesiva de las penas privativas y restrictivas de libertad. Conforme a esta disposición, la ejecución debe comenzar por las penas más graves, es decir, por las más altas comprendidas en las escalas respectivas, salvo que deban cumplirse sucesivamente penas privativas y restrictivas de libertad, pues, en este caso, las de *confinamiento*, *extrañamiento*, *relegación y destierro* se ejecutarán después de haberse cumplido cualquiera otra pena de las comprendidas en la escala gradual número 1 —esto es, a pesar de encontrarse en un lugar más alto en la escala respectiva. Esta excepción parece seguir la lógica de no hacer «ilusoria» alguna de las penas, pues se entiende que ella tiene por objeto evitar que el condenado eluda el cumplimiento de las penas privativas de libertad (LABATUT), aunque estas sean de menor duración.

II. EJECUCIÓN DE LAS PENAS PRIVATIVAS Y RESTRICTIVAS DE LIBERTAD

El Código Penal es parco en lo que se refiere a la forma de ejecución de las penas privativas de libertad. En general, se remite al Reglamento Penitenciario contenido en el Decreto Supremo N° 518 de 1998, aunque establece algunas reglas generales sobre los establecimientos en que se deben cumplir las condenas, el trabajo de los condenados y el destino de sus productos (arts. 86 a 89). Los problemas que se derivan de mantener en un rango infralegal la mayor parte de la normativa sobre ejecución de las penas han sido muchas veces, y con razón, denunciados por la doctrina.

Aparte del Decreto Supremo N° 518, son muy relevantes en este ámbito el Decreto Ley N° 321 que regula la libertad condicional, y la Ley N° 18.216, que establece ciertas penas como sustitutivas de las penas privativas o restrictivas de libertad.

Con base en todas estas disposiciones, se puede afirmar que el sistema de ejecución de las penas privativas y restrictivas de libertad chileno opera en general en las siguientes etapas:

- La decisión sobre la cuantía de la pena y acerca de si esta se cumplirá efectivamente en prisión corresponde al tribunal que condena, al momento de dictar la sentencia condenatoria.
- El tribunal puede adoptar nuevas decisiones respecto de la forma de cumplimiento una vez que el condenado ha cumplido un tercio de la pena privativa de libertad, disponiendo la interrupción de la pena originalmente impuesta y su reemplazo por el régimen de libertad vigilada intensiva. En tal caso se estará ante una «pena mixta» (art. 33 de la Ley N° 18.216).

- El régimen de cumplimiento de las penas privativas o restrictivas de libertad, y de las penas sustitutivas, queda entregado a la autoridad penitenciaria, es decir, Gendarmería de Chile.
- El condenado a una pena privativa de libertad que no ha sido beneficiado por alguna pena sustitutiva, puede acortar el tiempo de su permanencia en prisión si cumple los requisitos para acceder a la libertad condicional.

III. PENAS SUSTITUTIVAS DE LAS PENAS PRIVATIVAS O RESTRICTIVAS DE LIBERTAD

La Ley N° 18.216 establece las siguientes penas sustitutivas de las penas privativas o restrictivas de libertad: (i) remisión condicional; (ii) reclusión parcial; (iii) prestación de servicios en beneficio de la comunidad; (iv) libertad vigilada (simple o intensiva); (v) expulsión del país para extranjeros.

La Ley N° 18.216 fue sustancialmente modificada en 2012. Las modificaciones posteriores han tenido básicamente por objeto restringir su aplicación en el caso de los delitos previstos en la Ley sobre Control de Armas y en la Ley sobre Violencia Intrafamiliar, y ampliar la aplicación de la pena de expulsión de extranjeros a aquellos que poseen residencia legal en Chile.

1. Fundamento

La regulación establecida en la Ley N° 18.216 busca favorecer la reintegración del condenado a la sociedad o, al menos, evitar las consecuencias nocivas del encierro permanente. Además, la actual regulación se basa en consideraciones utilitarias, pues apunta a reducir la cantidad de personas recluidas y atacar el grave problema de la sobrepoblación penal.

2. Naturaleza jurídica

Antes de la reforma introducida por la Ley N° 20.603, se hablaba de *medidas* de cumplimiento alternativo, una especie de «beneficio» que se otorgaba a los condenados a penas de encierro que cumplían ciertos requisitos.

A partir de 2012, en cambio, se puede afirmar que la ley contempla verdaderas penas sustitutivas. Y aunque en rigor únicamente la reclusión parcial y la prestación de servicios en beneficio de la comunidad tienen este carácter, solo la caracterización de todas las instituciones previstas en la ley como penas sustitutivas permite explicar que, en caso de incumplimiento o quebrantamiento de cualquiera de ellas, se deje sin efecto la pena sustitutiva y se someta al condenado al cumplimiento del saldo de la pena de encierro inicial, abonándose a su favor el tiempo de ejecución de la pena sustitutiva en forma proporcional (art. 26 Ley N°18.216).

3. Ámbito de aplicación

No todos los delitos admiten la imposición de penas sustitutivas. Aunque los casos en que ellas no proceden siguen siendo tratados como excepciones, estas han ido aumentando paulatinamente. Algunas excepciones tienen carácter general y otras son aplicables solo a alguna pena sustitutiva en particular.

Entre las excepciones generales, la propia Ley N° 18.216 excluye la posibilidad de sustituir la pena privativa o restrictiva de libertad en cinco grupos de casos:

- A los autores de delito consumado de secuestro agravado, sustracción de menores, violación propia o impropia, estupro, abuso sexual, violación con homicidio, parricidio, homicidio simple y calificado, torturas, torturas calificadas, trata de personas para su explotación, femicidio íntimo y de género.
- A los autores de delitos o cuasidelitos que se cometan empleando ciertas armas regidas por la Ley sobre Control de Armas (material de uso bélico, armas de fuego, explosivos, etc.), salvo en los casos en que en la determinación de la pena se hubiere considerado la circunstancia prevista en el art. 11 N° 1, es decir, la de eximentes incompletas.

Tras estas enumeraciones se encuentra la idea de que debería existir un catálogo de delitos que siempre sean sancionados con pena de cárcel efectiva.

- A quienes son condenados por delitos contemplados en las leyes sobre tráfico ilícito de drogas cuando han sido condenados previamente por los mismos delitos (y salvo si han sido favorecidos por la atenuante de cooperación eficaz del art. 22 de la Ley N° 20.000). En el caso de la primera condena por esta clase de ilícitos, solo queda vedada la posibilidad de que se les aplique la pena sustitutiva de prestación de servicios en beneficio de la comunidad.

- A los autores de crímenes previstos en la Ley N° 17.798 sobre Control de Armas, salvo que hayan sido beneficiados con la atenuante de cooperación eficaz del art. 17 C. Esta disposición, que en su versión anterior no reconocía la excepción para los casos de arrepentimiento eficaz, ha sido declarada inaplicable en numerosas ocasiones por el Tribunal Constitucional en lo que respecta a los delitos de porte ilegal de arma de fuego y municiones, pues su aplicación resulta con frecuencia contraria a un estándar básico de proporcionalidad (véase, *v. gr.*, STC Rol 3185 de 2016). Por eso, la Ley N° 21.142 de 2022 modificó este régimen, permitiendo la sustitución de las penas impuestas por estos y los demás simples delitos previstos en la Ley sobre Control de Armas por la pena por reclusión parcial o de libertad vigilada intensiva, aun sin cooperación eficaz.
- A los autores de delito consumado de robo con violencia o intimidación que hayan sido condenados anteriormente por algunas figuras graves de robo.

Existen también otras excepciones particulares, dispersas en la parte especial, que impiden aplicar una pena sustitutiva determinada respecto de algunos delitos, o que modifican parcialmente los requisitos para decretarla. Una de las más conocidas, introducida mediante el art. 196 ter de la Ley de Tránsito por la Ley N° 20.770 (la denominada «Ley Emilia»), suspende la aplicación de la pena sustitutiva por un año, durante el cual el condenado debe permanecer en prisión; esta regla ha sido declarada inaplicable por inconstitucional —por razón de falta de proporcionalidad— en numerosas ocasiones (véase, *v. gr.*, STC Rol 9713 de 2021).

Respecto de las faltas no procede la sustitución conforme a la Ley N° 18.216, sino que se aplica el sistema contemplado en el art. 398 CPP. Si concurren antecedentes que no hacen aconsejable la imposición de la pena al condenado, el juez dispone su suspensión por seis meses, transcurridos los cuales, si el imputado no ha sido objeto de nuevo requerimiento o de una formalización de la investigación, se deja sin efecto la sentencia condenatoria y se dicta sobreseimiento definitivo.

4. Prescripción de las condenas anteriores

Para los diversos supuestos en que se alude a condenas anteriores —tanto en las excepciones recién mencionadas como, en general, al establecerse los requisitos para la procedencia de las diversas penas sustitutivas—, la ley dispone normas especiales de prescripción (art. 1°, art. 4° letra b, art. 8 letra b] de la Ley N° 18.216). Así, no se consideran las condenas por crimen o simple delito cumplidas, respectivamente, diez o cinco años antes de la comisión del nuevo delito. Se trata de una especie de «prescripción específica» de la reincidencia que permite considerar como «primerizo» al que ya ha sido condenado.

Esta restricción tiene por objeto, como es evidente, permitir la reinserción social de las personas condenadas.

No obstante, y como parte de la ola punitivista que predomina en la legislación penal de los últimos años, una reforma de 2016 agregó al art. 8° letra b) una excepción a la prescripción específica, que conviene tener presente por su relevancia práctica, relativa a los delitos contra la propiedad: «Si dentro de los diez o cinco años anteriores, según corresponda, a la comisión del nuevo crimen o simple delito, le hubieren sido impuestas dos reclusiones parciales, no será procedente la aplicación de esta pena sustitutiva respecto de los delitos comprendidos en los Párrafos 1 a 4 bis del Título IX del Libro Segundo y en el art. 456 bis A del Código Penal, con excepción de aquellos contemplados en los arts. 438; 448, inciso primero, y 448 quinquies de ese cuerpo legal».

5. Las penas sustitutivas y sus requisitos

a) Remisión condicional (arts. 3° a 5° de la Ley N° 18.216)

aa) En qué consiste

Es la sustitución de la pena privativa o restrictiva de libertad por un período de discreta observación y asistencia del condenado ante la autoridad administrativa (Gendarmería de Chile), cuya duración determina el propio tribunal en la sentencia y que no puede ser inferior a la duración de la pena sustituida, con un mínimo de un año y un máximo tres.

Esta pena solo impone el control del cumplimiento de las condiciones impuestas al condenado, sin intervención psicosocial adicional ni privación de libertad parcial. Tal es la principal diferencia entre la remisión condicional y las penas de libertad vigilada y de reclusión parcial, respectivamente, lo que la convierte en la pena sustitutiva menos gravosa para los condenados.

En relación con la antigua medida alternativa de remisión condicional, la pena de remisión condicional no impone la condición de satisfacer la indemnización civil, costas y multas; sin embargo, el nuevo régimen es más desfavorable en la medida en que incrementa las exclusiones para su otorgamiento.

bb) Requisitos

La remisión condicional puede imponerse siempre que:

- la condena imponga una pena privativa o restrictiva de libertad que no exceda de tres años;
- el penado no haya sido condenado anteriormente por crimen o simple delito (sin considerar las condenas ya «prescritas» en el sentido antes explicado);
- existan antecedentes personales y conductuales que permitan presumir que el condenado no volverá a delinquir; y
- esos mismos antecedentes lleven al convencimiento de que no es necesaria la ejecución efectiva de la pena originalmente impuesta.

cc) Efectos

Impuesta la pena de remisión condicional, el condenado queda sujeto a una serie de condiciones: residir en un lugar determinado; someterse al control administrativo y de asistencia de la autoridad penitenciaria, y ejercer una profesión, oficio, empleo, arte, industria o comercio, si carece de medios conocidos y honestos de subsistencia y no tiene la calidad de estudiante.

b) Reclusión parcial (arts. 7° a 12 de la Ley N° 18.216)

aa) En qué consiste

Es el encierro del condenado en su domicilio o en establecimientos especiales, durante 56 horas semanales, y se determina computándose ocho horas continuas de reclusión parcial por cada día que dure la condena que se le hubiera impuesto. Puede organizarse de tres modos:

- Reclusión diurna: encierro en el domicilio durante ocho horas diarias y continuas, que se fijan entre las 8:00 y las 22:00 hrs.
- Reclusión nocturna: encierro en el domicilio o en un establecimiento especial, entre las 22:00 hrs. y las 6:00 hrs. del día siguiente.

- Reclusión de fin de semana: encierro en el domicilio o en un establecimiento especial, entre las 22:00 del día viernes y las 6:00 del día lunes siguiente.

Su antecesora es la medida alternativa de reclusión nocturna. En relación con ella, la pena sustitutiva es favorable en cuanto permite su cumplimiento en el domicilio, además de no exigir la satisfacción de la indemnización civil, costas y multas.

bb) Requisitos

Para su procedencia es preciso que:

- la pena privativa o restrictiva de libertad impuesta en la sentencia no exceda de tres años de duración;
- el penado no haya sido condenado anteriormente por crimen o simple delito a más de dos años de privación o restricción de libertad. Para verificar el cumplimiento de este requisito no se consideran las condenas ya «prescritas» en el sentido antes explicado; sin embargo, si dentro de los diez o cinco años anteriores, según corresponda, a la comisión del nuevo crimen o simple delito, le hubieren sido impuestas dos reclusiones parciales, no será procedente la aplicación de esta pena sustitutiva; y
- existan antecedentes que permitan presumir que la reclusión parcial disuadirá al condenado de cometer nuevos delitos.

cc) Efectos

La pena de reclusión parcial se cumple preferentemente en el domicilio del condenado, entendiendo por tal la residencia regular que utiliza para fines habitacionales. Excepcionalmente, el lugar de cumplimiento corresponde a «establecimientos especiales», entendiendo por tales los centros o anexos abiertos y dependencias destinadas a penados beneficiados con salidas diarias o dominicales que son administrados por Gendarmería de Chile.

Cuando la reclusión parcial se cumple en un establecimiento especial, el penado queda sujeto a un control de asistencia mediante el sistema de registro de Gendarmería. En el caso de la reclusión parcial domiciliaria, en cambio, queda sujeto a control mediante el sistema de monitoreo telemático (salvo informe desfavorable de factibilidad técnica de Gendarmería de Chile, en cuyo caso se pueden decretar otros medios de control similares, determinados por el tribunal, *v. gr.*, el control periódico por parte de Carabineros de Chile).

c) Prestación de servicios en beneficio de la comunidad (arts. 10 a 13 bis de la Ley N° 18.216)

aa) En qué consiste

La pena de prestación de servicios en beneficio de la comunidad consiste en la realización de actividades no remuneradas a favor de la colectividad o en beneficio de personas en situación de precariedad, coordinadas por un delegado de Gendarmería de Chile.

El trabajo es facilitado por Gendarmería de Chile, institución que puede establecer convenios con organismos públicos o privados sin fines de lucro, denominados «entidades beneficiarias».

La pena se determina considerando 40 horas de trabajo por cada 30 días de privación de libertad. Si la pena originalmente impuesta es superior a 30 días de privación de libertad, corresponde hacer el cálculo proporcional para determinar el número exacto de horas por las que se extenderá la sanción. En todo caso, la pena impuesta no puede extenderse por más de 8 horas diarias. Además, si el condenado aporta antecedentes suficientes para comprobar que trabaja o estudia regularmente, el juez debe compatibilizar las reglas anteriores con el régimen de estudio o trabajo del condenado.

bb) Requisitos

Para poder imponerla se requiere que:

- la pena impuesta no exceda de 300 días de privación o restricción de libertad;
- no se haya impuesto antes esta misma pena al condenado;
- no resulte posible aplicar otra pena sustitutiva debido a los antecedentes penales anteriores del condenado;
- la condena no sea por crímenes o simples delitos contemplados en las leyes que sancionan el tráfico ilícito de drogas y estupefacientes;
- existan antecedentes que permitan presumir que la prestación de servicios en beneficio de la comunidad disuadirá al penado de cometer nuevos delitos;
- no se haya impuesto con anterioridad al condenado la pena de prestación de servicios en beneficio de la comunidad; y
- el condenado consienta en que se le imponga esta pena.

cc) Efectos

Para los efectos de la ejecución de la pena, el condenado queda sujeto a la supervisión del *delegado de prestación de servicios en beneficio de la comunidad*, funcionario dependiente de Gendarmería de Chile que está encargado de supervisar la correcta ejecución de la pena, confeccionar el plan de trabajo e informar al tribunal el cumplimiento total y efectivo de la sanción. Aparte de esta labor de gestión, no debe realizar intervención alguna, a diferencia del delegado de libertad vigilada y de libertad vigilada intensiva.

Además, la ejecución se somete a supervisión judicial, pues el tribunal puede, de oficio o a solicitud del condenado, controlar las condiciones de cumplimiento citando al efecto a audiencias de seguimiento.

Se entiende incumplida esta pena sustitutiva si el penado se ausenta injustificadamente del trabajo al menos durante dos jornadas laborales; si su rendimiento en la ejecución de los servicios es sensiblemente inferior al mínimo exigible, a pesar de los requerimientos del responsable del «centro de trabajo»; o si incumple en forma reiterada y manifiesta las instrucciones del responsable del «centro de trabajo», o se opone a ellas.

Por último, el penado puede poner término anticipado a la pena de trabajos comunitarios por motivos laborales, personales u otros, solicitando una audiencia denominada de «revocación por solicitud del penado».

d) Libertad vigilada (arts. 14 a 23 de la Ley N° 18.216)

aa) En qué consiste

La pena de libertad vigilada consiste en someter al condenado a un régimen de libertad a prueba que debe tender a su reinserción social a través de una intervención individualizada, bajo la vigilancia y orientación permanente de un delegado.

La libertad vigilada en su modalidad *intensiva* es la sujeción del penado al cumplimiento de un programa de actividades orientado a su reinserción social en el ámbito personal, comunitario y laboral, a través de una intervención individualizada y bajo la aplicación de ciertas condiciones especiales vigiladas por un delegado.

bb) Requisitos

Para poder a aplicar esta pena sustitutiva se requiere:

- Que se condene al delincuente a una pena privativa o restrictiva de libertad superior a dos años, pero que no exceda de tres, en el caso de la libertad vigilada; o a una pena privativa o restrictiva de libertad superior a tres años, pero que no exceda de cinco, en el caso de la libertad vigilada intensiva. Esta es la regla general, pero hay muchas excepciones. Por ejemplo, tratándose de algunos delitos como las amenazas, el homicidio y las lesiones, *puede* decretarse la libertad vigilada intensiva cuando la pena privativa o restrictiva de libertad es superior a quinientos cuarenta días (y no mayor de cinco años).
- Que el penado no haya sido condenado anteriormente por crimen o simple delito (se aplica la «prescripción» tratada anteriormente, es decir, no se consideran las condenas anteriores por crimen o simple delito cumplidas diez o cinco años antes, respectivamente, de la comisión del nuevo ilícito).
- Que existan antecedentes que permitan concluir que el tratamiento en libertad será eficaz y necesario para lograr la reinserción social del condenado.

cc) Efectos

El condenado queda sometido a la vigilancia y orientación permanente de un delegado por el período fijado. También se le exige residir en un lugar determinado y, eventualmente, ejercer un trabajo y asistir a programas de tratamiento de rehabilitación de consumo problemático de drogas o alcohol.

Adicionalmente, la pena sustitutiva de *libertad vigilada intensiva* implica la imposición de una o más de las siguientes condiciones: (i) prohibición de acudir a determinados lugares; (i) prohibición de acercarse a la víctima o a sus familiares u otras personas que determine el tribunal, o de comunicarse con ellos; (iii) obligación de mantenerse en el domicilio o lugar que determine el juez, durante un máximo de ocho horas diarias continuas; (iv) obligación de cumplir programas formativos, laborales, culturales, de educación vial, sexual, de tratamiento de violencia o similares.

dd) Reemplazo de la libertad vigilada y de la libertad vigilada intensiva

Previo informe favorable de Gendarmería de Chile, una vez cumplida la mitad del período de observación de la pena sustitutiva, el tribunal, de oficio o a petición de parte, puede reemplazar la pena sustitutiva, en los siguientes términos:

- la libertad vigilada intensiva puede ser reemplazada por la libertad vigilada;
- la libertad vigilada puede ser reemplazada por la remisión condicional.

En el primer caso, puede existir un segundo reemplazo de la libertad vigilada por remisión condicional si el condenado ha cumplido más de dos tercios de la pena originalmente impuesta y cuenta con informe favorable de Gendarmería.

La pena reemplazante se cumple por el tiempo que resta.

La decisión judicial acerca del reemplazo es apelable. Si se rechaza el reemplazo, no puede volver a discutirse sino hasta transcurridos seis meses desde la denegación.

e) Expulsión de extranjeros (art. 34 de la Ley N° 18.216)

Procede solo cuando la pena originalmente impuesta al extranjero es privativa de libertad, igual o inferior a cinco años de presidio o reclusión, y siempre que no se imponga por delitos de la Ley N° 20.000, delitos de contrabando y fraude aduanero, tráfico ilícito de migrantes o trata de personas.

Cumplidas estas condiciones, el juez, de oficio o a petición de parte, *puede* sustituir el cumplimiento de dicha pena por la expulsión de del territorio nacional. Curiosamente, si el extranjero reside legalmente en Chile —y solo en este caso— el tribunal está obligado a fundar la decisión de *no expulsarlo*, considerando su arraigo en el país, para lo cual debe recabar un informe del Servicio Nacional de Migraciones.

La persona a quien se le haya impuesto esta pena sustitutiva no puede retornar al país sino hasta transcurridos diez años desde la fecha de la sustitución. Si contraviene esta prohibición, se revoca la sustitución y el penado debe cumplir el saldo de la pena privativa de libertad originalmente impuesta.

6. Monitoreo telemático

La Ley N° 18.216 contempla también la posibilidad de supervisar por medios tecnológicos las penas de reclusión parcial y de libertad vigilada intensiva: el monitoreo telemático. Este puede realizarse mediante el seguimiento pasivo de radiofrecuencia, lo cual exige la instalación de un dispositivo en el cuerpo del imputado (un brazalete o tobillera), que transmite a una unidad receptora conectada a una línea telefónica tradicional; mediante el seguimiento activo de GPS, por el que el dispositivo transmite su ubicación; o, por último, mediante el reconocimiento de voz, que opera a través de llamadas al lugar de residencia del penado, autentificándose su voz por comparación con un registro realizado previamente.

7. Incumplimiento injustificado de condiciones

Si el condenado incumple alguna de las condiciones impuestas por las correspondientes penas sustitutivas, Gendarmería debe informarlo al tribunal competente.

Tratándose de un incumplimiento injustificado grave o reiterado, el tribunal debe revocar la pena sustitutiva o reemplazarla por otra pena sustitutiva de mayor intensidad. Si se trata de otra clase de incumplimiento injustificado (no grave ni reiterado), el tribunal debe intensificar las condiciones, es decir, establecer un mayor control de la ejecución de la pena.

8. Quebrantamiento

Las penas sustitutivas se consideran quebrantadas por el solo ministerio de la ley, dando lugar a su revocación, si durante su cumplimiento el condenado comete un nuevo crimen o simple delito y es condenado por sentencia firme.

En caso de dejarse sin efecto la pena sustitutiva impuesta, sea como consecuencia del incumplimiento o del quebrantamiento (o por solicitud de revocación del penado, en el caso de prestación de servicios en beneficio de la comunidad), el condenado se somete al cumplimiento del saldo de la pena inicial, abonándose a su favor el tiempo de ejecución de la pena sustitutiva. La ley establece formas distintas de cálculo del abono que corresponda, dependiendo de la clase de pena sustitutiva impuesta.

Tanto la revocación como la intensificación y el reemplazo son apelables según las reglas generales.

IV. CUMPLIMIENTO EN LIBERTAD DE LAS PENAS DE PRESIDIO Y RECLUSIÓN: LA LIBERTAD CONDICIONAL

1. Concepto

La libertad condicional es un beneficio penitenciario que adelanta el momento de la excarcelación, aunque de manera condicional. Confiere al interno en quien concurran determinadas circunstancias la posibilidad de cumplir en libertad el último período de la condena, siempre que durante dicho tiempo no reincida o incumpla las reglas de conducta que, eventualmente, se le hayan impuesto.

La libertad condicional se encuentra regulada por el Decreto Ley N° 321 de 1925 (modificado sustancialmente por la Ley N° 21.124 de 2019) y por su reglamento, contenido en el Decreto Supremo N° 338 de 2019. Según el art. 1° del Decreto Ley N° 321, la libertad condicional «es un beneficio que no extingue ni modifica la duración de la pena, sino que es un modo particular de hacerla cumplir en libertad por la persona condenada».

Se trata, por lo tanto, de un «beneficio penitenciario», es decir, de una de aquellas medidas que se aplican durante la ejecución de la condena, fundadas en el buen comportamiento del interno, y que permiten la reducción de la condena para favorecer un proceso de reinserción que ya está en curso: «La libertad condicional es un medio de prueba de que la persona condenada a una pena privativa de libertad y a quien se le concediere, demuestra, al momento de postular a este beneficio, avances en su proceso de reinserción social», dice la ley.

En el Reglamento Penitenciario se encuentran regulados otros beneficios penitenciarios, que conforman un verdadero sistema de permisos de salida (salida esporádica, salida dominical, salida de fin de semana y salida controlada al medio libre) cuyo objetivo es preparar progresivamente al condenado para su reincorporación al medio libre. La libertad condicional es la última etapa de este proceso.

2. Requisitos

Todas las personas condenadas, independientemente del delito cometido y de la pena impuesta, tienen derecho a postular a la libertad condicional, sin exclusiones. El delito cometido o la condena, en su caso, solo determinarán el tiempo mínimo requerido para efectuar la solicitud.

El condenado puede postular a la libertad condicional cuando se cumplen los siguientes requisitos:

(a) Que la pena privativa de libertad impuesta al condenado sea superior a un año.
(b) Que haya cumplido de manera efectiva una parte de la condena impuesta. Por regla general, se exige el cumplimiento efectivo de la mitad del total de la condena. Sin embargo, existen varias excepciones (y contraexcepciones) conforme a las cuales se exige un plazo de cumplimiento mínimo distinto, dependiendo, en algunos casos, del delito por el cual se impuso la condena, y en otros, de la clase de condena impuesta.

Por ejemplo, se requiere el transcurso de dos tercios de la condena cuando se trata de delitos de parricidio, femicidio, homicidio simple, homicidio calificado, robo con homicidio, violación, infanticidio, homicidio de miembros de las policías, de integrantes del Cuerpo de Bomberos y de Gendarmería en ejercicio de sus funciones, manejo en estado de ebriedad causando lesiones graves gravísimas o muerte, o por delitos que la sentencia, en conformidad con el derecho internacional, haya considerado como genocidio, crímenes de lesa humanidad o crímenes de guerra. En el caso de la pena de presidio perpetuo simple, el condenado debe haber cumplido veinte años y, tratándose del presidio perpetuo calificado, cuarenta años.

(c) Que el condenado haya mantenido una conducta «intachable» dentro del establecimiento penal. Se entiende que la conducta es intachable cuando ha sido calificada como «muy buena» por Gendarmería durante los meses previos a la postulación.
(d) Que el condenado cuente con un informe psicosocial elaborado por un equipo profesional del área técnica de Gendarmería, que permita orientar sobre los factores de riesgo de reincidencia.

3. Procedimiento de concesión

La libertad condicional es concedida por resolución de una Comisión de Libertad Condicional, integrada por un ministro de Corte y cuatro jueces orales o de garantía, que funciona en la Corte de Apelaciones respectiva, durante los meses de abril y octubre de cada año. La Comisión tiene a la vista un informe de Gendarmería, los antecedentes emanados de esta institución y todos los demás que considere necesarios para mejor resolver.

4. Efectos del otorgamiento de la libertad condicional

La libertad condicional constituye una modalidad de cumplimiento de la pena privativa de libertad. Su otorgamiento implica que el beneficiario debe cumplir el resto de la condena en el medio libre.

La concesión de la libertad condicional no modifica la duración total de la condena. Por ejemplo, conforme al art. 3° del Decreto Ley N° 321, las personas condenadas a dos o más penas cuya suma alcance los cuarenta años de privación de libertad, solo pueden postular al beneficio de libertad condicional una vez que hayan cumplido veinte años de reclusión. En caso de concederse, el período de supervisión se extenderá hasta cumplir cuarenta años contados desde el inicio de la condena.

Concedida la libertad condicional, el beneficiario queda sujeto a una serie de obligaciones cuyo incumplimiento produce la revocación del beneficio. Tales obligaciones están detalladas en el art. 25 del Reglamento, sin perjuicio de las particularidades previstas en el plan de intervención individual elaborado por el delegado, Entre estas obligaciones se encuentran la asistencia a entrevistas periódicas con el delegado y la participación en programas y acciones especializadas de intervención.

V. EJECUCIÓN DE LA PENA DE MULTA

El pago de la multa ha de efectuarse en pesos, según el valor que la UTM tenga al tiempo del pago. Este valor es fijado por ley y permanentemente actualizado.

En principio, el tribunal debe disponer el pago total de la multa una vez notificada la sentencia condenatoria. Pero se prevé también la posibilidad de que autorice al condenado a pagar la multa por parcialidades, en un plazo que no exceda de un año y con cláusula de aceleración establecida en la propia ley (art. 70).

La Ley N° 20.587 de 2012 derogó la antigua regla según la cual el no pago de la multa penal conducía a la pena de reclusión por un tiempo máximo de seis meses («Si el sentenciado no tuviere bienes para satisfacer la multa, sufrirá por vía de sustitución y apremio, la pena de reclusión»).

En su lugar, estableció en el mismo supuesto —a saber, cuando el sentenciado carece de bienes para satisfacer la multa— la *facultad* del tribunal para disponer, por vía de sustitución, una pena de prestación de servicios en beneficio de la comunidad, siempre que el condenado manifieste su acuerdo (art. 49). Además, se estableció la improcedencia de la multa y su sustitución si de los antecedentes expuestos por el condenado «apareciere la imposibilidad de cumplir la pena» (habría que entender que se trata de la pena sustitutiva, pues si carece de bienes para pagar la multa, procede justamente imponer aquella). En caso de quebrantamiento de la pena sustitutiva, también se concede al tribunal la *facultad* para revocarla. Y si no la revoca, dispone el inciso final del art. 49 sexies, «*podrá* ordenar» que se cumpla en un lugar distinto; todo ello sin perjuicio, insiste el texto legal, de la facultad que tiene el tribunal para considerar simplemente imposible el cumplimiento.

La multa se encuentra en el último lugar del orden de prelación, después de las costas y de la reparación del daño causado por el delito, cuando los bienes del condenado no son bastantes para satisfacer todas sus obligaciones pecuniarias. Y en caso de un procedimiento concursal, todos los créditos que derivan de ellas se gradúan, considerándose como uno solo, entre los que no gozan de preferencia (art. 48).

Capítulo IV.

Quebrantamiento de condena y comisión de delitos durante la vigencia de una sentencia condenatoria

I. QUEBRANTAMIENTO DE CONDENA

Consiste en no cumplir total o parcialmente la pena impuesta, a pesar de que concurren todos los presupuestos procesales que obligan al condenado a hacerlo. Es un delito *sui generis* pero próximo al desacato, que atenta contra la eficacia de las decisiones judiciales. Sus consecuencias están reguladas en el art. 90 y dependen de la naturaleza de la pena quebrantada.

Aunque ha existido cierta discusión en cuanto a si estas consecuencias son verdaderas penas correspondientes a un delito distinto o, en cambio, se trata de medidas especiales de aseguramiento no sujetas al *non bis in idem*, parece haberse impuesto ampliamente la primera opinión. Esto es relevante respecto de la aplicación de la agravante del art. 12 N° 14, primera parte, —cometer el nuevo delito mientras se cumple una condena—, pues entonces, al menos si la persona ya había empezado a cumplir, sería pertinente la prohibición de doble valoración (art. 63). La circunstancia de cometer el delito mientras se cumple una condena forma parte de la descripción típica del quebrantamiento y, por tanto, no surte efecto agravante.

Si el penado comete un nuevo delito después de haber quebrantado la condena, es decir, si comete un delito adicional al delito *sui generis* de quebrantamiento de condena, las consecuencias punitivas se regulan conforme al art. 91.

El art. 98, conforme al cual el tiempo de la prescripción de la pena comienza a correr «desde la fecha de la sentencia de término o desde el quebrantamiento de la condena, si hubiere esta principiado a cumplirse», ha permitido argumentar que solo puede existir un quebrantamiento en el sentido aquí pertinente —recordemos que las penas sustitutivas de la Ley N° 18.216 se quebrantan solo por comisión de un nuevo crimen o simple delito, pues en los demás casos se habla solo de incumplimiento de condiciones— si es que la condena ya se ha empezado a cumplir. Bajo este entendimiento, aceptado en general por los tribunales, se trata de un modo mucho más favorable a quien evadió por completo la ejecución de la pena que a quien por lo menos se presentó a cumplirla.

II. COMISIÓN DE DELITOS DURANTE LA VIGENCIA DE UNA SENTENCIA CONDENATORIA

El art. 91 regula las consecuencias jurídicas del caso en que el penado comete un crimen o simple delito durante el tiempo de vigencia de su condena, sea mientras la cumple, sea después de haberla quebrantado.

La regulación del art. 91 se remite, como regla general, al art. 74, estableciendo una acumulación material de penas como en los casos de concurso real. Sin embargo, en no pocas situaciones esta operación resulta compleja o incluso impracticable. Por eso, el mismo art. 91 resuelve especialmente algunas de las hipótesis problemáticas.

También aquí la prohibición de doble valoración (art. 63) impedirá agravar el nuevo delito por la circunstancia de haber sido cometido mientras se cumple una condena o después de haberla quebrantado. El resultado es, entonces, que la circunstancia agravante del art. 12 N° 14 solo puede aplicarse en conjunto con las reglas del art. 91 incisos 1° y final, que se limitan a establecer el orden de cumplimiento de las condenas, y no cuando la ley establece una sola pena agravada para ambos delitos (incisos 2° y 3°).

El art. 92, aunque situado en este mismo contexto, forma parte de la regulación de la reincidencia. Junto con el art. 12 Nos. 15 y 16, regula las principales consecuencias jurídicas de la comisión de un delito después de que el culpable ha sido *condenado* por otro u otros delitos cualesquiera, con independencia de si ello tiene lugar tras el quebrantamiento de una condena o durante la vigencia de una sentencia condenatoria.

Para profundizar...

Ortiz/Arévalo, *Las consecuencias jurídicas del delito* (Editorial Jurídica de Chile, Santiago, 2013), pp. 509-548 y Guzmán Dalbora, *La pena y la extinción de la responsabilidad penal* (Editorial B de F, Buenos Aires, 2009). Sobre las circunstancias modificatorias de la responsabilidad penal puede verse la amplia recopilación de trabajos contenida en *Circunstancias atenuantes y agravantes en el Código Penal chileno* (coord. González, EJS, Santiago, 2020) y la obra de KÜNSEMÜLLER, *Las circunstancias agravantes de la responsabilidad penal en el código chileno* (Tirant lo Blanch, Valencia, 2021). Sobre la determinación de la pena, el volumen *Problemas actuales de determinación de la pena en el derecho penal chileno* (coordinado por Alvarado et al., Tirant lo Blanch, Valencia, 2022), con trabajos de diversos autores.

Anexo 1.
Pistas y soluciones

CASO 1

1. El problema de los delitos a distancia, cuyo principio de ejecución tiene lugar en el territorio de un Estado, pero que se consuman en el territorio de otro Estado. En estos casos resulta necesaria una interpretación de las leyes en conflicto y una elaboración teórica para determinar cuál o cuáles son los Estados facultados para ejercer jurisdicción y aplicar su ley penal a los intervinientes.

2. a) Lugar donde se produce el resultado: perjuicio patrimonial (¿también la disposición patrimonial? Y ¿dónde se produce esta? ¿Donde la víctima proporciona sus datos o donde se efectúan las transferencias?); b) Lugar donde se realiza la conducta típica (engaño).

3. Depende del significado de la expresión «perpetrado» o «cometido». La ley no precisa cuándo un delito debe entenderse cometido dentro del territorio chileno. La postura mayoritaria de la doctrina favorece la teoría de la ubicuidad. Tanto la teoría de la ubicuidad como la del resultado harían aplicable la ley chilena en este caso, pues la víctima que sufre el perjuicio patrimonial (resultado) se encuentra en Chile (no pareciera importar el concepto de patrimonio que se defienda; el perjuicio lo sufre una persona *en* sus bienes).

4. *Principio de tipicidad.* Si se fundamenta en la tesis limitativa o garantista, la teoría de la ubicuidad no produciría problemas, por cuanto el principio no tendría que ver con la certeza subjetiva del individuo acerca de lo que «se puede o no se puede» hacer. Se trata, más bien, de garantizar una cierta objetividad en el ejercicio del *ius puniendi.* Si la persona que actúa desde otro país conoce o no las normas penales del Estado sancionador, poco importa en materia de *lex certa* (aunque sí tiene relevancia en materia de error, en sede de imputación subjetiva). Por lo demás, el principio de doble incriminación, aunque no significa «identidad» de normas penales, sí garantiza que el hecho sea típico y tenga una penalidad mínima tanto en el país requirente como en el requerido.

Lex stricta. Habría que verificar si la aplicación del derecho penal que reclama preferencia implica la utilización de alguna forma de analogía. En un caso como este es difícil que eso ocurra, pues se trata de una figura que por lo general queda bien descrita en la ley sin recurso a la analogía y además existe mucha similitud en las regulaciones de los distintos países.

Principio de territorialidad. Puede pensarse que la teoría de la ubicuidad se traduce en una interpretación extensiva de lo que ha de entenderse por lugar de comisión y, por tanto, del principio de territorialidad. El problema es que con esto se llega a equiparar la teoría de la ubicuidad, en cuanto a sus efectos, con el principio de universalidad, pasando por alto sus fundamentos (macrocriminalidad).

CASO 2

Pregunta 1

1. Identificar que el art. 318 ter corresponde a una ley penal en blanco propia, debido a que el Instructivo de Desplazamiento del gobierno contiene el complemento descriptor de la conducta prohibida y este corresponde a una norma de rango infralegal.

2. Enunciar brevemente los requisitos de la jurisprudencia del TC para la constitucionalidad de este tipo de leyes:

a) Respecto a la ley en blanco: (i) debe definir ella misma el núcleo esencial de la conducta y (ii) debe establecer ella la sanción o remitirse para ello a otra norma de rango legal.

b) Respecto a la norma de complemento: (i) goza de publicidad suficiente, (ii) TC ha exigido que sea expresión de la potestad reglamentaria del presidente de la República y (*alternativamente*) la doctrina al menos exige que el órgano del cual emana la norma de complemento tenga competencia en todo el territorio; por último, (iii) la norma de complemento no puede definir la conducta prohibida, sino que solo complementarla, y esto último debe hacerlo efectivamente.

3. Exponer coherentemente cómo se cumplen esos requisitos en el caso concreto.

Pregunta 2

1. Según la doctrina mayoritaria, no tiene efecto, es decir, no se aplica el principio de favorabilidad.

2. Fundamentar que ello se debe a que el art. 318 ter correspondería a una ley temporal y ellas son las que rigen durante un cierto período de tiempo o mientras dure una situación excepcional que la misma ley define y que ha motivado su dictación, como una pandemia.

3. Explicar brevemente por qué razón, según la doctrina mayoritaria, en los casos de leyes temporales no se aplica el principio de favorabilidad:

a) La ley temporal no atenta con el principio de favorabilidad, ya que no obedece a una nueva valoración del mismo hecho, sino a un cambio de circunstancias externas.

b) Tampoco atenta contra el principio de objetividad, porque el legislador considera el hecho más grave precisamente por haberse ejecutado bajo la vigencia de la ley temporal.

c) Respecto al art. 18 inc. 2°, en las leyes temporales por lo general no se promulga otra ley, sino que recupera su vigencia la ley anterior.

Sin embargo, hay doctrina que sostiene que cuando se trata de leyes temporales inciertas en su plazo de vigencia debe aplicarse el principio de favorabilidad.

3. Cabría sostener alternativamente (aunque, en rigor, incorrectamente) que no se aplicaría el principio de favorabilidad debido a que la norma de complemento que se modifica es administrativa y de rango infralegal. En el derecho administrativo sancionador, los principios penales se aplican «con matices», por lo que no es pertinente el principio de favorabilidad en la modificación del Instructivo del gobierno.

CASO 3

1. Sí; los tres están en posición de garante por injerencia, pues son ellos quienes en su calidad de gerentes y, además, miembros del consejo de administración toman las decisiones relevantes sobre fabricación, distribución y comercialización del fármaco.

2. En una mirada *ex ante* no existe causalidad. El problema es que este juicio confunde la imputación objetiva del resultado con su previsibilidad.

3. Se trata de un caso de causalidad acumulativa. De acuerdo con una parte relevante de la doctrina y de la praxis, la insuficiencia de cada causa aislada no impide imputar la totalidad del resultado producido.

4. No, porque para que exista imputación a la víctima esta debe conocer el alcance de la conducta que está realizando (con independencia del conocimiento que pudo o no tener el autor).

5. La transgresión del riesgo permitido se enjuicia *ex ante*, de acuerdo con un parámetro generalizador y no individual. Por lo tanto, la única acción que lo transgrede es la que consiste en intentar corregir la composición química de las nuevas partidas, sin disponer, además, el retiro inmediato de las antiguas, una vez que se tienen los resultados del análisis encargado en enero de 2012.

6. La ley establece que se duplican las penas para los delitos «que se cometan durante 2011». Por lo tanto es una ley temporal y según la opinión mayoritaria debe aplicarse a los hechos cometidos durante su vigencia aunque luego sea derogada. Por cierto, cabe sostener fundadamente lo contrario.

CASO 4

Algunas pistas para responder:

a) A es garante por injerencia con creación de un riesgo especial (esto implica que se mantiene activa la posición de garante respecto de daños consecuenciales, pese a que se observa el riesgo permitido).

b) Su alegación remite al principio de confianza, pero no se cumplen todos sus requisitos (p. ej. A, que es garante, no debe llegar a un punto en el cual ya resulte imposible frenar a tiempo).

c) La aplicación del principio de confianza no decae porque alguno de los que interactúan se comporte en forma contraria a derecho; tampoco se excluye la responsabilidad de uno porque el otro haya excedido el riesgo permitido, salvo que operen la prohibición de regreso o la imputación a la víctima.

d) Esta es una alegación de autoría mediata que, en términos de lo estudiado hasta ahora, se traduce como imputación a la víctima. ¿Se cumplen los requisitos de esta institución? (i) Co-organización (por actuación no cooperativa), (ii) «actuación responsable» de la víctima, (iii) ausencia de deberes especiales de protección. Si se logra afirmar la concurrencia del primer requisito, se puede imputar a la víctima. Pero también sería correcto, en este nivel, concluir que la falta de cooperatividad en la actuación excluye la co-organización de la víctima. En este caso, el conductor sería responsable (y la víctima no sería temeraria).

CASO 5

1. Es garante institucional por tarea estatal en sentido estricto (y no por el mero hecho de ser funcionario).

2. a) No se trata de un riesgo que la vida social lleve necesariamente consigo, al contrario, hay normativa que define el ámbito de lo permitido; b) no hay imputación a la víctima, pues no hay organización conjunta y, además, el autor ostenta una posición de garante a favor de la víctima, posición de garante que se extiende al hecho (también cabría una argumentación relativa a la imputación del resultado: riesgo no ínsito, víctima gravemente imprudente, etc., pero sería pertinente solo como complemento de lo anterior).

3. No, porque la pregunta por el exceso del riesgo permitido no tiene nada que ver con conocimientos. Tampoco tiene que ver con ellos, en rigor, el problema de los «conocimientos especiales», pues este es un asunto que dice relación con la extensión de la posición de garante. Además, no es pertinente en este caso, pues no hay indicios de que Arnoldo supiera casualmente más que cualquier otra persona en su situación.

4. Es atendible la defensa basada en el principio de confianza, pero debe verificarse si se cumplen las condiciones específicas que liberan de responsabilidad en el caso de la delegación de funciones, indicando cuáles son y dependiendo de si se considera jerárquica o no la división del trabajo. Hay que considerar también que Benito tenía experiencia en trabajos similares en la zona.

5. Comportamiento alternativo ajustado a derecho y su complemento, la teoría del incremento del riesgo. Considerar también las críticas que se dirigen a este último criterio de imputación.

6. No basta, salvo que se construya un argumento basado en la idea de «causalidad general» (ley general más ausencia de explicaciones alternativas en el caso concreto); no basta, pues los cursos causales hipotéticos son irrelevantes: allí donde la ley exige causalidad, como en el homicidio activo, la pregunta sobre una explicación prevalente solo tiene sentido respecto de conductas con relevancia causal.

CASO 6

1. Vigilante y alcaide son garantes por deber institucional — tarea estatal mínima con relación de sujeción amplia. El jefe de mantenimiento es garante institucional: a) porque ciertos empleados de la concesionaria se equiparan a los funcionarios para estos efectos; b) por confianza especial.

2. Sí la tiene, lo cual resulta confirmado por el tenor del art. 3° de la Ley Orgánica de Gendarmería de Chile: «velar por la seguridad interior». Esta expresión implica que los funcionarios deben aplicar en el desempeño de las funciones relativas a la seguridad una especial atención. Por otro lado, y aun prescindiendo de esto, parece poco plausible que para el alcaide la existencia de un túnel pueda considerarse un conocimiento especial (si desconoce su existencia, tiene el deber de adquirir ese conocimiento). Por lo tanto, el alcaide excede el riesgo permitido cuando no da aviso para que los presos salgan por el túnel.

3. Sí, es posible una imputación a la víctima, pero solo en el caso de quienes participaron en la riña e hicieron uso del fuego. Por otro lado, puede discutirse si esta institución de la imputación objetiva es apta para excluir, en todo caso, la imputación a los que son garantes en virtud de deberes positivos. También pertenece a esta respuesta alguna discusión en torno al problema de si la imputación a la víctima excluye o no la imputación al «autor».

4. No. El alcaide y el vigilante no realizan conducta alguna que esté configurada debido a la conducta del jefe de mantenimiento con la cual ellos podían contar. Es decir, la autorización jurídica para confiar en la actuación responsable del jefe de mantenimiento no tiene correlato alguno en la configuración de la conducta de los otros dos. Luego, su alegación es impertinente.

5. Una respuesta posible, que sería correcta, es que en este caso no hay causalidad en sentido estricto porque todas las conductas relevantes son omisivas. Por lo tanto, solo hay causalidad en el sentido de que la omisión es explicación prevalente del resultado. Y esta última no es objeto de análisis según lo que se pregunta.

Otra respuesta posible consiste en intentar aplicar a las tres omisiones la teoría de la *conditio sine qua non* modificada, es decir, la *conditio* ajustada a las leyes de la naturaleza. Esta respuesta implica:

- formular brevemente la teoría o los requisitos que ella establece para afirmar la causalidad;

- identificar *respecto de cada conducta* si se verifican tales requisitos en relación con las muertes;
- concluir que al menos las dos primeras conductas —mantener la reja cerrada y demorar en llamar a los bomberos / no ordenar la evacuación por el túnel— son alternativas (causalidad múltiple o sobrecondicionada)
- proponer o al menos mencionar una solución para situaciones como la identificada (con la posibilidad de remitir la solución un análisis de causalidad como explicación prevalente y no en sentido estricto).

6. La respuesta debería comprender los siguientes aspectos:
- Óscar es garante por injerencia;
- análisis breve de la prohibición de regreso (conducta de los demás sujetos autónomos), el principio de confianza (conducta de los demás garantes) y la imputación a la víctima (conducta de los demás presos, salvo los que no participaron en la riña). El análisis debería llevar a que ninguna de estas instituciones desactive la posición de garante, salvo eventualmente el principio de confianza: el vigilante abriría la reja en caso de peligro grave;
- si hay una posición de garante «activa», en la imputación de resultados hay que afirmar la causalidad en sentido estricto, pero la imputación del resultado se dificulta por la multiplicidad de causas concurrentes. Si no se hubiera analizado en la pregunta anterior la causalidad múltiple, este es el momento de hacerlo;
- si no hay legítima defensa, pues no se sabe quién es el agresor o el medio empleado para repelerla no fue racional, entonces la competencia por el conflicto es del mismo sujeto, que es garante por injerencia. Por lo tanto, incluso las conductas que otros lleven a cabo y que sean necesarias para conjurar el peligro creado por el sujeto pueden imputarse a este último junto a sus efectos.

CASO 7

1. Posiciones de garante

Los imputados son el Gerente General, el Gerente de Exportaciones, el Jefe de Producción y el Jefe de Control de Calidad de BBM. Los delitos relevantes para el análisis son los de homicidio y lesiones.

1.1. Posiciones de garante que concurren

La posición de garante es la injerencia/deberes de salvamento. Los imputados han creado un «tráfico» (producción y comercialización del alimento ADN) que solo ellos pueden administrar y, por tanto, deben evitar que dicho tráfico genere *outputs* negativos para terceros (injerencia). Desde que se tomó conocimiento de las fallas del producto y se omitió la conducta apropiada para resguardar a los consumidores, puede hablarse de un deber de salvamento (deber de aseguramiento frente a daños ulteriores derivados). Tratándose de productos farmacéuticos entra además en consideración la categoría del «riesgo especial».

1.2. Posiciones de garante que no concurren

Las demás posiciones de garante fundadas en deberes negativos deben ser descartadas. No hay asunción de deberes y tareas (que se caracteriza por la compensación de un empeoramiento de las condiciones de aseguramiento de un bien), ni tampoco un deber de impedir autolesiones. Lo propio ocurre con las posiciones de garante fundadas en deberes positivos: no se aplican la relación paternofilial, el matrimonio ni los deberes estatales en sentido estricto. La confianza especial también debe descartarse, pues la producción y comercialización de un producto, incluso médico, no genera la confianza especial de que determinada persona se hará cargo de proteger los bienes del consumidor pues así ha ocurrido en el pasado.

2. Instituciones de la imputación objetiva de conductas

2.1. Riesgo permitido

La producción y comercialización del alimento ADN constituye un riesgo especial, pero se encuentra dentro del riesgo permitido mientras cumpla con los resguardos exigibles y, en principio, con las disposiciones sanitarias que autorizan su producción y comercialización. Pero se trata, además, de un riesgo especial que deja subsistente una posición de garante por injerencia en orden a la evitación de daños consecuenciales.

2.2. Principio de confianza

El principio de confianza pertenece a la imputación objetiva de conductas y distribuye la responsabilidad entre garantes, en este caso los cuatro imputados. Tiene su fundamento en la autorresponsabilidad, pues permite confiar en que los demás garantes no incurrirán en graves transgresiones, conductas temerarias, etc., lo que como contrapartida obliga a considerar pequeñas transgresiones (*v. gr* en los accidentes laborales o el tráfico motorizado). Para mayor claridad, es mejor evitar la idea de que el principio precisa o concreta el «deber de cuidado» y decir que determina la activación y alcance de la posición de garante.

El principio se aplica si concurren las siguientes condiciones (en parte, según Maraver):

a) Existencia de un ámbito de responsabilidad ajeno (interacción con garantes autorresponsables).
b) Relación negativa con el riesgo (tiene que existir solo un deber de gestionar un aspecto del riesgo y no un deber de impedirlo por completo y bajo cualquier circunstancia).
c) Relación negativa respecto del tercero con quien se interactúa (no hipótesis de aseguramiento múltiple, donde la posición de garante se refiere justamente a la conducta errónea del tercero, es decir, opera solo allí donde puede haber división del trabajo y, por tanto, delegación.
d) Según parte de la doctrina, que no haya circunstancias especiales que evidencien un comportamiento erróneo del otro garante.

Si se aplican ahora estos presupuestos al caso para delimitar la responsabilidad de los Gerentes (General y de Exportación) respecto del Jefe de Producción y el Jefe de Control de Calidad, resulta que:

a) Los gerentes y ejecutivos son garantes de la inocuidad del producto que comercializa el laboratorio, cada uno en su ámbito. Parecen ser también personas autorresponsables.
b) Las posiciones de garante se fundan en deberes negativos (injerencia) y no en un deber de resguardar salud de consumidores a todo evento.
c) No existe una relación de doble aseguramiento de los ejecutivos en relación con los bienes jurídicos y, por el contrario, es perfectamente posible la delegación de tareas, por ejemplo, en cargos subordinados o comités de riesgos, cumpliéndose los requisitos para que tales delegaciones liberen de responsabilidad o acoten la responsabilidad del delegante (selección, dotación de medios, supervigilancia periódica).
d) Al menos hasta el 3 de diciembre, es dudoso si había circunstancias especiales que evidenciaran comportamientos erróneos del Jefe de Producción y del Jefe de Control de Calidad. La inspección administrativa de noviembre, que no detectó problemas mayores, parecía confirmarlo. Sin embargo, todos los ejecutivos estaban al tanto de la adición de cloruro de potasio a la leche con anterioridad al 3 de diciembre.

Con los antecedentes del caso, es posible sostener que respecto de los hechos anteriores al 3 de diciembre, o al momento en el que se decide añadir cloruro de potasio al producto, el Gerente General y el Gerente de Exportaciones pueden ampararse en el principio de confianza.

2.3. Prohibición de regreso

Entra en consideración, si es que las lesiones o la muerte de algún paciente puede explicarse, conjunta o exclusivamente con la deficiencia de la leche ADN, por un déficit el control del paciente por parte del médico tratante. Algo análogo podría decirse si es que FTECH hubiera tenido deberes de verificación de la idoneidad del premix que estaba despachando.

2.4. Imputación al ámbito de responsabilidad de la víctima. No entra en consideración pues no hay organización conjunta de la lesión.

3. Imputación objetiva de resultados

Según se estudió, es preciso distinguir: (3.1) si la causa del resultado es la conducta típica objetivamente imputable o es otra distinta, y (3.2) si la conducta no es la única causa o no es la causa jurídicamente relevante.

3.1. Relevancia causal

Se determina conforme a la teoría de la condición ajustada a las leyes de la naturaleza. Si no hay relevancia causal, *en los delitos que exigen causalidad* no hay nada más que discutir. Esto es binario y la falta de relevancia causal nunca se puede suplir con la teoría del incremento del riesgo.

3.2. Conducta típica como explicación prevalente del resultado

Si hay relevancia causal, todavía hay que preguntarse si la conducta es explicación prevalente del resultado en sentido jurídico —pues, en sentido natural, todo es causa de todo—, es decir, si el riesgo que se realiza en el resultado es precisamente aquel que emana de la conducta contraria al deber, o si en cambio el riesgo que se realizó es, por ejemplo, un riesgo general de la vida —la mala noticia del homicidio de un ser querido provoca la muerte de su abuela cardíaca; la provocación de acciones de salvamento arriesgadas (bombero)—, o un riesgo que es imputable *a otra* conducta (por ejemplo, a una conducta de la propia víctima).

Un grupo especialmente difícil de casos es aquel donde muchas personas cometen «pequeñas» infracciones a sus deberes y eso es lo que hace posible el resultado. Para estos casos, la solución puede estar en la responsabilidad mancomunada que es propia de la intervención delictiva: no son varias causas, sino una sola.

En el Caso 7 no se trata de un problema de relevancia causal. Los cuadros de escasa absorción de minerales, la baja presencia de minerales distintos del potasio, etc., hacen pensar que se está ante una situación de concurrencia o confluencia de causas. Es decir, hay relevancia causal, pero hay que determinar si la conducta típica es la explicación prevalente de los resultados.

Si esto es así, se abren dos escenarios distintos: (i) la única conducta penalmente relevante es la de los acusados, lo demás es naturaleza: entonces a esa conducta se puede imputar el resultado; (ii) hay otras conductas relevantes, *v. gr.* los defectos de tratamiento, pues nadie muere o se lesiona gravemente de un día para otro por déficit de potasio; los criterios de imputación remiten entonces a la conducta de los médicos tratantes. Si se llega a la conclusión de que solo la conjunción de un déficit de alimento y de tratamiento produce la muerte, la solución próxima, si se dan sus requisitos, es la coautoría (ya no hay varias causas, sino una sola causa en sentido normativo). En cambio, si la única conducta relevante fue la de los acusados y los demás es «naturaleza», entonces se les puede imputar el resultado solo a ellos.

CASO 8

A Arnoldo se imputa preliminarmente un homicidio en la persona de Benito y un homicidio frustrado en la persona de Casimiro. Arnoldo es garante por injerencia tanto de la muerte de Benito como de la puesta en peligro de la vida de Casimiro, pues la conducta de disparar sobre otro es una forma de invadir su ámbito exclusivo de organización. La posición de garante se encuentra activa, pues la conducta transgrede el riesgo permitido, sin que intervenga alguna otra institución de imputación objetiva de conductas.

La imputación objetiva de resultados no es pertinente respecto del homicidio frustrado de Casimiro; el homicidio consumado de Benito sí puede imputarse objetivamente a la conducta de Arnoldo, ya que esta: (i) posee relevancia causal conforme a la teoría de la *conditio* ajustada a las leyes de la naturaleza (no es posible suprimir mental e hipotéticamente el disparo sin que, conforme a las leyes conocidas de la naturaleza, desaparezca al mismo tiempo el resultado de muerte) y, además, (ii) es la explicación prevalente del resultado, ya que no existe otro riesgo relevante incorporado por el acaso, un tercero o la propia víctima.

A continuación, procede analizar si la conducta de Arnoldo, consistente en disparar sobre *Casimiro*, está justificada por legítima defensa. Cabe recordar que la legítima defensa se basa en que el afectado por la intervención es personalmente competente por la situación que da lugar a la reacción defensiva y, en principio, debe soportar todos los costos de la intervención. En primer lugar, el caso no se encuentra cubierto por algunas de las restricciones no escritas del derecho a defensa. La conducta cumple con la exigencia de proporcionalidad, pues Arnoldo estaba intentando salvar cuando menos su integridad física. Por otro lado, no se verifican los presupuestos bajo los cuales se da carácter subsidiario a la legítima defensa (agresiones de inimputables o de parientes cercanos, etc.).

Con respecto a los requisitos legales de la justificación, en la especie existe una agresión ilegítima real (porque desde una perspectiva ex post la agresión objetivamente existe), ilegítima (constitutiva de lesiones) y, al mismo tiempo, es actual (no ha cesado la agresión ilegítima al momento que se despliega la conducta de defensiva). Podría pensarse que en la especie falta el requisito de falta de provocación suficiente por parte del que se defiende, ya que Arnoldo habría provocado a Casimiro con sus actos de proselitismo político. Pero no puede haber provocación en el ejercicio de un derecho sin abuso y de conformidad con la ley.

En cuanto a la necesidad racional del medio, se constata que Casimiro era bastante más joven y fuerte que Arnoldo, y lo había golpeado severamente pocos segundos antes. Por lo tanto, el medio resultaba apropiado y necesario para terminar con la agresión, incluso en el caso de que alguno de los proyectiles hubiera alcanzado a Casimiro.

Esta última circunstancia no concurre respecto de *Benito*. Incluso si se sostuviera que la reacción de Arnoldo no queda excluida por consideraciones de proporcionalidad —era escaso o nulo el daño que Benito podía hacerle—, y además que la conducta de Benito constituyó una agresión ilegítima en el sentido de la legítima defensa —lo que conforme a la doctrina del curso tampoco es efectivo, pues no se trata de una agresión típica—, la legítima defensa debe quedar excluida como muy tarde por falta de necesidad racional del medio, que no guarda relación alguna con la entidad y los medios de la supuesta agresión.

Arnoldo no es responsable penalmente por el delito de homicidio frustrado de Casimiro, a pesar de que su conducta es típica e imputable objetivamente, ya que concurre la causal de justificación de legítima defensa, regulada en el art. 10 N° 4. En cambio, sí debe responder por el homicidio de Benito, aunque pueda beneficiarle la atenuante de eximentes incompletas del art. 11 N° 1 en relación con el art. 73, si se considera que la conducta de Benito constituyó una agresión ilegítima.

CASO 9

A Karina se le puede imputar *prima facie* el delito de parricidio. Ella es garante por injerencia respecto de la muerte su conviviente; aunque también entra en consideración una posición de garante por confianza especial, los hechos del caso no contienen mayores antecedentes al respecto.

En segundo lugar, la conducta de Karina transgrede el riesgo permitido y la posición de garante no se encuentra desactivada por ninguna otra institución de la imputación objetiva de conductas. Por otra parte, el parricidio es un delito de resultado y, por tanto, es preciso verificar si la conducta posee relevancia causal conforme a la teoría de la *conditio* ajustada a las leyes de la naturaleza y si ella es la explicación prevalente del resultado. En la especie parece posible afirmar ambas cosas, pues el resultado aparece condicionado por el apuñalamiento y no existen riesgos confluentes o concurrentes que expliquen de manera más completa o satisfactoria la producción de la muerte.

En el plano de la justificación, podría resultar pertinente analizar la concurrencia de legítima defensa o estado de necesidad defensivo. La conducta de Karina es, en efecto, una reacción a las permanentes agresiones de su conviviente y hay razones para pensar que él es competente por la situación que produce la reacción de Karina. Sin embargo, tanto la legítima defensa como el estado de necesidad exigen que la agresión o el mal que se trata de repeler o evitar sean actuales o inminentes. Esta condición no se cumple en este caso, pues la agresión del conviviente había tenido lugar el día anterior. Además, el estado de necesidad defensivo es subsidiario, de modo que debió recurrir a otras medidas para evitar el mal antes de dar muerte al conviviente.

Lo anterior no obsta a que pueda entrar en consideración una causa de exculpación por inexigibilidad de otra conducta, según se estudiará más adelante.

CASO 10

1. Cuestiones previas.

1.1. Hechos penalmente relevantes:

- Capacidad máxima permitida: 100 personas; cantidad real de pasajeros: 200-300.
- Cantidad de salvavidas: 20.
- Capitán endereza el barco, pero no impide la reacción inexperta y en definitiva mortal de los pasajeros.

1.2. Hipótesis sobre tipo penal aplicable.

Homicidio culposo: art. 391 N° 2, en relación con el art. 490 N° 1 o el art. 492 inc. 1°.

1.3. Conducta. ¿Ausencia de acción?

No hay ausencia de acción (movimientos reflejos, movimientos en estado de inconsciencia, vis absoluta, etc.).

2. Desarrollo.

2.1. Determinación de la conducta prohibida.

2.1.1. En primer lugar, hay que determinar si concurren los *presupuestos positivos generales* de la conducta prohibida (imputación objetiva).

a) *Posición de garante*. Asunción (el capitán asume la custodia de los pasajeros durante la travesía).

b) Instituciones de la imputación objetiva de conductas.

aa) Riesgo permitido.

La conducta transgrede el riesgo permitido; las infracciones a las normas de seguridad son indiciarias de esa transgresión, sin que estos indicios sean desvirtuados por otras circunstancias.

bb) Principio de confianza. No se aplica.

El caso no da cuenta de la interacción del capitán con otros garantes cuyos deberes tuvieran por objeto la evitación de la misma realización típica.

cc) Prohibición de regreso. No se aplica.

El caso no da cuenta de la interacción del capitán con otras personas cuyos deberes tuvieran por objeto la evitación de la misma realización típica.

dd) Imputación al ámbito de responsabilidad de la víctima.

Entra en consideración debido a la conducta de los pasajeros, pero no se dan sus presupuestos porque prima el deber de protección del capitán de la embarcación.

c) Instituciones de la imputación objetiva de resultados.

aa) Relevancia causal (presupuesto de la subsunción).

Emprender el trayecto con exceso de pasajeros y escasez de salvavidas tuvo relevancia causal en la producción del accidente.

bb) Explicación prevalente del resultado

Es un caso de concurrencia de riesgos. La conducta posterior de las víctimas (aglomeración en la popa y ulterior movimiento súbito de babor a estribor) provocan en forma inmediata la inundación y el volcamiento. Por otra parte, la conducta del capitán en orden a emprender el trayecto con un número de pasajeros superior a la capacidad de la embarcación y la falta de salvavidas suficientes, ya entrañaba en sí mismo un riesgo jurídicamente intolerable de provocar un accidente de graves consecuencias.

Para resolver si el resultado final es imputable a la conducta inicial del capitán hay que considerar dos teorías:

- corresponde excluir la imputación cuando la conducta posterior de la víctima o del segundo sujeto actuante sea (al menos) «gravemente imprudente». Si la conducta de las víctimas califica como una «imprudencia temeraria», no cabría imputar el resultado. En este caso, cabe la posibilidad de estimar que la imprudencia de los pasajeros «interrumpió» la cadena de la imputación respecto del capitán.
- lo único que hay que preguntarse es si el riesgo inicial todavía explica el resultado, es decir, si el riesgo que se realizó estaba «ínsito» (incluido, incorporado) en la primera conducta.

En este caso, el riesgo de volcamiento e inundación estaba ínsito en la conducta del capitán, lo cual entraña, a su vez, un riesgo relevante para la vida o integridad física de las personas a bordo. Además, el capitán omitió las medidas de neutralización de ese riesgo que pudo haber adoptado, como instruir a los pasajeros acerca de la necesidad de mantener una adecuada distribución del peso. Por lo tanto, la conducta infractora del deber de cuidado es causa basal del accidente, es decir, es la explicación prevalente del resultado.

2.1.2. Concurrencia de los presupuestos positivos específicos de la conducta prohibida: subsunción bajo el tipo penal. Todos concurren:

a) Respecto de la hipótesis de subsunción, los del el art. 492, que exige mera imprudencia + infracción de reglamentos + resultado de lesión contra las personas.
b) Y respecto del tipo penal de remisión (homicidio del art. 391 N° 2): concurren la conducta descrita en el verbo rector: "matar"; el sujeto activo (¿delito común o delito especial?: común) y el objeto material: "otro".

2.1.3. Concurrencia de los presupuestos negativos generales de la conducta prohibida: ausencia de una causa de justificación (normas permisivas o de dispensa). No se aplican al caso.

2.2. Culpabilidad o imputación subjetiva

a) Imputabilidad. No hay indicios de una eventual inimputabilidad.
b) Exigibilidad (fuerza irresistible o miedo insuperable). No hay indicios de circunstancias que excluyan o disminuyan la exigibilidad.
c) Evitabilidad individual. No hay indicios de dolo, pero sí de culpa.

2.3. Autoría y participación.

Autoría del capitán por configuración del hecho infringiendo los deberes pertinentes (no se aplica la teoría del dominio del hecho).

2.4. Iter Criminis.

El resultado es imputable a la conducta y por lo tanto el delito está consumado.

2.5. Punibilidad.

No entra en consideración ninguna condición objetiva de punibilidad o procesabilidad, excusa legal absolutoria, terminación o modificación de responsabilidad penal.

En conclusión, concurre una conducta típica, antijurídica y culpable de homicidio culposo imputable al capitán del «Cautín».

CASO 11

1. Cuestiones previas.

- Estado de ebriedad.
- Desistimiento ante súplicas de la víctima.
- Tener en cuenta la dificultad que suponen los casos de autointoxicación por la disociación entre el control de la acción y el control de la motivación.

1.1. Hechos penalmente relevantes.

Conviene dividir los hechos penalmente relevantes en dos: (i) la agresión inicial, y (ii) la apropiación de la cartera.

1.2. Hipótesis sobre tipo penal aplicable

Respecto a (i): violación (art. 361) o abuso sexual (art. 366).

Respecto a (ii): robo o hurto (art. 432).

1.3. Conducta. ¿Ausencia de acción?

La regla general es que el estado de embriaguez deje subsistente el control de la acción, salvo cuando el estado de intoxicación ya no permita al sujeto relacionarse en modo alguno con el medio circundante. Este último no es el caso aquí, considerando la descripción de los hechos.

2. Desarrollo.

2.1. Determinación de la conducta prohibida.

2.1.1. En primer lugar, hay que determinar si concurren los presupuestos positivos generales de la conducta prohibida (imputación objetiva). Estos presupuestos son en su mayoría comunes a las dos partes del hecho.

a) A es garante por injerencia pues se arroga un ámbito de organización ajeno.
b) Instituciones de la imputación objetiva de conductas.

aa) Riesgo permitido. La conducta de A excede el riesgo permitido.
bb) Principio de confianza. No es pertinente, pues no hay otros garantes involucrados.
cc) Prohibición de regreso. No se aplica, porque no hay terceros involucrados.
dd) La imputación al ámbito de responsabilidad de la víctima. No se aplica, pues la víctima no organiza conjuntamente con el autor la lesión de sus bienes jurídicos; por el contrario, en ambos casos la víctima es violentada por el autor.

c) Instituciones de la imputación objetiva de resultados.
aa) Relevancia causal (presupuesto de la subsunción).

Todas las hipótesis de subsunción corresponden a delitos de mera actividad, por lo que no es pertinente examinar la relevancia causal.

bb) Conducta como explicación prevalente del resultado. No hay concurrencia o confluencia de riesgos.

2.1.2. Concurrencia de los presupuestos positivos específicos de la conducta prohibida: subsunción bajo el tipo penal.

En la especie no concurren los requisitos típicos del art. 361 (no hubo acceso carnal), ni del art. 366 (no se da cuenta de la realización de una acción sexual en el sentido del art. 366 ter). Sin embargo, sí concurren los requisitos típicos del art. 7° inc. 3°

(tentativa) en relación con los preceptos que sancionan alguno de estos dos delitos. También concurren los elementos típicos del robo con violencia o intimidación, conforme al art. 432 en relación con el art. 436.

2.1.3. Concurrencia de los presupuestos negativos generales de la conducta prohibida: ausencia de una causa de justificación (normas permisivas o de dispensa). No concurre causa de justificación alguna.

2.2. Culpabilidad o imputación subjetiva.

a) Imputabilidad.

Se trata de un caso de autointoxicación regulado en el art. 10 N° 1, segunda parte. Esta disposición se interpreta, para intentar resolver los problemas que produciría su aplicación literal, conforme al criterio de imputación de la *a.l.i.c.* doctrina y la jurisprudencia aplican este criterio según dos modelos diferentes. Común a ambos es que, al tiempo de la autointoxicación, la realización del tipo penal en ese estado debe ser previsible para el autor, y que dicha realización sea objetivamente imputable tanto a la autointoxicación como a la conducta realizada en el estado que ella produjo.

Bajo el *modelo de la excepción*, A puede ser subjetivamente imputable respecto de (i) y (ii), pues la culpabilidad y el dolo se determinan al momento en el que sujeto comienza a consumir alcohol. Bajo el *modelo del tipo penal*, habría que distinguir. Si se trata de una autointoxicación preordenada, cabe la posibilidad de imputar al sujeto ambos delitos. Si la autointoxicación no es preordenada, la imputación subjetiva fracasará por falta de dolo, pues todas las hipótesis de subsunción corresponden a delitos dolosos y, conforme a la versión del *modelo del tipo penal* predominante en la literatura chilena, la autointoxicación no preordenada es incompatible con el dolo.

b) Exigibilidad (fuerza irresistible o miedo insuperable). No hay indicios de que pueda aplicarse alguna de estas causas de exculpación.

c) Evitabilidad individual (dolo o culpa). El caso ofrece pocos indicios al respecto, salvo el hecho de que A ya se había insinuado a M antes de embriagarse. En general, se puede decir que la aplicación del modelo del tipo penal, al exigir un "doble dolo" —al momento de autointoxicarse y también al momento de realizar la conducta que realiza inmediatamente el tipo penal—, hace más improbable la concurrencia de este requisito. Especialmente difícil es atribuir dolo, o incluso culpa, a una persona que se encuentra totalmente privada de razón (salvo que se utilice una noción muy liviana de «control de la acción»).

2.3. Autoría y participación.

A es autor pues tiene el dominio de la acción, realiza de propia mano la totalidad del hecho.

2.4. Iter criminis.

2.4.1. Respecto a la hipótesis de subsunción (i):

Si se aplica el *modelo de la excepción*, hay principio de ejecución por hechos directos desde que A «se abalanza» sobre M cuando ya no quedan huéspedes en el bar. Conforme al *modelo del tipo penal* (aunque, según se vio en el punto 2.2, esto solo es relevante en el caso de que la autointoxicación sea preordenada), hay tentativa desde que A comienza a embriagarse.

Sin embargo, hay que considerar que A abandona la ejecución del hecho ante las súplicas de M. Este abandono tiene efectos eximentes de responsabilidad —desistimiento— cuando:

- la tentativa no se encuentra fallida (no es el caso aquí, pues la consumación sigue siendo posible);
- el sujeto abandona la ejecución (sí es el caso);
- el abandono es voluntario (también es el caso, pues cabe asumir que el sujeto consideraba que aún hubiera podido consumar el delito, de haberlo querido).

2.4.1. Respecto a la hipótesis de subsunción (ii): el delito se encuentra consumado.

2.5 Punibilidad.

No hay condición objetiva de punibilidad, excusa legal absolutoria, u otro elemento de la punibilidad que resulte aplicable.

3. Conclusión.

Respecto de la hipótesis de subsunción (i), el desistimiento exime de responsabilidad por la tentativa de violación o abuso sexual.

Respecto de la hipótesis de subsunción (ii), la punibilidad dependerá de si el criterio de imputación de la *a.l.i.c.* se aplica conforme al modelo de la excepción o al modelo del tipo penal. Siguiendo el modelo de la excepción, la imputación objetiva se determina exclusivamente el tiempo de la autointoxicación y, por lo tanto, en el caso concurren todos sus presupuestos. Lo mismo ocurrirá bajo el modelo del tipo penal si la autointoxicación es preordenada. Pero si la autointoxicación no es preordenada, el modelo del tipo penal conduce a la absolución, pues el robo es un delito que requiere dolo.

Con respecto a la variante. La variante no presenta problema alguno para el modelo de la excepción, pues el error en que incurre A es un error *in persona vel obiecto*, y por consiguiente se aplicará el art. 1° inc. 3°: «El que cometiere el delito será responsable de él e incurrirá en la pena que la ley señale, aunque el mal recaiga sobre persona distinta de aquella a quien se proponía ofender».

Sin embargo, como el modelo del tipo penal exige un «doble dolo», la discrepancia entre el objeto del ataque al tiempo de la autointoxicación y el objeto efectivamente atacado durante la ejecución podría dar lugar a una *aberratio ictus*. Por lo tanto, A sería responsable de una tentativa de violación (o abuso) en la persona de M y de una violación (o abuso) consumada en la persona de J.

CASO 12

Punibilidad de R

1. Cuestiones previas.

1.1. Hechos penalmente relevantes.

Son relevantes tanto el hecho de que R dé crédito a lo que le señala H, como las acciones de apuñalamiento.

1.2. Hipótesis sobre tipo penal aplicable.

Lesiones graves (art. 397) y tentativa incompleta, completa o delito frustrado de homicidio (art. 391 N° 2 y art. 7° inc. 2°).

1.3. Hipótesis sobre forma de intervención del imputado.

Autoría.

1.4. Conducta. ¿Ausencia de acción?

No hay un caso de ausencia de acción (movimientos reflejos, movimientos en estado de inconsciencia, vis absoluta, etc.).

2. Desarrollo.

2.1. En primer lugar, hay que determinar si concurren los *presupuestos positivos generales* de la conducta prohibida (imputación objetiva).

2.1.1. Posición de garante. Carlos es garante por injerencia (deber negativo), ya que, al apuñalar a O, expande su esfera de organización en perjuicio de la víctima.

2.1.2. Instituciones de la imputación objetiva de conductas. En principio, ninguna institución de imputación objetiva de conductas permite desactivar la posición de garante de Carlos:

- apuñalar a otra persona transgrede el riesgo permitido;
- no se trata de un caso de división de ámbitos de responsabilidad entre garantes (principio de confianza);
- tampoco se aplica la institución de la imputación a la víctima, ya que esta solo es pertinente cuando el autor y la víctima organizan conjuntamente la lesión de los bienes jurídicos de esta última;
- sin embargo, sí entra en consideración la posibilidad de que solo H sea responsable del hecho, si es que se determina que H se sirvió de R como de un instrumento que obra coaccionado o en error (prohibición de regreso). Se verá más adelante que este no es el caso.

2.1.2. Instituciones de la imputación objetiva de resultados.

a) Respecto del delito de lesiones. El delito de lesiones es un delito de resultado (la conducta definida en el tipo debe tener relevancia causal y ser explicación prevalente de alguno de los resultados definidos en el art. 397; estos efectos son espaciotemporalmente distinguibles de la conducta).

aa) Relevancia causal (presupuesto de la subsunción). Existe una relación de causalidad entre la conducta de apuñalamiento y las heridas de la víctima según la teoría de la condición modificada (vínculo necesario, de acuerdo con las leyes naturales conocidas), desde una perspectiva ex post.

bb) La conducta es explicación prevalente del resultado. No hay riesgos concurrentes ni confluentes que expliquen alternativamente el resultado de un modo jurídicamente relevante.

b) Respecto del delito de homicidio. El delito de homicidio solo queda en grado de tentativa incompleta, pues lo usual es que para dar muerte a una persona con un arma blanca se requiere un número relativamente elevado de puñaladas (salvo que ellas se asesten quirúrgicamente en ciertas zonas del cuerpo). Por lo tanto, no es pertinente el análisis de la imputación de resultados.

2.2. Concurrencia de los *presupuestos positivos específicos* de la conducta prohibida: subsunción bajo el tipo penal. Todos concurren:

a) Verbo rector: herir, golpear o maltratar de obra (art. 397); matar (en el sentido de realizar una conducta *ex ante* idónea para producir la muerte; art. 391 N° 2).

b) Sujeto activo: se trata de un delito común.
c) Objeto material: otro ser humano vivo.

2.3. Concurrencia de los presupuestos negativos generales de la conducta prohibida: ausencia de una causa de justificación (normas permisivas o de dispensa).

No concurre una causa de justificación, pues en las autorizaciones que emanan de derechos de defensa y necesidad la situación de peligro o la agresión deben existir realmente. Aunque R considera que actúa para evitar un mal mayor (estado de necesidad), el mal amenazante no existe y, por lo tanto, no se encuentra justificado.

2.4. Tentativa

El delito de lesiones graves se encuentra consumado. El delito de homicidio, en cambio, ha alcanzado el grado de una tentativa incompleta. Sin embargo, cuando R advierte que no logra dar muerte a O con las primeras puñaladas, abandona la ejecución. El abandono de la ejecución da lugar a una eximente de desistimiento de la tentativa si:

- la tentativa no se encuentra fallida (no es el caso aquí, pues la consumación sigue siendo posible);
- el sujeto abandona la ejecución (sí es el caso);
- el abandono es voluntario (también es el caso, pues cabe asumir que R consideraba que aún hubiera podido consumar el delito, de haberlo querido).

2.5. Intervención delictiva

R es ejecutor del hecho. Si fuera, además, su autor y no un mero instrumento de H, ostentaría sin lugar a duda el dominio de la acción porque ejecuta de principio a fin la conducta típica. Sería autor de lesiones conforme al art. 397.

2.6. Culpabilidad

a) Imputabilidad. Hay indicios de inimputabilidad. Sin embargo, aunque R parece ser una persona muy poco inteligente, los hechos lo describen solo como una persona «influenciable».
b) Exigibilidad (fuerza irresistible o miedo insuperable). La exigibilidad solo cede ante contextos muy extraordinarios donde la persona obra en un estado de fuerza irresistible o miedo insuperable. No parece ser el caso, aunque sí podría entrar en consideración una atenuante pasional.
c) Evitabilidad individual. R obra intencionalmente y una eventual alegación de desconocimiento de la ilicitud carecería de una fundamentación plausible, pues no realiza conducta alguna para cerciorarse de que el grave hecho que se aprestaba a cometer se encontraba mínimamente justificado.

> Afirmada su imputabilidad, la clase de hecho ejecutado le impide excusarse en que solo estaba siguiendo las instrucciones de H.

En consecuencia, R ha cometido un delito de lesiones graves, mientras que el desistimiento le exime de responsabilidad por la tentativa de homicidio.

Punibilidad de H

En lo sustancial puede aplicarse en análisis de la punibilidad de R. Sin embargo, hay al menos dos puntos que deben ser clarificados especialmente:

1. Inducción vs. autoría mediata de H.

Lo primero es advertir que la solución no viene en todo caso determinada por el tratamiento que se ha dado a R. Conforme a la doctrina predominante, puede haber autoría mediata aun cuando el ejecutor obra de un modo autorresponsable, si es que el autor mediato tenía un conocimiento más completo o acabado de la situación (error sobre el sentido del acto o sobre la motivación).

Pero si se establece que R no ha de ser hecho responsable por falta de exigibilidad o en virtud de un error invencible por el cual no es competente, entonces sí habría que considerar a H como autor mediato de lesiones graves, en concurso con un homicidio frustrado en la persona de O. En este caso se trata de un homicidio frustrado y no de una tentativa incompleta pues del autor mediato sí puede decirse que puso todo de su parte para la consumación, pero esta no se produjo solo por causas independientes de su voluntad (art. 7° inc. 2°).

2. Efectos del desistimiento para H.

Si bien la inducción a un homicidio por lo general comprende la inducción a unas lesiones graves, y por lo tanto en principio no habría problemas para imputar lo mismo tanto al hombre de atrás como al ejecutor —a saber, en este caso, solo lesiones graves en la persona de O—, el asunto no es tan simple. Pues si R es autor mediato, se aplica lo señalado en el apartado anterior en virtud del art. 7° inc. 2°: a las lesiones graves se añade un homicidio frustrado. Si R, en cambio, solo es inductor a un homicidio, ¿le beneficia el desistimiento del ejecutor? La respuesta depende de la forma en que se conciban las relaciones de imputación entre el inductor y el inducido. Si, como se estudió previamente, la inducción exige que la voluntad del inducido esté completamente subordinada a la del inductor, entonces la «insubordinación» del inducido produce un distanciamiento de los respectivos ámbitos de organización. Por eso, en caso de desistimiento de este último, el inductor solo responde por la tentativa del delito desistido.

Con respecto a la variante.

La *punibilidad de R* se analiza del mismo modo que en el caso original, salvo en lo que respecta al desistimiento, que en la variante no concurre, y al problema del error en curso causal que concluye con la muerte de Z en lugar de O. La pregunta es si en este caso se trata de una aberratio ictus (solución de la doctrina mayoritaria) o de un caso que debe ser tratado con un error en la persona (jurisprudencia mayoritaria).

La *punibilidad de H* se analiza del mismo modo que en el caso original, aunque se plantea la pregunta sobre la relevancia para H del error en el curso causal en que incurre R. Aquí hay que recordar que la respuesta es diferenciada y debe encontrarse caso a caso según el grado de detalle con el cual el inductor ha determinado la ejecución. Como aquí H no ha determinado la ejecución en modo alguno, el error del inducido no le perjudica y solo responderá de la inducción al homicidio consumado de una persona, y no también de la inducción al homicidio frustrado de otra.

Más problemática es en la *punibilidad de B*. B es garante respecto de la muerte de Z, pues se trata de un caso de conocimientos individuales que el autor inserta en el contexto. Esto permite afirmar que la injerencia no se encuentra desactivada por el riesgo permitido. Conforme a la doctrina tradicional, pareciera que la conducta de B no se ajusta a ninguna de las formas punibles de intervención en un hecho delictivo:

- B no es autor de homicidio, pues no ejecuta el hecho, ni inmediata ni mediatamente, ni tampoco junto con R;
- B no es inductor ni cómplice de un homicidio, pues el hecho principal del que podría responder no es doloso. Pero incluso si no se exigiera que el hecho principal fuera doloso:
    - no hay inducción pues no es directa, y R es un *omnimodo facturus* respecto de la acción que realizó; además, el error en el curso causal no guarda relación con la inducción indirecta consistente en «ubicar a Z» cerca del disparo;
    - no hay complicidad, pues B no colabora con la ejecución del hecho en el sentido del art. 16 (aunque B efectivamente sitúa a Z en el lugar, pero el sentido de esta conducta no es favorecer el proyecto delictivo de R).
- B tampoco es autor de un cuasidelito de homicidio en la persona de Z, pues no se dan los presupuestos de los arts. 490 y 492: No es *su hecho* el imprudente, sino el de R.

Solo entra en consideración una instrumentalización de R por parte de B, pero en términos que dejen subsistente la responsabilidad del primero.

CASO 13

1. Cuestiones previas.

1.1. Hechos penalmente relevantes.

Es conveniente dividir el análisis en dos aristas: (i) envío de los pasteles envenenados para que Marcela aborte y muera, y (ii) envío de los pasteles envenenados a la casa de Marcela, los cuales son consumidos por Olga y le producen la pérdida definitiva de la visión.

1.2. Hipótesis sobre el tipo penal aplicable.

La primera arista se analiza bajo la perspectiva del femicidio íntimo (art. 390 bis) y el aborto del tercero sin violencia y sin consentimiento (art. 342 N° 2); la segunda considera el delito de lesiones graves gravísimas (art. 397 N° 1).

1.3. Hipótesis sobre la forma de intervención Óscar y Gilberto.

Autoría, autoría mediata o inducción respecto de Óscar, y complicidad, instrumento no doloso o autor en relación con Gilberto.

1.4. Conducta. ¿Ausencia de acción?

No hay un caso de ausencia de acción (casos en que falta la evitabilidad física de la acción —movimientos reflejos, movimientos en estado de inconsciencia, vis absoluta, etc.).

2. Desarrollo.

2.1. Arista 1.

2.1.1. En primer lugar, hay que determinar si concurren los presupuestos positivos generales de la conducta prohibida (imputación objetiva).

a) Posición de garante. Es discutible si con respecto a la criatura que está por nacer Óscar es garante en virtud de la relación paternofilial (deber positivo) o solo por injerencia. Como no hay aquí un problema de conocimientos especiales, la cuestión podría ser irrelevante. Respecto de Marcela, también podría plantearse si es garante por injerencia o por confianza especial. Como Óscar y Marcela habían cesado la convivencia al tiempo de los hechos, parece razonable asumir solo injerencia. En el caso de Gilberto, su posición de garante se funda sin duda en la injerencia.
b) Instituciones de la imputación objetiva de conductas. El envío de pasteles envenados para que alguien se alimente con ellos transgrede el riesgo

permitido. Ninguna institución de imputación objetiva de conductas desactiva la posición de garante.

c) Instituciones de la imputación objetiva de resultados. No son pertinentes, pues en esta arista los resultados no se producen.

2.1.2. Concurrencia de los *presupuestos positivos específicos* de la conducta prohibida: subsunción bajo el tipo penal.

2.1.2.1. Femicidio íntimo (art. 390 bis):

a) Verbo rector: matar (realización de una acción *ex ante* idónea para producir la muerte).
b) Sujeto activo: un hombre que tiene o ha tenido un hijo o una relación de pareja con la víctima.
c) Objeto material: una mujer.
d) Resultado: la muerte de la víctima.
e) Circunstancia agravante: encontrarse la víctima embarazada.

En el caso concurren todos estos presupuestos, salvo el resultado de muerte.

2.1.2.2. Aborto causado del tercero sin violencia y sin consentimiento de la mujer (art. 342 N° 2)

a) Verbo rector: matar (realización de una acción *ex ante* idónea para producir la muerte).
b) Sujeto activo: cualquier persona distinta a la madre o facultativo.
c) Objeto material: criatura que está por nacer.
d) Resultado: muerte de la víctima.

En el caso concurren todos estos presupuestos, salvo el resultado de muerte.

2.1.3. Concurrencia de los *presupuestos negativos generales* de la conducta prohibida: ausencia de una causa de justificación (normas permisivas o de dispensa).

No concurren causas de justificación, por lo que el hecho es antijurídico.

2.1.4. Tentativa.

Tanto el delito de aborto como el de femicidio se encuentran frustrados, ya que el autor puso todo de su parte para que los delitos se consumaran, pero esto no sucedió por causas independientes de su voluntad (art. 7 inc. 2°).

2.1.5. Intervención delictiva.

2.1.5.1. Gilberto. La última persona que actúa es Gilberto, quien llevó los pasteles envenenados a casa de Marcela. Sin embargo, él no tenía conocimiento de que los pasteles estaban envenenados ni tenía el deber de verificar si lo estaban. Este déficit en el plano de la imputación obliga a descartar su intervención punible en el hecho como autor, coautor o cómplice. Conforme a la teoría del dominio del hecho, Gilberto solo pudo cumplir el rol de instrumento no doloso.

2.1.5.2. Óscar. Gilberto actúa deficitariamente desde el punto de vista de la imputación. Sin embargo, Óscar es competente por tal déficit y se aprovecha de él; por lo tanto, es autor mediato.

2.1.6. Culpabilidad.

a) Imputabilidad. No hay antecedentes de inimputabilidad por minoría de edad o trastorno mental permanente o transitorio.

b) Exigibilidad. Tampoco hay antecedentes de inexigibilidad de una motivación conforme a la norma (fuerza irresistible, miedo insuperable).

c) Evitabilidad individual.

aa) Dolo. El dolo es la atribución de una voluntad de actuar pese al juicio serio de que es probable la realización del tipo como consecuencia evitable de la conducta. Óscar sabe que está enviando pasteles envenenados a Marcela, quien está embarazada, con una dosis suficiente para ser mortal. Respecto del femicidio íntimo basta con lo dicho. Respecto del delito de aborto, la doctrina predominante interpreta la expresión «maliciosamente» contenida en el art. 342 como una exigencia de «dolo directo». Dado que Óscar tiene la intención de matar a la criatura y a su madre, concurriría también en el caso esta exigencia subjetiva mayor. Óscar actúa con dolo en relación con ambas realizaciones típicas.

bb) Error. Óscar dirigió su conducta para producir la muerte de Marcela y la criatura, pero en la realidad se produjo la pérdida de visión de Olga (al analizar esta Arista 1 asumiremos que concurren todos los requisitos para atribuir una delito doloso de lesiones en la persona de Olga). No se trata aquí de un error irrelevante en la persona, ya que la acción estaba dirigida desde un comienzo hacia los objetos que el autor se proponía lesionar. Se trata, por tanto, de un error en el curso causal.

(i) Relevancia del error. Ello exige analizar, en primer lugar, si el error es relevante. Tanto conforme a la teoría de la persistencia hipotética de la resolución delictiva, como según la «fórmula de Cury» corregida (las circunstancias que constituyen la tipicidad del riesgo inicial, y que el autor ha creado conscientemente, son al mismo tiempo necesarias para la explicación causal del resultado concreto), el error es relevante.

(ii) Efectos del error. ¿Se trata de un caso de *aberratio ictus*? Hay consenso en que existe *aberratio ictus* cuando entre el objeto del ataque y el objeto de la lesión hay una diferencia de género típicamente relevante. En el caso ocurre precisamente esto: los objetos del ataque son la criatura por nacer y la exconviviente, mientras que el objeto lesionado es una persona cualquiera, jurídicamente hablando; esta diferencia es típicamente relevante pues los delitos de aborto y femicidio tienen un estatuto diverso del delito de lesiones.

2.1.7. Solución penológica.

La solución penológica de un caso como este es objeto de estudio en el capítulo relativo al concurso de delitos. Sin embargo, se puede anticipar que, atendido lo dispuesto en el art. 390 quáter N° 1, que contempla como circunstancia agravante el hecho de que la víctima del femicidio esté embarazada, es plausible sostener que ha de tratarse el aborto frustrado y el femicidio frustrado como un concurso de leyes, pues de lo contrario la agravante nunca podría operar en virtud del art. 63. Atendida la opción del legislador, este concurso se resolvería por subsidiariedad tácita a favor del femicidio frustrado de Marcela, delito que entraría en concurso ideal con las lesiones gravísimas consumadas en la persona de Olga. Así, la solución de la *aberratio ictus* consistiría en imponer la pena mayor del delito más grave, en este caso, la de las lesiones gravísimas.

2.2. Arista 2.

El examen del error en el curso causal en la Arista 1 permite resolver prima facie la Arista 2. Sin embargo, esta arista debe analizarse también por separado en los aspectos donde hay diferencias.

2.2.1. Presupuestos positivos generales de la conducta prohibida (imputación objetiva).

- a) Posición de garante. Óscar es garante por injerencia (deberes negativos), ya que, al enviar pasteles envenenados expande su esfera de organización en perjuicio de terceros.
- b) Instituciones de la imputación objetiva de conductas. Ninguna institución de imputación objetiva de conductas desactiva la posición de garante.
- c) Instituciones de la imputación objetiva de resultados. El delito de lesiones es un delito de resultado en cuanto exige la producción de un efecto espaciotemporalmente distinguible de la conducta de herir, golpear o maltratare de obra a otro.
- aa) Relevancia causal (presupuesto de subsunción). Existe una relación de causalidad entre la conducta de envío de los pasteles y el resultado de

lesión según la teoría de la condición modificada (vínculo necesario, de acuerdo con las leyes naturales conocidas), desde una perspectiva ex post.

bb) La conducta es explicación prevalente del resultado. No hay riesgos concurrentes ni confluentes que expliquen el resultado en forma jurídicamente relevante.

2.2.2. Concurrencia de los presupuestos positivos específicos de la conducta prohibida: subsunción bajo el tipo penal.

a) Verbo rector: herir, golpear o maltratar de obra.
b) Sujeto activo: se trata de un delito común.
c) Objeto material: otro.
d) Resultado: la pérdida de visión se considera un impedimento de un miembro importante.

Concurren en la especie todos los presupuestos específicos del delito de lesiones gravísimas.

2.2.3. Tentativa

El delito de lesiones gravísimas se encuentra consumado.

2.2.4. Culpabilidad

Desde la Arista 2 podría plantearse que Óscar habría determinado el objeto del ataque solo de manera general y mediata, por la forma ambigua en que habría configurado la actuación de los medios de ataque. De ser así, en la especie no concurriría una *aberratio ictus* sino solo un irrelevante error *in persona vel obiecto*. Esto es posible, pero para establecerlo sería necesario contar con más antecedentes de contexto, como por ejemplo el grado de probabilidad con que Olga tendría acceso a los alimentos envenenados y de que, pese a estar dirigidos mediante una tarjeta a su hija, comiera de ellos.

Si se descarta la hipótesis del error *in persona vel obiecto*, la solución del caso es la que se indica en el punto 2.1.7.

CASO 14

1. Cuestiones previas.

1.1. Hechos penalmente relevantes.

Es conveniente dividir los hechos penalmente relevantes en dos: (i) el disparo de JMC sobre Villegas Ahumada, y (ii) los dos disparos que efectuó en dirección a un tercer sujeto no identificado, impactando uno de esos disparos al vehículo conducido por Molina Meza.

1.2. Hipótesis sobre el tipo penal aplicable.

En relación con el primer hecho, es pertinente analizar las figuras delictivas de lesiones graves (art. 397) y homicidio simple (art. 391 N° 2), y respecto al segundo, daños (art. 487 inc. 1°) y homicidio simple (art. 391 N° 2) en relación con el art. 7° (tentativa y frustración).

1.3. Hipótesis sobre la forma de intervención del imputado: autoría.

1.4. Conducta. ¿Ausencia de acción? No hay un caso de ausencia de acción (movimientos reflejos, movimientos en estado de inconsciencia, vis absoluta, etc.).

2. Desarrollo.

2.1. Hecho 1.

Se analizará, en primer lugar, la punibilidad de JMC a la luz de los tipos penales lesiones graves y de homicidio simple.

2.1.1. Lesiones graves.

2.1.1.1. En primer lugar, hay que determinar si concurren los presupuestos positivos generales de la conducta prohibida (imputación objetiva).

a) Posición de garante. El imputado es garante por injerencia, ya que, al disparar, expande su ámbito de organización a costa del que corresponde a Villegas Ahumada.
b) Instituciones de la imputación objetiva de conductas. Ninguna institución de imputación objetiva de conductas permite descartar la imputación:
   - Disparar a otra persona transgrede el riesgo permitido.
   - No se trata de un caso de división de trabajo (principio de confianza), ni tampoco de uno en que la conducta de terceras personas pueda ser relevante (prohibición de regreso).
   - No se aplica la institución de la imputación a la víctima, ya que esta se refiere a aquellas constelaciones en que el autor y la víctima organizan conjuntamente la lesión de los bienes jurídicos de esta última (recordar, eso sí, que para que opere esta institución no es necesario que se trate de una actuación cooperativa o colaborativa; la organización conjunta puede establecerse también desde un punto de vista objetivo, como cuando el autor y la víctima son garantes de controlar los mismos riesgos, *v. gr.* en el tráfico vial).

c) Instituciones de la imputación objetiva de resultados. El delito de lesiones es un delito de resultado en cuanto exige la producción de un efecto espaciotemporalmente distinguible de la conducta de herir, golpear o maltratar de obra a otro.

aa) Relevancia causal (presupuesto de subsunción). Existe una relación de causalidad entre la conducta y el resultado de lesiones según la teoría de la condición modificada, desde una perspectiva *ex post*.

bb) La conducta es explicación prevalente del resultado. No hay riesgos concurrentes ni confluentes que expliquen el resultado en forma jurídicamente relevante.

2.1.1.2. Concurrencia de los *presupuestos positivos específicos* de la conducta prohibida: subsunción bajo el tipo penal.

a) Verbo rector: herir, golpear o maltratar de obra.
b) Sujeto activo: delito común.
c) Objeto material: otra persona.
d) Resultado: consecuencias físicas de la conducta definidas en el art. 397.

Todos estos presupuestos concurren en la especie.

2.1.1.3. Concurrencia de los *presupuestos negativos generales* de la conducta prohibida: ausencia de una causa de justificación (normas permisivas o de dispensa).

No existiendo una agresión antijurídica actual por parte de la víctima, no concurre legítima defensa ni alguna otra causa de justificación.

2.1.1.4. Tentativa.

El delito de lesiones se encuentra consumado.

2.1.1.5. Intervención delictiva.

JMC es autor conforme al art. 397 pues ostenta el dominio de la acción ya que ejecuta de principio a fin la conducta típica.

2.1.1.6. Culpabilidad.

a) Imputabilidad. No hay antecedentes de inimputabilidad por minoría de edad o trastorno mental permanente o transitorio.
b) Exigibilidad. Tampoco hay antecedentes de inexigibilidad de una motivación conforme a derecho (fuerza irresistible, miedo insuperable).
c) Evitabilidad individual. El dolo es la atribución de una voluntad de actuar pese al juicio serio de que es probable la realización del tipo como

consecuencia evitable de la conducta. En este caso es posible atribuir dolo respecto de las lesiones.

2.1.2. Homicidio simple.

El análisis precedente muestra que se cumplen los presupuestos para sancionar al JMB por un delito consumado de lesiones graves. La pregunta es si también corresponde imputarle un delito de homicidio frustrado. Si la respuesta fuera afirmativa, una de las dos figuras tendría que primar, desplazando a la otra (concurso aparente de leyes).

A continuación, se analizan únicamente los aspectos en que el análisis del homicidio difiere del de las lesiones.

2.1.2.1. Tentativa.

El delito se encuentra frustrado, ya que el autor puso de su parte todo lo necesario para producir la muerte de la víctima, pero esto no se verificó por causas independientes de su voluntad. En concreto, la lesión producida por el proyectil fue insuficiente para producir la muerte (art. 7).

2.1.2.2. Culpabilidad.

Según la jurisprudencia tradicional de la Corte Suprema y una parte de la doctrina, el denominado «dolo eventual» —el sujeto se representa el resultado como posible y lo acepta en su voluntad para el caso de que se realice— sería incompatible con la punibilidad por tentativa o delito frustrado. Asumiendo esta posición como correcta —no lo es—, resulta necesario determinar si en la especie puede atribuirse dolo directo o dolo eventual.

Al respecto, cabe tener en cuenta que JMB utilizó un arma de fuego, munición altamente letal, disparó contra una masa densa de personas (lo que incrementaba la probabilidad de impactar a una de ellas), hizo puntería y disparó a corta distancia. Todo ello podría considerarse suficiente para atribuir intención o dolo directo. Por otro lado, hay que recordar que según la jurisprudencia y doctrina ampliamente mayoritarias, el dolo directo exige un alto grado de concreción del objeto del ataque, de modo que el autor debe formular el juicio práctico de actuación en relación con un objeto cierto y determinado, que ha identificado y definido previamente.

La atribución de dolo directo o eventual en el caso analizado depende, en el marco de la doctrina tradicional, de esta disyuntiva. Desde la perspectiva del curso esto es, sin embargo, irrelevante, no solo porque la tentativa es punible con cualquier «clase» de dolo, sino porque la misma distinción entre dolo directo y dolo eventual es implausible en sede de imputación penal. En la especie, esto lleva a afirmar la imputación de un delito de homicidio frustrado, que desplazaría a las lesiones simplemente graves consumadas.

2.2. Hecho 2.

Punibilidad de JMC en relación con los dos disparos que efectuó en dirección al tercer sujeto no identificado, uno de los cuales impactó el vehículo conducido por Molina Meza, que se encontraba más atrás y en la línea de fuego. El análisis se realiza bajo la perspectiva del tipo penal daños (art. 487 inc. 1°) y del homicidio simple (art. 391 inc. 1°) en relación con el art. 7°.

2.2.1. Daños.

2.2.1.1. En primer lugar, hay que determinar si concurren los presupuestos positivos generales de la conducta prohibida (imputación objetiva).

a) Posición de garante. El imputado es garante por injerencia.
b) Instituciones de la imputación objetiva de conductas. Ninguna institución de imputación objetiva de conductas desactiva la posición de garante.
c) Instituciones de la imputación objetiva de resultados. El delito de daños es un delito de resultado, de modo que es pertinente analizar:
aa) Relevancia causal (presupuesto de subsunción). Existe una relación de causalidad entre la conducta de disparo del imputado y el resultado de daños en el vehículo ajeno según la teoría de la condición modificada.
bb) La conducta es explicación prevalente del resultado, pues no hay riesgos concurrentes ni confluentes que expliquen el resultado en forma jurídicamente relevante.

2.2.1.2. Concurrencia de los presupuestos positivos específicos de la conducta prohibida: subsunción bajo el tipo penal.

a) Verbo rector: causar daños.
b) Sujeto activo: delito común.
c) Objeto material: propiedad ajena.
d) Resultado: afectación relevante de la integridad o funcionalidad de la cosa.

En la especie concurren todos estos elementos.

2.2.1.3. Concurrencia de los presupuestos negativos generales de la conducta prohibida: ausencia de una causa de justificación (normas permisivas o de dispensa).

No concurren causas de justificación, por lo que el hecho es antijurídico. En particular, no existe una agresión ilegítima actual por parte de la víctima respecto del autor.

La agresión antijurídica de un tercero, el desconocido que lanzó un objeto al vehículo de JMC, era una persona distinta de la víctima de los daños, que es el propietario del vehículo. Respecto de esta tampoco se dan los presupuestos del estado de necesidad agresivo.

2.2.1.4. Tentativa.

El delito de daños se encuentra consumado.

2.2.1.5. Intervención delictiva.

Si el delito fuera doloso, JMC sería autor, pues tendría el control de la acción al realizar íntegramente y de propia mano la conducta típica. Si el delito es imprudente, es autor por el hecho de condicionar la producción del resultado (concepto unitario de base causal).

2.2.1.6. Culpabilidad.

a) Imputabilidad. No hay antecedentes de inimputabilidad por minoría de edad o trastorno mental permanente o transitorio.
b) Exigibilidad. Podría argumentarse que el lanzamiento del objeto en contra del vehículo de JMC provocó en este una situación de exigibilidad disminuida. Sin embargo, no concurre la eximente de miedo insuperable, por cuanto JMC no experimenta la amenaza de un mal grave, serio e inminente, como demuestra el hecho de que, luego de que el tercero no identificado lanzara el objeto, JMC detuvo el vehículo y descendió de este. Como mucho entraría en consideración la circunstancia atenuante del art. 11 N° 3 —«haber precedido inmediatamente de parte del ofendido, provocación o amenaza proporcionada al delito»—, aunque, como se verá, en este caso se verifica una hipótesis de error en el golpe.
c) Evitabilidad individual. JMC dirige su acción contra el tercero no identificado que lanzó el objeto, pero por un error de puntería —que es un error relevante sobre el curso causal— alcanza el vehículo conducido por Molina Meza. Como entre el objeto del ataque y el objeto lesionado hay una diferencia de género (en sentido lógico) típicamente relevante (vida humana vs. propiedad ajena), se trata de un caso de *aberratio ictus* o error en el golpe. Hay que recordar que, a diferencia de lo que ocurre en el error en la persona, el autor no solamente sufre un error en la identidad del objeto lesionado, sino que anticipa otro curso causal con un objeto del ataque diferente.

Según la opinión predominante en la doctrina, la *aberratio ictus* da lugar a dos delitos que se cometen por medio de una misma conducta. Respecto del objeto lesionado, y debido a la desviación relevante en el curso causal, el sujeto responde como mucho a título de culpa, es decir, por un delito imprudente. Respecto del objeto del ataque, el sujeto responde por un delito doloso frustrado, pues se realiza el presupuesto de aplicación del art. 7° inc. 2°.

En este caso, sin embargo, ocurre que el delito de daños es un delito doloso; los daños imprudentes no son típicos. Por lo tanto, solo cabría sancionar a JMC por el delito de homicidio frustrado respecto del tercero no identificado, según se analizará a continuación.

2.2.2. Homicidio simple.

2.2.2.1. En primer lugar, hay que determinar si concurren los presupuestos positivos generales de la conducta prohibida (imputación objetiva). Todos ellos concurren, en la medida en que puede aplicarse aquí también el análisis precedente. Como el resultado no se produce, sin embargo, debe prescindirse del examen de su imputación objetiva.

2.2.2.2. Concurrencia de los presupuestos positivos específicos de la conducta prohibida: subsunción bajo el tipo penal.

a) Verbo rector: matar (en el sentido de desplegar una conducta idónea *ex ante* para producir la muerte de una persona).
b) Sujeto activo: se trata de un delito común.
c) Objeto material: otro ser humano.
d) Resultado: muerte.

En el caso concurren todos estos presupuestos, salvo el resultado de muerte.

2.2.2.3. Concurrencia de los presupuestos negativos generales de la conducta prohibida: ausencia de una causa de justificación (normas permisivas o de dispensa).

No concurren causas de justificación, por lo que el hecho es antijurídico. En particular, la agresión ilegítima consistente en el lanzamiento de un objeto sobre el vehículo de JMC se encuentra agotada y, por lo tanto, ya no se puede impedir o repeler; por otro lado, entre los hechos probados no hay antecedentes de que el tercero se dispusiera a atacar nuevamente a JMC.

2.2.2.4. Tentativa.

El delito homicidio se encuentra frustrado, pues JMC puso de su parte todo lo necesario para que el resultado de muerte se produjera (se baja del vehículo, apunta y dispara el arma de fuego), pero ello no ocurrió por causas independientes de su voluntad.

2.2.2.5. Intervención delictiva.

JMC es autor, ya que posee el dominio de la acción al realizar de propia mano la totalidad del hecho.

2.2.2.6. Culpabilidad.

Con respecto a la imputabilidad y la exigibilidad basta con remitirse al análisis precedente.

Con respecto a la evitabilidad individual, al ser este un caso de *aberratio ictus*, donde, sin embargo, una de las figuras resultantes no es típica porque solo se castiga en la medida en que pueda atribuirse dolo al autor (daños), corresponde sancionar a JMC por el delito de homicidio frustrado. En efecto, JMC actúa con dolo al disparar contra el tercero no identificado, anticipando la muerte al menos como posible y evitable consecuencia de su conducta.

CASO 15

1. Cuestiones previas.

1.1. Hechos penalmente relevantes.

Es pertinente dividir los hechos penalmente relevantes en dos: (i) el disparo de Carlos sobre Rubén, y (ii) la conducta de Carlos con posterioridad al disparo.

1.2. Hipótesis sobre tipo penal aplicable.

Lesiones graves (art. 397) y homicidio (art. 391 N° 2).

1.3. Hipótesis sobre forma de intervención del imputado.

Autoría.

1.4. Conducta. ¿Ausencia de acción?

No hay un caso de ausencia de acción (movimientos reflejos, movimientos en estado de inconsciencia, vis absoluta, etc.).

2. Desarrollo.

2.1. Hecho 1.

Analizaremos, en primer lugar, el disparo de Carlos sobre Rubén a la luz del tipo penal lesiones graves (art. 397).

2.1.1. En primer lugar, hay que determinar si concurren los *presupuestos positivos generales* de la conducta prohibida (imputación objetiva).

a) Posición de garante. Carlos es garante por injerencia (deber negativo), ya que, al disparar, expande su esfera de organización en perjuicio de la de Rubén.

b) Instituciones de la imputación objetiva de conductas. Ninguna institución de imputación objetiva de conductas permite desactivar la posición de garante de Carlos:

- disparar sobre otra persona transgrede el riesgo permitido;
- no se trata de un caso de división de ámbitos de responsabilidad entre garantes (principio de confianza) ni de uno en que el hecho pueda ser competencia de un tercero (prohibición de regreso);
- tampoco se aplica la institución de la imputación a la víctima, ya que esta solo es pertinente cuando el autor y la víctima organizan conjuntamente la lesión de los bienes jurídicos de esta última (sin perjuicio de que en el marco de la legítima defensa, que analizaremos enseguida, el agresor injusto es plenamente competente por el riesgo que crea la intervención).

c) Instituciones de la imputación objetiva de resultados. El delito de lesiones es un delito de resultado (la conducta definida en el tipo debe tener relevancia causal y ser explicación prevalente de alguno de los resultados definidos en el art. 397; estos efectos son espaciotemporalmente distinguibles de la conducta).

aa) Relevancia causal (presupuesto de la subsunción). Existe una relación de causalidad entre la conducta de disparo del imputado y el resultado de herida de la víctima según la teoría de la condición modificada (vínculo necesario, de acuerdo con las leyes naturales conocidas), desde una perspectiva ex post.

bb) La conducta es explicación prevalente del resultado. No hay riesgos concurrentes ni confluentes que expliquen alternativamente el resultado de un modo jurídicamente relevante.

2.1.2. Concurrencia de los *presupuestos positivos específicos* de la conducta prohibida: subsunción bajo el tipo penal. Todos concurren:

a) Verbo rector: herir, golpear o maltratar de obra.

b) Sujeto activo: se trata de un delito común.

c) Objeto material: otro ser humano vivo.

2.1.3. Concurrencia de los presupuestos negativos generales de la conducta prohibida: ausencia de una causa de justificación (normas permisivas o de dispensa).

Especialmente relevante en este caso resulta la pregunta sobre la antijuricidad del disparo de Carlos sobre Rubén, ya que aquel asumía que la víctima estaba a punto de dispararle a su hijo, por lo que cabe pensar en la concurrencia de la justificante de legítima defensa de parientes, consagrada en el art. 10 N° 5.

El primer requisito de la legítima defensa es la existencia real de una agresión ilegítima por parte de quien sufre la intervención. Según la doctrina, para que exista una agresión real es necesario que exista objetivamente, conforme a un juicio *ex post*. En el caso cabe preguntarse si el hecho de que el arma de Rubén se encontrara asegurada impide dar por concurrente este requisito. La Corte Suprema, en la sentencia del Rol 1338-1998, respondió afirmativamente esta pregunta y descartó una legítima defensa ya por falta de agresión. La conducta de Carlos sería antijurídica.

2.1.4. Tentativa.

El delito de lesiones graves se encuentra consumado.

2.1.5. Intervención delictiva.

Carlos es autor conforme al art. 397. Según la teoría del dominio del hecho, ostenta sin lugar a duda el dominio de la acción porque ejecuta de principio a fin la conducta típica.

2.1.6. Culpabilidad.

a) Imputabilidad. No hay antecedentes de inimputabilidad por minoría de edad o trastorno mental permanente o transitorio.
b) Exigibilidad (fuerza irresistible o miedo insuperable). Excluida la legítima defensa, entra en consideración una posible ausencia de exigibilidad, ya que Carlos pudo haber obrado impulsado por el miedo insuperable a que su hijo perdiese la vida. Los antecedentes del caso, sin embargo, no permiten configurar plausiblemente esta excusa, especialmente en el contexto de personas acostumbradas a portar y manipular armas de fuego.
c) Evitabilidad individual. Carlos obra intencionalmente respecto de las lesiones, que son una consecuencia obvia de la acción de disparar sobre otra persona con un arma de fuego. Sin embargo, todo indica que asumía que su conducta estaba justificada por legítima defensa, es decir, concurre una «legítima defensa putativa». Según la doctrina dominante (teoría limitada de la culpabilidad), al error sobre los presupuestos fácticos sobre

una causa de justificación se le da el mismo tratamiento que al error de tipo: si es evitable, se excluye el dolo, pero subsiste el delito imprudente (de encontrarse tipificado); si es inevitable, se excluye el dolo y la culpa —luego, no hay imputación subjetiva (y por tanto no hay delito). En este caso, el error es invencible —no es exigible superarlo o salir de él—, porque para Castro era imposible notar que la pistola se encontraba con el seguro puesto, menos aún ante el peligro inminente que, según él creyó, amenazaba a su hijo.

En consecuencia, el Hecho 1 corresponde a una conducta típica y antijurídica de lesiones graves, pero no culpable, de modo que Carlos está exento de responsabilidad penal debido a ella.

2.2. Hecho 2.

Consiste en haber dejado Carlos a Rubén herido en un lugar despoblado, retirándose del lugar y sin avisar a nadie que pudiera prestarle asistencia médica, a todo lo cual siguió la muerte de Rubén. Por consiguiente, el hecho debe analizarse desde la perspectiva del homicidio regulado en el art. 391, en la hipótesis de comisión por omisión.

2.2.1. En primer lugar, hay que determinar si concurren los *presupuestos positivos generales* de la conducta prohibida (imputación objetiva).

a) Posición de garante. Carlos es garante respecto de la muerte de Rubén en virtud de injerencia. El hecho de que se encuentre exculpado por error invencible no afecta en nada la posición de garante. También cabría considerar la competencia de Marcelo y Juan por infracción de un deber de solidaridad, pero no se analizará en este lugar.

b) Instituciones de la imputación objetiva de conductas. Ninguna institución de imputación objetiva de conductas permite desactivar la posición de garante de Carlos:
   - la no supresión del estado riesgoso creado por el disparo previo y la ausencia de intervención que permiten su agravamiento constituyen riesgos no permitidos;
   - no se trata de un caso de división de ámbitos de responsabilidad entre garantes (principio de confianza) ni de uno en que el hecho pueda ser competencia de un tercero (prohibición de regreso) en términos relevantes para la responsabilidad de Carlos, aunque entra en consideración la competencia de Marcelo y Juan por la infracción de un deber de solidaridad;

- tampoco se aplica la institución de la imputación a la víctima, pues esta solo es pertinente cuando el autor y la víctima organizan conjuntamente la lesión de los bienes jurídicos de esta última. Incluso si se hubiera acogido una legítima defensa, donde el agresor injusto es plenamente competente por el riesgo que crea la intervención, la justificación solo habría venido a desactivar uno de los presupuestos positivos de la antijuridicidad de la conducta.

c) Instituciones de la imputación objetiva de resultados. El delito de homicidio es un delito de resultado.

aa) Relevancia causal (presupuesto de la subsunción). Como la hipótesis de subsunción en este caso es un delito de comisión por omisión, la relevancia causal no es pertinente. Las omisiones no son causa de un resultado en el sentido de la teoría de la condición modificada, por lo que todo depende de la posibilidad de considerar que la conducta explica prevalentemente el resultado desde un punto de vista jurídico.

bb) La conducta omisiva de Carlos es, en efecto, la explicación prevalente del resultado. No hay riesgos concurrentes ni confluentes que expliquen alternativamente el resultado de un modo jurídicamente relevante.

2.2.2. Concurrencia de los *presupuestos positivos específicos* de la conducta prohibida: subsunción bajo el tipo penal. Todos concurren:

a) Leyendo el tipo penal en clave omisiva, se configura la conducta de «dejar morir» a otro.
b) Sujeto activo: se trata de un delito común.
c) Objeto material: otro ser humano vivo.

2.2.3. Concurrencia de los presupuestos negativos generales de la conducta prohibida: ausencia de una causa de justificación (normas permisivas o de dispensa).

No concurre una causa de justificación.

2.2.4. Tentativa.

El delito de homicidio se encuentra consumado.

2.2.5. Intervención delictiva.

Carlos es autor conforme al art. 391 N° 2. Al tratarse de un delito omisivo, es discutible si se puede aplicar la teoría del dominio del hecho. En todo caso, es claro que el deber de auxilio del garante por injerencia recae precisamente en él y que, en ausencia de conductas relevantes de otros garantes, a él ha de corresponder la responsabilidad a título de autoría.

2.2.6. Culpabilidad.

a) Imputabilidad. No hay antecedentes de inimputabilidad por minoría de edad o trastorno mental permanente o transitorio.

b) Exigibilidad (fuerza irresistible o miedo insuperable). No existen antecedentes de inexigibilidad de otra conducta.

c) Evitabilidad individual. Aunque los hechos del caso son escuetos respecto de los presupuestos de la imputación subjetiva, el tipo de heridas que produce un disparo y la ausencia de otras personas en un sector completamente rural favorecen la imputación de dolo, es decir, la apreciación de que Carlos toma en serio la posibilidad de que Rubén no sea auxiliado por ninguna otra persona y fallezca como consecuencia de las heridas.

En consecuencia, el Hecho 2 corresponde a una conducta típica, antijurídica y culpable de homicidio en comisión por omisión, punible conforme al art. 391 N° 2.

2.3. Otras consideraciones.

Como a juicio de la Corte no hay legítima defensa, todos los efectos del disparo son de plena competencia del defensor putativo, las inmediatas y las que siguen. Pero si la Corte hubiera afirmado la legítima defensa, como Carlos ha creado un riesgo especial existiría un cambio de objeto en la posición de garante. En este caso el defensor no habría sido competente por la herida de bala causada inicialmente, pero sí lo hubiera sido por las consecuencias ulteriores y evitables que tienen lugar una vez que desaparece la agresión.

Es decir, tal como la sentencia resuelve el problema de la legítima defensa, el caso es sencillo, pues se trata objetivamente de un homicidio simple sin más. El sujeto es garante por injerencia debido al disparo. El resto de los problemas pertenecen a la imputación subjetiva, en relación las consecuencias que tiene el hecho de que el defensor haya considerado que había una agresión ilegítima actual o inminente. Lo interesante es que si la Corte hubiera acogido la legítima defensa, como el disparo constituye de todos modos la creación de un riesgo especial, hubiera subsistido la posición de garante por injerencia, pero con un objeto diverso —ya que el disparo y la herida inicial se encuentran amparados por la justificante—, el empeoramiento de la lesión hasta la producción de la muerte.

¿Por qué no es aplicable la falta de omisión de socorro de art. 494 N° 14? Porque Carlos es garante por injerencia. El delito de omisión de socorro solo tiene aplicación respecto de quien no es garante en virtud de un deber positivo o negativo, sino solo de un deber de solidaridad.

CASO 16

Se recomienda iniciar el análisis con la punibilidad de Coco López, al ser el autor en sentido de la teoría objetivo-formal.

I. PUNIBILIDAD DE COCO LÓPEZ.

1. Cuestiones previas.

1.1. Hechos penalmente relevantes.

- Lesiones de Ros por los primeros dos disparos de Coco López (Hecho 1).
- Muerte de Griselda por el tercer disparo de Coco López (Hecho 2).

¿Hay unidad de acción entre los tres disparos? Entre los dos primeros, sin duda: ambos afectan a la misma víctima, esto es, a Ros. Pero el tercero afecta a una víctima distinta, Griselda. Luego, dado que la vida y la integridad física solo pueden lesionarse en la persona de cada víctima y no es posible considerar a varias víctimas como una sola, se entenderá que se trata de dos hechos distintos.

1.2. Víctima(s): Ros (Hecho 1) y Griselda (Hecho 2).

1.3. Hipótesis sobre tipo(s) penal(es) aplicable(s)

- Respecto de Ros: lesiones simplemente graves (art. 397 N° 2) y homicidio calificado (art. 391 N° 1).
- Respecto de Griselda: homicidio simple (art. 391 N° 2).

1.4. Hipótesis sobre forma de intervención del imputado: autoría.

1.5. Conducta. ¿Ausencia de acción? No se presenta un caso de ausencia de acción (movimientos reflejos, movimientos en estado de inconsciencia, vis absoluta, etc.).

2. Desarrollo del Hecho 1.

Corresponde a las lesiones provocadas en Ros por los primeros dos disparos efectuados por Coco López.

2.1.Determinación de la conducta prohibida.

2.1.1. En primer lugar, hay que determinar si concurren los presupuestos positivos generales de la conducta prohibida (imputación objetiva).

a) Posición de garante. Coco López es garante por injerencia (deber negativo), ya que, al disparar, expande su esfera de organización en perjuicio de la de Ros.

b) Instituciones de la imputación objetiva de conductas. Ninguna institución de imputación objetiva de conductas permite desactivar la posición de garante de Coco López:
- disparar sobre otra persona transgrede el riesgo permitido;
- no se trata de un caso de división de ámbitos de responsabilidad entre garantes (principio de confianza) ni de uno en que el hecho pueda ser competencia de un tercero (prohibición de regreso);
- tampoco se aplica la institución de la imputación a la víctima, ya que esta solo es pertinente cuando el autor y la víctima organizan conjuntamente la lesión de los bienes jurídicos de esta última.

c) Instituciones de la imputación objetiva de resultados.

El delito de lesiones es un delito de resultado (la conducta definida en el tipo debe tener relevancia causal y ser explicación prevalente de alguno de los resultados definidos en el art. 397; estos efectos son espaciotemporalmente distinguibles de la conducta).

aa) Relevancia causal (presupuesto de la subsunción). Existe una relación de causalidad entre la conducta de disparo del imputado y el resultado de lesiones de la víctima según la teoría de la condición modificada (vínculo necesario, de acuerdo con las leyes naturales conocidas), desde una perspectiva *ex post*.

bb) La conducta es explicación prevalente del resultado. No hay riesgos concurrentes ni confluentes que expliquen alternativamente el resultado de un modo jurídicamente relevante.

El delito de homicidio también es un delito de resultado, esto es, la muerte de la víctima. Sin embargo, tal resultado no se produce en el Hecho 1, pues las lesiones en Ros no terminan siendo mortales. De modo que no procede analizar la imputación de resultados.

2.1.2. Concurrencia de los presupuestos positivos específicos de la conducta prohibida: subsunción bajo el tipo penal.

En el caso de las lesiones simplemente graves, concurren todos los requisitos:

a) Verbo rector: herir, golpear o maltratar de obra.
b) Sujeto activo: se trata de un delito común.
c) Objeto material: otro ser humano vivo.
d) Resultado: lesiones que produjeren al ofendido enfermedad o incapacidad para el trabajo por más de treinta días.

En el caso del homicidio calificado, falta el resultado:

a) Verbo rector: matar.
b) Sujeto activo: se trata de un delito común.
c) Objeto material: otro ser humano vivo.
d) Resultado: muerte —no se produce (delito frustrado).
e) Circunstancias del hecho típicamente relevantes: se ejecuta «por premio o promesa remuneratoria».

2.1.3. Concurrencia de los presupuestos negativos generales de la conducta prohibida. No concurren causas de justificación (normas permisivas o de dispensa).

2.2. Tentativa.

- El delito de lesiones simplemente graves se encuentra consumado, ya que se produce el resultado de lesiones.
- El delito de homicidio calificado se encuentra frustrado, ya que Coco López pone de su parte todo lo necesario para que el homicidio se consume, y ello no se verifica por causas independientes de su voluntad —Coco López completó la conducta típica en su integridad al disparar dos veces contra Ros, pero el resultado de muerte no llegó a producirse por un defecto de puntería, generándole heridas no letales.

2.3. Intervención delictiva.

Coco López es autor conforme al art. 397 y al art. 391 N° 1. Según la teoría del dominio del hecho, ostenta sin lugar a duda el dominio de la acción, porque ejecuta de principio a fin la conducta típica.

2.4. Culpabilidad.

a) Imputabilidad. No hay antecedentes de inimputabilidad por minoría de edad o trastorno mental permanente o transitorio.
b) Exigibilidad. No hay antecedentes de inexigibilidad por fuerza irresistible o miedo insuperable.
c) Evitabilidad individual. Coco López obra intencionalmente respecto de las lesiones producidas, que son una consecuencia obvia de la acción de disparar sobre otra persona con un arma de fuego. Lo relevante es que, respecto del resultado efectivamente producido, su conducta es dolosa (intencional); otra cosa es que Coco López no logre su objetivo con los disparos, pues solo alcanza a lesionar gravemente a Ros, y no causarle la muerte.

En consecuencia, el Hecho 1 corresponde a una conducta típica, antijurídica y culpable.

2.5. Concursos.

Existe un concurso entre el delito de lesiones simplemente graves consumadas y el delito de homicidio calificado en grado de frustración. Corresponde determinar si se trata de un concurso ideal (un solo hecho que constituye dos o más delitos) o un concurso aparente, que se resuelve por consunción (es una apariencia de concurso, porque hay un delito que es más comprehensivo que el otro; en este caso, el homicidio, que consume al más restringido, el de lesiones).

El marco penal que la ley señala para el homicidio calificado en grado de frustración es de presidio mayor en su grado medio a presidio mayor en su grado máximo, mientras que, en el caso de las lesiones simplemente graves consumadas, es de presidio menor en su grado medio. Es razonable entender, por tanto, que el desvalor del homicidio calificado frustrado comprende ya el desvalor del delito de lesiones simplemente graves. Luego, correspondería castigar a Coco López únicamente por el delito de homicidio calificado en grado de frustración, que desplaza al título de imputación de las lesiones simplemente graves.

3. Desarrollo del Hecho 2.

Corresponde a la muerte de Griselda provocada por el último disparo efectuado por Coco López.

3.1. Determinación de la conducta prohibida.

3.1.1. En primer lugar, hay que determinar si concurren los *presupuestos positivos generales* de la conducta prohibida (imputación objetiva).

a) Posición de garante. Coco López es garante por injerencia (deber negativo), ya que, al disparar, expande su esfera de organización en perjuicio de la de Griselda.

b) Instituciones de la imputación objetiva de conductas. Ninguna institución de imputación objetiva de conductas permite desactivar la posición de garante de Coco López:
   - disparar sobre otra persona transgrede el riesgo permitido;
   - no se trata de un caso de división de ámbitos de responsabilidad entre garantes (principio de confianza) ni de uno en que el hecho pueda ser competencia de un tercero (prohibición de regreso);
   - tampoco se aplica la institución de la imputación a la víctima, ya que esta solo es pertinente cuando el autor y la víctima organizan conjuntamente la lesión de los bienes jurídicos de esta última.

c) Instituciones de la imputación objetiva de resultados. El delito de homicidio es un delito de resultado (la conducta definida en el tipo debe tener relevancia causal y ser explicación prevalente del resultado de muerte; estos efectos son espaciotemporalmente distinguibles de la conducta).

aa) Relevancia causal (presupuesto de la subsunción). Existe una relación de causalidad entre la conducta de disparo del imputado y el resultado de muerte de la víctima según la teoría de la condición modificada (vínculo necesario, de acuerdo con las leyes naturales conocidas), desde una perspectiva *ex post*.

bb) La conducta es explicación prevalente del resultado. No hay riesgos concurrentes ni confluentes que expliquen alternativamente el resultado de un modo jurídicamente relevante.

3.1.2. Concurrencia de los presupuestos positivos específicos de la conducta prohibida: subsunción bajo el tipo penal. Concurren todos los presupuestos:

a) Verbo rector: matar.
b) Sujeto activo: se trata de un delito común.
c) Objeto material: otro ser humano vivo.
d) Resultado: muerte.

3.1.3. Concurrencia de los presupuestos negativos generales de la conducta prohibida. No concurren causas de justificación (normas permisivas o de dispensa).

3.2. Tentativa.

- El delito de homicidio imprudente se encuentra consumado, ya que se produce el resultado de muerte.
- El delito de homicidio calificado se encuentra frustrado, ya que Coco López pone de su parte todo lo necesario para que el homicidio se consume, y ello no se verifica por causas independientes de su voluntad —error en el golpe.

3.3. Intervención delictiva.

Coco López es autor conforme al art. 490 N° 1, en relación con el art. 391 N° 2 (homicidio imprudente), y al art. 391 N° 1 (homicidio calificado frustrado). En el caso del hecho imprudente, es autor porque condiciona el resultado de muerte (concepto unitario de autor). Y en el caso del hecho doloso, según la teoría del dominio del hecho ostenta sin lugar a duda el dominio de la acción porque ejecuta de principio a fin la conducta típica.

3.4. Culpabilidad.

a) Imputabilidad. No hay antecedentes de inimputabilidad por minoría de edad o trastorno mental permanente o transitorio.
b) Exigibilidad. No hay antecedentes de inexigibilidad por fuerza irresistible o miedo insuperable.
c) Evitabilidad individual. Coco López incurre en un error en el golpe, es decir, se trata de un caso de *aberratio ictus*, donde el autor se representa su acción como dirigida a lesionar un determinado objeto (objeto del ataque - Ros), pero como consecuencia del error en el curso causal, lesiona otro objeto (objeto lesionado - Griselda). Se trata, sin embargo, de un caso discutido de *aberratio ictus*, porque el objeto del ataque y el objeto lesionado pertenecen al mismo género típicamente relevante (otra persona humana viva).

La solución de la doctrina mayoritaria para este caso sería que el error en el golpe de Coco López da lugar a dos delitos que se cometen con la misma conducta (el disparo):

- Respecto de Griselda, y debido a la desviación relevante en el curso causal, Coco López respondería a título de culpa, es decir, por un delito de homicidio imprudente;
- Respecto de Ros, Coco López respondería por un delito de homicidio calificado frustrado, pues se realiza el presupuesto de aplicación del art. 7° inciso 2°.

Esta solución parece correcta porque efectivamente es posible entender que Coco López obra solo con imprudencia respecto de la muerte de Griselda, como consecuencia de un error en el golpe, probablemente debido a la oscuridad de la noche. Solo podría entenderse que obra con dolo eventual si estuviera probado que Coco López vio a alguien que acompañaba a Ros y disparó representándose como posible el resultado fatal y aceptándolo para el caso de que ocurriese o mostrándose indiferente ante la eventualidad de su muerte. No hay antecedentes en el caso, sin embargo, que sugieran esta representación y aceptación.

En consecuencia, el Hecho 2 corresponde a una conducta típica, antijurídica y culpable, cometida con imprudencia respecto de Griselda y con dolo respecto de Ros.

Alternativamente, la jurisprudencia ha considerado que esta clase de casos debe tratarse simplemente como un error en la persona, vale decir, habría que considerar un solo delito de homicidio calificado consumado respecto de Griselda, por aplicación del art. 1° inc. 3°: «El que cometiere delito será responsable de él e incurrirá en la pena que la ley señale, aunque el mal recaiga en persona distinta de aquella a quien proponía ofender».

3.5. Concursos.

Existe un concurso ideal entre el delito de homicidio imprudente y el delito de homicidio calificado en grado de frustración (un solo hecho que constituye dos o más delitos), de modo que correspondería aplicar la pena mayor asignada al delito más grave; en este caso, el homicidio.

Alternativamente, no existe ningún concurso, sino un error en la persona, de modo que habría que aplicar la pena del homicidio calificado consumado, conforme a las reglas generales de determinación de la pena.

II. PUNIBILIDAD DE LUJÁN SOSA.

1. Cuestiones previas.

Se aplican las mismas consideraciones que respecto de Coco López, pero aquí el imputado es Luján Sosa y la hipótesis sobre la forma de intervención del imputado es la inducción.

2. Desarrollo del Hecho 1.

Se aplica el mismo análisis que respecto de Coco López, pero no hay autoría por falta de dominio del hecho.

Nótese que no opera la prohibición de regreso porque la conducta de Luján Sosa no es neutral, sino una conducta inductiva.

Con respecto a la intervención delictiva, se cumplen en el caso los requisitos de la inducción: (i) un hecho principal, que ha alcanzado al menos el estadio de la tentativa, de carácter doloso; y (ii) una conducta inductiva, pues crea en el inducido el propósito de cometer un hecho típico y antijurídico concreto y determinado —dar muerte a Ros, si bien este hecho principal resulta luego frustrado.

Por lo tanto, respecto del Hecho 1, Luján Sosa, al igual que Coco López, responderá por el delito de homicidio calificado frustrado, en calidad de inductor, conforme al art. 15 N° 2, quedando desplazadas las lesiones simplemente graves por aplicación del principio de consunción.

3. Desarrollo del Hecho 2.

Con respecto al homicidio de Griselda es preciso distinguir:

Si el homicidio de Griselda por parte de Coco López se estima doloso —dolo eventual—, el cambio de víctima en que incurre Coco López no se encontraría abarcado por el dolo del inductor, de modo que se trata de un caso de exceso del inducido, no imputable a Luján Sosa.

Si, en cambio, se imputa a Coco López el homicidio doloso de Griselda por *error en la persona*, como resuelve en estos casos la jurisprudencia mayoritaria, cabe preguntarse si este error es relevante para Luján Sosa o no lo es. Según un sector de la doctrina, en este caso, al inductor (Luján Sosa) solo podría imputársele una inducción al homicidio frustrado (de Ros), y eventualmente un cuasidelito de homicidio de la víctima (Griselda) a título de autor, dependiendo de si el error en la persona del inducido era previsible o no para el inductor, como se explica a continuación en el número 3 letra b). Esta solución se asimila a un caso de *aberratio ictus*, donde el curso causal iniciado por el inductor sufre una desviación producto del error en la persona del inducido. Otro sector de la doctrina, en cambio, postula que el error en la persona sufrido por el autor es irrelevante para el dolo del inductor, de manera que a este debe imputársele la inducción a un homicidio consumado, atendido el carácter accesorio de la participación: si el error en la persona no es relevante para el dolo del autor, entonces tampoco puede serlo para el partícipe.

Finalmente, si se estima que el homicidio de Griselda por parte de Coco López fue imprudente, hay que analizar en este lugar los requisitos objetivos de un cuasidelito de homicidio respecto de Luján Sosa. Entonces:

a) Requisitos del tipo de inducción. No se cumple el requisito de un hecho principal doloso, de modo que no podría imputarse a Luján Sosa el homicidio imprudente de Griselda a título de inducción.
b) Se podría entender que Luján Sosa es autor «paralelo» de un cuasidelito de homicidio junto con Coco López, aplicando un concepto unitario de autor de base causal, pues con su conducta inductiva causó imprudentemente el resultado (nótese que la teoría del dominio del hecho solo se aplica a los delitos dolosos de comisión). No obstante, ello depende de que pueda atribuirse a Luján Sosa la previsibilidad de la presencia de Griselda en el momento de los disparos (es decir, la previsibilidad del error en la persona de Coco López), lo cual, a su vez, depende de su nivel de intervención en la planificación misma del delito.

III. PUNIBILIDAD DE SORIA.

1. Cuestiones previas.

Se aplican las mismas consideraciones que respecto de Luján Sosa, pero aquí el imputado es Soria, y la hipótesis sobre forma de intervención del imputado es la complicidad.

2. Desarrollo del Hecho 1.

Se aplica el mismo análisis que respecto de Luján Sosa, pero su forma de intervención corresponde a la del cómplice.

En este caso, debe analizarse si opera o no la prohibición de regreso, pues podría sostenerse que Soria realizó una «conducta neutral». Conforme a la solución propuesta por Roxin, dado que Soria actuó realizando una prestación propia de su oficio sabiendo, a ciencia cierta, que Coco López utilizaría esa prestación para cometer un delito, entonces Soria es cómplice. Si se analiza su conducta desde la perspectiva de la imputación objetiva, en cambio, Soria será cómplice en la medida en que su conducta tenga una relación de sentido delictivo con la conducta de López. En este caso, tal relación existiría, por ejemplo, si se prueba que Soria adaptó o adecuó su prestación del servicio de transporte a los planes delictivos de Coco López. Si no lo hizo, no habría complicidad. No obstante, hay quienes sostienen que aun así sería posible imputar a Soria el delito a título de complicidad, debido a que la situación en que prestó su servicio puede calificarse como un contexto de «alta densidad delictiva», en la medida en que fue contratado especialmente para transportar a López a fin de que este cometiese un crimen.

Con respecto a la intervención delictiva, se cumplen en el caso los requisitos de la complicidad: (i) un hecho principal, que ha alcanzado al menos el estadio de la tentativa, de carácter doloso; y (ii) una conducta de complicidad —cooperación, anterior o simultánea, que facilita, posibilita o asegura la realización típica de un modo efectivo, con dolo de consumación del hecho principal.

Por lo tanto, respecto del Hecho 1 (y salvo que opere la prohibición de regreso), Soria, al igual que Luján Sosa, responderá por el delito de homicidio calificado frustrado, en calidad de cómplice, conforme al art. 16, quedando desplazadas las lesiones simplemente graves por aplicación del principio de consunción.

3. Desarrollo del Hecho 2.

Con respecto al homicidio de Griselda, debe distinguirse, al igual que en el caso de Luján Sosa:

Si el homicidio de Griselda por parte de Coco López se estima doloso —dolo eventual—, el cambio de víctima en que incurre Coco López no se encontraría abarcado por el dolo del cómplice, de modo que se trata de un caso de exceso del inducido, no imputable a Soria.

Si, en cambio, se imputa a Coco López el homicidio doloso de Griselda por error en la persona, al modo de la solución de la jurisprudencia mayoritaria, cabe preguntarse si este error es relevante para Soria o no lo es, aplicando *mutatis mutandis* las mismas distinciones que respecto de Luján Sosa.

Finalmente, si el homicidio es imprudente, no es imputable a Soria a título de complicidad porque faltan sus requisitos. Solo podría castigársele como autor paralelo del delito imprudente en la medida en que pueda atribuirse a Soria la previsibilidad de la presencia de Griselda en el momento de los disparos, lo cual en este caso no parece posible, dado que en la relación de los hechos solo se narra que Soria sabía que Coco López estaba contratado para cometer «un» crimen, esto es, el homicidio de Ros (recuérdese que, según la narración de los hechos, Soria fue quien confesó todo, incluyendo que Coco López había sido contratado por Luján Sosa para matar a Ros, específicamente), sin más antecedentes sobre cómo y en qué circunstancias se cometería ese crimen.

CASO 17

Conviene analizar primero la punibilidad de O, quien se encuentra más próximo a la conducta que forma parte del «hecho principal», sobre el cual incide la conducta de A y B.

I. PUNIBILIDAD DE O.

1. Cuestiones previas.

1.1. Hechos penalmente relevantes.

El disparo de O sobre el contenedor, que rebota y lesiona de gravedad al padre de A y B.

1.2. Imputado: O.

1.3. Víctima: el padre de A y B.

1.4. Hipótesis sobre los tipos penales aplicables.

Cuasidelito de lesiones graves (art. 490 en relación con el art. 397); daños (art. 487).

1.5. Hipótesis sobre forma de intervención del imputado: autoría.

1.6. Conducta. ¿Ausencia de acción? No hay un caso de ausencia de acción (movimientos reflejos, movimientos en estado de inconsciencia, vis absoluta, etc.).

2. Determinación de la conducta prohibida (análisis común a los delitos de lesiones y daños).

2.1. En primer lugar, hay que determinar si concurren los presupuestos positivos generales de la conducta prohibida (imputación objetiva).

2.1.1. Posición de garante. O es garante por injerencia (deber negativo), ya que al aceptar el encargo y disparar sobre un contenedor próximo al padre de A y B expandió su esfera de organización a costa de la víctima.

2.1.2. Instituciones de la imputación objetiva de conductas. Ninguna institución de imputación objetiva de conductas permite desactivar la posición de garante de O:

- disparar sobre un objeto próximo a una persona transgrede el riesgo permitido;
- no se trata de un caso de división de ámbitos de responsabilidad entre garantes (principio de confianza), ni de uno en que el hecho pueda ser competencia exclusiva de un tercero (prohibición de regreso);
- tampoco se aplica la institución de la imputación a la víctima, ya que esta solo es pertinente cuando el autor y la víctima organizan conjuntamente la lesión de los bienes jurídicos de esta última.

2.1.3. Instituciones de la imputación objetiva de resultados. Lesiones y daños son delitos de resultado (la conducta definida en el tipo debe tener relevancia causal y ser explicación prevalente de alguno de los resultados definidos en el art. 397; estos efectos son espaciotemporalmente distinguibles de la conducta). Así:

a) Relevancia causal (presupuesto de la subsunción). Existe una relación de causalidad entre la conducta de disparar y el resultado daños y de lesión de la víctima según la teoría de la condición modificada (vínculo necesario, de acuerdo con las leyes naturales conocidas), desde una perspectiva *ex post*.
b) La conducta es explicación prevalente del resultado. No hay riesgos concurrentes ni confluentes que expliquen alternativamente los resultados de un modo jurídicamente relevante: las lesiones del padre son la concreción del riesgo creado por O y no de uno diferente.

2.2. Concurrencia de los presupuestos positivos específicos de la conducta prohibida: subsunción bajo el tipo penal. Todos concurren:

2.2.1. Conducta típica: herir, golpear o maltratar de obra (lesiones); causar un daño en la propiedad ajena (daños).

2.2.2. Sujeto activo: se trata de un delito común.

2.2.3. Objeto material: otro ser humano vivo (lesiones); una cosa ajena (daños).

2.2.4. Circunstancias de tiempo, lugar, etc.: no son relevantes.

2.2.5. Otros elementos del tipo: características de las lesiones graves y de los daños simples. En el caso no hay antecedentes suficientes para precisar si se trata de lesiones simplemente graves o gravísimas (aunque esto último parece improbable), pero sí se señala que la lesión es «de gravedad», con lo cual se descartan las hipótesis de lesiones menos graves o leves. En la especie no concurren las hipótesis de daños calificados, sino los daños simples del art. 487.

2.3. Concurrencia de los presupuestos negativos generales de la conducta prohibida: ausencia de una causa de justificación (normas permisivas o de dispensa).

No concurren causas de justificación.

3. Culpabilidad (imputación subjetiva).

3.1. Imputabilidad. No hay antecedentes de inimputabilidad por minoría de edad o trastorno mental permanente o transitorio.

3.2. Exigibilidad (fuerza irresistible o miedo insuperable). No existen antecedentes de inexigibilidad de otra conducta conforme a derecho.

3.3. Evitabilidad individual.

3.3.1. Respecto de los daños.

O obra con dolo respecto de los daños, ya que cuenta con todos los elementos para reconocer el potencial dañino de la conducta, toma la decisión de disparar y la ejecuta.

3.3.2. Respecto de las lesiones.

a) *Dolo*. En primer lugar, debe descartarse que O haya obrado con dolo. De acuerdo con los hechos del caso, O no solo «no desea la muerte del viejo», sino que además dispara a propósito a un contenedor de basura, y no al padre de A y B. Tampoco parece plausible imputar a O dolo eventual, pues no hay antecedentes en el caso que den cuenta de que O se representó el resultado típico de lesiones graves y, pese a ello, actuó dejando todo librado al azar.

b) *Culpa*. O actúa con imprudencia, la que de acuerdo al art. 490 debe ser «temeraria» para configurar el respectivo cuasidelito, salvo que exista «infracción de los reglamentos», en cuyo caso basta la mera imprudencia o negligencia. El contenido de la «temeridad» no es claro doctrinal ni jurisprudencialmente, por lo que debe analizarse caso a caso. Los hechos indican que O disparó a un «contenedor de basura metálico próximo al lugar por donde pasa el padre». Estas circunstancias, el uso de un arma de fuego que se dispara en la dirección en que se encuentra una persona, permiten afirmar la imprudencia temeraria. En cualquier caso, la conducta de disparar injustificadamente en lugares públicos se encuentra prohibida por la Ley sobre Control de Armas, de modo que concurre también una infracción de los reglamentos.

d) *Error*. Aunque O solo se propone producir unos daños en el contenedor de basura, produce también las lesiones en O. No se trata aquí de un caso de *aberratio ictus*, pues el objeto del ataque resultó efectivamente lesionado en la forma anticipada. Lo que ocurre es que el potencial lesivo de la conducta trasciende el objeto del ataque. Si se considera que las lesiones eran una consecuencia previsible de la conducta, según se vio en el punto anterior, se habrá realizado un cuasidelito de lesiones. Y como aquí no se trata de «un solo hecho» en el sentido del art. 75, pues la conducta ha producido más de un efecto en el mundo, la solución penológica se encuentra en el art. 74.

3.3.3. Otros elementos subjetivos. No hay.

4. Autoría y participación.

O es autor en conformidad a los arts. 487, 490 y 397 («el que...»). En el caso de los daños, tiene el dominio del hecho y es autor. En el caso de las lesiones, por tratarse de un delito imprudente no se aplica la teoría del dominio del hecho. Según la doctrina ampliamente dominante, en el caso de los cuasidelitos debe utilizarse el concepto unitario de autor de base causal. No hay duda de que ha sido O quien causó el resultado de lesiones y que, por tanto, es el autor del cuasidelito de lesiones graves.

5. Iter criminis.

Los daños se encuentran consumados. El cuasidelito de lesiones también está consumado. Los delitos imprudentes solo se sancionan cuando están consumados y la doctrina en general descarta que sean «imaginables» el cuasidelito tentado y frustrado.

No se considera un eventual desistimiento del delito de homicidio encargado (parricidio de A y B), pues respecto de él no se inició la tentativa.

6. Punibilidad.

No hay condición objetiva de punibilidad, excusa legal absolutoria u otra causa de exclusión o terminación de la responsabilidad penal, ni reglas especiales de punibilidad.

En conclusión, O debe responder por un cuasidelito de lesiones graves en la persona del padre de A y B en concurso real con un delito de daños.

II. PUNIBILIDAD DE «A» Y «B».

Resuelto que O debe responder por un cuasidelito de lesiones graves, que es el «hecho principal», corresponde analizar la punibilidad de A y B.

1. Cuestiones previas.

1.1. Hechos penalmente relevantes.

El encargo efectuado a O y los actos posteriores tendientes a su ejecución (presentarse en su casa, convencerlo de acompañarlos e instarle a disparar).

1.2. Imputados: A y B.

1.3. Víctima: su padre.

1.4. Hipótesis sobre los tipos penales aplicables.

Cuasidelito de lesiones graves (art. 490 en relación con el art. 397); parricidio (art. 390).

1.5. Hipótesis sobre forma de intervención del imputado.

Inducción, autoría paralela, coautoría.

1.6. Conducta. ¿Ausencia de acción?

No hay un caso de ausencia de acción (movimientos reflejos, movimientos en estado de inconsciencia, vis absoluta, etc.).

2. Determinación de la conducta prohibida.

2.1. En primer lugar, hay que determinar si concurren los presupuestos positivos generales de la conducta prohibida (imputación objetiva).

2.1.1. Posición de garante. Al igual que O, A y B son garantes por injerencia (deberes negativos). Ambos expanden su esfera de organización en desmedro de su padre, cuya muerte planean para quedarse con sus bienes. Debe descartarse la relación paterno-filial, pues para los hijos no existe tal posición de garante con respecto a sus padres.

2.1.2. Instituciones de la imputación objetiva de conductas. Ninguna institución de imputación objetiva de conductas permite desactivar la posición de garante de A y B:

- el encargo hecho a O y los actos desplegados para su ejecución constituyen riesgos no permitidos;
- no se trata de un caso de división de ámbitos de responsabilidad entre garantes (principio de confianza) ni de uno en que el hecho pueda ser competencia de un tercero (prohibición de regreso);
- tampoco se aplica la institución de la imputación a la víctima, pues esta solo es pertinente cuando el autor y la víctima organizan conjuntamente la lesión de los bienes jurídicos de esta última.

2.1.3. Instituciones de la imputación objetiva de resultados. No procede analizar estas instituciones con respecto a un eventual parricidio, pues el resultado de muerte no se verifica. El delito de lesiones, en cambio, es de resultado (la conducta definida en el tipo debe tener relevancia causal y ser explicación prevalente de alguno de los resultados definidos en el art. 397; estos efectos son espaciotemporalmente distinguibles de la conducta). Así:

a) Relevancia causal (presupuesto de la subsunción). Como veremos a propósito de la intervención delictiva, A y B son inductores o —menos plausiblemente— coautores de O. El análisis de la relevancia causal de su conducta solo tiene sentido en este último caso, pues la denominada «causalidad psíquica», presente en la inducción, no es una forma de causalidad, sino de imputación de resultados pese a no existir causalidad.
b) Explicación prevalente del resultado. La explicación prevalente del resultado de lesiones graves está en el disparo de O, inducido por A y B —o del cual son coautores—. No hay riesgos concurrentes ni confluentes que expliquen alternativamente el resultado de un modo jurídicamente relevante.

2.2. Concurrencia de los presupuestos positivos específicos de la conducta prohibida: subsunción bajo el tipo penal. Todos concurren:

2.2.1. Parricidio.

a) Conducta típica: matar a otro (en el sentido de realizar una conducta idónea *ex ante* para producir la muerte de otra persona). En este caso se trabaja sobre las hipótesis de inducción y coautoría de A y B, de modo que en cualquier caso la realización de la conducta típica aparece mediada total o parcialmente por otras personas autorresponsables.

b) Sujeto activo: quien mate a alguna de las personas indicadas en el art. 390. En este caso, A y B respecto de su padre.
c) Objeto material: personas indicadas en el art. 390.
d) Circunstancias de tiempo, lugar, etc.: no son relevantes en este caso.
e) Otros elementos del tipo: conocimiento de las relaciones que ligan al sujeto activo con la víctima. A y B saben que han encargado la muerte de su padre.

2.2.2. Lesiones.

a) Conducta típica: herir, golpear o maltratar de obra. Considerar aquí también las advertencias realizadas respecto de la conducta típica en el delito de parricidio.
b) Sujeto activo: se trata de un delito común.
c) Objeto material: otro ser humano vivo.
d) Circunstancias de tiempo, lugar, etc.: no son relevantes.
e) Otros elementos del tipo: características de las lesiones graves. En el caso no hay antecedentes suficientes para precisar si se trata de lesiones simplemente graves o gravísimas (aunque esto último es improbable), pero sí se señala que la lesión es «de gravedad», con lo cual se descartan las hipótesis de lesiones menos graves o leves.

2.3. Concurrencia de los presupuestos negativos generales de la conducta prohibida: ausencia de una causa de justificación (normas permisivas o de dispensa).

No concurre una causa de justificación.

3. Autoría y participación.

A y B intentan inducir a O a un homicidio calificado (que para ellos sería un parricidio), pero no lo consiguen ya que O ni siquiera comete una tentativa de homicidio. Como no es punible la tentativa de inducción, este hecho desaparece del ámbito penalmente relevante.

Por otro lado, no es posible omitir o prescindir de la conducta de O, ya que es justamente esta conducta evitable —autorresponsable— de O la que constituye el «hecho principal» y conduce al resultado de lesiones. A y B no actúan «a través» de O (no se cumplen los requisitos de la autoría mediata), sino que: (i) lo inducen, o bien (ii) actúan conjuntamente con él.

Alternativa 1: A y B inducen a O a ejecutar una conducta que resulta ser riesgosa e imprudente respecto de la integridad del padre.

Para la doctrina mayoritaria, los requisitos de la inducción son (i) la existencia de un hecho principal que alcance al menos el estadio de tentativa; (ii) que el hecho principal sea doloso; y (iii) una conducta inductiva. Como según la misma doctrina predominante no cabe la inducción en el ámbito de los cuasidelitos, aparecen dos subalternativas:

(i) A y B resultan impunes, pues no hay inducción al hecho imprudente; o,

(ii) A y B son, cada uno por separado e igual que O, autores paralelos de un cuasidelito de lesiones graves en la persona del padre, pues contribuyeron al menos imprudentemente a crear el riesgo que se realizó en el resultado. El problema de esta alternativa es que puede resultar desproporcionado o arbitrario imputar a cada uno por separado el resultado de lesiones del padre.

Alternativa 2: A y B no solo inducen, sino que dirigen la actuación de O.

En tal caso, A y B serían coautores, junto con O, de un delito de lesiones graves, que para todos es imprudente, pero para A y B además entra en concurso con un parricidio frustrado. Esta alternativa no tiene el problema de la imputación de resultados, pero implica aceptar una coautoría en el ámbito de los cuasidelitos (e, incluso, una coautoría entre coautores dolosos e imprudentes).

Esta alternativa es, sin embargo, menos plausible que la primera. No parece posible afirmar que haya una verdadera ejecución conjunta del hecho típico ni una decisión conjunta de ejecutarlo. De hecho, O no participa de organización alguna y ni siquiera quiere lesionar a la víctima (menos aún darle muerte).

4. Iter criminis.

El cuasidelito está consumado. Los cuasidelitos solo se sancionan cuando están consumados y gran parte de la doctrina descarta que sean «imaginables» el cuasidelito tentado y frustrado (aunque en ciertos casos la ley sanciona como figuras de peligro la comisión de hechos que teóricamente podrían interpretarse como una tentativa culposa).

En caso de que se adoptara una tesis de coautoría entre A, B y O, para A y B entraría en concurso un parricidio frustrado, respecto del cual A y B habrían puesto de su parte todo lo necesario para la muerte del padre, pero esta no se verifica por causas independientes de su voluntad.

5. Culpabilidad (imputación subjetiva).

5.1. Imputabilidad. No hay antecedentes de inimputabilidad por minoría de edad o trastorno mental permanente o transitorio.

5.2. Exigibilidad (fuerza irresistible o miedo insuperable). No existen antecedentes de inexigibilidad de otra conducta.

5.3. Evitabilidad individual. Tanto A como B actúan dolosamente, con dolo de consumación del hecho (contratan a O, lo convencen de tomar su arma, lo guían adonde su padre y luego lo instan a ejecutar el encargo).

6. Punibilidad.

No hay condición objetiva de punibilidad, excusa legal absolutoria u otra causa de exclusión o terminación de la responsabilidad penal, ni reglas especiales de punibilidad.

En conclusión, A y B serán responsables, cada uno, de un cuasidelito de lesiones graves en la persona de su padre (y además de un parricidio frustrado, en caso de que sean considerados coautores junto con O).

CASO 18

1. Cuestiones previas.

1.1. Hechos penalmente relevantes.

Para efectos didácticos o de orden, y *solo* para estos efectos, conviene dividir el suceso en dos hechos. Primero, los golpes con trozos de concreto que A propinó a B en la cabeza, cuello y otras partes del cuerpo, causando las lesiones descritas (Hecho 1). Segundo, la remoción de los globos oculares de B con una herramienta cortopunzante, lo cual provocó la pérdida total e irreversible de su visión (Hecho 2). Estos hechos se separan por la breve retirada de A del lugar y su posterior regreso.

Sin embargo, no se puede perder de vista que la solución del caso depende, entre otros factores, de si se considera que existen *dos hechos* penalmente relevantes o, en cambio, se trata de *un solo hecho* o «suceso vital». De acuerdo a la doctrina predominante, en principio lo que cuenta son las descripciones típicas que se realizan dentro de un cierto marco espaciotemporal y no la posible unidad de un suceso vital; conforme a ello, «hecho» debe entenderse como «satisfacción de una descripción típica». Este planteamiento es discutible, y el presente caso contribuye precisamente a ponerlo en duda.

1.2. Hipótesis sobre los tipos penales aplicables.

Lesiones graves o gravísimas (art. 397) y femicidio íntimo frustrado (art. 390 bis en relación al art. 7°), para el Hecho 1; lesiones gravísimas (art. 397), para el Hecho 2.

1.5. Hipótesis sobre forma de intervención del imputado: autoría.

1.6. Conducta. ¿Ausencia de acción? No hay un caso de ausencia de acción (movimientos reflejos, movimientos en estado de inconsciencia, vis absoluta, etc.).

I. DESARROLLO DEL HECHO 1.

1. Determinación de la conducta prohibida.

1.1. En primer lugar, hay que determinar si concurren los presupuestos positivos generales de la conducta prohibida (imputación objetiva).

1.1.1. Posición de garante. A es garante por injerencia. Probablemente, A no es garante en virtud de su relación de convivencia con B. En principio, los acuerdos de unión civil pueden considerarse como una relación sustitutiva del matrimonio, pero no es claro que entre A y B haya existido esta relación institucional. Por otro lado, la convivencia y la existencia de hijos en común no parecen ser capaces de fundar una posición de garante diversa —distinta del matrimonio y de la confianza especial—, sino solo una circunstancia agravante o calificante de la responsabilidad, como ocurre en la Ley sobre Violencia Intrafamiliar y en las formas calificadas del homicidio (parricidio/femicidio o uxoricidio).

1.1.2. Instituciones de la imputación objetiva de conductas. Ninguna institución de imputación objetiva de conductas permite desactivar la posición de garante de A:

- golpear a otro con trozos de concreto en la cabeza constituye un riesgo no permitido;
- no se trata de un caso de división de ámbitos de responsabilidad entre garantes (principio de confianza), ni de uno en que el hecho pueda ser competencia de un tercero (prohibición de regreso);
- tampoco se aplica la institución de la imputación a la víctima, pues esta solo es pertinente cuando el autor y la víctima organizan conjuntamente la lesión de los bienes jurídicos de esta última.

1.1.3. Instituciones de la imputación objetiva de resultados. Tanto las lesiones como el femicidio son delitos de resultado. Como el Hecho 1 no está consumado, esta parte del análisis no es pertinente. Para el caso de las lesiones, la conducta definida en el tipo debe tener relevancia causal y ser explicación prevalente de alguno de los resultados definidos en el art. 397; estos efectos son espaciotemporalmente distinguibles de la conducta. Así:

a) Relevancia causal (presupuesto de la subsunción). La conducta de A tiene relevancia causal sobre el resultado conforme a la teoría de la *conditio* ajustada a las leyes de la naturaleza.
b) Explicación prevalente del resultado. No hay riesgos concurrentes ni confluentes que expliquen alternativamente el resultado de un modo jurídicamente relevante.

1.2. Concurrencia de los presupuestos positivos específicos de la conducta prohibida: subsunción bajo el tipo penal. Todos concurren:

1.2.1. Femicidio.

a) Conducta típica: matar a otro (en el sentido de realizar una conducta idónea *ex ante* para dar muerte a otra persona).
b) Sujeto activo: un hombre que es o ha sido cónyuge o conviviente de la mujer víctima.
c) Objeto material: mujer que es o ha sido cónyuge o conviviente del sujeto activo.
d) Resultado de muerte.
e) Circunstancias de tiempo, lugar, etc.: no son relevantes.
f) Otros elementos del tipo. No hay.

Como el Hecho 1 no está consumado, concurren todos los elementos del tipo salvo el resultado de muerte.

1.2.2. Lesiones graves.

a) Conducta típica: herir, golpear o maltratar de obra.
b) Sujeto activo: se trata de un delito común.
c) Objeto material: otro ser humano vivo.
d) Circunstancias de tiempo, lugar, etc.: no son relevantes.
e) Otros elementos del tipo: características de las lesiones graves (simplemente graves o gravísimas). La descripción del caso permite afirmar que las lesiones serán al menos simplemente graves en lo que respecta al Hecho 1. Aunque es muy posible, debido a la contundencia del medio de ataque, no hay elementos suficientes para establecer que las lesiones produjeron un resultado subsumible bajo las hipótesis de lesiones gravísimas.

1.3. Concurrencia de los presupuestos negativos generales de la conducta prohibida: ausencia de una causa de justificación (normas permisivas o de dispensa).

No concurre una causa de justificación.

2. Autoría y participación.

A es autor en conformidad al art. 390 bis (si se le atribuye femicidio) o al art. 397 (si se le atribuye un delito de lesiones graves). En cualquier caso, A tiene el dominio de la acción pues ejecuta la conducta típica de principio a fin.

3. Iter criminis.

3.1. Femicidio.

El femicidio de B no está consumado, pues el resultado de muerte no se produjo. La pregunta es si esto se debe a causas independientes de la voluntad de A (art. 7° inc. 3°) —delito frustrado— o, en cambio, a su desistimiento. Conforme a los hechos del caso, tras golpear a B con los bloques de concreto, A se retira brevemente y luego vuelve sobre ella para extraerle los globos oculares con una herramienta cortopunzante.

Si en la conducta de golpear a la víctima con bloques de concreto puede verse —correctamente, como se dirá— una tentativa de femicidio, la dinámica de los hechos habla a favor de un desistimiento de este delito. En este caso se trata del desistimiento de una tentativa incompleta, pues el autor no ha perfeccionado la realización de todos los elementos del delito que dependen de su conducta, y se verifican todos sus requisitos:

a) A abandonó la ejecución de la acción matadora y de todos los actos que, respecto del delito de femicidio, podrían constituir un supuesto de unidad de acción. La conducta que hemos considerado como Hecho 2 no es una acción matadora.
b) El abandono es voluntario, pues solo se excluye la voluntariedad cuando el autor abandona la ejecución pues considera que ya no puede consumar el delito intentado, o cuando está sujeto a alguna forma de vis absoluta o de vis compulsiva (esto es, a circunstancias que impiden al sujeto desplegar una conducta que le sea imputable). Nada de esto concurre en la especie.
c) La tentativa no se encontraba fallida, pues todavía era posible consumar el delito desde la perspectiva de un juicio *ex post*. Esto es así al menos desde la teoría de la valoración global y podría serlo también desde la teoría de los actos individuales, ya que la noción de «unidad de hecho» con la que ellas trabajan dice relación con la posibilidad de consumar el delito en el mismo contexto de actuación y no con la imputación de uno o varios delitos ni la sujeción del hecho a tal o cual régimen penológico.

3.2. Lesiones.

Las lesiones graves o gravísimas se encuentran consumadas, pues se ha verificado el resultado.

4. Culpabilidad (imputación subjetiva).

4.1. Imputabilidad. No hay antecedentes de inimputabilidad por minoría de edad o trastorno mental permanente o transitorio.

Considerando que la discusión inicial se produjo a causa de la ingesta alcohólica de A y B, es pertinente descartar una eventual causa de inimputabilidad de A por privación transitoria —pero total— de la razón.

Primero, los hechos no permiten afirmar que el consumo de alcohol de A lo haya llevado a una privación transitoria pero total de razón. *Segundo*, aun cuando ello hubiera ocurrido, sería posible descartar la concurrencia de una causa de inimputabilidad, pues de acuerdo al art. 10 N° 1, segunda parte, la privación transitoria de razón solo opera como tal cuando ella se debe a causas independientes de la voluntad del sujeto cuya responsabilidad se juzga y, en este caso, el consumo de alcohol de A fue voluntario (*actio libera in causa*). Solo el «modelo de la tipicidad», permitiría descartar una imputación dolosa, en la medida en que la autointoxicación no fue preordenada. Sin embargo, todo indica que no existió una privación transitoria y total de razón.

4.2. Exigibilidad (fuerza irresistible o miedo insuperable). No existen antecedentes de inexigibilidad de una conducta alternativa conforme a derecho.

4.3. Evitabilidad individual.

4.3.1. Respecto del femicidio.

Los elementos del caso permiten atribuirle a A un juicio válido sobre la situación y afirmar que al tomar la decisión de actuar asumió el riesgo de realización del tipo en la situación concreta. A golpeó a la víctima en la cabeza y el cuello con trozos de concreto, en reiteradas ocasiones, y con la fuerza necesaria para producir las lesiones y fracturas descritas en los hechos del caso que, además, provocaron compromiso de conciencia, shock hipovolémico y riesgo vital. Tal conducta era objetivamente apta para causar la muerte de B, a pesar de que el resultado no se haya verificado por causas independientes de la voluntad de A.

Aunque no existe un dolo de consumación y uno de tentativa, sino que se trata de uno solo, parte de la doctrina ha postulado que tanto la tentativa como la frustración solo pueden cometerse con el así llamado dolo directo. Esto se debería a que la tentativa —y lo mismo valdría para la frustración— supone que el autor persigue la realización del hecho típico como objetivo de su actividad; el dolo eventual sería incompatible con ello. Así ha resuelto la cuestión la Corte Suprema en diversos fallos. Si fuera correcto este planteamiento, el Hecho 1 debería ser calificado como un delito de lesiones, ya que la retirada y posterior regreso de A serían indicativos de que no quiso matar a B, descartándose una imputación a título de dolo directo y, por tanto, la posibilidad de condenarlo por un femicidio frustrado.

Sin embargo, del art. 7° no se sigue que solo quien actúa con la «intención» o «propósito» de consumar el delito pueda incurrir en la figura tentada. El principio de ejecución por «hechos directos» a que se refiere la ley nada tienen que ver con una exigencia de «dolo directo», sino a la distinción entre tentativa y actos preparatorios. Conforme a este planteamiento, en el Hecho 1 habría, en principio, un concurso aparente entre el femicidio frustrado y las lesiones graves consumadas, que debiera resolverse de acuerdo con el principio de consunción, es decir, el desvalor del femicidio absorbe al de las lesiones, sin perjuicio de lo que se indica en el punto 5 y de lo que se determine a propósito del Hecho 2.

4.3.2. Respecto de las lesiones.

Para el caso de las lesiones consumadas no hay duda de que A actuó dolosamente.

4.3.3. No procede analizar hipótesis culposas, ni hay error u otros elementos subjetivos del tipo a considerar.

5. Punibilidad.

La tentativa (incompleta) de femicidio frustrado se encuentra desistida, y por consiguiente conforme al art. 7° no es punible.

II. DESARROLLO DEL HECHO 2.

1. Determinación de la conducta prohibida.

1.1. En primer lugar, hay que determinar si concurren los presupuestos positivos *generales* de la conducta prohibida (imputación objetiva). Todos ellos concurren en términos similares a la hipótesis de lesiones del Hecho 1.

1.2. Presupuestos positivos específicos de la conducta prohibida (subsunción bajo el tipo penal). Todos ellos concurren en términos similares a la hipótesis de lesiones del Hecho 1, salvo en cuanto a que no hay duda, en este caso, de que se trata de lesiones gravísimas., ya que B perdió de modo total e irreversible la visión como producto de la conducta de A.

1.3. Concurrencia de los *presupuestos negativos generales* de la conducta prohibida: ausencia de una causa de justificación (normas permisivas o de dispensa). No concurre una causa de justificación.

2. Autoría y participación.

A es autor en conformidad al art. 397 letra a). Desde el punto de vista de la teoría del dominio del hecho, aplicable aquí si trata de un delito doloso de comisión, A tiene el dominio de la acción y ejecuta de propia mano la conducta típica, de principio a fin.

3. Iter criminis.

El delito de lesiones graves gravísimas está consumado, pues se ha verificado el resultado y es imputable a la conducta típica.

4. Culpabilidad (imputación subjetiva).

4.1. Imputabilidad. No hay antecedentes de inimputabilidad por minoría de edad o trastorno mental permanente o transitorio. Es pertinente el mismo análisis que en el Hecho 1 sobre una eventual privación total y transitoria de razón y su tratamiento conforme al criterio de la *actio libera in causa.*

4.2. Exigibilidad (fuerza irresistible o miedo insuperable). No existen antecedentes de inexigibilidad de otra conducta.

4.3. Evitabilidad individual. A actuó dolosamente al introducir un objeto cortopunzante en las cavidades oculares de B y extirpar sus ojos, pues conocía la realización del tipo penal de lesiones graves gravísimas como consecuencia evitable de su propia conducta.

5. Punibilidad.

No hay condición objetiva de punibilidad, excusa legal absolutoria u otra causa de exclusión o terminación de la responsabilidad penal, ni circunstancias modificatorias de la responsabilidad penal, ni reglas especiales de punibilidad.

Conforme al análisis precedente, A será responsable de uno o de dos delitos de lesiones gravísimas, según si se considera que los Hechos 1 y 2, aquí separados para efectos didácticos, deben también separarse para apreciar una reiteración de delitos, o, por el contrario, se entiende que todas las conductas se encuentran en unidad de acción. Las diferencias en la forma del ataque y el lugar del cuerpo al que se dirige hablan a favor de una reiteración, es decir, de la posibilidad de imputar dos delitos sucesivos de lesiones.

CASO 19

Se recomienda iniciar el análisis con la punibilidad de Benito, quien realiza la conducta descrita en el tipo penal que constituye el «hecho principal».

I. PUNIBILIDAD DE BENITO.

1. Cuestiones previas.

1.1. Hechos penalmente relevantes: ingreso de Benito con violencia a la casa de la familia de Arnoldo con la intención de robar y matar; muerte de N por el disparo y apuñalamiento de Benito.

1.2. Imputado: Benito.

1.3. Víctima: N.

1.4. Hipótesis sobre tipo(s) penal(es) aplicable(s): robo con homicidio (art. 433 N° 1).

1.5. Hipótesis sobre forma de intervención del imputado: autoría.

1.6. Conducta. ¿Ausencia de acción? No hay un caso de ausencia de acción (movimientos reflejos, movimientos en estado de inconsciencia, vis absoluta, etc.).

2. Desarrollo.

2.1. Determinación de la conducta prohibida.

2.1.1. En primer lugar, hay que determinar si concurren los presupuestos positivos generales de la conducta prohibida (imputación objetiva).

a) Posición de garante. Benito es garante por injerencia (deber negativo), ya que, al ingresar violentamente al inmueble de la familia de Arnoldo, y disparar y apuñalar a N, expande su esfera de organización en perjuicio de la de N y la de los demás habitantes de la casa.

b) Instituciones de la imputación objetiva de conductas. Ninguna institución de imputación objetiva de conductas permite desactivar la posición de garante de Benito:
   - ingresar a una casa ajena violentamente y disparar sobre otra persona y apuñalarla, son conductas que transgreden el riesgo permitido;
   - no se trata de un caso de división de ámbitos de responsabilidad entre garantes (principio de confianza) ni de uno en que el hecho pueda ser competencia de un tercero (prohibición de regreso);

- tampoco se aplica la institución de la imputación a la víctima, ya que esta solo es pertinente cuando el autor y la víctima organizan conjuntamente la lesión de los bienes jurídicos de esta última.

c) Instituciones de la imputación objetiva de resultados. El robo es un delito de mera actividad, de modo que no corresponde analizar el resultado.

En cambio, el homicidio es un delito de resultado (la conducta definida en el tipo debe tener relevancia causal y ser explicación prevalente del resultado de muerte):

aa) Relevancia causal (presupuesto de la subsunción). Existe una relación de causalidad entre la conducta de disparo y apuñalamiento efectuada por el imputado y el resultado de muerte de la víctima según la teoría de la condición modificada (vínculo necesario, de acuerdo con las leyes naturales conocidas), desde una perspectiva *ex post*.

bb) La conducta es explicación prevalente del resultado. No hay riesgos concurrentes ni confluentes que expliquen alternativamente el resultado de un modo jurídicamente relevante.

2.1.2. Concurrencia de los presupuestos positivos específicos de la conducta prohibida: subsunción bajo el tipo penal. Concurren todos los elementos del delito complejo de robo con homicidio. Se trata de un delito complejo porque se compone de más de un acto y, aunque cada uno de estos actos sería punible por sí solo, el tipo penal los ha reunido para dar lugar a una figura al menos específicamente diversa.

a) Verbo rector: (i) apropiarse —no alcanza a efectuarse la apropiación, pero sí el ejercicio de la violencia o intimidación en las personas *anterior*, para facilitar su ejecución (delito tentado); (ii) matar.
b) Sujeto activo: se trata de un delito común.
c) Objeto material: (ii) cosa mueble ajena; (ii) otro ser humano vivo.
d) Resultado: muerte.
e) Circunstancias típicamente relevantes: (i) la apropiación tiene lugar sin la voluntad del dueño de la cosa; ánimo de lucro; violencia o intimidación tiene lugar antes del robo para facilitar su ejecución; (ii) el homicidio se ejecuta con *motivo u ocasión* del robo

2.1.3. Concurrencia de los presupuestos negativos generales de la conducta prohibida: ausencia de una causa de justificación (normas permisivas o de dispensa). En efecto, si bien se produce un intenso forcejeo entre Benito y N, la conducta de Benito no está justificada porque él es el agresor ilegítimo, al haber ingresado con violencia en casa ajena, y es N quien se defiende legítimamente.

2.2. Tentativa.

El delito de robo con homicidio se encuentra se encuentra tentado, por cuanto Benito, al empujar a N y a S hacia el interior de la casa, cerrar la puerta tras de sí y luego dar muerte a N, ha dado comienzo al delito de robo por hechos directos, pero faltan uno o más para su complemento.

Al escapar, Benito no abandona la ejecución del delito de robo en forma voluntaria, pues, a su juicio, la consumación ya no es posible. Por lo tanto, no hay desistimiento.

Por otra parte, debe descartarse que Benito haya dado comienzo a la ejecución del homicidio de M, H, C y S por hechos directos, de tal manera que, respecto a ellos, solo concurre una tentativa de robo.

2.3. Intervención delictiva.

Benito es autor conforme al art. 433 N° 1. Según la teoría del dominio del hecho, ostenta sin lugar a duda el dominio de la acción, porque ejecuta de principio a fin la conducta típica.

2.4. Culpabilidad.

a) Imputabilidad. No hay antecedentes de inimputabilidad por minoría de edad o trastorno mental permanente o transitorio.
b) Exigibilidad. No hay antecedentes de inexigibilidad por fuerza irresistible o miedo insuperable.
c) Evitabilidad individual. Benito obra intencionalmente respecto del ingreso con violencia a la casa ajena y respecto de la muerte causada, que es una consecuencia obvia de la acción de disparar sobre otra persona con un arma de fuego y apuñalarla. Lo relevante es que, respecto del resultado efectivamente producido, su conducta es dolosa; otra cosa es que Benito no logre su objetivo, pues no alcanza a apropiarse de ningún objeto en la casa (delito de robo tentado) y, además, solo mata a N, quien no estaba comprendido por el encargo de Arnoldo ni, por tanto, por la recompensa prometida.

2.5. Concursos.

Existe un concurso entre el delito de robo con homicidio (tentado) en la persona de N y la tentativa de robo respecto de M, H, C y S. Considerando que en este último caso no se comenzó a ejercer la violencia o intimidación respecto de ninguna de las víctimas, y por lo tanto falta la afectación de bienes personalísimos, cabría considerar la conducta como un solo delito.

2.6. Punibilidad y determinación de la pena.

En primer lugar, debe tenerse en cuenta que corresponde aplicar la pena del delito consumado conforme al art. 450.

El marco penal aplicable a Benito es el del art. 433, esto es, presidio mayor en su grado máximo a presidio perpetuo calificado.

En cuanto a las circunstancias modificatorias, es posible identificar:

- las agravantes de (i) cometer delito contra las personas mediante precio, recompensa o promesa, del art. 12 N° 2, y, eventualmente, (ii) reincidencia del art. 12 N° 16 (si se considera que el robo con homicidio y el robo del cuadro afectan el mismo bien jurídico).
- la atenuante de media prescripción del art. 103, al haber transcurrido más de la mitad del plazo de prescripción.

Conforme al art. 103 corresponde, por lo tanto, considerar el hecho como revestido de dos o más circunstancias atenuantes muy calificadas *y de ninguna agravante*, y aplicar las reglas de los arts. 65, 66, 67 y 68. En este caso, se debe aplicar la regla del art. 68, al estar compuesto el marco penal por dos grados, formado por dos penas indivisibles (presidio perpetuo y presidio perpetuo calificado) y un grado de otra divisible (presidio mayor en su grado máximo). Conforme a esta regla, «*si son dos o más las circunstancias atenuantes y no hay ninguna agravante, el tribunal podrá imponer la pena inferior en uno, dos o tres grados al mínimo de los señalados por la ley, según sea el número y entidad de dichas circunstancias*». Dado el tenor del art. 103 («deberá»), el tribunal debe, al menos, aplicar la pena inferior en un grado al mínimo indicado por la ley. Por lo tanto, el marco penal debe ser, como máximo, de *presidio mayor en su grado medio*.

Si se escoge precisamente este marco penal, corresponde determinar la cuantía de la pena en atención al número y entidad de las circunstancias atenuantes y agravantes y a la mayor o menor extensión del mal producido por el delito (considerando especialmente la muerte de N).

II. PUNIBILIDAD DE ARNOLDO.

1. Cuestiones previas.

Se aplican las mismas consideraciones que respecto de Benito, pero aquí la hipótesis sobre forma de intervención del imputado es la inducción.

2. Desarrollo.

2.1. Delitos e intervención delictiva.

Se aplica el mismo análisis que respecto de Benito, pero Arnoldo no es autor por falta de dominio del hecho.

Nótese que no opera la prohibición de regreso porque la conducta de Arnoldo no es neutral, sino una conducta de inducción. En efecto, en el caso se cumplen los presupuestos de la inducción: (i) un hecho principal, que ha alcanzado al menos el estadio de la tentativa, de carácter doloso; y (ii) una conducta inductiva, pues Arnoldo crea en el inducido el propósito de cometer un hecho típico y antijurídico concreto y determinado —entrar a robar a la casa de la familia de Arnoldo y matar a la madre (M), la hermana (H), el cuñado (C) y la sobrina (S).

El problema es que si bien Benito entra a robar esa misma casa, no da muerte a M, H, C o S, sino a N. La pregunta, entonces, es si la muerte de N es imputable a Arnoldo. En otras palabras, ¿debe responder Arnoldo como inductor a un robo con homicidio, o solo como inductor a un robo (tentado)?

a) Una primera alternativa sería considerar que la muerte de N es un exceso de Benito. Este exceso no es imputable a Arnoldo, debido a que N no estaba comprendido en la nómina de personas cuya muerte encargó, y a que Arnoldo nada indicó respecto al momento para ejecutar el encargo. En este caso, Arnoldo solo respondería como inductor a un robo con homicidio tentado, pero que se castiga como consumado conforme al art. 450. Además, respondería como autor paralelo de un cuasidelito de homicidio en la persona de N, porque su conducta de inducción creó el riesgo de muerte de N. Además, si bien su dolo no habría abarcado la muerte de N, sí era previsible para Arnoldo su presencia en la casa de su familia (Arnoldo sabía perfectamente que S era visitada asiduamente por su novio N), de modo que el homicidio de N por parte de Benito le es imputable a título de imprudencia. Ambos delitos, robo con homicidio tentado y cuasidelito de homicidio, estarían en una relación de concurso real, ya que se trata de dos hechos distintos, aplicándose la regla del art. 74.
b) La segunda alternativa es considerar que la forma en que Arnoldo concreta el encargo a Benito le hacen competente por el riesgo de muerte de todas las personas que participan en el tráfico de la casa. Además, la muerte de N le es imputable subjetivamente, ya que Arnoldo sabía que S era visitada asiduamente por su novio N, y no tomo la precaución de evitar la ejecución de los homicidios en los horarios en que N muy probablemente

estaría en esa casa; así, respecto de la muerte de N concurriría al menos dolo eventual. En este caso, Arnoldo, al igual que Benito, respondería por el delito de robo con homicidio consumado (art. 450), en calidad de inductor, conforme al art. 15 N° 2.

2.2. Determinación de la pena.

Conforme a la alternativa b) del punto anterior, a Arnoldo se le aplica el mismo marco penal que a Benito (ya que al inductor corresponde la misma pena que al autor, art. 15 N° 2) y la misma atenuante de media prescripción (art. 103). Concurre también la agravante del art. 12 N° 2, pero debe descartarse por aplicación de la media prescripción. Corresponde remitirse entonces al análisis efectuado respecto de Benito.

Si se adopta la alternativa a la a) del punto anterior, en cambio, correspondería aplicar a Arnoldo (i) el marco penal del robo con homicidio tentado, esto es, presidio mayor en su grado mínimo, y (ii) el marco penal del cuasidelito de homicidio, esto es, reclusión o relegación menores en sus grados mínimos a medios. Aplicando la regla de la media prescripción, las penas serían de, como máximo, (i) presidio menor en su grado máximo y (ii) destierro en su grado máximo. Eligiendo esos dos marcos, corresponde determinar la cuantía de cada una de las penas en atención al número y entidad de las circunstancias atenuantes y agravantes y a la mayor o menor extensión del mal producido por el delito, imponiéndose conjuntamente, pero cumpliéndose en forma sucesiva conforme al art. 74 (primero el presidio y luego el destierro).

CASO 20

El Caso 20 forma parte de la transición al estudio de la parte especial. Solo una recomendación: escoja con mucho cuidado los tipos penales que conformarán su hipótesis de subsunción.

Anexo 2.

Esquema para la resolución de casos

ESQUEMA PARA LA RESOLUCIÓN DE CASOS

<table>
<tr><td>Cuestiones previas</td><td colspan="3">Establecer los hechos penalmente relevantes.
Hipótesis sobre tipo(s) penal(es) aplicable(s).
Hipótesis sobre personas intervinientes.
Hipótesis sobre formas de intervención delictiva.
Hipótesis sobre persona(s) víctima(s), si corresponde.
Descartar in limine: caso de ausencia de acción; excusa legal absolutoria; incumplimiento de c.o.p.</td></tr>
<tr><td rowspan="4">Determinación de la conducta prohibida</td><td rowspan="4">Presupuestos positivos generales /

Imputación objetiva</td><td colspan="2">Existencia de una posición de garante:
Deberes negativos: aseguramiento/salvamento, injerencia, asunción, deber de impedir autolesiones.
Deberes positivos: relación paternofilial, matrimonio, confianza especial, deberes y tareas estatales.
¿Conocimientos especiales? (según la posición de garante)</td></tr>
<tr><td colspan="2">Instituciones de imputación objetiva de conductas:
· riesgo permitido
· prohibición de regreso
· principio de confianza
· imputación a la víctima</td></tr>
<tr><td rowspan="2">Instituciones de imputación objetiva de resultados:
¿Es un delito de resultado?</td><td>1. Relevancia causal - causalidad según la teoría de la condición modificada.</td></tr>
<tr><td>2. Conducta típica es —o no— la explicación prevalente del resultado típico:
· ¿caso de concurrencia de riesgos?
· ¿caso de confluencia de riesgos?
· tópicos auxiliares: conducta alternativa ajustada a derecho, ámbito de protección de la norma.</td></tr>
</table>

continúa →

ESQUEMA PARA LA RESOLUCIÓN DE CASOS			(cont.)
Determinación de la conducta prohibida (cont.)	**Presupuestos positivos específicos**	Elementos del tipo penal.	a) Conducta típica: verbo rector - modalidades de la acción y medios comisivos (si son típicamente relevantes). b) Sujeto activo: delito común o delito especial, actuar en lugar de otro. c) Objeto material (si es típicamente relevante). d) Circunstancias de tiempo, lugar, etc. (si son típicamente relevantes). e) Otros elementos del tipo objetivo (típicamente: elementos normativos).
			Concurso aparente de leyes penales.
	Presupuestos negativos	Normas permisivas o de dispensa (causales de justificación).	Ausencia o presencia de **causas de justificación** (legítima defensa, consentimiento, estado de necesidad, cumplimiento de un deber o ejercicio de un derecho, etc.).
Culpabilidad o imputación subjetiva	Capacidad de acción.		
	Capacidad de culpabilidad.		**Imputabilidad**: hay antecedentes sobre eventual inimputabilidad (menores; locura o demencia; privación transitoria de razón; a.l.i.c.).
	Exigibilidad de una motivación conforme a Derecho.		**Exigibilidad**: hay antecedentes sobre inexigibilidad de otra conducta (fuerza irresistible, miedo insuperable).
	Formas de evitabilidad individual.		Dolo (y conciencia de ilicitud). Culpa o imprudencia. Error ¿Otros elementos subjetivos?

continúa →

ESQUEMA PARA LA RESOLUCIÓN DE CASOS	(cont.)
Autoría y participación	¿Se cumplen los requisitos de alguna forma de autoría? Si es delito doloso de comisión y de dominio: teoría del dominio del hecho (autor ejecutor, autor mediato, coautor). Si el delito es especial e intervienen extranei, comunicabilidad de la cualificación personal (según posición de garante). ¿Se cumplen los requisitos de alguna forma de participación? (inducción, complicidad).
Iter criminis	El delito está consumado o tentado (tentativa completa o incompleta) Si el delito es de resultado y este no se produjo: ¿existe frustración? ¿Hay desistimiento? (verificar que la tentativa no esté fallida, y que el abandono sea voluntario y definitivo)
Punibilidad	Condición objetiva de punibilidad o de procesabilidad: Excusa legal absolutoria. Otras causas de exclusión o terminación de la responsabilidad penal: Circunstancias modificatorias de la responsabilidad penal. Reglas especiales de punibilidad. Concurso de delitos. Determinación de la pena.

BIBLIOGRAFÍA GENERAL

Con las excepciones indicadas, las siguientes obras se citan en el texto solo a través de la mención entre paréntesis de sus respectivos autores:

Balmaceda, Gustavo (2021): *Manual de Derecho Penal.* Parte General, 4ª ed. actualizada (Santiago, Librotecnia).

Binding, Karl (1913): *Grundriss des deutschen Strafrechts* (Felix Meiner Verlag, Leipzig; reimpresión de la 8ª ed., Scientia Verlag, Aalen, 1975).

Bullemore, Vivian y Mackinnon, John (2022): *Curso de Derecho Penal,* 5ª. ed. (Santiago, Ediciones Jurídicas de Santiago), tomos I y II.

Bustos, Juan (2007): *Obras Completas.* Parte General, 2ª ed., tomo I (Santiago, Ediciones Jurídicas de Santiago).

Bustos, Juan y Hormazábal, Hernán (2012): *Lecciones de Derecho Penal Chileno.* Adaptadas al derecho penal chileno por José A. Fernández Cruz (Santiago, Librotecnia), volumen I. Citado: Bustos/Hormazábal/Fernández.

Cousiño, Luis (1975): *Derecho Penal Chileno* (Santiago, Editorial Jurídica de Chile), tomo I.

Cousiño, Luis (1979): *Derecho Penal Chileno* (Santiago, Editorial Jurídica de Chile), tomo II.

Couso, Jaime (2006): *Fundamentos del derecho penal de culpabilidad* (Valencia, Tirant lo Blanch).

Couso, Jaime y Hernández, Héctor -Directores- (2011): *Código Penal Comentado.* Parte General (Santiago, Abeledo Perrot). Citado: Autor-*Código Penal.*

Cury, Enrique (2010): *Derecho Penal.* Parte General, 10ª ed. (Santiago, Ediciones Universidad Católica de Chile).

Cury, Enrique (2020): *Derecho Penal.* Parte General, 11ª ed. revisada, actualizada y con notas de Claudio Feller y María Elena Santibáñez (Santiago, Ediciones Universidad Católica de Chile).

Etcheberry, Alfredo (1997): *Derecho Penal,* 3ª ed. (Santiago, Editorial Jurídica de Chile), tomos I y II.

Feuerbach, P. J. A. (1847): *Lehrbuch des gemeinen in Deutschland gültigen Peinlichen Rechts,* 14ª edición a cargo de mittermaier, K. J. A. (reimpresión de 1986 en Aalen, Scientia Verlag).

Frank, Reinhard (1931): *Das Strafgesetzbuch für das Deutsche Reich,* 18ª ed. (Tübingen, J. C. B. Mohr).

Frisch, Wolfgang (2012): *Tatbestandsmäßiges Verhalten und Zurechnung des Erfolgs*, reimpresión de la edición de 1988 (Heidelberg, C. F. Müller).

Garrido, Mario (2009): *Derecho Penal*. Parte General, reimpresión de la 2ª ed. (Santiago, Editorial Jurídica de Chile), tomo I.

Garrido, Mario (2009): *Derecho Penal*. Parte General, 4ª ed. (Santiago, Editorial Jurídica de Chile), tomo II.

Hegel, G. W. F. (1970): *Grundlinien der Philosophie des Rechts*, según Moldenhauer, E.; Michel, K. M., editores (Frankfurt a.M., Suhrkamp).

Hruschka, Joachim (1987): *Strafrecht nach logisch-analytischer Methode* (Berlin, De Gruyter).

Jakobs, Günther (1991): *Strafrecht Allgemeiner Teil. Die Grundlagen und die Zurechnungslehre* (Berlin, De Gruyter).

Jiménez de Asúa, Luis (1945): *La ley y el delito* (Caracas, Editorial Andrés Bello).

Kant, Immanuel (1907): Metaphysik der Sitten, en: *Kants gesammelte Schriften. Erste Abteilung*, (Berlin, Königlich Preußischen Akademie der Wissenschaften), tomo VI.

Kindhäuser, Urs (2017): *Strafrecht Allgemeiner Teil*, 8ª ed. (Baden-Baden, Nomos).

Köhler, Michael (1997): *Strafrecht Allgemeiner Teil* (Berlin, Springer).

Labatut, Gustavo (2007): *Derecho Penal*, reimpresión de la 9ª ed. (Santiago, Editorial Jurídica de Chile).

Matus, Jean Pierre, Ramírez, M. Cecilia (2021): *Lecciones de Derecho Penal Chileno*. Parte General, 2ª ed. (Valencia, Tirant lo Blanch).

Mayer, M. E. (1923): *Deutsches Strafrecht*, 2ª ed. (Heidelberg; reimp. Keip Verlag Goldbach, 1997).

Mezger, Edmund (1949): *Strafrecht. Ein Lehrbuch*, 3ª ed. (Berlin; reimp. Keip Verlag Goldbach, 2002).

Náquira, Jaime (2015): *Derecho Penal Chileno*. Parte General, 2ª ed. (Santiago, Legal Publishing), tomo I.

Náquira, Jaime (2017): *Derecho Penal Chileno*. Parte General (Santiago, Legal Publishing), tomo II.

Navas, Iván (2022): *Lecciones de Derecho Penal Chileno*. Parte General (Valencia, Tirant lo Blanch).

Novoa, Eduardo (2015): *Curso de Derecho Penal Chileno*. Parte General, 3ª ed. (Santiago, Editorial Jurídica de Chile), tomos I y II.

Ortiz Quiroga, Luis y Arévalo Cunich, Javier (2013): *Las consecuencias jurídicas del delito* (Santiago, Editorial Jurídica de Chile).

Pawlik, Michael (2012): *Das Unrecht des Bürgers* (Tübingen, Mohr Siebeck).

Piña, Juan I. (2014): *Derecho Penal. Fundamentos de la Responsabilidad*, 2ª ed. (Santiago, Thomson Reuters).

Politoff, Sergio (1997): *Derecho Penal* (Santiago, Conosur), tomo I.

Politoff, Sergio; Matus, Jean Pierre, Ramírez, M. Cecilia (2006): *Lecciones de Derecho Penal Chileno*. Parte General, 2ª ed. (Santiago, Editorial Jurídica de Chile).

Politoff, Sergio; Ortiz, Luis -Directores- (2002): *Texto y Comentario del Código Penal Chileno*. Libro Primero - Parte General (Santiago, Editorial Jurídica de Chile), tomo I.

Puppe, Ingeborg (2019): *Strafrecht. Allgemeiner Teil. Im Spiegel der Rechtsprechung*, 4ª ed. (Baden-Baden, Nomos).

Rettig, Mauricio (2017): *Derecho Penal*. Parte General (Santiago, DER Ediciones), tomo I.

Rettig, Mauricio (2019): *Derecho Penal*. Parte General (Santiago, DER Ediciones), tomo II.

Roxin, Claus (2003): *Strafrecht Allgemeiner Teil* (München, C. H. Beck), tomo II.

Roxin, Claus (2006): *Strafrecht Allgemeiner Teil*, 4ª ed. (München, C. H. Beck), tomo I.

Roxin, Claus; Greco, Luís (2020): *Strafrecht Allgemeiner Teil*, 5ª ed. (München, C. H. Beck), tomo I.

Stratenwerth, Günter (2000): *Strafrecht Allgemeiner Teil*, 4ª ed. (Köln, Carl Heymanns Verlag).

Vargas, Tatiana (2011): *Manual de Derecho Penal Práctico. Teoría del Delito con Casos*, 2ª ed. (Santiago, Legal Publishing Chile).

Weezel, Alex van (2008): *Error y mero desconocimiento en derecho penal* (Santiago, Legal Publishing).

Welzel, Hans (1969): *Das deutsche Strafrecht*, 11ª ed. (Berlin, De Gruyter).

www.ingramcontent.com/pod-product-compliance
Lightning Source LLC
LaVergne TN
LVHW082235051026
849532LV00012B/3994
* 9 7 8 9 5 6 1 4 3 0 8 3 9 *